Technologie Metall Fachstufe 1

TECHNOLOGIE METALL

Fachstufe 1

Industrie-/Werkzeugmechaniker

Cornelsen
GIRARDET

Dieses Buch entstand durch Mitarbeit und unter Beratung von:

Joseph Apweiler, Leichlingen (Kapitel 2.2)
Prof. Dr. Reinhard Bader, Dortmund (Kapitel 4)
Guido Hense, Hagen (Kapitel 3 und 6)
Prof. Dr. Antonius Lipsmeier, Karlsruhe
Ulrich Nußmann, Schöngeising (Kapitel 1)
Ernst Pötter, Kleve (Kapitel 4)
Helmut Richter, Oberhausen (Kapitel 2.1 und 2.2)
Prof. Dr. Helmut Sanfleber, Duisburg (Kapitel 4)
Wolfram Tessendorf, Wuppertal (Kapitel 6)
Hermann Wellers, Stadtlohn (Kapitel 5)

in Zusammenarbeit mit der Verlagsredaktion Berufsbildung/Technik

Bestellnummer 819847

1. Auflage
Druck 4 3 2 1 / 92 91 90 89
Alle Drucke derselben Auflage sind im Unterricht parallel verwendbar.

Vertrieb: Cornelsen Verlagsgesellschaft, Bielefeld
Einbandgestaltung: Chris Berten, Düsseldorf
Satz und Reproduktion: Satz-Zentrum West, Dortmund
Druck: Cornelsen Druck, Berlin
Bindearbeiten: Fritzsche/Ludwig, Berlin

ISBN 3-590-81984-7

Inhalt

1 Prüftechnik

Das Prüfen in der industriellen Fertigung erstreckt sich von der Überwachung der Halbzeuge beim **Wareneingang** über die laufende Kontrolle der Werkstücke während des **Bearbeitungsprozesses** bis zur Funktionsprüfung eines **fertigen Produktes.**

Für den Bereich der Fertigung ist die Meßtechnik besonders wichtig, weil das frühzeitige Erkennen von Fehlern hilft, Ausschuß zu vermeiden. Hierzu werden eine Vielzahl von Prüfmitteln verwendet, deren sachgemäße Handhabung und problemorientierter Einsatz fundierte Kenntnisse der Prüftechnik erfordern.

Oberflächenprüfung am Wareneingang

1.1 Prüfmittel

Die in der Fertigungstechnik zu prüfenden Längen oder Winkel können mit **anzeigenden Meßgeräten,** mit **Maßverkörperungen** oder mit Hilfe von **Lehren** einem Soll-Ist-Vergleich unterzogen werden. Werden mehrere anzeigende Meßgeräte oder Maßverkörperungen für die Überprüfung eines Werkstückes zusammengestellt, spricht man von **Meßeinrichtungen.**

1.1.1 Anzeigende Meßgeräte

Meßgeräte liefern oder verkörpern Meßwerte über die physikalische Größe, der die Messung gilt. Soll beispielsweise mit einem Strichmaß die Länge eines Werkstücks ermittelt werden, so liest man an der Skala den Skalenwert ab und multipliziert ihn mit der angegebenen Einheit, z. B. 2 cm.

Skalenanzeige

Die Anzeige des Meßwerts kann aber auch auf andere Art erfolgen: Meßgeräte mit **Skalenanzeige** haben eine Marke (Zeiger, Noniusstrich, Lichtbalken o. ä.), die sich auf einer Stelle der Skala einstellt. Dabei kann sich die Marke oder die Skala bewegen. In jedem Fall ist eine kontinuierliche Ablesung möglich. Bewegt sich die Marke innerhalb eines Skalenteilungswertes, läßt sich der Meßwert noch weiter abschätzen.

Meßgeräte mit **Ziffernanzeige** liefern die Information über den Meßwert als zahlenmäßige Darstellung. Dies ermöglicht ein irrtums- und ermüdungsfreies Ablesen. Der Meßwert kann aber nicht stetig, sondern nur in Ziffernschritten erfaßt werden.

Meßgeräte mit **Registrierender Anzeige** drucken einzelne Meßwerte aus oder zeichnen den Verlauf der Meßwerte als Kurve über zwei Achsen auf und ermöglichen so die graphische Darstellung der überprüften Meßgröße.

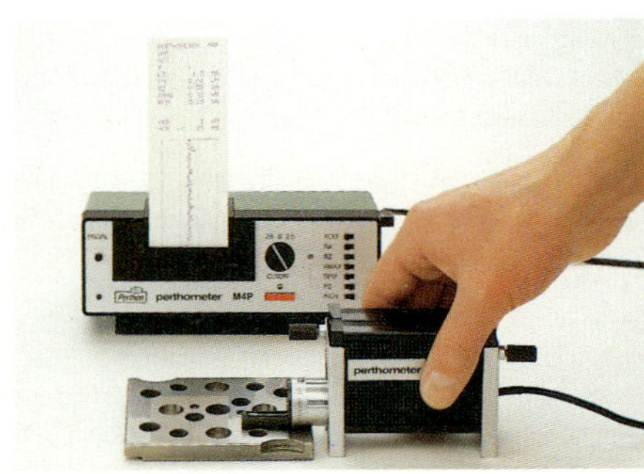

Registrierende Anzeige

Wichtig für die Auswahl und den Einsatz eines Meßgerätes ist sein Anzeige- und sein Meßbereich.

Der **Anzeigebereich (Azb)** umfaßt alle Werte, die an einem Meßgerät abgelesen werden können.

Der **Meßbereich (Meb)** ist ein Teil des Anzeigebereiches und garantiert, daß zwischen seinem Anfangs- und seinem Endwert die vereinbarten Fehlergrenzen nicht überschritten werden.

Informationsfluß

Funktionselemente eines Meßgerätes

Die **Hauptfunktion eines Meßgerätes** ist die Erfassung einer physikalischen Größe, die Weiterleitung der gewonnenen Information und ihre Umformung in einen Meßwert. Es handelt sich also um **Informationsumsatz**.

Hierzu ist es notwendig, verschiedene Funktionselemente zusammenzuschalten. Soll beispielsweise die Unebenheit einer Fläche mit Hilfe einer mechanischen Meßuhr überprüft werden, so erfaßt der Meßbolzen als erstes Funktionselement des Meßgeräts etwaige Längenänderungen. Von diesem **Aufnehmer** aus gelangt die Information über die Meßgröße von der Zahnstange zu einem Ritzel. Da hierbei die Längs- in eine Drehbewegung umgewandelt wird, bilden diese Funktionselemente den **Meßumformer**. Durch geeignete Übersetzungsverhältnisse erreicht man mit dem nachgeschalteten Zahnradgetriebe, daß schon kleine Hübe des Meßbolzens zu großen Winkelbewegungen an der Zeigerachse führen. Das Rädergetriebe wirkt demnach als **Meßverstärker. Ausgeber** sind die sich drehenden Zeiger vor der Skala. An ihnen kann der Meßwert abgelesen werden. Das Übertragungssystem zwischen Aufnehmer und Ausgeber nennt man die **Übertragungsstrecke.** Sie kann, wie bei der beschriebenen Meßuhr, rein mechanisch arbeiten. Die Information kann aber auch optisch, elektrisch oder pneumatisch gewandelt, weitergeleitet und verstärkt werden. Oft findet man in einer Meßkette die unterschiedlichsten Elemente zusammengeschaltet. So kann beispielsweise ein mechanisch arbeitender Aufnehmer mit einem optischen Meßgrößenverstärker und einer elektronischen Ziffernanzeige gekoppelt werden. Die charakteristische physikalische Erscheinung, die bei der Messung benutzt wird, heißt **Meßprinzip.**

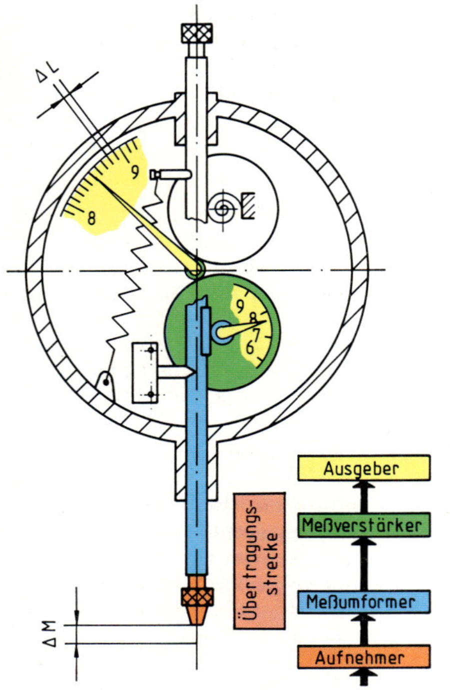

Funktionselemente einer Meßuhr

Analoge und digitale Signalverarbeitung

Ein Meßgerät arbeitet **analog**, wenn der Meßgröße am Aufnehmer eine kontinuierliche Anzeige am Ausgeber zuzuordnen ist und umgekehrt.

Bezogen auf die mechanische Meßuhr bedeutet dies, daß einer bestimmten Zeigerstellung eine eindeutige Position des Meßbolzens zugeordnet werden kann.
Abweichungen infolge Reibung oder aufgrund eines Spiels im Zahnradgetriebe können nach der Überprüfung eines Meßgeräts zahlenmäßig angegeben werden. Man spricht hier von **Umkehrspanne.**

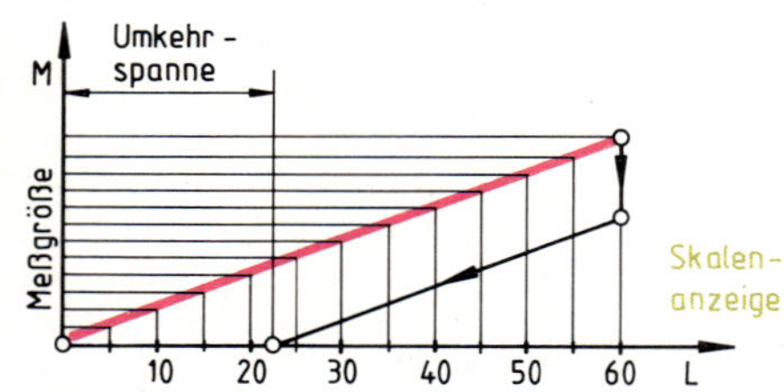

Kontinuierliche Anzeige bei analoger Signalverarbeitung

Ein Meßgerät arbeitet **digital,** wenn der Meßgröße am Aufnehmer eine Anzeige am Ausgeber zugeordnet wird, die in vorgegebenen Ziffernschritten springt.

Viele Meßverfahren arbeiten am Eingang ihrer Meßkette analog, setzen dann aber die Information über die Meßgröße in einer Digitalisierungseinrichtung zu einem digitalen Ziffernwert um. Ein Rückschluß vom angezeigten Meßwert auf eine eindeutige Position des Aufnehmers ist nur unvollkommen möglich.

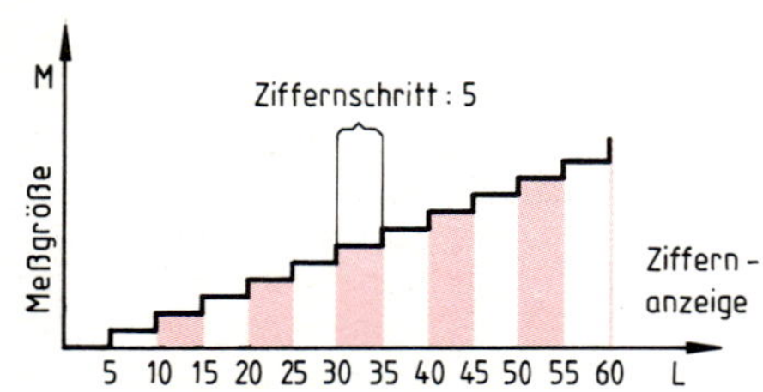

Sprunghafte Anzeige bei digitaler Signalverarbeitung

Meßgeräte mit mechanischem Meßprinzip

Mechanisch arbeitende Meßgeräte haben sich in der Praxis bei vielen Einsätzen durch ihre große Betriebsrobustheit bewährt. Bei der Meßuhr begrenzt die Herstellungsgenauigkeit der Funktionselemente (Zahnstange, Ritzel und Zahnräder) den Skalenteilungswert und somit die kleinste Ablesemöglichkeit auf 0,01 mm. Will man nun noch kleinere Änderungen der Meßgröße erfassen, muß man Meßgeräte mit anderen Übertragungselementen heranziehen.

• Feinzeiger mit Hebelübersetzung

Bei diesem Meßgerät lenkt der Aufnehmer, ein durch Kugelführung spiel- und reibungsfrei gelagerter Meßbolzen, einen Hebel aus, der dann mit dem Zahnradsegment seines anderen Endes in das Ritzel der Zeigerachse greift. Für **Unterschieds-, Rundlauf-** und **Parallelitätsmessungen** wird der Zeiger auf die Null der Skalenmitte gestellt. Abweichungen von diesem Sollwert gibt dann der Zeigerausschlag an.

• Feinzeiger mit Bandaufhängung

Der Aufnehmer bei diesem Meßgerät wird durch zwei Membranen geführt, die eine begrenzte Auf- und Abwärtsbewegung erlauben. An seinem geräteseitigen Ende ist ein Winkelhebel befestigt. Zwischen ihm und dem Gehäuse ist ein verdrilltes Band mit dem Zeiger eingespannt. Jede Längsbewegung der Meßspindel führt nun zu einer Streckung des Bandes und damit zu einem proportionalen Ausschlag des Zeigers. Das Meßgerät arbeitet ohne Umkehrspanne und mit geringer Trägheit. Es ermöglicht eine **10000fache Vergrößerung des Eingangsignals**.

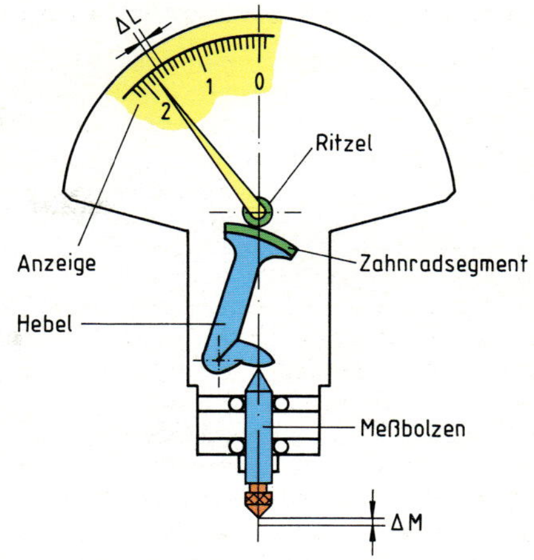

Feinzeiger mit Hebelübersetzung

Meßgeräte mit optischem Meßprinzip

Rein optisch arbeitende Meßgeräte, beispielsweise den Interferenzkomperator zum Vermessen von Parallel-Endmaßen, findet man nur in Feinmeßräumen. Eine breite Anwendung hingegen haben heute opto-elektronische Meßsysteme.

• Meßgeräte mit Glasmaßstäben

Das hier verwendete Meßprinzip beruht auf der **photoelektrischen Abtastung feiner Strichgitter**. Dabei werden von einer Lichtquelle aus die Strahlen parallel ausgerichtet und treffen auf die Strichgitter-Teilung einer Abtastplatte aus Glas. Hinter dieser bewegt sich ein Glasmaßstab mit der gleichen Strichgitter-Teilung. Kommen nun die lichtundurchlässigen Striche und die lichtdurchlässigen Lücken der beiden Teilungen abwechselnd zur Deckung, entsteht ein periodisch sich ändernder Lichtstrom. Dieser wird von den Photoelementen erfaßt und mit Hilfe von elektronischen Bauelementen in digitale elektrische Meßsignale umgeformt. Von einer Referenzmarke aus werden die Impulse gezählt und an die Meßwertanzeige weitergeleitet. Es kann aber auch ein beliebiger Bezugspunkt gesetzt werden.

Bei der Verwendung dieses Meßprinzips legt die Länge des Glasmaßstabes – es gibt Ausführungen bis zu 3000 mm – den Meßbereich des Gerätes fest. Der Ziffernschrittwert der Meßwertanzeige kann durch die elektronische Aufbereitung der Lichtsignale auf 0,00005 mm gesenkt werden.

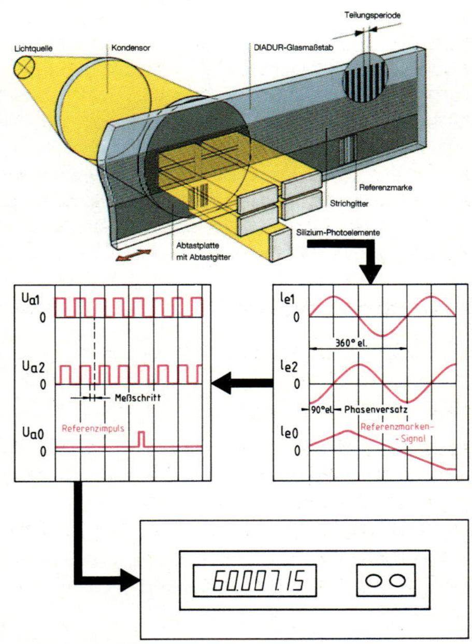

Signalaufbereitung eines opto-elektrischen Meßsystems

• Laser Scan Meßgeräte

Das Meßprinzip dieser Geräte beruht auf dem Abtasten einer Strecke mit einem **scharf gebündelten Laserstrahl.** Wird dieser nun durch eine Werkstückkante unterbrochen, tritt eine Impulsänderung an den Fotozellen auf, das Signal wird elektronisch aufbereitet und kann als Ziffernanzeige ausgegeben werden.

Laser Scan Meßgeräte arbeiten berührungslos und können deshalb auch für Messungen **an bewegten, heißen oder weichen Objekten** eingesetzt werden.

Die Signalverarbeitung aller opto-elektronischen Meßgeräte erlaubt die Eingabe von Toleranzgrenzen und die Anzeige bei deren Überschreitung, das Festsetzen eines Bezugspunktes für Differenzmessungen, den Anschluß an einen Rechner zur statistischen Auswertung der Messungen und den Ausdruck bestimmter Meßwerte oder deren Abweichungen.

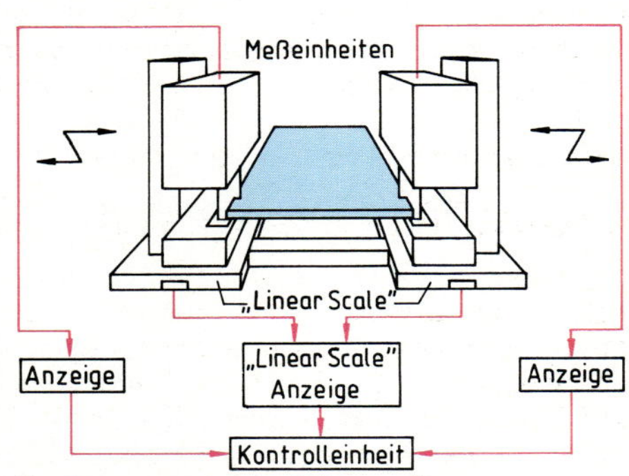

Breitenmessung mit Laser Scan

Meßgeräte mit elektrischem Meßprinzip

Bei der elektrischen Längenmessung verursacht die Bewegung eines mechanischen Aufnehmers die Änderung einer elektrischen Größe, z. B. Widerstand, Kapazität oder Induktivität. Durchgesetzt hat sich das induktive Meßprinzip, da es den Bau kleiner Meßfühler mit geringer innerer Reibung erlaubt.
Beim **induktiven Längenmeßtaster** taucht ein mit dem Aufnehmer verbundener Ferritkern in ein mit Wechselstrom gespeistes Spulensystem ein. Wird er durch eine Längenänderung bewegt, ändert sich die Induktivität der Spulen. Das erzeugte Signal wird verstärkt, gleichgerichtet und einer Skalen- oder Ziffernanzeige zugeführt.
Die induktiven Meßtaster können für **Einzelmessungen** herangezogen oder zu **Mehrstellen-Meßeinrichtungen** zusammengestellt werden. Verwendung finden sie auch bei Handmeßdornen, -meßgabeln und -meßringen.

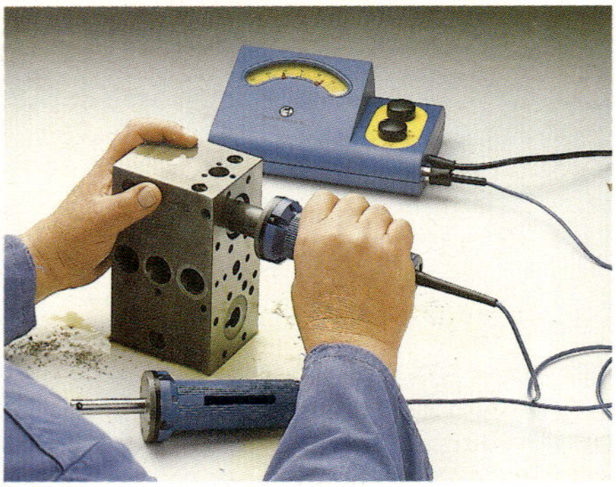

Längenmeßtaster mit Handmeßdorn

Meßgeräte mit pneumatischem Meßprinzip

Pneumatisch arbeitende Längenmeßgeräte benötigen einen Drucklufterzeuger, der gereinigte Luft unter konstantem Druck an den Meßwertaufnehmer liefert. Dieser arbeitet nach dem Prinzip, daß die durch einen Spalt strömende Luftmenge durch seinen engsten Querschnitt beeinflußt wird. Druck- oder Durchflußänderungen an der Meßdüse lassen sich dann von einem Anzeigegerät ablesen. Voraussetzung ist, daß mit Hilfe eines Sollmaßes ein bestimmter Luftspalt festgelegt und die Anzeige auf Null eingestellt wird. Weicht die zu überprüfende Länge vom Sollmaß ab, wird der Luftspalt und damit auch der Luftstrom verändert. Das Anzeigegerät erfaßt die Druckdifferenz oder die Änderung der durchströmenden Luftmenge gegenüber dem Einstellwert. Die Längenmessung kann **sowohl berührungsfrei wie auch mit einer mechanischen Abtastung** durchgeführt werden:

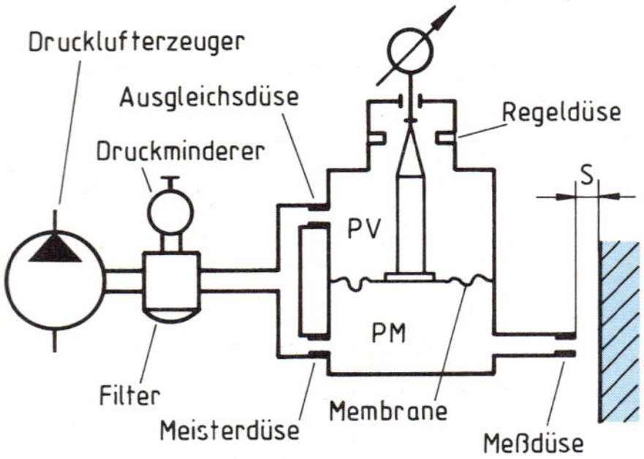

Funktionsprinzip einer Druckdifferenzmessung

- Kontaktfreie Messung

Die luftdurchströmten Meßdüsen berühren die zu prüfende Oberfläche nicht. Der sich ergebende Luftspalt wird für die Unterschiedsmessung zum Eichstück herangezogen. Voraussetzung ist, daß die Oberflächen-Rauhtiefen 3 μm nicht überschreiten und daß die Messung nicht am Rand des Prüflings durchgeführt wird. Sind diese Bedingungen erfüllt, können mit geeigneten Düsenmeßdornen **Durchgangs- oder Grundlochbohrungen** gemessen werden. Mit Düsenmeßringen können **zylindrische Werkstücke oder Kegel** schnell und zuverlässig auf 1 μm überprüft werden. Der Meßbereich ist auf ca. 0,2 mm begrenzt. Außerdem ist die Anschaffung spezieller Düsenmeßtaster, -meßdorne und -meßringe notwendig. Aus diesen Gründen wird die pneumatische Längenmessung **zum Prüfen von großen Serien** eingesetzt.

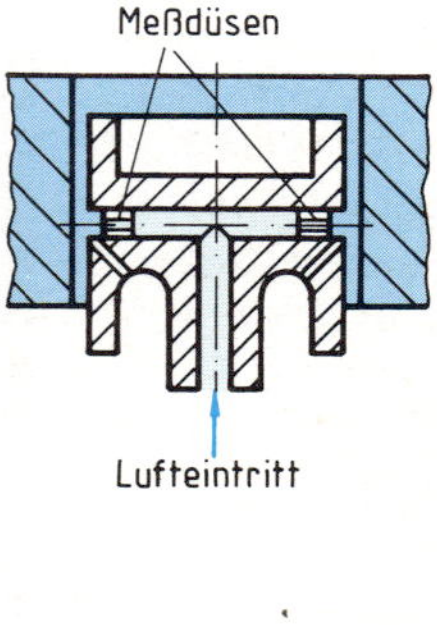

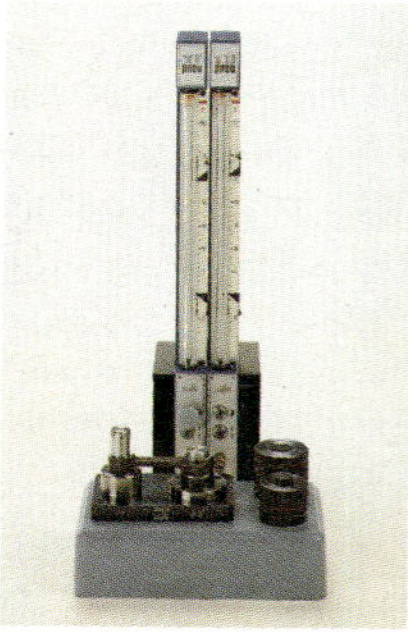

Kontaktfreie Messung mit Düsenmeßdorn

- Berührende Messung

Ist die zu prüfende Oberfläche verschmutzt oder weist große Rauhtiefen auf, würde das kontaktfreie Messen mit Luft zu großen Meßunsicherheiten führen. Hier ist es besser, wenn ein **mechanischer Aufnehmer** die Oberfläche abtastet und die Längenänderungen in pneumatische Größen umwandelt und als Meßwert zur Anzeige bringt. Die verwendeten Taster arbeiten mit ganz geringer Reibung und kleiner Massenträgheit. Messungen am Werkstückrand sowie der Einsatz bei Mehrstellen-Meßeinrichtungen oder ihr Einbau in Meßdorne sind möglich.

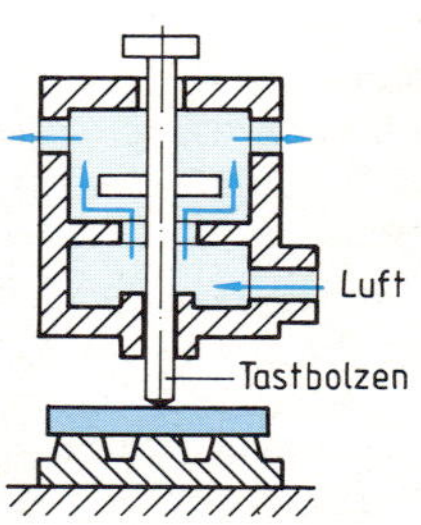

Berührende Messung mit Taster

1.1.2 Endmaße

Endmaße verkörpern bestimmte Längen oder Winkel durch die Lage ihrer Flächen. Diese Endflächen können kugelig, zylindrisch oder eben sein. Dementsprechend unterscheidet man Kugel-, Zylinder-, Parallel- oder Winkelendmaße.

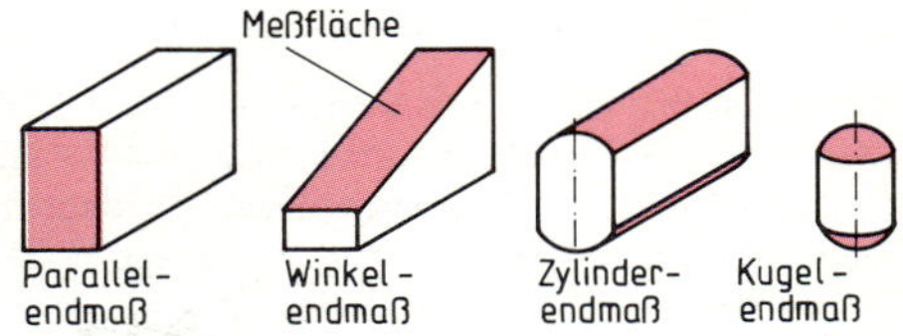

Endmaßarten

Parallelendmaße

Endmaße mit ebenen, planparallelen Flächen gehören in der Fertigungstechnik zu den wichtigsten Maßverkörperungen. Sie dienen als Ur- und Vergleichsmaß **zur Prüfung von Meßgeräten und Lehren, zur Einstellung von Meßgeräten** ohne eingebaute Maßverkörperung und **zum direkten Messen.**

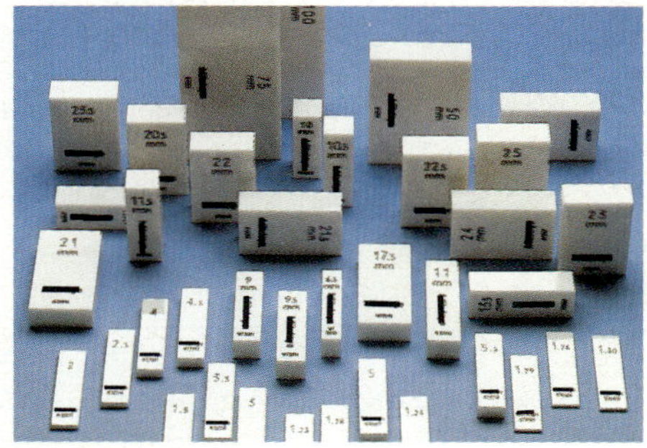

Parallelendmaße

Endmaße werden aus hochwertigem Spezialstahl, aus Hartmetall oder Keramik gefertigt. Angestrebt wird dabei eine hohe Stabilität und harte, verschleißfeste Oberflächen mit gutem Haftvermögen. Durch Läppen und Polieren erreicht man eine hohe Oberflächengüte, so daß allein durch Adhäsion zwei Endmaße aneinander haften. Allerdings sollte dies nur kurzzeitig geschehen, da es bei längerer Wirkung der auftretenden Adhäsionskräfte zum Kaltverschweißen der Meßflächen kommen kann.

Entsprechend ihrem Einsatzbereich werden Endmaße in verschiedenen Genauigkeitsgraden hergestellt:
– Genauigkeitsgrad 00:
für allerhöchste Anforderungen, zum Prüfen von Meßgeräten und Maßverkörperungen im Laboratorium
– Genauigkeitsgrad 0:
zum Einstellen von mechanischen, elektronischen oder pneumatischen Meßgeräten und Meßmaschinen im Meßraum
– Genauigkeitsgrad 1:
als Einstell- und Vergleichsmaße von Lehren und Meßgeräten; für genaue Prüfarbeiten im Meßraum
– Genauigkeitsgrad 2:
zum Einstellen anzeigender Meßgeräte und zum Prüfen von Arbeitslehren und genauer Maße im Betrieb.

Genauigkeitsgrad		00	0	1	2
Nennmaßbereich mm		zul. Abweichungen vom Nennmaß an beliebiger Stelle			
über	bis	±	±	±	±
–	10	0,06	0,12	0,20	0,45
10	25	0,07	0,14	0,30	0,60
25	50	0,10	0,20	0,40	0,80
50	75	0,12	0,25	0,50	1,00
75	100	0,14	0,30	0,60	1,20

Längentoleranzen für Parallelendmaße (Auszug aus DIN 861)

Neben dem Genauigkeitsgrad hängt die zulässige Abweichung der Längen vom angegebenen Nennmaß ab. Werden Endmaße miteinander kombiniert, so ist darauf zu achten, daß möglichst wenig Endmaße verwendet werden, um die Addition der Abweichungen gering zu halten.

Maßbildungsreihe	Nennmaß in mm	Stufung der Blöcke in mm
1	1,001 – 1,009	0,001
2	1,010 – 1,090	0,010
3	1,100 – 1,900	0,100
4	1,000 – 9,000	1,000
5	10,000 – 90,000	10,000

Endmaß-Normalsatz

Um möglichst viele Maßverkörperungen herstellen zu können, werden Endmaße in Holzkästen zu Sätzen geliefert. Der Normalsatz mit 45 Einzel-Endmaßen ist so angelegt, daß mit einer Stufung von 0,001 mm zwischen 3 mm und 102,999 mm jede Maßverkörperung zusammenstellbar ist. Dabei muß beachtet werden:

– Endmaße sollen vor Gebrauch entfettet und staubfrei sein!
– Endmaße vor Handschweiß und -wärme schützen!
– Bei zusammengestellten Maßverkörperungen kleine Endmaße außen anschieben!
– Bei der Zusammenstellung von Maßverkörperungen die Reihenfolge der Maßbildungsreihen einhalten!

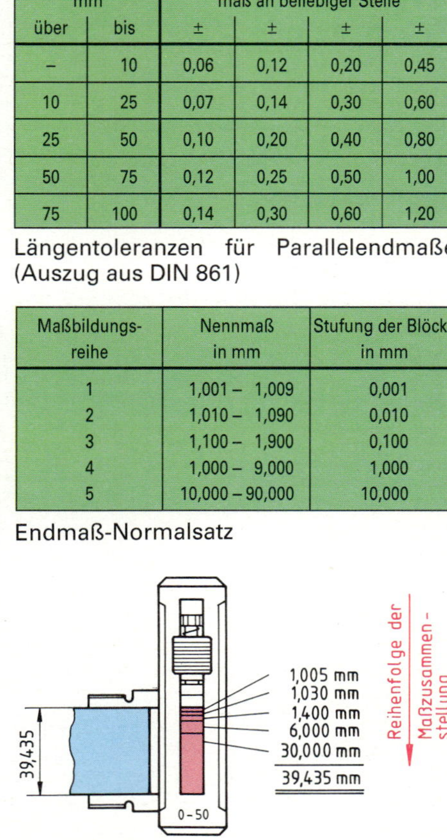

Endmaßkombination als Lehre

Mit Hilfe von Endmaßhaltern, Meßschnäbeln, Zentrier- und Anreißspitzen können Parallelendmaße zu Kontrollvorrichtungen, Lehren, und Anreißgeräten erweitert werden.

1.1.3 Tastschnittgeräte

Bei der meßtechnischen Überprüfung der räumlichen Gestalt einer Oberfläche beschränkt man sich meistens auf einen **zweidimensionalen Profilschnitt.** Hierbei gleitet eine abgerundete Diamantnadel mit genau festgelegter Geschwindigkeit über eine bestimmte Meßstrecke. Die durch die Profilzerklüftungen verursachten vertikalen Bewegungen der Tastspitze werden mit Hilfe eines elektromagnetischen Wandlers als elektrische Signale an einen Meßverstärker weitergegeben. Bevor nun die Ausgabe der Meßwerte oder ihre Darstellung als Profilschnitt erfolgt, wird durch elektrische Filterglieder die Welligkeit einer Oberfläche oder ihre Rauheit herausgesondert. Beispielsweise können die langwelligen Oberflächenabweichungen durch einen Hochpaßfilter gedämpft werden, so daß nur durch die Rauheit bedingte hohe Frequenzen an das Anzeige- und Protokolliergerät weitergegeben werden. Führt man hingegen das durch die Abtastung gewonnene Frequenzgemisch einem Tiefpaßfilter zu, werden die durch die Rauheit bedingten kurzwelligen Abweichungen unterdrückt; zur Anzeige kommt das Welligkeitsprofil der Oberfläche. Das gewonnene **Oberflächen-Profildiagramm** muß zur Auswertung noch Angaben über den horizontalen und vertikalen Vergrößerungsmaßstab und die Art des verwendeten Filters enthalten.

Nach dem gleichen Prinzip arbeiten auch Meßmaschinen, mit denen sich Formabweichungen feststellen lassen. Zur Überprüfung der Rundheit kann man ein Werkstück auf einem spielfrei gelagerten, angetriebenen Rundtisch um seine Achse drehen. Ein Taster erfaßt die Formabweichungen vom Kreis und gibt sie über die elektrischen Wandler, Verstärker und Filter an den Profilschreiber weiter.

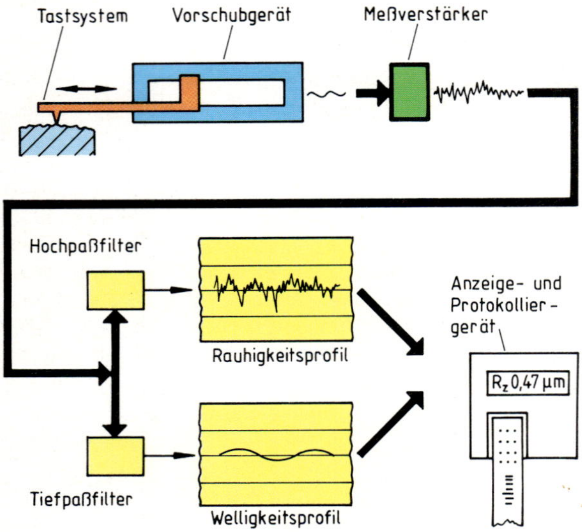

Signalverarbeitung bei der Oberflächenprüfung

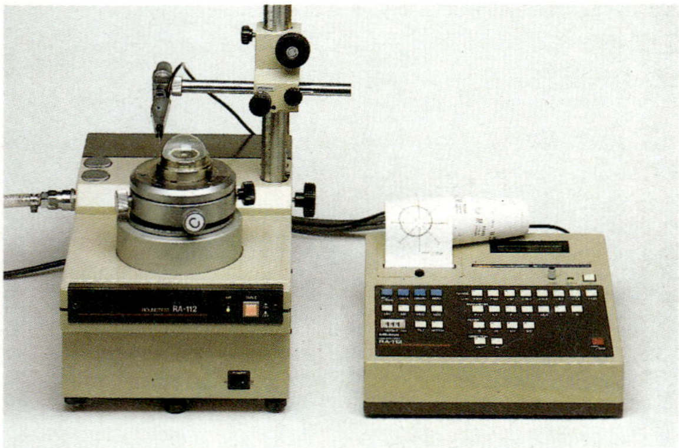

Rundheitsmeßmaschine und Profildiagramm

Meßverfahren			Meßbereich (Meb) in mm	Skalenteilungswert (Skw) Ziffernschrittwert(Zw)	räumliche Trennung von Meß- und Anzeigeteil möglich	Rechneranschluß möglich
Kontaktmessungen						
Mit mechanischem Meßprinzip	Meßuhr	z. B. Zanhstange Zahnräder	10 bis 30	0,01	nein	nein
	Feinzeiger	z. B. Hebelübersetzung	0,1	0,001	nein	nein
		z. B. Bandübersetzung	0,006	0,0001	nein	nein
Mit opto-elektronischem Meßprinzip			bis 3000	0,0005	ja	ja
Meßtaster mit induktivem Meßprinzip			0,2	0,001	ja	ja
Mit pneumatischem Meßprinzip			0,16	0,001	ja	bedingt
Berührungsloses Messen						
Pneumatisch arbeitende Meßgeräte			0,08	0,001	ja	bedingt
Laser Scan Meßgeräte			50	0,001	ja	ja

1.2 Toleranzen

1.2.1 Maßtoleranzen und Passungen

Bei der industriellen Fertigung von Produkten muß sichergestellt sein, daß sich Werkstücke ohne Nacharbeit zusammenbauen lassen und daß Serienteile problemlos untereinander austauschbar sind. Man könnte nun versuchen, diese Forderungen durch eine möglichst genaue Herstellung zu erfüllen. Das gesteckte Ziel ist so aber nicht erreichbar, da auch bei hohem technischen Aufwand in der Fertigung immer Abweichungen vom Sollmaß auftreten. Sinnvoller ist deshalb, nicht ein bestimmtes Maß anzustreben, sondern Grenzmaße festzulegen, zwischen denen das Istmaß des Werkstücks liegen muß: man toleriert Abweichungen.

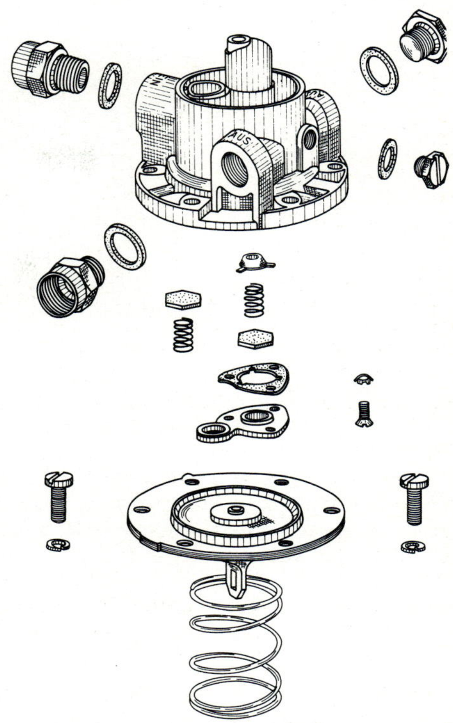

Montage einer Benzinpumpe (Ausschnitt)

Grundbegriffe (DIN 7182)

Die Nennmaße N einer technischen Zeichnung werden durch die Angabe von Grenzmaßen G und Toleranzen T ergänzt:
Nennmaß N – meist ein gerundeter Zahlenwert – ist ein in der Zeichnung angegebenes Maß.

Die **Nullinie** entspricht in der bildlichen Darstellung dem Nennmaß N und bildet den Bezug für die **Grenzabmaße.** Liegen sie über der Nullinie, erhalten sie ein + Vorzeichen, liegen sie darunter, bekommen sie ein – Vorzeichen.
Das **Höchstmaß** G_o, ist das größte zugelassene Maß und weicht um das obere Grenzabmaß A_o vom Nennmaß N ab.

$$G_o = N + A_o$$

Das **Mindestmaß** G_u, ist das kleinste zugelassene Maß und weicht um das untere Abmaß A_u vom Nennmaß N ab.

$$G_u = N - A_u$$

Die **Maßtoleranz** T ist die Differenz zwischen dem Höchstmaß G_o und dem Mindestmaß G_u.

$$T = G_o - G_u$$

Das **Istmaß** I entspricht dem durch Messungen am Werkstück tatsächlich festgestellten Maß.

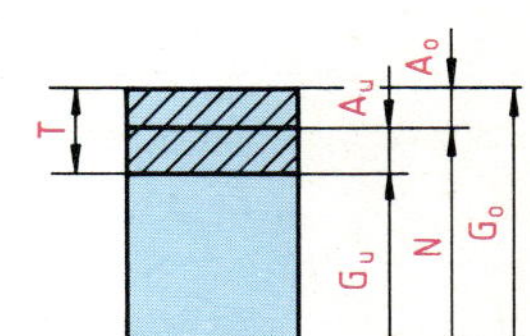

Grundbegriffe

Allgemeintoleranzen (DIN 7168)

Für die Fertigung und Prüfung eines Werkstücks müssen also neben den Nennmaßen N auch das größte und kleinste zugelassene Maß (G_o und G_u) bekannt sein. Man kann nun diese Grenzmaße mit in die technische Zeichnung aufnehmen, läuft dann aber Gefahr, daß die Bemaßung unübersichtlich wird. Häufig verzichtet man deshalb auf eine direkte Toleranzangabe und verweist im Schriftfeld der Zeichnung auf die Allgemeintoleranzen nach DIN 7168. Entsprechend dem festgelegten Genauigkeitsgrad f (fein), m (mittel), g (grob) und sg (sehr grob) und dem Bereich, in dem das Nennmaß liegt, lassen sich der Tabelle die Abmaße entnehmen:

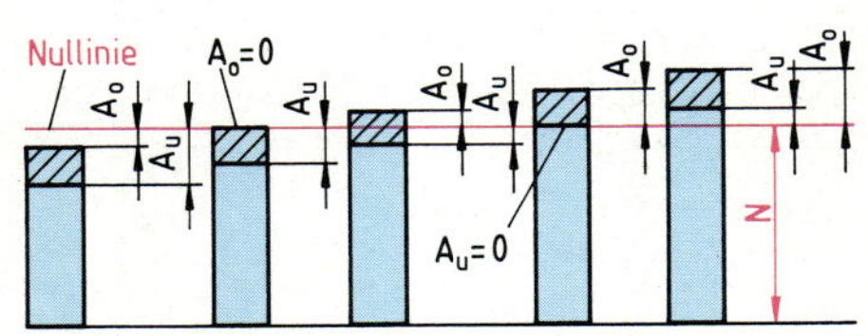

Lage der Grenzabmaße zur Nullinie

Toleranzklasse	Abmaße in mm für Nennmaßbereich in mm 0,5 bis 3	über 3 bis 6	über 6 bis 30	über 30 bis 120	über 120 bis 400	über 400 bis 1000	über 1000 bis 2000	über 2000 bis 4000	über 4000 bis 8000	über 8000 bis 12000	über 12000 bis 16000	über 16000 bis 20000
f (fein)	± 0,05	± 0,05	± 0,1	± 0,15	± 0,2	± 0,3	± 0,5	± 0,8	–	–	–	–
m (mittel)	± 0,1	± 0,1	± 0,2	± 0,3	± 0,5	± 0,8	± 1,2	± 2	± 3	± 4	± 5	± 6
g (grob)	± 0,15	± 0,2	± 0,5	± 0,8	± 1,2	± 2	± 3	± 4	± 5	± 6	± 7	± 8
sg (sehr grob)	–	± 0,5	± 1	± 1,5	± 2	± 3	± 4	± 6	± 8	± 10	± 12	± 12

Allgemeintoleranz für Längenmaße

Passungsarten

Werden zwei Werkstücke zusammengefügt, so unterscheidet man **nach der Form** ihrer Paßflächen zwischen **Rundpassung** (Kreiszylinderpassung) und **Flachpassung** (Passung zwischen Paaren paralleler Ebenen).
Ein weiteres Unterscheidungskriterium richtet sich **nach der Funktion** der zu fügenden Werkstücke. Ist beispielsweise vorgesehen, daß nach der Paarung die beiden Teile sich zueinander bewegen lassen, spricht man von einer **positiven Passung**. Soll ein Verdrehen oder Verschieben nach dem Fügen nicht mehr möglich sein, ist eine **negative Passung** erforderlich.

Für eine Mitnehmerverbindung beispielsweise wird eine Paßfeder in einer Welle aufgenommen; dazu müssen Paßfeder und Wellennut als Flachpassung ausgeführt werden. Wird weiterhin gefordert, daß die Paßfeder einen festen Sitz haben soll, muß eine negative Passung hergestellt werden. Die Welle kann nun über die Paßfeder ein Drehmoment auf ein Zahnrad übertragen. Für Schaltvorgänge kann es erforderlich sein, daß das Zahnrad axial auf der Welle verschoben werden muß. Diese Beweglichkeit erreicht man, wenn die Rundpassung von Welle und Bohrung als positive Passung ausgeführt wird.

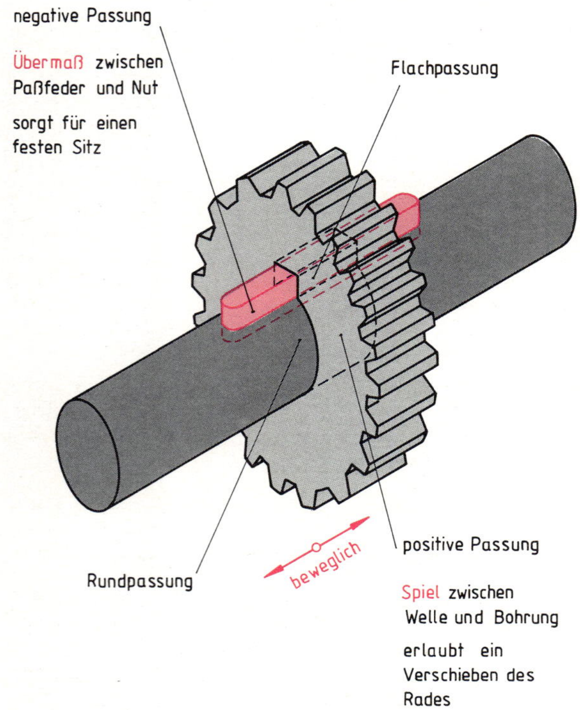

Passungsarten

- Positive Passung

Wird beispielsweise für eine Lagerung gefordert, daß sich eine Welle in einer Bohrung drehen läßt, muß nach dem Zusammenbau zwischen den Bauteilen ein **Spiel** P_s vorhanden sein. Hierzu müssen die beiden Grenzmaße für die Innenpaßflächen der **Bohrung größer** sein **als** die beiden Grenzmaße für die Außenpaßflächen der **Welle.** Die Größe des Spiels hängt von den Toleranzmaßen der Bohrung T_B und denen der Welle T_W ab.

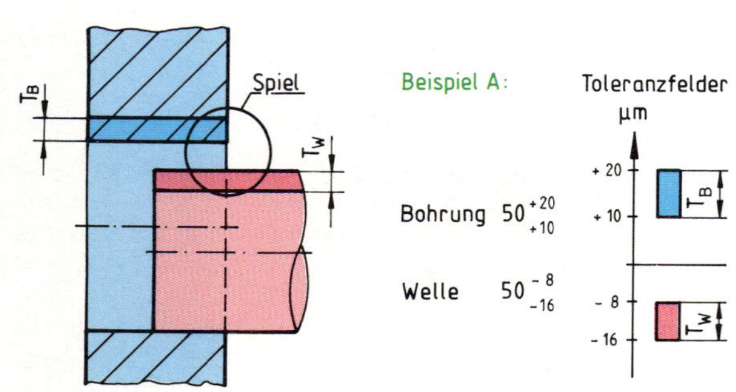

Positive Passung

- Negative Passung

Soll nach dem Fügen eine Welle in einer Bohrung festsitzen, so daß keine Bewegung zwischen den gepaarten Teilen mehr möglich ist, muß der Durchmesser der **Welle** in jedem Fall **größer** sein **als** der der **Bohrung.** Zwischen den Innenpaßflächen der Bohrung und den Außenpaßflächen der Welle besteht ein **Übermaß** $P_ü$. Die Größe des Übermaßes hängt wiederum ab von den Toleranzmaßen der Bohrung T_B und der Welle T_W.
Berücksichtigt man die jeweils extremsten Fälle der Grenzmaße von Innen- und Außenteil, so können beim Fügen **zwei** Grenzpassungen und zwar eine **Mindest-** oder eine **Höchstpassung** auftreten.

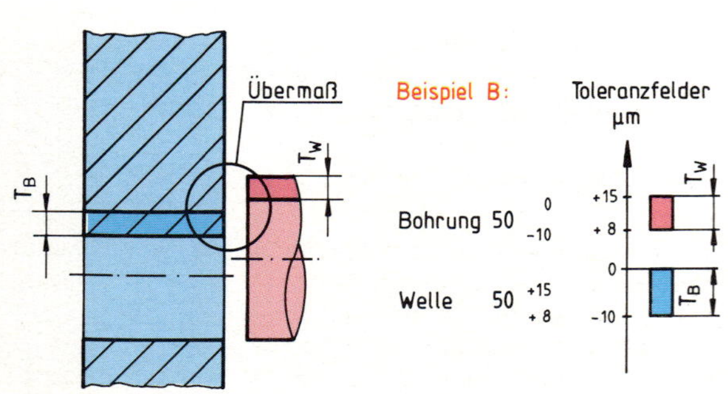

Negative Passung

- Mindestpassung P_u

Passung bei Mindestmaß der Innenpaßflächen ($G_{u_{Bohrung}}$) und Höchstmaß der Außenpaßflächen ($G_{o_{Welle}}$)

$$P_u = G_{u_{Bohrung}} - G_{o_{Welle}}$$

- Höchstpassung P_o

Passung bei Höchstmaß der Innenpaßflächen ($G_{o_{Bohrung}}$) und Mindestmaß der Außenpaßflächen ($G_{u_{Welle}}$).

$$P_o = G_{o_{Bohrung}} - G_{u_{Welle}}$$

Die Mindestpassung P_u ist die kleinste, die Höchstpassung P_o die größte zugelassene Passung. Beide Werte können positive oder negative Vorzeichen bekommen. Ein Pluszeichen verweist auf Spiel P_s (positive Passung), ein Minuszeichen zeigt ein Übermaß $P_ü$ an (negative Passung). Mit Hilfe von P_o und P_u aber auch mit den Maßtoleranzen von Bohrung und Welle läßt sich die Paßtoleranz P_T berechnen:

$$P_T = P_o - P_u = T_B + T_W$$

Beispiel A:	Spiel
Mindestpassung P_u	Höchstpassung P_o
P_u = (50,01 – 49,992) mm	P_o = (50,020 – 49,984) mm
P_u = 0,018 mm = +18 µm	P_u = 0,036 mm = +36 µm

Beispiel B:	Übermaß
Mindestpassung P_u	Höchstpassung P_o
P_u = (49,990 – 50,015) mm	P_o = (50,000 – 50,008) mm
P_u = –0,025 mm = –25 µm	P_o = –0,008 mm = –8 µm

Grenzpassungen

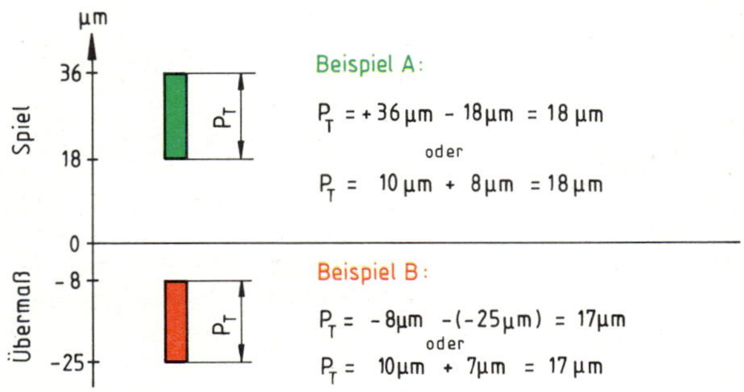

Paßtoleranz

Toleranzangaben nach dem ISO-System

Das ISO-Paßsystem reduziert die unendlich große Zahl der möglichen Grenzmaßkombinationen auf eine sinnvolle Anzahl. Dabei werden in den Zeichnungen nicht mehr Mindest- und Höchstmaße angegeben. Vielmehr verwendet man Zahlen, um die Größe eines Toleranzfeldes und Buchstaben, um die Lage eines Toleranzfeldes zu kennzeichnen.

- Größe der Toleranzfelder

Die Größe der Toleranz muß sich nach dem Fertigungsgrundsatz „So genau wie nötig und so wirtschaftlich wie möglich" richten. Die ISO-Grundtoleranzen berücksichtigen deshalb 20 Toleranzklassen. Sie werden mit den Zahlen 01, 0, 1, 2, ... 18 gekennzeichnet, wobei die **Größe der Toleranzfelder mit steigender Zahl zunimmt.** Welche Toleranzklasse für die Fertigung eines Werkstückes vorgeschrieben wird, hängt von der geforderten Betriebssicherheit und von wirtschaftlichen Überlegungen ab:

Die **Toleranzklassen 01 bis 4,** deren enge Maßtoleranzen nur durch Feinstschleifen, Läppen oder Honen erreicht werden können, sind bei der Herstellung von Prüfmitteln heranzuziehen.

Die **Toleranzklassen 5 bis 11** sind für Paßmaße geeignet und lassen sich durch Schleifen, Reiben, Feindrehen, Fräsen, Ziehen u.a. Bearbeitungsverfahren einhalten.

Die **Toleranzklassen 12 bis 18,** mit Maßtoleranzen bis zu einigen Millimetern, sind für das Gießen, Walzen, Schmieden und den allgemeinen Maschinenbau vorbehalten.

Für die Größe des Toleranzfeldes ist auch der **Nennmaßbereich** von Bedeutung. Da ein vorgeschriebenes Toleranzfeld bei größer werdenden Nennmaßen fertigungstechnisch immer schwieriger einzuhalten ist, hat man auch innerhalb einer Toleranzklasse **bei zunehmendem Nennmaß größere Toleranzfelder** festgelegt.

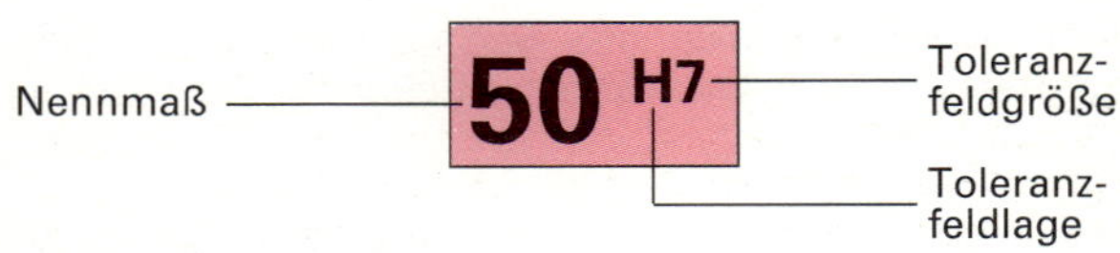

ISO-Toleranzfeldkurzzeichen

Nennmaßbereich über ··· bis in mm	Toleranzklassen					
	01	0	5	6	12	13
1 ··· 3	0,3	0,5	4	6	100	140
3 ··· 6	0,4	0,6	5	8	120	180
	···	···	···	···	···	···
50 ··· 80	0,8	1,2	13	19	300	460
80 ··· 120	1	1,5	15	22	350	540
	···	···	···	···	···	···
315 ··· 400	3	5	26	36	570	890
400 ··· 500	4	6	27	40	630	970

ISO-Grundtoleranzen (Auszug)

- Lage der Toleranzfelder

Die Lage der Toleranzfelder zur Nullinie des Nennmaßes wird durch Buchstaben gekennzeichnet. Für **Innenpaßmaße** (Bohrungstoleranzen) verwendet man **große Buchstaben** von **A** bis **Z. Außenpaßmaße** (Wellentoleranzen) bekommen **kleine Buchstaben** von **a** bis **z**. Um Verwechslungen mit Zahlen zu vermeiden, wird auf die Groß- und Kleinbuchstaben I/i, L/i, O/o, Q/q und W/w verzichtet. Dafür wurden die Buchstabenkombinationen CD/cd, EF/ef, FG/fg, JS/js, ZA/za, ZB/zb und ZC/zc für bestimmte Fälle ergänzt.

Stellt man die Toleranzfelder einer bestimmten Toleranzklasse und eines bestimmten Nennmaßes graphisch dar, sieht man, daß

- die Toleranzfelder mit den Anfangs- und Endbuchstaben des Alphabetes besonders weit von der Nullinie entfernt liegen,
- die Toleranzfelder für Innenpaßmaße (Bohrungen) und für Außenpaßmaße (Wellen) symmetrisch zur Nullinie angeordnet sind,
- die Toleranzfelder H/h an der Nullinie zusammenstoßen, d. h.: Das Höchstmaß bei h und das Mindestmaß bei H entsprechen dem Nennmaß.

Aus der Graphik lassen sich ferner die Vorzeichen der Abmaße entnehmen:

- Die Toleranzfelder A bis H (Bohrungstoleranzen) und m bis zc (Wellentoleranzen) liegen über der Nullinie. Die Grenzmaße sind also größer als das Nennmaß, die Vorzeichen für die Abmaße sind positiv.
- Die Toleranzfelder a bis h (Wellentoleranzen) und M bis ZC (Bohrungstoleranzen) liegen unterhalb der Nullinie. Die Grenzmaße sind kleiner als das Nennmaß, die Abmaße bekommen ein negatives Vorzeichen.

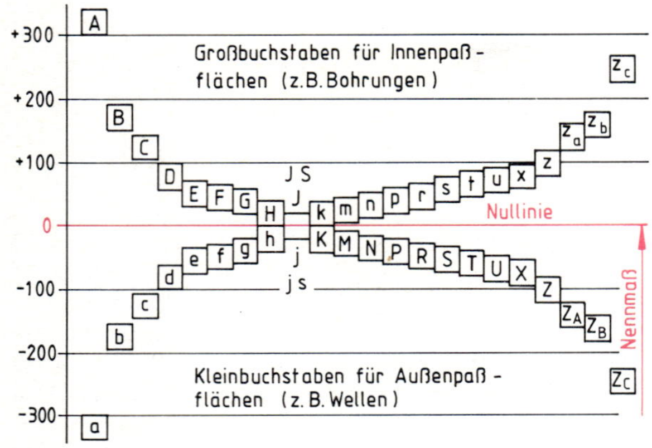

Lage der Toleranzfelder zur Nullinie

ISO-Paßmaß	22 G6	22 H8	22 R7
Nennmaß N	22 mm	22 mm	22 mm
Höchstmaß G_o in mm	22,020	22,033	21,980
Mindestmaß G_u in mm	22,007	22,000	21,959
oberes Grenzabmaß A_o in mm	+0,020	+0,033	–0,020
unteres Grenzabmaß A_u in mm	+0,007	0,000	–0,041

Beispiele für Bohrungstoleranzen

ISO-Paßmaß	22 f7	22 H8	22 s6
Nennmaß N	22 mm	22 mm	22 mm
Höchstmaß G_o in mm	21,980	22,000	22,048
Mindestmaß G_u in mm	21,959	21,967	22,035
oberes Grenzabmaß A_o in mm	–0,020	0,000	+0,048
unteres Grenzabmaß A_u in mm	–0,041	–0,033	+0,035

Beispiele für Wellentoleranzen

Paßsysteme

Die Festlegung der ISO-Toleranzen führt zu einer Beschränkung der möglichen Toleranzfeldkombinationen und damit zu einer wirtschaftlicheren Fertigung. Eine weitere Verringerung der Fertigungs- und Prüfkosten bringt nun die Anwendung der Paßsysteme **Einheitswelle** oder **Einheitsbohrung.**

- Einheitsbohrung

Beim Paßsystem der Einheitsbohrung erhalten sämtliche Innenpaßteile (Bohrungen) die Toleranzfeldlage H. Die Art der Passung, d. h. Spiel oder Übermaß, wird allein durch die Toleranzfeldlage des Wellenpaßteils bestimmt. Demnach ergeben Wellen-Toleranzfelder a bis h zwischen den zu fügenden Teilen Spiel P_s, die Wellen-Toleranzfelder p bis z führen zu einem Preßsitz infolge Übermaß $P_ü$.

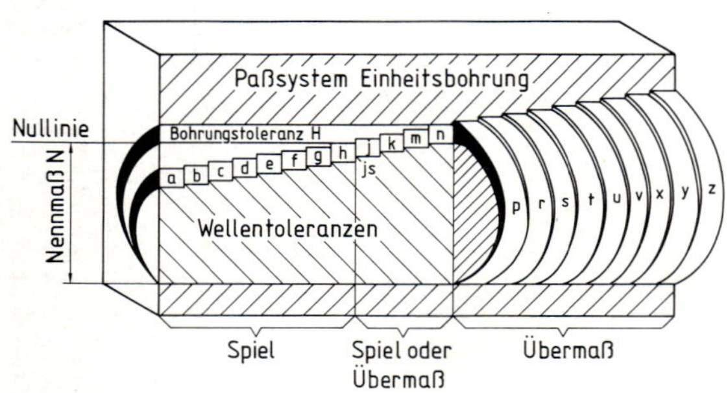

Paßsystem – Einheitsbohrung

- Einheitswelle

Beim Paßsystem Einheitswelle werden alle Außenpaßteile (Wellen) mit der Toleranzfeldlage h hergestellt.

Sollen die zu paarenden Teile mit Spiel oder Übermaß gefügt werden, so muß das Toleranzfeld der Bohrungen entsprechend gelegt werden. Bohrungstoleranzfelder A bis H garantieren demnach Spiel P_S, die Bohrungstoleranzfelder P bis Z haben ein Übermaß $P_Ü$ zur Folge.

Für welches Paßsystem sich ein Betrieb entscheidet, hängt von der Art seiner gefertigten Produkte ab. Werden beispielsweise für die Wellen bei einer Getriebeherstellung blanke Rundstähle mit h-Toleranzfeldern verwendet, ist das System **Einheitswelle** von Vorteil. Die glatten Wellen werden ohne Nachbearbeitung eingesetzt, die Art der Passung wird durch die Lage der Bohrungstoleranz bestimmt. Weiter verbreitet ist jedoch das System **Einheitsbohrung,** da hier geringere Werkzeugkosten anfallen. Alle Bohrungen erhalten eine H-Toleranzfeldlage, so daß für einen Nenndurchmesser die Anschaffung einer Reibahle und eines Prüfmittels, z. B. ein Lehrdorn, ausreicht. Spiel oder Übermaß wird durch die Einhaltung der Wellentoleranz erreicht.

- Passungsauswahl

Auch die Festlegung auf eines der beiden Paßsysteme erlaubt noch eine große Auswahl an Toleranzfeldkombinationen. Verbunden damit sind hohe Aufwendungen für Werkzeuge und Prüfmittel. Sinnvoll ist es deshalb, eine Passungsauswahl zu treffen, die den Anforderungen der Praxis entspricht und die Vorteile der Paßsysteme Einheitswelle und Einheitsbohrung nützt. Auf Grund dieser Überlegungen wurden in DIN 7157 **Vorzugsreihen für Passungen** festgelegt, wobei die Reihe 1 den meisten Anforderungen der Fertigung genügt. So werden beispielsweise mit den Übermaßtoleranzfeldern H8/x8 bzw. u8 und H7/r6 Preßsitze erreicht, die keine zusätzliche Sicherheit gegen Verdrehen benötigen. Die neun Spieltoleranzfelder ermöglichen eine Auswahl von Passungen mit geringem Spiel und engen Toleranzen (H7/h6) bis zu solchen mit großem Spiel und weiten Toleranzen (C11/h9).

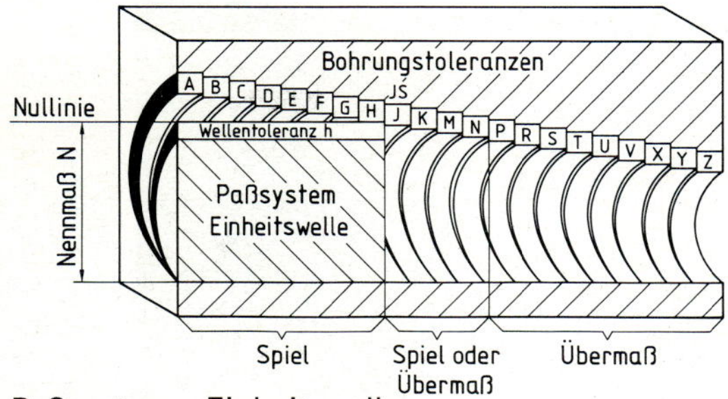

Paßsystem – Einheitswelle

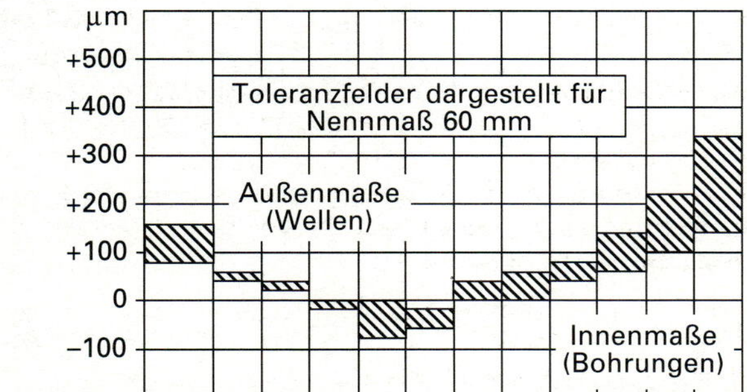

iso-Kurzzeichen Reihe 1		x8/u8[1])	r6	n6	h6	h9	f7	H7	H8	F8	E9	D10	C11
Reihe 2													
Nennmaßbereich mm von	1	+34	+16	+10	0	0	−6	+10	+14	+20	+39	+60	+120
bis	3	+20	+10	+4	−6	−25	−16	0	0	+6	+14	+20	+60
über	3	+46	+23	+16	0	0	−10	+12	+18	+28	+50	+78	+145
bis	6	+28	+15	+8	−8	−30	−22	0	0	+10	+20	+30	+70
über	6	+56	+28	+19	0	0	−13	+15	+22	+35	+61	+98	+170
bis	10	+34	+19	+10	−9	−36	−28	0	0	+13	+25	+40	+80
über	10	+67	+34	+23	0	0	−16	+18	+27	+43	+75	+120	+205
bis	14	+40	+23	+12	−11	−43	−34	0	0	+16	+32	+50	+95
über	14	+72	+34	+23	0	0	−16	+18	+27	+43	+75	+120	+205
bis	18	+45	+23	+12	−11	−43	−34	0	0	+16	+32	+50	+95
über	18	+87											
bis	24	+54	+41	+28	0	0	−20	+21	+33	+53	+92	+149	+240
über	24	+81	+28	+15	−13	−52	−41	0	0	+20	+40	+65	+110
bis	30	+48											
über	30	+99											+280
bis	40	+60	+50	+33	0	0	−25	+25	+39	+64	+112	+180	+120
über	40	+109	+34	+17	−16	−62	−50	0	0	+25	+50	+80	+290
bis	50	+70											+130

[1]) Bis Nennmaß 24 mm: x8, über 24 mm Nennmaß: u8 — Abmaße in µm

ISO-Toleranzfelder und -Abmaße der Reihe 1 (Auszug)

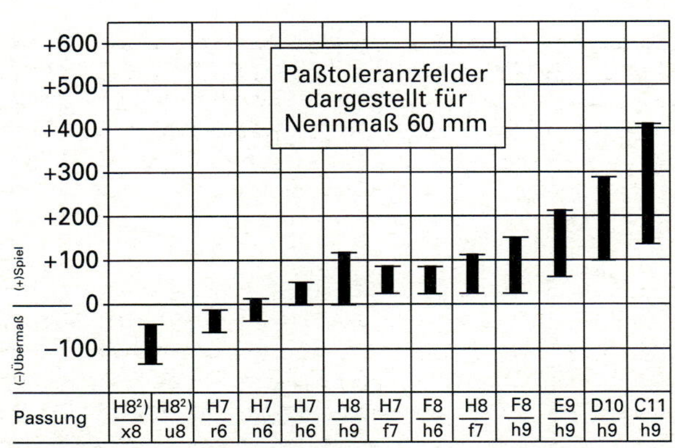

Empfohlene Passungen aus ISO-Toleranzfeldern der Reihe 1 (Auszug)

1.2.2 Form- und Lagetoleranzen

Mit den Maßtoleranzen wird der Fertigung zugestanden, daß sich das Istmaß des Werkstücks innerhalb bestimmter Abweichungen bewegen darf. Es können jedoch durch die zum Spannen erforderlichen Kräfte, durch die Wirkung der Schnittkräfte, durch Ungenauigkeiten bei der Werkzeugmaschine oder durch innere Werkstoffspannungen im Bauteil Abweichungen von der idealen Sollform auftreten; es kann zu unerwünschten Veränderungen bei der Lage von Flächen, Ecken, Kanten oder Symmetrieachsen kommen. Diese Form- und Lageabweichungen ließen sich bei einer Einengung der Maßtoleranzen verringern, jedoch nur mit wesentlich höheren Fertigungskosten. Günstiger ist deshalb, **eigenständige Lage- und Formtoleranzen** festzulegen. Sie sind insbesondere dort erforderlich, wo die vorgeschriebenen Maßtoleranzen die Funktion eines Werkstücks nicht gewährleisten können. Zu diesem Zweck wurden international Symbole vereinbart, mit deren Hilfe die zulässigen Abweichungen der technischen Zeichnung entnommen werden können.

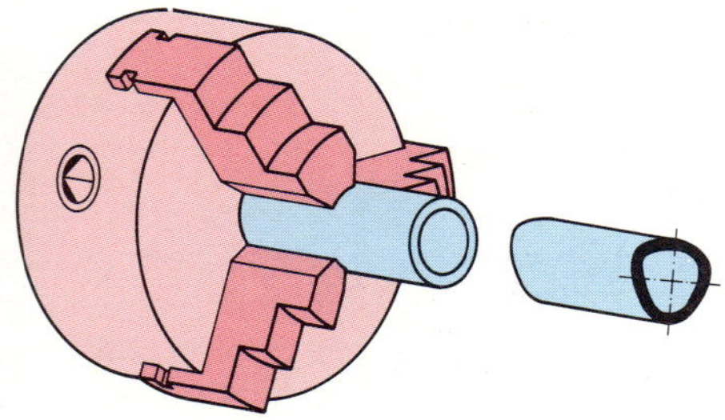

Formänderung durch Werkstückspannung beim Drehen

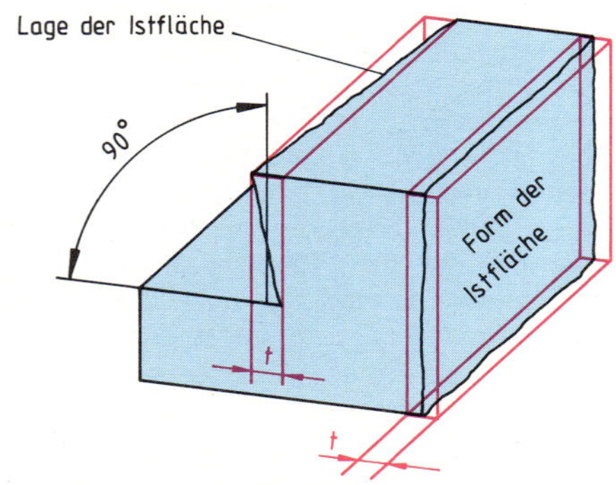

Form- und Lagetoleranzen für Ebenheit und Rechtwinkligkeit

Toleranzzonen

Für die Festlegung von Form- und Lagetoleranzen definiert man Toleranzzonen. Man legt Bereiche fest, die von den Punkten einer Linie oder einer Fläche nicht überschritten werden dürfen. Beispielsweise darf die tatsächliche Oberfläche eines Werkstücks mit tolerierter Ebenheit zwei parallele Ebenen mit festgelegtem Abstand *t* nicht berühren. Soll eine Fläche rechtwinklig zu einer anderen liegen, werden als Lage-Toleranzzone zwei parallele Ebenen im rechten Winkel zur Bezugsfläche mit vorgegebenem Abstand *t* festgelegt.

Formtoleranzen

Für Formtoleranzen werden Toleranzzonen für die Geradheit von Achsen, für die Ebenheit von Flächen, für die Rundheit von Kreisen und für die Formen von Linien, Flächen und Zylindern festgelegt. Die Istform des Werkstücks kann dabei beliebige Konturen annehmen, solange die Toleranzzone nicht überschritten wird. Die Größe der Formtoleranzzone *t* muß innerhalb der Maßtoleranz liegen.

Formtoleranzen geben die zulässigen Abweichungen eines Elements von der geometrisch idealen Form an.

Formtoleranzen nach DIN ISO 1101	Symbole	Toleranzzone	Zeichnungseintragung und Erklärung	
Geradheitstoleranzen einer Linie	—		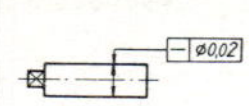	Die Achse des tolerierten Zylinders muß innerhalb einer zylindrischen Toleranzzone vom Durchmesser *t* = 0,02 mm liegen.
Ebenheitstoleranz	▱		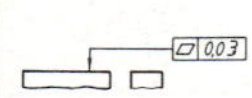	Die tolerierte Fläche muß zwischen zwei parallelen Ebenen vom Abstand *t* = 0,03 mm liegen.
Rundheitstoleranz	○		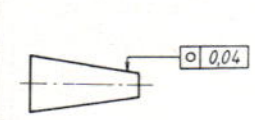	Die Umfangslinie jedes Querschnitts muß zwischen zwei in derselben Ebene liegenden konzentrischen Kreisen vom Abstand *t* = 0,04 mm liegen.
Zylinderformtoleranz	⌭	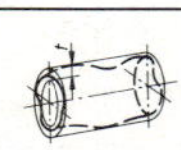	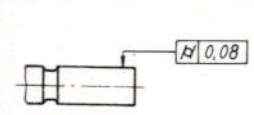	Die tolerierte Mantelfläche muß zwischen zwei koaxialen Zylindern mit dem radialen Abstand *t* = 0,08 mm liegen.
Profilformtoleranz einer beliebigen Linie	⌒		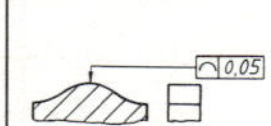	Das tolerierte Profil muß in jedem parallelen Schnitt zur Zeichenebene zwischen zwei Linien liegen, die Kreise vom Durchmesser *t* = 0,05 mm einhüllen.
Profilformtoleranz einer beliebigen Fläche	⌓	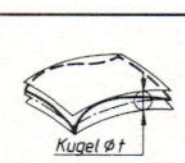	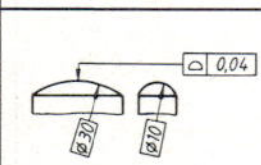	Die tolerierte Fläche muß zwischen zwei parallelen Flächen liegen, die Kugeln vom Durchmesser *t* = 0,04 mm einhüllen.

Lagetoleranzen

Bei Lagetoleranzen unterscheidet man zwischen
- Richtungstoleranzen,
- Ortstoleranzen und
- Lauftoleranzen.

Festgelegt werden Toleranzzonen, die einen bestimmten Abstand oder Winkel zu einem Punkt, einer Bezugsachse oder einer Bezugsfläche haben. Hierbei müssen die Toleranzen *t* für Parallelität, Rechtwinkligkeit, Neigung, Position und Planlauf innerhalb der Maßtoleranz liegen.

Lagetoleranzen geben die zulässigen Abweichungen von der geometrisch idealen Lage zweier oder mehrerer Elemente zueinander an.

	Lagetoleranzen nach DIN ISO 1101	Symbole	Toleranzzone	Zeichnungseintragung	Erklärung
Richtungstoleranzen	Parallelitätstoleranz z. B. einer Linie zu einer Bezugslinie	//		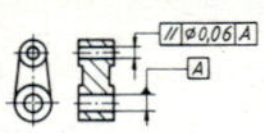	Die tolerierte Achse muß innerhalb eines Zylinders vom Durchmesser t = 0,04 mm liegen, der parallel zur Bezugsachse A ist.
	Rechtwinkligkeitstoleranz z. B. einer Linie zu einer Bezugsebene	⊥		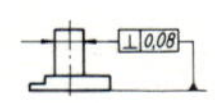	Die tolerierte Achse des Zylinders muß zwischen zwei parallelen, zur Bezugsfläche und zur Pfellrichtung senkrechten Ebenen vom Abstand t = 0,08 mm liegen.
	Neigungstoleranz z. B. einer Linie zu einer Bezugsebene	∠	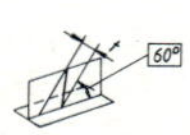	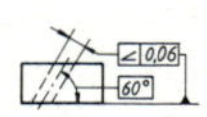	Die tolerierte Achse der Bohrung muß zwischen zwei zur Bezugsfläche A im Winkel von 60° geneigten und zueinander parallelen Ebenen vom Abstand t = 0,06 mm liegen.
Ortstoleranzen	Positionstoleranz z. B. eines Punktes	⌖	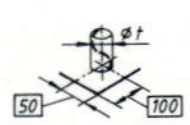	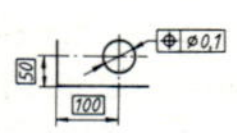	Der tatsächliche Schnittpunkt muß in einem Kreis von ∅ t = 0,1 mm liegen, dessen Mitte mit der theoretisch genauen Lage des tolerierten Punktes übereinstimmt.
	Koaxialitätstoleranz einer Achse	◎		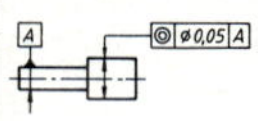	Die Achse des Zylinders muß innerhalb eines zur Bezugsachse A-B koaxialen Zylinders vom ∅ t = 0,05 mm liegen.
	Symmetrietoleranz z. B. einer Mittelebene	⌯		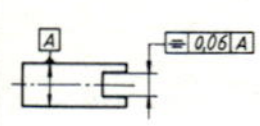	Die Mittelebene der Null muß zwischen parallelen Ebenen vom Abstand t = 0,06 mm liegen, die symmetrisch zur Mittelachse des Bezugselementes A liegen.
Lauftoleranzen	Rundlauftoleranz	↗	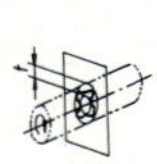	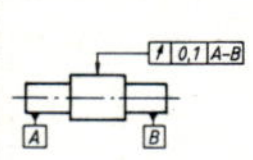	Bei einer Drehung um die Bezugsachse A-B darf die Rundlaufabweichung in jeder Maßebene senkrecht zur Achse t = 0,1 mm nicht überschreiten.
	Planlauftoleranz	↗	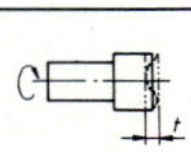	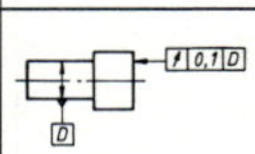	Bei Drehung um die Bezugsachse D darf die Planlaufabweichung in jedem Meßzylinder t = 0,1 mm nicht überschreiten.
	Gesamtrundlauftoleranz	⌰	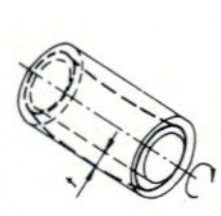	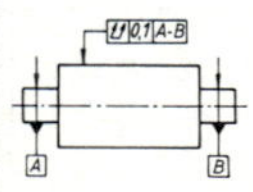	Bei mehrmaliger Drehung um die Bezugsachse A-B und axialer Verschiebung von Werkstück und Meßvorrichtung müssen alle Punkte der Oberfläche des tolerierten Elements innerhalb der Gesamtrundlauftoleranz t = 0,1 mm sein.
	Gesamtplanlauftoleranz	⌰	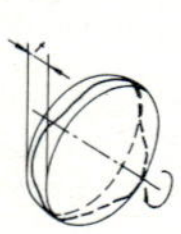	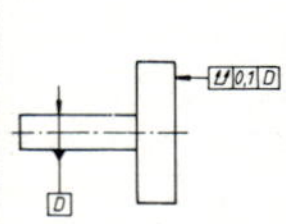	Bei mehrmaliger Drehung um die Bezugsachse D und radialer Verschiebung von Werkstück und Meßvorrichtung müssen alle Punkte der Oberfläche des tolerierten Elements innerhalb der Gesamtplanlauftoleranz von t = 0,1 mm bleiben.

1.2.3 Oberflächenrauheitstoleranzen

Außer der Einhaltung von Maß- und Formtoleranzen entscheidet über die Brauchbarkeit eines Werkstücks auch die Beschaffenheit seiner Oberfläche. Dabei können **rein optische Kriterien,** z. B. der Glanz einer Autofelge aus Aluminium, oder **funktionelle Erfordernisse,** z. B. die Reibungsverminderung bei einem Gleitlager, eine Rolle spielen. Hinzu kommen **wirtschaftliche Aspekte,** denn die gewünschte Oberfläche sollte mit möglichst einfachen Fertigungsverfahren erreicht werden.

Für das bloße Auge erscheint eine geschliffene Oberfläche als glatt. Werden jedoch unterschiedliche Materialien betrachtet, so täuschen Glanz und Spiegelung – trotz gleicher Bearbeitung – eine unterschiedliche Rauhigkeit der Oberflächen vor. Da subjektive Eindrücke also nur bedingt zur Oberflächenprüfung taugen, versucht man meßbare Kriterien für einen **Soll-Ist-Vergleich** heranzuziehen.

Dazu definiert man die **geometrisch ideale Oberfläche.** Sie entspricht der in der technischen Zeichnung geforderten **Sollform.**

Die **Istoberfläche** wird als die meßtechnisch erfaßbare Oberfläche festgelegt. Das ermittelte Profil und die wirkliche Werkstückoberfläche sind annähernd gleich.

Den Unterschied zwischen der geforderten idealen Oberfläche und der Istoberfläche bilden die **Gestaltsabweichungen.** Sie sind alle Abweichungen von der geometrisch idealen Oberfläche, z. B. Nichteinhaltung der Form, Wellen, Rillen, Riefen usw. Ordnungsstufen für Gestaltabweichung legt DIN 4760 fest.

Rauheitsmeßgrößen

Die meßtechnische Erfassung der Istoberfläche geschieht mit Hilfe von **Tastschnittgeräten.** Dabei streift eine Tastspitze über die Werkstückoberfläche. Die Gestaltsabweichungen werden mechanisch erfaßt, in elektrische Größen umgewandelt und auf Protokollen ausgedruckt. Das erstellte Rauhigkeitsprofil ermöglicht eine Auswertung verschiedenster Meßgrößen:

Die **Maximale Rauhtiefe** R_{max} ist die größte auf der Meßstrecke vorkommende Einzelrauhtiefe.

Die **Glättungstiefe** R_P entspricht der größten Abweichung des Rauheitsprofils von der Mittellinie.

Die **Gemittelte Rauhtiefe** R_z berechnet sich aus dem arithmetischen Mittel der Einzelrauhtiefen von fünf aufeinanderfolgenden Einzelmeßstrecken.

Der Mittelrauhwert R_a stellt den arithmetischen Mittelwert aller Abstände des Rauheitsprofils von der mittleren Linie innerhalb der Meßstrecke dar. Seine Größe entspricht einem Rechteck, das flächengleich ist mit der eingeschlossenen Area, die zwischen den Abweichnungen und der Mittellinie liegt.

Welche Rauheitsmeßgröße man für die Beurteilung heranzieht, hängt davon ab, welche Anforderungen an die Oberfläche gestellt werden. Sollen beispielsweise Kratzer oder hohe Spitzen bei stark belasteten Oberflächenteilen erfaßt werden, ist die maximale Rauhtiefe R_{max} ein aussagefähiger Wert. Wird die Funktion einer Fläche durch einen solchen Ausreißer nicht gestört, z. B. beim Fügen durch Preßverbindungen, ist die gemittelte Rauhtiefe R_z anwendbar. Für die Oberflächenüberwachung einer laufenden Produktion eignet sich der Mittenrauhwert R_a, da hier gut vergleichbare Meßergebnisse geliefert werden. Zur Beurteilung der Oberflächenbeschaffenheit bei Gleitlagern zieht man die Glättungstiefe R_p heran, da man davon ausgeht, daß während des Betriebs die Erhebungen der Oberfläche geglättet werden.

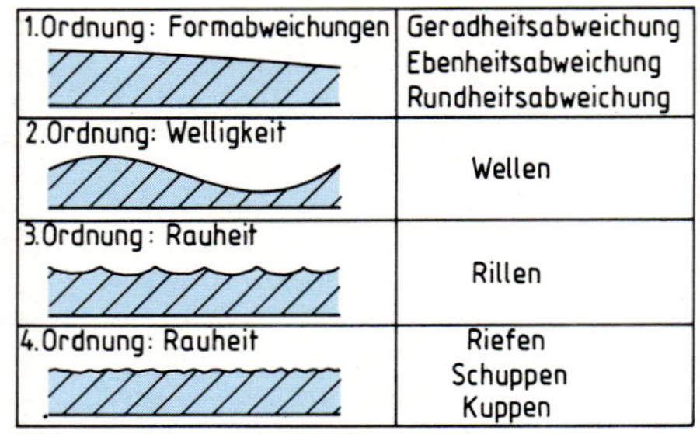

Gestaltsabweichungen einer Oberfläche nach DIN 4760

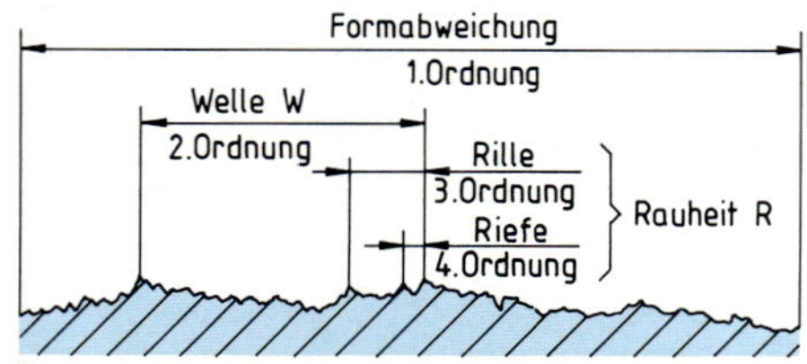

Überlagerung der Gestaltabweichungen

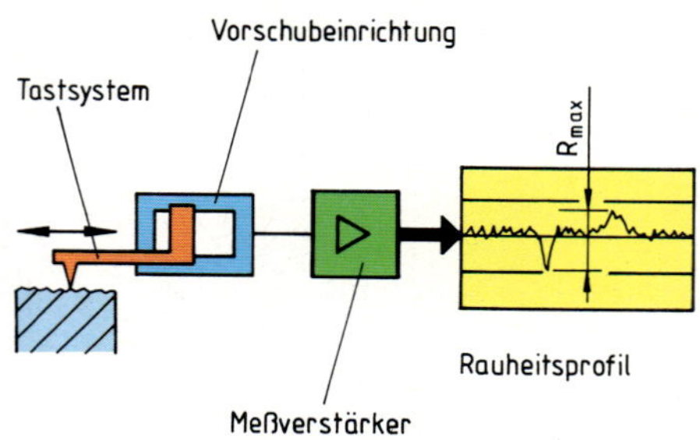

Prinzip eines Tastschnittgerätes

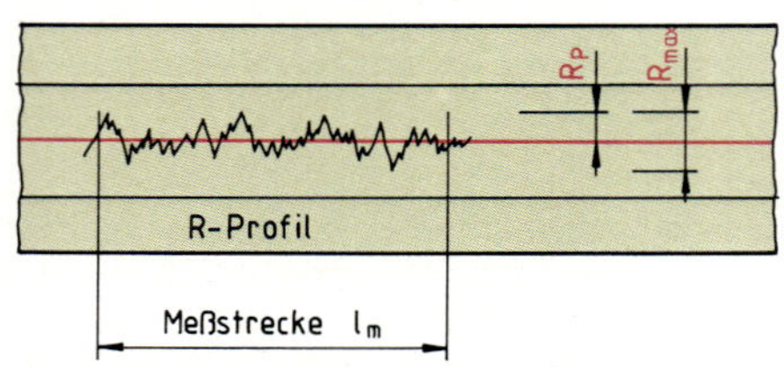

Maximale Rauhtiefe R_{max} und Glättungstiefe R_p

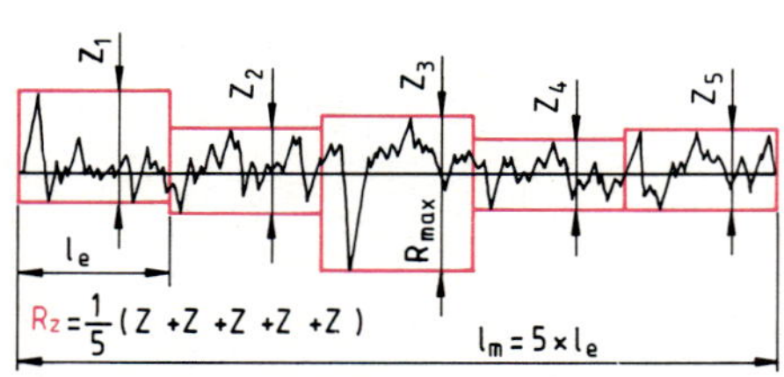

Gemittelte Rauhtiefe R_z

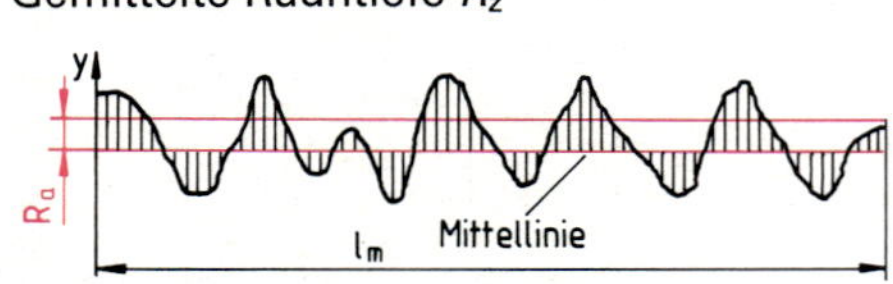

Mittenrauhwert R_a

Für spezielle Anforderungen an die Beschaffenheit von Werkstückoberflächen stehen noch bis zu 20 weitere Meßgrößen, z. B. Traganteil, Riefenzahl usw. zur Verfügung.

Toleranzangaben zur Oberflächenrauheit

Neben den Angaben über Maß-, Form- und Lagetoleranzen müssen technische Zeichnungen auch **Informationen über die Oberflächenbeschaffenheit** enthalten, wenn dies die Funktionsfähigkeit des Werkstücks erfordert. Hierzu wird die betreffende Oberfläche mit einem Grundsymbol versehen. Eine ergänzende Zahlenangabe gibt dann den größten zulässigen Mittenrauhwert R_a in µm an, zwei Zahlenangaben über dem Grundsymbol kennzeichnen den Toleranzbereich für $R_{a_{min}}$ und $R_{a_{max}}$. Anstelle der Zahlen können beim Mittenrauhwert R_a auch die Rauhigkeitsgrade N1 bis N12 stehen.

Werden andere Rauheitsmeßgrößen als R_a herangezogen, so muß beim Grundsymbol außer der Zahlenangabe über die größte zulässige Rauheit auch die entsprechende Meßgröße stehen, z. B.: R_z = 0,4.

	Eine Oberfläche mit Angabe der größten zulässigen Rauheit R_a von 3,2 µm	Eine Oberfläche mit Angabe der größten R_a = 6,3 µm und kleinsten R_a = 1,6 µm zulässigen Rauheit
Entfernung von Material ist freigestellt	3,2 oder N8	6,3 / 1,6 oder N9 / N7
Entfernung von Material ist gefordert	3,2 oder N8	6,3 / 1,6 oder N9 / N7
Entfernung von Material ist unzulässig	3,2 oder N8	6,3 / 1,6 oder N9 / N7

Beispiele für Oberflächenangaben

Aufgaben zur Wiederholung und Vertiefung

1. Wie unterscheiden sich bei einem Meßgerät analoge und digitale Signalverarbeitung?
2. Beschreiben Sie die Übertragungsstrecke eines opto-elektronischen Meßgeräts mit eingebautem Glasmaßstab!
3. Welche Meßgeräte eignen sich für ein berührungsloses Messen?
4. Erklären Sie Aufbau und Meßprinzip von induktiv und pneumatisch arbeitenden Meßgeräten!
5. Wozu dienen Parallelendmaße?
6. Mit Hilfe eines Endmaß-Normalsatzes soll eine Maßverkörperung mit 34,893 mm zusammengestellt werden.
Welche Endmaße sind erforderlich?
Wie werden sie angeordnet?
7. Nach welchem Prinzip arbeiten Tastschnittgeräte?
8. Für ein Werkstück wird das Nennmaß 100 mm angegeben. Welche Toleranz ist einzuhalten und welche Grenzmaße sind einzuhalten, wenn nach den Allgemeintoleranzen, Genauigkeitsgrad FEIN, gearbeitet werden soll?
9. Was versteht man unter den Begriffen positive Passung, negative Passung, Mindestpassung und Höchstpassung?
10. Was bedeutet die Angabe 40^{E9} nach dem ISO-Toleranzsystem?
11. Wovon hängt die Größe des Toleranzfeldes beim ISO-Toleranzsystem ab?
12. Geben Sie die Buchstaben für Bohrungs- und Wellentoleranzfelder an, die über der Nullinie des Nennmaßes liegen!
13. Geben Sie für folgende Passungen Nennmaße, Abmaße, Grenzmaße, Toleranzen sowie Mindestpassung, Höchstpassung und Paßtoleranz an:
$8\,\frac{H8}{x8}$ $15\,\frac{H7}{n6}$ $26\,\frac{F8}{h6}$ $32\,\frac{D10}{h9}$
14. Ordnen Sie die in der letzten Frage angegebenen Passungen dem System Einheitsbohrung bzw. Einheitswelle zu und nennen Sie die Vorteile des jeweiligen Systems.
15. Bei einer Großserie soll das Paßmaß 35_{r6} des abgebildeten Werkstücks überprüft werden.
Schlagen Sie geeignete Prüfmittel vor und begründen Sie Ihre Entscheidung!

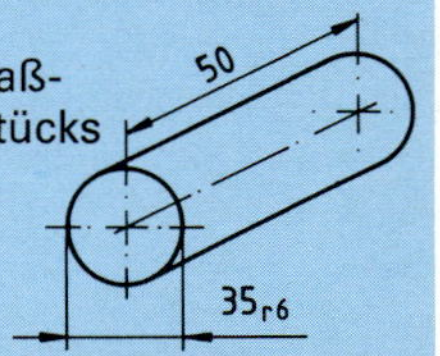

16. Mit welchen Angaben muß die Zeichnung der letzten Aufgabe ergänzt werden, wenn die Zylinderformtoleranz die Hälfte der Maßtoleranz betragen soll?
17. Was bedeuten folgende Angaben in einer technischen Zeichnung?

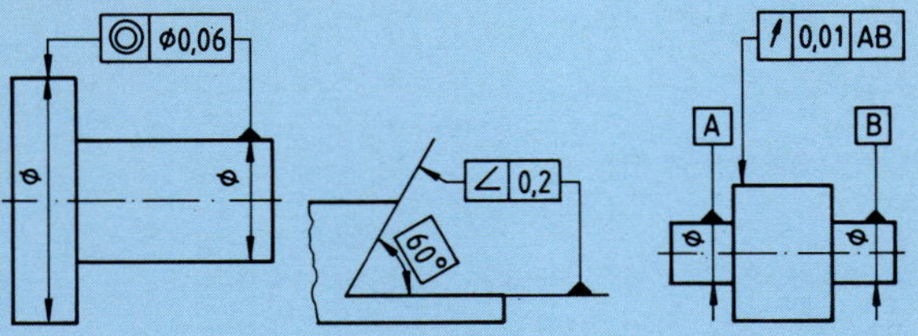

18. Welche Gestaltsabweichungen einer Oberfläche werden zur Überprüfung der Rauhigkeit herangezogen?
19. Zeichnen Sie in das nebenstehende Rauhigkeitsprofil die Größen R_{max}, R_p und R_z ein!

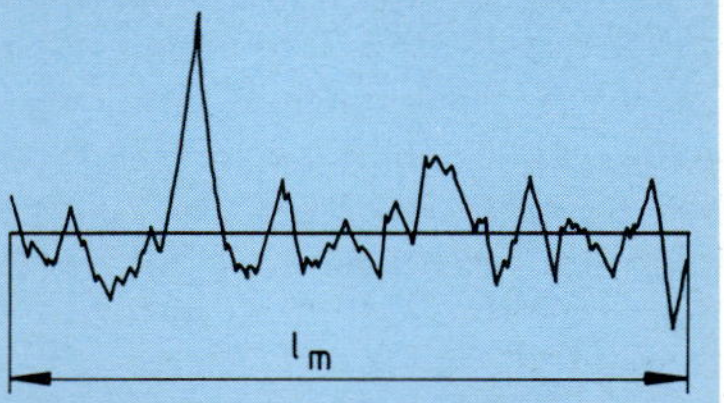

20. Was bedeutet die Angabe N4 in einer technischen Zeichnung?

2 Fertigungstechnik

2.1 Zerspanungstechnik

2.1.1 Funktionszusammenhänge beim Zerspanen Grundlagen des Zerspanungsvorganges

Bei den Bearbeitungsverfahren der spanenden Fertigung unterscheidet man nach der Form der Werkzeugschneide zwei Gruppen:

Beim Drehen, Fräsen, Bohren, Senken, Reiben usw. werden Werkzeuge verwendet, deren Schneidenform und -winkel genau festgelegt sind (Keilform). Man spricht daher von Bearbeitungsverfahren mit **geometrisch bestimmter Schneide.**

Wird ein Werkstück z. B. durch eine Schleifscheibe bearbeitet, so lassen sich bei diesem Verfahren die Winkel der Schneidkeile nicht eindeutig bestimmen. Man spricht daher vom Spanen mit **geometrisch unbestimmter Schneide.**

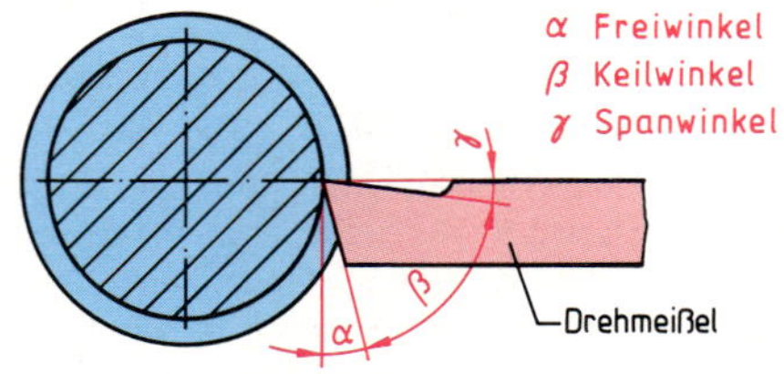

Spanen mit geometrisch bestimmter Schneide

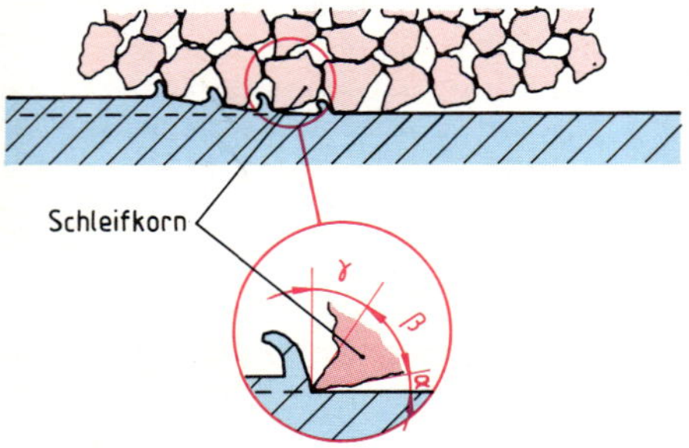

Geometrisch unbestimmte Schneide

Bewegungen an Werkzeugmaschinen

Beim Zerspanungsvorgang dringt die keilförmige, harte Werkzeugschneide in das Werkstück ein und trennt dabei Späne ab. Zur Spanabnahme sind daher **Bewegungen zwischen Werkzeug und Werkstück** erforderlich, die als **Arbeitsbewegungen** bezeichnet werden. Diese können je nach Bearbeitungsverfahren vom Werkzeug oder Werkstück ausgeführt werden. Zu den Arbeitsbewegungen zählt man:

- Schnittbewegung (Hauptbewegung)
- Vorschubbewegung
- Anstellbewegung
- Zustellbewegung
- Rückstellbewegung

Durch das Zusammenwirken dieser Bewegungen, insbesondere der Schnitt- und Vorschubbewegung, wird das Bearbeitungsergebnis entscheidend beeinflußt.

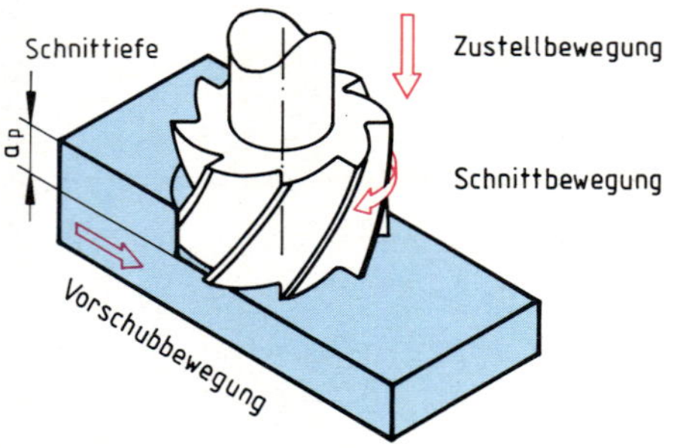

Bewegungen beim Fräsen

Schneidengeometrie und Spanbildung

- Begriffe am Schneidkeil

Bei allen Werkzeugen ist die Schneide keilförmig ausgebildet. Dieser Schneidkeil muß aus hartem und trotzdem zähem Werkstoff gefertigt sein, damit er gut in das Werkstück eindringen kann, ohne dabei zu sehr zu verschleißen.

Wenn der Keil in das Werkstück eindringt, entsteht ein Span, der an der **Spanfläche** des Keiles abläuft. Die Seite des Keiles, die der Schnittfläche zugewandt ist, bezeichnet man als **Freifläche**. Freifläche und Spanfläche bilden zusammen den **Schneidkeil**. Die **Hauptschneiden** leisten die eigentliche Spanungsarbeit, bei ihnen weist der Schneidkeil in Vorschubrichtung. Die Schneiden, die nicht in Vorschubrichtung weisen, werden als **Nebenschneiden** bezeichnet. Sie leisten keine Spanungsarbeit.

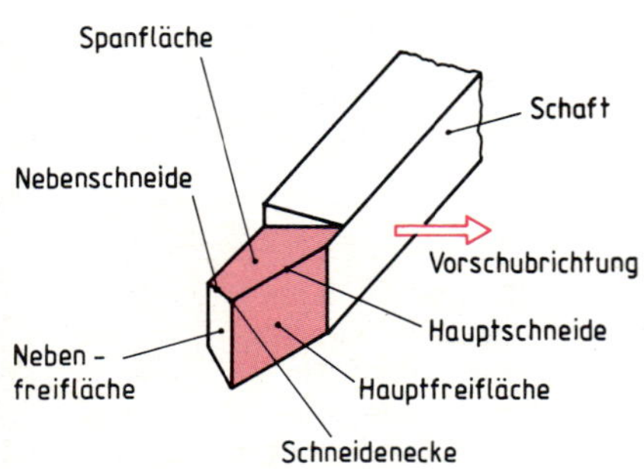

Begriffe am Schneidkeil

• Winkel am Schneidkeil

Die Form des Schneidkeils wird durch die Winkel am Schneidkeil bestimmt. Die Winkel an der Werkzeugschneide werden nach DIN 6581 gekennzeichnet.

Der **Keilwinkel** β (beta) ist der Winkel zwischen den Keilflächen der Schneide. Seine Größe hängt von der Festigkeit des zu zerspanenden Materials ab. Je größer diese ist, um so größer muß der Keilwinkel gewählt werden.

Der Winkel zwischen Werkstückoberfläche und der Freifläche des Schneidkeils wird als **Freiwinkel** α (alpha) bezeichnet. Je größer der Freiwinkel ist, desto geringer ist die Reibung zwischen Werkzeug und Werkstück; die Schneide erwärmt sich dadurch nicht so stark. Für das Spanen von Metall haben sich Freiwinkel von 6° bis 8° als günstig erwiesen.

Der Winkel zwischen der Senkrechten auf die Schnittfläche und der Spanfläche des Schneidkeils wird als **Spanwinkel** γ (gamma) bezeichnet. Er beeinflußt in erster Linie die Spanbildung. Je härter der Werkstoff ist, desto kleiner wird der Spanwinkel gewählt.

Spanwinkel, Keilwinkel und Freiwinkel bilden zusammen immer einen Winkel von 90°.

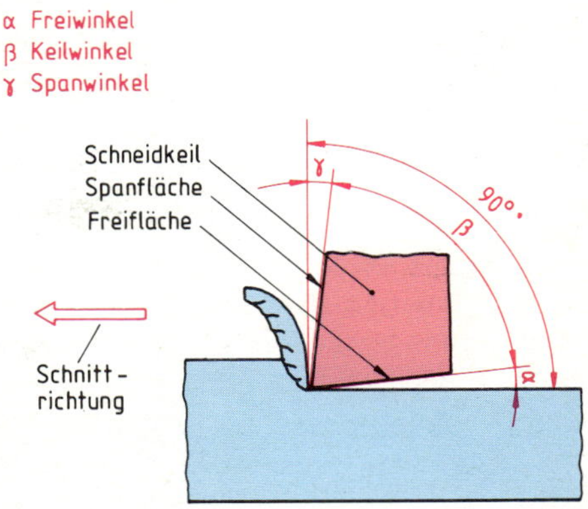

Winkel am Schneidkeil

Frei-winkel	+	Keil-winkel	+	Span-winkel	=	90°
α	+	β	+	γ	=	90°

• Spanarten

Die beim Zerspanen aus dem Werkstück herausgetrennten Teilchen heißen Späne. Das Aussehen der Späne ist von verschiedenen Einflußgrößen abhängig, so z. B. von der Schneidengeometrie und vom zerspanten Werkstoff. Die erzielte Oberflächengüte ist wiederum von der Spanart abhängig.

Man unterscheidet drei Arten von Spänen:

Ein langer, zusammenhängender Span wird als **Fließspan** bezeichnet. Er entsteht bei der Zerspanung von zähen und weichen Werkstoffen sowie bei der Bearbeitung mit hohen Schnittgeschwindigkeiten und großem Spanwinkel. Die erforderliche Schnittkraft beim Fließspan ist gering. Wegen der damit erzielbaren Oberflächengüte ist der Fließspan erwünscht. Nachteile der Fließspäne liegen darin, daß sie vom Bediener der Maschine entfernt werden müssen (Unfallgefahr!). Sie behindern den Arbeitsprozeß und beschädigen möglicherweise die Oberfläche.

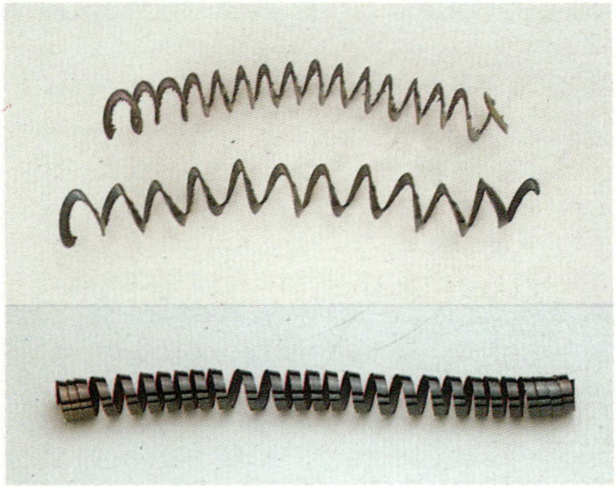
Fließspan

Scherspäne bilden sich, wenn die aus dem Werkstück herausgetrennten Werkstoffteilchen nur teilweise zusammenhängend bleiben. Sie bilden sich besonders bei zäheren Werkstoffen, mittleren Schnittgeschwindigkeiten und kleinem bis mittlerem Spanwinkel. Die erzielte Oberflächengüte ist nicht so gut wie die beim Fließspan erreichte, dafür wird der Arbeitsvorgang an der Maschine nicht behindert.

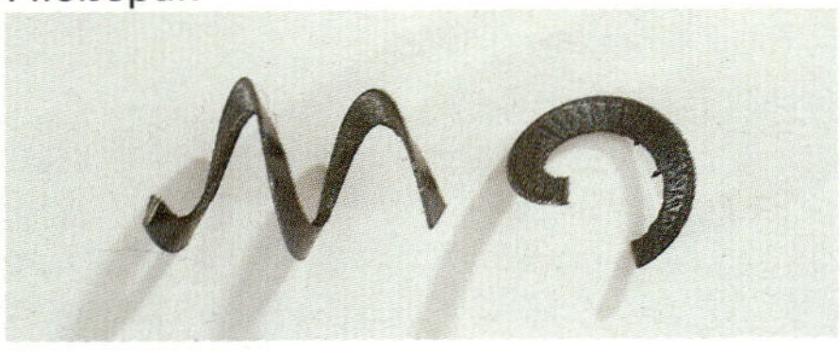
Scherspan

Ein sehr kurzer, unregelmäßiger Span wird als **Reißspan** bezeichnet. Weil die Werkstoffteilchen aus dem Werkstück herausgerissen werden, ist die erreichte Werkstückoberfläche sehr rauh. Er bildet sich besonders bei spröden Werkstoffen, aber auch beim Arbeiten mit großer Schnittiefe, niedriger Schnittgeschwindigkeit und kleinem Spanwinkel. Die erforderliche Schnittkraft ist groß. Durch den kurzen Span wird der Arbeitsvorgang aber nicht behindert.

Reißspan

Wegen der erreichten Oberflächengüten sind Fließspäne erwünscht. Dagegen sollte der Span aber so kurz sein, daß er den Maschinenbediener und den Fertigungsablauf nicht behindert.

Günstige Spanformen können u. a. dadurch erreicht werden, daß die Werkzeuge mit einer sogenannten **Spanleitstufe** oder einem **Spanformer** ausgestattet sind. Durch Legieren des Stahles mit geringen Anteilen von Schwefel erreicht man einen Werkstoff mit kurzbrechenden Spänen (Automatenstahl).

Die folgende Übersicht verdeutlicht, welche Einflüsse die verschiedenen Spanarten auf die Schnittbedingungen und die Arbeitsergebnisse haben.

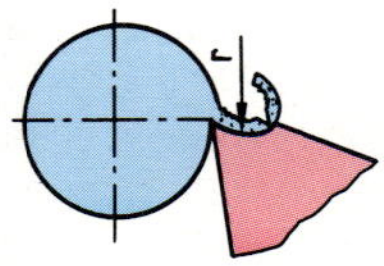
Spanleitstufe

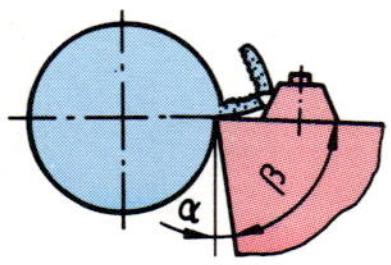
Spanformer

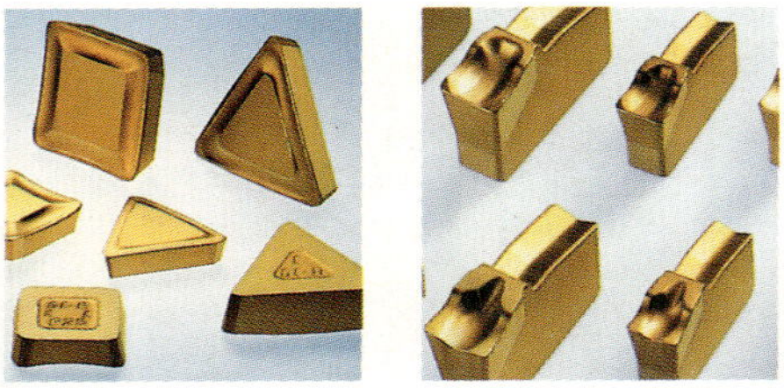
Wendeschneidplatten mit und ohne Spanleitstufe

Spanarten	Schnittbedingungen	Arbeitsergebnisse
Fließspan	zähe, weiche Werkstoffe z. B.: Al, Al-Legierungen hohe Schnittgeschwindigkeit großer Spanwinkel	glatte Oberflächen geringe Schnittkraft lange Späne stören den Arbeitsablauf
Scherspan	zähere Werkstoffe z. B.: Stahl, Stahlguß mittlere Schnittgeschwindigkeit kleiner bis mittlerer Spanwinkel	geringere Oberflächengüte geringe Schnittkraft Späne stören den Arbeitsablauf nicht
Reißspan	spröde Werkstoffe z. B.: Messing, Gußeisen niedrige Schnittgeschwindigkeit kleiner Spanwinkel	rauhe Werkstückoberflächen große Schnittkraft Späne stören den Arbeitsablauf nicht.

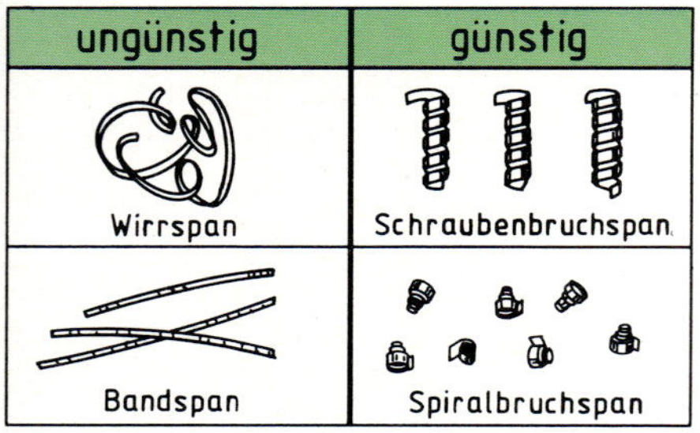

Spanformen

Eingangskenngrößen und Ausgangskenngrößen

Beim Zerspanen spielen eine Vielzahl von einander abhängigen Einflußgrößen eine Rolle, die das Arbeitsergebnis bestimmen. Die Größe der Schnittgeschwindigkeit beeinflußt z. B. die Oberflächengüte bzw. die Spanform.
Alle die Größen, die den **Bearbeitungsprozeß** bestimmen, werden als **Eingangskenngrößen** bezeichnet. Die **Ergebnisse der Bearbeitung** sind die **Ausgangskenngrößen.**
So kann der Fachmann durch geeignete Wahl von Eingangskenngrößen (Schnittgeschwindigkeit, Vorschub, Schneidstoff usw.) erreichen, daß bestimmte Ausgangskenngrößen, z. B. kurze Späne, hohe Oberflächengüte, erzielt werden.

Eingangskenngrößen	⇨ Zerspanungsvorgang ⇨	Ausgangskenngrößen
Vorschub *f* Schnittiefe *a* Schnittgeschwindigkeit V_c Zerspanbarkeit des Werkstückes Schneidstoff Kühlschmiermittel		Oberflächengüte Spanbildung Spanform Standzeit Fertigungskosten Fertigungszeit

- Eingangskenngrößen

Zerspanungsgrößen

Um eine Spanabnahme an der Werkzeugmaschine zu erreichen, müssen Schnittiefe *a* und Vorschub *f* eingestellt werden.
Die Größe des Vorschubs wird in mm pro Umdrehung angegeben. Bei mehrschneidigen Werkzeugen, z. B. bei Fräsern, gibt man den Vorschub auch in mm pro Zahn an.

Die Größe des einzustellenden Vorschubs richtet sich nach:
- dem Schneidstoff
- dem zu zerspanenden Werkstoff
- dem Fertigungsverfahren
- der gewählten Schnittgeschwindigkeit
- der geforderten Oberflächengüte
- der Menge des abzutragenden Werkstoffs.

Richtwerte für den einzustellenden Vorschub und die Schnittiefe erhält man aus Tabellen.

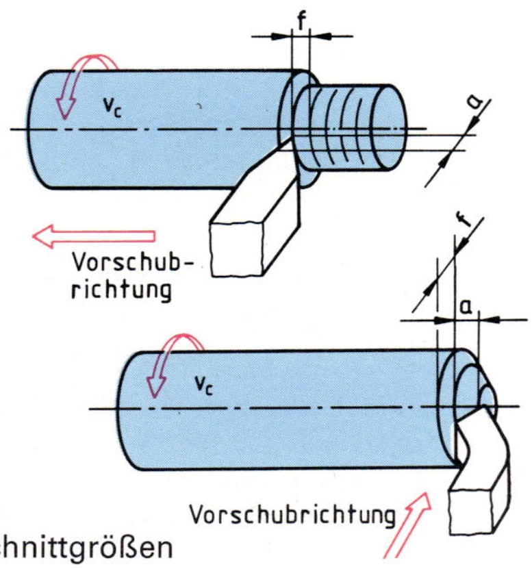

Schnittgrößen

Mit der Schnittiefe a und dem Vorschuf f kann man die Größe des Spanungsquerschnitts A berechnen. Mit Hilfe des Spanungsquerschnitts können die Schnittkraft und das Zeitspanungsvolumen berechnet werden. Die Form des Spanungsquerschnitts wird durch die Wahl des Einstellwinkels bestimmt.

Spanungsquerschnitt $A = f \cdot a \quad [A] = \text{mm} \cdot \text{mm} = \text{mm}^2$

Zeitspanungsvolumen $Q = A \cdot v_c$

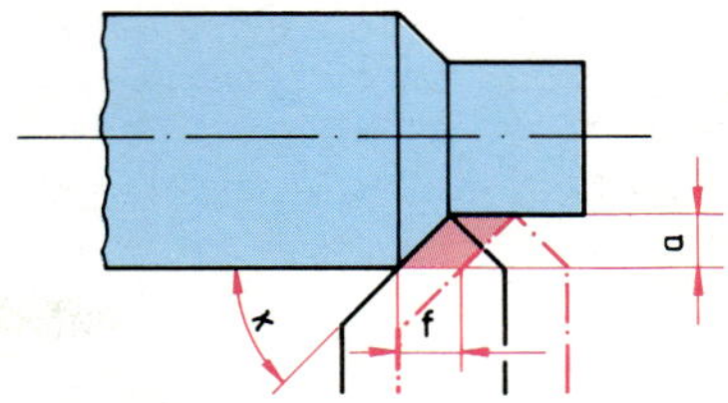

Schnittgrößen

Die Geschwindigkeit der Schnittbewegung bezeichnet man als Schnittgeschwindigkeit v_c. Ihre Einheit ist beim Drehen, Bohren und Fräsen m/min (auch : min^{-1}), beim Schleifen meist m/s.

Bei Fertigungsverfahren mit kreisförmiger Schnittbewegung berechnet man die Schnittgeschwindigkeit nach folgender Formel:

Schnittgeschwindigkeit bei kreisförmiger Schnittbewegung

$v_c = d \cdot \pi \cdot n \quad (n = \text{Umdrehungsfrequenz})$

Beispiel
Ein Drehteil wird mit der Umdrehungsfrequenz $n = 200\ \text{min}^{-1}$ gedreht. Wie groß ist die Schnittgeschwindigkeit, wenn der Drehdurchmesser $d = 140$ mm beträgt?

$$v_c = \frac{d \cdot \pi \cdot n}{1000}$$

$$v_c = \frac{140\ \text{mm} \cdot 3.14 \cdot 200\ \text{min}^{-1}}{1000}$$

$$v_c = 87.9\ \text{m/min}$$

Ist die Schnittbewegung geradlinig wie bei den Zerspanungsverfahren Hobeln und Stoßen, so berechnet man die mittlere Schnittgeschwindigkeit nach folgender Formel:

mittlere Schnittgeschwindigkeit bei geradliniger Schnittbewegung

$$v_c = \frac{2 \cdot L}{t} = 2 \cdot L \cdot n$$

L = Hublänge
t = Zeit pro Doppelhub
n = Doppelhubzahl

Die Wahl der Schnittgeschwindigkeit v_c hängt hauptsächlich ab von
- der Zerspanbarkeit des Werkstoffes
- vom verwendeten Schneidstoff
- vom Fertigungsverfahren
- von der gewünschten Oberflächengüte.

Ebenso wie Richtwerte für den Vorschub bekommt man geeignete Werte für die Schnittgeschwindigkeiten aus Tabellen und Diagrammen. Steht die Schnittgeschwindigkeit fest, so kann nach obigen Formeln die Umdrehungsfrequenz bzw. die Hubzahl berechnet werden.

Werkstoff	Schruppen a) Schlichten b)	Schnellarbeitsstähle (HSS)		
		Schnittgeschwindigkeit v_c in m/min	Vorschub f in mm	Spanungstiefe a in mm
Weicher Stahl z. B. St42, St50	a)	20... 40	1,0	8,0
	b)	50... 60	0,1	0,5
Legierte Stähle	a)	10... 20	0,8	6,0
	b)	20... 30	0,1	0,5
Grauguß	a)	10... 20	1,5	10,0
	b)	40... 50	0,1	0,5
Buntmetalle	a)	50... 70	0,5	6,0
	b)	100...120	0,2	2,0
Leichtmetalle	a)	80...100	0,5	6,0
	b)	100...120	0,1	1,0
Kunststoffe	a)	100...200	0,3	3,0
	b)	150...300	0,1	1,0

Richtwerte für v_c, f und a beim Drehen

Schneidstoffe

Die Werkstoffe, aus denen Schneidwerkzeuge – insbesondere der Schneidkeil – hergestellt werden, bezeichnet man nach DIN 6581 als **Schneidstoffe.**

Weil sie in das zu bearbeitende Material eindringen sollen, müssen sie härter sein als dieses. Wichtig sind darüber hinaus Zähigkeit, Verschleißfestigkeit und Biegefestigkeit.

Schnellarbeitsstähle und **Hochleistungsschnellarbeitsstähle** (HSS) sind hochlegierte Werkzeugstähle (mehr als 5% Legierungsbestandteile). Bis zu einer Temperatur von 600°C behalten sie ihre Schneidhaltigkeit. Sie sind geeignet für hohe Schnittgeschwindigkeiten und Zerspanungsleistungen.

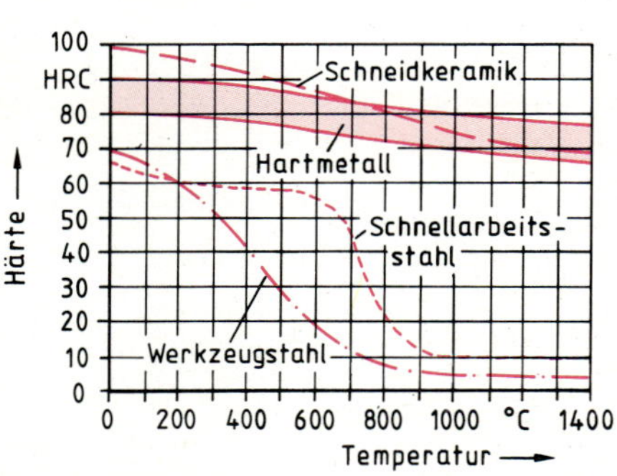

Warmhärte von Schneidstoffen

Hartmetalle werden durch **Verfahren der Pulvermetallurgie** hergestellt. Dabei werden Metallcarbide (Wolfram-, Titan-, Molybdän- und Tantalcarbide) zusammen mit Kobaltmetallpulver als Bindemittel zu einer pulverförmigen Masse vermischt, in die gewünschte Form gepreßt und unterhalb der Schmelztemperatur miteinander verbakken. Dieser Fertigungsschritt wird Sintern genannt.

Hartmetalle sind Schneidstoffe mit hoher Wärmebeständigkeit (bis 900°C). Daher kann mit großen Schnittgeschwindigkeiten gearbeitet werden. Nach Art ihres Einsatzes unterteilt man die Hartmetalle in die **Zerspanungs-Hauptgruppen** P, M und K.

Zusätzlich wird mit Hilfe einer Anhängezahl die Zähigkeit bzw. Verschleißfähigkeit angegeben. Hartmetalle mit einer höheren Anhängezahl haben eine größere Zähigkeit, mit einer niedrigen Anhängezahl eine höhere Verschleißfestigkeit. So eignet sich ein Hartmetall P 10 für langspanende Werkstoffe, bei denen eine hohe Verschleißfestigkeit erforderlich ist.

Oxidkeramische Schneidstoffe schließlich übertreffen die Hartmetalle in ihrer Härte und Verschleißfestigkeit. Sie bleiben bis zu 1500°C schneidaltig. Sie sind jedoch sehr spröde und empfindlich gegen Stöße und Temperaturänderungen.

Hauptgruppe	Kennfarbe	Anwendung
P für langspanende Werkstoffe	blau	*Zum Spanen von:* Stahl, Stahlguß, langspanendem Temperguß
M für lang- oder kurzspanende Werkstoffe	gelb	*Zum Spanen von:* Stahl, Stahlguß, Manganhartstahl, austenitischen Stählen, legierten Gußeisen, Temperguß, Automatenstahl, Leicht- und Buntmetallen
K für kurzspanende Werkstoffe	rot	*Zum Spanen von:* Gußeisen, Hartguß, kurzspanendem Temperguß, gehärtetem Stahl, Nichteisenmetallen, Kunststoffen, Werkzeugen für Umformtechnik

Zerspanungshauptgruppen

Schneidengeometrie

Eine weitere Eingangskenngröße ist die Schneidengeometrie. Sie wirkt sich auf die Spanbildung, die Zerspankraft, die Wärmeabfuhr, das Standvermögen und die Oberflächengüte aus.

Kühlschmiermittel sollen die Reibung zwischen Werkzeug und Werkstück vermindern und die beim Zerspanungsvorgang entstehende Wärme abführen. Zu diesem Zweck verwendet man in Wasser gelöste Öle (Emulsionen) oder, wenn die Schmierwirkung im Vordergrund steht, Schneidöle.

Schneidstoff	Schnittgeschwindigkeit v_c für Stahl
Schnellarbeitsstähle	$30 \ldots 60 \frac{m}{min}$
Hartmetalle (HM)	$40 \ldots 200 \frac{m}{min}$
keramische Schneidstoffe	$100 \ldots 250 \frac{m}{min}$

Schneidstoffe und ihre Schnittgeschwindigkeiten

- Ausgangskenngrößen

Um die Qualität und die Wirtschaftlichkeit einer Arbeit beurteilen zu können, muß man die erzielten Ergebnisse, die Ausgangskenngrößen des Zerspanungsvorganges, betrachten. Hierzu zählen z. B. die Oberflächengüte, Form und Abfluß der Späne, Standzeit des Werkzeuges und die Fertigungskosten.

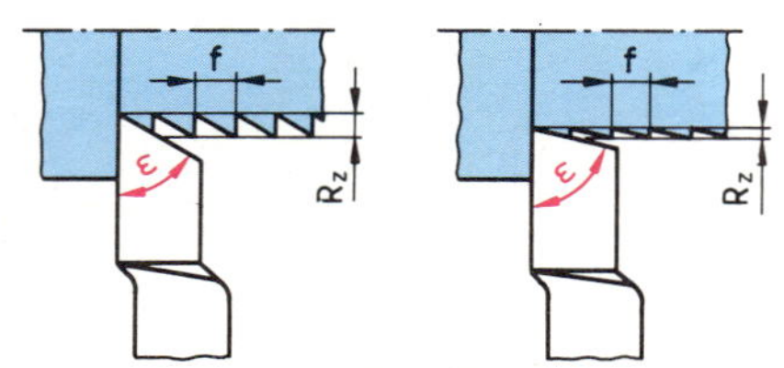

Verkleinerung der Rauhtiefe durch größeren Eckenwinkel ε

Oberflächengüte

Ein Maß für die Oberflächengüte ist die Rauhtiefe R_z. Geringe Rauhtiefen werden unter anderem erreicht durch:

- hohe Schnittgeschwindigkeit v_c
- kleinen Vorschub f
- großen Eckenwinkel ε
- Abrundung der Schneidenecke
- Einsatz von Kühlschmiermitteln.

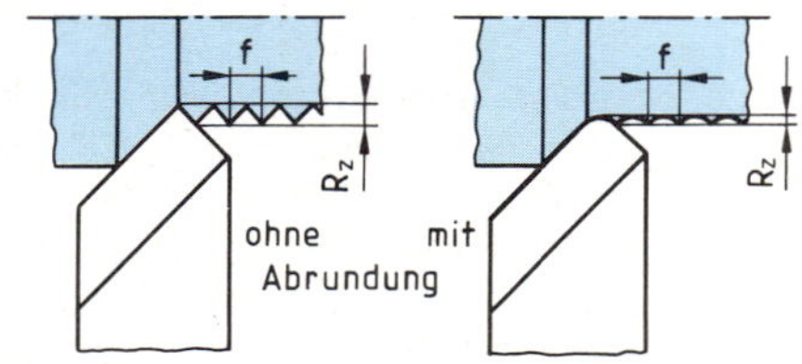

Verkleinerung der Rauhtiefe durch Abrundung der Schneideecke

Je höher die angestrebte Oberflächengüte ist, desto höher sind die Fertigungskosten.

Standzeit

Als Standzeit *T* eines Werkzeuges bezeichnet man die Dauer, die ein Werkzeug zwischen zwei Anschliffen im Eingriff ist.

Das Werkzeug wird hauptsächlich durch die beim Zerspanungsvorgang auftretenden Kräfte und durch die dadurch bedingte Erwärmung der Meißelspitze stumpf. Daher kann eine Verlängerung der Standzeit erreicht werden durch:

- niedrige Schnittgeschwindigkeiten
- kleine Spanungsquerschnitte
- großen Keil- und Eckenwinkel
- geeignete Schneidstoffe
- Kühlschmiermittel.

Durch den großen Keil- und Eckenwinkel wird eine gute Wärmeabfuhr erreicht, die eine geringere Erwärmung der Meißelspitze zur Folge hat. Aus dem gleichen Grund werden Kühlschmiermittel eingesetzt.

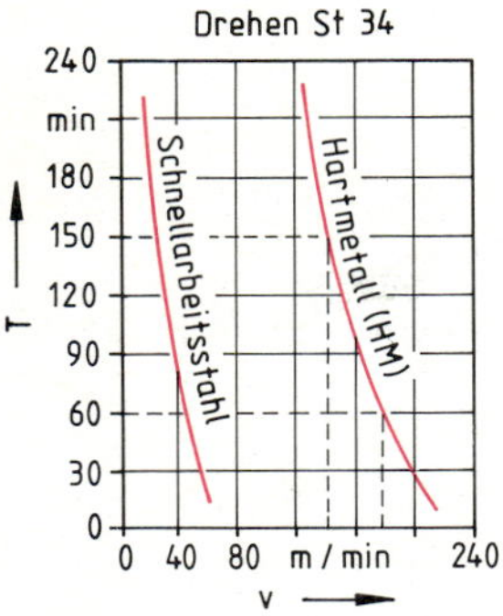

Einfluß der Schnittgeschwindigkeit auf die Standzeit

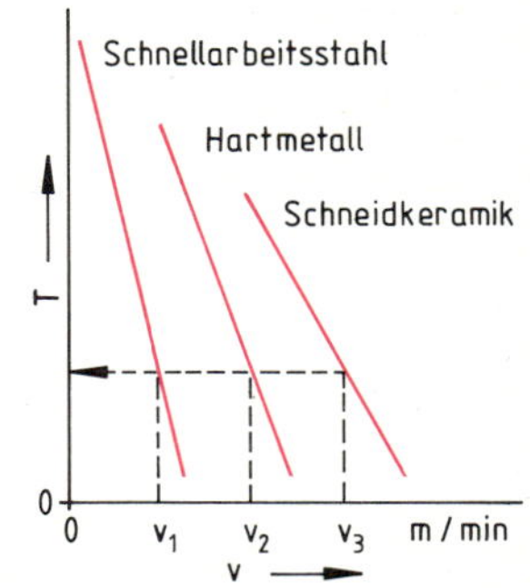

Einfluß von Schneidstoffen auf die Standzeit

Einsatz von Kühlschmiermittel

Aufgaben zur Wiederholung und Vertiefung

1. Tragen Sie Beispiele für das Spanen mit geometrisch bestimmten und geometrisch unbestimmten Schneiden in die Tabelle ein!

Spanen mit	
geometr. bestimmt. Schneiden	geometr. unbest. Schneiden

2. Welche Arbeitsbewegungen unterscheidet man beim Drehen?

3. Beschreiben Sie Eingangs- und Ausgangskenngrößen eines Zerspanungsvorganges!

4. In welchem Zusammenhang stehen die Schneidenwinkel des Werkzeuges mit den Ausgangskenngrößen des Zerspanungsvorganges?

5. Beschreiben Sie, durch welche Maßnahmen jeweils folgende Ausgangskenngrößen beeinflußt werden können:
- Oberflächengüte
- Spanform
- Standzeit.

6. Wovon hängt die Größe der Schnittgeschwindigkeit ab?

7. Ein Drehteil mit einem Durchmesser d = 200 mm wird mit einer Drehfrequenz n = 120 1/min bearbeitet. Die Schnittiefe a beträgt 2 mm, der Vorschub f = 0,3 mm.

a) Berechnen Sie die Schnittgeschwindigkeit v_c.

b) Berechnen Sie den Spanungsquerschnitt A und das Zeitspanungsvolumen Q!

c) Wie ändert sich die Schnittgeschwindigkeit, wenn der Drehdurchmesser geringer wird?

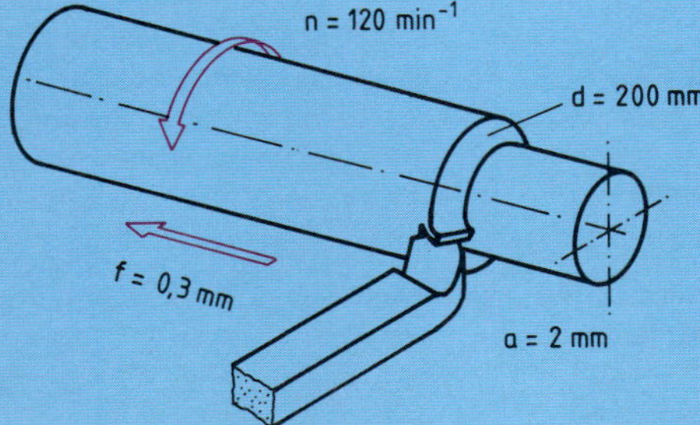

2.1.2 Drehtechnik

Durch das Drehen werden mit kreisförmiger Schnittbewegung rotationssymmetrische Werkstücke (Wellen, Buchsen usw.) gefertigt.
Durch die Verwendung von Zusatzeinrichtungen und Sondermaschinen sind aber auch andere Formen möglich.
Das Werkzeug, der Drehmeißel, hat eine geometrisch bestimmte, keilförmige Schneide. Es ist während der Bearbeitung ununterbrochen im Eingriff.

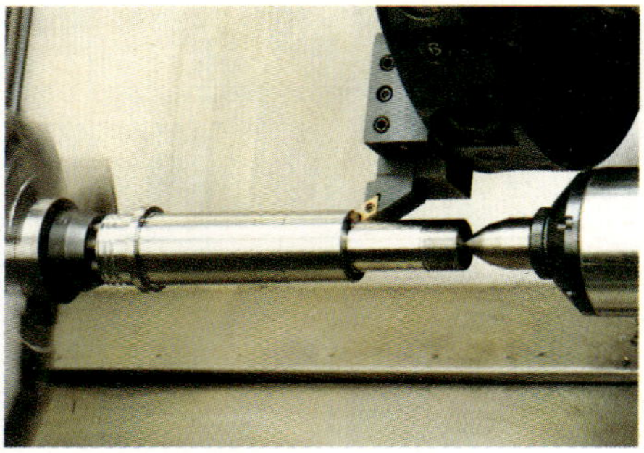

Drehvorgang

Drehvorgang

Die Spanabnahme beim Drehen erfolgt durch das Zusammenwirken von Schnitt- und Vorschubbewegung.
Die kreisförmige **Schnittbewegung** wird in der Regel durch das eingespannte Werkstück ausgeführt. Das Werkzeug, zumeist ein einschneidiger Drehmeißel, führt die geradlinige **Vorschubbewegung** quer zur Schnittrichtung aus.
Durch die dadurch entstehende Relativbewegung zwischen Werkstück und Werkzeug kann die härtere Werkzeugschneide in den weicheren Werkstoff eindringen und einen fortlaufenden Span abtrennen.

Die Spandicke wird durch die **Zustellbewegung** (Schnittiefe) des Werkzeuges bestimmt.

Die Schnittiefe a_p in mm und der Vorschub f in mm (mm pro Umdrehung) lassen sich bei der Drehmaschine direkt einstellen. Die Schnittgeschwindigkeit v_c, mit der sich Werkzeug und Werkstück zueinander bewegen, läßt sich jedoch nur indirekt durch die Wahl einer geeigneten Umdrehungsfrequenz an der Drehmaschine bestimmen.

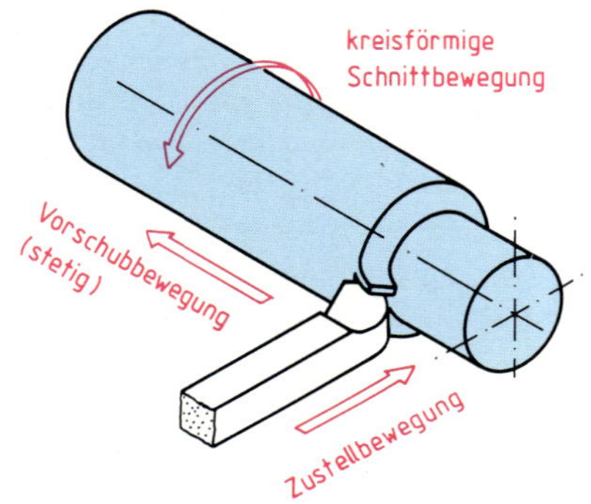

Drehvorgang

Die **Schnittgeschwindigkeit** kann mit der Formel $v_c = d \cdot \pi \cdot n$ berechnet werden, wenn die Umdrehungsfrequenz und der Drehdurchmesser bekannt sind.

Drehverfahren

Beim Drehen entstehen an der Werkstückoberfläche Rillen und Riefen, die die **Oberflächengüte** bestimmen. Gemessen wird die Oberflächengüte durch die Rauhtiefe R_z.

Je nachdem welche Anforderungen an die zulässige Rauhigkeit gestellt werden, wählt man unterschiedliche Drehverfahren.

Möchte man in kurzer Zeit große Spanmengen abtragen, so erhält man eine große Rauhigkeit oder eine geringe Oberflächengüte. Dazu wählt man eine große Schnittiefe, einen großen Vorschub und eine geringe Schnittgeschwindigkeit. Dieses Verfahren ist bekannt unter dem Namen „Schruppen".

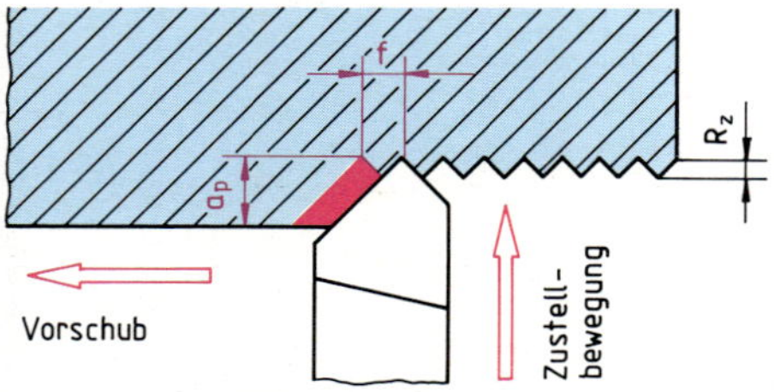

Geringe Oberflächengüte

Wird dagegen eine hohe Oberflächengüte für hohe Form- und Maßgenauigkeit verlangt, so wählt man ein Drehverfahren mit geringer Schnittiefe (Spantiefe) und geringem Vorschub. Durch eine höhere Schnittgeschwindigkeit kann ebenfalls eine bessere Oberflächengüte erreicht werden. Dieses Verfahren heißt „Schlichten".

Besonders hohe Genauigkeitsanforderungen werden durch das Feindrehen erfüllt.

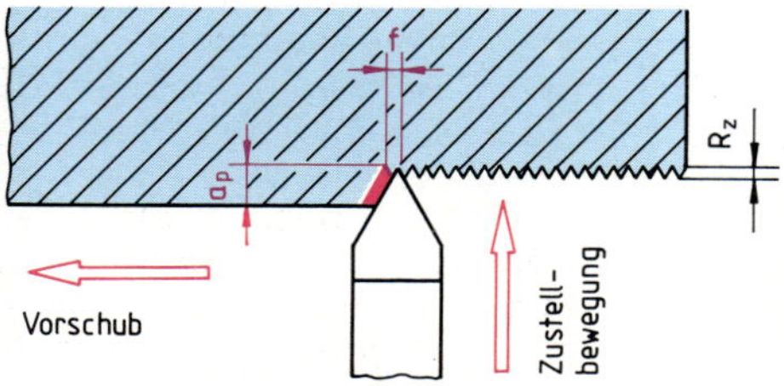

Hohe Oberflächengüte

Je nach Form und Aussehen der erzeugten Bearbeitungsfläche kann man die Drehverfahren einteilen in: Runddrehen, Plandrehen, Schraubdrehen, Wälzdrehen, Profildrehen und Formdrehen.

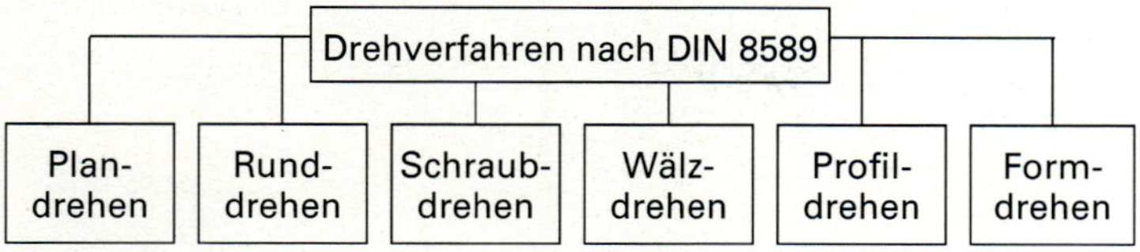

Beim **Plandrehen** wird eine rechtwinklig zur Drehachse liegende Fläche erzeugt. Der Vorschub kann dabei senkrecht oder parallel zur Drehachse erfolgen.

Beim **Runddrehen** wird eine zylindrische Werkstückoberfläche erzeugt. Die Vorschubbewegung erfolgt entweder parallel oder senkrecht zur Drehachse.

Das **Schraubdrehen** dient in erster Linie zur Herstellung von Gewinden auf der Drehmaschine. Dabei wird ein Profilwerkzeug verwendet. Der Vorschub des Werkzeuges entspricht dabei der Steigung des Gewindes.

Beim **Wälzdrehen** führt das Werkzeug gleichzeitig mit der Drehung des Werkstückes eine Wälzbewegung aus.

Außen- oder Innenradien, Kugelformen und kleinere Werkstücke mit Radien werden häufig durch das **Profildrehen** hergestellt. Das Profilwerkzeug hat die Gegenform der zu erreichenden Werkstückform. Der Vorschub kann längs oder quer zur Drehachse erfolgen. Die Breite der Profildrehmeißel ist durch die bei der Bearbeitung auftretenden Kräfte begrenzt.

Das **Formdrehen** ist ein Verfahren, bei dem durch Steuerung der Arbeitsbewegungen an der Drehmaschine die gewünschte Form des Werkstückes hergestellt wird. Eine häufige Anwendung des Formdrehens ist das Kegeldrehen und das Nachformdrehen. Bei CNC-Drehmaschinen wird die Bewegung des Werkzeuges und damit die Form des Werkstückes durch einen Computer gesteuert.

Runddrehen

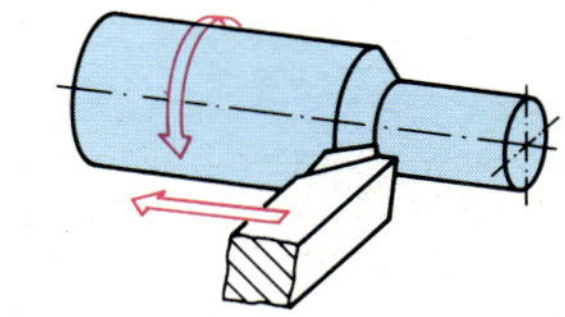

Schraubdrehen

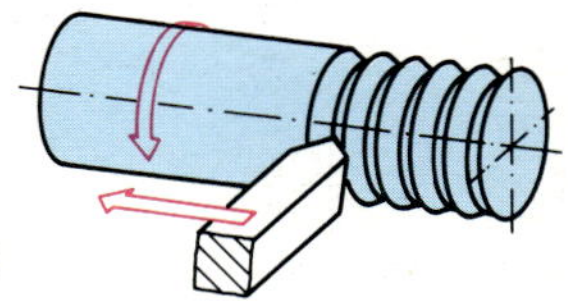

Wälzdrehen

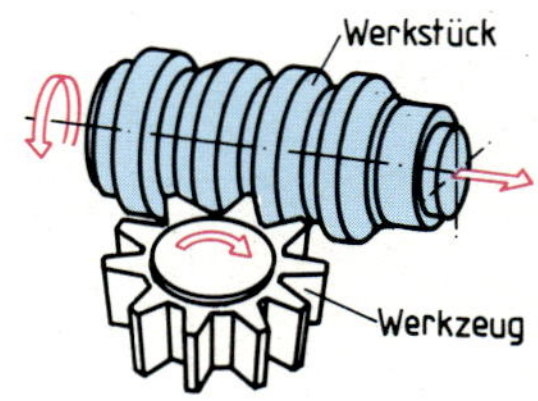

Profildrehen

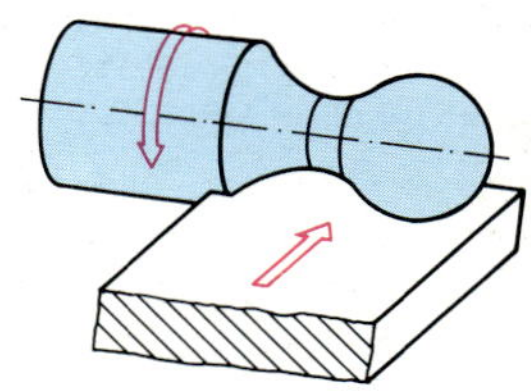

Formdrehen

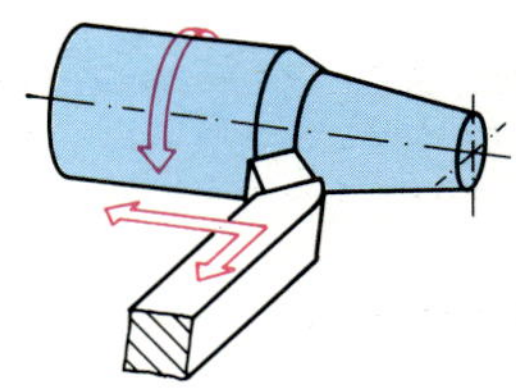

Aufgaben zur Wiederholung und Vertiefung

1. Wodurch werden beim Drehen jeweils die Arbeitsbewegungen ausgeführt?

2. Unterscheiden Sie die Drehverfahren nach
- Art der Fläche, die bearbeitet wird
- Art der Bewegung
- der Werkzeugform
- der Richtung der Vorschubbewegung
- den Werkzeugmerkmalen
- Lage der Bearbeitungsstelle
- Schneidstoff.

3. Wie erfolgt beim Plandrehen die Vorschubbewegung?

4. Das nebenstehend skizzierte Werkstück soll durch geeignete Drehverfahren an einer Drehmaschine hergestellt werden. Wählen Sie die jeweiligen Drehverfahren für die gekennzeichneten Flächen und begründen Sie die Wahl!

5. Welche Auswirkungen hat das Abtragen
- großer Spanmengen und großer Schnittiefe
- geringer Spanmengen und geringer Schnittiefe

auf die Oberflächengüte des Werkstückes?

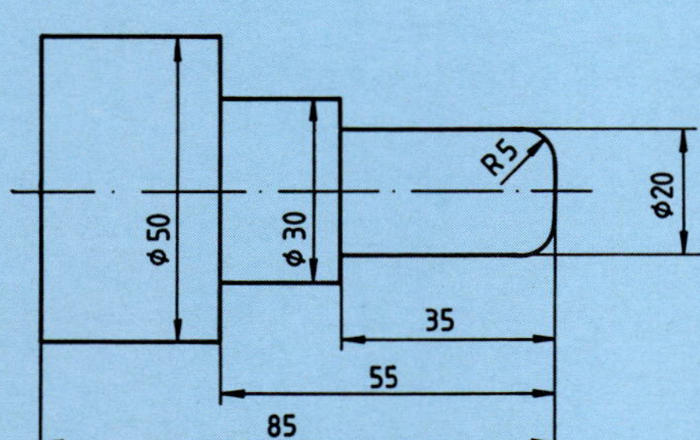

Drehmaschinen

Die wichtigsten Merkmale von Drehmaschinen lassen sich am einfachsten an der Universaldrehmaschine aufzeigen. Mit dieser Maschine lassen sich alle üblichen Dreharbeiten ausführen.

Universaldrehmaschine

Die Größe der Universaldrehmaschine wird durch die Angabe der Spitzenhöhe und der Spitzenweite (Drehlänge) bestimmt. Die **Spitzenhöhe** ist der Abstand zwischen der Bettoberkante und der Mitte der Arbeitsspindel. Der größte zu bearbeitende Drehdurchmesser entspricht also in etwa der doppelten Spitzenhöhe. Die **Spitzenweite** gibt an, welche Werkstücklänge höchstens auf der Maschine bearbeitet werden kann.

Die Angabe 300 mm x 1700 mm beispielsweise gibt an, daß die größte Drehlänge 1700 beträgt und daß Werkstücke mit einem Durchmesser von max. 600 mm bearbeitet werden können.

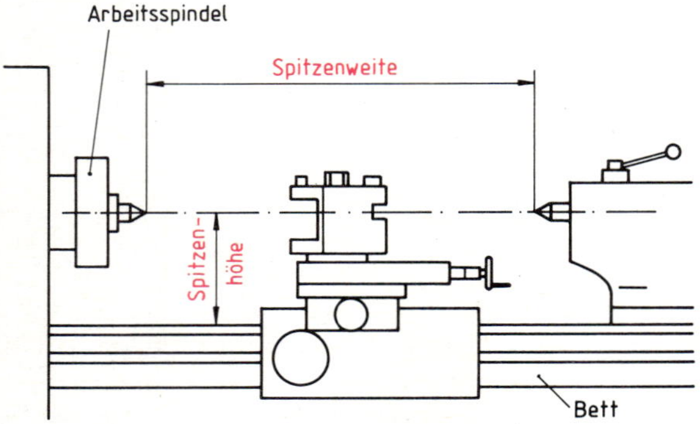

Abmessungen einer Universaldrehmaschine

- Hauptfunktion und Teilfunktion von Drehmaschinen

Hauptfunktion von Drehmaschinen ist der Stoffumsatz.

Um Werkstücke durch das Fertigungsverfahren Drehen herstellen zu können, müssen mehrere Teilfunktionen gewährleistet sein.

Die zur Zerspanung benötigte **Energie** muß **bereitgestellt** und **übertragen** werden. Um das **Werkstück** entsprechend der geforderten Geometrie und Genauigkeit **bearbeiten** zu können, muß der **Werkzeugschlitten verfahrbar** sein und geführt werden. Das **Werkstück** muß in Lage **gespannt** und **gehalten** werden können.

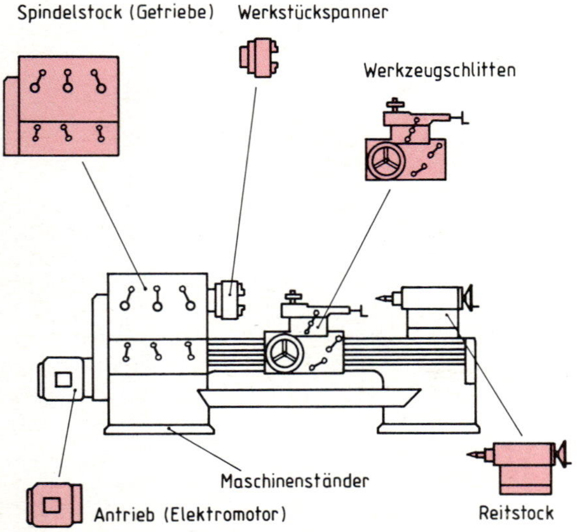

Subsysteme einer Universaldrehmaschine

Teilfunktion: Antreiben

Die zur Spanabnahme erforderliche mechanische Energie wird durch die Antriebseinheit bereitgestellt. In der Regel dienen dazu **Gleichstrom-** oder **Drehstrommotoren.** Die Antriebsleistung des Motors wird in kW angegeben, sie ist ein Richtwert für die größtmögliche Zerspanungsleistung der Maschine.

Teilfunktion: Energieübertragen

Die durch den Elektromotor der Maschine zugeführte Energie muß den Anforderungen des Zerspanungsvorganges angepaßt werden. So muß es z. B. möglich sein, die Umdrehungsfrequenz in weiten Grenzen zu verändern. Hierzu dient das **Hauptgetriebe,** das sich im Spindelstock befindet. Das Hauptgetriebe ermöglicht die Veränderung der Umdrehungsfrequenz. Mit dem Vorschubgetriebe wird die Größe des Vorschubes den Erfordernissen des Zerspanungsvorganges angepaßt. Vom Hauptgetriebe aus wird die Energie auf die **Hauptspindel** übertragen, die ihrerseits die Spannvorrichtung für das Werkstück trägt.

Die Übertragung der Vorschubbewegung vom Vorschubgetriebe zum Werkzeugschlitten erfolgt über die Leitspindel (Gewindedrehen) oder die Zugspindel (alle anderen Dreharbeiten). Als Zugspindel wird eine Welle mit Längsnut oder Sechskantprofil verwendet, die Leitspindel hat ein Trapezgewinde.

Die Größe des Vorschubes wird beim Drehen in mm pro Umdrehung der Hauptspindel angegeben.

Teilfunktion: Energieübertragen

Teilfunktion: Arbeiten

Der **Werkzeugschlitten** ist in der Längsführung des Maschinenbettes verfahrbar. Er ermöglicht eine genaue Positionierung des von ihm geführten Werkzeuges. Der **Bettschlitten** wird auf dem Drehmaschinenbett geführt. Sein Antrieb kann sowohl von Hand (über ein Handrad), über die Leitspindel (beim Gewindedrehen) oder über die Zugspindel erfolgen. Der **Planschlitten**, der rechtwinklig zum Drehmaschinenbett bewegt wird, wird entweder von Hand oder durch die Zugspindel angetrieben. Er dient zur Bewegung des Werkzeuges beim Plandrehen. Der schwenkbare **Oberschlitten** befindet sich auf dem Planschlitten. Er kann meist nur von Hand betätigt werden. Die **Werkzeugspannvorrichtung** ermöglicht ein festes Einspannen des Werkzeuges auf dem Oberschlitten.

Teilfunktion: Arbeiten

Teilfunktion: Stützen und Tragen

Die beim Drehvorgang auftretenden Kräfte werden durch den **Maschinenständer** einer Drehmaschine aufgenommen. Die Lagegenauigkeit des Werkzeugschlittens und des Reitstocks werden durch die Führungsbahnen gewährleistet. Zusätzlich sorgen Gleit- und Wälzlager für eine hohe Lagegenauigkeit. Wegen der auftretenden Kräfte sind die Führungsbahnen und Lager in den Randschichten gehärtet.

Teilfunktion: Stützen und Tragen

Teilfunktion: Spannen

Zum Spannen eines Werkstücks wird Spannenergie zugeführt, die dafür sorgt, daß das Werkstück in der gewünschten Lage gehalten wird.

Zum Spannen runder Werkstücke oder regelmäßiger Vielecke verwendet man **Backenfutter oder Spannzangen**. Zumeist werden an Universaldrehmaschinen Futter mit drei gestuften Backen verwendet (Dreibackenfutter). Die Spannbacken sind meist gehärtet und werden durch ein Plangewinde gemeinsam bewegt. Beim Spannen ist darauf zu achten, daß die Spannbacken nicht zu weit aus dem Futter herausragen, da sie in diesem Falle nur noch unzureichend gehalten werden und die Unfallgefahr erhöhen.

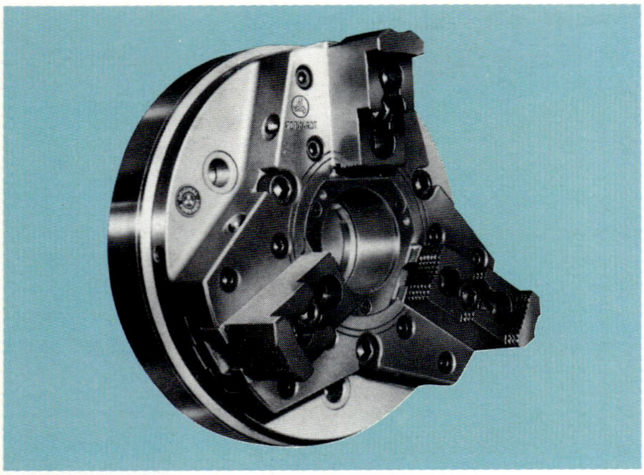

Dreibackenfutter

Unregelmäßig geformte Werkstücke werden mit Hilfe einer **Planscheibe** gespannt. Auf der Planscheibe befinden sich T-Nuten und Langlöcher, die zur Befestigung von Schrauben und Spanneisen dienen. Die durch das Werkstück auftretenden Unwuchten müssen durch entsprechende Gegengewichte ausgeglichen werden.

Längere Werkstücke müssen an ihrem freien Ende zusätzlich geführt werden, weil sie sonst durch die auftretende Zerspankraft zur Seite gedrückt würden. Diese Führung erreicht man durch eine Zentrierspitze, die im Reitstock eingesetzt ist. Man spricht in diesem Fall vom **Spannen zwischen den Spitzen**. Die Drehbewegung wird durch Mitnehmer übertragen. Zur Aufnahme der Zentrierspitze dient eine Zentrierbohrung, die aus einem Zentrierloch und einer Aussenkung von zumeist 60° besteht. Die Zentrierbohrungen werden durch einen Zentrierbohrer hergestellt.

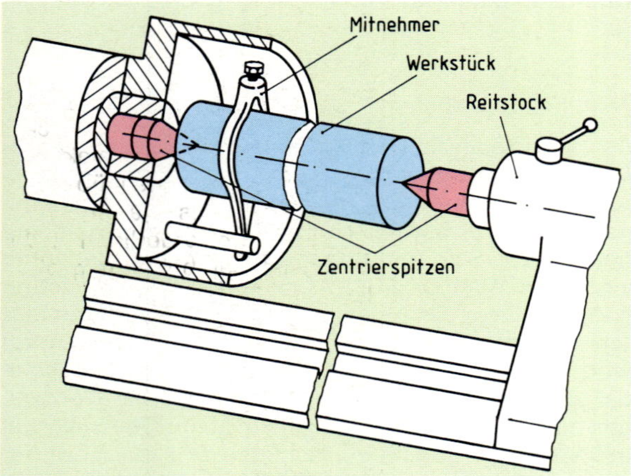

Spannen zwischen den Spitzen

Bei langen, dünnen Werkstücken besteht auch beim Spannen zwischen den Spitzen die Gefahr des Durchbiegens durch die Kräfte, die bei der Bearbeitung auftreten. Diese Durchbiegung kann durch einen Setzstock (Lünette) verhindert werden.

Spannen mit Lünette

- Maschinenarten

Für spezielle Fertigungsaufgaben ist es wirtschaftlich, spezielle Drehmaschinen einzusetzen:

Mechanisch gesteuerte Maschinen

Plan- oder Frontdrehmaschinen setzt man ein, wenn Werkstücke mit geringer Drehlänge und zumeist großen Durchmessern bearbeitet werden sollen. Auf eine Abstützung z. B. durch den Reitstock kann in der Regel verzichtet werden. Auf diesen Maschinen werden beispielsweise große Schwungscheiben oder Bremstrommeln bearbeitet.

Sehr schwere und große Werkstücke werden auf **Senkrecht- oder Karusseldrehmaschinen** bearbeitet. Bei dieser Art von Drehmaschinen liegt die Arbeitsspindel senkrecht, die Planscheibe ist also waagerecht angeordnet. Für besonders große Werkstücke, z. B. Gehäusedeckel großer Maschinen, kann der Drehdurchmesser bis zu 16 m betragen. Mehrere Schlitten ermöglichen die gleichzeitige Bearbeitung verschiedener Stellen am Werkstück mit verschiedenen Werkzeugen.

Plandrehmaschine

Drehautomaten arbeiten nach einem fest vorgegebenen Fertigungsablauf. Der Ablauf der nacheinander erfolgenden Bearbeitungsschritte wird entweder mechanisch durch Kurvenscheiben, pneumatisch, elektrisch oder hydraulisch gesteuert. Vollautomaten übernehmen auch das Spannen der Drehteile, so daß nur noch eine Überwachung der Maschine erforderlich ist. Der Einsatz von Drehautomaten ist nur bei sehr großen Stückzahlen wirtschaftlich.

Mehrspindelautomat

Numerisch gesteuerte Maschinen

Die Entwicklung von leistungsfähigen Kleincomputern hat es ermöglicht, Werkzeugmaschinen von einem Rechner steuern zu lassen. Dadurch wurde eine beachtliche Steigerung der Produktivität und der Genauigkeit erreicht.

Die für die Fertigung des Werkstückes erforderlichen Angaben (Daten) werden der Maschine über eine Tastatur eingegeben. Der eingebaute Computer löst, abhängig von den eingegebenen Daten, die Maschinenbewegungen aus.

Es lohnt sich heute schon, solche numerisch gesteuerten Maschinen (CNC-Maschinen) in der Einzelfertigung einzusetzen. Selbst komplizierte Werkstückformen können relativ einfach hergestellt werden. Auf CNC-Maschinen gehen wir im Kapitel 2.2 CNC-Zerspanungstechnik näher ein.

CNC-gesteuerte Großdrehmaschine

Drehwerkzeuge

Die Vielzahl unterschiedlicher Fertigungsaufgaben an der Drehmaschine erfordert eine breite Palette verschiedener Werkzeuge.

Drehmeißel werden nach verschiedenen Gesichtspunkten gekennzeichnet:

- Nach der **Form des Drehmeißelschaftes** unterscheidet man zwischen geraden, abgesetzten und gebogenen Drehmeißeln. Über ihren Einsatz entscheidet man je nach Zugänglichkeit der Bearbeitungsstelle.
- Nach dem **Ort der Spanabnahme** unterscheidet man Innen- und Außendrehmeißel.
- Nach der **Vorschubrichtung** unterscheidet man Rechts- und Linksmeißel: Einen Drehmeißel, der sich vor der Drehachse befindet und von rechts nach links arbeitet, bezeichnet man als Rechtsmeißel, einen Drehmeißel, der in entgegengesetzter Richtung arbeitet, als Linksmeißel.
- Drehmeißel können mit einem Profil angeschliffen werden. Man unterscheidet **Eck-, Radius-, Einstech- und Gewindedrehmeißel.**

Drehmeißel **ohne Wendeschneidplatten** wurden im Grundstufenband Kap. 2.9.6 behandelt.

Drehmeißel **mit Wendeschneidplatten** sind nach DIN 4983 genormt. Die einzelnen Typen werden mit Hilfe von zehn Kennbuchstaben unterschieden. Beispielsweise steht der erste Kennbuchstabe für die Art der Befestigung der Wendeschneidplatte, der zweite für die Grundform der Wendeschneidplatte und der dritte für die Form des Halters. . .

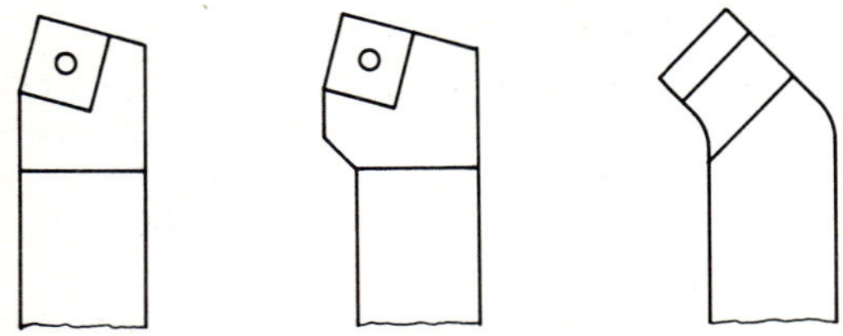

gerader rechter Drehmeißel DIN 4971/ISO 1

abgesetzter rechter Eckdrehmeißel DIN 4978/ISO 3

gebogener rechter Drehmeißel DIN 4972/ISO 2

Meißelformen

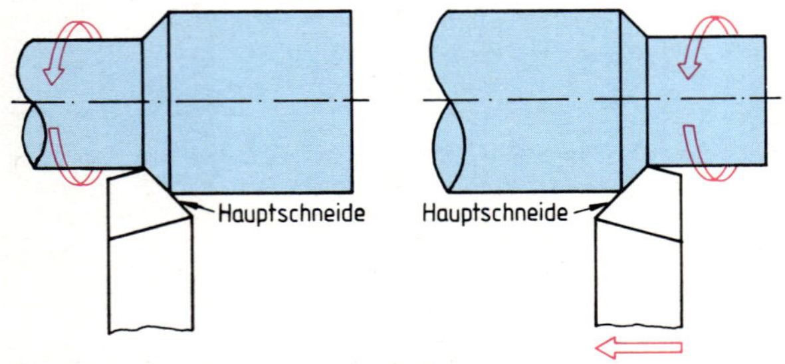

Linker Drehmeißel

Rechter Drehmeißel

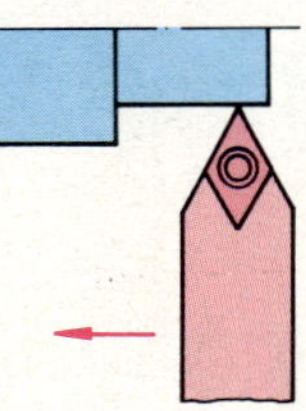

SDN...

S = Wendeschneidplatte durch Bohrung aufgeschraubt
D = Grundform rhombisch
N = Schaft gerade, Seiten-Einstellwinkel $\varkappa_r = 63°$

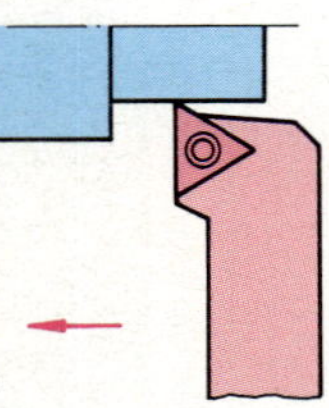

STG...

T = Grundform dreieckig
G = Schaft abgesetzt, $\varkappa_r = 90°$

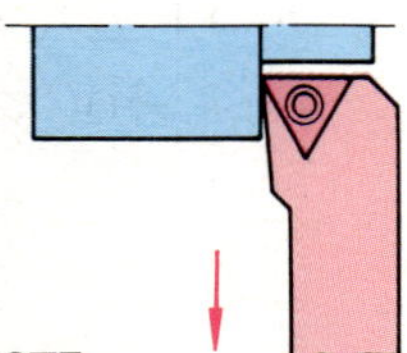

STF...

F = Schaft abgesetzt, $\varkappa_r = 90°$

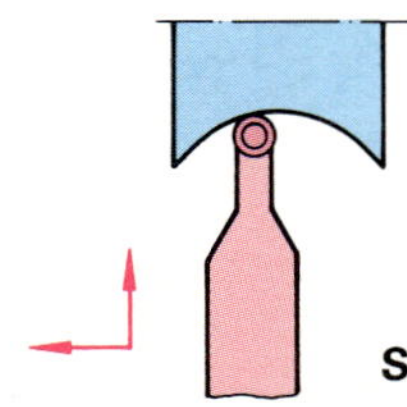

SRD...

R = Grundform rund
D = Schaft gerade, $\varkappa_2 = 45°$

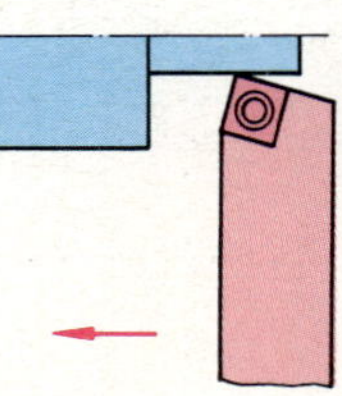

SSB...

B = Schaft gerade, $\varkappa_r = 75°$

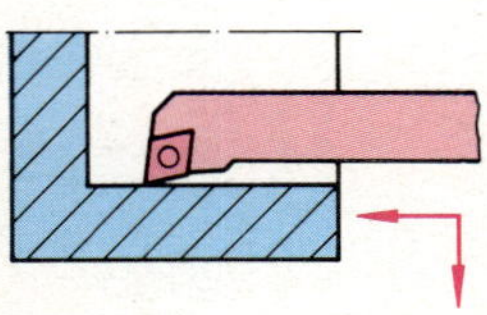

SLC...

L = Grundform rechteckig
C = Schaft gerade, $\varkappa_r = 90°$

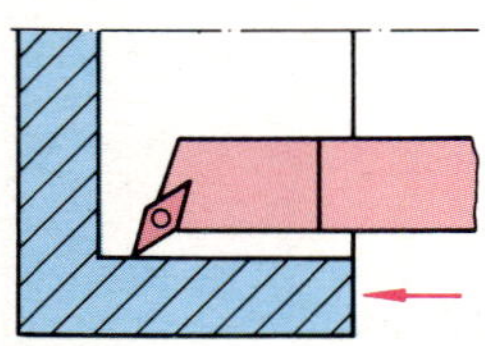

SVU...

V = Grundform rhombisch, $\varepsilon_r = 35°$
U = Schaft abgesetzt, $\varkappa_r = 93°$

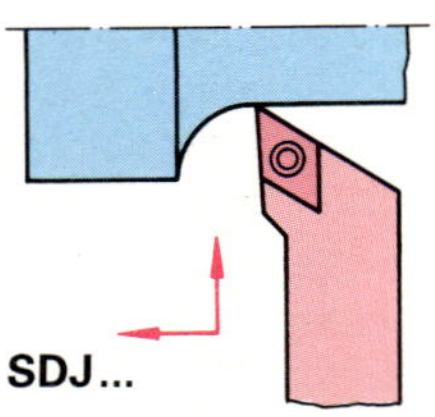

SDJ...

J = Schaft abgesetzt, $\varkappa_r = 93°$

- Spannen der Drehwerkzeuge

Zum Spannen der Drehmeißel verwendet man in der Regel **Schnellwechselhalter** oder **Mehrfachhalter** (Revolverköpfe), die einen raschen Werzeugwechsel erlauben.

Normalerweise werden Drehwerkzeuge „auf Mitte" eingestellt, d. h. die Schneidenspitze befindet sich auf der Höhe der Mittellinie des Werkstückes. Durch ein Einstellen des Außendrehmeißels über Mitte ergibt sich zwar ein kleinerer Freiwinkel (Reibung!), aber ein günstiger Spanwinkel, wodurch die Späne leichter abfließen. Aus diesem Grunde kann das Werkzeug für Längs-Schrupparbeiten geringfügig „über Mitte" eingestellt werden. Niemals soll dagegen das Werkzeug „unter Mitte" eingestellt werden. Auch beim Plandrehen muß die Meißelschneide genau auf der Werkstückmitte stehen.

Zur Einstellung der Höhe verwendet man Unterlagen oder Einstellschrauben.

Damit das Werkzeug sich im Werkzeughalter durch die auftretenden Kräfte nicht verformt, soll es fest, kurz und in der richtigen Höhe eingespannt werden.

Schnellwechsler

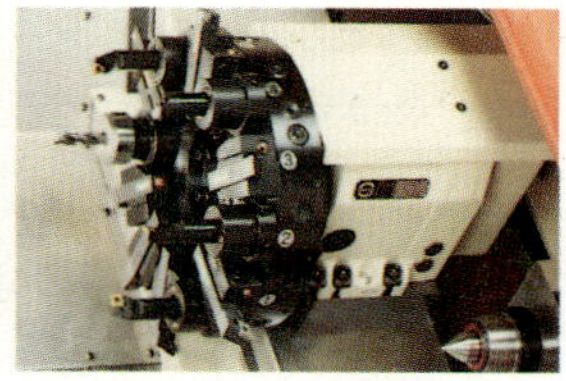
Revolverkopf

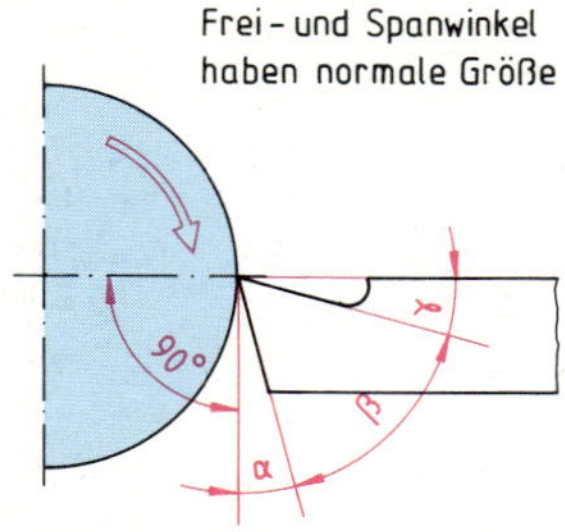

Werkzeug auf Drehmitte

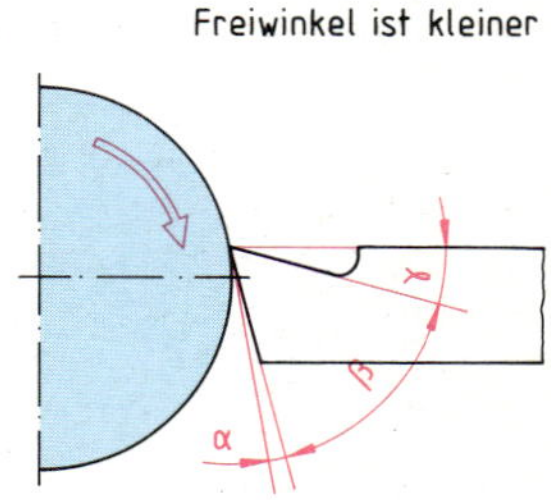

Werkzeug über Drehmitte

Beispiel einer Arbeitsplanung für das Drehen

Ein Zapfen aus St 42 soll auf einer Universaldrehmaschine hergestellt werden. Es wird erwartet, daß das Werkstück maßgenau und mit hoher Oberflächengüte gefertigt wird.
Als Werkzeuge stehen Drehmeißel aus HHS zur Verfügung.

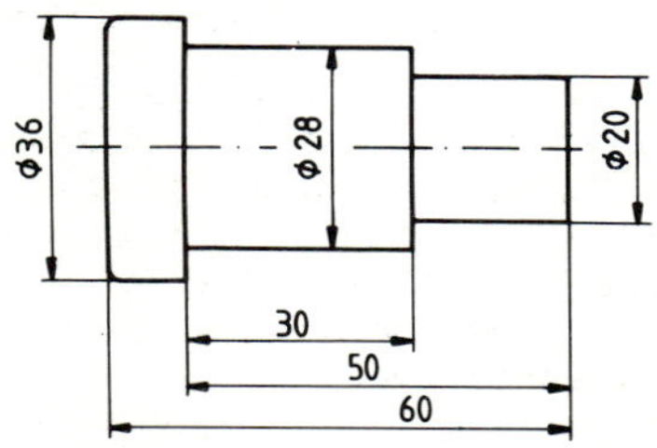

1. Festlegung der Eingangsgrößen

Mit Hilfe der Tabelle erhalten wir die Werte für die wichtigsten Zerspanungsgrößen für ein Werkzeug aus HHS und einen weichen Stahl wie St 42:

	Vorbearbeitung („Schruppen")	Feinbearbeitung („Schlichten")
v_c	50 ... 70 m/min	150 ... 200 m/min
f	1,5 mm	0,1 mm
a	max. 10 mm	1 mm

Werkstoff	Schruppen a) Schlichten b)	Hartmetalle (HM)		
		Schnittgeschwindigkeit v_c in m/min	Vorschub f in mm	Spanungstiefe a in mm
Weicher Stahl, z. B. St 42, St 50	a)	50 ... 70	1,5	10,0
	b)	150 ... 200	0,1	1,0
Legierte Stähle	a)	20 ... 40	1,0	8,0
	b)	50 ... 100	0,1	1,0

Als Werkzeug wählen wir einen rechten abgesetzten Eckdrehmeißel ISO 3. Um eine höhere Standzeit zu erreichen, soll Kühlschmiermittel verwendet werden. Zur Werkstückaufspannung wird ein Dreibakkenfutter eingesetzt.

Bei kreisförmigen Schnittbewegungen wird anhand der festgelegten Schnittgeschwindigkeit die an der Werkzeugmaschine einzustellende Umdrehungsfrequenz ermittelt.

In diesem Beispiel: $v_c = \frac{d \cdot \pi \cdot n}{1000}$ $\qquad n = \frac{1000 \cdot v_c}{d \cdot \pi}$

Vorbearbeitung: $n = \frac{1000 \cdot 50 \text{ m/min}}{36 \cdot \pi}$ $\qquad n = 442$ 1/min

Feinbearbeitung: $n = \frac{1000 \cdot 150 \text{ m/min}}{28 \cdot \pi}$ $\qquad n = 1706$ 1/min

Die Umdrehungsfrequenzen sind je nach Stufung des Hauptgetriebes an der Drehmaschine einzustellen.

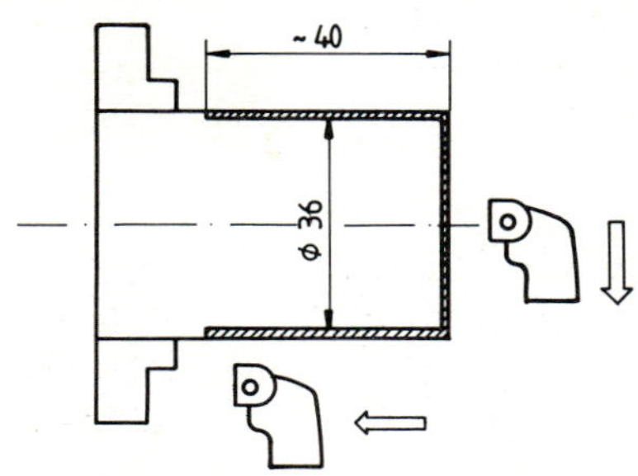

Längsrunddrehen auf ∅ 36

Anschließend umspannen und Querplandrehen auf 60 mm Länge, sowie Längsrunddrehen auf ∅ 36.

2. Aufstellen eines Arbeitsplanes

Als letztes erfolgt die Festlegung der Arbeitsschritte.

Arbeitsgang	Arbeitswerte (lt. Berechnung und Tabelle)	
Rundstahl auf 62 mm absägen	Vorschub f in mm	Schnittgeschwindigkeit v_c in m/min
	je nach Säge	
Querplandrehen mit ISO 3	1,5	50
Längsrunddrehen auf ∅ 36	1,5	50
Umspannen		
Querplandrehen mit ISO 3 auf 60 mm Länge	1,5	50
Längsrunddrehen auf ∅ 36	1,5	50
Vorbearbeiten ∅ 28,5	1,5	50
Vorbearbeiten ∅ 20,5	1,5	50
Feinbearbeiten ∅ 20	0,1	150
Feinbearbeiten ∅ 28	0,1	150
Entgraten, Ausspannen		

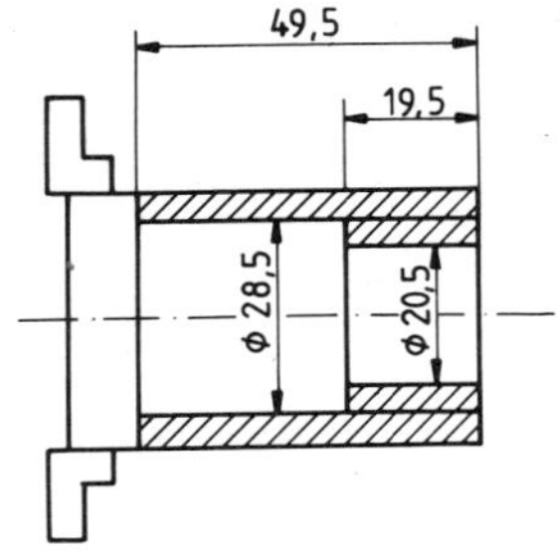

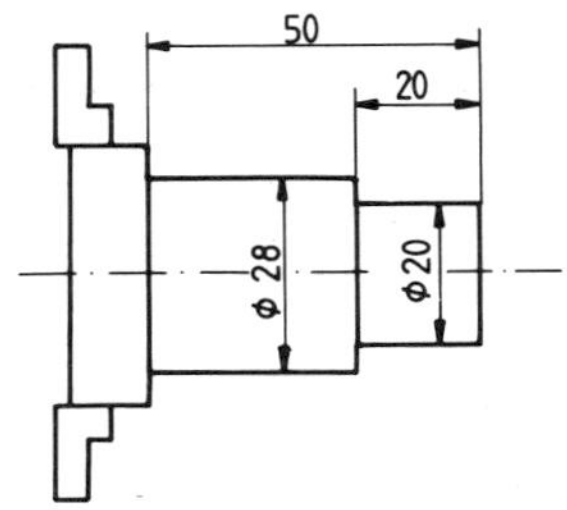

Aufgaben zur Wiederholung und Vertiefung

1. Das untenstehende Werkstück aus St 42 soll durch das Fertigungsverfahren Drehen gefertigt werden. Das Rohteil hat die Abmessungen d = 120 mm, l = 200 mm.
Als Werkzeug steht eine Auswahl hartmetallbestückter Drehmeißel aus HSS zur Verfügung.

a) Welche Bauart der Drehmaschine wäre für diese Arbeit besonders geeignet?

b) Erstellen Sie einen Arbeitsplan des Werkstücks!

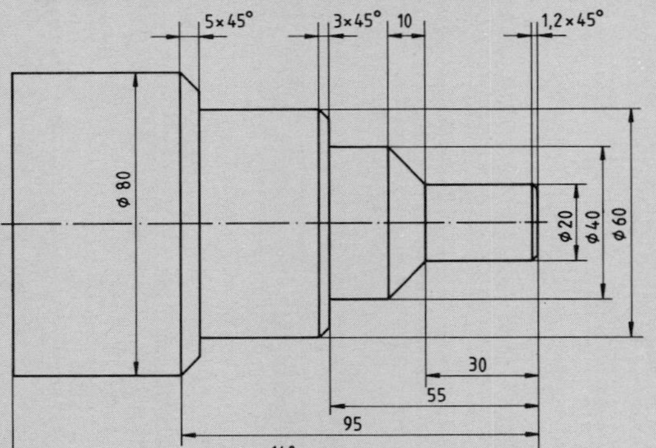

2. Eingangskenngrößen

a) Wonach richten sich die Werte für die Umdrehungsfrequenz, die Schnittiefe und den Vorschub?

b) Berechnen Sie die Umdrehungsfrequenzen für das „Schruppen" und das „Schlichten". Das gestufte Hauptgetriebe hat folgende Einstellmöglichkeiten für die Umdrehungsfrequenzen:
50 – 100 – 200 – 350 – 400 – 500 – 750 –... 1/min
Welche Umdrehungsfrequenzen sind jeweils einzustellen?

c) Berechnen Sie den Spanungsquerschnitt A und das Zeitspanungsvolumen Q! – Welche Schneidenwinkel sind für das Werkstück aus St 42 günstig?

d) Tragen Sie die Arbeitsgänge in ihrer Reihenfolge in eine solche Tabelle ein:

Nr.	Arbeitsgang	Drehverfahren	Werkzeug	Fertigungsdaten
1.	Einspannen des Werkstückes			
2.	Einspannen des Drehmeißels			

3. Ausgangskenngrößen

a) Wodurch werden die Rauhtiefe und die Oberflächengüte des Werkstücks bestimmt?

b) Nennen Sie Möglichkeiten, die Spanform zu beeinflussen. Welche Spanform ist in der Regel erwünscht?

c) Durch welche Maßnahmen kann die Standzeit des Werkzeugs verlängert werden?

d) Wählen Sie geeignete Prüfmittel aus! Beschreiben Sie die Prüfvorgänge während der einzelnen Arbeitsgänge!

e) Welche Unfallverhütungsvorschriften sind bei der Bearbeitung zu beachten?

f) Welches Spannmittel eignet sich zum Spannen des Werkzeugs bzw. des Werkstücks?

2.1.3 Frästechnik

Das Fräsen ist ein spanendes Fertigungsverfahren **mit geometrisch bestimmten Schneiden.** Es dient zur Herstellung vielfältiger Werkstückformen. Die Fräswerkzeuge verfügen im Gegensatz zum Drehmeißel über mehrere Werkzeugschneiden. Man spricht daher von einem **mehrschneidigen Werkzeug.**

Fräsvorgang

Haupt- und Nebenbewegungen

Beim Fräsen führt das Werkzeug die kreisförmige Haupt- oder Schnittbewegung aus. Die Schnittgeschwindigkeit wird – wie beim Drehen – durch die Gleichung $v_c = d \cdot \pi \cdot n$ berechnet. Auch beim Fräsen beeinflußt der Fachmann die Ausgangskenngrößen des Zerspanungsvorganges (Oberflächengüte, Maß- und Formgenauigkeit, Fertigungszeit ...) durch eine geeignete Auswahl der Eingangskenngrößen (Schneidstoff, Schnittgeschwindigkeit, Vorschub, Schnittiefe ...)

$$v_c = d \cdot \pi \cdot n$$

$$f = f_z \cdot z$$

Die geradlinige Vorschub- und Zustellbewegung wird meist vom Werkstück ausgeführt. Bei jeder Fräserumdrehung werden von den Fräserzähnen Späne abgehoben, wobei jede Schneide aber nur kurzzeitig im Eingriff ist. Man spricht von einem unterbrochenen Schnitt.

Der Vorschub f bezeichnet den Vorschub für jede Umdrehung des Fräsers. Weil die verschiedenen Fräswerkzeuge über unterschiedliche Zähnezahlen verfügen, wird der Vorschub häufig je Fräserzahn f_z angegeben. Multipliziert man f_z mit der Anzahl der Schneiden, so erhält man gleichfalls den Vorschub in mm. Sehr häufig wird beim Fräsen auch die Vorschubgeschwindigkeit in mm/min angegeben. Die Angabe v_f = 100 mm/min bedeutet, daß das Werkzeug in einer Minute einen Weg von 100 mm im Vorschub zurücklegt.

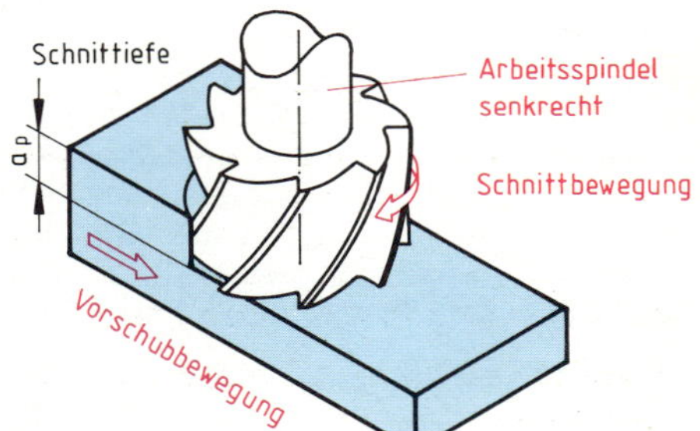

Stirnfräsen

Die Schnittiefe a_p ist die Tiefe bzw. Breite, die das Werkzeug in den Werkstoff eindringt. Die Wahl der Schnittiefe hängt ebenfalls von den gewünschten Ausgangskenngrößen des Fräsvorganges ab.

Richtwerte für das Arbeiten mit den Fräswerkzeugen können Tabellen entnommen werden (z.B. Grundstufe Kap. 2.9.7).

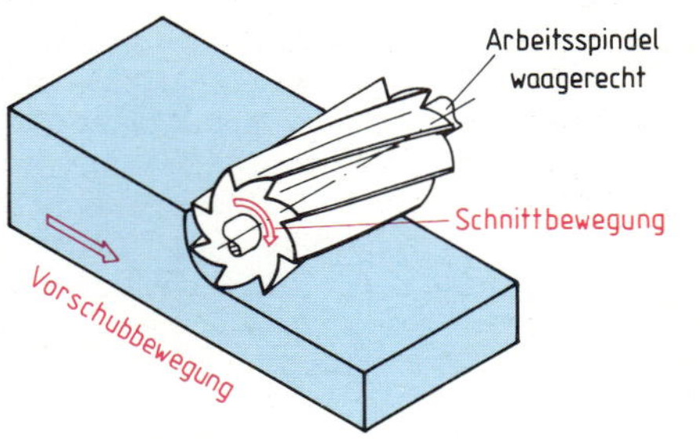

Umfangsfräsen

Fräsverfahren

Ebenso wie die Dreh- und Schleifverfahren können die Fräsverfahren nach verschiedenen Gesichtspunkten eingeteilt werden.

Nach der **Lage der Arbeitsspindel** zur Werkstückoberfläche unterscheidet man zwischen Stirnfräsen und Umfangsfräsen. Beim **Stirnfräsen** liegt die Arbeitsspindel senkrecht, beim **Umfangsfräsen** waagerecht zur Werkstückoberfläche.

Nach der Vorschubbewegung und der gefertigten Fläche unterscheidet man

- Fräsen
  - Planfräsen
  - Rundfräsen
  - Wälzfräsen
  - Schraubfräsen
  - Formfräsen
  - Profilfräsen

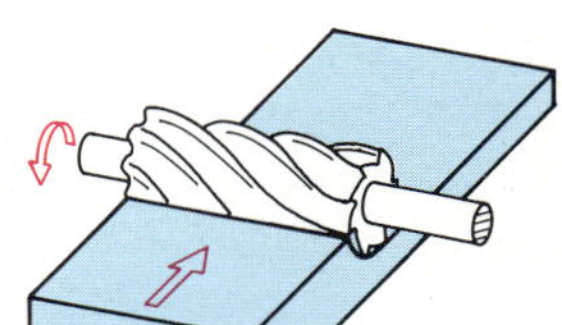
Planfräsen

Das **Planfräsen** dient mit seiner geradlinigen Vorschubbewegung zur Erzeugung ebener Flächen.

Beim **Rundfräsen** ist die Vorschubbewegung kreisförmig; es dient zur Erzeugung zylindrischer Werkstückkonturen. Man unterscheidet zwischen Außenrund- und Innenrundfräsen.

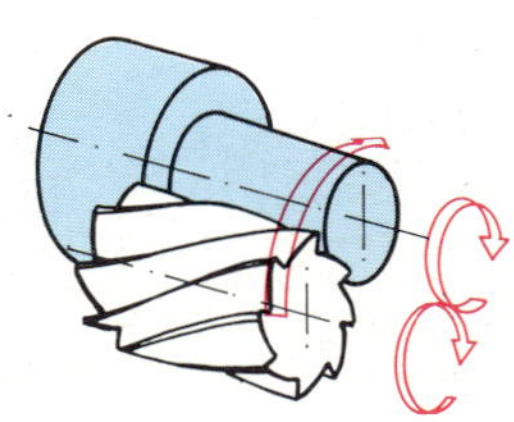
Rundfräsen

Besonders in der Zahnradfertigung findet das **Wälzfräsen** seine Anwendung. Die Werkstückform entsteht aus dem Zusammenwirken der Schnittbewegung des profilierten Werkzeuges und einer Drehbewegung des Werkstückes.

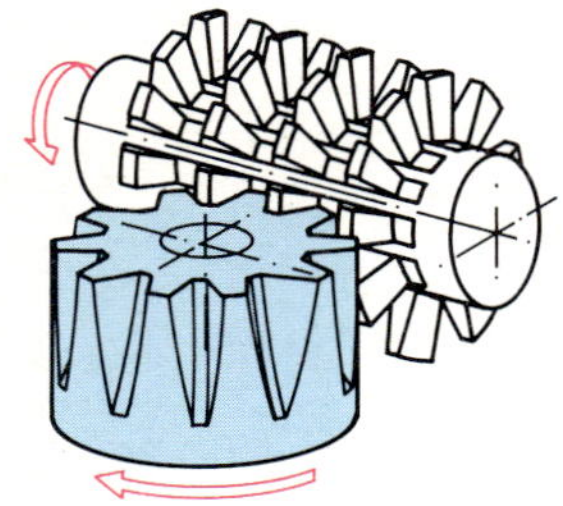

Wälzfräsen

Gewinde können durch das **Schraubfräsen** hergestellt werden. Die Vorschubbewegung ist bei diesem Fräsverfahren wendelförmig.

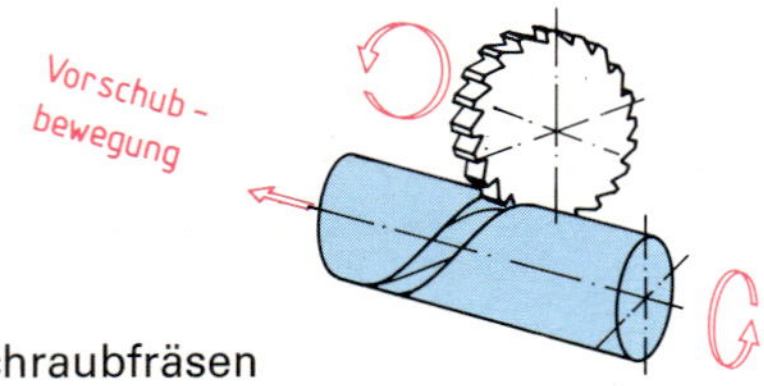

Schraubfräsen

Das **Formfräsen** ist ein Fräsverfahren, das heute in erster Linie auf numerisch gesteuerten Maschinen angewendet wird. Die Vorschubbewegung wird in diesem Falle von einem Computer gesteuert. Dadurch können beliebige Formen hergestellt werden.

Beim **Profilfräsen** bildet sich die Werkzeugform auf dem Werkstück ab. Das Profilfräsen findet seine Anwendung z. B. beim Zahnradfräsen.

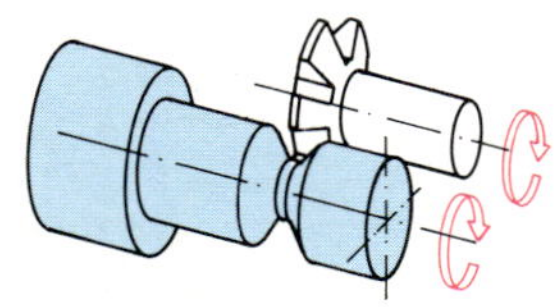

Profilfräsen

Nach der Art des **Zusammenwirkens von Vorschub- und Schnittbewegung** unterscheidet man zwischen Gleichlauf- und Gegenlauffräsen.

Beim **Gegenlauffräsen** sind die Vorschubrichtung und die Schnittrichtung entgegengesetzt gerichtet.

Der Fräserzahn dringt bei diesem Verfahren erst allmählich in den Werkstoff ein, die Schnittkraft steigt mit zunehmendem Spanungsquerschnitt bis zu einem Höchstwert an. Beim Austritt des Zahnes aus dem Werkstoff fällt diese Kraft schlagartig auf null zurück. Dadurch können auf der Werkstückoberfläche Unebenheiten entstehen, die man als Rattermarken bezeichnet.

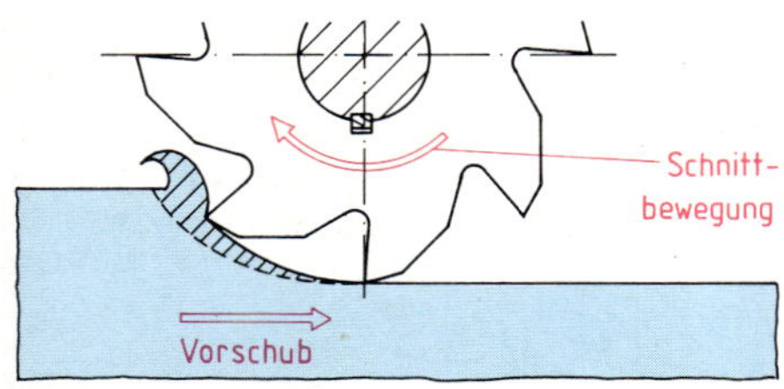

Gegenlauffräsen

Beim **Gleichlauffräsen** sind Vorschub- und Schnittbewegung gleich gerichtet.

Der Fräserzahn dringt mit dem größten Spanungsquerschnitt in den Werkstoff ein, die Schnittkraft verringert sich mit abnehmendem Spanungsquerschnitt. Dadurch wird es möglich, daß der Fräserzahn ohne Rückfederung aus dem Werkstück austritt. Das Ergebnis ist eine bessere Oberflächenqualität. Da beim Gleichlauffräsen beim Eintritt des Fräserzahnes in den Werkstoff große Kräfte auftreten können, ist ein spielfreier Vorschubantrieb erforderlich. Dies geschieht z. B. durch eine Kugelgewindespindel.

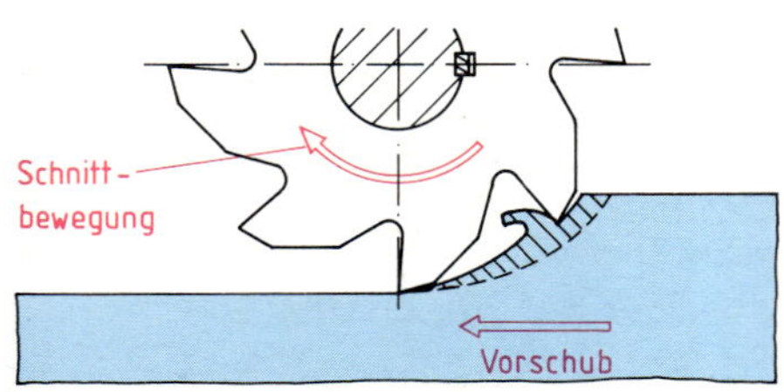

Gleichlauffräsen

Werkzeuge zum Fräsen

Für die Vielzahl unterschiedlicher Fräsarbeiten gibt es eine große Anzahl verschiedener Fräswerkzeuge.

Nach der **Art des Werkstoffs**, der durch Fräswerkzeuge zerspant werden soll, unterscheidet man verschiedene Frästertypen.

Die einzelnen Typen unterscheiden sich durch die Größe der Winkel an der Werkzeugschneide. Je härter der Werkstoff, desto größer ist der Keilwinkel und desto kleiner ist der Spanwinkel.

Auch die Anzahl der Zähne eines Fräsers hängt von dem zu bearbeitenden Werkstoff ab. Bei einem weichen Werkstoff kann ein großes Spanvolumen abgetragen werden. Es muß in den Zahnlücken Platz finden und darin abtransportiert werden. Durch die großen Zahnlükken wird aber die Anzahl der Zähne begrenzt, sodaß Fräser für weiche Werkstoffe an ihrer kleinen, Fräser für harte Werkstoffe an ihrer großen Zähnezahl zu erkennen sind.

Für harte Werkstoffe wählt man eine größere Anzahl von Schneiden als für weiche Werkstoffe.

Fräser-typ	Keil-winkel	Span-winkel	geeignet für
Typ W	klein	groß	weiche Werkstoffe z. B. Al. Kupfer
Typ N	mittel	mittel	Baustahl, Stahlguß
Typ H	groß	klein	harte Werkstoffe, z. B. Werkzeugstahl

Frästertypen

Je nach der zu erreichenden Werkstückform werden verschiedene Fräserformen eingesetzt:

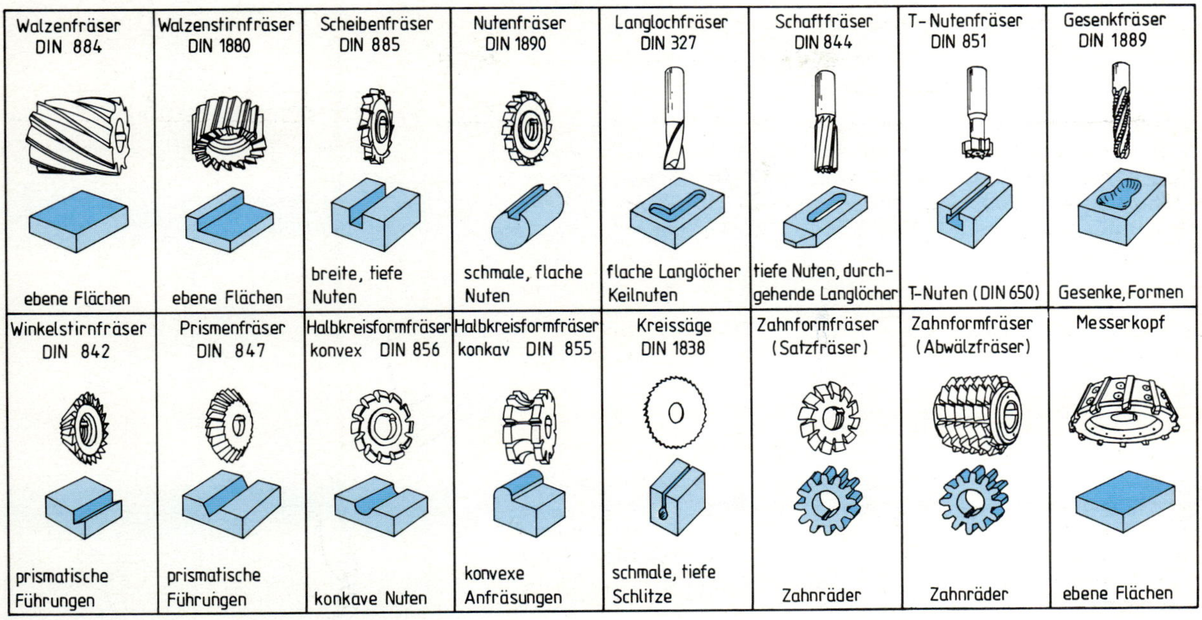

Walzenfräser DIN 884	Walzenstirnfräser DIN 1880	Scheibenfräser DIN 885	Nutenfräser DIN 1890	Langlochfräser DIN 327	Schaftfräser DIN 844	T-Nutenfräser DIN 851	Gesenkfräser DIN 1889
ebene Flächen	ebene Flächen	breite, tiefe Nuten	schmale, flache Nuten	flache Langlöcher Keilnuten	tiefe Nuten, durchgehende Langlöcher	T-Nuten (DIN 650)	Gesenke, Formen
Winkelstirnfräser DIN 842	**Prismenfräser DIN 847**	**Halbkreisformfräser konvex DIN 856**	**Halbkreisformfräser konkav DIN 855**	**Kreissäge DIN 1838**	**Zahnformfräser (Satzfräser)**	**Zahnformfräser (Abwälzfräser)**	**Messerkopf**
prismatische Führungen	prismatische Führungen	konkave Nuten	konvexe Anfräsungen	schmale, tiefe Schlitze	Zahnräder	Zahnräder	ebene Flächen

Schneidstoffe von Fräswerkzeugen

An Fräswerkzeuge werden wegen der hohen Arbeitsbelastungen besonders hohe Anforderungen gestellt. Als Schneidstoffe kommen deshalb, neben HSS, besonders Hartmetalle und Schneidkeramiken zum Einsatz.

Komplizierte Fräserformen und große Werkzeuge werden häufig aus HSS hergestellt. Durch Beschichten der Fräserzähne mit Titannitrid kann die Standzeit der Werkzeuge verlängert werden.

Hartmetallschneidplatten werden entweder auf den Werkzeuggrundkörper aufgelötet oder als **Wendeschneidplatten** aufgeschraubt bzw. geklemmt. Sie ermöglichen höhere Spanleistungen und haben eine längere Standzeit als Werkzeuge aus HSS.

Fräser mit Wendeschneidplatten

Spannen der Werkzeuge

Zum Spannen der Fräswerkzeuge benutzt man Spannfutter, Fräserdorne und Aufsteckfräserdorne. In der Regel werden diese kraftschlüssig durch Steilkegel, die im Innenkegel der Hauptspindel der Maschine sitzen, mitgenommen.

Spannfutter dienen zur Aufnahme von Fräsern mit Zylinderschaft, z. B. Schaftfräser.

Fräserdorne dienen zum Spannen von Walzenfräsern. Diese haben eine Bohrung mit Längsnut, sie werden über eine Paßfeder mitgenommen. Die gewünschte Lage zum Werkstück erreicht man durch das Einsetzen von Zwischenringen.

Aufsteckfräserdorne dienen zur Aufnahme von Aufsteckfräsern, die durch eine Längs- oder Quernutverbindung mitgenommen werden.

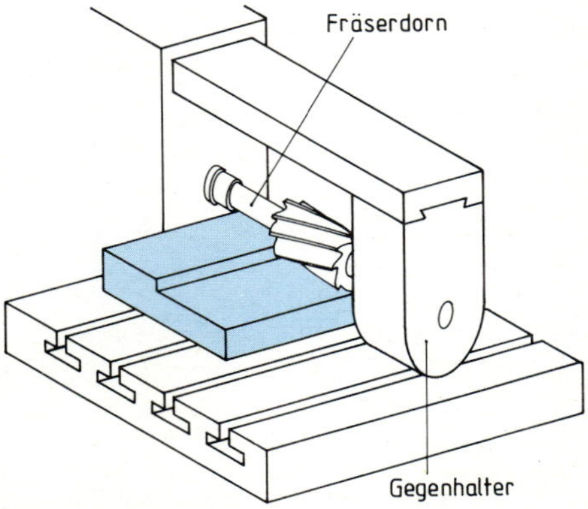

Spannen mit Fräserdorn

Beispiel einer Arbeitsplanung für das Fräsen

In eine Grundplatte aus St 42 soll eine Tasche mit den angegebenen Maßen eingefräst werden. Als Werkzeuge stehen verschiedene Schaft- und Stirnfräser aus HSS zur Verfügung.

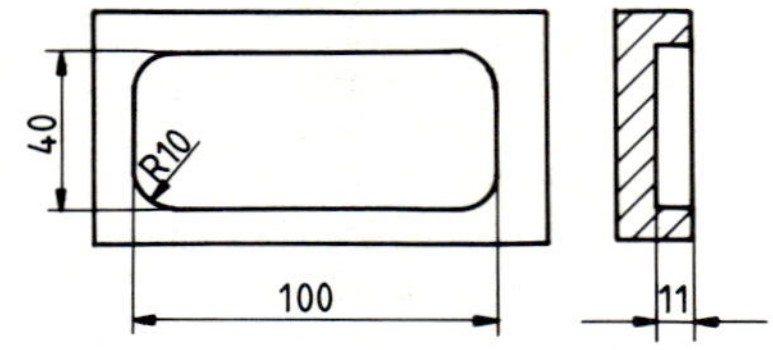

1. Festlegung der Eingangsgrößen

Als Werkzeug wählen wir einen Schaftfräser ∅ 20 mm aus HSS Type N (lt. Tabellen für normalharte Werkstoffe wie Baustahl, s. vorhergehende Seiten). Zur Erhöhung der Standzeit des Werkzeuges wird mit Kühlschmiermittel gearbeitet.
Mit Hilfe der Tabelle aus Grundstufe Kap. 2.9.7 erhalten wir die Werte für die wichtigsten Zerspanungsgrößen:

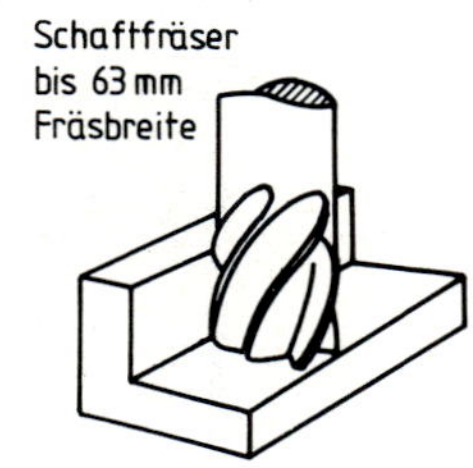

	Vorbearbeitung („Schruppen")	Feinbearbeitung („Schlichten")
v_c	16 . . . 18 m/min	22 . . . 40 m/min
v_f	60 . . . 100 mm/min	40 . . . 70 mm/min

Für die Schnittiefe a_p gelten folgende Richtwerte:

a_p	2 . . . 8 mm	ca. 1 mm

Schneidstoff HSS		
v_c $\frac{\text{m}}{\text{min}}$	v_f $\frac{\text{mm}}{\text{min}}$	f_z $\frac{\text{mm}}{\text{Zahn}}$
16 . . . 18	60 . . . 100	0,06
22 . . . 40	40 . . . 70	0,02

Bei kreisförmigen Schnittbewegungen wird anhand der festgelegten Schnittgeschwindigkeit die an der Werkzeugmaschine einzustellende Umdrehungsfrequenz ermittelt.

In diesem Beispiel: $v_c = \frac{d \cdot \pi \cdot n}{1000}$ $\qquad n = \frac{1000 \cdot v_c}{d \cdot \pi}$

Vorbearbeitung: $n = \frac{1000 \cdot 16 \text{ m/min}}{20 \cdot \pi}$ $\qquad n = 318 \text{ 1/min}$

Feinbearbeitung: $n = \frac{1000 \cdot 22 \text{ m/min}}{20 \cdot \pi}$ $\qquad n = 350 \text{ 1/min}$

Die Umdrehungsfrequenzen sind je nach Stufung des Hauptgetriebes an der Fräsmaschine einzustellen.

2. Aufstellen eines Arbeitsplanes

Als letztes erfolgt die Festlegung der Arbeitsschritte.

Arbeitsgang	Arbeitswerte (lt. Berechnung und Tabelle)		
Außenbearbeitung des Werkstückes	Vorschubgeschwindigkeit v_f in mm/min	Schnittgeschwindigkeit v_c in m/min	Umdrehungsfrequenz n in 1/min
Einspannen in den Maschinenschraubstock			
Viermaliges Vorbearbeiten der Tasche mit einer Schnittiefe a_p = 2,5 mm	60	16	318
Feinbearbeiten mit einer Schnitttiefe a_p = 1 mm	40	22	350
Entgraten und ausspannen			

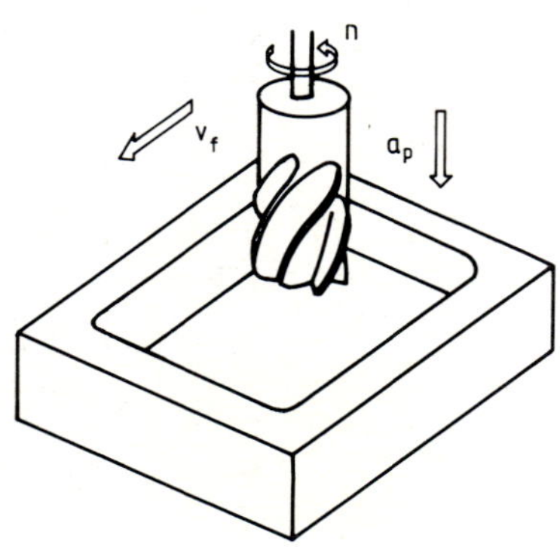

Aufgaben zur Wiederholung und Vertiefung

1. Unterscheiden Sie die verschiedenen Arbeitsbewegungen an der Fräsmaschine!
2. Nennen Sie Einsatzbeispiele für das Fertigungsverfahren Fräsen!
3. Unterscheiden Sie Möglichkeiten, den Vorschub beim Fräsen anzugeben!
4. Bei einer Fräsarbeit liegen folgende Schnittwerte vor:
Fräserdurchmesser d = 120 mm, Umdrehungsfrequenz n = 220 1/min, Zähnezahl z = 8, f_z = 0,05 mm.
Berechnen Sie die Schnittgeschwindigkeit in m/min und den Vorschub!

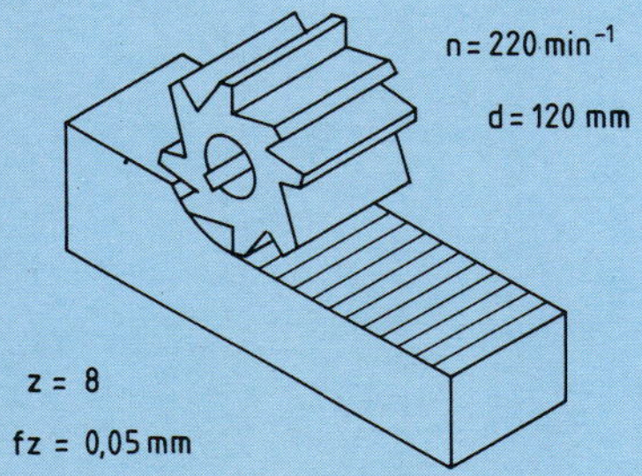

5. Unterscheiden Sie die Fräsverfahren
a) nach Lage der Hauptspindel zur Werkstückoberfläche
b) nach der Art des Vorschubs
c) nach der Art des Zusammenwirkens zwischen Schnitt- und Vorschubbewegung.
Nennen Sie geeignete Fräswerkzeuge für jedes Fräsverfahren!
6. Unterscheiden Sie zwischen Gleichlauf- und Gegenlauffräsen!
7. Welche Frästertypen unterscheidet man?

8. Ein Werkstück aus Grauguß soll mit einem Fräser d = 120 mm aus HSS durch Stirnfräsen geschruppt werden.
Bestimmen Sie mit Hilfe von Tabellen und Berechnungen
a) die Schnittgeschwindigkeit
b) die einzustellende Umdrehungsfrequenz
c) den Vorschub
d) die Schnittiefe
e) ein geeignetes Werkzeug
f) den geeigneten Werkzeugtyp!

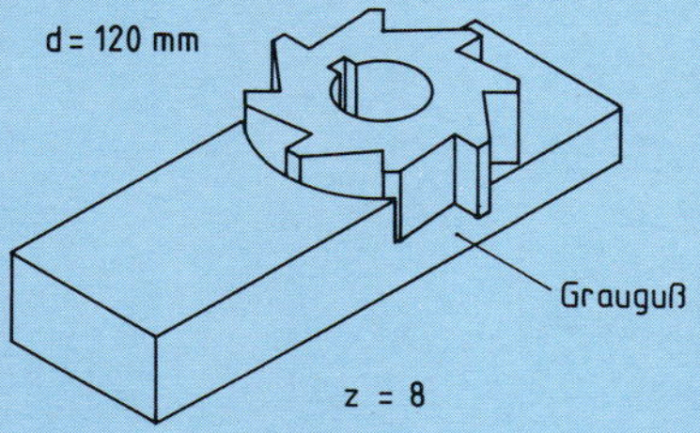

9. Welche Ausgangskenngrößen werden jeweils durch die nachfolgenden Eingangskenngrößen des Fräsvorganges beeinflußt?
– Schnittgeschwindigkeit
– Gleichlauf- / Gegenlauffräsen
– Vorschubgeschwindigkeit
– HSS – Werkzeuge / hartmetallbestückte Werkzeuge
– Werkstoffe des Werkstücks.

2.1.4 Schleiftechnik

Das Schleifen ist ein spanendes Fertigungsverfahren mit **geometrisch unbestimmten Schneiden**. Die harten Schleifkörner sind mit Hilfe eines Bindemittels in den Schleifkörper eingebunden und bilden eine große Anzahl keilförmiger Schneiden.

Die wesentlichen Vorteile des Schleifens gegenüber anderen Fertigungsverfahren sind:

– es können harte und schwer zerspanbare Werkstoffe bearbeitet werden
– die geschliffenen Werkstücke erreichen eine hohe Oberflächengüte.

Werkzeugschleifmaschine

Deshalb wird das Schleifen in der Metalltechnik hauptsächlich in folgenden Bereichen angewendet:

- Endbearbeitung von Werkstücken mit hoher Oberflächengüte und Maßgenauigkeit
- Schärfen von Schneidwerkzeugen
- Trennarbeiten.

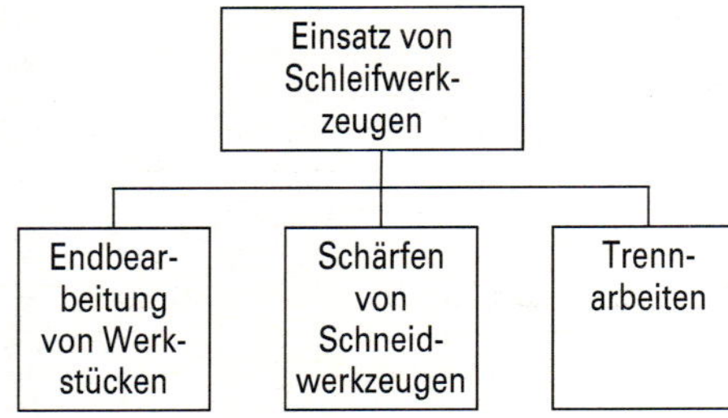

Die Schnittbewegung beim Schleifen ist kreisförmig und wird vom Werkzeug ausgeführt. Abhängig vom Schleifverfahren werden Vorschub- bzw. Zustellbewegung vom Werkzeug oder vom Werkstück ausgeführt.

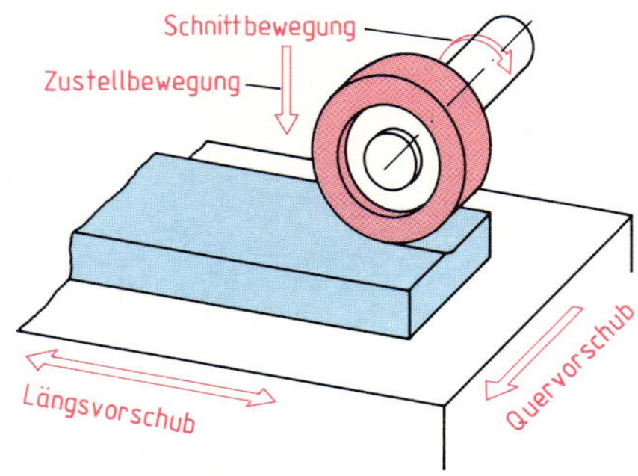

Bewegungen beim Schleifen

Schleifwerkzeuge

- Schleifmittel

Die Schleifkörner, die in den zu zerspanenden Werkstoff eindringen und Späne heraustrennen sollen, bestehen aus dem harten Schleifmittel, das stets härter sein muß als der zu bearbeitende Werkstoff. Man unterscheidet **natürliche** und **künstliche Schleifmittel**. Natürliche Schleifmittel sind z. B. Diamant und Schmirgel. Wesentlich weiter verbreitet sind die künstlichen Schleifmittel, die entweder im Elektroofen erschmolzen werden (Siliciumcarbid, Elektrokorund) oder als künstlicher Diamant hergestellt werden.

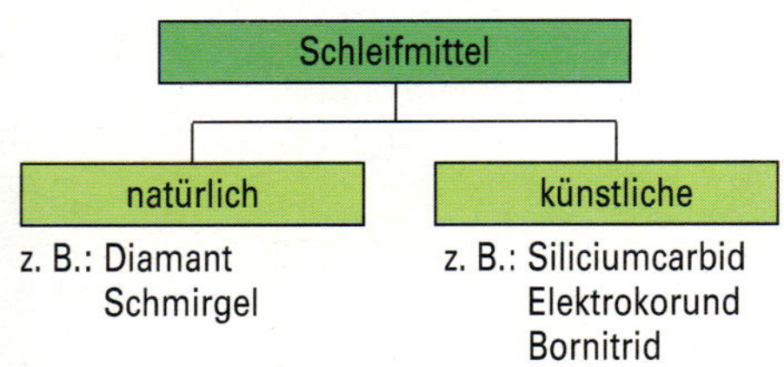

Schleifmittel	Zeichen	Verwendung
Normalkorund AL O	A	Baustahl, Temperguß, mittelzähe Werkstoffe
Edelkorund Al O	A	gehärtete Stähle, Stähle mit hoher Festigkeit
Bornitrid BN	CBN	Stähle von hoher Härte, z. B. HSS
Siliciumkarbid Si C	C	Hartguß, Messing, keramische Werkstoffe, Hartmetalle
Diamant C	D	Hartmetalle, Glas, Keramik

Die Auswahl des Schleifmittels richtet sich nach dem zu bearbeitenden Werkstoff.

Bezeichnung	Korngröße	Körnungsnummer	Bearbeitungsart
grob	0,5–2,5	10 .. 35	Schruppen
mittel	0,3–0,16	45 .. 80	Schruppen
fein	0,16–0,05	90 ..180	Feinschleifen
sehr fein	0,07–0,003	200 – 1200	Feinstschleifen

- Körnung

Die **Größe eines Schleifkorns** wird mit der Körnung angegeben. Nach der Herstellung der Schleifkörner werden diese gesiebt. Die Körnung wird nach der Anzahl der Lochmaschen pro inch (engl. Längenmaß, 1 inch = 25,4 mm) angegeben. Eine hohe Maschenzahl gibt eine feine Körnung an, umgekehrt eine kleine Maschenzahl eine grobe Körnung. Eine grobe Körnung wird dann gewählt, wenn ein großes Spanvolumen abgetragen oder ein weicher Werkstoff bearbeitet werden soll; mit einer feinen Körnung kann eine hohe Oberflächengüte bei kleinem Spanvolumen erzielt werden.

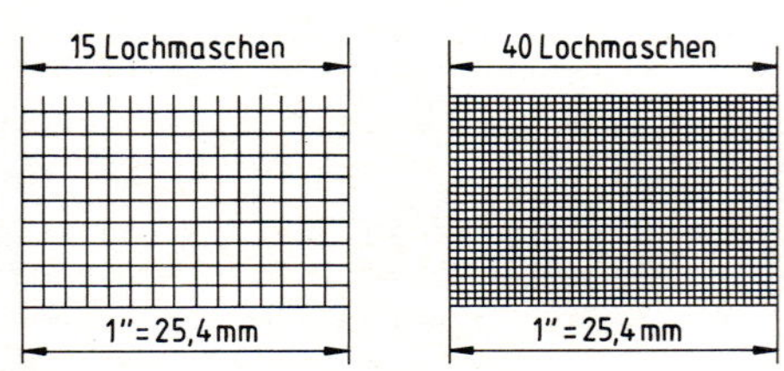

Körnung

- Bindung

Die harten Schleifkörner werden durch ein weicheres Bindemittel in der erwünschten Form zusammengehalten. Durch die geeignete Wahl der Bindung können die Eigenschaften der Schleifscheibe entscheidend beeinflußt werden.

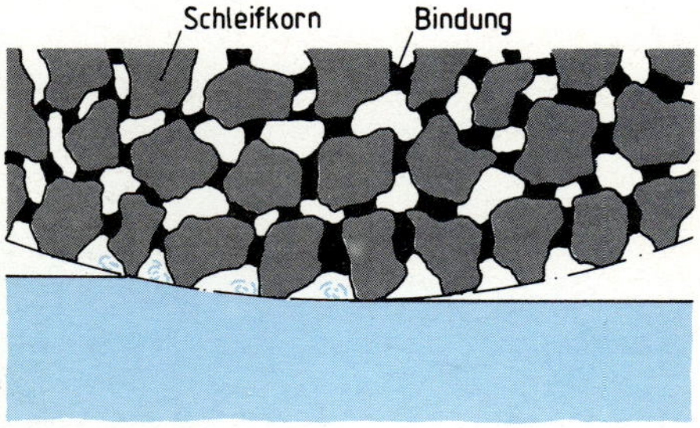

Bindung von Schleifkörnern

Bindung	Zeichen	Kennzeichen	Verwendung
keramische Bindung	V	spröde, porös, unempfindlich gegen Öl, Wärme, Wasser	maschinelle Schleifverfahren alle Werkstoffe
Kunstharzbindung	B	elastisch, fest, unempfindlich gegen Stöße	Trenn-Profil Feinstschleifen
Kunstharzbindung faserverstärkt	BF	zäh, elastisch, hohe Umfangsgeschwindigkeit	Trennscheiben
Metallbindung		sehr fest, unempfindlich gegen Druck und Wärme	Diamantscheiben

- Härte

Als Härte einer Schleifscheibe bezeichnet man die Widerstandskraft, die das Bindemittel dem Ausbrechen eines Schleifkorns entgegensetzt. Die Kraft wird **Kornhaltekraft** genannt.

Als Härtegrad eines Schleifkörpers gilt die Kornhaltekraft und nicht die Härte der Schleifkörper selbst. Beim Schleifvorgang stumpfen die Schleifkörner ab, die Zerspanungskräfte werden größer. Die Härte einer Schleifscheibe muß so gewählt werden, daß diese stumpfen Körner aus dem Gefüge ausbrechen und neue, scharfe Körner zum Eingriff kommen.

Die Härte der Schleifkörner wird durch Großbuchstaben gekennzeichnet.

Bei der Bearbeitung von **harten Werkstoffen** werden die Schleifkörner schnell stumpf. Damit diese schnell ausbrechen und neuen Schleifkörnern Platz machen, muß eine **weiche Bindung** gewählt werden.

Bei **weichen Werkstoffen** ist der Verschleiß geringer, die Körner werden langsamer stumpf. Daher kann die **Härte der Schleifscheibe größer** sein.

Kennbuchstabe der Härte	Bezeichnung der Scheibe	Einsatzbeispiele
A...D	äußerst weich	Schleifen harter Werkstoffe
E...K	weich	Metallschleifen
L...O	mittel	Metallschleifen
P...Z	hart äußerst hart	Schleifen weicher und sehr weicher Werkstoffe

Härte von Schleifscheiben

Harte Werkstücke .... weiche Scheiben
weiche Werkstücke.... harte Scheiben

- Gefüge

Eine weitere wichtige Größe zur Beschreibung der Werkzeugbeschaffenheit ist das Gefüge.

Mit Gefüge bezeichnet man die räumliche Verteilung von Körnern und Bindemittel sowie der eingeschlossenen Poren.

Die **Poren** haben die Aufgabe, die beim Zerspanen entstehenden Späne aufzunehmen und abzutransportieren. Die Poren müssen also mindestens so groß sein, daß sie die anfallenden Späne aufnehmen können.

Ein Gefüge mit kleinen Poren bezeichnet man als **dichtes Gefüge**. Es wird verwendet
- zum Abtragen geringen Spanvolumens
- zum Schleifen kurzspanender Werkstoffe
- bei kleineren Vorschüben.

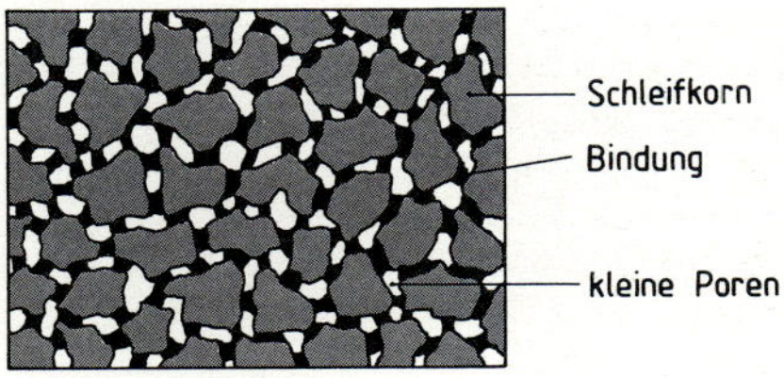

Dichtes Gefüge

Ein **offenes Gefüge** ist ein Gefüge mit hohem Porenanteil. Dieses wird verwendet
- zum Abtragen großen Spanvolumens
- zum Schleifen langspanender Werkstoffe
- bei großen Vorschüben und Zustellungen.

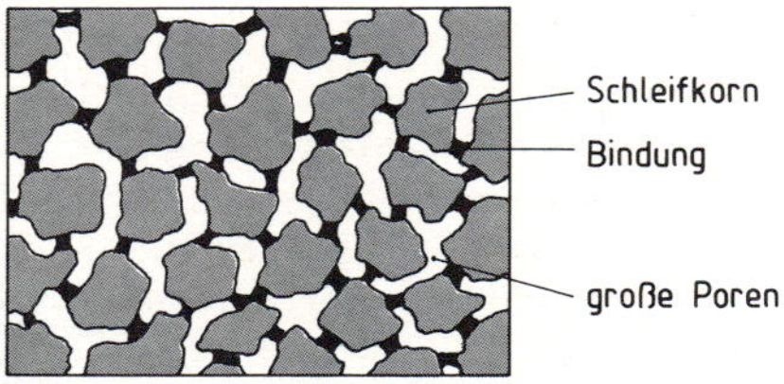

Offenes Gefüge

Gekennzeichnet wird das Gefüge durch Kennziffern; je größer diese sind, desto offener ist das Gefüge.

Je größer die Kennziffer, desto offener ist das Gefüge.

Ausschlaggebend für die **Auswahl des Gefüges** ist
- der zu bearbeitende Werkstoff
- die angestrebte Oberflächengüte
- die geforderte Spanleistung.

- Formen und Verwendungszweck

Die vielseitigen Arbeitsaufgaben der Schleifscheiben erfordern eine Vielzahl von verschiedenen Schleifkörpern, die sich in ihren Formen und Abmessungen unterscheiden. Die wichtigsten Grundformen sind:

Gerade Schleifscheibe

Diese Schleifscheiben eignen sich für eine Vielzahl von Schleifarbeiten: z. B. Flachschleifen, Werkzeugschleifen, Rundschleifen und Trennschleifen.

Topfschleifscheiben, Tellerschleifscheiben

Diese Scheibenform findet Verwendung beim Scharfschleifen von Trennwerkzeugen. Sie werden in ihrer Form den zu schleifenden Flächen an den Werkzeugen angepaßt.

Schleifstifte

Schleifstifte finden ihre Anwendung besonders bei der Fertigbearbeitung von Innen- und Außenkonturen im Werkzeug- und Formenbau. Zumeist werden sie in eine Handschleifmaschine eingespannt; sie sind daher sehr vielseitig einzusetzen.

Schleifsegmente

Segmentschleifscheiben dienen zur Bearbeitung großer Flächen mit hoher Spanleistung.

Schleifstifte
z. B. Fertigbearbeitung von Innen- und Außenkonturen

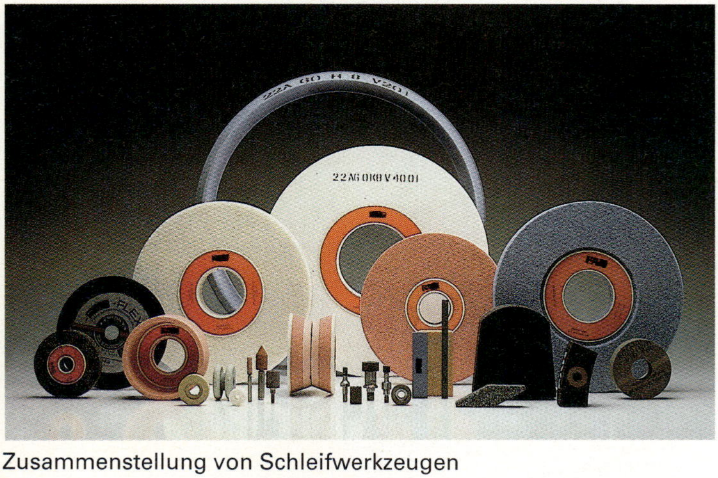
Zusammenstellung von Schleifwerkzeugen

Topfschleifscheiben
z. B.: zum Scharfschleifen von Trennwerkzeugen

- Zulässige Umfangsgeschwindigkeiten

Die Umfangsgeschwindigkeit einer Schleifscheibe entspricht der Schnittgeschwindigkeit v_c. Beim Schleifen wird mit wesentlich höheren Schnittgeschwindigkeiten als beim Drehen oder Fräsen gearbeitet, deshalb wird die Schnittgeschwindigkeit in m/s angegeben. Sie kann aus Tabellen ermittelt werden; sie liegt beim Flachschleifen zwischen 25 m/s und 35 m/s für Stahl. Die zulässige Umfangsgeschwindigkeit einer Schleifscheibe wird in der Schleifscheibenbezeichnung mit angegeben. Scheiben mit erhöhter Umfangsgeschwindigkeit sind zusätzlich farblich gekennzeichnet.

Werkstoff	Rundschleifen	Flachschleifen
Stahl	20...40 m/s	25...35 m/s
Messing	20...35 m/s	25...30 m/s
Gußeisen	20...30 m/s	20...30 m/s

Richtwerte für Schnittgeschwindigkeiten

- Benennung von Schleifscheiben

Die Bezeichnung einer Schleifscheibe geschieht durch die Angabe der genormten Einflußgrößen wie Schleifmittel, Härte, Bindung usw. durch Kennbuchstaben oder -zahlen.

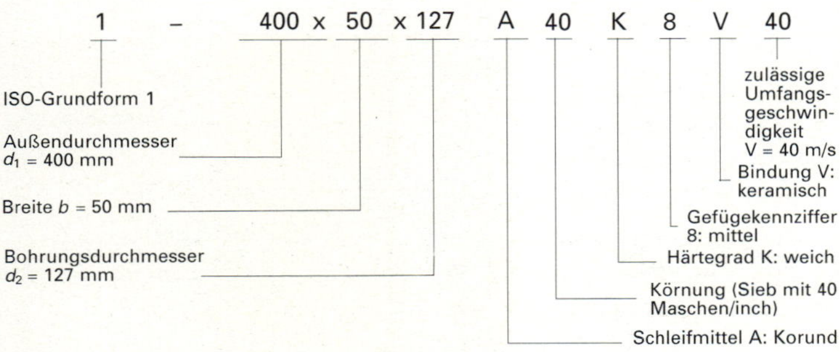

Benennung von Schleifscheiben

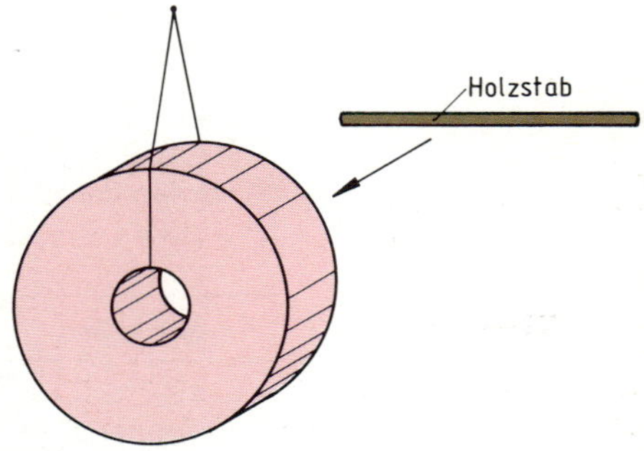

Klangprobe

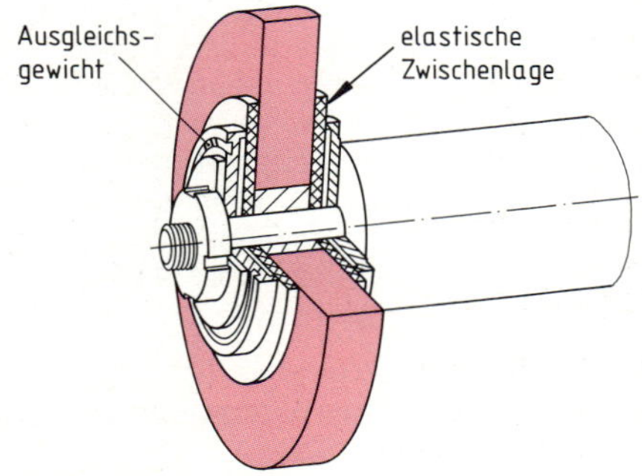

Aufspannen einer Schleifscheibe

- Prüfen, Aufspannen und Auswuchten der Schleifscheiben

Das Arbeiten mit Schleifscheiben ist wegen der großen Umfangsgeschwindigkeiten gefährlich. Daher sind beim Wechsel der Schleifscheiben die Vorschriften der Unfallverhütungsvorschriften genau einzuhalten:

Klangprobe des Schleifkörpers vor dem Aufspannen. Die Schleifscheibe wird dazu in der Bohrung gehalten und mit einem Holzstab angeschlagen. Wenn die Schleifscheibe rißfrei ist, so gibt sie einen klaren Klang ab.

Das **Spannen auf der Schleifspindel** geschieht zwischen Flanschen mit Zwischenlagen. Diese nehmen Biegekräfte auf und verhindern, daß auf die Schleifscheibe Biegekräfte wirken.
Das **Auswuchten** der Schleifscheiben geschieht mit Hilfe von Ausgleichsgewichten (statisches Auswuchten). Bei besonders hohen Umdrehungsfrequenzen ist ein Auswuchten bei voller Umdrehungsfrequenz erforderlich. Man nennt dieses Auswuchtverfahren dynamisches Auswuchten.

Vor dem Werkstatteinsatz soll die neue Scheibe bei voller Umfangsgeschwindigkeit mindestens fünf Minuten **probelaufen**.

Beim Schleifen muß immer eine Schutzbrille getragen werden.

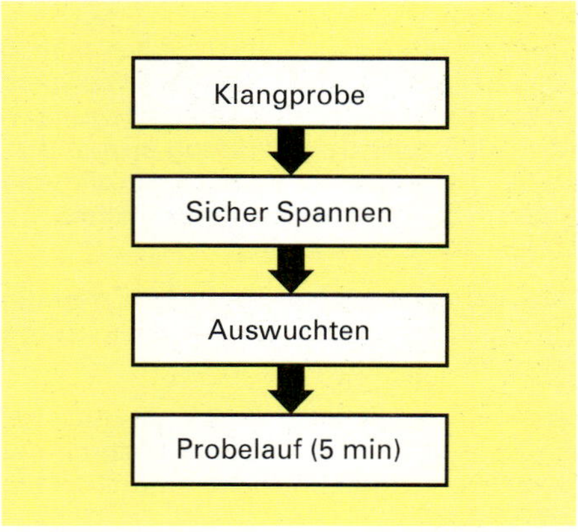

- Abrichten von Schleifscheiben

Bei längerem Gebrauch nutzen die Schleifscheiben ab, die für die Spanabfuhr notwendigen Poren setzen sich zu und die Schleifkörner werden stumpf. Daher ist es erforderlich, die Scheiben von Zeit zu Zeit so zu bearbeiten, daß die Schleiffläche wieder rund und formgenau ist und scharfe Schleifkörner freigesetzt werden. Dieser Vorgang wird als **Abrichten** bezeichnet. Die zum Abrichten benutzten Werkzeuge tragen das Bindemittel ab und legen damit neue, scharfe Schleifkörner frei. Für das besonders genaue Abrichten von Schleifscheiben benutzt man Einzeldiamanten oder Rollen, die mit Diamanten bestückt sind.

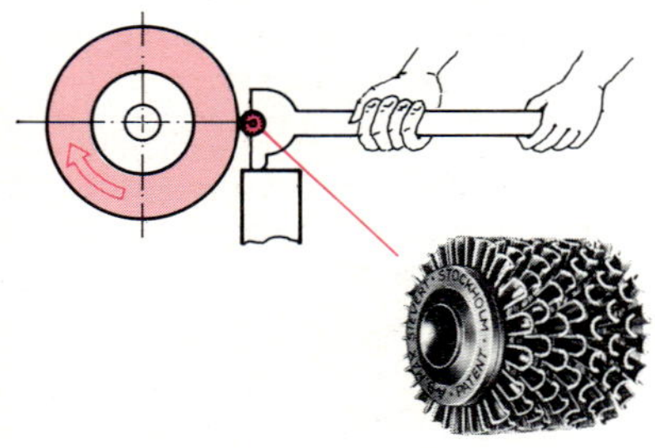

Abrichten von Schleifscheiben

Schleifverfahren

Die große Zahl von verschiedenen Werkstück- und Werkzeugformen hat dazu geführt, daß eine Vielzahl von Schleifverfahren entwickelt wurde.

Schleifen
- Planschleifen
- Rundschleifen
- Schraubschleifen
- Profilschleifen
- Wälzschleifen
- Formschleifen

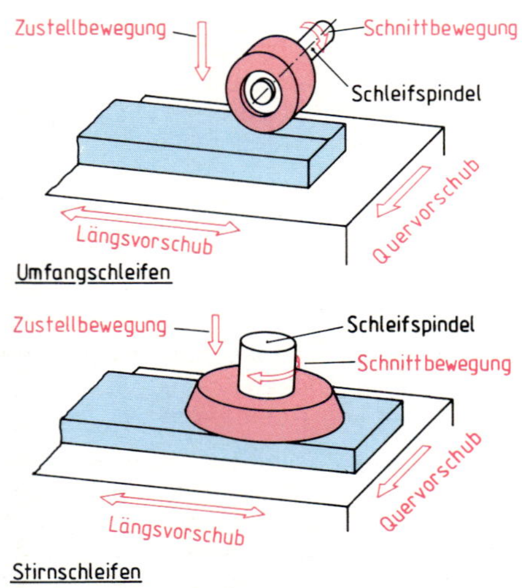

Planschleifen

Das **Planschleifen (Flachschleifen)** dient zur Erzeugung ebener Flächen. Die Schnittbewegung wird vom Werkzeug ausgeführt, die Zustellbewegung entweder vom Werkzeug oder vom Werkstück, die Vorschubbewegung zumeist vom Werkstück. Die Verfahren des Flachschleifens unterscheidet man noch nach der Lage der Schleifspindel zur Werkstückoberfläche. Liegt die Schleifspindel parallel zur Werkstückoberfläche (waagerecht), so wird der Span an der Umfangsfläche der Schleifscheibe abgenommen. In diesem Falle spricht man vom **Umfangsschleifen.**

Beim **Stirnschleifen** liegt die Schleifspindel senkrecht zur Werkstückoberfläche, die Spanabnahme erfolgt mit der Stirnseite des Werkzeugs.

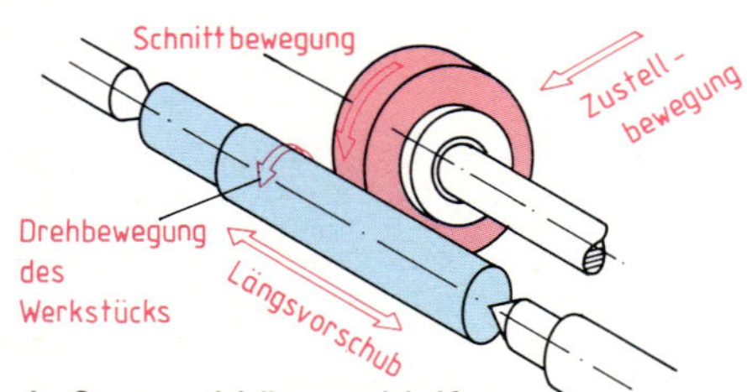

Außenrund-Längsschleifen

Das **Rundschleifen** dient zur Bearbeitung von Werkstücken mit kreisförmigem Querschnitt. Die Werkstücke werden so gespannt, daß sie eine zusätzliche Drehbewegung gegenüber der Schnittbewegung ausführen.
Die Schnittbewegung entsteht aus dem Zusammenwirken der Drehung der Schleifscheibe und des Werkstückes. Die Zustellbewegung und die geradlinige Vorschubbewegung werden entweder durch das Werkstück oder das Werkzeug ausgeführt.
Je nach Lage der Bearbeitungsstelle unterscheidet man noch das **Außen- und das Innenrundschleifen**, nach der Vorschubrichtung **Längs- und Querschleifen.**

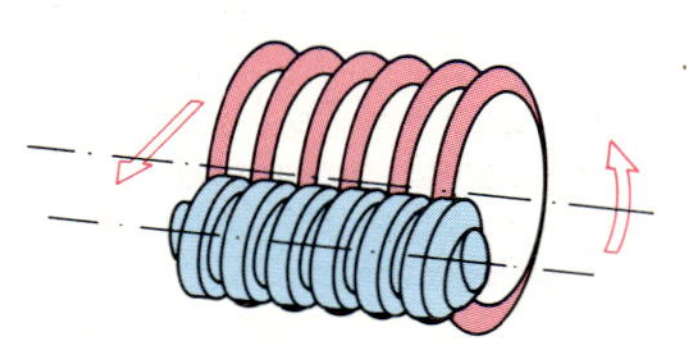

Außen-Schraub-Querschleifen

Das **Schraubschleifen** dient der Erzeugung von Schraubenflächen, z. B. das Schleifen von Gewinden. Zumeist haben die Werkzeuge schon das gewünschte Profil.

Das **Profilschleifen** dient zur Erzeugung beliebiger Flächen, die durch die Form des Profilwerkzeugs bestimmt werden. Damit können z. B. Fasen, Nuten und Einstiche schnell und formgenau hergestellt werden.

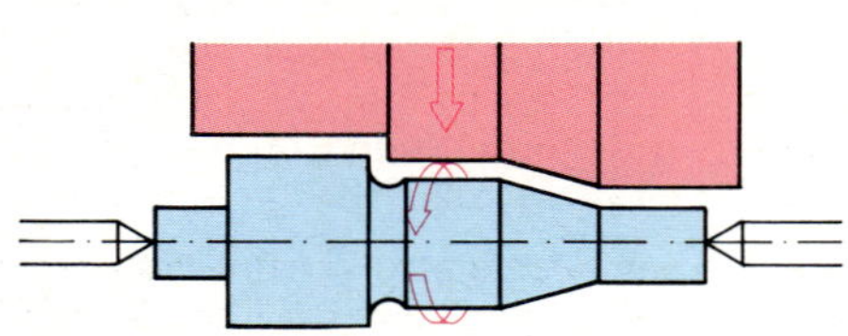

Quer-Profilschleifen

Beim **Wälzschleifen** werden beliebige Flächen mit Hilfe eines Profilwerkzeugs im Abwälzverfahren erzeugt, d. h. das Werkstück führt zusätzlich zur Bewegung des Werkzeugs eine Drehbewegung aus.

Das **Formschleifen** erlaubt die Erzeugung von Formflächen durch Steuerung der Schnittbewegung, z. B. durch Nockenscheiben oder numerische Steuerung.

Das **Schleifen von Hand** wird zumeist beim Schärfen von Drehmeißeln und einfachen Bohrern angewendet. Als Schleifmaschine dient in der Regel die Ständerschleifmaschine (Schleifbock). Für Werkzeugstähle benutzt man Schleifscheiben aus Korund, für Hartmetall Scheiben aus Siliciumcarbid. Die Vorschriften der UVV sind beim Schleifen von Hand besonders zu beachten.

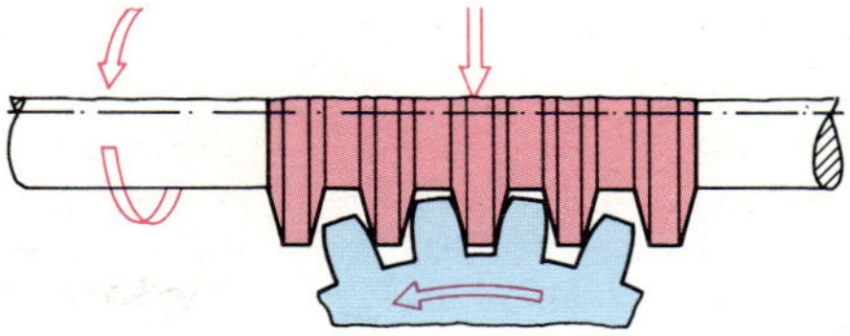

Wälzschleifen

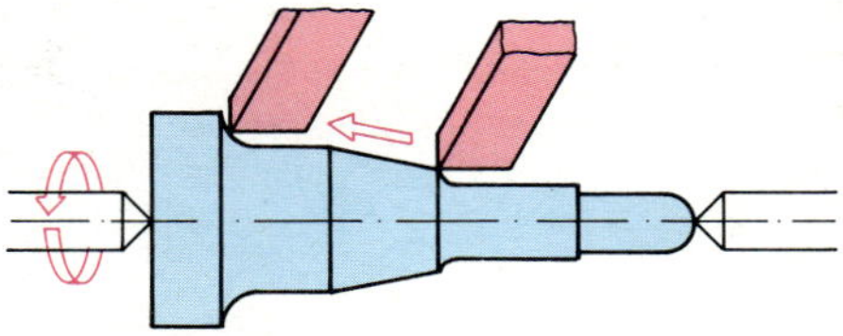

Formschleifen durch Steuerung der Schnittbewegung

Schleifmaschinen

Die Vielzahl der verschiedenen Schleifverfahren erfordert eine große Zahl von verschiedenen Schleifmaschinen, die jedoch in Arbeitsweise und Aufbau einander ähneln.

Die Flachschleifmaschine dient zur Bearbeitung planparalleler Werkstücke. Die Arbeitsspindel der Maschinen liegt zumeist horizontal, so daß die Spanabnahme an der Umfangsfläche des Werkzeugs erfolgt (Umfangsschleifen). Bei Maschinen, deren Arbeitsspindel senkrecht angeordnet ist, erfolgt die Spanabnahme an der Stirnseite des Werkzeugs (Stirnschleifen).

Schleifmaschinen haben die gleichen Funktionseinheiten wie Dreh- oder Fräsmaschinen.

Die **Antriebseinheit** ist ein Elektromotor, der die elektrische Energie möglichst schwingungsarm in Bewegungsenergie umwandeln soll.

Die Bewegungsenergie wird über eine **Energieübertragungseinheit** auf die **Arbeitseinheit**, die Schleifspindel, übertragen. An die Schleifspindel und deren Lagerung werden hohe Anforderungen hinsichtlich der Steifigkeit und Rundlaufgenauigkeit gestellt, weil hiervon die erreichte Oberflächengüte und Maßgenauigkeit des Werkstücks sehr stark abhängen.

Die Vorschubantriebe werden elektrisch oder hydraulisch ausgeführt; die Geschwindigkeit ist zumeist stufenlos verstellbar. Von großer Wichtigkeit ist hier ebenfalls eine große Laufruhe und eine gleichförmige Bewegung.

Um die Zerspankräfte auffangen zu können, müssen die **Stütz- und Trageeinheiten** der Maschine entsprechend stabil ausgeführt werden. Schwingungsdämpfende Maßnahmen beeinflussen die Ausgangskenngrößen positiv. Die Schlittenführungen werden wegen der hohen Anforderungen oftmals als hydrostatische Führungen ausgelegt. Die Werkstücke werden durch Magnetkraft gespannt.

Da beim Schleifen stets mit Kühlschmiermittel gearbeitet wird, sind Schleifmaschinen mit einer automatischen Kühlschmiermittelzufuhr ausgestattet.

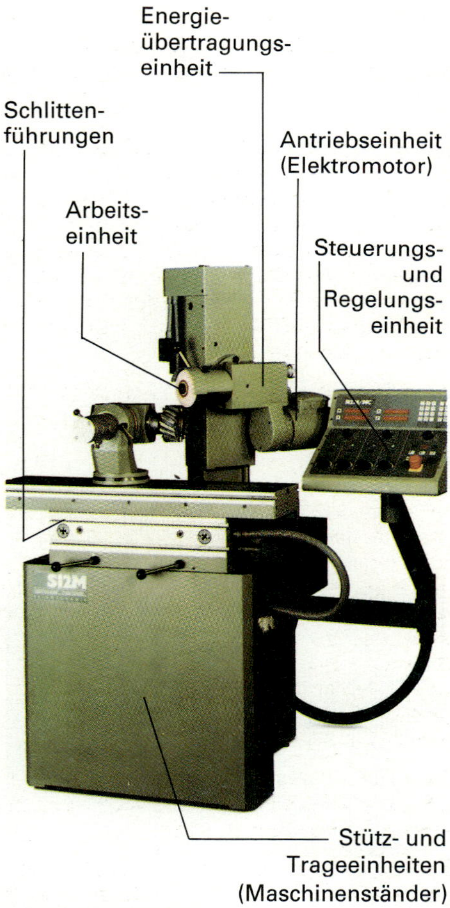

Funktionseinheiten der Universalschleifmaschine

Bei den Verfahren des Rundschleifens unterscheidet man – wie bereits gesagt – die Verfahren noch nach der Lage der Bearbeitungsstelle in Innen- und Außen-Rundschleifen. Die Außen-Rundschleifmaschinen dienen zum Schleifen von zylindrischen Werkstücken.

Durch den Einsatz der Mikrocomputertechnik können Schleifmaschinen heute auch schon mit numerischen Steuerungen ausgestattet werden, die einen größtenteils automatisierten Fertigungsablauf ermöglichen. Die Programmierung dieser CNC-Schleifmaschinen ist ähnlich der Programmierung von CNC-Drehmaschinen.

Sehr weit verbreitet ist der **Universal-Winkelschleifer**. Seine Aufgaben sind sehr vielfältig; sie reichen vom Entgraten von Werkstücken über das Trennen bis hin zum Entrosten von Werkstücken.

Winkelschleifer

Die **Ständerschleifmaschine (Schleifbock)** dient in erster Linie dazu, Werkzeuge von Hand zu schärfen. Dies geschieht durch Auflegen des Werkzeugs auf die verstellbare Auflage an der Maschine und Andrücken des Werkzeugs an die Schleifscheibe. Zu beachten sind beim Schleifen von Hand die Unfallverhütungsvorschriften, insbesondere muß beim Schleifen immer eine Schutzbrille getragen werden.

Ständerschleifmaschine (Schleifbock)

Für besondere Fertigungsaufgaben gibt es noch eine Vielzahl von Sonderschleifmaschinen, so z. B. **Werkzeugschleifmaschinen**, Koordinatenschleifmaschinen und Gewindeschleifmaschinen.

Werkzeugschleifmaschinen

Aufgaben zur Wiederholung und Vertiefung

1. Unterscheiden Sie die verschiedenen Arbeitsbewegungen an der Schleifmaschine!
2. Nennen sie Einsatzbeispiele für das Fertigungsverfahren Schleifen!
3. Unterscheiden Sie das Fertigungsverfahren Schleifen vom Drehen und Fräsen!
4. Wie werden die Schleifmittel eingeteilt? Nennen Sie jeweils zwei Beispiele!
5. Was versteht man unter der Bindung einer Schleifscheibe?
6. Erläutern Sie, was man unter der Härte einer Schleifscheibe versteht! In welchem Zusammenhang steht die Wahl der Härte einer Schleifscheibe zur Härte des zu bearbeitenden Werkstoffs?
7. Eine Schleifscheibe trägt folgende Benennung:
1 – 200 x 30 x 127 A 50 P 10 V 45
Erläutern Sie diese Bezeichnung!
8. Welche Sicherheitsvorkehrungen sind beim Aufspannen einer neuen Schleifscheibe zu beachten?
9. Unterscheiden Sie die verschiedenen Schleifverfahren und nennen Sie Einsatzbeispiele dazu!
10. Welche Unfallverhütungsvorschriften sind beim Schleifen zu beachten?

2.2 CNC-Zerspanungstechnik

2.2.1 Historische Entwicklung von CNC-Werkzeugmaschinen

Mit der Inbetriebnahme der ersten numerischgesteuerten Werkzeugmaschine in den USA im Jahre 1952 erfolgte auf dem Werkzeugmaschinenmarkt ein entscheidender Umbruch, der sich zur Zeit mit den CNC-Werkzeugmaschinen fortsetzt.

CNC-Werkzeugmaschine

CNC-Maschinen sind numerisch, d. h. zahlenwertgesteuerte Maschinen. Die Abkürzung NC leitet sich von numerical control ab. CNC bedeutet **c**omputerized **n**umerical **c**ontrol. CNC-Maschinen werden durch Mikrocomputer gesteuert.

Bei den NC-Maschinen wurden die Informationen mittels Lochkarten eingegeben. Später erfolgte die Eingabe über Lochstreifen und heute über eine Tastatur direkt an die Maschine.

Durch die Entwicklung des Mikrocomputers und seinen Einsatz im Rechner der Werkzeugmaschine konnten die Funktionen der NC-Maschinen wesentlich erweitert und verbessert werden. Die in den heutigen Werkzeugmaschinen verwendeten Rechner haben eine wesentlich höhere Speicherkapazität und vereinfachen damit das Programmieren. Weiterhin wird es dadurch möglich, die Anzahl der Steuerungs- und Überwachungsbefehle zu erhöhen. Außerdem können Zusatzbefehle berücksichtigt werden.

In CNC-Werkzeugmaschinen werden alle Angaben, die die äußere Form des Werkstücks betreffen (geometrische Informationen) sowie alle Befehle, die die Bearbeitung steuern (technologische und Zusatzinformationen) von einem Rechner ausgeführt und überwacht.

Hard- und Software der CNC-Werkzeugmaschinen wurden in den letzten Jahren soweit verbessert, daß die Eingabe der Daten sowohl im Dialogverfahren (Rechner fordert den Bediener zu einer bestimmten Eingabe auf) als auch über ein Programm (Eingabe von Hand, Lochstreifen, Magnetband etc.) erfolgen kann.

Hardware sind die festverschalteten Bauteile, z. B. Rechner und Werkzeugmaschine.
Software sind die im Programm enthaltenen Anweisungen zum Fertigungsablauf.

Die gleichzeitige Entwicklung im Werkzeugbereich (pulvermetallurgische Werkstoffe wurden verbessert, Beschichtungstechnik etc.) ermöglichte den Einsatz der CNC-Werkzeugmaschinen in vielen Bereichen der Technik und der spanenden Fertigung.

Die gleichzeitige Werkzeugüberwachung erhöht nicht nur die Präzision der gefertigten Teile und die Oberflächengüte, sie trägt auch zu höherer Wirtschaftlichkeit bei.

CNC-Werkzeugmaschinen werden wegen ihrer hohen Präzision und der Reproduzierbarkeit zunehmend in der Einzelfertigung eingesetzt.

2.2.2 Einsatz von CNC-Werkzeugmaschinen

In der spanenden Fertigung werden die CNC-Werkzeugmaschinen überwiegend als Dreh- oder Fräsmaschinen eingesetzt. In geringerem Umfang als Bohr- und Schleifmaschinen. Über den Einsatz als reine Bohr-, Dreh- oder Fräsmaschinen hinaus findet man integrierte Systeme als Bearbeitungszentren.

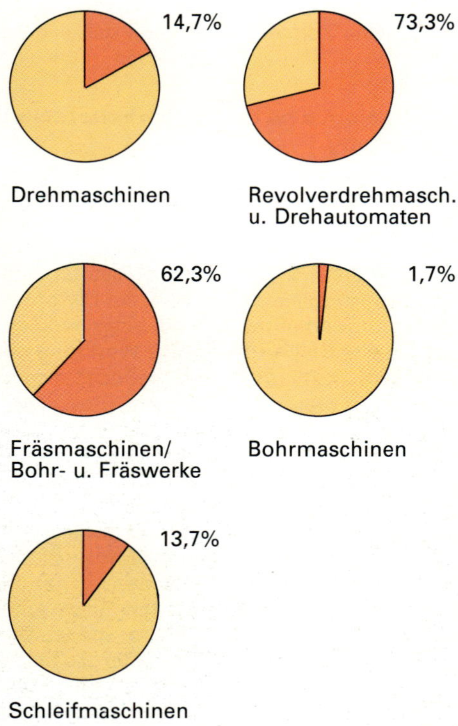

Anteil der CNC-Werkzeugmaschinen

2.2.3 Aufbau der CNC-Werkzeugmaschinen

Im Vergleich mit herkömmlichen Werkzeugmaschinen unterscheiden sich CNC-Werkzeugmaschinen in zwei wesentlichen Gesichtspunkten:
- in der Arbeitsweise sowie
- in der technologischen und sicherheitstechnischen Auslegung.

Arbeitsweise von CNC-Werkzeugmaschinen

Damit das Werkstück in der Abmessung und Form hergestellt werden kann, wie es in der **technischen Zeichnung** gefordert ist, müssen alle **Arbeitsgänge vorausgeplant** und alle Informationen über Form und Maße usw. dem Rechner mitgeteilt werden. Diese Angaben bezeichnet man als Geometrie des Werkstückes. Die **Geometrieinformationen** werden der technischen Zeichnung entnommen.
Neben diesen Geometrieinformationen benötigt der Rechner zur Steuerung des Arbeitsablaufes die genaue Reihenfolge der einzelnen Arbeitsvorgänge, Informationen darüber, welches Werkzeug im jeweiligen Arbeitsschritt verwendet und beispielsweise mit welcher Vorschubgeschwindigkeit gearbeitet werden soll. Diese Informationen werden dem Rechner als **Technologieinformationen** eingegeben. Angaben über die Drehrichtung der Spindel, über den Einsatz von Kühlschmiermittel oder das Programmende werden dem Rechner als **Zusatzinformationen** eingegeben. Alle Daten müssen in der richtigen Reihenfolge zum **Programm** programmiert werden. Grundlage für die Festlegung der einzelnen Arbeitsvorgänge ist die technische Zeichnung. Sie soll daher bei einer vorgesehenen CNC-Fertigung auch eine CNC-gerechte Bemaßung aufweisen.

Technologische und sicherheitstechnische Auslegung

Bereits das äußere Bild unterscheidet die herkömmliche Werkzeugmaschine von der CNC-Werkzeugmaschine. Sind bei der herkömmlichen Maschine Bedienungshebel zu sehen, so findet man bei der CNC-Maschine ein **Schaltpult** mit Tastatur und einen Bildschirm. Ein weiteres Merkmal der CNC-Maschine ist die **Werkzeugaufnahme**. Wo bei einer herkömmlichen Maschine eine Halterung für das Werkzeug oder ein Werkzeugsatz angeordnet war, befindet sich eine drehbar gelagerte Werkzeugaufnahme (Revolverkopf), die je nach Hersteller und Bedarf bis zu 16 Werkzeugen aufnehmen kann.
Auffallend ist bei den CNC-Werkzeugmaschinen auch die **Schutzvorrichtung**. Wesentlich höhere Schnitt- und Vorschubgeschwindigkeiten erfordern nicht nur eine größere Kühlschmiermittelzufuhr und damit eine größere Sicherheit gegen Spritzwasser, sondern aufgrund der hohen Geschwindigkeiten auch einen größeren Schutz gegen umherfliegende Späne. Die Schutzvorrichtungen sind als Klapp- oder Schiebetüren schaltungstechnisch so ausgelegt, daß der Stromkreis beim Öffnen der Schutzvorrichtung unterbrochen und die Spindel bzw. das Werkzeug zum Stillstand gebracht werden.

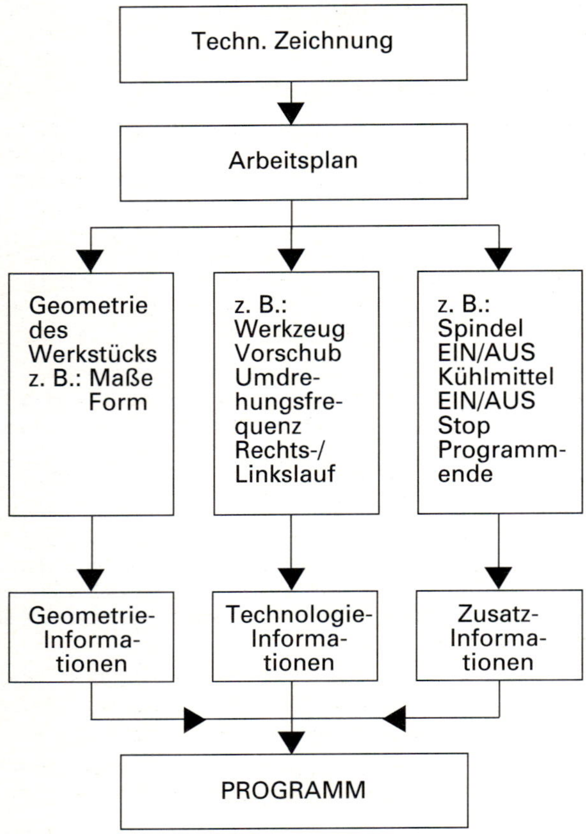

Ein **Programm** ist die logisch begründete Folge aller Arbeitsvorgänge. Geometrie-, Technologie- und Zusatzinformationen sind Bestandteile des Programms.

CNC-Werkzeugmaschine mit Revolverkopf

Wegesteuerung und Meßsysteme an NC-Maschinen

• Regelkreise an Werkzeugmaschinen

Bei einer herkömmlichen Werkzeugmaschine beobachtet der Bediener den Fertigungsfortschritt an der Maschine und stellt das Werkzeug dementsprechend zu. Die Maße werden vom Facharbeiter z. B. mit der Meßschraube aufgenommen (Istwerte) und mit den vorgegebenen Maßen auf der Zeichnung (Sollwerte) verglichen. Solange das Maß noch nicht erreicht ist, stellt der Facharbeiter um den noch fehlenden Betrag zu, wenn das Maß erreicht ist, beendet er die Bearbeitung.

Bei einer numerisch gesteuerten Maschine werden diese Arbeiten dem Bediener von dem eingebauten Computer abgenommen. Der Computer vergleicht ständig die erreichten Istwerte mit den im Programm abgelegten Sollwerten bis die Sollwerte erreicht sind.

Man bezeichnet die ständigen Soll-Istwert-Vergleiche an CNC-Maschinen als **Regelung**. Da die Istwerte an die Maschine zurückgemeldet werden und dort weitere Bearbeitungsschritte veranlassen, spricht man von einem **Regelkreis**.

Bei einer Regelung wird fortlaufend ein Soll-Istwert-Vergleich der zu regelnden Größe durchgeführt. Aus dem Vergleich folgen Befehle an das Stellglied.

Die Bearbeitung ist beendet, wenn der Sollwert den Istwert in den vorher festgelegten Toleranzen erreicht hat.

Weil dieser Regelkreis für die Lage des Werkzeuges verantwortlich ist, spricht man von einem **Lageregelkreis**.

Um ein möglichst genaues Arbeitsergebnis erzielen zu können, benötigen die computergesteuerten Maschinen ein sehr genaues Wegmeßsystem. So hätte es zum Beispiel keinen Sinn, Paßmaße im Toleranzbereich von 1/1000 mm zu programmieren, wenn die Maschine ihre Werkzeugpositionen nur mit einer Genauigkeit von 1/100 mm anfahren könnte.

Der Sollwert ist das Maß, das erreicht werden soll (eingestellter Wert).

Der Istwert ist das Maß, das am Werkstück gemessen wird (erreichter Wert).

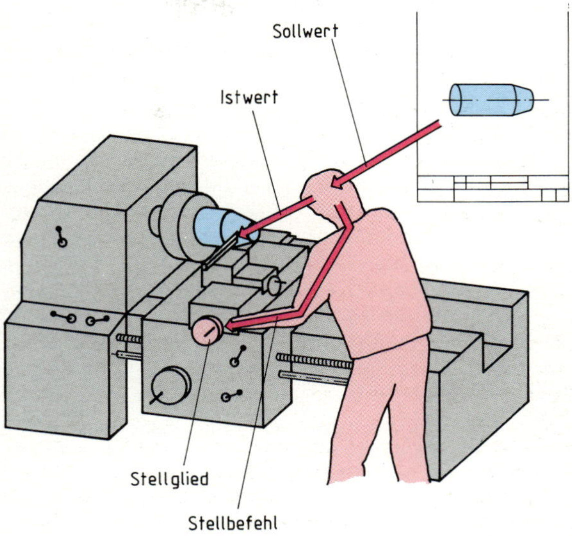

Lageregelung an Werkzeugmaschinen

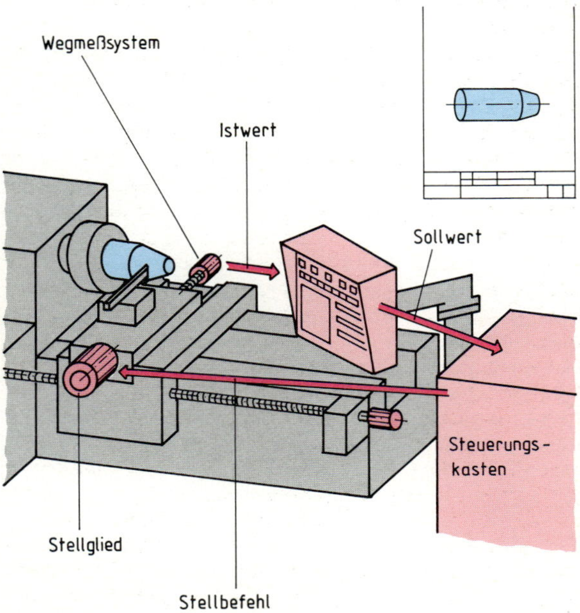

Lageregelung an CNC-Werkzeugmaschinen

- Aufbau und Arten der Wegmeßsysteme

In der CNC-Technik werden für das Messen von Längen häufig optoelektronische Meßsysteme verwendet, Meßsysteme also, die optische Meßwerte (Istwerte) in elektronische Werte übersetzen. Diese elektronischen Signale werden dann vom eingebauten Mikrocomputer ausgewertet und fortlaufend mit den Sollwerten verglichen.

Soll z. B. das Werkzeug einer Drehmaschine auf die Position x = 100 mm fahren, so bezeichnet man dieses Maß als Sollwert. Die aktuelle Position des Werkzeuges wird während des Verfahrweges kontinuierlich gemessen und mit dem Sollwert verglichen. So lange Ist- und Sollwert nicht übereinstimmen, bleibt der Vorschub eingeschaltet. Sobald aber der Sollwert erreicht worden ist, Istwert und Sollwert also übereinstimmen, wird der Vorschub abgeschaltet.

Wegmeßsystem einer CNC-Werkzeugmaschine

Direkte Wegmessung

Die direkte Wegmessung ist jedem Techniker schon von der „normalen" Arbeitsweise her bekannt. Hat man ein Werkstück, so bestimmt man seine Länge z. B. mit einem Strichmaßstab; man kann das Istmaß direkt ablesen.

Nicht wesentlich anders funktioniert das direkte Meßsystem bei CNC-gesteuerten Maschinen. Ein Strichmaßstab ist z. B. auf den Maschinentisch montiert und bewegt sich an einer ortsfesten Abtastvorrichtung vorbei (z. B. einer Fotozelle). Die Anzahl der „abgetasteten" Striche wird gezählt, daraus ermittelt der Computer den zurückgelegten Weg.

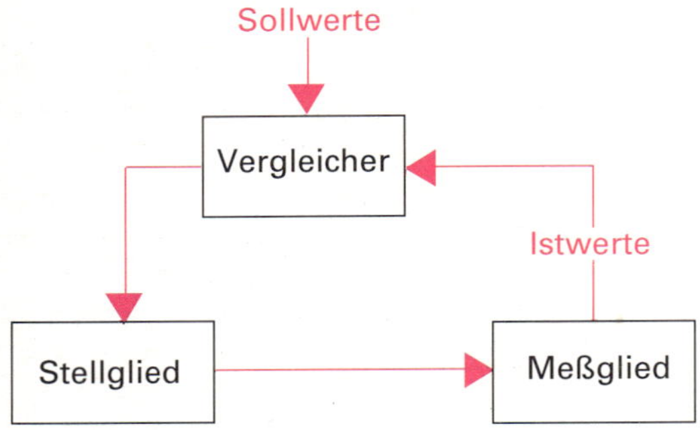

Vereinfachter Regelkreis

Die Meßergebnisse sind natürlich um so genauer, je kleiner die Abstände der Striche auf dem Strichmaßstab voneinander sind. Zur Verdeutlichung ein Beispiel: Ein Strichmaßstab an einer CNC-gesteuerten Fräsmaschine hat einen Strichabstand von a = 1/100 mm. Vom Sensor (z. B. einer Fotozelle) werden dem Computer N = 1200 Strichmarkierungen gemeldet.

Der Computer kann nun durch die Berechnung
Zurückgelegter Weg s = Anzahl der Markierungen multipliziert mit dem Abstand den bereits zurückgelegten Weg ermitteln, in diesem Falle:
1200 · 0,01 mm = 12 mm.

Der Maschinentisch hat sich also um 12 mm bewegt. Eine Bewegung um weniger als 1/100 mm kann von dieser Einrichtung nicht ermittelt werden, weil die geringste Schrittweite 1/100 beträgt. Um größere Genauigkeiten zu erreichen, muß der Schrittabstand auf dem Strichmaß verkleinert werden, z. B. auf 1/1000 mm. Höhere Genauigkeiten des Wegmeßsystems erhöhen den technischen Aufwand.

Das Verfahren der **direkten Wegmessung** wird in erster Linie bei **Fräsmaschinen** angewandt.

Je geringer der Abstand der Strichmarkierungen beim direkten Wegmeßsystem, um so genauer ist das Meßergebnis.

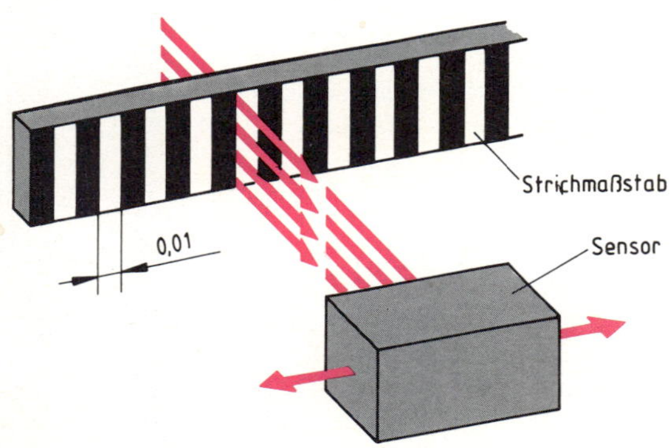

Direkte Wegmeßsysteme bei CNC-Fräsmaschinen

Indirekte Wegmessung

Bei der Meßschraube wird der zurückgelegte Weg dadurch ermittelt, daß man die Steigung des Gewindes, also den Weg, den die Spindel bei einer Umdrehung ausführt, mit der Anzahl der Umdrehungen multipliziert. So hat zum Beispiel eine Meßschraube in aller Regel eine Steigung von p = 0,5 mm, d. h. bei einer Umdrehung der Schraubenspindel wird ein Weg s = 0,5 mm zurückgelegt. Wird die Spindel N mal gedreht, so legt die Spindel einen Weg von

$s = N \cdot p$ mm zurück.

In gleicher Weise funktioniert die indirekte Wegmessung bei CNC-gesteuerten Maschinen: Die Anzahl der Umdrehungen (und Teilumdrehungen) einer sehr genau gearbeiteten Spindel werden durch eine Lichtschranke gezählt und vom Computer in den zurückgelegten Weg umgerechnet.

Hier findet die Genauigkeit natürlich wieder ihre Grenzen in der Genauigkeit des Strichmaßstabes auf der Schraubenspindel.
Hauptsächlich findet das **indirekte Meßverfahren** bei CNC-gesteuerten **Drehmaschinen** seine Anwendung.

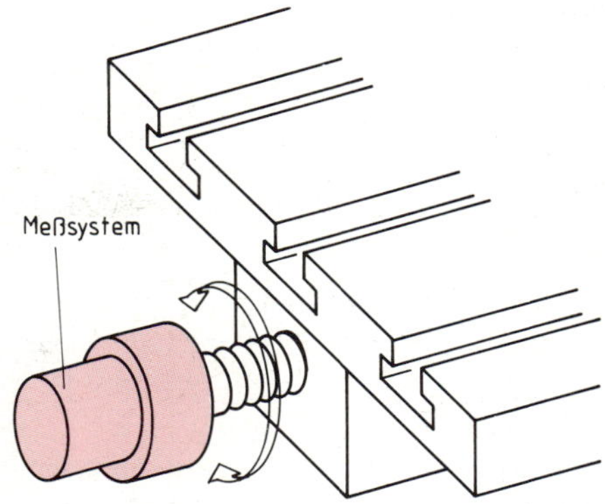

Indirekte Wegmeßsysteme bei CNC-Drehmaschinen

Inkrementale Wegmessung

Bei der inkrementalen Wegmessung benutzt man Strichmaßstäbe mit einem Strichabstand von z. B. 0,001 mm. Um den Maschinentisch um 10 mm zu verschieben, müssen vom Rechner 10.000 Impulse gezählt werden. Soll ein weiterer Zielpunkt angesteuert werden, z. B. weitere 10 mm entfernt, so müssen weitere 10.000 Impulse gezählt werden, bis die Position erreicht ist. Es werden also die **Zuwachswerte** gezählt, die auch als Inkremente bezeichnet werden.
Beispiel: Der Maschinentisch soll um 10 mm verschoben werden. Der Computer gibt so lange den Befehl, den Vorschubmotor zu betätigen, bis 10.000 Impulse gezählt worden sind. Soll der Tisch um weitere 10 mm verschoben werden, so muß das Meßsystem weitere 10.000 Impulse an den Computer melden, bis dieser erkannt hat, daß die gewünschte Position erreicht ist.

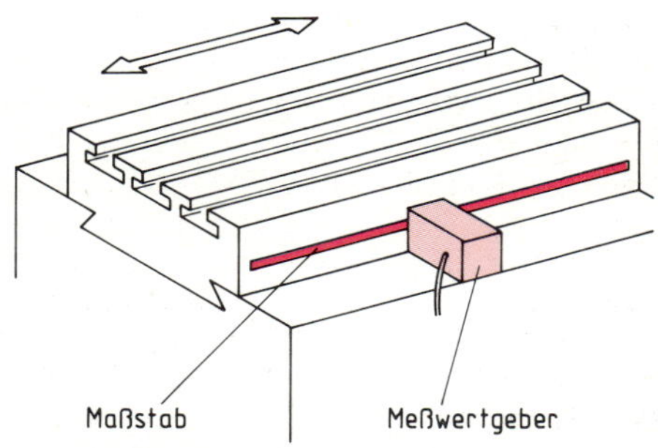

Direktes inkrementales Messen

Absolute Wegmessung

Bei dem Verfahren der absoluten Wegmessung werden alle Punkte einer Meßstrecke durch eigene Signale gekennzeichnet, so wie es beim normalen „Zollstock" eigentlich auch der Fall ist. Der Abstand 1 m vom Nullpunkt aus ist auf dem Gliedermaßstab mit einer entsprechenden Markierung versehen, eben mit der Aufschrift „1 m". Für die Maschine werden diese Zahlenwerte codiert auf ein Code-Lineal aufgetragen, das von Fotozellen abgetastet wird.
Das einem Punkt zugeordnete Signal wird in einen Zahlenwert umgesetzt, der Computer kann daraus immer die jeweilige Position z. B. des Werkzeugs bestimmen.

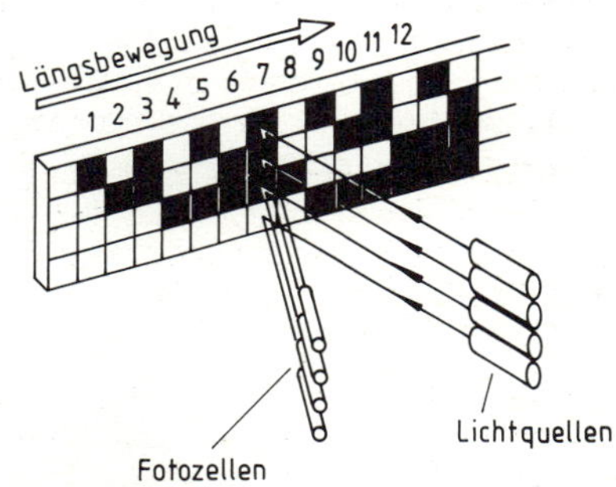

Direktes absolutes Messen mit Code-Lineal

Beim absoluten Messen liefert jeder Punkt auf der Meßstrecke ein nur einmal auftretendes Signal.

Aufgaben zur Wiederholung und Vertiefung

1. Erläutern Sie den Unterschied zwischen Soll- und Istwert eines Werkstücks!
2. Unterscheiden Sie die unterschiedlichen Lageregelkreise bei
a) herkömmlichen Werkzeugmaschinen
b) CNC-gesteuerten Werkzeugmaschinen!
3. Erläutern Sie das direkte und das indirekte Wegmeßverfahren!
4. Wie unterscheiden sich direktes und indirektes Wegmeßverfahren hinsichtlich der von ihnen gelieferten Signale?

Die Antriebseinheit

Da bei CNC-gesteuerten Werkzeugmaschinen verschiedene Umdrehungsfrequenzen (z. B. für die verschiedenen Werkzeuge oder Schnittgeschwindigkeiten zum „Schruppen" oder „Schlichten") erreicht werden müssen, ist es erforderlich, diese während des Programmablaufs ändern zu können. Eine Umdrehungsfrequenzänderung ist ebenso erforderlich, wenn beim Plandrehen die Schnittgeschwindigkeit konstant gehalten werden soll, da sich mit dem Drehdurchmesser in diesem Falle auch die Umdrehungsfrequenz kontinuierlich ändern muß.

Mit einem herkömmlichen Schaltgetriebe wäre diese Aufgabe unmöglich zu lösen, ebenso könnte sie durch stufenlose Getriebe nur unzureichend gelöst werden.

Daher finden bei CNC-Maschinen als Antriebseinheit **polumschaltbare Gleichstrommotoren** Verwendung, deren Umdrehungsfrequenzen in weiten Grenzen durch Veränderung der Stromstärke verändert werden können.

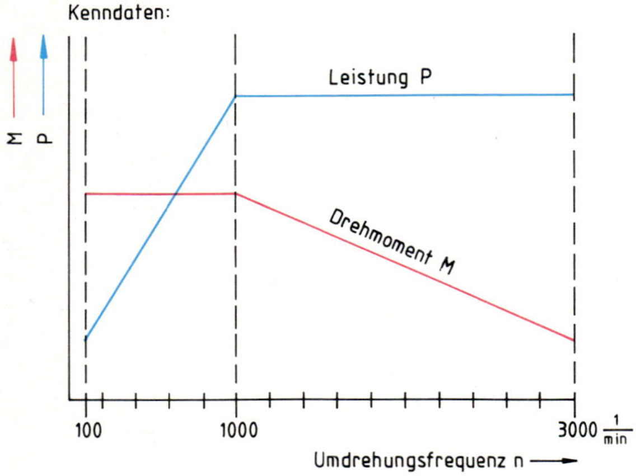

Polumschaltbare Gleichstrommotoren als Antriebseinheit ermöglichen eine stufenlose Änderung der Umdrehungsfrequenz.

- Achseinzelantriebe

Damit die verschiedenen Werkstückpunkte von der Maschine in der Anstell- oder Zustellbewegung erreicht werden können, müssen die **einzelnen Vorschubachsen gesondert** angesteuert werden können. Dies geschieht durch sogenannte Achseinzelantriebe. Die dort verwendeten Motoren werden als **Schrittmotoren** bezeichnet. Diese haben die Eigenschaft, in eingeschaltetem Zustand keine kontinuierliche Drehbewegung auszuführen, sondern nur schrittweise Bewegungen um einen bestimmten Drehwinkel. Erhält ein solcher Motor einen Stromimpuls, so führt er z. B. eine Teilumdrehung um 1° aus. Durch die Wegmeßverfahren kann der Computer feststellen, um welchen Betrag sich der Werkzeugschlitten dann weiterbewegt hat. Ist zum Beispiel zum Erreichen der geforderten Position eine 3/4 Umdrehung der Vorschubspindel und damit des Schrittmotors notwendig, so gibt der Computer dem Schrittmotor 270 Impulse (= 270°), die zusammen die 3/4 Umdrehung der Spindel ergeben.

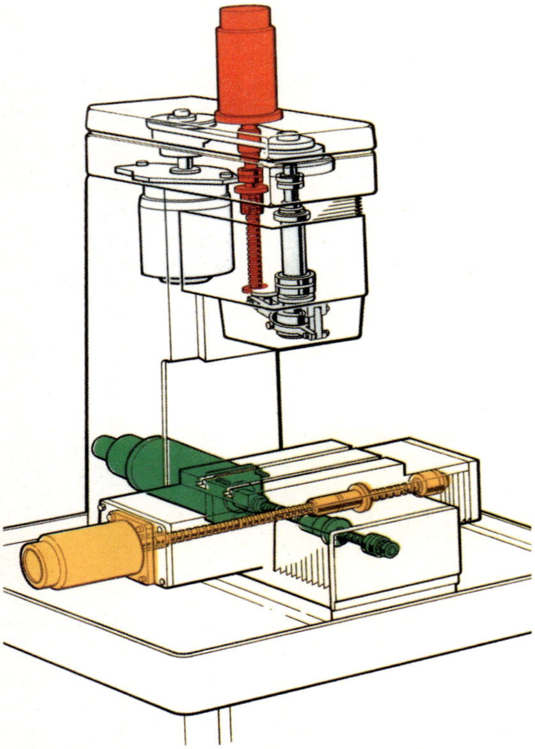

Achseinzelantriebe einer CNC-Fräsmaschine

Da bei den sehr genauen Anforderungen an die Arbeitsergebnisse einer CNC-Maschine möglichst kein Spiel in den Vorschubspindeln auftreten darf, werden die sehr präzisen Kugelumlaufspindeln für diese Aufgaben verwendet (s. auch Kap. 4.2.1).

Bei CNC-Maschinen werden die jeweiligen Istwerte und Bewegungen des Werkzeugs und des Werkstücks gemessen und durch den Lageregelkreis geregelt. Ob aber dabei das Werkstück maßgerecht wird, kontrolliert die Steuerung einer CNC-Maschine nicht.

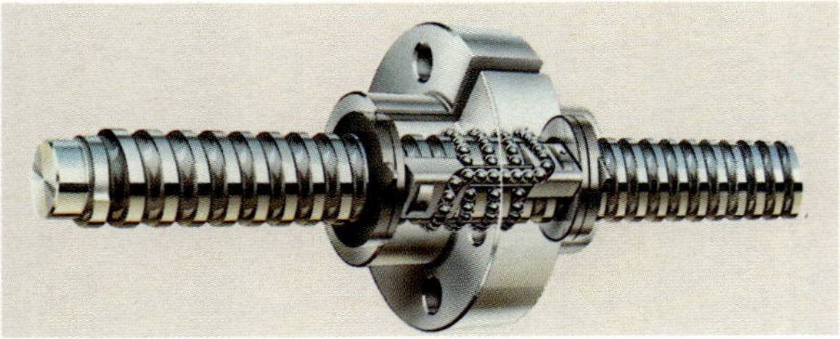

Kugelumlaufspindel

Abhängig von der Art der Bearbeitung unterscheidet man bei CNC-Maschinen drei verschiedene Steuerungsarten.

Punktsteuerung

Die Punktsteuerung ist nur für solche Werkstücke sinnvoll anwendbar, bei denen nur **einzelne Punkte** angefahren werden. Als Beispiel sei hier die Bohrbearbeitung genannt: Der Bohrer wird im Eilgang auf einen bestimmten Punkt gefahren, im Vorschub auf die Bohrungstiefe abgesenkt, nach Verlassen der Bohrung wird der nächste programmierte Punkt wiederum im Eilgang angefahren.

Bei der Punktsteuerung werden nur einzelne Zielpunkte nacheinander im Eilgang angesteuert. An den Zielpunkten erfolgt die Bearbeitung.

Bei Drehmaschinen ist eine Punktsteuerung nicht sinnvoll anwendbar.

Streckensteuerung

Die Streckensteuerung ist für solche Werkstücke anwendbar, bei denen die Bearbeitung **parallel zu einer der Führungsbahnen** der Maschine erforderlich ist.

Beispiele: Längsdrehen eines Werkstücks, Plandrehen, Fräsarbeiten in Längs- oder Querrichtung.

Bei der Streckensteuerung erfolgt die Bearbeitung immer nur achsparallel zur Werkzeugmaschine.

Bahnsteuerung

Mit einer Bahnsteuerung können **in einer Ebene beliebige Konturen** oder **Schrägen** erzeugt werden. Dies wird dadurch realisiert, daß mehrere Vorschubmotoren gleichzeitig zusammenwirken. Jeder der Vorschubmotoren wird von der Steuerung einzeln angesteuert. Durch geeignete Abstimmung der Motoren aufeinander wird die gewünschte Kontur erzeugt. Man bezeichnet die Berechnung der einzelnen Zwischenwerte zur Bestimmung der Kontur als Interpolation (=Berechnung von Zwischenwerten).

Beispiel: Es soll ein Kegel von 45° gedreht werden. Dazu ist ein Zusammenwirken der Vorschubmotoren für die Längs- und die Planbewegung erforderlich. Der Rechner berechnet die erforderlichen Einzelbewegungen und gibt sie an die entsprechenden Motoren weiter, z. B. Planvorschub 0,01 mm, dann Längsvorschub 0,01 mm, sodann wieder Planvorschub. Dadurch entsteht für den Beobachter eine kontinuierliche Bewegung unter einem Winkel von 45°. (Anmerkung: Beim Betrachten eines Drehteils, das mit großem Vorschub bearbeitet wurde, sind die einzelnen Interpolationsschritte durch die Bearbeitungsspuren an der Werkstückoberfläche erkennbar.)

Bei der Bahnsteuerung können beliebige Konturen in der Ebene erzeugt werden. Es werden mehrere Achsen gleichzeitig mit voneinander unabhängigen Geschwindigkeiten gesteuert.

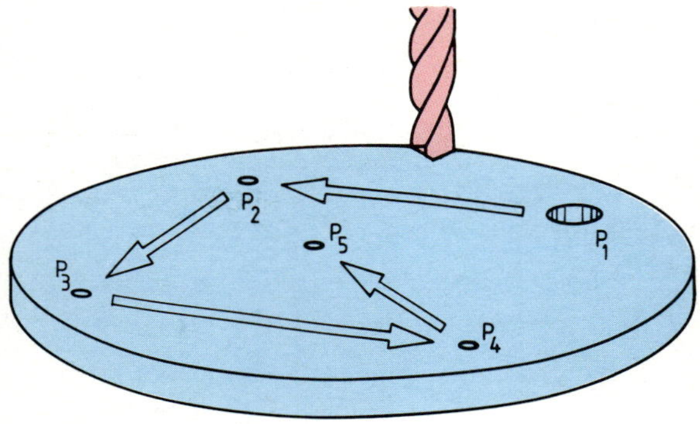

Punktsteuerung

Punktsteuerung: Das Verfahren vom Ausgangspunkt zum Zielpunkt erfolgt im Eilgang, erst dann erfolgt die Bearbeitung.

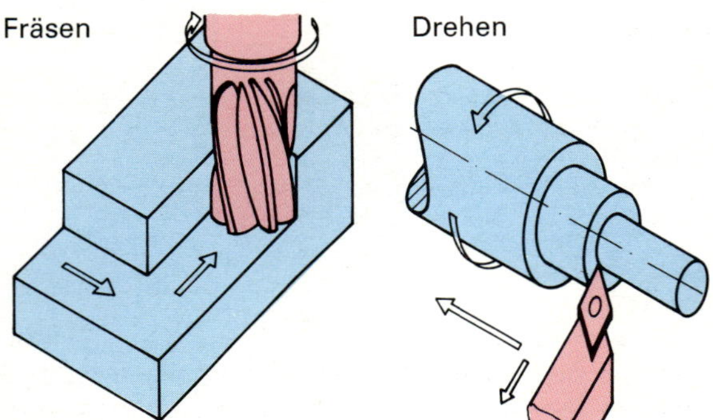

Streckensteuerung

Streckensteuerung: Die Bearbeitung erfolgt immer nur in achsparalleler Richtung zur Maschine.

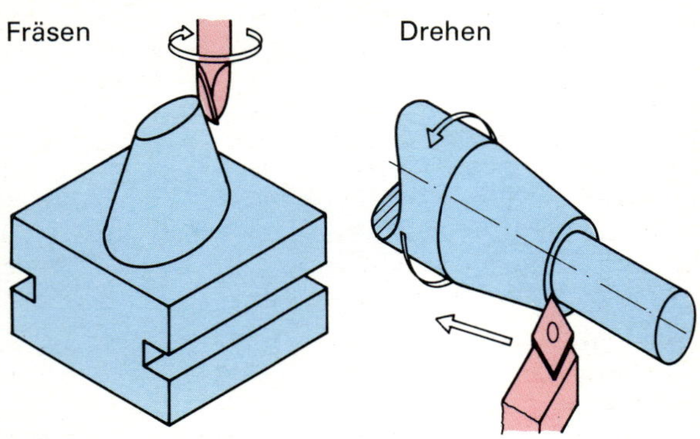

Bahnsteuerung

Bahnsteuerung: In der Ebene oder im Raum können beliebige Kurven im Vorschub gesteuert werden. Mehrere Achsen können unabhängig voneinander gesteuert werden.

Koordinatensystem bei CNC-Drehmaschinen

Zur Bearbeitung von Werkstücken auf CNC-Maschinen muß eine Bewegung zwischen Werkzeug und Werkstück stattfinden. Um Programme unabhängig von der Bauart der Maschine schreiben zu können, hat man sich darauf geeinigt, sich die Bearbeitung so vorzustellen, daß das Werkstück immer fest steht und das Werkzeug sich bewegt.

Der Programmierer nimmt immer an, daß das Werkzeug sich bewegt und das Werkstück stillsteht.

Um die Punkte zu bestimmen, die vom Werkzeug angefahren werden, ist es erforderlich, der Maschine bzw. dem Computer die genaue Lage der Punkte mit Hilfe von Entfernungen anzugeben.

Als Hilfsmittel dazu benutzt man ein rechtwinkliges Koordinatensystem. **Beim Drehen** reicht in der Regel ein sogenanntes **zweiachsiges Koordinatensystem** aus, **beim Fräsen** sind **drei Achsen** erforderlich. Die Lage der Achsen ist in DIN 66217 festgelegt. Man hat vereinbart, daß die Z-Achse immer in Richtung der Hauptarbeitsspindel liegt, die X-Achse parallel zur Werkstückaufspannfläche, wenn möglich horizontal.

Bei einer Drehmaschine liegt die Z-Achse in Richtung der Hauptspindel, die X-Achse rechtwinklig zur Z-Achse.

In einem XZ-Koordinatensystem sind alle Punkte in der Ebene voll bestimmt.

Die Z-Achse ist immer die Drehachse des Werkstücks. Die X-Achse verläuft quer zur Drehachse.

Man trägt die Wertepaare, die sich für einen Punkt ergeben, der besseren Übersichtlichkeit wegen in eine Tabelle ein. Durch die Angabe der Punkte in X und Z kann jeder Punkt von der Maschine gefunden werden.

Allgemein kann gesagt werden:

Je größer der Durchmesser, desto größer ist der X-Wert. Je größer die Länge, desto größer ist der Z-Wert.

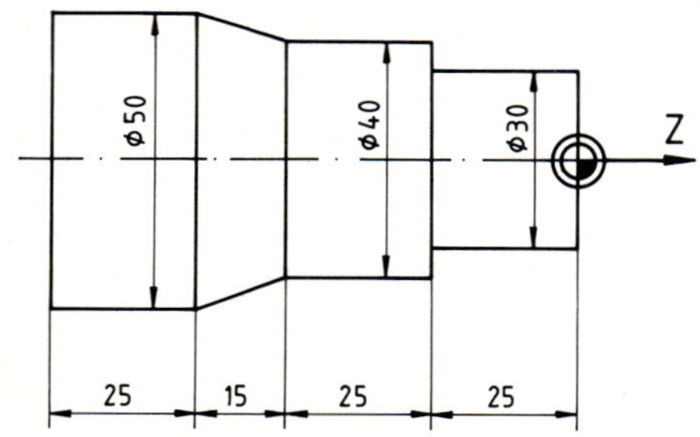

Bemaßte Werkstückzeichnung

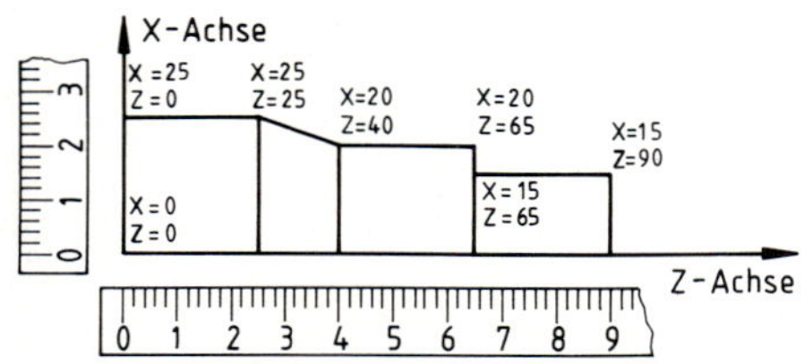

Werkstückzeichnung im Koordinatensystem

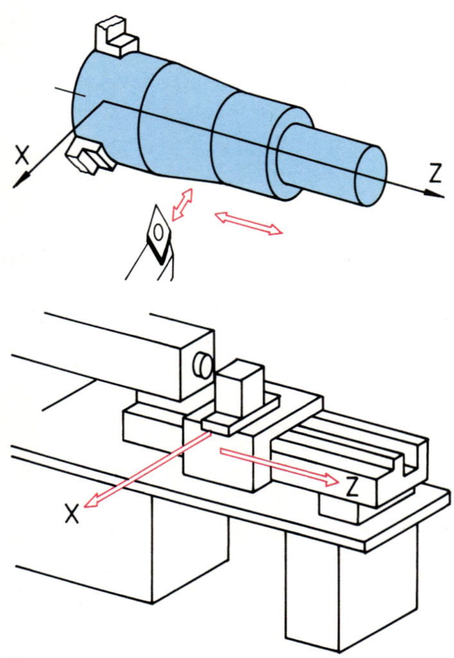

Koordinatensystem beim Drehen

Leseübung:
Werkstückkontur und Koordinatenangaben mit Tabelle

P	X	Z
P_1	25	0
P_2	25	
P_3		
P_4		
P_5		
P_6		

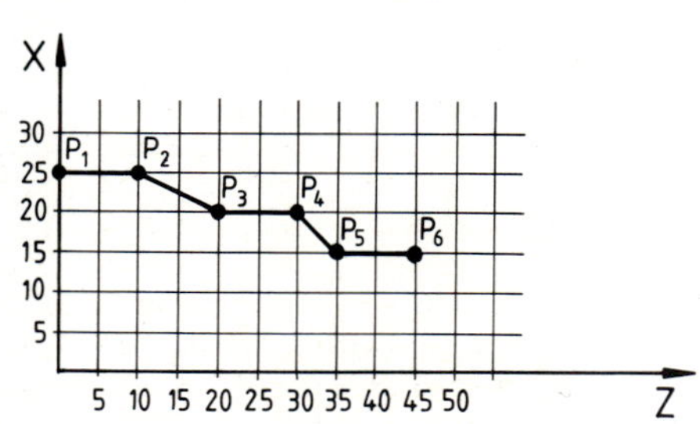

Koordinatensystem bei Fräsmaschinen

Bei Fräsmaschinen ist die Angabe einer dritten Achse erforderlich, damit auch die Tiefe des Werkstücks mit in die Programmierung einbezogen werden kann.

Die Lage der Koordinatenachsen ist nach DIN 66 217 festgelegt. Mit Hilfe der sogenannten **„Rechte-Hand-Regel"** lassen sich die drei Achsen auf die Werkzeugmaschine übertragen.

Danach steht wie beim Drehen die Z-Achse senkrecht auf dem Werkstück (also in Richtung der Arbeitsspindel), die X-Achse parallel zur Werkstückaufspannfläche. Die Y-Achse steht senkrecht auf der ZX-Ebene.

Je nach Lage der Arbeitsspindel bei Fräsmaschinen ergibt sich eine unterschiedliche Lage der Koordinatenachsen.

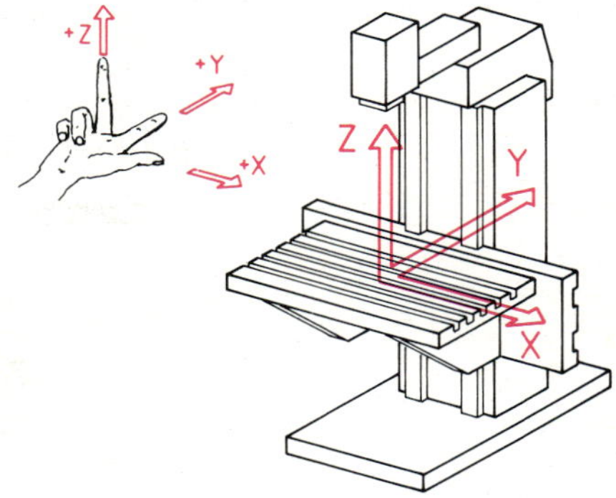

Koordinatensystem bei Fräsmaschinen

Aufgaben zur Wiederholung und Vertiefung

1. Nennen Sie Vorteile von polumschaltbaren Gleichstrommotoren als Antriebseinheit bei CNC-Maschinen!
2. Erläutern Sie das Prinzip der Achseinzelantriebe!
3. Erklären Sie das Funktionsprinzip von Schrittmotoren!
4. Unterscheiden Sie zwischen Punkt-, Strecken- und Bahnsteuerung bei CNC-Maschinen!
5. Geben Sie die Koordinaten der folgenden Werkstückpunkte in Form einer Tabelle an!

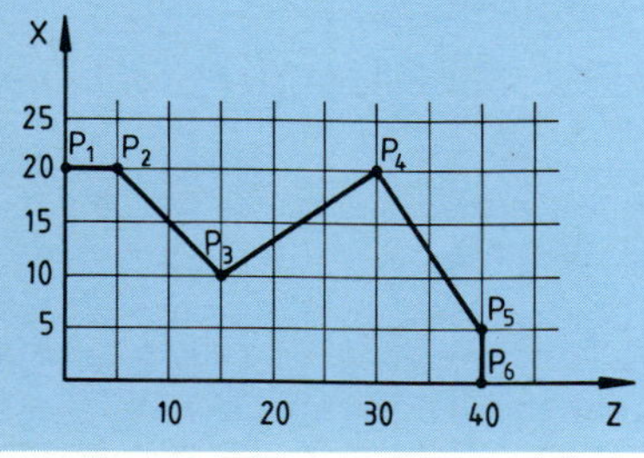

	X	Z
P_1		
P_2		
P_3		
P_4		
P_5		
P_6		

Nullpunkte und Vorzeichen der Koordinatenachsen

Damit die Maschine die vom Bediener programmierten Punkte überhaupt finden kann, muß zuerst der Nullpunkt bestimmt werden, der Punkt also, in dem alle Koordinatenwerte gleich Null sind. Mit dem Nullpunkt wird die Lage des Koordinatensystems auf dem Werkstück festgelegt.

- Maschinennullpunkt M

Der Maschinennullpunkt M ist der Nullpunkt des vom Hersteller festgelegten maschinenfesten Koordinatensystems. Die Lage des aufgespannten Werkstücks wird auf den Maschinennullpunkt bezogen. Bei Drehmaschinen liegt er meist im Schnittpunkt der Arbeitsspindelachse mit dem Werkstückträger.
Das Symbol nach DIN 55 003 für den Maschinennullpunkt ist: ⊕

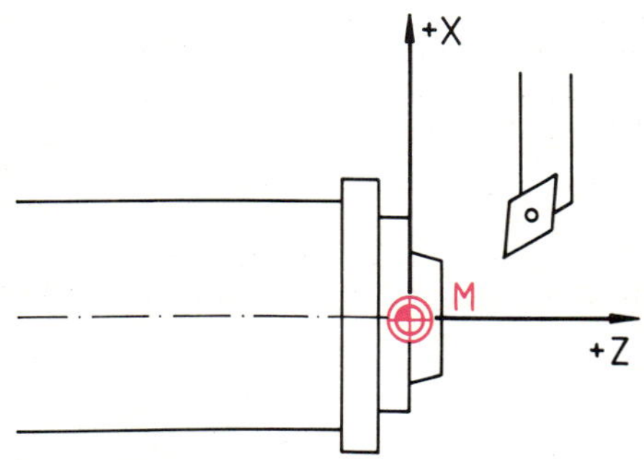

Maschinennullpunkt bei einer Drehmaschine

- Referenzpunkt R

Beim Einschalten von inkremental messenden Maschinen müssen zuerst die Koordinaten X, Y und Z auf Null gesetzt werden, weil ja die Werkstückmaße durch Zuwachswerte (Inkremente) berechnet und programmiert werden. Dies könnte dadurch geschehen, daß man mit dem Werkzeugschlitten auf den Maschinennullpunkt fährt und alle Wert (X,Y,Z) dort gleich Null setzt. Da aber bei den meisten Maschinen der Maschinennullpunkt nicht angefahren werden kann, legt man einen Referenzpunkt fest, dessen Koordinaten ersatzweise angefahren werden können. Die Lage des Referenzpunktes ist durch eine Markierung am Strichmaßstab gekennzeichnet. Er muß nach jedem Einschalten der Anlage überfahren werden, damit die Maschine sozusagen „geeicht" ist.

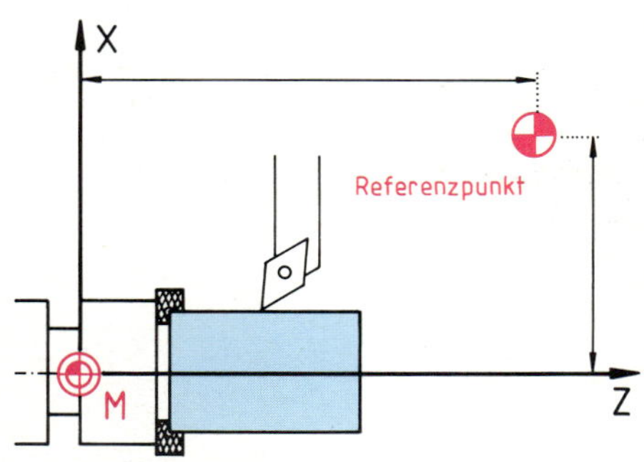

Referenzpunkt bei einer Drehmaschine

- Werkstücknullpunkt W

Der Werkstücknullpunkt W wird vom Programmierer frei gewählt. An der Maschine wird normalerweise der Werkstücknullpunkt W durch elektronische Fühler oder „Ankratzen“ gesetzt.

Er ist der Nullpunkt des Koordinatensystems für die Programmierung.

Der Werkstücknullpunkt liegt bei Drehmaschinen in X-Richtung immer **auf der Drehmitte**.

In Z-Richtung sind bei Drehmaschinen in der Praxis zwei Nullpunktlagen üblich, **im Spannfutter** oder **an der Werkstückvorderkante.**

Im allgemeinen wird der Werkstücknullpunkt so gewählt, daß man möglichst viele Koordinatenwerte aus der Zeichnung übernehmen kann.

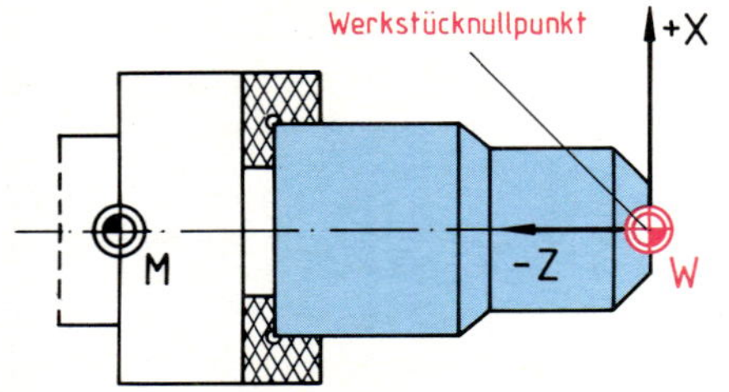

Werkstücknullpunkt bei einem Drehteil an der Werkstückvorderkante

Der Werkstücknullpunkt liegt immer auf der Drehmitte.

- Die Vorzeichen der Koordinatenachsen

Durch Festlegung des Werkstücknullpunktes ist das Koordinatensystem für das Werkstück festgelegt worden. Vom Nullpunkt aus werden alle programmierten Maße an gerechnet. Abhängig von der Wahl des Werkstücknullpunktes werden die jeweiligen Vorzeichen der Koordinatenachsen bestimmt.

Bei Drehteilen liegt, wie schon beschrieben, der Werkstücknullpunkt immer auf der Drehmitte. Befindet sich das Werkzeug vor der Drehmitte, so sind alle X-Werte positiv. Befindet sich das Werkzeug hinter der Drehmitte, so sind die X-Werte dieser Punkte negativ.

Die X-Werte werden niemals als Radiuswerte eingegeben, sondern sie sind immer durchmesserbezogen. Es wird also immer der zu erreichende Durchmesserwert programmiert.

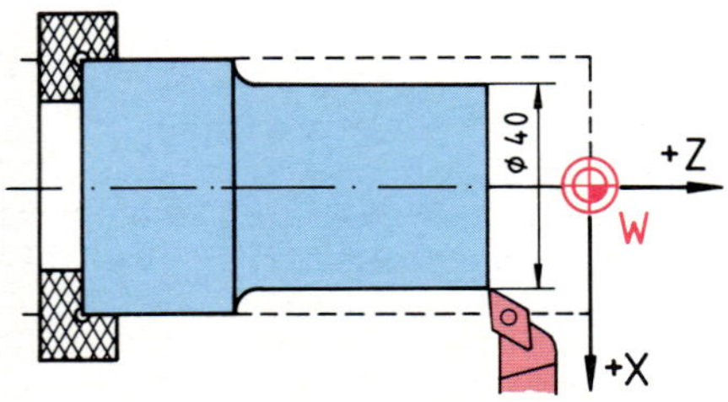

X-Werte sind immer durchmesser-bezogen!

Liegt der Werkstücknullpunkt **im Spannfutter**, so sind alle Z-Werte positiv. Je weiter in diesem Fall die Drehlänge von der Werkstückvorderdkante entfernt ist, desto kleiner ist der Z-Wert.

Liegt dagegen der Werkstücknullpunkt an der **Werkstückvorderkante,** so sind alle Z-Werte negativ.

Je größer hier die Drehlänge ist, desto größer ist die Zahl beim Z-Wert.

Im allgemeinen richtet man sich bei der Festlegung des Werkstücknullpunktes nach den Angaben der Zeichnungsvorlage, damit möglichst viele Werte aus der Zeichnung übernommen werden können.

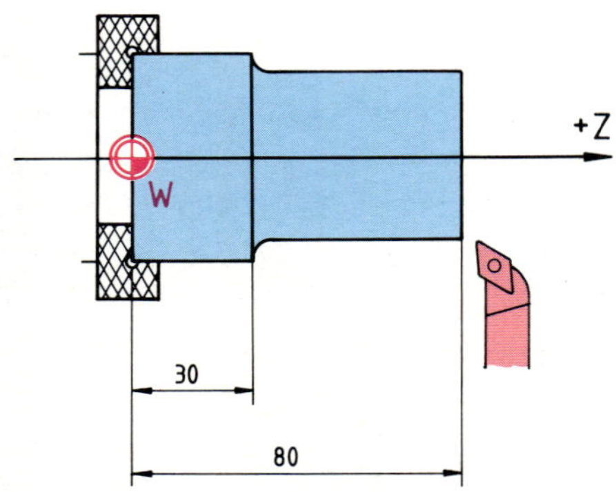

W.-Nullpunkt im Spannfutter

Punkte des Werkstücks im Koordinatensystem:
Die Position der Meißelspitze gegenüber dem Werkstücknullpunkt bestimmt bei der Drehmaschine die Vorzeichen von X und Z.

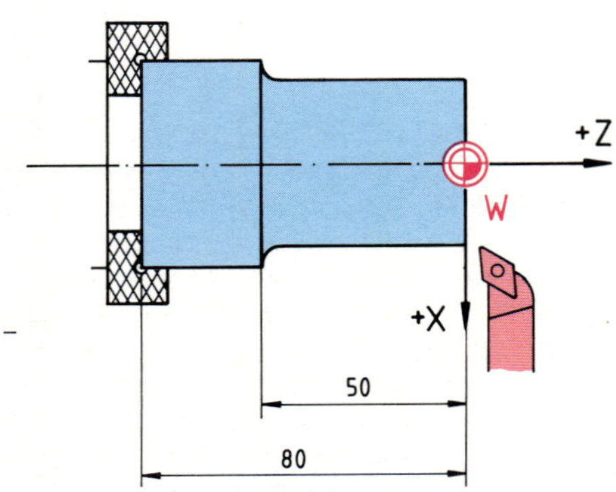

W.-Nullpunkt an der Vorderkante

Die Vorzeichen der positiven X und Z-Werte (+) brauchen bei der Programmierung nicht mit angegeben zu werden.

CNC-gerechte Bemaßung

Die Bemaßung nach DIN 406 Teil 2 wurde den neuen Erfordernissen der CNC-Fertigung angepaßt.

Die wichtigsten Regeln seien hier aufgezählt:

- Die Absolutbemaßung

Bei der Absolutbemaßung beziehen sich **alle Maßangaben auf den Werkstücknullpunkt** (deshalb: Bezugsmaße). Der Programmierer gibt bei der Programmierung ein, welche Position in bezug auf den Nullpunkt erreicht werden soll.
Diese Art der Bemaßung wird beim Einschalten der Maschine automatisch eingestellt. Sie wird der Maschine bei Bedarf mit dem Befehl G 90 mitgeteilt.

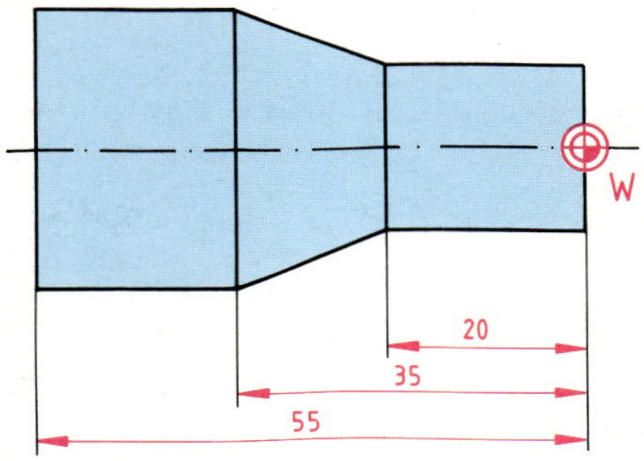

Absolutbemaßung

Bei der Absolutbemaßung beziehen sich alle Maßangaben auf den Werkstücknullpunkt.

- Die Kettenbemaßung (Inkrementalmaß)

Bei der inkrementalen Maßangabe wird nicht vom Werkstücknullpunkt ausgegangen, sondern **von der letzten Position,** die das Werkzeug hatte. Befindet sich das Werkzeug (Istposition) auf der Position X 50 Z 2 und soll es auf die Position X 40 Z 20 fahren, so müssen die Differenzen (Unterschiede) dieser Positionen programmiert werden, also um 18 mm in Z-Richtung und 5 mm (Radiuswert!) in X-Richtung. Die Verwendung der Kettenbemaßung wird der Maschine mit dem Befehl G91 mitgeteilt.

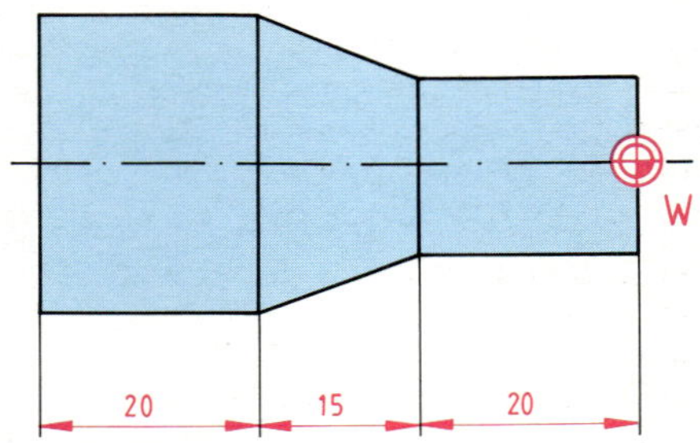

Kettenbemaßung

Bei der inkrementalen Bemaßung beziehen sich alle Maßangaben auf die vorherige Werkzeugposition.

- Besonderheiten der CNC-gerechten Bemaßung

Bei der Bemaßung von CNC-gefertigten Werkstücken sind noch einige Vereinfachungen zu erwähnen:

1. Im Gegensatz zur üblichen Bemaßung reicht es aus, nur eine Maßhilfslinie vom Werkstücknullpunkt aus zu ziehen.
2. Durchmesserwerte werden so eingetragen, daß sie von vorne lesbar sind.
3. Bei Drehteilen braucht in der Regel nur eine Werkstückhälfte dargestellt zu werden.
4. Das Symbol für den Werkstücknullpunkt wird in die Zeichnung eingetragen.

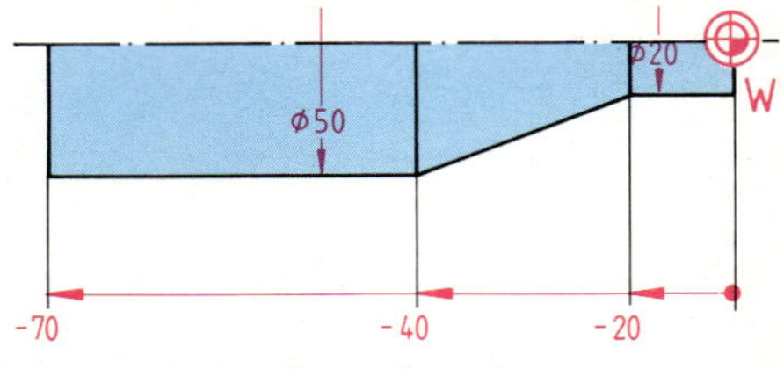

CNC-gerechte Bemaßung

Aufgaben zur Wiederholung und Vertiefung

1. Erklären Sie die Bedeutung der verschiedenen Nullpunkte!
2. Bezeichnen Sie die Koordinatenachsen an einer Drehmaschine!
3. Bestimmen Sie die Punkte P1 bis P9 des Drehteiles!
4. Erstellen Sie von dem abgebildeten Werkstück eine CNC-gerechte Zeichnung!

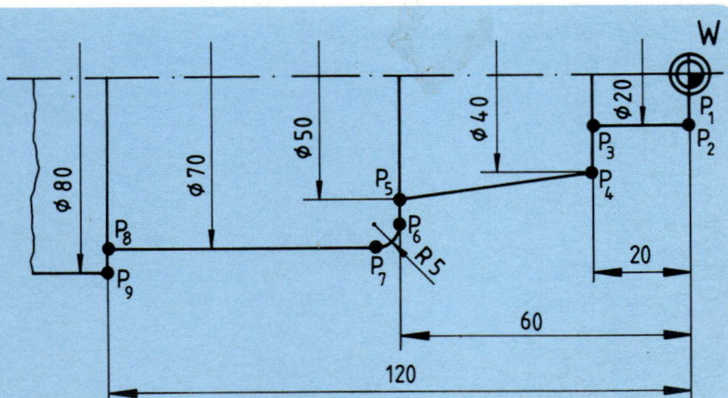

2.2.4 Grundlagen der Programmierung nach DIN 66025

Damit die CNC-gesteuerte Maschine ein Werkstück herstellen kann, muß sie über **geometrische, technologische** und **Zusatzinformationen** verfügen.

Der Steuerung muß mitgeteilt werden, welche Schritte in welcher Reihenfolge nacheinander erfolgen sollen. Man bezeichnet eine solche Abfolge von Schritten in der Steuerungs- und Regelungstechnik als **Programm**, die einzelnen Schritte als **Programmschritte**.

Ein Programm ist die Auflistung aller Befehle an die Steuerung. Die einzelnen Programmschritte werden nacheinander abgearbeitet.

Die Übergabe der Programmschritte an die Maschine geschieht mit Hilfe von Buchstaben und Zahlen und einigen Sonderzeichen. Die an die Maschine erteilten Befehle werden mit Hilfe der Buchstaben und Zahlen, die man auch als **alphanumerische Zeichen** bezeichnet, verschlüsselt. Innerhalb der Steuerung werden die Befehle entschlüsselt und an die Maschine weitergeleitet.

Arbeitsplanung beim manuellen Herstellen eines Werkstücks

Sehen wir uns zuerst einmal an, wie ein Zerspanungsmechaniker an einer herkömmlichen Maschine ein Werkstück herstellt!

1. Einspannen des Rohlings, Auswählen der Werkzeuge
2. Einstellen von Umdrehungsfrequenz und Vorschub
3. Günstigste Bearbeitungsfolge festlegen
4. Entscheiden, ob mit oder ohne Kühlschmiermittel gearbeitet werden soll
5. Bearbeiten des Rohlings nach Zeichnung, dabei ständiger Vergleich der Istwerte mit den Sollwerten.
6. Werkstück nach geforderten Oberflächengüten und Genauigkeiten fertig drehen
7. Maschine abstellen, Werkstück ausspannen.

So oder ähnlich könnte ein „Programm" eines einfachen Drehteils aussehen, je komplizierter es gestaltet ist, desto umfangreicher ist natürlich die Liste der Bearbeitungsschritte.
Diese Schritte müssen nun nacheinander der Maschine mitgeteilt werden, damit eine automatische Bearbeitung des Werkstücks erfolgen kann.

Geometrische Informationen sind alle Angaben, die sich auf die Werkstückgeometrie beziehen, wie z. B. Durchmesser, Drehlänge...

Technologische Informationen beziehen sich auf werkstoffabhängige Vorgaben des Werkstücks wie Umdrehungsfrequenz, Vorschub...

Zusatzinformationen beziehen sich auf weitere Eingangsgrößen des Zerspanungsvorgangs wie z. B. Spindel ein/aus, Kühlschmiermittel ein/aus, Programmende...

Alphanumerisches Zeichen

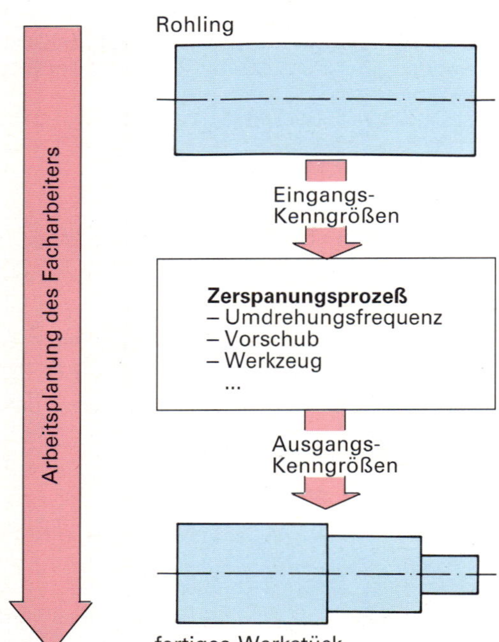

Aufgaben zur Wiederholung und Vertiefung

Das abgebildete Werkstück soll durch das Fertigungsverfahren „Drehen" auf einer CNC-Maschine hergestellt werden. Stellen Sie in Form einer Tabelle zusammen:
Welche Zerspanungsgrößen müssen bekannt sein?
In welchen Schritten erfolgt die Fertigung?
Welche Meßwerkzeuge sind erforderlich?
...

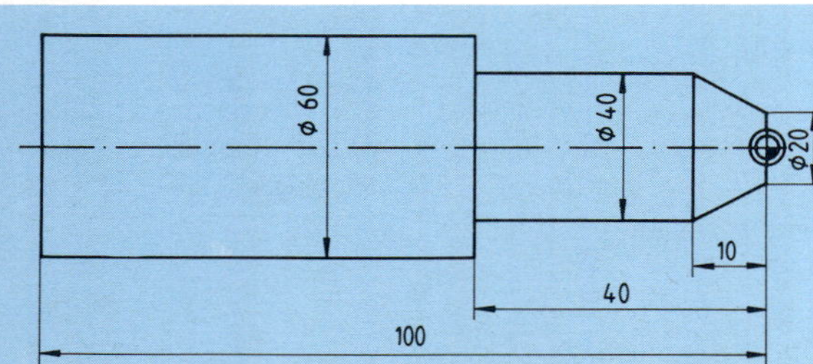

Programmierung von CNC-Drehmaschinen

Neben den Angaben über die Lage der Werkstückpunkte, die der Drehmeißel anfahren soll, braucht der Programmierer noch eine große Zahl von Angaben, um das Werkstück programmieren zu können.

Schematisch könnte eine Programmierung eines Werkstückes in Form eines Ablaufdiagramms dargestellt werden:

Vorgaben:
Zeichnung, Material, Anzahl der Werkstücke, Oberflächengüte...

⇓

Werkzeug, Umdrehungsfrequenzen bzw. Schnittgeschwindigkeit wählen, Spannart bestimmen, Werkstücknullpunkt bestimmen, Bearbeitungsfolge festlegen, Vorschub bestimmen, Kühlmittel ja/nein

⇓

Werkstückpunkte bestimmen, die nacheinander angefahren werden sollen. Art der Vorschubbewegung (Vorschub, Eilgang...) festlegen.

⇓

PROGRAMM SCHREIBEN

⇓

Programm über Datenträger in die Maschine einlesen

⇓

Programmablauf mit Hilfe der Simulation auf Fehler hin untersuchen, Fehler korrigieren

⇓

Werkstück fertigen

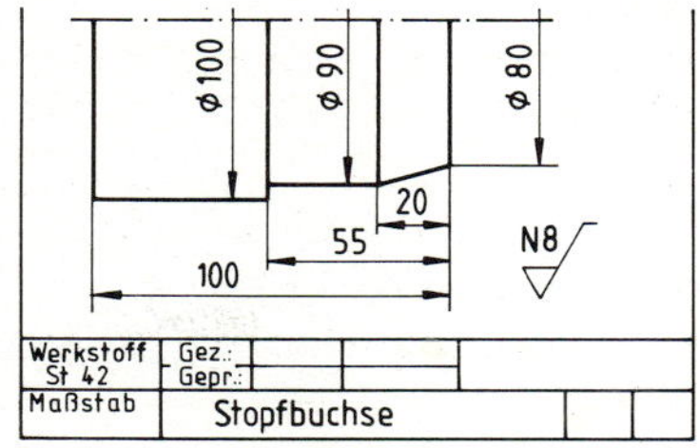

P	X	Z
P_1	0	0
P_2	10	0
P_3	(10)	–20

```
N5   G92  S 2000 F1,5
N10  G96  S 300  T1
N15  G00
```

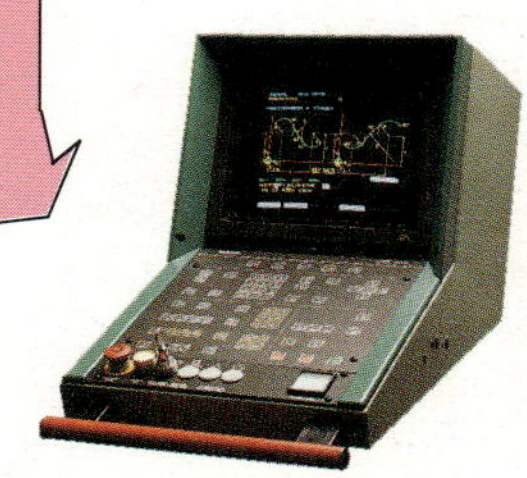

• Vorgaben

Das abgebildete Werkstück aus St 42 soll von einer CNC-Drehmaschine hergestellt werden. Die Oberflächengüte ist N8, es soll mit Kühlschmiermittel gearbeitet werden. Die Spanungstiefe a_p soll 10 mm betragen. Nach der Bearbeitung soll das Werkzeug wieder auf den Werkzeugwechselpunkt fahren.

Als erstes informiert sich der Fachmann über die zulässigen Schnittgeschwindigkeiten für den Werkstoff und ermittelt daraus die Umdrehungsfrequenzen. In aller Regel geschieht dies mit Hilfe eines Tabellenbuches oder eines Diagramms.

Für dieses Werkstück ergibt sich eine Umdrehungsfrequenz von n = 160 1/min und ein Vorschub f = 1,5 mm.

Werkstoff	Schruppen a) Schlichten b)	Hartmetalle (HM)		
		Schnittgeschwindigkeit v_c in m/min	Vorschub f in mm	Spanungstiefe a in mm
Weicher Stahl, z. B. St 42, St50	a)	50... 70	1,5	10,0
	b)	150...200	0,1	1,0
Legierte Stähle	a)	20... 40	1,0	8,0
	b)	50...100	0,1	1,0
Grauguß	a)	30... 50	1,5	10,0
	b)	80...100	0,1	1,0
Buntmetalle	a)	150...220	0,5	6,0
	b)	200...300	0,2	2,0
Leichtmetalle	a)	200...300	0,5	6,0
	b)	250...500	0,1	1,0
Kunststoffe	a)	200...300	0,3	3,0
	b)	400...600	0,1	1,0

Fertigungsdaten zum Drehen

Programm schreiben

Die Vorgaben müssen nun als alphanumerische Zeichen an die Maschine übergeben werden. Man schreibt im Normalfall zusammengehörige Daten in einer Reihe hintereinander, man bezeichnet eine solche Folge von Daten als **Datensatz**. Ein Datensatz ist geordnet nach geometrischen, technologischen und Zusatzinformationen.

Damit die Maschine weiß, in welcher Reihenfolge eine größere Menge von Datensätzen abgearbeitet werden soll, werden diese mit einer Datensatznummer versehen. Diese Datensatznummer wird gekennzeichnet mit dem Buchstaben N.

Beispielsweise würde N4 den vierten Datensatz kennzeichnen.

Man sagt, N ist die Adresse für die Datensatznummer.

Die Symbole der Adressen sind von englischen Begriffen abgeleitet. Die Adresse für die Umdrehungsfrequenzen wird mit dem Buchstaben S bezeichnet, eine Angabe wie S 160 bedeutet, daß die Umdrehungsfrequenz auf n = 160 1/min eingestellt wird. Eine solche Angabe bezeichnet man als **Datenwort.**

Durch das Wort G 97 wird der Maschine mitgeteilt, daß die Umdrehungsfrequenzen konstant gehalten werden soll, sich also auch bei verändertem Durchmesser nicht ändern soll.

Die Adresse für den Vorschub ist der Buchstabe F.

Das Wort F 1,5 heißt also, daß der Vorschub 1,5 mm beträgt.

Als nächstes muß noch das Werkzeug ausgewählt werden. In unserem Beispiel befindet sich der Drehmeißel im Werkzeugespeicher Nummer 1. Die Adresse für das Werkzeug ist T. Das Wort des Datensatzes ist also: T 1

Mit dem Wort M8 schalten wir – als Zusatzinformation – die Kühlschmiermittelzufuhr ein.

Danach erhalten wir den ersten Datensatz (s. rechts).

Technologische Informationen

Es ist leicht zu sehen, daß diese Daten zuerst nur die werkstoffabhängigen Vorgaben des Werkstücks betreffen. Man bezeichnet diese Daten deshalb auch als **technologische Informationen**. Die technologischen Daten stehen immer zu Anfang eines Programms, mit ihrer Hilfe wird die Maschine „eingestellt". Selbstverständlich können die technologischen Daten im weiteren Verlauf des Programms geändert werden, wenn z. B. ein anderes Werkzeug angewählt wird und abhängig davon eine andere Umdrehungsfrequenz erforderlich ist.

Geometrische Informationen

Nachdem die technologischen Daten programmiert worden sind, muß das Aussehen des Werkstücks verschlüsselt beschrieben werden. Man bezeichnet die Zahlen, die die äußere Form des Werkstücks beschreiben, als **geometrische Informationen**.

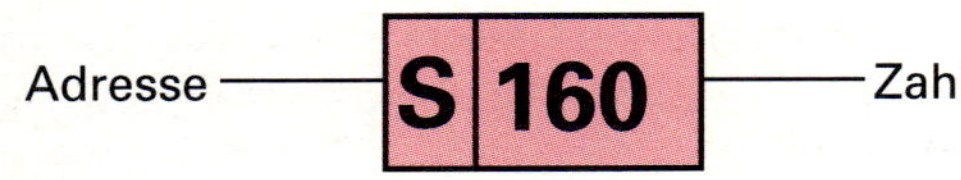

Datenwort

N	Adresse für Datensatznummer
S	Adresse für die Umdrehungsfrequenz
F	Adresse für den Vorschub
T	Adresse für das Werkzeug
M	Adresse für Zusatzinformationen

Adressen

Datensatznummer	Geometrische Informationen	Technologische Informationen			Zusatzinformationen
		Umdrehungsfrequenz	Vorschub	Werkzeug	
N1	G 97	S 350	F 1,5	T 1	M8

Datensatz

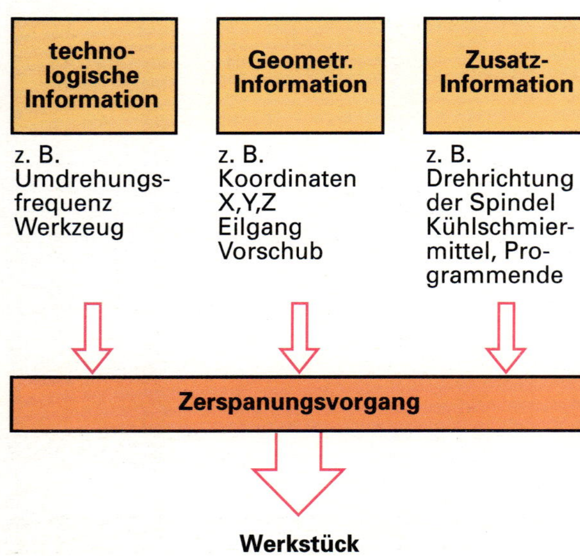

Die Konturbeschreibung geschieht dadurch, daß man die Koordinaten der Werkstückpunkte angibt und jeweils angibt, ob dieser Punkt im Eilgang oder im Vorschub erreicht werden soll.

Soll ein Punkt **im Eilgang** angefahren werden, so schreibt man unter der Adresse G eine 00, verkürzt **G 00**. Beim Lesen dieser Angabe schaltet die Steuerung den Eilgang ein und fährt den danach angegebenen Punkt an.

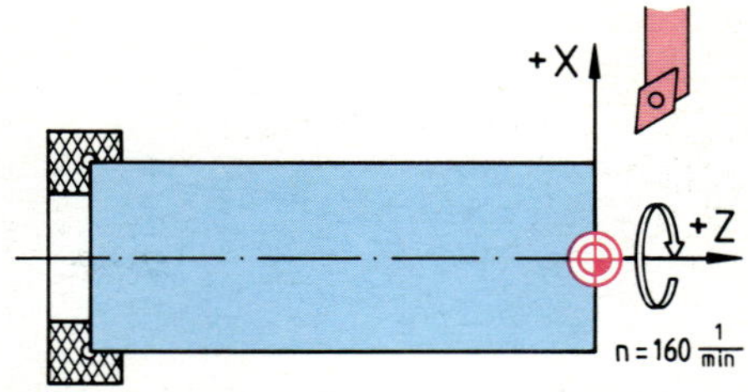

Werkzeug befindet sich am Werkzeugwechselpunkt

Soll ein Punkt **im Vorschub** erreicht werden, so schreibt man unter der Adresse G eine 01, verkürzt **G 01**. Trifft die Steuerung während des Abarbeitens des Programms auf diese Angabe, so wird der Vorschub eingeschaltet, und zwar mit dem unter der Adresse F programmierten Wert.

Als erstes muß in unserem Beispiel der Drehmeißel von seiner jetzigen Position vor die Werkstückvorderkante verfahren werden. Der Werkstückdurchmesser ist X = 90 mm, der Nullpunkt liegt auf der Werkstückvorderkante. Die Koordinaten des äußersten Punktes auf der Werkstückaußenkante sind also: X 90 Z 0. Es wäre nicht sinnvoll, im Eilgang sofort auf die Werkstückvorderkante zu fahren, deshalb bewegt man das Werkzeug auf einen Punkt einige mm vor der Werkstückvorderkante, z. B. Z 3

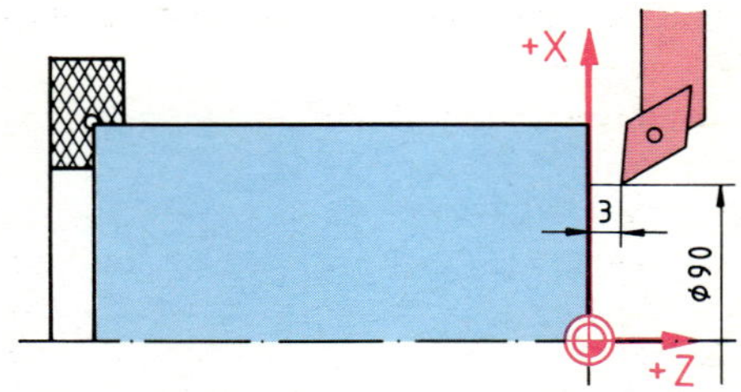

Werkzeug fährt im Eilgang auf X 90 Z3, Kühlschmiermittel ein

Der zweite Datensatz lautet also:

N 2 G 00 X 90 Z 3

Im dritten Datensatz wird nun der Vorschub eingeschaltet, der den Drehmeißel in Z-Richtung bewegen soll. Trifft die Steuerung auf das Wort G 01, so wird der im ersten Satz festgelegte Vorschub (1,5 mm) eingeschaltet.

Da der Nullpunkt an der Werkstückvorderkante liegt, sind alle Z-Werte, die „im" Werkstück liegen, mit einem negativen Vorzeichen versehen.

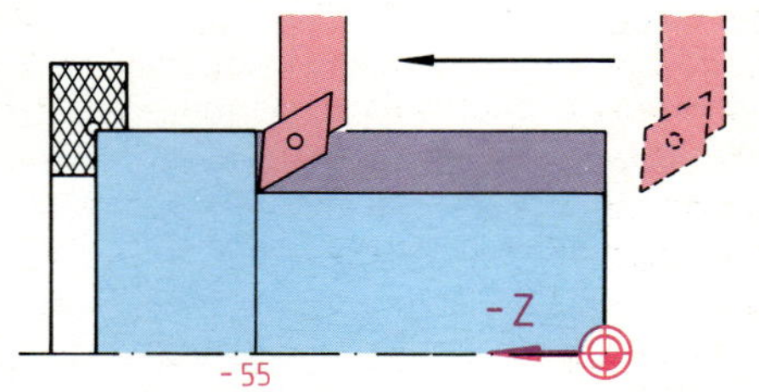

Das Werkzeug fährt im Vorschub auf Z-55 und nimmt dabei einen Span (a_p = 5 mm) ab.

Der Drehmeißel soll über eine Länge von 55 mm längs drehen, deshalb ist der Wert bei Z – 55.

Der X-Wert ändert sich nicht, muß also nicht noch einmal gesondert eingegeben werden. Die Werte sind selbsthaltend, sie bleiben so lange auf dem letzten eingegebenen Wert, bis ein neuer Wert unter der Adresse einprogrammiert wird.

Nach diesen Überlegungen sieht der dritte Datensatz wie folgt aus:

N3 G01 (X 90) Z-55

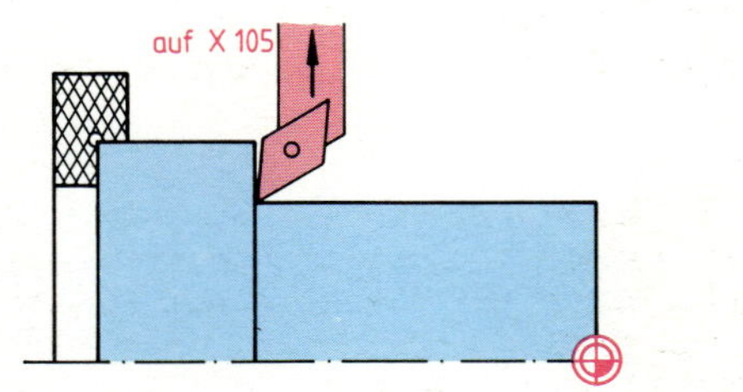

Herausfahren auf X 105

Im vierten Datensatz fahren wir mit dem Drehmeißel im Vorschub „aus dem Werkstück heraus", um die entstandene Planfläche noch sauber abzudrehen.

Der X-Wert wird also auf jeden Fall größer als der Rohteildurchmesser, z. B. X 105.

Die Werte bei Z (-55) und G (01) bleiben erhalten.

N 4 (G 01) X 105 (Z-55)

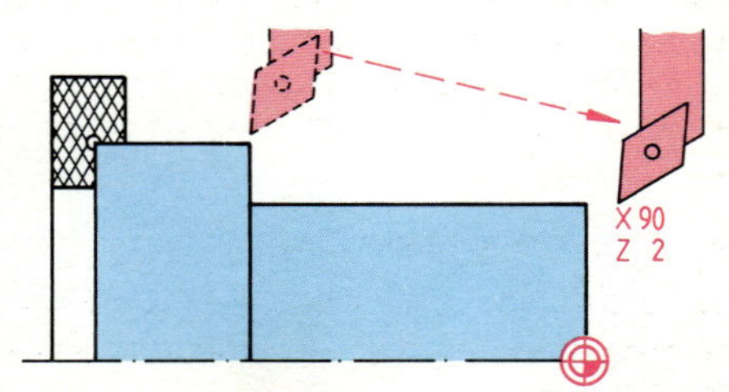

Im Eilgang vor die Werkstückvorderkante fahren

Um den Kegel an der Werkstückvorderkante drehen zu können, müssen wir den Drehmeißel wieder vor die Werkstückvorderkante zurückbewegen. Um Zeit zu sparen, geschieht dies natürlich im Eilgang.

N 5 G 00 X 90 Z 2

Im nachfolgenden Satz stellen wir nun auf den kleinen Durchmesser des Kegels zu und fahren dann im 7. Satz auf die Werkstückvorderkante:

N 6	(G 00)	X 80	(Z 2)
N 7	G 01	(X 80)	(Z 0)

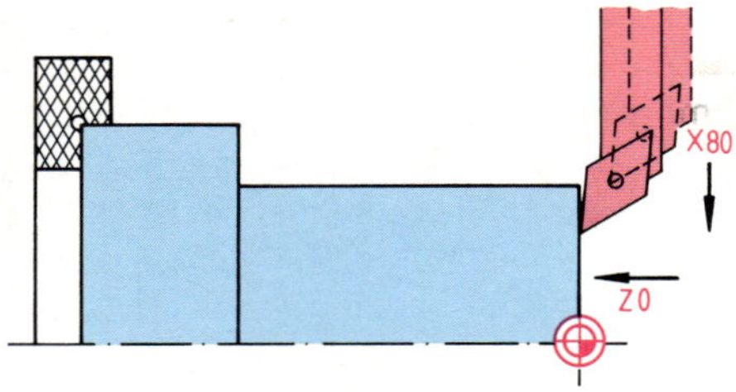

Zustellen und auf Werkstückvorderkante fahren

Im achten Datensatz nun wird der Kegel programmiert. Bei einem Kegel verändert sich der Drehdurchmesser mit der Drehlänge. Hier handelt es sich um eine Bahnsteuerung:

N 8	G 01	X 90	Z –20

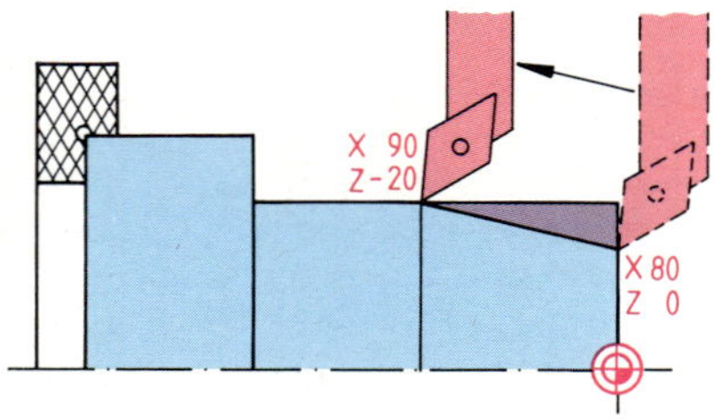

Bahnsteuerung: Kegel drehen

Der neunte Datensatz gibt der Steuerung den Befehl, wieder auf den Werkzeugwechselpunkt (X 200, Z 50) zu fahren.
Dies geschieht natürlich im Eilgang, die Kühlschmiermittelzufuhr wird mit M 9 abgeschaltet.

N 9	G 00	X 200	Z 50	M 9

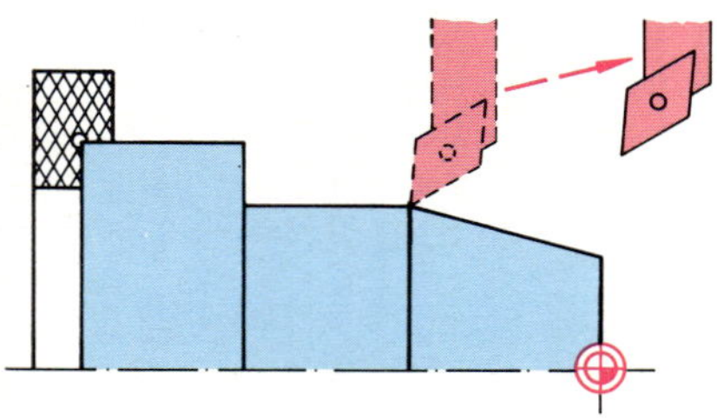

Zurück zum Werkzeugwechselpunkt, Kühlschmiermittel aus

Als letztes müssen wir der Steuerung noch mitteilen, daß das Programm zu Ende ist, daß also keine weiteren Datensätze mehr folgen. Dies geschieht mit dem Zusatzbefehl M 30.

N 10	M 30

Damit ist das Programm fertig!

Bei diesem Werkstück wurde die Schnittaufteilung noch von Hand programmiert. Die Hersteller der Werkzeugmaschinen haben ihre Maschinen mit zahlreichen automatischen Bearbeitungszyklen ausgestattet, die dem Bediener diese Arbeit ebenfalls abnehmen. Grundsätzlich unterscheidet sich die Programmierung jedoch nicht von dem gezeigten Beispiel.

Vollständiges Programm

Datensatznummer	Geometrische Informationen Wegbedingungen	Koordinaten X	Z	Technologische Informationen Umdrehungsfrequenz	Vorschub	Werkzeug	Zusatzinformationen	Bemerkungen
N 1	G 97			S 160	F 1,5	T 1	M 8	technologische Daten
N 2	G 00	X 90	Z 3					Punkt 1 (Werkstückvorderkante)
N 3	G 01		Z-55					Punkt 2
N 4		X 105						Punkt 3
N 5	G 00	X 90	Z 2					2 mm vor Werkstückvorderk.
N 6		X 80						5 mm zustellen
N 7	G 01		Z 0					auf Werkstück Vorderkante
N 8		X 90	Z-20					Kegel drehen
N 9	G 00	X 200	Z 50				M 9	Werkzeugwechselpunkt, Kühlschmiermittel aus
N 10							M 30	Programmende

Die Programmierung von Kreisbewegungen

Um die Kreisbewegung eines Werkzeugs programmieren zu können, benötigt man den Drehsinn des Kreises, die Koordinaten des Startpunktes (von wo aus das Werkzeug anfängt), den Zielpunkt, der erreicht werden soll und den Mittelpunkt des Kreisbogens.

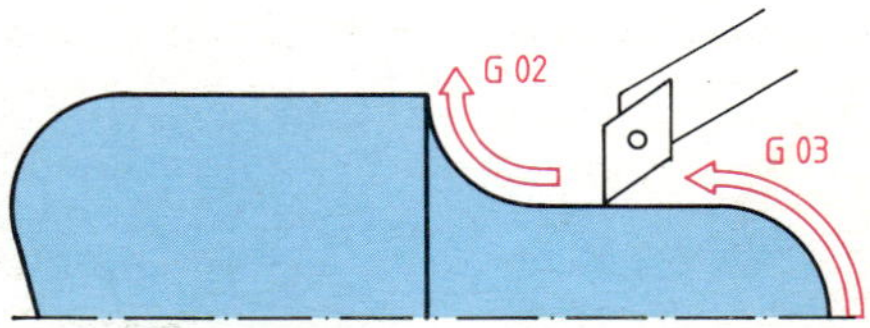

Programmierung von Kreisbewegungen

- Der Drehsinn des Kreises

Wird ein Kreisbogen durch eine Bewegung des Werkzeugs im Uhrzeigersinn erreicht, so programmiert man ihn mit Hilfe des Wortes G 02. Bewegt sich das Werkzeug entgegen dem Uhrzeigersinn, so erreicht man dies mit dem Wort G 03.

G 02	Kreisprogrammierung im Uhrzeigersinn
G 03	Kreisprogrammierung entgegen dem Uhrzeigersinn

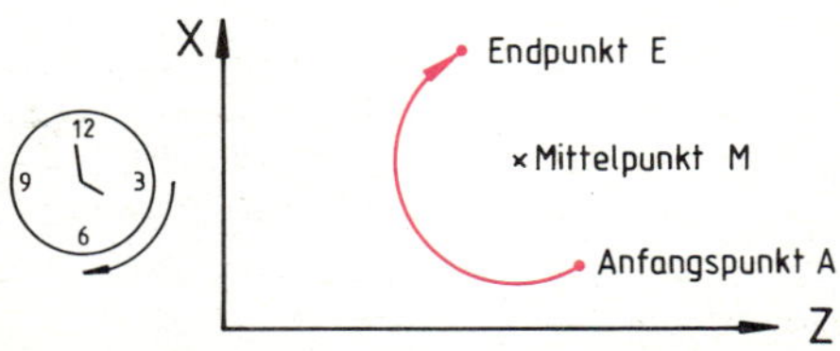

Werkzeugbewegung im Uhrzeigersinn (G 02)

Bei CNC-gesteuerten Drehmaschinen ist das Arbeitsergebnis abhängig von der Lage des Werkzeugs zum Werkstück. Befindet sich das Werkzeug hinter der Drehmitte, beispielsweise bei der Schrägbettdrehmaschine, so erreicht man mit G 02 eine Hohlkehle und mit G 03 einen Außenradius.

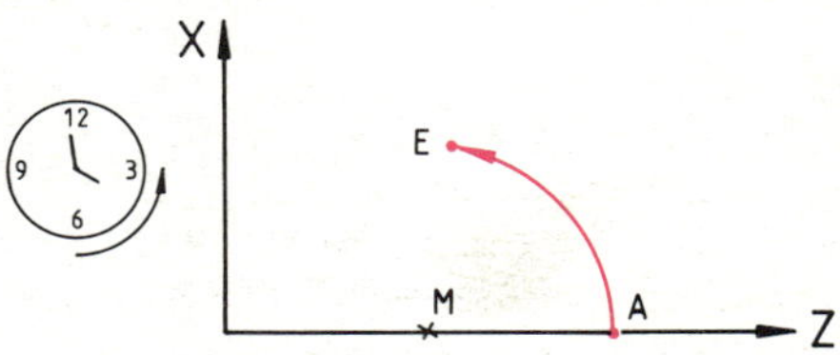

Werkzeugbewegung entgegen dem Uhrzeigersinn (G 03)

- Die Koordinaten des Endpunktes

Als nächstes benötigt die Maschine die Angabe des Punktes, der durch die Kreisbewegung des Werkzeugs erreicht werden soll. Dieser Punkt wird der Maschine – wie bisher auch – durch seine Koordinaten mitgeteilt.

- Die Koordinaten des Kreismittelpunktes

Die Koordinaten des Kreismittelpunktes werden zumeist vom Anfang des Kreisbogens aus inkremental (durch Zuwachswerte) angegeben. Der **Abstand des Anfangspunktes zum Mittelpunkt** in X-Richtung wird mit der Adresse I angegeben. Der achsparallele Abstand vom Anfangspunkt zum Mittelpunkt in Y-Richtung wird mit der Adresse J und in Z-Richtung mit der Adresse K angegeben. Ist die Richtung von I oder K gleich mit der Richtung der positiven Achsen, so sind diese positiv, ansonsten sind sie negativ.

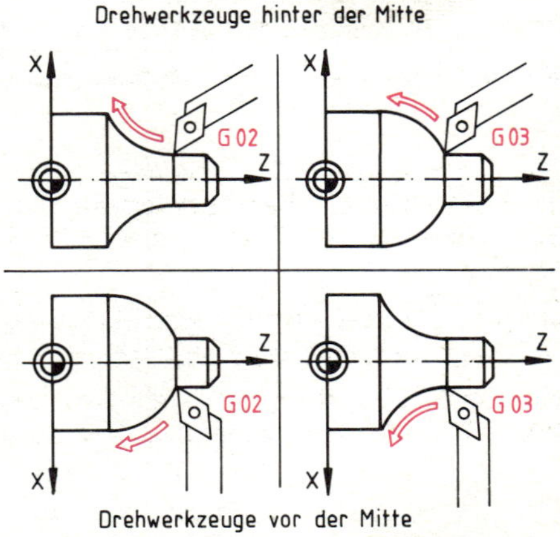

Drehsinn der Kreisbögen beim Drehen

Beispiel für eine Radiusprogrammierung:

Der abgebildete erste Radius soll auf einer CNC-Drehmaschine hergestellt werden. Das Werkzeug befindet sich hinter der Drehmitte. Das Werkzeug bewegt sich in einer Kreisbewegung entgegen dem Uhrzeigersinn, also ist das erste Wort des Satzes G 03. Durch die Kreisbewegung wird der Punkt X 40 Z-10 erreicht. Diese Koordinaten werden in dem Satz als nächstes programmiert. Der inkrementale Abstand des Kreismittelpunktes vom Anfangspunkt in X-Richtung ist 0 mm, also I 0, der inkrementale Abstand des Mittelpunktes vom Anfangspunkt in Z-Richtung beträgt –10 mm, also K = –10.

Damit ergibt sich als vollständiger Datensatz:

N 1	G 03	X 20	Z -10	I 0	K -10

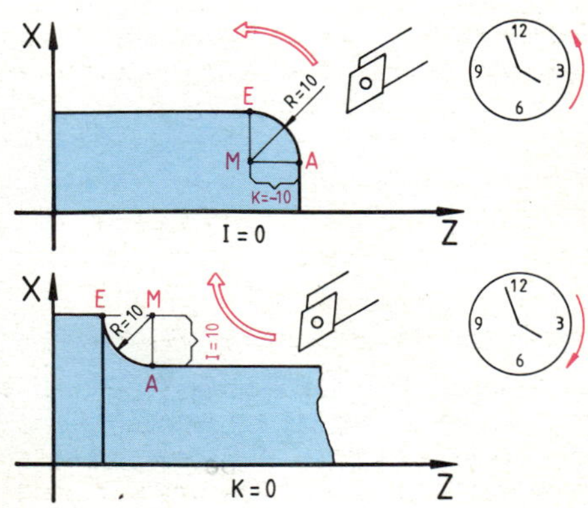

Programmierung von CNC-Fräsmaschinen

Für Fräsmaschinen ist – im Gegensatz zu Drehmaschinen – ein dreiachsiges Koordinatensystem erforderlich. Die Lage der Koordinatenachsen ist nach der Rechten-Hand-Regel festgelegt. Nach DIN 66 217 liegt die Z-Achse in Richtung der Arbeitsspindel. Dadurch ergeben sich – je nach Maschinentyp – unterschiedliche Lagen des Koordinatensystems.

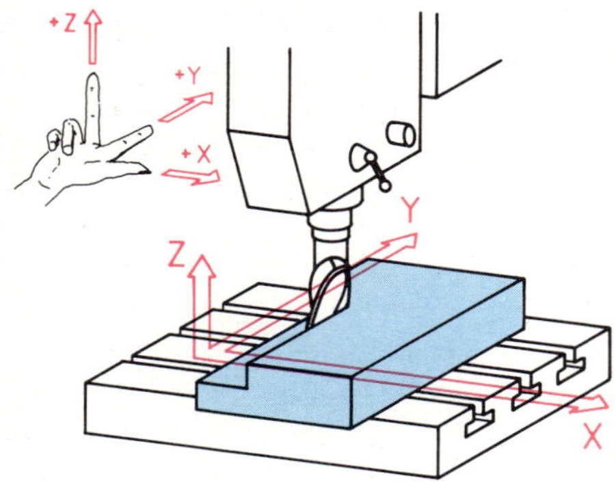

Koordinatensystem beim Senkrechtfräsen

Ebenso wie beim Drehen muß auch beim Fräsen ein **Werkstücknullpunkt** festgelegt werden, von dem aus alle Koordinaten bestimmt werden. Zweckmäßigerweise wählt man einen Punkt, von dem aus alle vom Werzeug anzufahrenden Werkstückpunkte leicht zu bestimmen sind. In Zeichnungen für Werkstücke, die CNC gefertigt werden sollen, ist zumeist der Nullpunkt mit den entsprechenden Bemaßungen eingetragen.

In den meisten Fällen gibt man alle Maße so in die Steuerung ein, daß sie sich auf den Werkstücknullpunkt beziehen. Man spricht in diesem Fall – wie beim Drehen auch – von der Programmierung nach Absolutbemaßung. Diese wird der Steuerung durch das Wort G 90 eingegeben (G 90 ist vom Maschinenhersteller automatisch mit aufgerufen, wenn die Maschine eingeschaltet wird.)

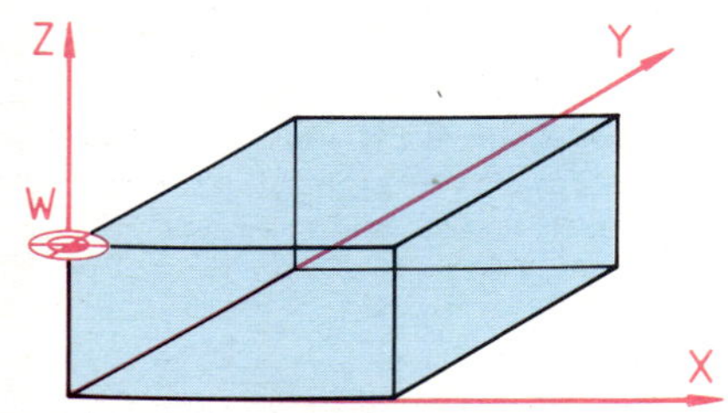

Beispiel für eine Werkstücknullpunktlage

G 90: Bedeutet Absolutmaßprogrammierung

Sollen jedoch die Koordinaten eines Werkstückpunkts als Entfernung von einem vorherigen Werkstückpunkt angegeben werden, so muß man die Maschine mit Hilfe des Wortes G 91 auf die Inkrementalmaßprogrammierung einstellen.

G 91: bedeutet Inkrementalmaßprogrammierung (Entfernungen von Punkt zu Punkt)

G 90

P	X	Y
P_1	10	10
P_2	40	20
P_3	40	40
P_4	20	40

G 91

P	X	Y
P_1	10	10
P_2	30	10
P_3	0	20
P_4	−20	0

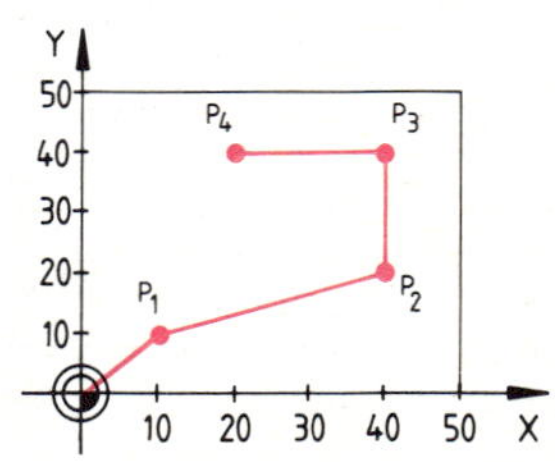

• Bewegungen im Eilgang

Wenn ein Werkzeug im Eilgang von einem Punkt zu einem anderen verfahren werden soll, programmiert man dies mit Hilfe des Wortes G 00. Zu beachten ist, daß sich das Werkzeug bei dieser Art des Verfahrens nicht im Eingriff befinden darf, da durch die hohe Bewegungsgeschwindigkeit des Werkzeugs ein Werkzeugbruch unvermeidlich ist. Nach der Angabe des Wortes G 00 werden die Koordinaten des Zielpunktes angegeben.

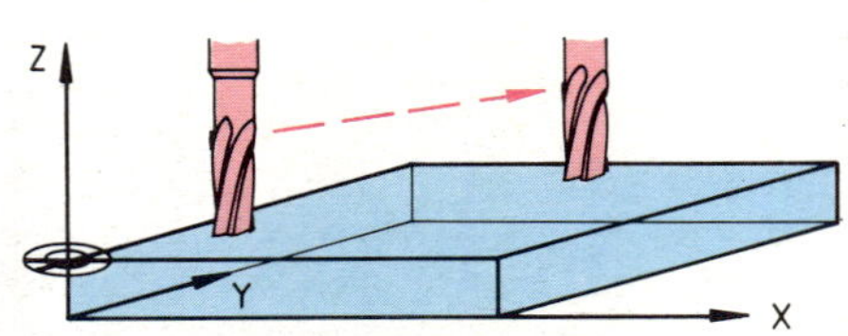

G 00: Bewegung im Eilgang

• Bewegungen im geradlinigen Vorschub

Geradlinige Arbeitsbewegungen im Vorschub werden – wie beim Drehen – mit Hilfe des Wortes G 01 programmiert. Der Wegbefehl G 01 ist selbsthaltend, d. h. er bleibt so lange eingeschaltet, bis ein anderer Wegbefehl erfolgt.

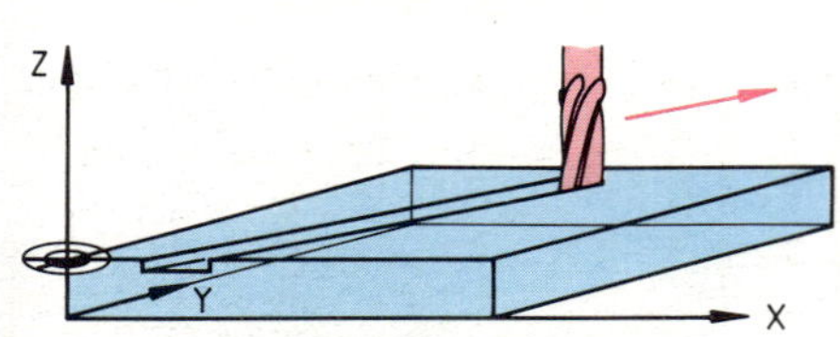

G 01: Bewegung im Vorschub

Kreisförmige Arbeitsbewegungen beim Fräsen

Beim Fräsen werden die Kreisbewegungen – wie beim Drehen – der Steuerung eingegeben mit den Worten
G 02 für Kreise im Uhrzeigersinn
G 03 für Kreise entgegen dem Uhrzeigersinn
sowie den Endpunkten des Kreisbogens in X, Y und Z-Achse sowie den inkrementalen Abständen des Mittelpunktes vom Anfangspunkt des Kreisbogens:
- in X-Richtung unter der Adresse I
- in Y-Richtung unter der Adresse J
- in Z-Richtung unter der Adresse K

Ist die Richtung von I, J und K gleich der Richtung der positiven Achsen, so sind I, J, K positiv, ansonsten sind sie negativ.
Damit die Maschine weiß, in welcher Ebene der Kreisbogen ausgeführt werden soll, muß zuvor die Kreisebene bestimmt werden. Mit dem Wort G 17 wählt man die XY-Ebene aus (Einschaltzustand), mit G 18 die ZX-Ebene und mit G 19 die YZ-Ebene.

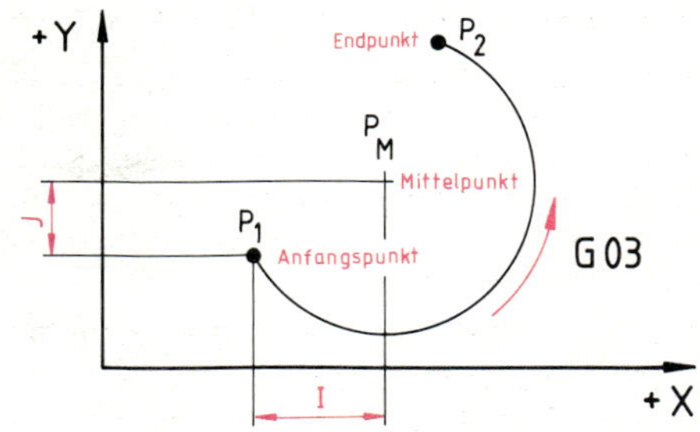

Kreisbewegungen beim Fräsen

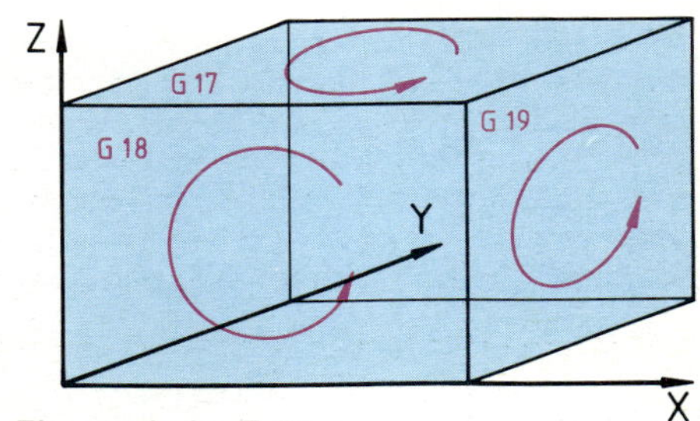

Ebenen beim Fräsen

Beispiel für die Programmierung einer Fräserbahn:
Die Fräserbahn für das abgebildete Werkstück soll programmiert werden. Der HSS-Fräserdurchmesser beträgt 15 mm. Als technologische Daten sind einer Tabelle folgende Werte entnommen worden: Schnittgeschwindigkeit v_c = 50 m/min, Vorschubgeschwindigkeit v_f = 100 mm/min, Werkzeug 1; es soll mit Kühlschmiermittel gearbeitet werden. Mit Hilfe der Formel $v_c = d \cdot \pi \cdot n/1000$ ermitteln wir die Umdrehungsfrequenz des Werkzeugs.
Mit dem Wort G 94 wird die Vorschubgeschwindigkeit in mm/min programmiert, mit G 95 erfolgt die Angabe des Vorschubs in mm/Umdrehung.
Die ersten Sätze des CNC-Programms sehen demnach folgendermaßen aus:

N 1	G 90	G 94	F 100	Absolutbemaßung, Vorschubgeschwindigkeit 100 mm/min
N 2	G 97	S 1060		konstante Umdrehungsfrequenz $n = 1060\ \text{min}^{-1}$
N 3	T1	M8		Werkzeug 1, Kühlmittel ein.

Nachfolgend werden die geometrischen Informationen programmiert, in diesem Beispiel nacheinander die Punkte, die vom Fräser angefahren werden sollen.

N 4	G 00	X 10	Y 20	Z 3	Anfahren des ersten Punktes im Eilgang
N 5	G 01	Z-10			Absenken des Werkzeugs in das Werkstück im Vorschub
N 6	(G 01)	(X 10)	Y 50		zum Punkt P 2
N 7		X 60	(Y 50)		zum Punkt P 3
N 8			Y 10		zum Punkt P 4
N 9				Z 3	aus dem Werkstück heraus
N 10	G 00	X 200	Y 300	Z 20	Werkzeugwechselpunkt,
N 11	M 09				Kühlschmiermittel aus
N 12	M 30				Programmende

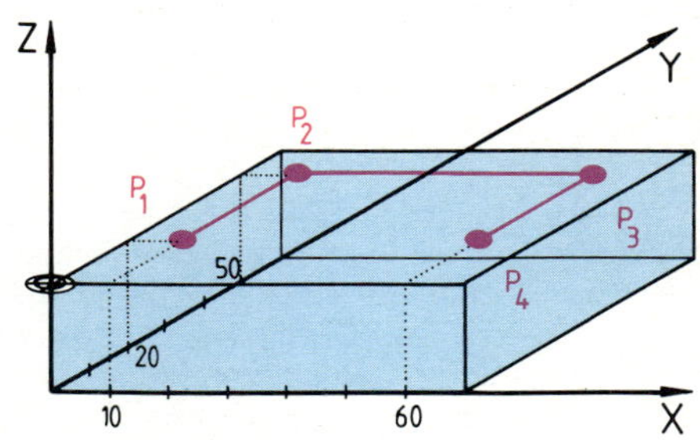

Programmierung einer Fräserbahn

$$v_c = \frac{d \cdot \pi \cdot n}{1000}$$

$$n = \frac{1000 \cdot v_c}{d \cdot \pi}$$

$$n = \frac{1000 \cdot 50}{15 \cdot \pi}$$

$$n = 1060\ \text{min}^{-1}$$

Berechnung der Umdrehungsfrequenz n

Aufgaben zur Wiederholung und Vertiefung

Schreiben Sie das CNC-Programm für die Werkzeugbewegung des abgebildeten Frästeiles!
Die technologischen Daten für St 42 und einen Fräser aus HSS mit 20 mm Durchmesser entnehmen Sie bitte der Tabelle im Grundstufenband Kap. 2.9.7.

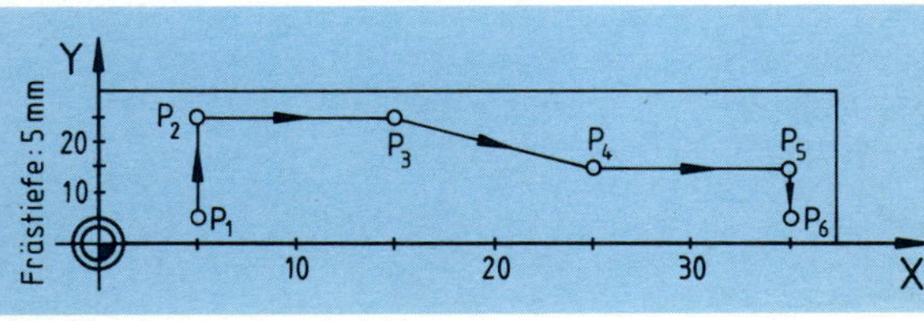

- Werkzeugbahnkorrektur

In den vorherigen Beispielen wurde die erforderliche Werkzeugbewegung als Bahn des Fräsermittelpunktes programmiert. Der Programmierer entnimmt aber der Zeichnung die Werkstückmaße. Außerdem muß, abhängig vom Durchmesser des Werkzeugs, die Bahn des Werkzeugmittelpunktes entlang der zu fertigenden Kontur geändert werden.
Die Mittelpunktsbahn des Fräsers bezeichnet man als Äquidistante (= „immer gleichbleibender Abstand").

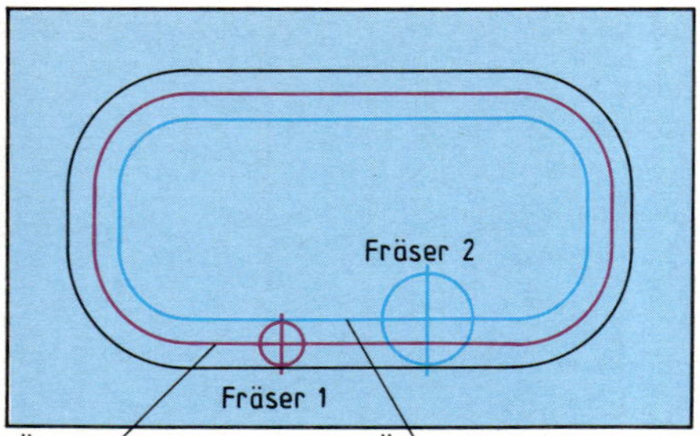

Da man als Programmierer die Werkstückkontur und den Werkzeugdurchmesser eingibt, kann der Steuerungscomputer die jeweilige Äquidistante berechnen.
Man bezeichnet diesen Vorgang als **Werkzeugbahnkorrektur.**

Befindet sich das Werkzeug links in Vorschubrichtung von der Werkstückkontur, so schaltet man die Werkzeugbahnkorrektur mit dem Wort G 41 ein.
Befindet sich das Werkzeug in Vorschubrichtung rechts von der Werkstückkontur, so wird die Werkzeugbahnkorrektur mit G 42 eingeschaltet.
G 40 hebt die Werkzeugbahnkorrektur wieder auf.

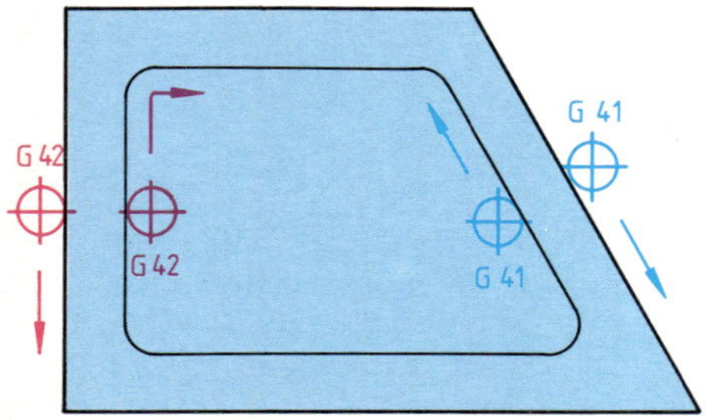

Fräser rechts der Kontur (G 42)

Fräser links der Kontur (G 41)

Zyklen

Einige Arbeitsgänge, die einen gleichartigen Arbeitsablauf haben – z. B. Gewindeschneiden, Taschenfräsen –, werden als feste Arbeitsabläufe oder Zyklen schon in die Steuerung vorprogrammiert. Dafür sind die Wegbedingungen G 81 bis G 89 vorgesehen. Diese Zyklen erleichtern die Arbeit des Programmierers wesentlich.

2.2.5 Programmtest

Nachdem ein CNC-Programm in die Maschine eingegeben wurde, soll es mit Hilfe des Simulators der Maschine auf Fehler hin überprüft werden. Mit Hilfe der Simulation kann festgestellt werden, ob Fehler im Programm vorhanden sind, die das Arbeitsergebnis negativ beeinflussen könnten. Außerdem dient sie der Arbeitssicherheit, denn ein durch einen Programmfehler ausgelöster Werkzeugbruch kann den Bediener ebenfalls gefährden. Nach dieser ersten Kontrolle mit Hilfe des Simulators kann das Werkstück hergestellt werden. Den ersten Arbeitsdurchgang führt man aus Sicherheitsgründen mit verminderter Maschinenleistung – die an einem Potentiometer einstellbar ist – durch. Erst wenn diese Tests keine Programmfehler erkennen lassen, kann das Werkstück automatisiert gefertigt werden.

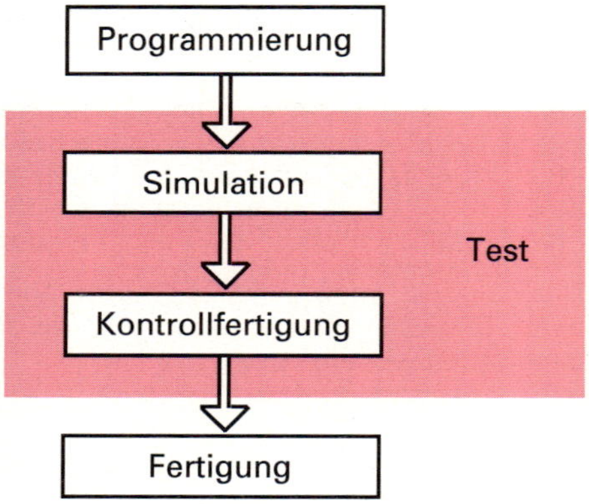

Aufgaben zur Wiederholung und Vertiefung

1. Erläutern Sie den Unterschied zwischen Senkrecht- und Waagerecht-Fräsmaschine hinsichtlich der Lage des Koordinatensystems!
2. Beschreiben Sie die Programmierung eines Kreisbogens in der XY-Ebene anhand eines Beispiels!
3. Unterscheiden Sie zwischen den Werkzeugbahnkorrekturen G 41 und G 42!
4. Programmieren Sie die Werkzeugbahn des abgebildeten Werkstückes aus St 50! Der Fräserdurchmesser beträgt $d = 20$ mm.

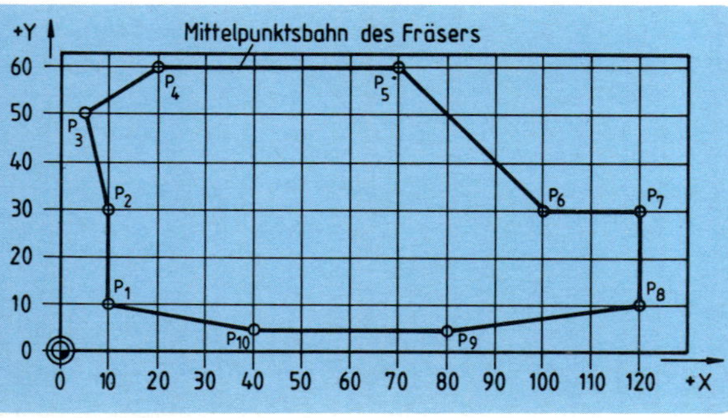

2.2.6 Technologie zum Drehen und Fräsen

Werkzeuge

Wurde bis vor wenigen Jahren die Spanabnahme ausschließlich durch Drehmeißel in den verschiedensten Formen bewältigt und bei den Fräsern vorwiegend HS und HSS-Werkstoffe eingesetzt, so wird der Zerspanungsvorgang beim Drehen heute nahezu ausschließlich von **Wendeschneidplatten** geleistet. Bei den Fräsern findet man in verstärktem Maße beschichtete Werkstoffe.

Die Auswahl eines Werkzeugs für die Bearbeitung eines Werkstücks hängt von mehreren Faktoren ab:

- vom zu bearbeitenden Werkstoff
- von der Art der Werkzeugaufnahme
- von der geforderten Präzision
- von der Art der Bearbeitung.

Weiterhin sind für die Auswahl des richtigen Werkzeugs die vorgesehene Schnitt- und Vorschubgeschwindigkeit und die Standzeit des Werkzeugs von Bedeutung.

Dreh- und Fräswerkzeuge mit Wendeschneidplatten

• Einsatz von Wendeschneidplatten beim Drehen

Wendeschneidplatten sind aus beschichteten oder unbeschichteten Hartmetallen oder aus Keramik, neuerdings findet man auch Wendeschneidplatten aus polykristallinen Stoffen. Auch die Spanart kann durch die Auswahl der Wendeschneidplatten beeinflußt werden.

Der große Vorteil der Wendeschneidplatte liegt darin, daß nach der Abnutzung der ersten Schneide die Platte ohne besonderen Aufwand gewendet werden kann, ohne daß die Maßhaltigkeit beeinflußt wird. Das Wenden erfolgt durch Lösen der Befestigungsschraube am Werkzeughalter. Je nach Hersteller findet man unterschiedliche Formen der Werkzeughalter.

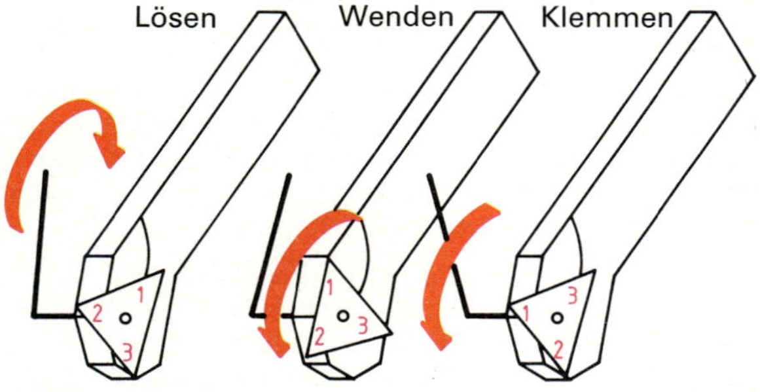

Wenden der Schneidplatten

• Einsatz von beschichteten Werkzeugen

Neben den unbeschichteten Wendeschneidplatten werden Fräser, Bohrer und Gewindeschneider aus beschichteten Werkstoffen verwendet. Dabei besteht die Beschichtung vorwiegend aus Titancarbid.

Durch die Beschichtung wird die Schneidfähigkeit der Werkzeuge und damit auch ihre Wirtschaftlichkeit wesentlich verbessert. Weiterhin wird die Standzeit durch die Beschichtung erhöht. Standzeit ist die Zeit, die ein Werkzeug zwischen zwei Anschliffen im Eingriff ist. Sie beträgt bei den beschichteten Werkzeugen je nach Beschichtung bis zu 60 min.

Werkzeuge werden mit Hilfe eines **Schneidenzustands-Überwachungssystem** während des Eingriffs überwacht. Geprüft wird die Schnittkraft bzw. das Nachlassen der Schnittkraft. Bei entsprechender Abnutzung wird das Werkzeug automatisch ausgetauscht.

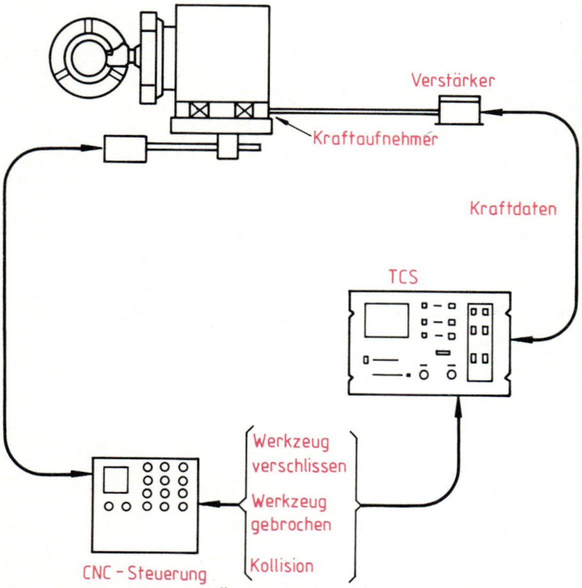

Schneidenzustands-Überwachungssystem

• Werkzeugaufnahme

Die Werkzeugaufnahme kann von Hersteller zu Hersteller unterschiedlich sein, jedoch bieten die meisten Hersteller von Werkzeugmaschinen heute **variable Aufnahmesysteme** an, so daß alle Formen von Werkzeughaltern bei Drehmaschinen und alle Schaftformen von Fräsern in der Werkzeugaufnahme untergebracht werden können.

Werkzeughalterungen und Schäfte gibt es in rechtwinkliger oder quadratischer, runder oder kegeliger Form. In der Regel ist die Werkzeugaufnahme **beim Fräsen ein Magazin** und **beim Drehen ein Revolverkopf**.

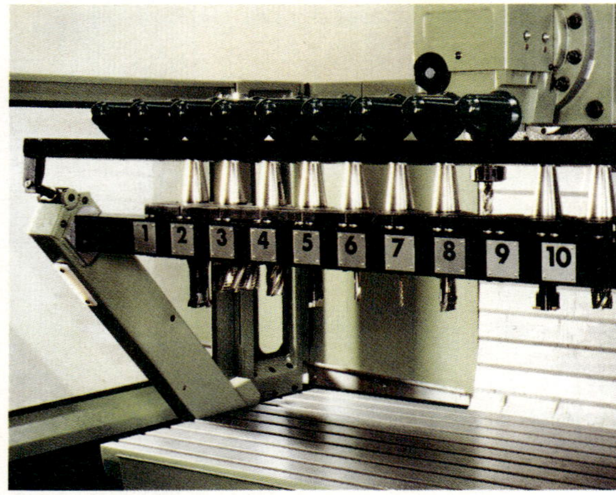

Werkzeugmagazin

• Programmierung der Werkzeuge

Für die Bearbeitung eines Dreh- oder Frästeils können mehrere **Werkzeuge mit unterschiedlichen Abmessungen** erforderlich sein. Damit der Computer die Werkzeuge an die gewünschte Position verfahren kann, müssen die Abmessungen der Werkzeuge wie beispielsweise die Länge und der Durchmesser eines Fräsers im Computer gespeichert sein. Jedes Werkzeug erhält eine Nummer mit der Adresse T.

Werkzeug	Durchmesser	Länge
T 01	10.000	153.000
T 02	25.000	210.000
T 03	28.000	115.000
⋮	⋮	⋮

Werkzeug-Tabelle

Wird ein Werkzeug aufgerufen, **berechnet die Steuerung** – abhängig von den Abmessungen des Werkzeuges – **den Verfahrweg**. Die Werkzeugnummern sind unabhängig vom gerade laufenden Programm gespeichert. Das heißt, das Werkzeug T 03 beispielsweise ist für alle Programme das gleiche Werkzeug.

Die Werkzeuge sind entsprechend ihrer Reihenfolge im Revolverkopf oder im Magazin untergebracht.

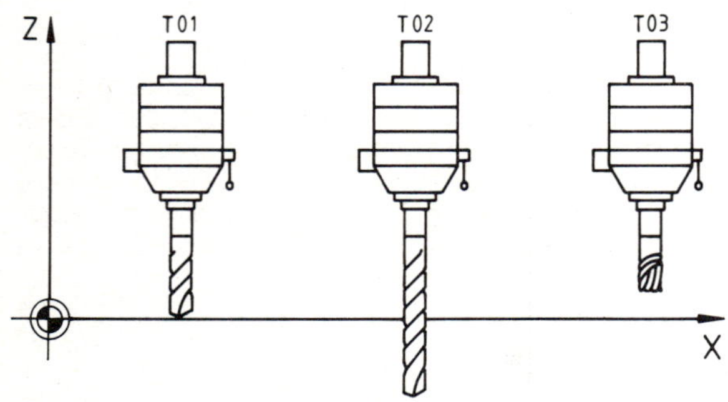

Werkzeug-Längenkorrektur

Soll ein Werkzeugwechsel (WZW) erfolgen, so muß das vorangegangene Werkzeug in den **Werkzeugwechselpunkt** gebracht werden. Das Verfahren zum Werkzeugwechselpunkt erfolgt im Eilgang.

Bei Drehmaschinen mit Revolverkopf erfolgt der Werkzeugwechsel in der Regel an einem Ort, an dem durch den Wechsel keine Beschädigung des Werkzeugs erfolgen kann, dabei ist keine feste Position vorgegeben. Bei Fräsern ist für den Werkzeugwechsel der Werkzeugwechselpunkt vorgegeben. Angaben über den Werkzeugwechselpunkt sind dem Bedienerhandbuch des jeweiligen Herstellers zu entnehmen.

Werkzeug-Wechselpunkt

Schnitt- und Vorschubgeschwindigkeit, Umdrehungsfrequenz

Neben der richtigen Auswahl des Werkzeugs ist für die Bearbeitung eines Werkstücks die Auswahl der günstigsten Schnitt- und Vorschubgeschwindigkeit oder der richtigen Umdrehungsfrequenz von entscheidender Bedeutung. Ungünstige Geschwindigkeiten bzw. Umdrehungsfrequenzen verringern die Standzeit des Werkzeugs.

Die richtige Auswahl von Schnitt- und Vorschubgeschwindigkeit wird durch den zu bearbeitenden Werkstoff und durch den Werkstoff des Werkzeugs entscheidend beeinflußt.

Die Hersteller von Werkzeugen geben Tabellen zu den Werkzeugen heraus, in denen die einzelnen Werkstoffe in **Werkstoffzerspanungsgruppen (ZG)** zusammengefaßt sind. Insgesamt werden 13 Werkstoffzerspanungsgruppen unterschieden. Für jede Zerspanungsgruppe wird in Abhängigkeit von der Schnittiefe der Vorschub und die Schnittgeschwindigkeit für das entsprechende Werkzeug vorgegeben. Soll z. B. ein Werkstück aus 45 S 20 mit einem beschichteten Hartmetallwerkzeug bei einer Schnittiefe von 3 mm und einem Vorschub von 0,25 mm bearbeitet werden, so findet man als Schnittgeschwindigkeit v_c = 290 m/min.

Je nach Bearbeitung wird eine konstante Umdrehungsfrequenz oder eine konstante Schnittgeschwindigkeit programmiert.

chnung	Werkstoff-Nr.	Bezeichnung	Werks
uppe 2	Werkstoffzerspanungsgruppe 3		Werks
t37-2	1.0060	St60-2	1.00
t37-2	1.0551	GS52	1.01
44-2	1.0727	45S20	1.03
44-3	1.0570	St52-3	1.04

Werkstoffzerspanungsgruppe 3					
Schnitt-tiefe *a* in mm	Vor-schub *s* in mm	HM v_c in m/min	HM-be-schichtet v_c in m/min	Keramik v_c in m/min	HSS T ≈ 60 min v_c in m/min
1	0,10	350			60
	0,16	320	350	550	50
	0,25	290	320	520	45
	0,40	260	280		35
2	0,10	320			60
	0,16	360	320	520	50
3	0,25	270	290	480	45
	0,40	240	260	460	35
4	0,10	300			60
	0,16	280	300	480	50
	0,25	250	270	450	45
	0,40	230	240	430	35

Werkstofftabelle (Auszug)

- Konstante Schnittgeschwindigkeit G 96

Mit der Anweisung G 96 wird für einen bestimmten Arbeitsgang eine konstante Schnittgeschwindigkeit vorgewählt. Diese vorgewählte Schnittgeschwindigkeit gilt für alle nachfolgenden Sätze bis eine neue Anweisung G 96 mit geändertem Wert oder die Anweisung „konstante Umdrehungsfrequenz" erfolgt. In der Tastatur der bekannten Werkzeugmaschinenhersteller ist für diese Anweisung eine besondere Taste vorgesehen. Wird die Taste gedrückt, so fragt die Maschine nach dem Wert für die Schnittgeschwindigkeit. Beim Programmieren wird der Wert als S-Wort eingetragen.

Ändert sich bei der Bearbeitung der Durchmesser (z. B. beim Plandrehen), so errechnet der Computer die Umdrehungsfrequenz, die für die eingestellte Schnittgeschwindigkeit erforderlich ist und ändert diese stufenlos.

Geometrische Informationen	Technologische Informationen
G X Y Z I K	S F
G 96 Anweisung für konstante Schnittgeschwindigkeit	290 Schnittgeschwindigkeit in m/min

- Konstante Umdrehungsfrequenz G 97

Bei einigen Bearbeitungsvorgängen wird an Stelle einer konstanten Schnittgeschwindigkeit eine konstante Umdrehungsfrequenz gefordert, z. B. beim Gewindeschneiden. Dies wird mit der Anweisung G 97 programmiert. Die Umdrehungsfrequenz selbst wird wiederum als S-Wort eingegeben. Auch für diesen Befehl G 97 ist bei einigen Werkzeugmaschinenherstellern eine besondere Taste vorgesehen.

Geometrische Information	Technologische Information
G X Y Z I K	S F
G 97 Anweisung für konstante Umdrehungsfrequenz	180 Umdrehungsfrequenz in 1/min

• Konstanter Vorschub G 95

Im Hinblick auf die Oberflächengüte des Werkstücks wird ein konstanter Vorschub bevorzugt. Dies wird mit dem Wort G 95 programmiert. Die Eingabe des Vorschubs erfolgt unter der Adresse F. Wie für die konstante Umdrehungsfrequenz und für die konstante Schnittgeschwindigkeit besitzen die meisten Werkzeugmaschinen auch eine besondere Taste zur Eingabe des konstanten Vorschubs. Neben den besonderen Programmtasten für die Befehle G 95, G 96 und G 97 bieten die Werkzeugmaschinen die Möglichkeit, diese Größen von Hand zu beeinflussen. Die Beeinflussung erfolgt durch ein Handrad oder durch eine Drucktaste (Potentiometerschaltung), die die Ausführgeschwindigkeit der programmierten Werte von 0% bis 120% variabel steuert.

Geometrische Informationen	Technologische Informationen	
G X Y Z I K	S	F
G 95		0,25
Anweisung für konstanten Vorschub	Vorschub in mm	

• Konstante Vorschubgeschwindigkeit G 94

Mit der Anweisung G 94 ist eine konstante Vorschubgeschwindigkeit in mm/min programmierbar.

Geometrische Informationen	Technologische Informationen	
G X Y Z I K	S	F
G 94		30
Anweisung für konstante Vorschubgeschwindigkeit	Vorschubgeschwindigkeit in mm/min	

2.2.7 Zusatzinformationen zum Drehen und Fräsen

Neben den Programmanweisungen und den technologischen Anweisungen bedarf der Rechner noch einer Reihe von weiteren Anweisungen, bevor die Bearbeitung des Werkstücks beginnen kann.

Die Spindel muß eingeschaltet werden. Dabei muß dem Computer mitgeteilt werden, ob sich die Spindel links oder rechts herum drehen soll. Die Steuerung muß auch die Kühlung des Werkstücks berücksichtigen und die Kühlschmiermittelpumpe ein- oder abschalten. Weiterhin kann zu bestimmten Zeiten ein Spindelstop oder ein programmierter Halt des Programmablaufs notwendig werden. Zusätzlich benötigt der Rechner Anweisungen zum Programmende. Für alle diese Anweisungen sind **Zusatzbefehle** notwendig und im Programm vorzusehen.

Alle Zusatzbefehle stehen unter der Adresse M.

Spindel Drehrichtung rechts M 03

Mit dem Befehl M 03 wird die Spindel eingeschaltet. Sie macht – vom Spindelstock aus gesehen – eine Rechtsdrehung.

Spindel Drehrichtung links M 04

Mit dem Zusatzbefehl M 04 wird die Spindel – vom Spindelstock aus gesehen – in eine Linksdrehung versetzt.

Programmierter Halt M 00

Soll zur Überprüfung der Maßgenauigkeit das Programm an einer bestimmten Stelle gestoppt werden, geschieht dies über den Befehl M 00. Mit dieser Anweisung bleibt nicht nur die Spindel stehen, sondern auch die Kühlmittelzufuhr wird unterbunden. Der weitere Programmablauf muß von Hand gestartet werden.

Drehrichtung links

Kühlschmiermittel Ein M 08
Mit der Anweisung M 08 wird die Kühlschmiermittelzufuhr eingeschaltet. Sie bleibt solange in Betrieb, bis ein gegenteiliger Befehl gegeben wird. Um unnötige Kühlmittelmengen zu vermeiden, soll diese Anweisung immer in der Zeile eingegeben werden, in der der Zerspanungsvorgang stattfindet.

Kühlschmiermittel Aus M 09
Ist der Zerspanungsvorgang beendet, soll in der Regel in der nächsten Anweisung der Befehl „Kühlschmiermittel Aus" M 09 erfolgen. Nur wenn eine Kühlung des Werkstücks auf Grund zu großer Wärmeentwicklung weiterhin notwendig ist, soll die Kühlmittelzufuhr erst zu einem späteren Zeitpunkt unterbrochen werden. Einige Werkzeugmaschinenhersteller haben besondere Zusatzbefehle für den Kühlvorgang.

Programmende M 30
Mit diesem Zusatzbefehl erkennt der Rechner, daß das Programm beendet ist. Der Befehl bedeutet gleichzeitig, daß der Rechner zum Programmbeginn zurückkehrt.

Einsatz von Kühlschmiermittel

Übersicht über die Wegbedingungen und Zusatzfunktionen für die CNC-Programmierung nach DIN 66025 (Auswahl)

Adressbuchstaben	F	Vorschub/-geschwindigkeit
	G	Wegbedingung
	I	Interpolationsparameter parallel zur X-Achse
	J	Interpolationsparameter parallel zur Y-Achse
	K	Interpolationsparameter parallel zur Z-Achse
	M	Zusatzfunktion
	N	Nummer des Datensatzes
	S	Umdrehungsfrequenz der Hauptspindel bzw. Schnittgeschwindigkeit
	T	Werkzeugnummer
	X	Bewegung in Richtung der X-Achse
	Y	Bewegung in Richtung der Y-Achse
	Z	Bewegung in Richtung der Z-Achse
Wegbedingungen	G 00	Verfahren im Eilgang
	G 01	Verfahren im Vorschub
	G 02	Kreisbewegung im Uhrzeigersinn
	G 03	Kreisbewegung im Gegenuhrzeigersinn
	G 04	Verweilzeit
	G 17	Ebenenauswahl XY
	G 18	Ebenenauswahl XZ
	G 19	Ebenenauswahl YZ
	G 40	Aufheben der Werkzeugkorrektur
	G 41	Werkzeugbahnkorrektur links
	G 42	Werkzeugbahnkorrektur rechts
	G 54 - G 59	Nullpunktverschiebungen
	G 70	Maßangaben in inch
	G 71	Maßangaben in mm
	G 81 - G 89	Arbeitszyklen
	G 90	Absolutbemaßung
	G 91	Inkrementalbemaßung
	G 94	Angabe der Vorschubgeschwindigkeit in mm/min
	G 95	Vorschub in mm/U
	G 96	konstante Schnittgeschwindigkeit
	G 97	Angabe der Umdrehungsfrequenz in 1/min
Zusatzfunktionen	M 00	Programmierter Halt
	M 03	Spindeldrehung im Uhrzeigersinn (vom Spindelstock aus betrachtet)
	M 04	Spindeldrehung im Gegenuhrzeigersinn
	M 06	Werkzeugwechsel
	M 08	Kühlschmiermittel ein
	M 09	Kühlschmiermittel aus
	M 30	Programmende mit Rücksetzen auf den Programmanfang

Aufgaben zur Wiederholung und Vertiefung

CNC – Drehen

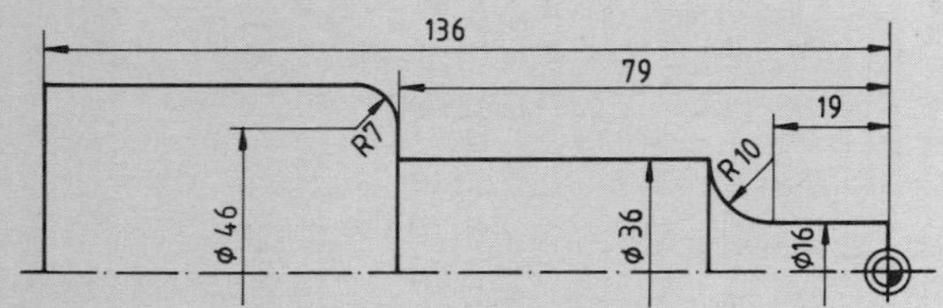

1. Programmieren Sie die Kontur des abgebildeten Werkstücks mit Hilfe der Befehle G 01, G 02 und G 03
a) für das Werkzeug hinter der Drehmitte
b) für das Werkzeug vor der Drehmitte!

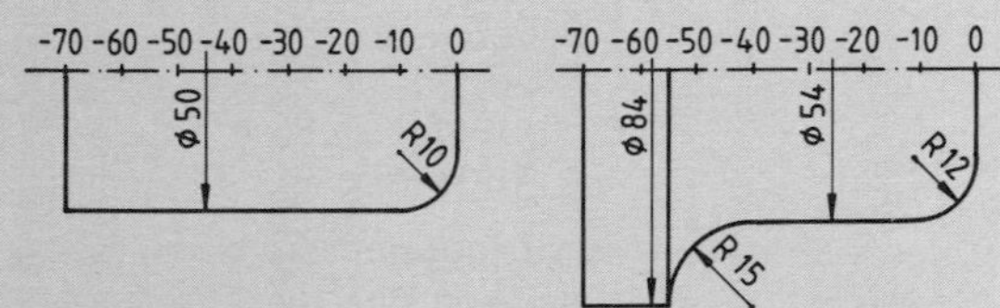

2. Programmieren Sie die Datensätze für die skizzierten Radien, die auf einer CNC-Drehmaschine hergestellt werden sollen!

a) Der Werkstücknullpunkt liegt an der Werkstückvorderkante.
b) Der Werkstücknullpunkt liegt im Spannfutter.

Schreiben Sie diese Datensätze jeweils für eine Flachbett- (Werkzeug vor der Drehmitte) und eine Schrägbettdrehmaschine (Werkzeug hinter der Drehmitte)!

Erläutern Sie jeweils den Unterschied zwischen den einzelnen Datensätzen!

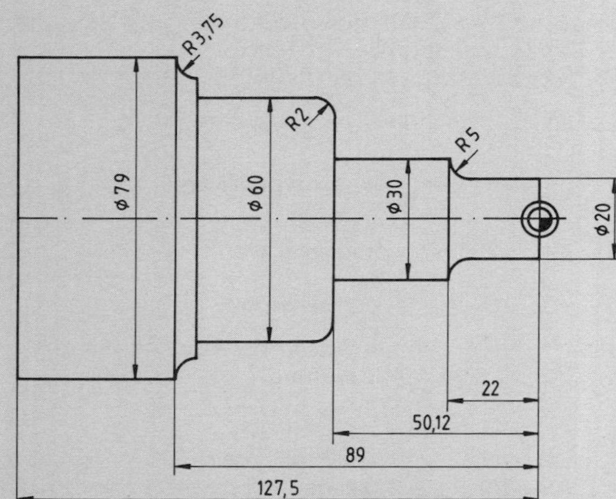

3. Schreiben Sie das CNC-Programm für das skizzierte Werkstück aus 45 S 20. Das Werkstück wird mit einem nichtbeschichteten Hartmetallwerkzeug bearbeitet. Die Schnittiefe beträgt 2 mm. Die Werte für Vorschub und Schnittgeschwindigkeit entnehmen Sie der Tabelle „Werkstofftabelle (Auszug)“ in Kap. 2.2.6. Das Werkzeug hat die Nummer 1 im Werkzeugspeicher. Es soll mit Kühlschmiermittel gearbeitet werden.

Legen Sie den Nullpunkt
a) an die Werkstückvorderkante
b) in das Spannfutter!

CNC – Fräsen

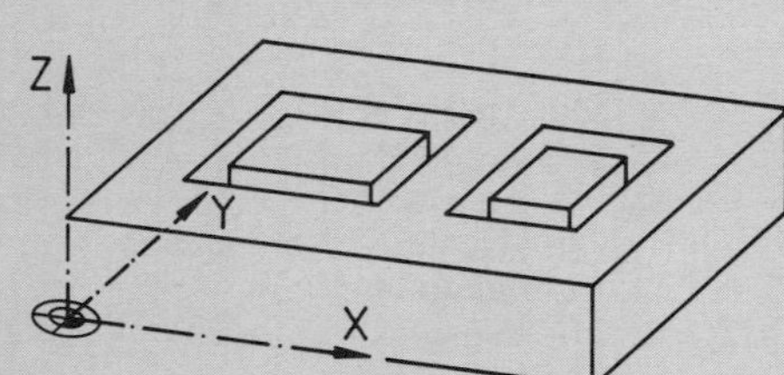

1. Erläutern Sie die unterschiedliche Lage der Koordinatensysteme bei Senkrecht- und Waagerechtfräsmaschinen!

2. Beschreiben Sie die Lage der drei möglichen Ebenen an CNC-Fräsmaschinen, nennen Sie die Befehle zur jeweiligen Ebenenauswahl!

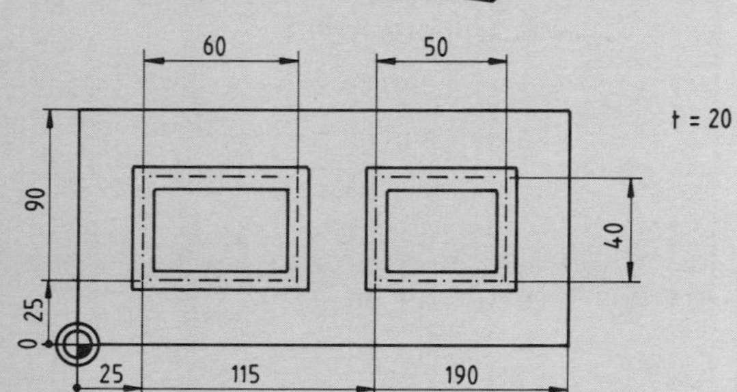

3. Programmieren Sie die Fräser-Mittelpunktsbahn für das abgebildete Werkstück!
Die technologischen Daten sind:
konstante Schnittgeschwindigkeit v_c = 240 m/min
Vorschubgeschwindigkeit: 80 mm/min
Werkzeug T 1. Die Frästiefe beträgt 8 mm. Es soll mit Kühlschmiermittel gearbeitet werden.

4. Erläutern Sie die Notwendigkeit der Fräserradiuskorrektur; Unterscheiden Sie dabei zwischen G 40, G 41 und G 42!

3 Werkstofftechnik

3.1 Werkstoffprüfung

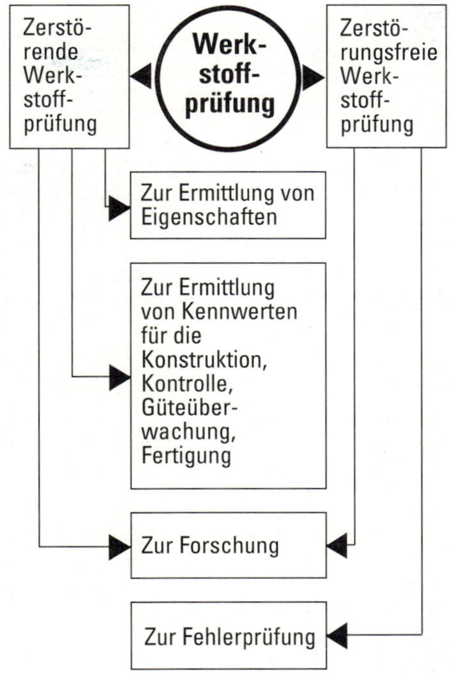

Werkstoffe werden geprüft, bevor ein technisches Erzeugnis daraus hergestellt wird. Dabei lernt man die unterschiedlichen Eigenschaften kennen und kann entscheiden, ob die Werkstoffe sich bei der Fertigung und im Gebrauch zweckmäßig verhalten. Aber auch Kennwerte werden ermittelt. Dem Konstrukteur wird es dadurch erst möglich, die Werkstoffe sparsam einzuplanen, dem Kontrolleur dienen die Kennwerte zur Güteüberwachung, und der Mechaniker kann mit ihrer Hilfe geeignete Werkzeuge und Maschinen für die Fertigung auswählen. In der Forschung dient die Werkstoffprüfung der Neu- und Weiterentwicklung von Werkstoffen.

Da die Werkstoffe bei diesen Prüfungen in der Regel beschädigt bzw. zerstört werden, spricht man von der **zerstörenden Werkstoffprüfung**.

Hersteller sind bestrebt, keine fehlerhaften Erzeugnisse auszuliefern. Deswegen prüft man die Werkstoffe auch während und nach der Fertigung auf Fehler. Die Erzeugnisse müssen dabei unbeschädigt bleiben. In diesen Fällen, aber auch in der Forschung, setzt man Verfahren der sog. **zerstörungsfreien Werkstoffprüfung** ein.

3.1.1 Zerstörende Werkstoffprüfung

Bei der zerstörenden Werkstoffprüfung unterscheidet man die **physikalische** und die **technologische Werkstoffprüfung.**

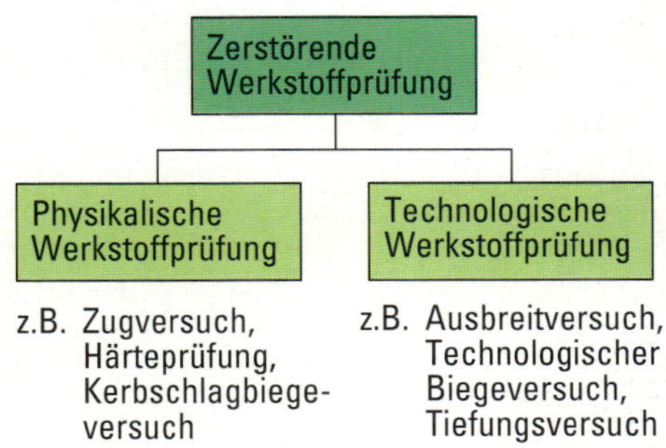

Physikalische Werkstoffprüfung

Werden vorrangig Kennwerte ermittelt, zählt man die Verfahren zur physikalischen Werkstoffprüfung.

- Zugversuch (DIN 50 145)

Beim Zugversuch wird eine Probe gleichmäßig und stoßfrei gedehnt bis sie zerreißt. Diese Beanspruchung, die nur in einer Richtung wirkt, liegt in der Praxis nur selten vor. Deswegen müssen die Ergebnisse oft durch Prüfungen anderer Verfahren ergänzt werden.

Zugproben
Aus dem Werkstoff, der geprüft werden soll, werden genormte Rund- und Flachproben hergestellt. Bei Rundproben soll ein festes Verhältnis zwischen der Anfangsmeßlänge L_0 und dem Anfangsdurchmesser d_0 bestehen. Nach der Norm ist die Anfangsmeßlänge entweder 5 mal oder 10 mal so lang wie der Anfangsdurchmesser. Die Proben liefern dadurch vergleichbare Ergebnisse. Das Verhältnis $L_0/d_0 = 5$ ergibt die sog. kurzen Proportionalstäbe, und das Verhältnis $L_0/d_0 = 10$ die langen Proportinalstäbe.

$$L_0 = 5 \cdot d_0 \text{ beim kurzen Proportionalstab}$$

$$L_0 = 10 \cdot d_0 \text{ beim langen Proportionalstab}$$

Beispiel: Der Anfangsdurchmesser eines langen Proportionalstabes beträgt z. B. $d_0 = 12$ mm. Mit diesen Angaben kann die Meßlänge L_0 und der Anfangsquerschnitt S_0, der später noch besonders interessiert, berechnet werden.

$$L_0 = 10 \cdot d_0 = 10 \cdot 12 \text{ mm} = 120 \text{ mm}$$

$$S_0 = \frac{d_0^2 \pi}{4} = \frac{12^2 \text{ mm}^2 \cdot \pi}{4} = 113 \text{ mm}^2$$

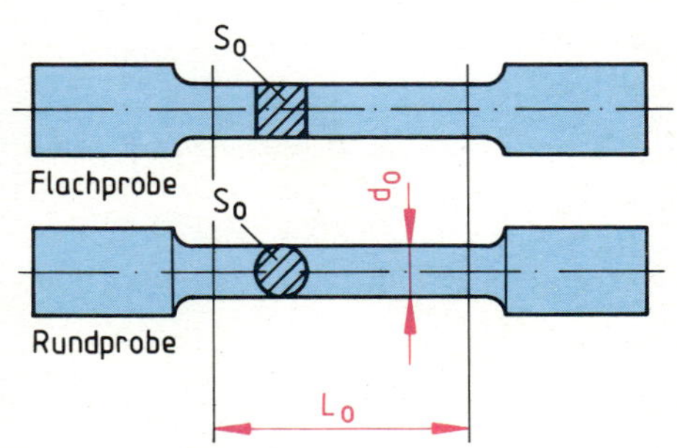

L_0: Anfangsmeßlänge

d_0: Anfangsdurchmesser

S_0: Anfangsquerschnitt

Zugproben

Versuchsablauf

Der Zugversuch wird überwiegend auf einer hydraulisch betriebenen Universalprüfmaschine durchgeführt, die auch Druck- und Biegeversuche erlaubt. Beim Zugversuch erhält man als wichtigste **Kennwerte** die **Dehnung** und die **Zugfestigkeit.** Dazu setzt man den Probestab in Spannköpfe ein. Während der Prüfung bewegt sich der obere Spannkopf solange nach oben, bis der Bruch des Probestabes eintritt. Der Schreiber älterer Prüfmaschinen liefert ein Diagramm, daß die Zugkraft in Abhängigkeit von der Längenänderung des Probestabs darstellt. Um Kennwerte zu erhalten, die unabhängig von den Abmessungen des Probestabes sind, rechnet man um:

- Die Zugkraft teilt man durch den Anfangsquerschnitt S_0 und erhält die Zugspannung.

$$\text{Zugspannung} = \frac{\text{Zugkraft}}{\text{Anfangsquerschnitt}}; \quad \sigma = \frac{F}{S_0}; \quad \text{Einheit: } 1\,\frac{\text{N}}{\text{mm}^2}$$

- Die Längenänderung ΔL teilt man durch die Anfangsmeßlänge L_0 des Probestabes und erhält die Dehnung ε. Sie wird meistens in % ausgedrückt.

$$\text{Dehnung} = \frac{\text{Längenänderung}}{\text{Anfangsmeßlänge}}\,100\,\%; \quad \varepsilon = \frac{\Delta L}{L_0} \cdot 100\,\%; \quad \text{Einheit: } 1\,\%$$

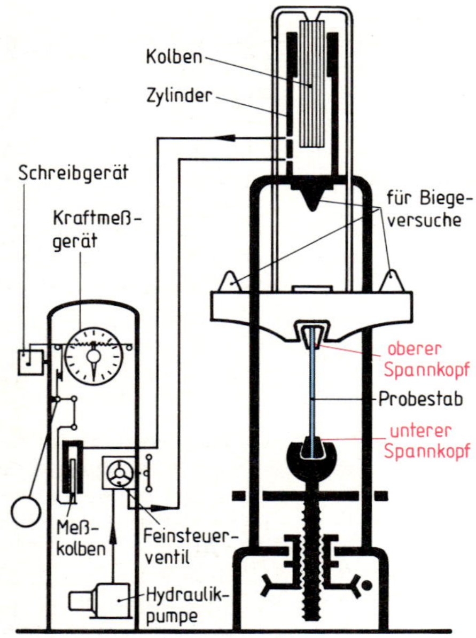

Universalprüfmaschine

Die Berechnungen führen zum **Spannungs-Dehnungs-Diagramm.** Es ist nachfolgend für einen weichen, unlegierten Stahl dargestellt und zeigt vier typische Bereiche:

1. Bereich

Hier vergrößert sich die Spannung im gleichen Verhältnis wie die Dehnung. Der Werkstoff verformt sich **elastisch.** Nach Entlastung kehrt der Probestab in seine Anfangslänge zurück.

2. Bereich

Bleibt die Spannung erstmalig trotz zunehmender Dehnung gleich, ist die **Streckgrenze R_e** erreicht. Tritt sogar, wie im Fall des weichen Stahls, ein Spannungsabfall ein, unterscheidet man zwischen oberer Streckgrenze R_{eH} und unterer Streckgrenze R_{eL}. Das Verhalten des Werkstoffs in diesem Bereich nennt man Fließen. In der Regel darf diese plastische Verformung bei Bauteilen nicht auftreten. Deshalb ist die Streckgrenze für Berechnungen und Konstruktionen ein wichtiger Kennwert.

3. Bereich

Wird der Probestab über die Streckgrenze hinaus weiter gedehnt, wird er fester. Man nennt diesen Vorgang **Kaltverfestigung.** Die Spannung steigt zunehmend langsamer an und erreicht ihren Höchstwert.

Die höchste Spannung, die ein Werkstoff im Zugversuch aufnehmen kann, ist die **Zugfestigkeit R_m.** Sie ist das Verhältnis der maximalen Zugkraft F_{max} zum Anfangsquerschnitt S_0 des Probestabs:

$$\text{Zugfestigkeit} = \frac{\text{maximale Zugkraft}}{\text{Anfangsquerschnitt}}; \quad R_m = \frac{F_{max}}{S_0}; \quad \text{Einheit: } 1\,\frac{\text{N}}{\text{mm}^2}$$

Beispiel: Der Anfangsdurchmesser eines Probestabes sei d_0 = 10 mm und die größte Kraft, die während eines Zugversuchs auftritt, F_{max} = 31400 N. Die Zugfestigkeit R_m berechnet sich wie folgt:

$$S_0 = \frac{d_0^2 \pi}{4}; \quad S_0 = \frac{10^2\,\text{mm}^2 \cdot \pi}{4} = 78{,}5\,\text{mm}^2;$$

$$R_m = \frac{F_{max}}{S_0}; \quad R_m = \frac{31400\,\text{N}}{78{,}5\,\text{mm}^2} = 400\,\frac{\text{N}}{\text{mm}^2}$$

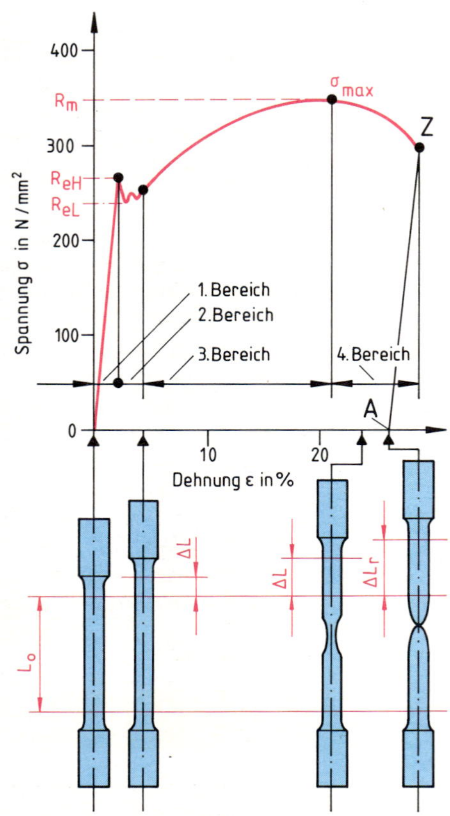

Spannungs-Dehnungsdiagramm eines weichen unlegierten Stahls

4. Bereich
Nach Erreichen der Zugfestigkeit schnürt sich der Probestab soweit ein, bis er am Punkt Z zerreißt. Nach dem Bruch werden die beiden Teile des Probestabs zusammengelegt und die Längenänderung ΔL_r im Bruchzustand ermittelt. Aus dieser größten Längenänderung wird als Kennwert für die Dehnbarkeit des Werkstoffs die **Bruchdehnung *A*** berechnet:

Bruchdehnung

$$= \frac{\text{größte Längenänderung}}{\text{Anfangsmeßlänge}} \cdot 100\,\%;$$

$$A = \frac{\Delta L_r}{L_0} \cdot 100\,\% = \frac{L - L_0}{L_0} \cdot 100\,\%;$$

Einheit: 1%

Beispiel: Ein zerrissener Stab, der eine Anfangsmeßlänge von $L_0 =$ 100 mm hatte, ergab im zusammengelegten Zustand eine Meßlänge von $L = 118$ mm. Die Werte ergeben nun folgende Bruchdehnung A:

$$\Delta L_r = L - L_0; \qquad \Delta L_r = 118\text{ mm} - 100\text{ mm} = 18\text{ mm}$$

$$A = \frac{\Delta L_r}{L_0} \cdot 100\,\%; \quad A = \frac{18\text{ mm}}{100\text{ mm}} \cdot 100\,\% = 18\,\%$$

Mit Ausnahme einiger Nichteisen-Metall-Legierungen und weichen, unlegierten Stahls ist die Streckgrenze aus dem Diagramm nicht ablesbar. Hier legt man üblicherweise eine Spannung fest, bei der nach der Entlastung eine bleibende Dehnung von 0,2% auftritt. Dazu wird eine Parallele im Abstand von 0,2% Dehnung zum geraden Kurvenstück des Spannungs-Dehnungs-Diagramms gezogen. Der Schnittpunkt mit der Kurve liefert die gesuchte Spannung. Sie wird als **0,2%-Dehngrenze $R_{p0,2}$** bezeichnet und hat für Berechnungen und Konstruktionen die gleiche wichtige Bedeutung wie die Streckgrenze.

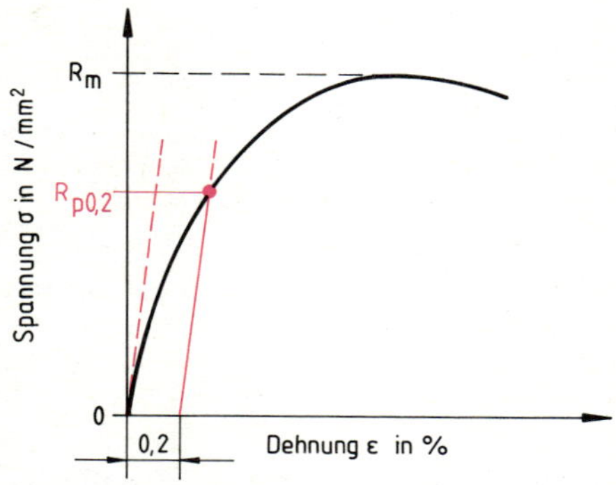

Spannungs-Dehnungs-Diagramm

Die verschiedenen Werkstoffe weisen unterschiedliche Spannungs-Dehnungs-Diagramme auf. Hochfeste metallische Werkstoffe, sie besitzen eine große Zugfestigkeit und dabei oft eine geringe Dehnung, verwendet man z. B. zur Herstellung von Wellen, Zahnrädern und Kupplungen. Weiche metallische Werkstoffe zeigen neben ihrer geringen Zugfestigkeit in der Regel eine große Dehnung. Sie eignen sich deshalb besonders für das Kaltumformen, wie Walzen, Biegen und Pressen.

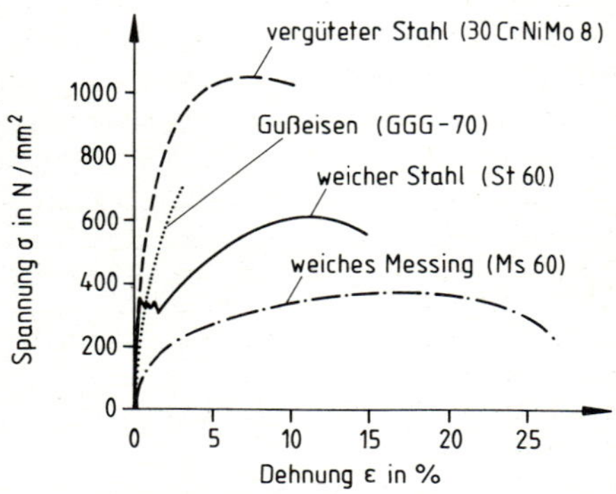

Spannungs-Dehnungs-Diagramm mit Kurven verschiedener Werkstoffe

- Härteprüfung

Bei diesen Verfahren wird der Widerstand geprüft, den ein Werkstoff dem Eindringen eines härteren Prüfkörpers entgegensetzt. Man nennt diese Werkstoffeigenschaft **Härte.**

Die große Bedeutung dieser Verfahren liegt darin, daß ein Werkstoffkennwert einfach und schnell ermittelt wird. Die Prüfungen können oft an fertigen Bauteilen vorgenommen werden, da nur geringe Eindrücke entstehen. In der Praxis wendet man überwiegend drei Verfahren an.

1. Härteprüfung nach Brinell (DIN 50 351)
Nach Brinell wird bei der Prüfung eine Kugel aus gehärtetem Stahl oder Hartmetall mit einer genormten Prüfkraft F in den Werkstoff eingedrückt. Der Durchmesser d des entstandenen Kugeleindrucks wird gemessen und die Eindruckoberfläche A mit Hilfe von Tabellen bestimmt. Das Verhältnis von Prüfkraft und Eindruckoberfläche bezeichnet man als **Brinellhärte:**

$$\text{Brinellhärte} = \frac{\text{Faktor x Prüfkraft}}{\text{Eindruckoberfläche}}; \quad HB = \frac{0{,}102 \cdot F}{A}; \quad \text{Einheit: 1}$$

Der Faktor 0,102 wurde eingeführt, um nach der Umstellung auf das Internationale Einheitensystem weiterhin die gleichen Härtewerte zu bekommen. Seitdem wird die Härte als Zahlenwert ohne Einheit angegeben.

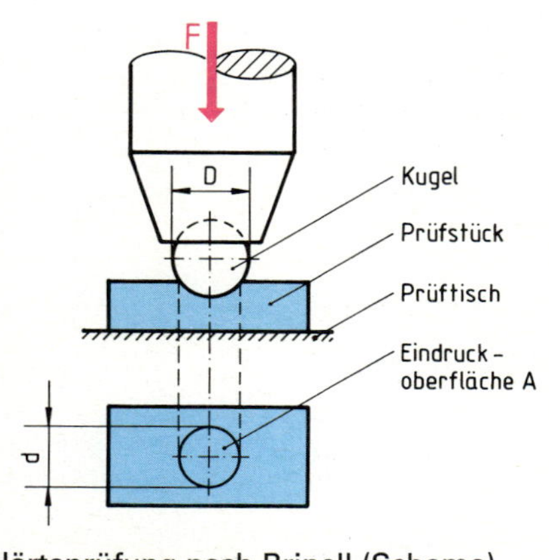

Härteprüfung nach Brinell (Schema)

Der Durchmesser D der Prüfkugeln ist mit 10; 5; 2,5; und 1 mm genormt. Die Prüfkraft ist so zu wählen, daß ein Eindruckdurchmesser von $d = 0{,}2\,D$ bis $d = 0{,}7\,D$ entsteht. Für eine größere Kugel und einen härteren Werkstoff muß die Prüfkraft z. B. größer sein. Sie berechnet sich aus dem Kugeldurchmesser D und einem Werkstoffwert, dem sogenannten Belastungsgrad a:

$$\text{Prüfkraft} = \frac{\text{Belastungsgrad x (Durchmesser)}^2}{\text{Faktor}}$$

$$F = \frac{a \cdot D^2}{0{,}102}; \quad \text{Einheit: 1 N}$$

Werkstoffgruppe	Belastungsgrad a	Härtemeßbereich HB
Stahl Gußeisen	30	67...450
Leichtmetalllegierungen Kupfer, Messing	10	22...315
Reinaluminium Zink, Magnesium	5	11...158
Lagermetalle	2,5	6...78
Blei, Zinn	1,25	3...39

Belastungsgrade einiger Werkstoffe

Die Belastungsgrade sind für 5 Werkstoffgruppen genormt und können aus Tabellen, die auch die zugehörigen Härte-Meßbereiche enthalten, entnommen werden.

Beispiel: Von einer Stahlprobe soll die Brinellhärte mit einer Prüfkugel von 2,5 mm Durchmesser bestimmt werden. Mit dem Belastungsgrad $a = 30\ \text{N/mm}^2$, der aus der Tabelle für Stahl entnommen wird, errechnet sich die Prüfkraft in N.

$$F = \frac{a \cdot D^2}{0{,}102}; \quad F = \frac{30\ \text{N} \cdot 2{,}5^2\text{mm}^2}{\text{mm}^2\ 0{,}102}; \quad F = 1838\ \text{N}$$

Mit der Brinell-Härteprüfung können weiche bis mittelharte Werkstoffe bis zu 450 HB geprüft werden. Bei härteren Werkstoffen verformt sich die Kugel elastisch. Durch die Abplattung wird dann ein weicherer Werkstoff vorgetäuscht.

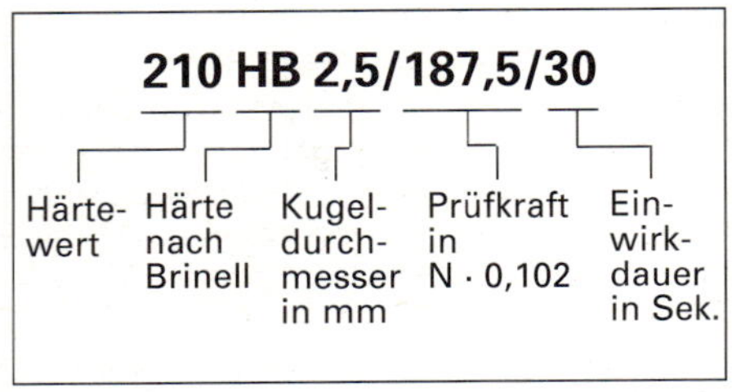

Die Härteangabe nach Brinell besteht aus dem Härtewert, den Kennbuchstaben HB und den Prüfbedingungen.

	Vergütungsstahl 42 Cr Mo4	Gußeisen GG–35	Kupfer kaltverfestigt	Kupfer weichgeglüht
Härte HB	210	150	80	45

Brinell-Härtewerte einiger Werkstoffe

Zwischen der Brinellhärte und der Zugfestigkeit, wie sie im Zugversuch ermittelt wird, besteht eine angenäherte Beziehung. Für Stähle mit Zugfestigkeiten bis zu 1500 N/mm² gilt die Beziehung:

$$\text{Zugfestigkeit} \cong 3{,}5 \text{ x Brinellhärte}$$

$$R_m \cong 3{,}5\ \text{HB}; \quad \text{Einheit } 1\frac{\text{N}}{\text{mm}^2}$$

2. Härteprüfung nach Vickers (DIN 50 133)
Bei dieser Prüfung wird die Spitze einer vierseitigen Pyramide aus Diamant in das Prüfstück eingedrückt. Aus den Diagonalen des quadratischen Eindrucks und dem Spitzenwinkel der Pyramide von 136° ergibt sich die Eindruckoberfläche A. Mit Hilfe der Prüfkraft und der Eindruckoberfläche erhält man die **Vickershärte:**

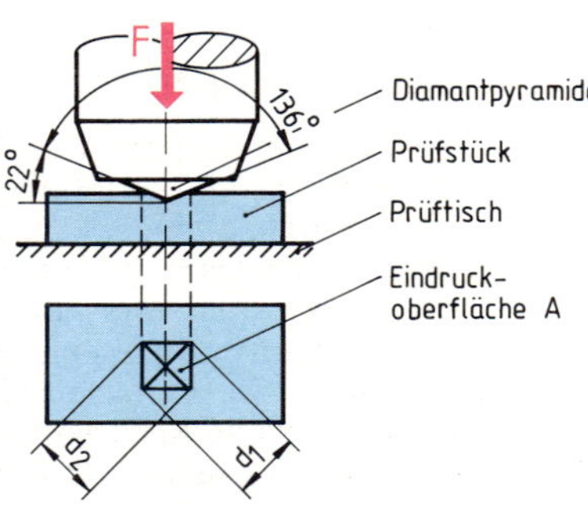

Härteprüfung nach Vickers (Schema)

$$\text{Vickershärte} = \frac{\text{Faktor x Prüfkraft}}{\text{Eindruckoberfläche}}; \quad HV = \frac{0{,}102 \cdot F}{A}; \text{ Einheit: 1}$$

Mit der Vickers-Härteprüfung können harte und gleichmäßig aufgebaute Werkstoffe geprüft werden. Bei Anwendung kleiner Prüfkräfte ist auch die Härtebestimmung dünner Randschichten möglich.

Die Härteangabe nach Vickers besteht aus dem Härtewert, den Kennbuchstaben HV und den Prüfbedingungen.

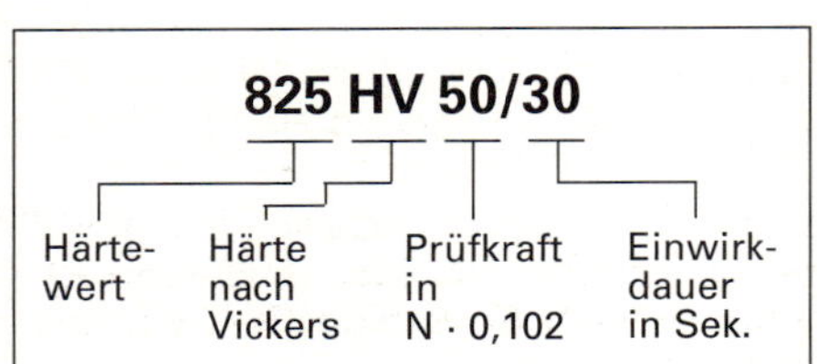

3. Härteprüfung nach Rockwell (DIN 50 103)

Die Auswertung der **Härteprüfung nach Rockwell** wird erheblich vereinfacht, da der Härtewert direkt aus der bleibenden Eindringtiefe des Prüfkörpers ermittelt und an einer Meßuhr abgelesen wird. Nach der Form des Prüfkörpers unterscheidet man nebenstehende 2 Verfahren.

Bei dem Verfahren **Rockwell C** wird ein Diamantkegel mit dem Spitzenwinkel von 120° unter der Prüfvorkraft F_0 auf das Prüfstück gedrückt und die Meßuhr auf Null gestellt. Die erreichte Tiefe t_0 stellt eine sichere Meßbasis dar, denn Unebenheiten des Prüfstücks und Spiel im Prüfgerät sind ausgeschaltet.

Danach wird die Prüfkraft F_1 zugeschaltet. Der Kegel dringt um die Tiefe t_1 weiter ein, was an der Meßuhr beobachtet werden kann. Nachdem der Zeiger zum Stillstand gekommen ist, wird die Prüfkraft F_1 entfernt und es bleibt die Eindringtiefe t_b.

Aufgrund von Erfahrungen wurde die größte Eindringtiefe mit 0,2 mm festgelegt und in 100 gleiche Abschnitte zu je 0,002 mm geteilt. Jeder Abschnitt ist damit eine Einheit der 100 Rockwelleinheiten. Wenn die Eindringtiefe t_b = 0,2 mm beträgt, liegt die Härte 0 HRC vor. Die Eindringtiefe t_b = 0 mm bedeutet 100 HRC. Das heißt, dringt ein Körper tief (wenig) in einen Werkstoff ein, dann hat dieser eine geringe (große) Härte.

$$\text{Rockwell-Härte} = 100 - \frac{\text{Eindringtiefe}}{\text{Rockwelleinheit}};$$

$$HRC = 100 - \frac{t_b}{0{,}002\ \text{mm}}$$

Beispiel: Ein Fräser aus gehärtetem Werkzeugstahl 115 Cr V 3 wird nach Rockwell C geprüft. Dabei ergibt sich eine Eindringtiefe von t_b = 0,074 mm.

Bei Prüfstücken mit geringer Härte wird anstelle des Kegels eine Kugel verwendet. Das Verfahren nennt sich dann **Rockwell B.**

- Kerbschlagbiegeversuch (DIN 50 115)

Der Kerbschlagbiegeversuch dient zur Beurteilung der **Zähigkeit** von Werkstoffen. Darunter versteht man die Widerstandsfähigkeit gegenüber schlagartiger Beanspruchung. Die Probe wird durch einen Kerb geschwächt. Diese absichtlich verschärften Versuchsbedingungen entsprechen nur selten den tatsächlichen Betriebsbedingungen. Der Versuch liefert deshalb nur Vergleichswerte und keine Kennwerte für die Berechnung. Auch in diesem Verfahren ist die Werkstoffprobe genormt.

Die gekerbte Probe wird auf die zwei Widerlager eines Pendelschlagwerks gelegt und der Pendelhammer in die Ausgangslage ① mit der Fallhöhe H angehoben. Nach dem Ausklinken trifft der Hammer in der tiefsten Lage ② seiner Bewegung auf die Probe, die er durchschlägt oder durch die Widerlager zieht.

Durch die verbrauchte Schlagarbeit erreicht der Hammer beim Weiterschwingen in die Endlage ③ die kleinere Steighöhe h. Die Schlagarbeit wird am Anzeigegerät direkt abgelesen.

Prüfkörper		Bezeichnung	Kurzzeichen
1.	Kegel	Härte nach Rockwell **C** (engl. **c**one = Kegel)	HRC
2.	Kugel	Härte nach Rockwell **B** (engl. **b**all = Kugel)	HRB

Formen des Prüfkörpers

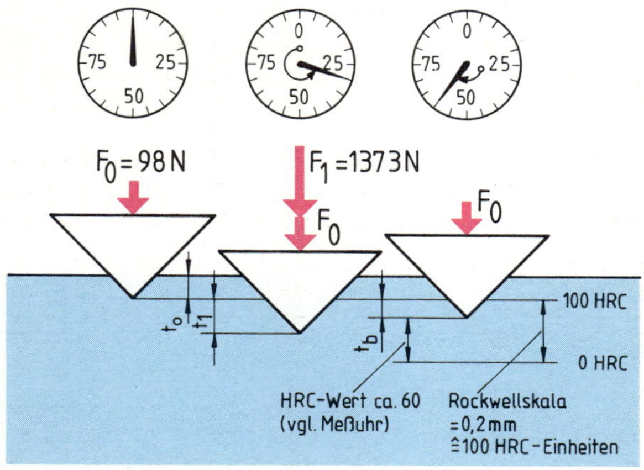

Härteprüfung nach Rockwell C (Schema)

	Vergütungsstahl 42 CrMo 4	Werkzeugstahl 115 CrV 3	
		geglüht	gehärtet
Härte HRC	ca. 22	ca. 20	ca. 63

Rockwell C-Härtewerte zweier Stähle

$$HRC = 100 - \frac{t_b}{0{,}002\ \text{mm}} = 100 - \frac{0{,}074\ \text{mm}}{0{,}002\ \text{mm}}$$

$$HRC = 63$$

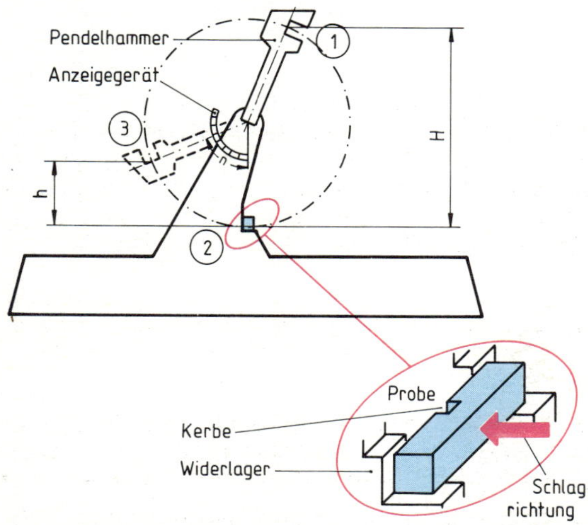

Pendelschlagwerk für den Kerbschlagbiegeversuch

Die beim Kerbschlagbiegeversuch verbrauchte Schlagarbeit ist ein Maß für die Zähigkeit. Sie nennt sich **Kerbschlagarbeit A_v:**

> Kerbschlagarbeit = Gewichtskraft x (Fallhöhe – Steighöhe);
>
> $$A_v = F_G \cdot (H - h);$$
>
> Einheit: 1 Nm bzw. 1 J

Beispiel: Der Hammer eines Pendelschlagwerks, der die Masse m = 31 kg hat, fällt aus der Höhe H = 800 mm auf eine Probe und durchschlägt sie. Danach erreicht der Hammer die Steighöhe h = 600 mm. Damit läßt sich die Kerbschlagarbeit bestimmen.

$$F_G = m \cdot g = 31\ \text{kg} \cdot 9{,}81\ \frac{\text{m}}{\text{s}^2} = 304\ \text{N};$$

$$A_v = F_G\ (H - h) = 304\ \text{N}\ (0{,}8\ \text{m} - 0{,}6\ \text{m}) = 61\ \text{Nm bzw. } 61\ \text{J}$$

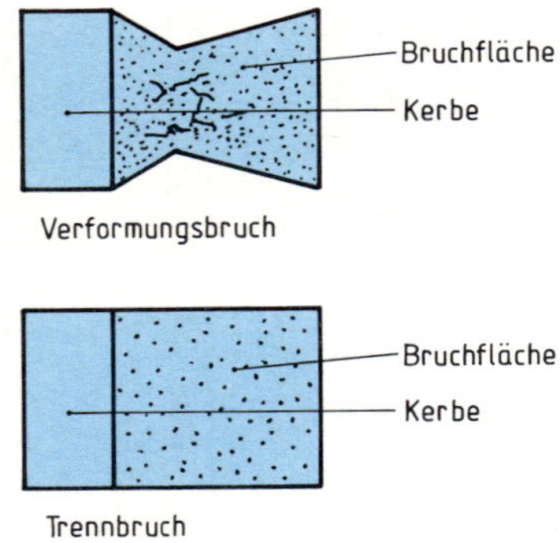

Bruchflächen von Kerbschlagproben

Verformt sich eine Probe plastisch bevor sie bricht, kann sie dabei eine hohe Kerbschlagarbeit aufnehmen, der Werkstoff erscheint zäh. Die Bruchfläche ist zerklüftet und sehnig. Der Probenquerschnitt hat sich trapezartig verformt. Zähe Werkstoffe versagen durch den sogenannten **Verformungsbruch.**

Bricht die Probe plötzlich, ohne nennenswerte plastische Verformung, so ist die dazu erforderliche Kerbschlagarbeit klein, der Werkstoff erscheint spröde. Die Bruchfläche ist vergleichsweise glatt. Der Probenquerschnitt verändert sich nicht. Spröde Werkstoffe versagen durch den sogenannten **Trennbruch.**

Treten Verformungsbruch und Trennbruch nebeneinander auf, so spricht man vom **Mischbruch.**

Prüft man viele Proben des gleichen Werkstoffs bei verschiedenen Temperaturen und stellt die Kerbschlagarbeit in Abhängigkeit von der Prüftemperatur in einem Diagramm dar, so können 3 Bereiche beobachtet werden:

– Bei hohen Temperaturen ist die Kerbschlagarbeit groß. Es tritt also Verformungsbruch auf. Der Bereich heißt **Hochlage.**
– Bei niedrigen Temperaturen bricht die Probe schon bei kleiner Kerbschlagarbeit. Dies bestätigt der Trennbruch. Der Bereich heißt **Tieflage.**
– Der steile Bereiche stellt den Übergang vom Verformungsbruch zum Trennbruch dar. Die Proben lassen Mischbruch erkennen. Den Bereich bezeichnet man als **Steilabfall.**

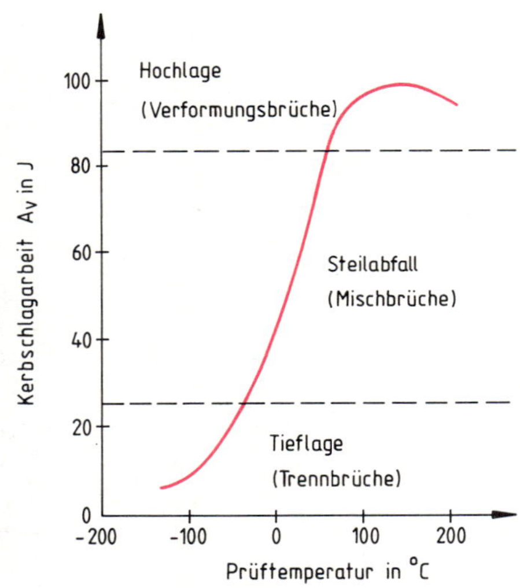

Kerbschlagarbeit-Temperatur-Diagramm für St37-2

Bauteile sollten sich in der Praxis möglichst zäh verhalten. Es wäre gefährlich, einen Werkstoff bei Temperaturen der Tieflage stoß- und schlagartiger Belastung auszusetzen, besonders dann, wenn er durch Kerben, Riefen, Korrosion o. ä. geschwächt ist.

Der Kerbschlagbiegeversuch dient vor allem der Beurteilung von Stahl und Stahlguß. Er eignet sich für den Nachweis der Neigung zum Altern, für die Überwachung der Wärmebehandlungsverfahren und zur Untersuchung von Schweißnähten.

Der **Prüfbericht** des Kerbschlagbiegeversuchs muß enthalten:

– Probenlage (z. B. Lage der Probe zur Walzrichtung)
– Prüftemperatur
– Arbeitsvermögen des Pendelschlagwerks (7,5 J bis 300 J)
– Kerbschlagarbeit in J mit Angabe der Probenform (s. Beispiel)

Av (ISO-V) = 95 J

Av	(ISO-V)	95 J
Kurzzeichen der Kerbschlagarbeit	Kurzzeichen der genormten Probe	Kerbschlagarbeit

Technologische Werkstoffprüfung

Um die Eignung eines Werkstoffs für ein Fertigungsverfahren oder einen Verwendungszweck unmittelbar zu prüfen, wendet man die technologische Werkstoffprüfung an. Hierzu gibt es eine Vielzahl von Verfahren. Sie sind oft genormt und werden in den Liefer- und Abnahmebedingungen häufig vorgeschrieben. Einige für die Praxis wichtige Verfahren werden nachfolgend beschrieben.

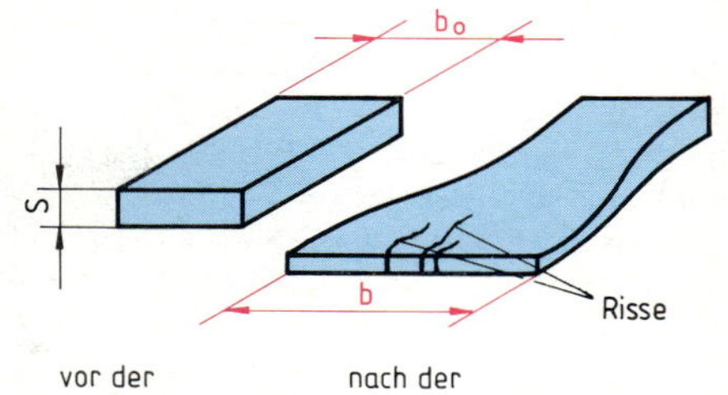

Ausbreitversuch

- Ausbreitversuch

Der Versuch prüft den metallischen Werkstoff auf **Schmiedbarkeit.**

Eine Flachprobe, die dreimal so breit wie dick ist, wird bei Schmiedetemperatur ausgebreitet. Die Probe wird auf das 1,5-fache der Probenbreite b_0 gebracht, ohne daß Risse auftreten dürfen. Durch Liefervorschriften können andere Prüfbedingungen festgelegt werden. Es kann z. B. verlangt werden, das Ausbreiten so lange fortzusetzen, bis sich erste Risse zeigen. Als Gütemaß gilt hier die Ausbreitung in Prozent.

$$\text{Ausbreitung} = \frac{b - b_0}{b_0} \cdot 100\,\%$$

Beispiel: Eine Flachprobe mit der Breite $b_0 = 24$ mm zeigte die ersten Risse, nachdem sie auf $b = 42$ mm ausgebreitet wurde. Damit läßt sich die Ausbreitung wie folgt berechnen:

$$\text{Ausbreitung} = \frac{b - b_0}{b_0} \cdot 100\,\% = \frac{42\text{ mm} - 24\text{ mm}}{24\text{ mm}} \cdot 100\,\% = 75\,\%$$

Treten bei geringer Ausbreitung schon Risse auf, ist dies ein sicheres Zeichen für Rotbrüchigkeit; d. h. der Werkstoff ist schlecht schmiedbar.

- Technologischer Biegeversuch (DIN 50 111)

Der Versuch gibt auf einfache Art Aufschluß über das **Umformvermögen** metallischer Werkstoffe.

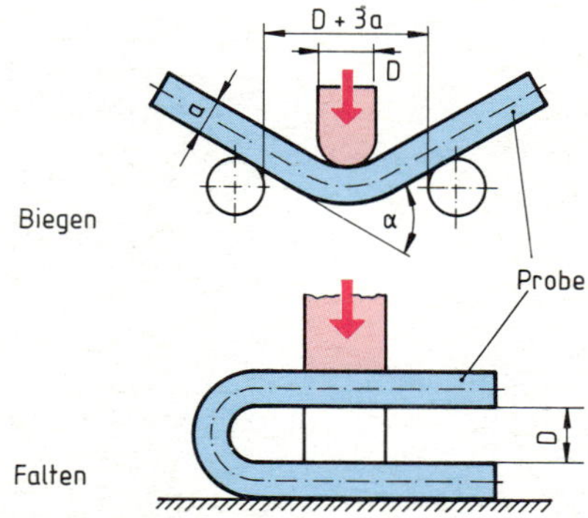

Biegen und Falten beim technologischen Biegeversuch

Die Probe wird im kalten Zustand in einer Vorrichtung soweit gebogen, bis ein vorgeschriebener Biegewinkel erreicht ist. Dabei wird die Biegestelle beobachtet. Tritt ein Anriß auf, wird der Versuch abgebrochen und der Biegewinkel gemessen. Bei großem Biegewinkel muß der Versuch durch Zusammendrücken der Probenschenkel zu Ende geführt werden. Dies ist z. B. nötig, wenn der geforderte Biegewinkel $\alpha = 180°$ ist. Der Vorgang wird dann Falten genannt. Der Biegewinkel – oder beim Falten der Abstand D der beiden Schenkel – wird als Maß für die Umformfähigkeit gewählt.

Der Technologische Biegeversuch dient der Prüfung von Blechen und beliebig geformten Stäben.

- Tiefungsversuch nach Erichsen (DIN 50 101)

Dieser Versuch ahmt die Vorgänge beim **Tiefziehen** nach.

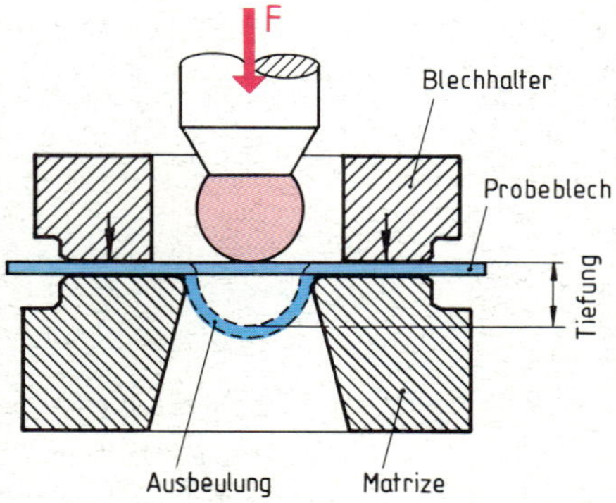

Prinzip des Tiefungsversuchs nach Erichsen

Ein eingefettetes Probeblech wird zwischen Matrize und Blechhalter des dargestellten Prüfwerkzeugs gespannt. Über eine Spindel wird eine polierte Stahlkugel von 20 mm Durchmesser gleichmäßig in das Blech gedrückt. Der Weg der Kugel von der ersten Berührung bis zum Anriß in der Ausbeulung des Bleches wird am Gerät abgelesen. Es ist die **Erichsentiefung IE.**

Zunächst betrachtet man die Oberfläche an der Unterseite der Ausbeulung:

- Rauhe und apfelsinenartige Oberfläche bedeutet grobes Korn und schlecht tiefungsfähig.
- Glatte Oberfläche bedeutet feines Korn und gut tiefungsfähig.

Die ermittelte Tiefung IE wird mit Kurven verglichen, die als Ergebnis vieler Tiefungsversuche in den Normen veröffentlicht sind. Liegt z. B. für ein Kupferblech von 0,8 mm Dicke die ermittelte Tiefung mit 12 mm oberhalb der Normkurve, so ist die Tiefungsfähigkeit vergleichsweise gut. Für das Kupferblech wäre die Tiefungsfähigkeit schlecht, wenn die ermittelte Tiefung unterhalb der Kurve liegen würde.

Mit diesem Tiefungsversuch werden vorwiegend Bleche und Bänder von 0,2 mm bis 3 mm Dicke geprüft, die für die Herstellung von Karosserieteilen, Behältern und Verkleidungen Verwendung finden.

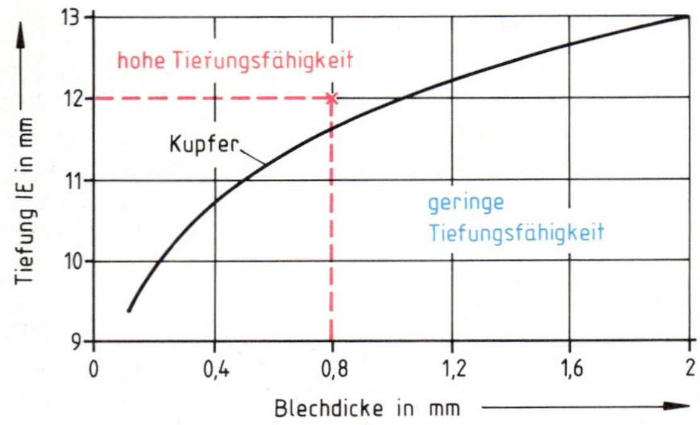

Normkurve der Erichsentiefung in Abhängigkeit der Dicke von Kupferblech

3.1.2 Zerstörungsfreie Werkstoffprüfung

Bei der Erzeugung technischer Produkte müssen Werkstoffe sparsam eingesetzt werden. Das führt zu Leichtbaukonstruktionen, die weniger kosten und oft besser funktionieren. Die Beanspruchung ist wegen der geringeren Materialmenge jedoch größer und Materialfehler führen eher zum Bruch. Es müssen deshalb vermehrt Stichprüfungen erfolgen. Werden durch den Bruch von Bauteilen Menschenleben gefährdet oder größere Schäden verursacht, ist sogar jedes Teil auf verborgene Fehler zu prüfen. Dabei sollte es weder zerstört noch beschädigt werden.

Fehlerhafte Guß- oder Schmiedeteile und Halbfabrikate wie Bleche und Stangen sondert man vor der Weiterverarbeitung aus. Fertigteile werden nur eingebaut, wenn sie fehlerfrei sind. Mögliche Fehler zeigt nebenstehende Tabelle.

Fehler	Entstehung
Risse in der Oberfläche und im Inneren	– Härterisse durch zu schroffe Abkühlung beim Härten – Schleifrisse durch Ausfall des Kühlmittels beim Schleifen – Spannungsrisse durch zu schnelle Abkühlung nach dem Schweißen oder Gießen – Schmiede- oder Walzrisse durch zu schnelle Umformung oder zu niedrige Temperatur
Einschlüsse und Bindefehler	– Gasblasen und Schlackenteilchen in Gußstücken nach unsachgemäßem Gießen – Bindefehler in Blechen und Schweißnähten nach dem Warmwalzen bzw. Schweißen

Die Eignung eines Prüfverfahrens hängt von der Größe und Lage des Fehlers, aber auch von der Prüfdauer und den Kosten ab. So besitzt jedes Verfahren seinen Anwendungsbereich.

Eindringverfahren

Mit diesen Verfahren werden feine Risse, die von der Oberfläche ausgehen, bis zu einer Breite von 0,00025 mm festgestellt. Da keine aufwendigen Geräte benötigt werden, entstehen nur geringe Kosten.

Eine Flüssigkeit dringt in enge Röhrchen und Ritzen ein, wenn die Adhäsionskräfte der Flüssigkeit zu den Wänden größer sind als die Kohäsionskräfte. Diese Erscheinung heißt Kapillarwirkung, und man nutzt sie für die Rißprüfung nach folgendem Prinzip:

a) Eine besondere Flüssigkeit wird auf das Werkstück gebracht. Sie dringt durch die Kapillarwirkung in Risse ein.
b) Überschüssige Flüssigkeit wird von der Werkstückoberfläche entfernt.
c) Die eingedrungene Flüssigkeit wird durch Hilfsstoffe angesaugt und deutlich sichtbar gemacht. Vorhandene Risse werden somit erkennbar.

Die Verfahren eignen sich für alle Arten von Werkstoffen. Zwei von ihnen sind weitverbreitet:

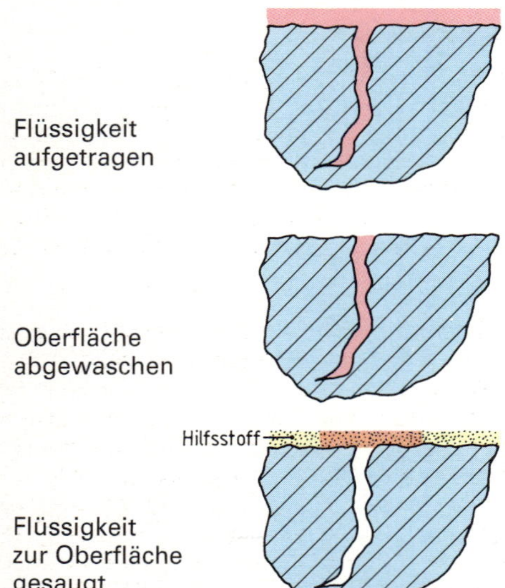

Prinzip der Eindringverfahren

- Farbeindringverfahren

Die Werkstückoberfläche wird mit einer Flüssigkeit besprüht oder angestrichen. Sie dringt in vorhandene Risse ein. Nach dem Abwischen der Oberläche wird ein Entwickler aufgetragen, der die Flüssigkeit aus den Rissen saugt und stark rot färbt. Selbst feinste Risse werden erkennbar. Dieses Verfahren wird besonders zur Prüfung von **einzelnen Bauteilen** oder **kleiner Serien** eingesetzt.

- Fluoreszenz-Verfahren

Das Werkstück wird mit einer Flüssigkeit besprüht oder angestrichen, die bei Bestrahlung mit ultraviolettem Licht stark aufleuchtet. Man nennt diesen Vorgang Fluoreszenz. Nach dem Abwaschen der Oberfläche wird Puder aufgestäubt. Es saugt die Flüssigkeit in den Rissen zur Oberfläche. Nach dieser Behandlung leuchten Risse in ultraviolettem Licht stark auf. Das Verfahren wird zur Prüfung von **Bauteilen größerer Serien** verwendet.

Ultraschallprüfung

Schwingungen der Luft, die man hören kann, bezeichnet man im allgemeinen als Schall. Eine Schwingung pro Sekunde wird nach dem Physiker Hertz als die Frequenz $f = 1$ Hz bezeichnet. 1000 Hz entsprechen 1kHz, 1000 kHz entsprechen 1 MHz. Das menschliche Ohr nimmt etwa 10 Hz bis 20 kHz wahr. Den Frequenzbereich 20 kHz bis 100 MHz bezeichnet man als Ultraschall.

Ultraschallwellen pflanzen sich in Metallen mit großer Geschindigkeit fort. An Fehlern wie Schlackeneinschlüssen und Gasblasen werden sie jedoch stark zurückgeworfen (reflektiert), so daß eine Schwächung der weitergehenden Schallwellen erfolgt. Dieses Verhalten nutzt man zur Ultraschallprüfung aus.

Erzeugt wird Ultraschall für Prüfzwecke in einem Quarzkristall, an dem eine elektrische Wechselspannung mit einer Frequenz zwischen 200 kHz und 25 MHz anliegt. Der Kristall, der im Takt mit der Wechselspannung schwingt, kann die Schwingungen bzw. den Ultraschall auf Werkstücke übertragen. Damit sich die Schallwellen möglichst nicht abschwächen, gibt man Wasser, Öl oder Glyzerin als sog. Kopplungsmittel zwischen Kristall und Werkstück.

- Durchschallungsverfahren

Wird eine Seite des Werkstücks durch einen Kristall (Sender) beschallt, während auf der gegenüberliegenden Seite ein anderer Kristall (Empfänger) die austretenden Schallwellen empfängt, spricht man vom Durchschallungsverfahren. Bei Fehlern macht sich am Anzeigegerät ein Verlust von Schallwellen bemerkbar, der größer ist als im fehlerfreien Werkstoff. Während die Größe der Fehler näherungsweise bestimmbar ist, bleibt ihre Tiefenlage unbekannt.

- Impuls-Echo-Verfahren

Arbeitet der gleiche Kristall als Sender und Empfänger, so kommt man mit einem Kristall aus. Der zunächst als Sender geschaltete Prüfkopf gibt Ultraschallwellen von wenigen Mikrosekunden Dauer (Impulse) ab. Zwischen den Impulsen ist der Kristall elektronisch als Empfänger geschaltet. Der Schall durchläuft das Werkstück, wird an der Rückwand des Werkstücks reflektiert und kehrt als Echo zum Kristall zurück. Die Laufzeit des Schalls zeigt sich auf dem Bildschirm eines Oszillographen durch zwei Zacken, die durch den Eingang der Schallwellen und ihre Reflektion an der Rückwand des Werkstücks entstehen. Weil der Abstand der Zacken auch die Werkstückdicke darstellt, erlaubt dieses Impuls-Echo-Verfahren sowohl die Feststellung der Größe als auch der Tiefenlage eines Fehlers.

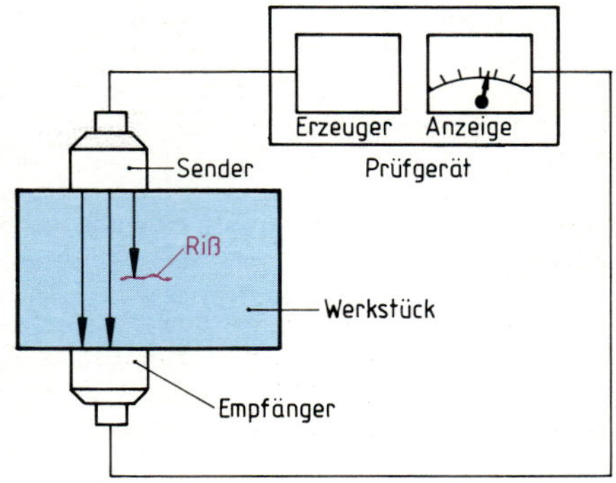

Durchschallungsverfahren (Schema)

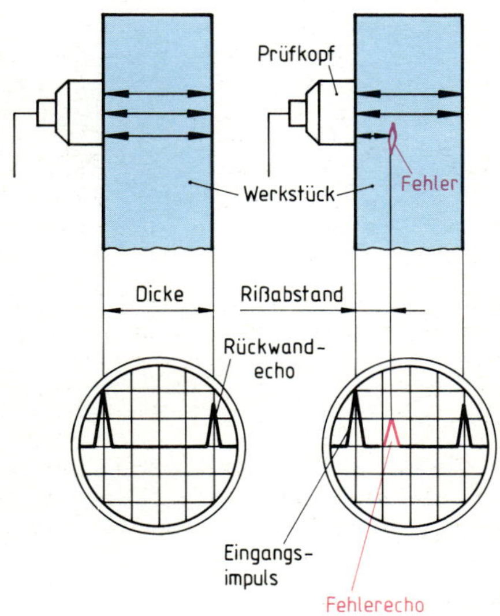

a) Werkstück fehlerfrei

b) Werkstück mit Fehler

Impuls-Echo-Verfahren (Schema)

Berechnung der Fehlertiefe X:

$$X = \frac{t}{L} \cdot l$$

Beispiel: Ein Metallstück mit der Dicke $t = 400$ mm wird mit dem Impuls-Echo-Verfahren geprüft. Eingangsimpuls und Rückwandecho sind auf dem Schirm $L = 40$ mm voneinander entfernt. Das Fehlerecho zeigt sich $l = 16$ mm hinter dem Eingangsecho. Berechne die Fehlertiefe X.

$$X = \frac{400\ \text{mm}}{40\ \text{mm}} \cdot 16\ \text{mm} = \mathbf{160\ mm}$$

Magnetpulverprüfung

Mit diesem Verfahren werden Oberflächenrisse und dicht unter der Oberfläche liegende Fehler wie Lunker und Gasblasen nachgewiesen. Voraussetzung ist, daß die zu untersuchenden Werkstoffe, wie das Eisen, magnetisierbar sind.

Im Prüfstück wird ein Magnetfeld erzeugt. Bei fehlerfreiem Werkstoff verlaufen die Feldlinien des Magnetfeldes gleichmäßig. Bei Fehlern werden sie abgelenkt und treten aus dem Prüfstück verstärkt heraus. Durch diesen sog. Streufluß bildet magnetisierbares Pulver, das bereits auf dem Prüfstück verteilt wurde, an Fehlern Raupen. Damit die Fehler sicherer erkennbar sind, wird auch fluoreszierendes Mittel zugesetzt. Es leuchtet bei Betrachtung des Prüfstücks unter ultraviolettem Licht hell auf.

Die Magnetisierung des Prüfstücks in seiner Längsrichtung, die **Polmagnetisierung**, kann auf zwei Arten erfolgen:

1. Eine stromdurchflossene Spule überträgt ihr Längsfeld direkt auf das Prüfstück. Man nennt diese Art **Spulenmagnetisierung**. Mit ihr können auch lange Werkstücke geprüft werden, indem man sie durch die Spule zieht.
2. Das Längsfeld einer stromdurchflossenen Spule wird über ein Joch auf das Prüfstück übertragen. Diese sogenannte **Jochmagnetisierung** eignet sich besonders für kleine Bauteile.

Mit beiden Prüfarten erkennt man nur Fehler, die quer zu den Feldlinien liegen. Sie heißen **Querfehler**.

Bei Fehlern, die im rechten Winkel zu den Querfehlern stehen, den **Längsfehlern**, schaltet man das Prüfstück als Leiter. Weil jeder stromdurchflutete Leiter senkrecht zur Stromrichtung ein Magnetfeld aufbaut, werden bei dieser **Stromdurchflutung** die Längsfehler nachweisbar.

Um Längs- und Querfehler gleichzeitig zu erfassen, kombinieren die Prüfgeräte vielfach die Polmagnetisierung mit der Stromdurchflutung.

Die Magnetpulverprüfung ist besonders zur Prüfung von Blechen, Profilstäben, geschliffenen und gehärteten Maschinenteilen geeignet. Die Prüfstücke müssen im Bedarfsfalle nach der Prüfung entmagnetisiert werden.

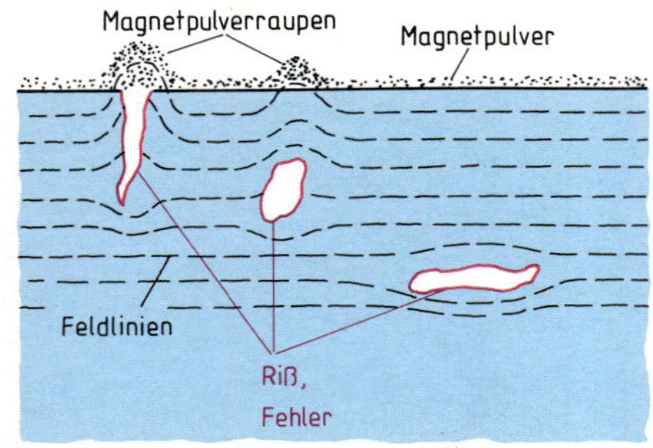

Magnetpulverprüfung (Schema)

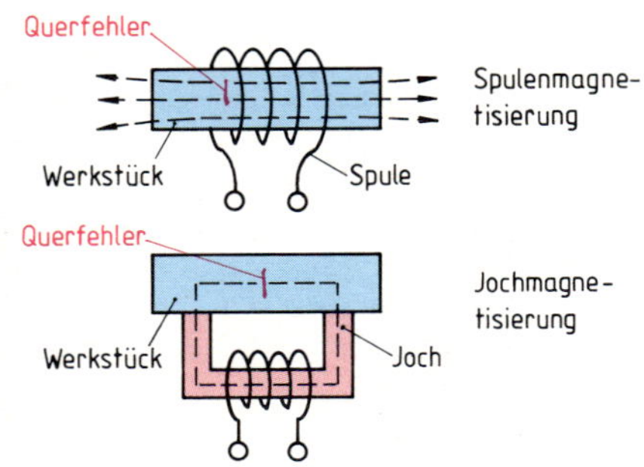

Polmagnetisierung (Schema)

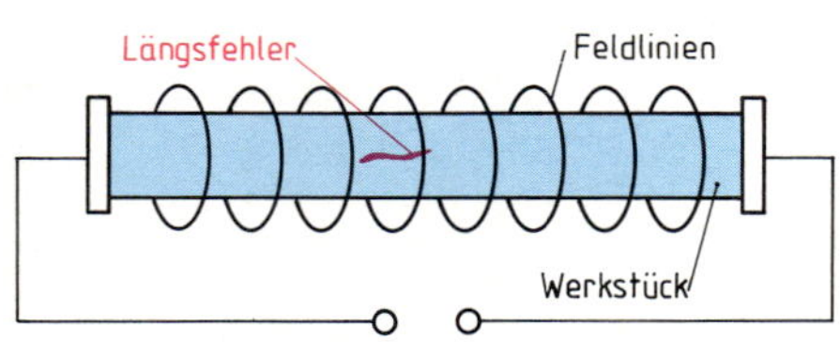

Stromdurchflutung (Schema)

Aufgaben zur Wiederholung und Vertiefung

1. Unterteilen Sie die Werkstoffprüfung in zwei Gruppen, und ordnen Sie jeder Gruppe drei Verfahren zu. Geben Sie außerdem Eigenschaften bzw. Kennwerte an, die mit dem jeweiligen Verfahren bestimmbar sind.

2. Beim Zugversuch eines kurzen Proportionalstabes mit dem Anfangsdurchmesser von 10 mm betrug die größte Kraft 47100 N. Nach dem Bruch wurde der Stab wieder zusammengelegt. Dabei ergab sich eine Meßlänge von 61 mm. Berechnen sie die Zugfestigkeit und die Bruchdehnung des Werkstoffs.

3. Zeichnen Sie das Schema ab, und tragen Sie drei Härteprüfverfahren ein. Außerdem sind die jeweiligen Prüfkörper und die besondere Eignung (für welche Werkstoffe) einzutragen.

Verfahren	Besondere Eignung
1.	
2.	
3.	

4. Schreiben Sie einen kurzen Bericht über den Kerbschlagbiegeversuch. Folgende Begriffe sollten enthalten sein: Pendelschlagwerk, Pendelhammer, Kerbschlagarbeit, Hochlage, Steilabfall, Tieflage, Verformungsbruch, Mischbruch, Trennbruch.

5. Nennen Sie fünf Fehlerarten in Werkstoffen und ihre Entstehung.

6. Welche Bedeutung hat die Kopplungsflüssigkeit bei der Ultraschallprüfung?

7. Ein 800 mm dicker Stahlblock wird mit Ultraschall auf Fehler geprüft. Auf dem Bildschirm ist der Abstand zwischen Eingangsimpuls und Rückwandecho 55 mm. 12 mm vor dem Rückwandecho erscheint ein Fehlerimpuls. Berechnen Sie die Tiefenlage des Fehlers.

8. Schildern Sie das Prinzip des Eindringverfahrens.

9. Vergleichen Sie das Eindringverfahren und die Magnetpulverprüfung hinsichtlich ihrer Anwendungsmöglichkeit.

3.2 Zweistofflegierung

Die Grundbestandteile einer Legierung heißen **Komponenten**. Komponenten für Legierungen sind:

– Metall + Metall, z. B. Messing (Kupfer + Zink)
– Metall + Nichtmetall, z. B. Stahl (Eisen + Kohlenstoff)

Legiert man wie bei Messing und Stahl nur zwei Komponenten, erhält man **Zweistofflegierungen**.

3.2.1 Temperaturkurven

Erwärmungskurven

Führt man einem Metall gleichbleibende Wärmemengen zu, steigt seine Temperatur gleichmäßig an. Man stellt dies dar, indem man in einem Koordinatenkreuz auf der senkrechten Achse die Temperatur und auf der waagerechten Achse die Zeit aufträgt.

Für ein Aluminiumstück, das schon auf 600 °C erwärmt wurde, erhöht sich z. B. die Temperatur nach 3 Minuten auf 620 °C, nach 6,5 Minuten auf 640 °C, nach 10 Minuten auf 660 °C.

Obwohl weiter erwärmt wurde, verläuft die Kurve bei 660 °C für einige Zeit waagerecht. Dies bedeutet, daß die Temperatur in dieser Zeit gleich bleibt oder – anders ausgedrückt – „gehalten" wird.

Die **Erwärmungskurve** von Aluminium hat bei 660 °C einen **Haltepunkt**, bei dem die Temperatur trotz Wärmezufuhr nicht weiter ansteigt.

Bei 660 °C schmilzt Aluminium. Seine Atome schwingen so stark, daß sie nicht mehr auf festen Plätzen im Metallkristall angeordnet sind, sondern sich ungeordnet und frei bewegen. Dazu ist Energie, die **Kristallisationswärme**, erforderlich.

Bei der Schmelztemperatur zeigt die Erwärmungskurve einen Haltepunkt, weil der Übergang des festen Metalls in den flüssigen Zustand Kristallisationswärme erfordert.

Erst wenn das gesamte Metall geschmolzen ist, steigt die Temperatur bei Wärmezufuhr weiter an.

Die Vorgänge beim Erwärmen – Temperaturanstieg des festen Metalls, Haltepunkt bei der Schmelztemperatur und Temperaturanstieg der Schmelze – sind bei **allen Metallen** zu beobachten. So verläuft die Erwärmungskurve für Kupfer im Prinzip gleich. Die Schmelztemperatur liegt jedoch bei 1083 °C.

Abkühlungskurven

Kühlt man das geschmolzene Metall, z. B. Aluminium, wieder gleichmäßig ab, sinkt die Temperatur bis auf 660 °C. Hier zeigt die Abkühlungskurve einen **Haltepunkt**. Die Schmelze hat ihren **Erstarrungspunkt** erreicht. Die Bewegung der Atome ist nun so schwach, daß sie ihren festen Platz im Kristallgitter einnehmen. Dabei wird die Kristallisationswärme, die das Schmelzen des Metalls erforderte, wieder frei. Die Temperatur sinkt erst wieder, wenn die gesamte Schmelze erstarrt ist.

Der Vergleich der Erwärmungs- und Abkühlungskurven von Aluminium zeigt, daß beide bei 660 °C einen Haltepunkt haben.

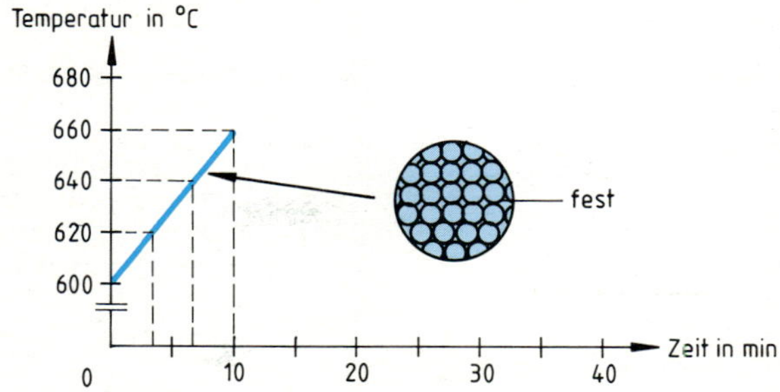

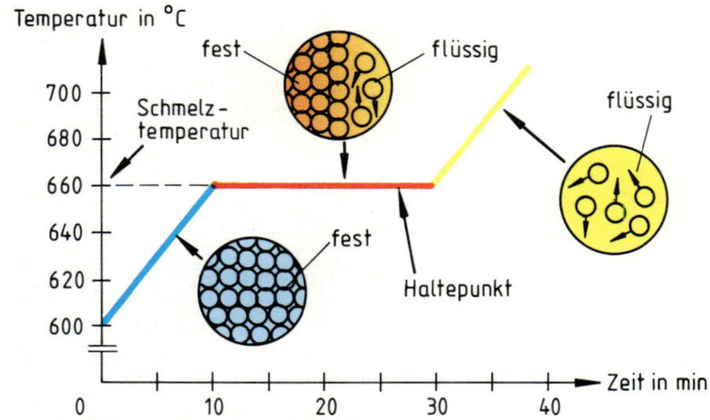

Erwärmungskurve von Aluminium (Al)

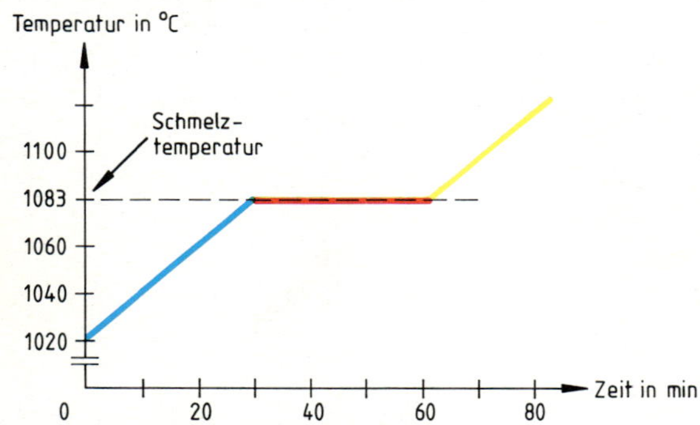

Erwärmungskurve von Kupfer (Cu)

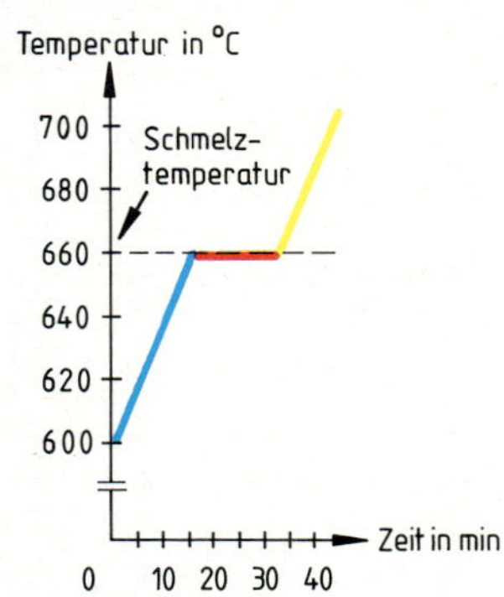

Erwärmungskurve von Aluminium (Al)

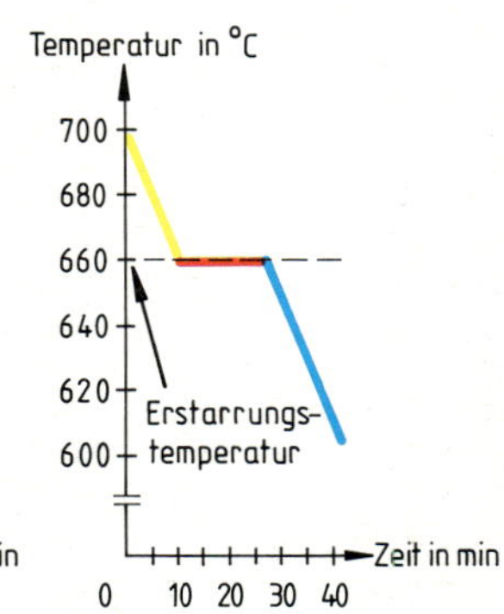

Abkühlungskurve von Aluminium (Al)

Schmelz- und Erstarrungstemperatur sind bei Metallen praktisch gleich.

3.2.2 Zustandsschaubilder

Zustandsschaubild von Legierungen mit Mischkristallen

Wenn zwei Metalle im festen Zustand Mischkristalle bilden, wie z. B. Kupfer-Nickel-Legierungen, zeigen die Erwärmungs- und Abkühlungskurven anstelle eines Haltepunktes zwei Knickpunkte. Sie schmelzen und erstarren also nicht bei konstanter Temperatur, sondern in einem Temperaturbereich, dem **Temperaturintervall**. In diesem Fall zwischen 1240° und 1160 °C.

Übersichtlich wird das Verhalten einer Legierung dadurch, daß man Beginn und Ende der Erstarrungsintervalle bei verschiedenen Zusammensetzungen in ein Diagramm überträgt. Die senkrechte Achse enthält die Temperatur, die waagerechte Achse die Zusammensetzung. Verbindet man die Punkte untereinander, entsteht das sogenannte **Zustandsschaubild**.

Liegt die Temperatur einer Legierung über der oberen Linie im Zustandsdiagramm, so ist sie flüssig. Deswegen heißt die Linie **Liquiduslinie** (lat.: liquidus = flüssig). Liegt die Temperatur einer Legierung unter der unteren Linie im Zustandsdiagramm, so ist sie fest. Deshalb spricht man hier von der **Soliduslinie** (lat.: solidus = fest). Innerhalb des zigarrenförmigen Feldes bestehen neben der Schmelze Mischkristalle.

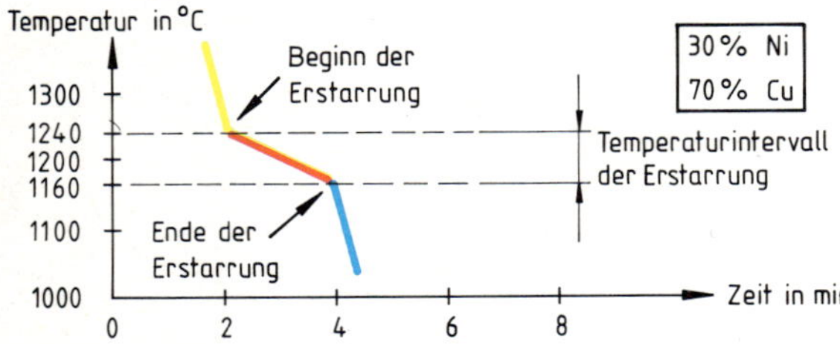

Abkühlungskurve einer Legierung mit Mischkristallen

Legierungen mit Mischkristallen schmelzen und erstarren in einem Temperaturintervall.

Beispiel: Im Bild sind für eine Kupfer-Nickel-Legierung mit 60% Nickel (40% Kupfer) mit Hilfe des Zustandsschaubildes die Temperaturen für Beginn und Ende der Erstarrung angegeben.

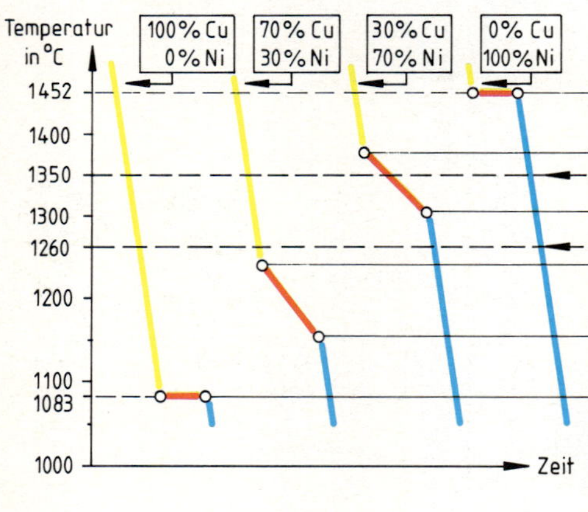

Abkühlungskurven von Cu-Ni-Legierungen

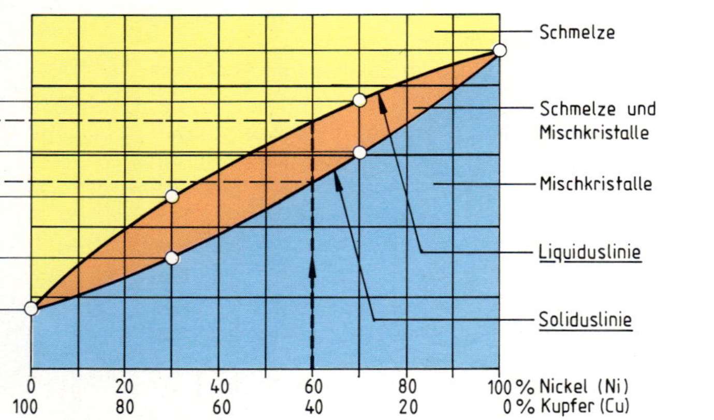

Zustandsschaubild von Cu-Ni-Legierungen

Zustandsschaubild von Legierungen mit Kristallgemischen

Obwohl die Bestandteile von Legierungen mit Kristallgemischen getrennt nebeneinander erstarren, beeinflussen sie sich stark in der Erstarrungstemperatur. So gibt es bei der Wismut-Cadmium-Legierung eine Zusammensetzung mit einer erheblich geringeren Erstarrungstemperatur als die von reinem Wismut oder Cadmium. Das Schliffbild mit dieser Zusammensetzung zeigt unter dem Mikroskop ein Gefüge mit feiner und wohlgeordneter Verteilung. Deswegen gab man Legierungen mit dieser Zusammensetzung den Namen **Eutektikum** (griech.: eutektos = wohlgeordnet).

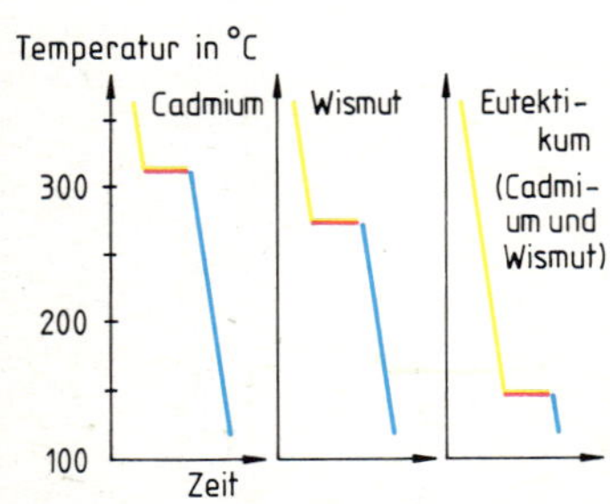

Abkühlungskurven

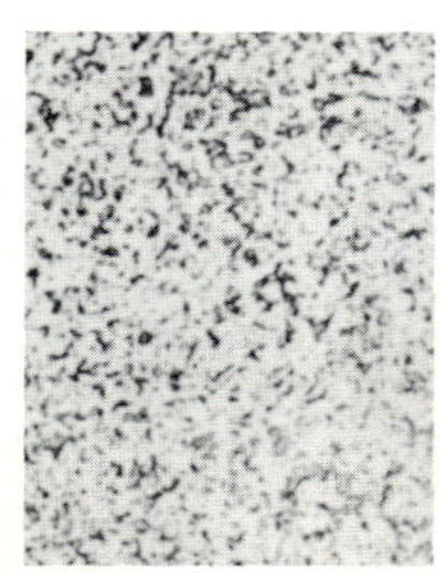

Schliffbild des Gefüges mit Eutektikum

Die Zusammensetzung der Wismut-Cadmium-Legierung beträgt für das Eutektikum 60% Wismut (Bi) und natürlich 40% Cadmium (Cd). Erstarrt eine Legierung mit z. B. 80% Wismut, so kristallisiert ab ca. 220 °C Wismut aus der Schmelze aus. Weil dadurch die restliche Schmelze an Wismut verarmt, nähert sich die Zusammensetzung nach und nach der eutektischen Zusammensetzung von 60% Wismut. Bei ca. 140 °C erstarrt die Restschmelze eutektisch.

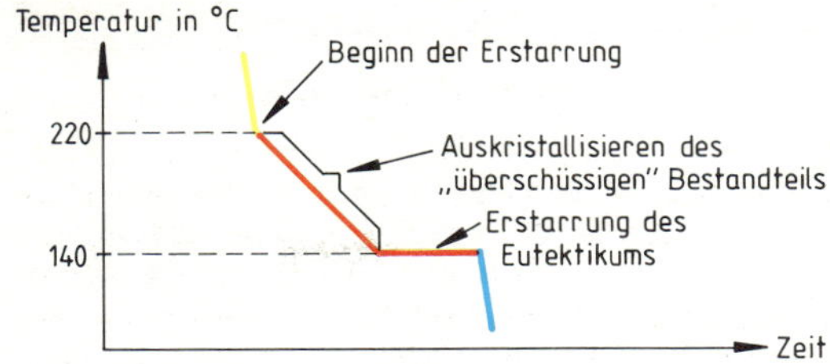

Abkühlungskurve einer nichteutektischen Legierung

Abkühlungskurven, z. B. von Wismut-Cadmium, liefern ein Zustandsschaubild mit einer V-Kurve. Oberhalb des Linienzuges A-S-D, der Liquiduslinie, liegt allein Schmelze vor, unterhalb des Linienzuges P-S-K, der Soliduslinie, ist alles fest. Weil die Soliduslinie die Erstarrungstemperatur des Eutektikums anzeigt, nennt man sie auch **Eutektikale**. Legierungen aus Blei und Antimon, aus Aluminium und Zink sowie aus Wismut und Zinn haben Schaubilder von diesem Typ.

Legierungen, die Kristallgemische bilden, kristallisieren bei der Abkühlung den überschüssigen Bestandteil in einem Temperaturintervall solange aus, bis die eutektische Zusammensetzung erreicht ist. Die Restschmelze erstarrt dann eutektisch an einem Haltepunkt.

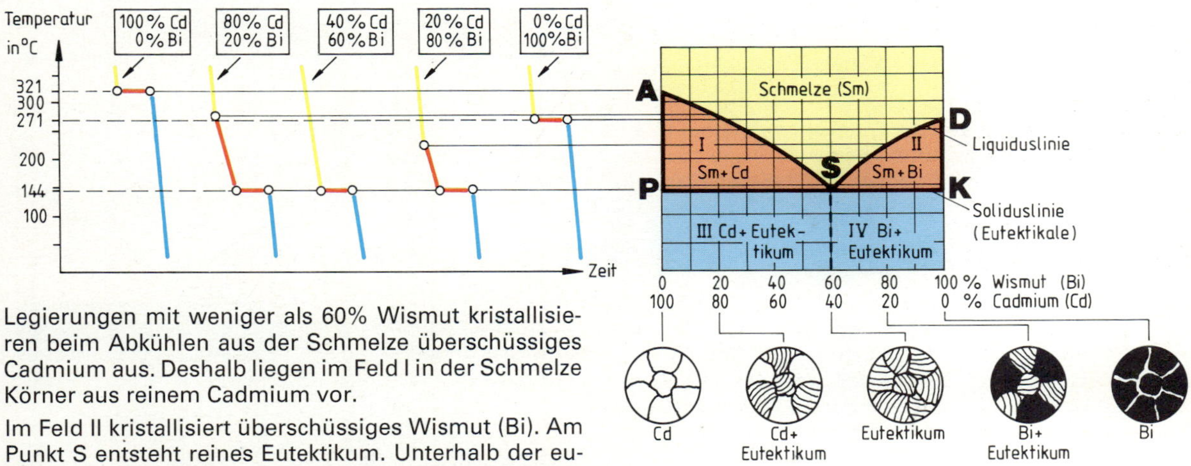

Abkühlungskurven, Zustandsschaubild und Gefüge von Wismut-Cadmium-Legierungen

Legierungen mit weniger als 60% Wismut kristallisieren beim Abkühlen aus der Schmelze überschüssiges Cadmium aus. Deshalb liegen im Feld I in der Schmelze Körner aus reinem Cadmium vor.

Im Feld II kristallisiert überschüssiges Wismut (Bi). Am Punkt S entsteht reines Eutektikum. Unterhalb der eutektischen Temperatur ist alles fest. Weil die Restschmelze zu Eutektikum wird, findet man im Feld III Cadmiumkörner und Eutektikum und im Feld IV Wismutkörner und Eutektikum.

Vergleich von Legierungen mit Mischkristallen und Kristallgemischen

Mischkristalle und Kristallgemische bilden die zwei **Grundtypen von Zweistofflegierungen**. Im folgenden sind beide einander gegenübergestellt.

Zustandsschaubild	Komponenten	Gefüge	Gießbarkeit	Umformbarkeit	Zerspanbarkeit	Verwendung vorwiegend als
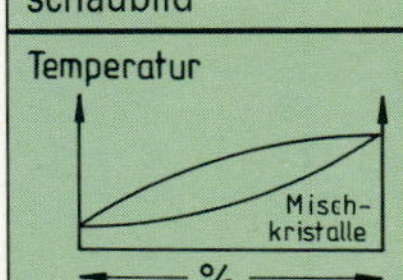	ineinander löslich	zwei Komponenten bilden Mischkristalle	weniger gut, da Erstarrungsbereich, Schwindung, Seigerung	gut, alle Kristalle nehmen an der Umformung teil	weniger gut, Schmieren, schlechte Oberfläche	Werkstoff zur Umformung (Knetlegierung)
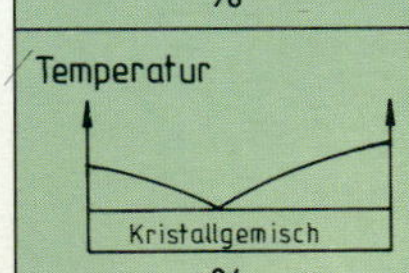	unlöslich	zwei Kristallarten bilden Kristallgemisch	gut bei eutektischer Zusammensetzung, da niedriger Schmelzpunkt	weniger gut, nur die weichere Kristallart formt sich um	gut, da die sprödere Kristallart Späne bricht, saubere Oberfläche	Werkstoff für das Gießen (Gußlegierung)

3.2.3 Die Legierung Eisen-Kohlenstoff

Abkühlungskurven des reinen Eisens

Metalle wie Aluminium, Kupfer, Zink, Wismut und Cadmium erstarren zu Kristallen, die sich bei weiterer Abkühlung nicht mehr verändern. Eisen und mit ihm Metalle wie Titan, Cobalt, Zinn und Mangan zeigen nach der Erstarrung hingegen Gitterumwandlungen. Die Haltepunkte in den Abkühlungskurven zeigen an, daß bei den Umwandlungen Wärme frei wird.

Beim reinem Eisen gibt es mehrere Haltepunkte.

- Reines Eisen erstarrt bei 1536 °C zu Kristallen mit kubisch-raumzentriertem (krz) Gitter, dem δ-**Eisen**,
- Bei 1401 °C rücken die Atome zusammen und bilden das dichtere kubisch-flächenzentrierte (kfz) Gitter, das γ-**Eisen.**
- Der nächste Haltepunkt bei 911 °C zeigt an, daß nochmals neue Kristalle, die wiederum kubisch-raumzentriert sind, entstehen. Sie heißen α-**Eisen**.

Am Knickpunkt bei 768 °C erhält das Eisen letztlich seine magnetische Eigenschaft zurück, die beim Erwärmen verlorengeht.

Legiert man Eisen, treten die Gitterumwandlungen bei anderen Temperaturen auf. Kohlenstoff, das wichtigste Legierungselement des Eisens, hat dabei den größten Einfluß.

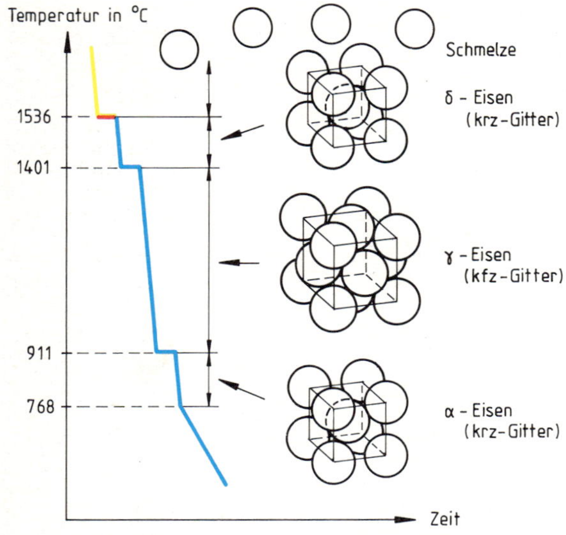

Abkühlungskurve des reinen Eisens und Kristallarten

Das Eisen-Kohlenstoff-Diagramm

Das Zustandsschaubild der Legierung Eisen-Kohlenstoff, das **Eisen-Kohlenstoff-Diagramm (EKD)**, ist umfangreich. Für Stahl, der höchstens 2,06% Kohlenstoff enthalten kann, genügt es, einen Teil des EKD's zu betrachten. In vereinfachter Form ist dieser Teil mit dem Zustandsschaubild von Legierungen mit Kristallgemisch vergleichbar.

Der Schmelze dort entspricht hier ein Mischkristall (blau gekennzeichneter Bereich zwischen den Punkten G, S und E). Sein Eisengitter enthält eingelagerte Kohlenstoffatome. Weil es sich, wie beim γ-Eisen, um ein kubisch-flächenzentriertes Gitter handelt, spricht man vom γ-**Mischkristall**.

Lagert Eisen bei der Erstarrung Kohlenstoffatome in sein kubisch-flächenzentriertes Gitter ein, entstehen γ-Mischkristalle. Das Gefüge nennt man auch **Austenit.**

Wie die eutektische Schmelze besitzt der Austenit eine tiefste Temperatur (Punkt S: 723 °C, 0,83 %C), bei der er noch existieren kann. Hier bildet sich Eisencarbid (Fe_3C). Diese Verbindung ist hart und spröde und heißt in der Metallkunde **Zementit.** Er durchzieht die Ferritkörner in schmalen Streifen. Weil dadurch das Gefüge perlmuttartig aussieht, nennt man es **Perlit.** Im Gegensatz zum eutektischen Gefüge entsteht Perlit nicht aus der Schmelze, sondern aus dem Mischkristall Austenit. Perlit ist deshalb ein **eutektoides Gefüge.**

Zustandsschaubild von Legierungen mit Kristallgemisch

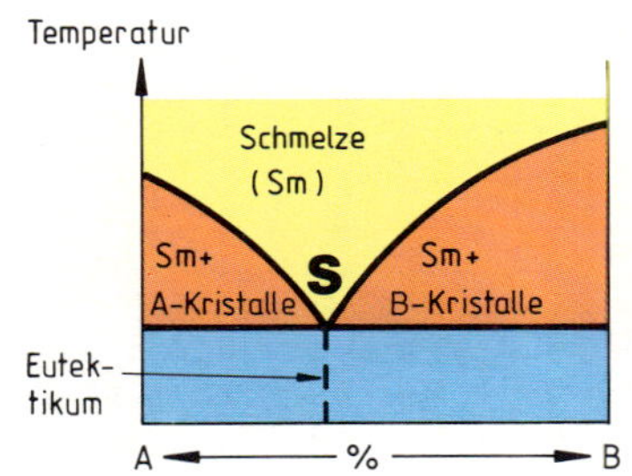

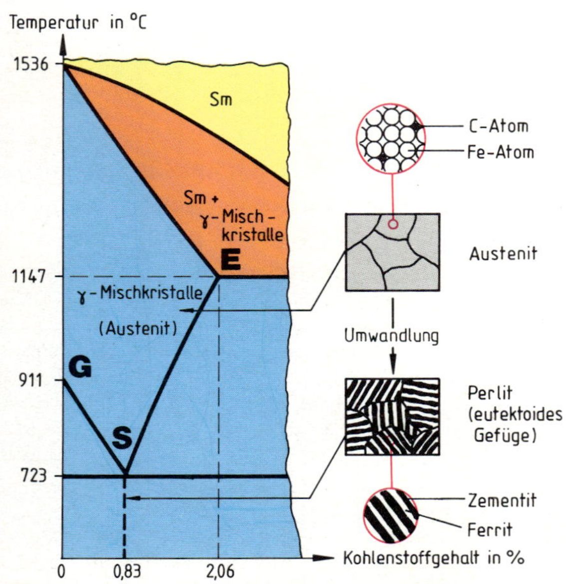

Eisen-Kohlenstoff-Diagramm (Ausschnitt, vereinfacht)

Überträgt man nun die Vorgänge beim Abkühlen von Legierungen mit Zusammensetzungen, die links oder rechts des Eutektikums liegen, auf die Abkühlung des Austenits, ergeben sich **untereutektoide** und **übereutektoide Legierungen** (Stähle).

- Untereutektoide Legierungen (0 ... 0,83% C)

Austenit mit weniger als 0,83% Kohlenstoff hat überschüssiges Eisen. Kühlt man ab, scheiden sich ab der GS-Linie mehr und mehr Eisen-Kristalle (Ferrit) aus. An der PS-Linie, der Kohlenstoffgehalt im Austenit ist hier auf 0,83% angestiegen, wandelt sich der Austenit in Perlit um. Deshalb besteht das Gefüge von Stählen mit weniger als 0,83% Kohlenstoff aus Perlit und Ferrit.

- Übereutektoide Legierungen (0,83 ... 2,06% C)

Austenit mit über 0,83% Kohlenstoff hat im Vergleich zur eutektoiden Zusammensetzung überschüssigen Kohlenstoff. Mit sinkender Temperatur scheiden sich ab der ES-Linie Kohlenstoffatome aus. Sie verbinden sich dabei mit Eisen zu Zementit (Fe_3C). Im Unterschied zum Primärzementit, er ensteht bei Kohlenstoffausscheidungen aus der Schmelze, wählte man die Bezeichnung **Sekundärzementit**. An der PS-Linie, der Kohlenstoffgehalt im Austenit ist hier auf 0,83% abgefallen, wandelt sich der Austenit in Perlit um. Dabei legt sich der Zementit schalenförmig um die Perlitkörner und wird deswegen auch Schalenzementit oder **Korngrenzenzementit** genannt.

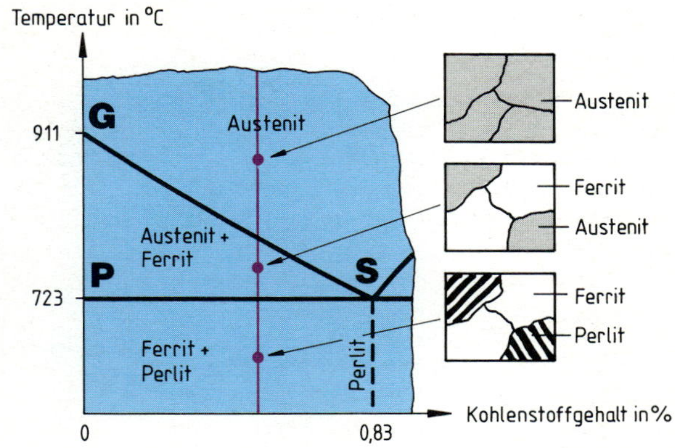

Abkühlung einer untereutektoiden Legierung

Eisen-Kohlenstoff-Legierungen mit weniger als 0,83% Kohlenstoff haben ein Gefüge aus Perlit und Ferrit. Sie stellen die untereutektoiden Stähle dar.

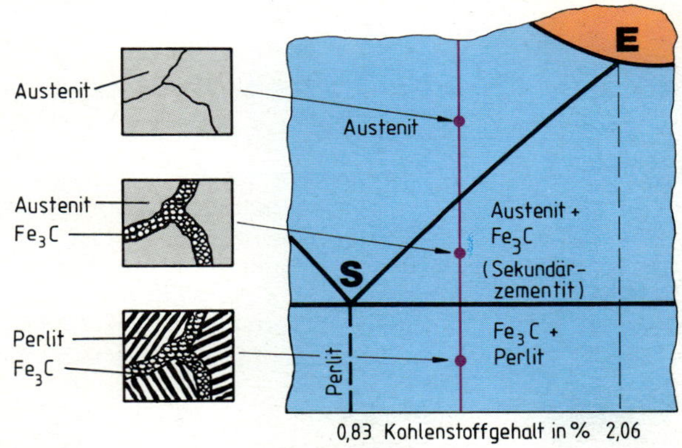

Abkühlung einer übereutektoiden Legierung

Eisen-Kohlenstoff-Legierungen mit mehr als 0,83% Kohlenstoff haben ein Gefüge aus Perlit und Schalenzementit (Korngrenzenzementit). Sie stellen die übereutektoiden Stähle dar.

Einfluß von Kohlenstoff auf die Eigenschaften

Durch Kohlenstoff wird das vergleichsweise weiche Eisen zum Stahl. Steigt der Kohlenstoffgehalt, nimmt auch der Anteil des harten Zementits zu. Zugfestigkeit und Härte steigen. Ab 0,83% Kohlenstoff bildet sich der Korngrenzenzementit. Weil er sich zwischen die Körner schiebt, läßt der Zusammenhalt nach. Deshalb fällt die Zugfestigkeit bei übereutektoiden Stählen ab.

Die Zähigkeit ist bei reinem Ferritgefüge am besten. Weil der Zementit spröde ist, schwächt sich diese Eigenschaft mit steigendem Kohlenstoffgehalt ab. In gleicher Weise ändern sich auch die technologischen Eigenschaften:

- Obwohl die **Warmumformbarkeit** mit dem Kohlenstoffgehalt abnimmt, können beispielsweise alle unlegierten Stähle geschmiedet werden.
- Der Zementit senkt die Grenze der **Kaltumformbarkeit** auf ca. 0,8% Kohlenstoff. Je mehr Kohlenstoff, desto größere Umformkräfte sind erforderlich.
- Die **Schweißbarkeit** ist bei Stählen mit weniger als 0,25% Kohlenstoff gut. Bei größeren Gehalten sind besondere Schweißbedingungen, wie z. B. Vorwärmung des Schweißteils, erforderlich.
- Die **Zerspanbarkeit** nimmt mit Härte und Zugfestigkeit und deswegen mit dem Kohlenstoffgehalt ab.
- Die **Härtbarkeit** erfordert einen Kohlenstoffgehalt von mindestens 0,25% (s. Härten).

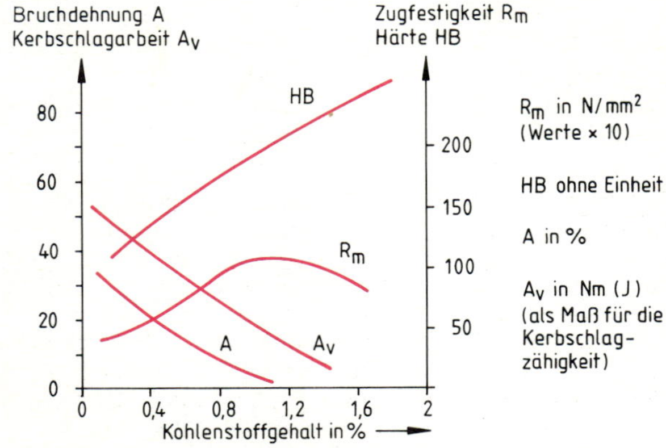

Einfluß von Kohlenstoff auf die Stahleigenschaften

Aufgaben zur Wiederholung und Vertiefung

1. Zeichnen Sie die Abkühlungskurve von Kupfer und beschreiben Sie die Vorgänge am Haltepunkt.

2. Von einem metallischen Werkstoff ist die nebenstehende Abkühlungskurve bekannt.

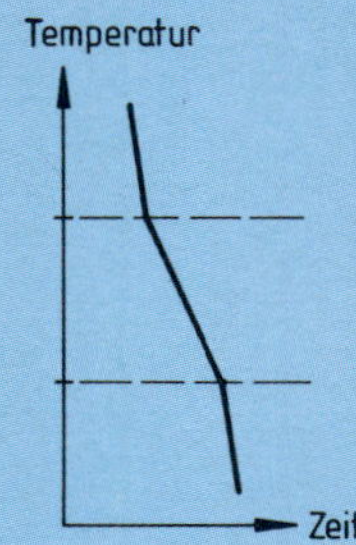

a) Ist der Werkstoff ein reines Metall, eine Legierung mit Mischkristallen oder eine Legierung mit Kristallgemisch?

b) Zeichnen Sie die Kurve ab, und tragen Sie Temperaturintervall, Ende der Erstarrung und Beginn der Erstarrung ein.

3. Untersuchen Sie eine Blei-Antimon-Legierung (Pb-Sb-Legierung) mit 60% Sb (→ 40 % Blei). Um folgende Fragen zu beantworten, muß man wissen, daß bei 13% Sb ein Eutektikum vorliegt.

a) Ist im Vergleich zur eutektischen Legierung mehr Pb oder mehr Sb in der Legierung?

b) Zeichnen Sie die Abkühlungskurve. (Bei 490° C beginnt die Erstarrung und endet bei 247 °C.)

4. Beschreiben Sie das Gefüge von Stahl mit 0,7% Kohlenstoff bei 1200 °C.

5. Vergleichen Sie die Gießbarkeit, Unformbarkeit und Zerspanbarkeit von Legierungen mit Mischkristallen und Legierungen mit Kristallgemisch.

6. Die nebenstehenden Gefügebilder gelten für Stahl.

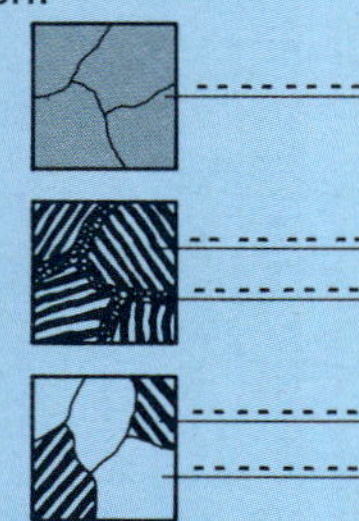

a) Zeichnen Sie die Bilder nach zunehmendem Kohlenstoffgehalt auf.

b) Bezeichnen Sie die Gefügebestandteile.

c) Welches Stahlgefüge ist rein perlitisch, übereutektoid, untereutektoid?

7. Welchen Einfluß hat zunehmender Gehalt an Kohlenstoff im Stahl auf die Festigkeit, Umformbarkeit, Schweißbarkeit, Zerspanbarkeit und Härtbarkeit?

3.3 Stoffeigenschaftsänderungen von Eisen-Werkstoffen durch Wärmebehandlung (DIN 17014)

Werden Werkstücke nach bestimmten Regeln auf eine Temperatur erwärmt, bei dieser Temperatur gehalten und anschließend abgekühlt, läßt sich das Gefüge so beeinflussen, daß z. B. Härte und Festigkeit nach Wunsch steigen oder fallen. Der Werkstoff bleibt bei der Wärmebehandlung fest. Weil die Erwärmungstemperaturen vor allem vom Kohlenstoffgehalt abhängen, benutzt man das Eisen-Kohlenstoff-Diagramm, um die Vorgänge besser zu verstehen.

3.3.1 Glühen

Wird ein Werkstück langsam erwärmt, für eine bestimmte Zeit auf der erreichten Temperatur gehalten und nachfolgend mehr oder weniger langsam abgekühlt, zählt man die Wärmebehandlung zum **Glühen.** Welche Temperaturen und Zeiten einzuhalten sind, hängt vom beabsichtigten Zweck ab.

Weichglühen

Der Zementit im Gefüge des Stahls erschwert die Verarbeitung:
- Beim Spanen – wie Bohren oder Fräsen – muß die Werkzeugschneide die harten Zementitlamellen des Perlits durchtrennen. Die Schneide stumpft schnell ab.
- Beim Kaltumformen – wie Biegen und Walzen – bewirken die zusammenhängenden harten Zementitlamellen, daß der Stahl früh Risse zeigt.

Um dies zu verhindern, gibt man den Zementitlamellen bei höherer Temperatur über mehrere Stunden Gelegenheit, ihre Oberflächen zu verkleinern. Dabei bilden sich, wie man es vom Öl in Wasser kennt, Kugeln aus. Man sagt, der Zementit wird körnig eingeformt.

Bei untereutektoiden Stählen erfolgt das Einformen der Zementitlamellen im Bereich der **PSK**-Linie. Damit sich bei übereutektoiden Stählen zusätzlich der Korngrenzenzementit einformt, wird die Temperatur im Bereich der PSK-Linie mehrfach erhöht und erniedrigt, bevor langsam abgekühlt wird. Man nennt dies **Pendelglühen**.

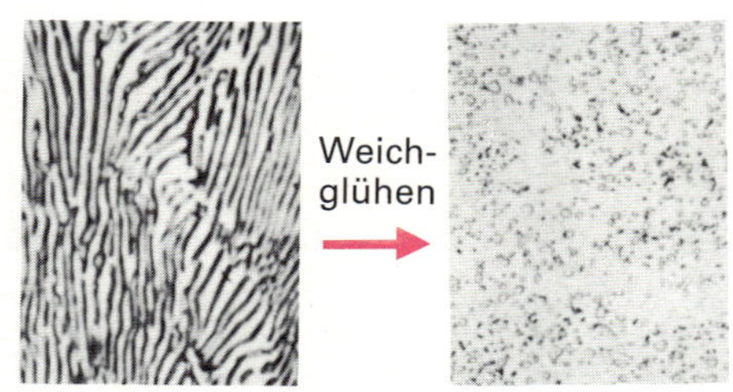

Zementitlamellen im Perlit — körniger Zementit im Perlit

Weil Festigkeit und Härte von Stahl abfallen, wenn sich die Zementitlamellen des Perlits und der Korngrenzenzementit bei höherer Temperatur körnig einformen, heißt das Glühverfahren **Weichglühen.**

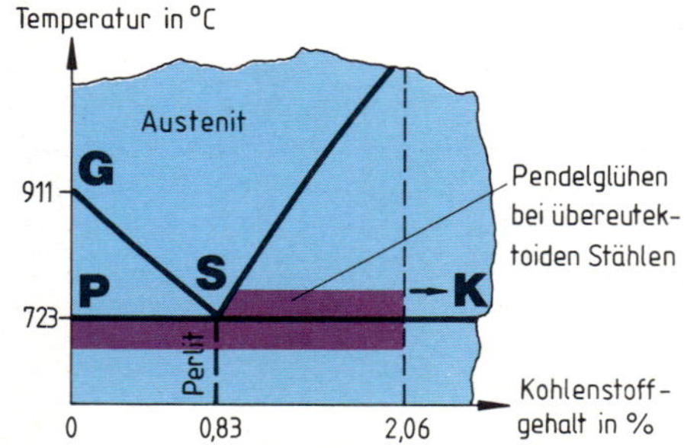

Glühtemperaturen für das Weichglühen im Eisen-Kohlenstoff-Diagramm

Normalglühen

Beim Schmieden, Warmwalzen, Schweißen, Warmbiegen und Strangpressen verbleibt das Werkstück für längere Zeit bei hoher Temperatur. Weil dabei die Körner des Stahlgefüges ungleich schnell wachsen können, entsteht nicht nur grobkörniges, sondern auch ungleichmäßiges Gefüge. Die Folge ist, daß Festigkeit, Zähigkeit und Umformfähigkeit abnehmen.

Um wieder ein normales Gefüge, das aus kleinen rundlichen Körnern etwa gleicher Größe besteht, zu erhalten, erwärmt man etwa 30 bis 50 °C über die GSK-Linie. Bei dieser Temperatur wird das Werkstück einige Zeit gehalten. Aus Erfahrung weiß man, daß zwei Minuten je mm Wanddicke ausreichen.

Erwärmt man Stahl auf Temperaturen **oberhalb der GSK**-Linie und kühlt anschließend an Luft ab, ergibt sich ein normales Gefüge. Das Verfahren heißt **Normalglühen.**

Beispiel: Bei einem 6 mm dicken Stahlblech mit 0,8 % Kohlenstoff ergibt sich eine Glühzeit von 6 mm · 2 min/mm = 12 min.

Aus dem Diagramm entnimmt man dazu eine Glühtemperatur von ca. 760 °C.

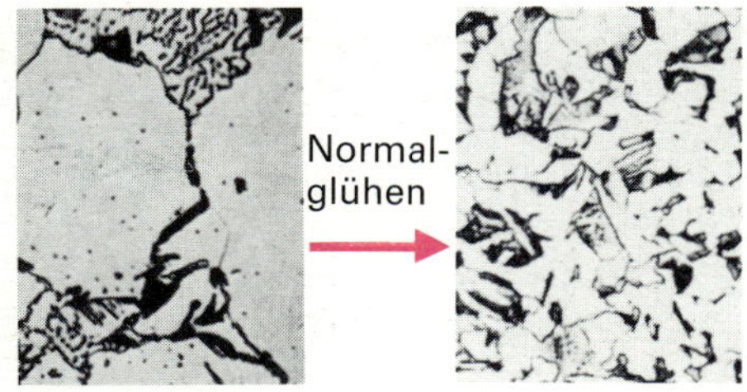

a) grobkörniges Gefüge
b) Gefüge nach dem Normalglühen

Gefüge eines untereutektoiden Stahls

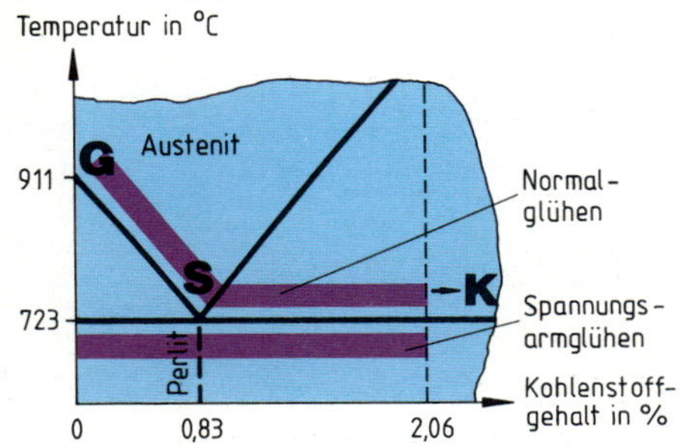

Glühtemperaturen für das Normalglühen und Spannungsarmglühen im Eisen-Kohlenstoff-Diagramm

Spannungsarmglühen

Wirken in einem Werkstück Kräfte, obwohl es nicht von außen beansprucht wird, enthält es sogenannte **innere Spannungen,** die auch **Eigenspannungen** genannt werden.

Durch Glühen zwischen 550 und 650 °C über 2 bis 4 Stunden und sehr langsames Abkühlen nehmen Eigenspannungen im Werkstück stark ab. Die Behandlung heißt **Spannungsarmglühen.**

Eigenspannungen treten vor allem bei schnellem Abkühlen von Werkstücken beim Gießen, Schmieden, Schweißen und Härten auf. So verhindert die kältere Randzone, daß der wärmere Kern des Werkstücks ungehindert schrumpfen kann. Dadurch treten Zugspannungen im Kern und Druckspannungen im Rand auf.

Die Eigenspannungen überlagern sich mit Spannungen aus äußeren Kräften, so daß es leicht zur Verformung oder zum Bruch kommt.

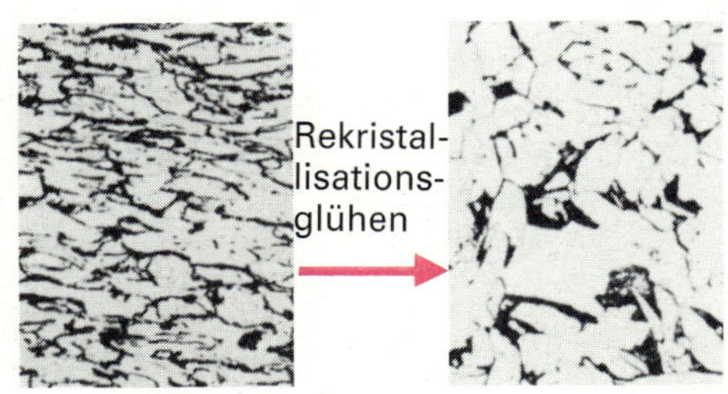

kaltverformter Stahl
rekristallisierter Stahl

Rekristallisationsglühen

Feinbleche, Drähte, Rohre und Profile mit kleinen Querschnitten erhalten ihre endgültige Form durch Kaltumformung. Die **Kaltverfestigung** (s. Kap. Umformen, Grundstufe) bewirkt, daß die Umformfähigkeit des Werkstoffs oft erschöpft ist, bevor die Endabmessung erreicht ist.

Um Stähle nach der Kaltverfestigung wieder umformbar zu machen, glüht man **unterhalb der PSK**-Linie. Zusammensetzung und Umformgrad haben einen starken Einfluß auf die Temperatur. Für kohlenstoffarme Stähle liegt die Temperatur nach starker Umformung bei etwa 500 °C, nach schwacher Umformung bei 650 °C. Die gestreckten Kristallite des verformten Werkstoffs verschwinden zugunsten normaler, etwa gleichgroßer Kristallite.

Kaltverformter Stahl erhält seine Umformfähigkeit zurück, wenn er zwischen 500 und 650 °C geglüht wird. Weil dabei neue Kristallite gebildet werden, heißt das Glühverfahren **Rekristallisationsglühen**.

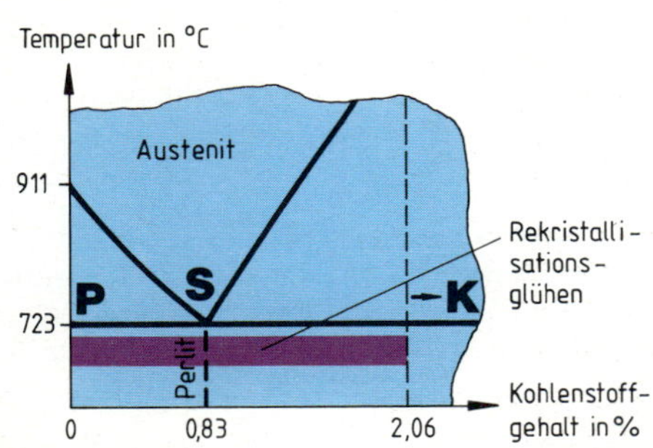

Glühtemperaturen für das Rekristallisationsglühen im Eisen-Kohlenstoff-Diagramm

3.3.2 Härten

Die Funktionen vieler technischer Systeme erfordern Bauelemente aus Stahl, die besonders hart und verschleißfest sind. Das System Hydraulikmotor besitzt gleich mehrere Bauteile mit diesen Eigenschaften:

- Die **Triebwelle,** die mit großer Geschwindigkeit dreht und gleichzeitig mit großer Kraft auf die Lagerstellen wirkt, hat harte und verschleißfeste Laufflächen.
- An die **Nadeln der Wälzlager** werden gleiche Anforderungen gestellt, damit das gesamte System die geforderte Lebensdauer erreicht.
- Die **Drosselnadel** wird durch das schnell fließende Hydrauliköl mechanisch angegriffen. Damit möglichst wenig Metall abgetragen wird, besitzt auch die Drosselnadel eine harte und verschleißfeste Oberfläche.

Die Eigenschaften erreicht man durch Wärmebehandlung. Um ein Versagen des Bauteils durch Bruch zu verhindern, darf die Zähigkeit dabei nur wenig abnehmen.

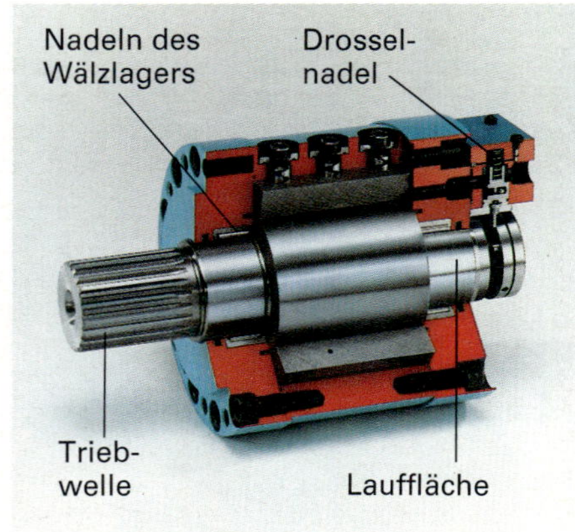

Hydraulikmotor im aufgeschnittenen Zustand

Eine Wärmebehandlung, die Stähle bei ausreichender Zähigkeit hart und verschleißfest macht, nennt man **Härten.**

Vorgänge

Der Kohlenstoff ist dafür verantwortlich, daß Stahl durch Wärmebehandlung härtbar ist. In unlegiertem Stahl muß mindestens 0,25% Kohlenstoff enthalten sein.

Zum Härten wird der Stahl auf 30 bis 50 °C **oberhalb der GSK**-Linie erwärmt, so daß Austenit statt Perlit vorliegt. Nun kommt es auf die richtige Abkühlgeschwindigkeit an:

- Kühlt man langsam ab, z. B. in ruhender Luft, wandern zunächst die Kohlenstoffatome aus dem kfz-Gitter des Austenits heraus und bilden Zementit Fe_3C. Das Gitter ist damit kohlenstofffrei und kann ungehindert die krz-Form annehmen. Es entsteht wieder Perlit.
- Kühlt man sehr schnell ab, indem man das Werkstück in Wasser oder Öl taucht, so strebt das Gitter die krz-Form an, bevor der Kohlenstoff herausgewandert ist. Da die Lücken im krz-Gitter kleiner sind als im kfz-Gitter, verspannen die Kohlenstoffatome das gesamte Kristallgitter. Die Verspannung macht den Stahl hart und spröde. Er kann nicht mehr gebohrt, gedreht, gefräst oder umgeformt werden.

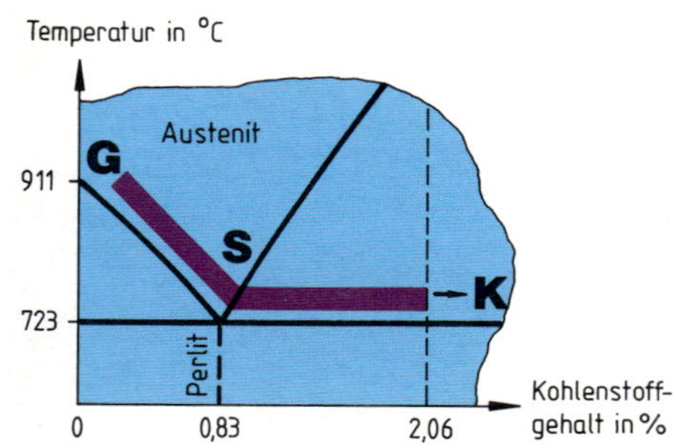

Glühtemperaturen für das Härten

Nach schnellem Abkühlen von Stahl, man bezeichnet den Vorgang als **Abschrecken,** wird der Stahl hart und seine Zähigkeit nimmt stark ab. Das entstehende nadelige Gefüge heißt **Martensit.**

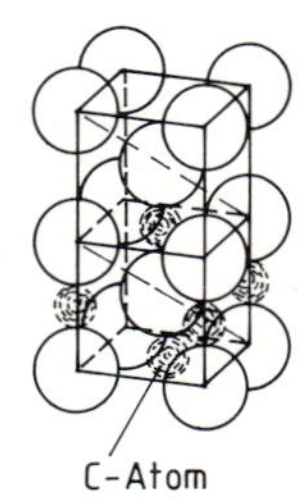

Elementarzelle des Martensits, gestrichelte Kreise sind mögliche Kohlenstoffatome

Martensit-Gefüge (Vergrößerung 500:1)

Anlassen

Weil abgeschreckte Werkstücke nur geringe Zähigkeit besitzen, können sie schon durch leichtere Stöße zerbrechen. Durch geringes Erwärmen können Kohlenstoffatome jedoch Plätze einnehmen, die das Gitter weniger verspannen. Während dabei die Härte geringfügig abnimmt, steigt die Zähigkeit erheblich an.

Erwärmt man gehärteten Stahl zwischen 150 und 400 °C, so lassen sich die gewünschte Härte und Zähigkeit einstellen. Dieses sogenannte **Anlassen** ist der abschließende Vorgang beim Härten.

Abgeschrecktes Werkstück: große Härte, geringe Zähigkeit	→ Anlassen →	Angelassenes Werkstück: große Härte, höhere Zähigkeit

3.3.3 Vergüten

Triebwellen, Achsen, Schrauben, Maschinenspindeln, und andere hochbeanspruchte Bauteile übernehmen in einem System Teilfunktionen unter Einwirkung großer Kräfte. Diese Funktionen können aber nur solange verwirklicht werden, bis die Bauteile sich plastisch verformen oder brechen. Die Werkstoffe besitzen deshalb die nebenstehende Eigenschaftskombination.

Höhere Streckgrenze R_e und Zugfestigkeit R_m
→ höhere zulässige Spannung

Höhere Zähigkeit (Kerbschlagarbeit A_v)
→ größere Umformfähigkeit bis zum Bruch

Die Eigenschaften erzielt man durch Härten mit nachfolgendem Anlassen. Damit die Zähigkeit groß wird, liegen die Anlaßtemperaturen höher als beim Härten.

Wird Stahl gehärtet und anschließend bei Temperaturen zwischen 400 und 650 °C angelassen, erzielt man neben großer Festigkeit auch große Zähigkeit. Die Wärmebehandlung heißt **Vergüten.**

Um große Zähigkeit zu erreichen, darf das Gefüge nicht zuviel Zementit enthalten. Der Gehalt an Kohlenstoff im Vergütungsstahl ist deshalb auf 0,65% begrenzt. Damit der Stahl härtbar ist, liegt die untere Grenze bei 0,25%. Zu den Vergütungsstählen zählen nach DIN 17200 auch niedriglegierte Stähle. Sie erzielen bei gleicher Zähigkeit höhere Festigkeit.

Das nebenstehende **Vergütungsschaubild** stellt dar, wie sich die mechanischen Eigenschaften ändern, wenn der abgeschreckte Stahl zwischen 450 und 650 °C angelassen wird.

Beispiel: Eine Maschinenspindel aus 42CrMo4 soll nach dem Vergüten eine Streckgrenze von 800 N/mm² aufweisen. Für 42CrMo4 ergibt sich eine Anlaßtemperatur von 550 °C und eine Zugfestigkeit von 1050 N/mm². Mit der Bruchdehnung A von 12% sagt das Schaubild auch etwas über die Umformfähigkeit aus.

Der Vergleich der beiden Schaubilder verdeutlicht, daß der legierte Stahl bei gleicher Bruchdehnung A wesentlich höhere Festigkeit (R_e und R_m) besitzt.

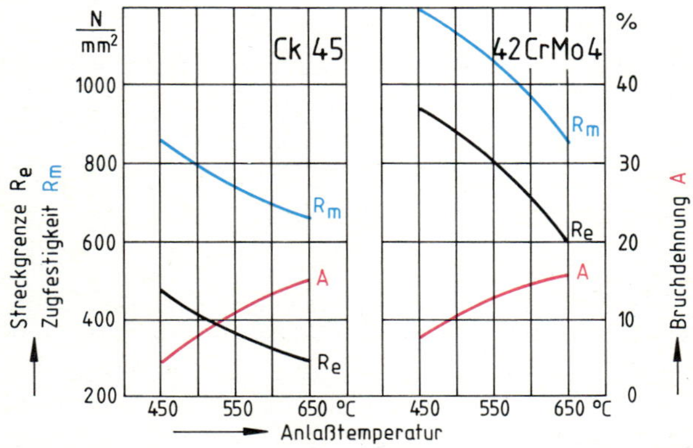

Vergütungsschaubilder für die Stähle Ck 45 und 42 CrMo 4 (DIN 17200)

3.3.4 Härten der Randschicht

Wellen müssen an ihren Lagerstellen besonders verschleißfest sein. Gleiches gilt für die Flanken von Zahnrädern oder die Gleitflächen von Bolzen. Da diese Bauteile auch stoßartiger und wechselnder Beanspruchung unterliegen, verlangt man gleichzeitig hohe Bruchsicherheit. Diese sich widersprechenden Eigenschaften erfüllen Bauteile mit harter Randschicht und zähem Kern.

Zur Lösung des Problems sind Verfahren entwickelt worden für abschreckhärtbare Stähle, nicht härtbare Stähle und speziell legierte Stähle.

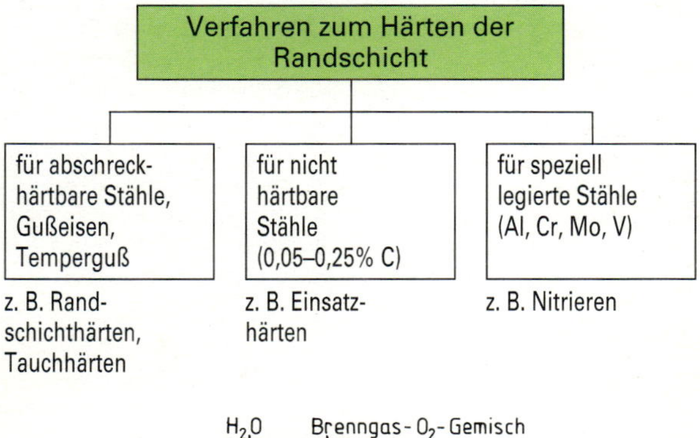

Randschichthärten

Erwärmt man Stahl rasch auf Härtetemperatur und schreckt ihn mit einer Wasserbrause sofort danach ab, so wird nur seine Oberfläche hart. Der Kern, der die Härtetemperatur nicht erreichte, bleibt zäh. Der Vorgang heißt **Randschichthärten.**

- Flammhärten

Arbeitet man mit der Flamme eines Brenngas-Sauerstoffgemisches, so ergeben sich Härtetiefen von mindestens 1 mm. Sie wachsen, wenn die Geschwindigkeit von Brenner und Wasserbrause, die sich dicht nebeneinander über die Fläche bewegen, verringert wird. Dieses sog. Flammhärten eignet sich für große Werkstücke und solche mit komplizierter Form.

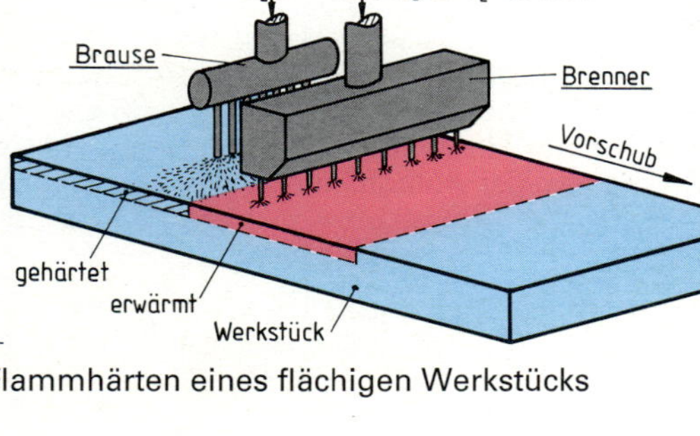

Flammhärten eines flächigen Werkstücks

• Induktionshärten

Aus der Elektrotechnik ist bekannt, daß stromdurchflossene Spulen in einem Metallstück Wirbelströme induzieren können (s. Kap. Elektrotechnik S. ...). Hinzu kommt folgender Effekt: Je höher die Frequenz des Stromes ist, um so stärker drängen die Wirbelströme in die Randzone (Skineffekt = Hautwirkung). Nutzt man beim Randschichthärten diese Effekte zur Erwärmung des Werkstücks aus, so spricht man vom Induktionshärten.

Innerhalb einer **wassergekühlten Spule**, dem **Induktor**, durch die Wechselstrom mit hoher Frequenz fließt, befindet sich das Werkstück. In kurzer Zeit erwärmt der induzierte Wirbelstrom infolge des elektrischen Widerstandes die Oberfläche auf Härtetemperatur. Eine Wasserbrause direkt hinter der Spule schreckt das Werkstück ab.

Die Härtetiefen sind durch die Frequenz des Stromes beeinflußbar:

Mittelfrequenz: 0,5 bis 10 kHz → Härtetiefe 1,5 bis 6 mm
Hochfrequenz: 1000 bis 30 000 kHz → Härtetiefe 0,01 bis 3 mm

Induktionshärteanlagen sind klein, erzeugen keine Abgase und verhindern Zunderbildung. Sie können deshalb problemlos aufgestellt werden. Allerdings sind die Anlagen sehr teuer.

• Werkstoffe für das Randschichthärten

Unlegierte und niedriglegierte Stähle, die besondere Härtbarkeit besitzen, sind in der DIN 17121 aufgeführt. Sie zeigen nach dem Härten seltener Risse als vergleichbare Vergütungsstähle. Die erzielbaren Randschichthärten liegen zwischen 50 und 60 HRC.

Gußeisen und Temperguß sind dann randschichthärtbar, wenn der Graphit aus Kugeln oder feinen Lamellen besteht. Das Gefüge muß überwiegend Perlit enthalten.

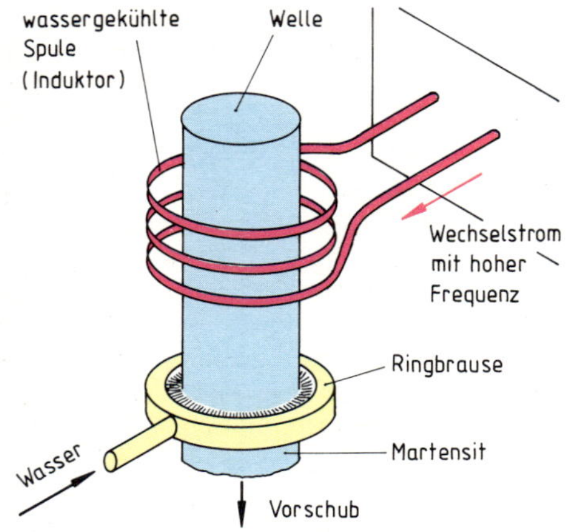

Induktionshärten einer Welle (Induktor oben, Wasserbrause unten)

Kurzname	Anwendung/Werkstoff
Cf 45, 49 Cr Mo 4 DIN 17212	Flamm- und Induktionshärten/Stahl
GS-Ck 45 GS-46 Mn 4	Flammhärten/Stahlguß
GG-40 GTW-55	Flammhärten/Gußeisen Temperguß

Werkstoffe für das Randschichthärten

Tauchhärten

Stähle lassen sich durch **Salz- oder Metallbäder** so schnell erwärmen, daß die Randschicht bereits austenitisch ist, bevor sich der Kern nennenswert erwärmt hat. Wird kein besonders günstiger Härteverlauf gefordert, nutzt man diesen Effekt aus, um Randschichten zu härten. Dazu taucht man die Werkstücke bis zu zwei Minuten in ein Bad von 1000 bis 1200 °C. Es schließt sich das Abschrecken in Wasser oder Öl an. Große Einhärtetiefe erreicht man durch lange Tauchzeit und hohe Badtemperatur.
Im Vergleich zum Flamm- und Induktionshärten hat dieses Verfahren, das als **Tauchhärten** bekannt ist, vor allem zwei Vorteile. Die Anlage- und Energiekosten sind niedrig und verwickelte Oberflächen lassen sich schnell in einem Arbeitsgang härten.

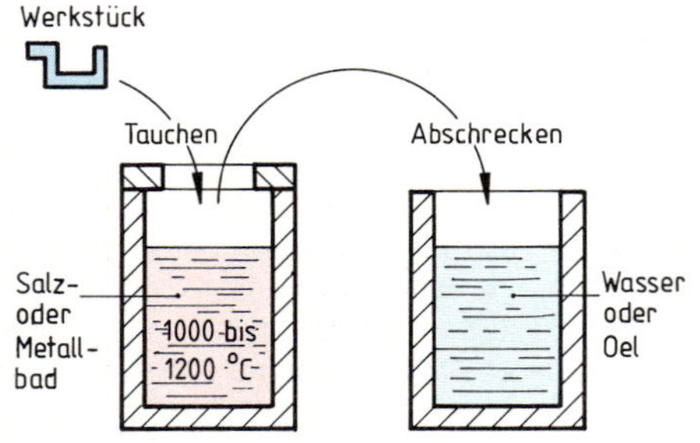

Tauchhärten

Einsatzhärten

Stähle mit weniger als 0,2% Kohlenstoff sind sehr zäh und daher besonders bruchsicher, auch unter stoßartiger und wechselnder Beanspruchung. Tritt Reibung auf, so verschleißen die Randschichten von Bauteilen jedoch sehr schnell, wenn sie aus diesen Stählen bestehen. Deshalb **glüht** man diese Stähle **in Mitteln, die Kohlenstoff abgeben**. Bei Temperaturen oberhalb der GS-Linie (im Eisen-Kohlenstoffdiagramm) diffundiert der Kohlenstoff ins Werkstück. Nach diesem Vorgang, der **Aufkohlen** oder **Einsetzen** genannt wird, enthält die Randschicht etwa 0,8% Kohlenstoff und ist damit abschreckhärtbar.

Als Einsatzmittel werden kohlenstoffhaltige Stoffe verwendet, die pulverförmig, flüssig oder gasförmig sind. Danach unterscheidet man Pulver-, Bad- und Gasaufkohlung.

Aufkohlungsart	Aufkohlungsmittel
Pulveraufkohlung	Kohlungspulver aus Holzkohle, Koks, oder Knochenkohle mit Alkaliverbindungen
Salzbadaufkohlung	Salzschmelzen mit z. B. Natriumcyanid (NaCN) als Kohlenstoffträger
Gasaufkohlung	Neutrales Trägergas mit z. B. Propan (C_3H_8) als Kohlenstoffträger

Aufkohlungsarten und -mittel für das Einsatzhärten

- Härten der Einsatzstähle

Nach dem Aufkohlen besteht das Werkstück aus dem nicht härtbaren Kern mit z. B. 0,15% C und der härtbaren Randschicht mit etwa 0,8% C. Durch das mehrstündige Aufkohlen ist das Gefüge, je nach Werkstoff, mehr oder weniger grobkörnig geworden. Deshalb erfolgt das Härten auf zwei Arten:

– Schreckt man das Werkstück direkt aus der Aufkohlungswärme ab, handelt es sich um das **Direkthärten.** Um die Kornvergröberung zu mindern, setzt man Einsatzstähle ein, die nicht zu Kornwachstum neigen. Diese Stähle, sie wurden für die unterschiedlichsten Zwecke entwickelt, heißen Feinkornbaustähle.

– Hochbeanspruchte, stoßbelastete Bauteile verlangen eine bestmögliche Gefügeausbildung. Anstelle der Direkthärtung wendet man die sogenannte **Doppelhärtung** an. Die Arbeitsgänge lassen sich im Temperatur-Zeit-Schaubild übersichtlich darstellen.

Die Randschicht kohlenstoffarmer Stähle ist härtbar, wenn man aufkohlt und abschließend abschreckt. Beide Vorgänge zusammen bezeichnet man als **Einsatzhärten.**

- Werkstoffe für das Einsatzhärten

Neben dem geringen Kohlenstoffgehalt (unter 0,25%) können Einsatzstähle auch kleine Mengen an Legierungselementen wie Chrom Cr, Mangan Mn, Nickel Ni und Molybdän Mo enthalten. Sie bilden mit dem zugeführten Kohlenstoff harte Carbide und erhöhen dadurch zusätzlich die Verschleißfestigkeit.

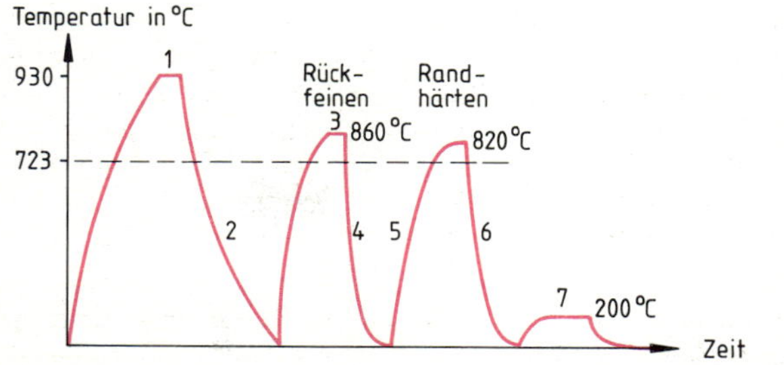

1. Einsetzen.
2. Langsames Abkühlen.
3. Normalisieren des Gefüges (oberhalb GSK-Linie).
4. Abschrecken in Öl, für unlegierte Stähle in Wasser. (Bei diesem Vorgang erhält der Kern ein feinkörniges Gefüge mit erhöhter Streckgrenze. Zusammen mit dem Normalisieren spricht man vom Rückfeinen).
5. Erwärmen auf Härtetemperatur (oberhalb GSK-Linie).
6. Abschrecken in Öl, unlegierte Stähle in Wasser.
7. Anlassen auf etwa 200 °C.

Temperatur-Zeit-Schaubild für die Doppelhärtung

Kurzname DIN 17006	Anwendungsbeispiele
Ck15/C15	Bolzen, Wellen, Zahnräder, Werkzeuge
20 Mn Cr 5	Zahnräder, Wellen von Kfz-Getrieben
15 Cr Ni 6 17 Cr Ni Mo 6	Zahnräder, Wellen von Baufahrzeugen, Hämmer von Getreidemühlen (höchste Verschleißfestigkeit)

Einsatzstähle DIN 17210

Nitrieren

Bauteile, die schon fertig bearbeitet sind, dürfen nicht abschreckgehärtet werden. Durch Anlaufschichten und starken Verzug würden sie unbrauchbar. Um die Randschicht trotzdem härten zu können, wird dem Werkstück **Stickstoff N** zugeführt. Er bildet mit den metallischen Legierungszusätzen chemische Verbindungen, die man Nitride nennt. Sie verleihen der Randschicht große Härte und Verschleißfestigkeit.

Man unterscheidet Gas-, Bad- und Pulvernitrieren. Meist wird das Gasnitrieren im Ammoniakstrom bei 500 bis 600 °C angewendet. Der Stickstoff N des Ammoniaks NH_3 diffundiert in die Randschicht. Hier bildet er mit den Legierungselementen Aluminium Al, Chrom Cr oder Molybdän Mo harte und verschleißfeste Nitride. Für hohe Druckbeanspruchung muß die dünne Nitrierschicht von 0,1 bis 0,6 mm durch einen Werkstoff mit erhöhter Festigkeit gestützt werden. **Nitrierstähle** sind deshalb Vergütungsstähle mit Legierungselementen.

Beim Nitrieren verzieht sich das Werkstück kaum und die Oberfläche bleibt sauber. Außerdem erhöht sich die Korrosionsbeständigkeit. Nachteilig sind die höheren Kosten im Vergleich zum Einsatzhärten, da die Nitrierzeiten – bei kleinen Schichtdicken – sehr lang sind.

Forderung: Härten der Randschicht fertig bearbeiteter Werkstücke

Entscheidung: Nitrieren

Ergebnis: harte und verschleißfeste Randschicht, kaum Verzug

Kurzname DIN 17006	Härte HV etwa	Anwendungsbeispiele
31 Cr Mo 12	850	Extruderschnecken, Ventilstößel
34 Cr Al Mo 5 41 Cr Al Mo 7	1000	Zylinderbüchsen in Verbrennungsmotoren Heißdampfarmaturenteile (hohe Kernfestigkeit)
34 Cr Al S 5	950	Automatenteile für große Querschnitte

Nitrierstähle DIN 17211

Nitriertiefe in Abhängigkeit von der Nitrierdauer

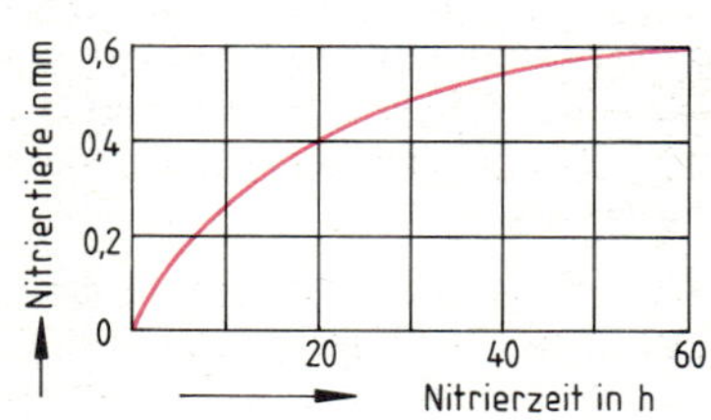

3.3.5 Härte- und Vergüteangaben in Zeichnungen (DIN 6773)

Nach Norm ist der Endzustand gehärteter bzw. vergüteter Teile in Zeichnungen anzugeben. Genauere Angaben darüber, wie der Endzustand erreicht wird, sind in der Norm nicht enthalten. Falls erforderlich, sind ergänzende Angaben in den Fertigungsunterlagen wie Wärmebehandlungsanweisung (WBA) oder Wärmebehandlungsplan (WBP) zu machen. Meßstellen für die Härteprüfung am Werkstück können mit einem Pfeil in der Zeichnung gekennzeichnet werden. Wird die Darstellung eines Teils durch die Angaben unübersichtlich, dann ist ein Wärmebehandlungsbild in Nähe des Schriftfeldes zu zeichnen.

Endzustand	Wärmebehandlung des ganzen Werkstücks: gleiche Härtewerte	Wärmebehandlung des ganzen Werkstücks: unterschiedliche Härtewerte	örtlich begrenzt
gehärtet oder gehärtet und angelassen oder vergütet	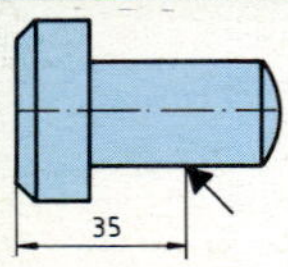 vergütet 350 + 50 HB 2,5/187,5	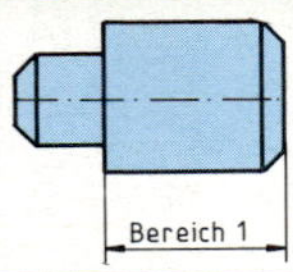 gehärtet und angelassen 50 + 5 HRC Bereich 1: 58 + 4 HRC	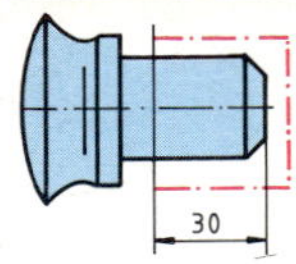 gehärtet 65 + 5 HRC
randschichtgehärtet oder randschichtgehärtet und angelassen	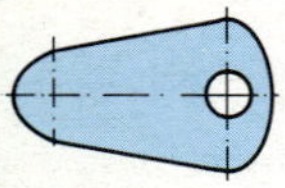 randschicht-gehärtet 700 + 100 HV 30 Rht[1)] 550 = 0,6 + 0,6 Grenzhärte	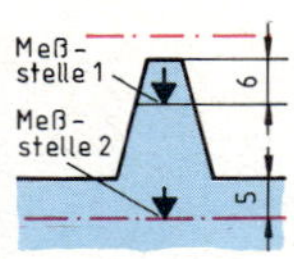 randschichtgehärtet und ganzes Teil angelassen Meßstelle 1: 60 + 6 HRC Mestelle 2: ≤ 30 HRC	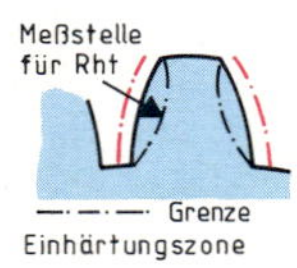 rand-schichtgehärtet 630 + 100 HV 10 Rht 500 = 2 + 1 Grenzhärte
einsatzgehärtet oder einsatzgehärtet und angelassen	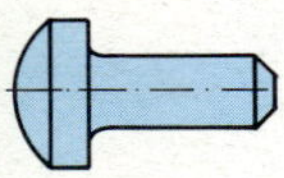 einsatzgehärtet und angelassen 60 + 4HRC Eht[2)] = 0,8 + 0,4	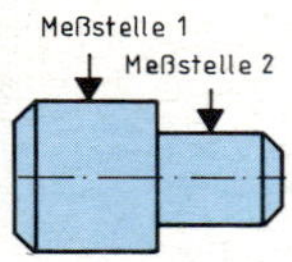 einsatzgehärtet und angelassen Meßstelle 1: 58 + 8 HRC Eht = 0,8 + 0,4 Meßstelle 2: 600 + 100 HV 30 Eht = 0,5 + 0,3	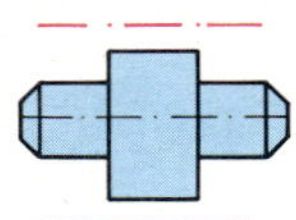 einsatz-gehärtet und angelassen 58 + 4 HRC Eht = 1,2 + 0,5
nitriert	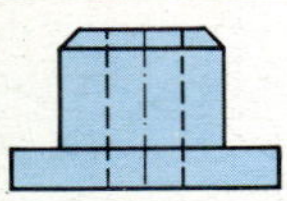 nitriert Nht[3)] = 0,3 + 0,1	Beim Nitrieren unterscheidet man die Nitrierung des ganzen Teils bei gleicher Härte oder die örtlich begrenzte Nitrierung	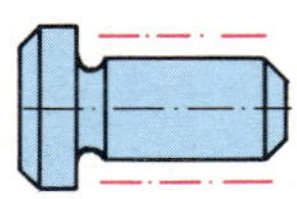 nitriert Nht = 0,1 + 0,05

[1)] Rht: Randschichteinhärtungstiefe in mm; [2)] Eht: Einsatzeinhärtungstiefe in mm; [3)] Nht: Nitriereinhärtungstiefe in mm; Angaben für die Härte und die Einhärtungstiefe enthalten Plus-Toleranz.

Aufgaben zur Wiederholung und Vertiefung

1. Warum werden Stähle vor dem spanenden Bearbeiten und Kaltumformen häufig weichgeglüht? Welche Gefügeänderung wird erreicht?

2. Ein Gelenkbolzen von 36 mm Durchmesser wird aus unlegiertem Stahl mit 0,4% Kohlenstoff geschmiedet. Danach wird der Bolzen normalgeglüht.
a) Welche Gründe zwingen zum Normalglühen?
b) Geben Sie die ungefähre Glühzeit und Glühtemperatur an. Benutzen Sie als Hilfe das EKD.

3. Geben Sie den Zweck und die Glühtemperatur für die Glühverfahren Spannungsarmglühen und Rekristallisationsglühen an. Beschreiben Sie stichwortartig die Vorgänge, die sich im Werkstoff abspielen.

4. Nennen Sie drei Bauelemente, für die das Härten unumgänglich ist. Begründen Sie Ihre Antwort.

5. Vergleichen Sie Flamm- und Induktionshärten.

6. Man möchte eine Stahlwelle (0,5% C, unlegiert) abschrecken und anlassen, also härten.
a) Aus welcher Temperatur schreckt man ab?
b) Welchem Zweck dient das Abschrecken?

7. Der Stahl Ck 45 soll auf 700 N/mm² vergütet werden.
a) Bestimmen Sie nach den im Buch vorliegenden Diagrammen (EKD und Vergütungsschaubild) Härtetemperatur, Anlaßtemperatur, Streckgrenze und Bruchdehnung.
b) Welchem Zweck dient das Vergüten?

8. Werkstücke aus folgenden Stählen sind für die Oberflächenhärtung bestimmt. Ordnen Sie die Stähle den Verfahren Flamm- und Induktionshärten, Einsatzhärten und Nitrieren zu.
Ck 15, 34 Cr Al Mo 5, Cf 45, 17 Cr Ni Mo 6, 41 Cr Mo 4, 31 Cr Mo 12

9. Wodurch entsteht die Härte beim Nitrieren?

10. Nennen Sie die Vor- und Nachteile des Nitrierens im Vergleich zum Einsatzhärten.

3.4 Eigenschaften und Verwendung metallischer Werkstoffe

3.4.1 Legierte Stähle

Austenitische Stähle

Die Abkühlungskurve des reinen Eisens (s. Kap. 3.2.3) zeigt, daß sich bei 911 °C das γ-Eisen (kfz-Gitter) in das α-Eisen (krz-Gitter) umwandelt. Kohlenstoff verschiebt diesen Umwandlungspunkt nach unten. Dies wird im Eisen-Kohlenstoff-Diagramm durch die fallende GS-Linie deutlich. Ähnlich wirken die Elemente
Nickel Ni, Mangan Mn, Kobalt Co, Zink Zn und Stickstoff N.
Bei höheren Gehalten können sie das Austenitgebiet so stark erweitern, daß im festen Zustand keine Gitterumwandlung mehr stattfindet. Dann bleibt der Austenit auch bei Raumtemperatur erhalten. Es entstehen **austenitische Stähle.**

- Eigenschaften

Die besonderen Eigenschaften austenitischer Stähle sind: nicht magnetisierbar; niedrige Streckgrenze; beste Verformbarkeit infolge des kfz-Gitters; hohe Zähigkeit auch bei tiefen Temperaturen; keine Möglichkeit zum Abschreckhärten und Normalisieren, da ja die Gitterumwandlung fehlt; Korrosionsbeständigkeit; schwer spanabhebend bearbeitbar.

- Verwendung

Je nach ihrer Legierung werden die austenitischen Stähle verwendet als Verschleißstähle (Mangan-Hartstähle), als antimagnetische Bau- und Konstruktionsstähle, z. B. im Schiffsbau oder Elektromaschinenbau (Kompaßgehäuse, Induktor-Kappenringe, Bauteile für Transformatoren u. a.), als rost- und säurebeständige Sonderstähle und als hochwarmfeste Sonderstähle.

Ferritische Stähle

Andere Legierungselemente verkleinern das Austenitgebiet, sie schnüren es ab. Dazu gehören
Chrom Cr, Silizium Si, Wolfram W, Molybdän Mo und Titan Ti.
Sie zwingen das Eisen dazu, das krz-Gitter zu erhalten. Es entstehen **ferritische Stähle.** Sie erstarren und kühlen ohne Umwandlung ab. Nur für kleineren Gehalt an Legierungselement – bei der Eisen-Chrom-Legierung z. B. für 10% Chrom – tritt während der Abkühlung das kfz-Gitter auf. Unterhalb des Austenitfeldes liegt jedoch wieder Ferrit vor.

- Eigenschaften

Ferritische Stähle, vor allem die ferritischen Chromstähle, neigen zur Kornvergröberung. Da bei der Abkühlung keine Umwandlung erfolgt, ist das Gefüge durch Wärmebehandlung nicht mehr zu ändern. Außerdem kann man die Stähle nicht abschreckhärten. Andere besondere Eigenschaften sind: magnetisierbar, z. T. mit besonderen magnetischen Eigenschaften; warmfest, z. T. auch zunderbeständig; korrosionsbeständig; gering kaltumformbar infolge des krz-Gitters.

- Verwendung

Ferritische Stähle mit hohem Chromgehalt, z. B. X 8 Cr Mo Ti 17, sind sehr korrosionsbeständig. Man verwendet sie deshalb für Küchengeschirr, Behälter und Rohrleitungen in der Lebensmittelindustrie und für Beschläge und Verkleidungen im Ladenbau.
Wegen ihrer Zunderbeständigkeit setzt man einige ferritische Stähle, z. b. X 10 Cr Al 24, für Ofen- und Kesselteile ein, die mit Flammen direkt Kontakt haben. Die eintretende Kornvergröberung erhöht die Rißempfindlichkeit in diesem Temperaturbereich nur unwesentlich.

Stähle werden legiert, um die Eigenschaften dem Verwendungszweck anzupassen.

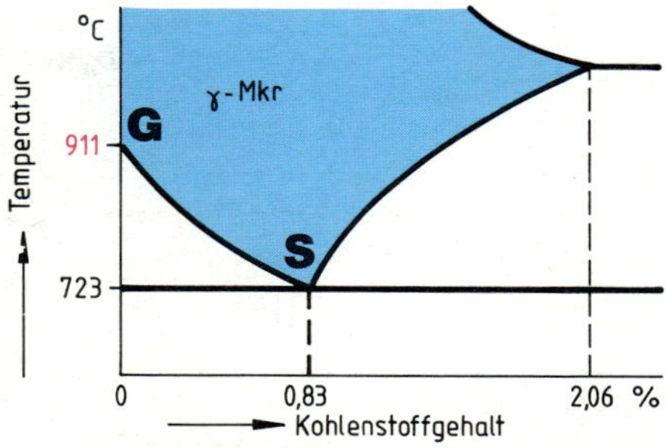

Eisen-Kohlenstoff-Diagramm (Ausschnitt)

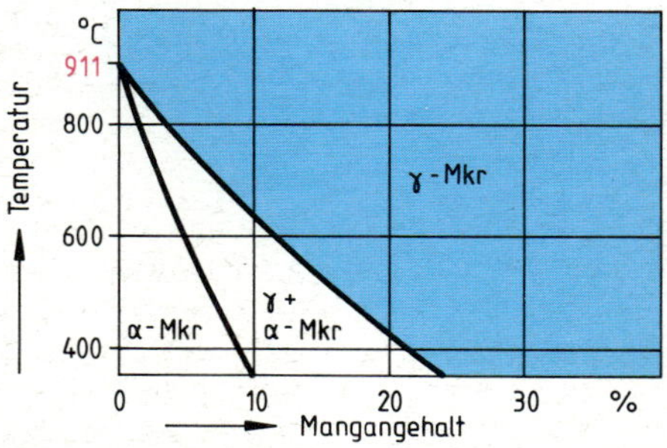

Zustandsschaubild Eisen-Mangan (Ausschnitt)
Austenitischer Stahl

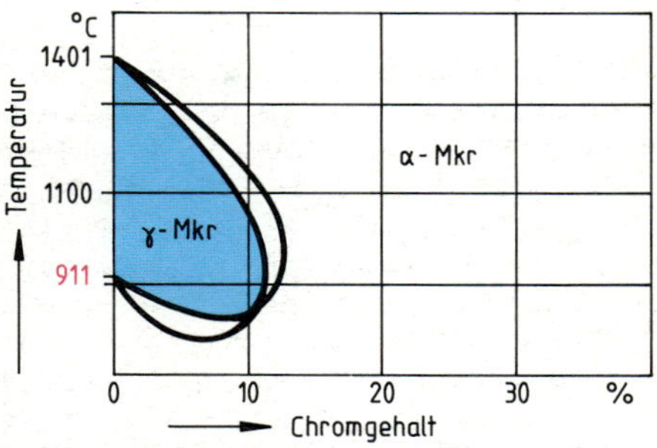

Zustandsschaubild Eisen-Chrom (Ausschnitt)
Ferritischer Stahl

Küchengeschirr

Rost- und säurebeständige Stähle

Die Wirkung mehrerer Legierungselemente kann nicht einfach addiert werden. Es ist z. B. bekannt, daß Nickel das Austenitgebiet erweitert, während Chrom es abschnürt. Treten beide Elemente zusammen im Stahl auf, heben sich die Wirkungen nicht etwa auf, sondern es kommt zu einer verstärkten Erweiterung des Austenitgebietes. Deshalb ist der Grundtyp der rost- und säurebeständigen Stähle mit 18% Cr und 8% Ni bereits austenitisch. Dieser Grundtyp, z. B. X 12 Cr Ni 18 8, wurde schon 1912 zum Patent angemeldet und trägt heute Handelsnamen wie NIROSTA, V2A, REMANIT u. a.

- Eigenschaften

Chrom-Nickel-Stähle überziehen sich mit einer dünnen, säurebeständigen Oxidschicht, sind gut kaltumformbar und sehr zäh. Die starke Verfestigung bei der Kaltumformung läßt sich durch Abschrecken aus ca. 1100 °C beseitigen. Weil ab 400 °C Stähle des Grundtyps verspröden und danach zur interkristallinen Korrosion neigen (s. Kap. 3.5.1), sollte die Gebrauchstemperatur unter 400 °C liegen. Das ist auch der Grund, warum dem Schweißen solcher Stähle eine besondere Wärmebehandlung folgen muß. Damit die Versprödung ausbleibt, legiert man Tantal Ta, Niob Nb und Titan Ti dazu.

- Verwendung

Wegen der Korrosionsbeständigkeit werden Chrom-Nickelstähle im Haushalt, im Schiffs- und Fahrzeugbau, sowie in der chemischen und der Lebensmittelindustrie eingesetzt. Die Stähle kommen als Behälter, Verkleidungen und Maschinenteile aller Art zum Einsatz.

Bezeichnung DIN 17006	Streckgrenze N/mm²	Zugfestigkeit N/mm²
X 12 CrNi 18 8	250	550-750
X 10 CrNiTi 18 9	250	550-750
X 12 CrNiSiNb 20 14	300	600-800

Austenitische Chrom-Nickel-Stähle DIN 17440

Warmfeste Stähle

Da die Streckgrenze unlegierter Stähle bei höherer Temperatur sinkt, kann sich der Werkstoff schon unter geringer Last langsam **plastisch verformen** und nach längerer Zeit brechen.

Werkstücke aus warmfesten Stählen werden im allgemeinen gehärtet und abschließend angelassen. Dadurch erhöhten sich nicht nur die Festigkeit und die Härte, sondern auch der Widerstand gegen das Kriechen. Damit die Gebrauchstemperatur die Anlaßtemperatur nicht überschreitet, legiert man die Stähle neben anderen Elementen mit Molybdän und Vanadium. Es vergrößert sich damit die Anlaßbeständigkeit. Drei Stahlsorten unterscheidet man:

1. **Warmfeste Baustähle** werden für Kesselbleche, Rohre und Flansche bis etwa 500 °C eingesetzt. Sie haben deshalb eine hohe Warmfestigkeit, sind schweißbar und kaltumformbar. Dies bestimmt die Zusammensetzung:
2. **Warmarbeitsstähle** verwendet man z. B. für Schmiedegesenke, Strangpreß-Matrizen und Druckgußformen. Die Zusammensetzung bestimmt sich durch die große Warmhärte, Verschleißfestigkeit und den Widerstand gegen Schlag- und Temperaturwechsel:
   Kohlenstoff: 0,3 bis 0,6% → erhöht Härtbarkeit und Festigkeit
   Chrom: 1,0 bis 5,0% → erhöht die Durchhärtbarkeit
   Vanadium: 0,3 bis 1,0% → erhöht die Anlaßbeständigkeit
   Molybdän: 0,3 bis 3,0% → erhöht Warm- u. Verschleißfestigkeit
3. **Schnellarbeitsstähle** sind Schneidwerkstoffe für Drehmeißel, Fräser, Bohrer, Reibahlen usw. Da sie bei 530 bis 600 °C angelassen werden, sind sie bis zu dieser Temperatur schneidhaltig. Die Grundlegierungen enthalten Kohlenstoff zur Härtung und Carbidbildung, Chrom zur Durchhärtung, Wolfram und Molybdän zur Schneidhaltigkeit und Vanadium zur Erhöhung der Anlaßbeständigkeit. Die Grundlegierungen lassen sich durch unterschiedliche Mengen von Vanadium, Kobalt und Kohlenstoff in ihren Gebrauchsverhalten beeinflussen.

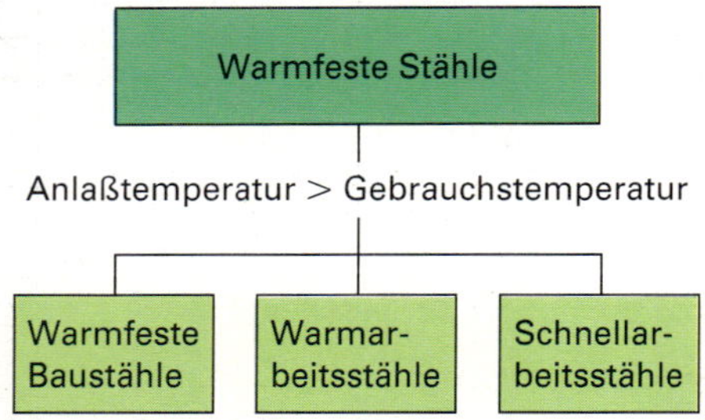

Bezeichnung DIN 17006	Zugfestigkeit N/mm²	Streckgrenze N/mm²	Verwendung
13 CrMo 44	500	300	Schweißbare Kesselbleche, Rohre und Flansche
17 MoV 84	700	60	

Warmfeste Baustähle DIN 17155

Eine plastische Verformung, die sich unter langzeitiger Last sehr langsam vollzieht, nennt man **Kriechen**.

Kohlenstoff: bis 0,2%
→ gut schweißbar und kaltumformbar
Molybdän: bis 1,0%
→ erhöht die Anlaßbeständigkeit
Vanadium: bis 0,3%
→ erhöht die Anlaßbeständigkeit
Chrom: bis 2,2%
→ verbessert das Durchvergüten

Bezeichnung DIN 17006	Zugfestigkeit N/mm²	Verwendung
56 NiCrMoV 7	1300	Gesenke, Abgratwerkzeuge
X 32 CrMoV 33	1800	Preß-Matrizen Druckgießformen

Warmarbeitsstähle DIN 17350

Ziel der Abänderung	%C	%Co	%Cr	%Mo	%V	%W
Grundlegierung DIN 17350	0,80	–	4	5	2	6
höhere Warmhärte	0,80	5 – 12	4	5	2	6
höherer Verschleiß-Widerstand	1,15 1,50	–	4	5	3 – 5	6
höchste Härte	1,15	5 – 12	4	5	2	6

Legierungstechnische Änderungsmöglichkeiten bei einer Schnellarbeitsstahl-Grundlegierung

3.4.2 Aluminium

Reinaluminium

Aluminium Al weist Grundeigenschaften auf, die es nach Eisen zu dem am meisten verwendeten Basismetall gemacht haben. Seine Dichte beträgt etwa 1/3 von Eisen und Kupfer. Die elektrische und thermische Leitfähigkeit ist groß. Das kubisch-flächenzentrierte Gitter macht Al gut umformbar. Durch Legieren und Wärmebehandlung erreicht Al ähnliche mechanische Eigenschaften wie viele Stahlsorten. Hervorzuheben ist das chemische Verhalten zu Sauerstoff.

- Oxidschicht

Aluminium ist sehr bestrebt, sich mit Sauerstoff O zu verbinden. An der Luft bildet sich eine dünne, aber dichte Oxidschicht, $Al_2 O_3$. Sie macht Aluminium verschleißfester und sehr korrosionsbeständig. Laugen, einige Säuren und Salze lösen die Oxidschicht jedoch auf.

- Eloxalverfahren

Zum besseren Schutz werden dickere Oxidschichten auch technisch aufgebracht. Dazu hängt man das Werkstück in eine elektrisch gut leitende wäßrige Lösung. Sie enthält Hydroniumionen H_3O^+ und Hydroxidionen OH^-. Dann verbindet man das Werkstück mit dem Pluspol einer Spannungsquelle. Wenn Spannung anliegt, wandern die H_3O^+-Ionen zur negativen Elektrode, der Katode. Hier nehmen sie Elektronen $e^{\ominus}$ auf und bilden Wasserstoffgas H_2, das aufsteigt, und Wasser H_2O. Die OH^- -Ionen wandern zur Anode, dem positiven Werkstück. Während sie Elektronen abgeben, bildet sich Sauerstoff und Wasser. Ein Teil des Sauerstoffs reagiert mit dem Werkstück. Es entsteht die Oxidschicht $Al_2 O_3$. Der restliche Sauerstoff steigt als Gas O_2 auf. Die Bezeichnung **Eloxal**-Verfahren steht für **el**ektrolytische **Ox**idation von **Al**uminium.

- Verwendung

Reinaluminium wird zu Halbzeug, z. B. Blech, Band, Folie, Draht, und Profil verarbeitet und für viele Verwendungszwecke eingesetzt: Apparate und Behälter für die **chemische** und **Nahrungsmittel-Industrie**; Leit- und Kabelmäntel sowie Kabel und Freileitungen für die **Elektroindustrie**; Dachdeckung und Fassadenverkleidung für die **Bauindustrie**; Tuben und Dosen für die **Verpackungsindustrie**.

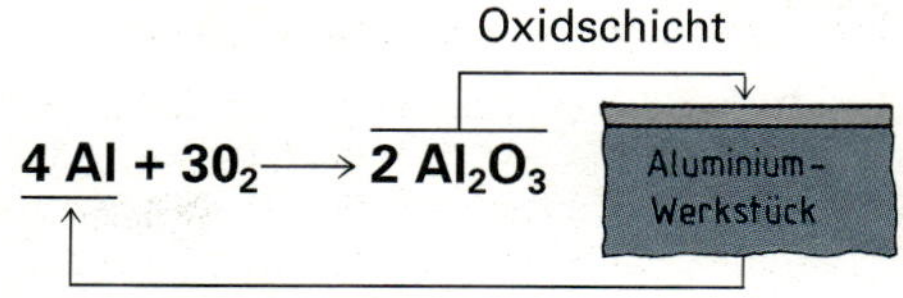

Bildung der Oxidschicht Al_2O_3

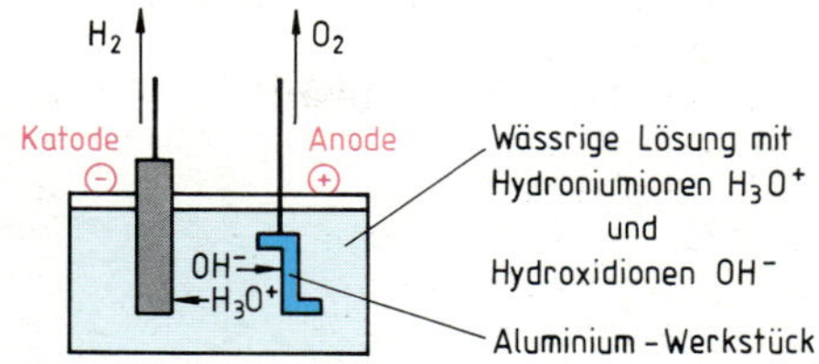

Katode: $2H_3O^+ + 2e^{\ominus} \rightarrow H_2\uparrow + 2H_2O$
Anode: $4OH^- \rightarrow O_2\uparrow + 2H_2O + 2e^{\ominus}$

Eloxal-Verfahren (schematisch)

Aushärtung

Aluminium bildet mit einigen Elementen, z. B. mit Kupfer, Mischkristalle. Die Löslichkeit für Kupfer, so zeigt es das Zustandsdiagramm Al-Cu, nimmt mit der Temperatur ab. Kühlt man z. B. eine Legierung mit 97% Aluminium und 3% Kupfer aus 550 °C langsam ab, scheidet sich etwa bei 470 °C aus dem Mischkristall Kupfer in Form der Verbindung Al_2Cu aus. Dieser Vorgang ist vergleichbar mit der Ausscheidung von Fe_3C aus Austenit bei übereutektoiden Stählen.

Zur gezielten Wärmebehandlung geht man nun wie folgt vor:
Die Al-Legierung erwärmt man in das Mischkristallgebiet hinein. Dieser Vorgang ist das **Lösungsglühen**. Anschließend wird abgeschreckt. Dabei unterbleibt die Ausscheidung von Al_2Cu. Der Mischkristall, der Kupfer nun zwangsweise enthält, ist bei Raumtemperatur übersättigt. Im Gegensatz zu Stahl sind die Al-Legierungen zunächst weich und gut umformbar. Nach einiger Zeit scheidet sich jedoch Kupfer aus und blockiert die Gleitebenen. Festigkeit und Härte nehmen zu. Diesen Vorgang bezeichnet man als **Auslagern**. Erfolgt dies bei Raumtemperatur zwischen einer Woche bis einem Monat, nennt man es **Kaltauslagern**. Das Auslagern bei 130 bis 180 °C für 0,5 bis 20 Stunden führt zu höherer Festigkeit und Härte und heißt **Warmauslagern**.

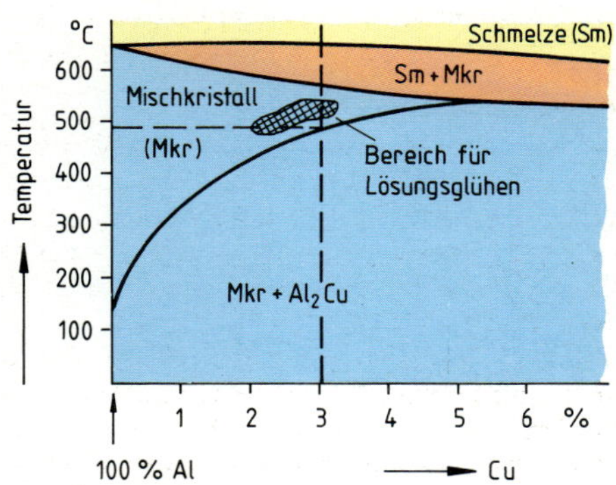

Zustandsschaubild Al-Cu (Ausschnitt)

Das Lösungsglühen, Abschrecken und Kalt- bzw. Warmauslagern nennt man **Aushärten**. Es erhöht Festigkeit und Härte metallischer Werkstoffe, besonders einiger Aluminium-Legierungen.

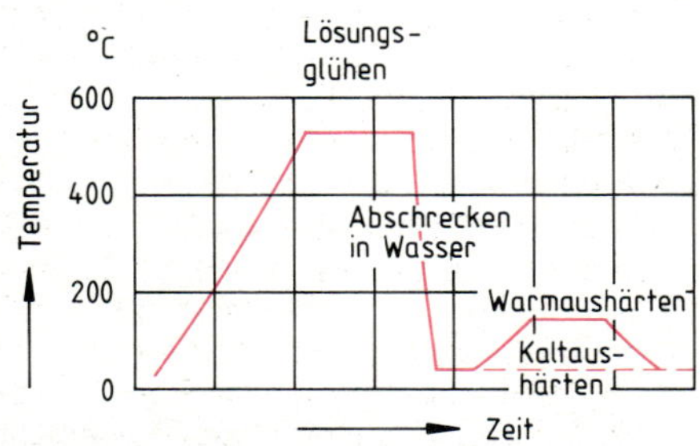

Aushärten einer Al-Cu-Legierung mit 3% Cu

Aluminium-Legierungen

Legieren soll vor allem die Festigkeit anheben. Geeignet sind die Metalle Magnesium, Mangan, Silicium, Kupfer und Zink. Kupfer und Zink vermindern jedoch die Korrosionsbeständigkeit. Silicium und Mangan verschlechtern zudem die Spanbarkeit. Kupfer, Zink und Magnesium-Silicium-Legierungen begünstigen die Aushärtung.

Die Aluminium-Legierungen unterteilt man in die beiden Gruppen Knet- und Gußlegierungen. Diese Gruppen unterteilt man zusätzlich in aushärtbare und nicht aushärtbare Legierungen.

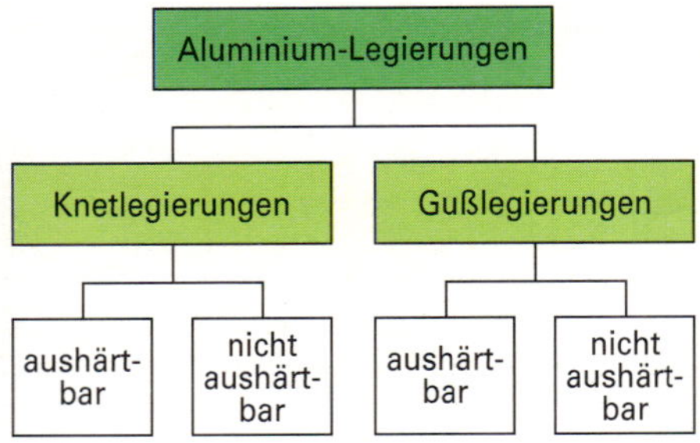

Eigenschaften und Verwendungen von Aluminium-Legierungen

Kurzzeichen	Zugfestigkeit R_m N/mm²	Technische Eigenschaften			Beständigkeit gegen		Verwendung
		Spanen	Schweißen	Eloxieren	Witterung	Meerwasser	
Aushärtbare Knetlegierungen DIN 1725 T. 1							
AlMgSi 1	bis 315	befriedig.	sehr gut	gut	sehr gut	gut	Schweißkonstruktionen in Fahrzeugbau, Fördertechnik, Schiffbau, Leiterwerkstoff für Freileitungen
AlZn 4,5 Mg 1	bis 350	bedingt	sehr gut	sehr gut	gut	gut	
Nicht aushärtbare Knetlegierungen DIN 1725 T. 1							
AlMn 1 Mg 1	bis 260	gut	gut	gut	gut	gut	Fahrzeug-, Schiffbau, Reflektoren, Drehteile, Bootsaufbauten, Fischereiindustrie
AlMg 5	bis 320	gut	gut	gut	gut	gut	
Aushärtbare Gußlegierungen DIN 1725 T. 2							
G-AlSi 9 Mg	bis 340	sehr gut	sehr gut	nicht angewandt	sehr gut	gut	Gußstücke mit verwickelten Formen und hoher Festigkeit Getriebe- und Motorengehäuse
G-AlMg 3 Si	bis 300	sehr gut	ausreichend	sehr gut	sehr gut	sehr gut	
Nicht aushärtbare Gußlegierungen DIN 1725 T. 2							
G-AlMg 5 Si	bis 240	sehr gut	gut	sehr gut	sehr gut	sehr gut	Gußstücke mit dekorativer Oberfläche, Apparate, Armaturen, Haushaltgeräte, chem. Industrie, Schiffbau
G-AlMg 3	bis 200	sehr gut	ausreichend	sehr gut	sehr gut	sehr gut	

3.4.3 Kupfer

Reinkupfer

Obwohl Kupfer Cu in der Erdkruste gering konzentriert vorliegt, stellt es nach Eisen und Aluminium das technisch wichtigste Metall dar. Kupfer hat nach Silber und vor Gold die höchste elektrische und thermische Leitfähigkeit. Es ist beständig gegen Wasser, Dampf und Rauchgase sowie gegen einige Säuren. Die große Korrosionsbeständigkeit hat ihre Ursache in dem vergleichsweise hohen Normalpotential des Kupfers (s. Kap. 3.5.1) sowie in seiner Fähigkeit, schützende Deckschichten auszubilden. Zwei Arten von Deckschichten sind möglich:

- An der Luft entsteht durch chemische Reaktionen die **Patina**, eine grüne, festhaftende und schützende Schicht.
- Mit Essigsäure bildet Kupfer an Luft den giftigen **Grünspan**.

Weil Kupfer unter Druck mit dem Brenngas Acetylen C_2H_2 zu einer explosiven chemischen Verbindung reagiert, ist Kupfer als Flaschenwerkstoff für Acetylen verboten.

● Mechanische und technologische Eigenschaften

Hervorstechend ist die Umformbarkeit, die sich aus dem kfz-Gitteraufbau ergibt. Reinkupfer erreicht durch Kaltumformung eine verhältnismäßig hohe Zugfestigkeit und Streckgrenze. Die Bruchdrehung sinkt wie bei allen Metallen mit der Verfestigung erheblich ab. Warmumformung von Kupfer geschieht bei 900 bis 950 °C. Es läßt sich gut löten, aber weniger gut schweißen. Kupfer neigt beim Zerspanen zum Schmieren. Weil Kupfer zähflüssig ist und durch freiwerdende Gase wie z. B. H_2 blasig wird, läßt es sich schlecht gießen.

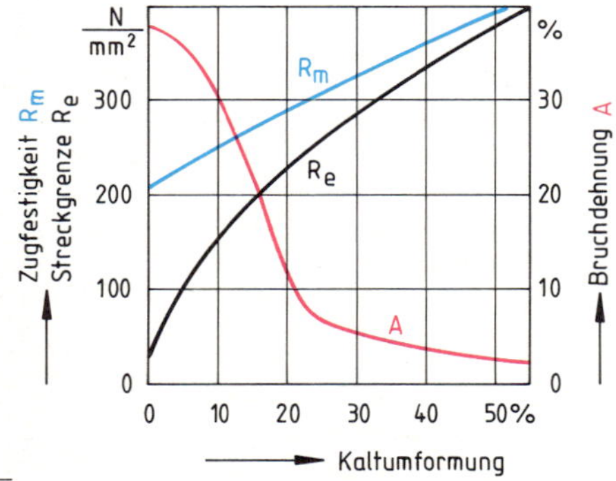

Mechanische Eigenschaften von Kupfer

- Verunreinigungen

Die elektrische Leitfähigkeit eines Metalls verringert sich deutlich mit dem Gehalt an Verunreinigungen. Bei Kupfer ist allerdings zu beobachten, daß ein Restgehalt an Sauerstoff die Leitfähigkeit positiv beeinflußt. Der Grund ist, daß Sauerstoff mit gelösten Verunreinigungen im Kupfer reagiert. Weil die entsprechenden Oxide sich ausscheiden, beeinträchtigen sie die Leitfähigkeit kaum. Kupfer, das als elektrischer Leiterwerkstoff dient, enthält etwa 0,02% Sauerstoff.

- Wasserstoffkrankheit

Ein Teil des Sauerstoffs, der im Kupfer gelöst ist, verbindet sich zu Kupferoxid Cu_2O. Tritt Kupfer bei erhöhter Temperatur mit wasserstoffhaltigen Gasen in Kontakt, z. B. beim Schweißen, so diffundieren Wasserstoffatome in das Gefüge und reduzieren Kupferoxid unter Bildung von Kupfer und Wasser. Die Moleküle des entstehenden Wasserdampfes sind so groß, daß sie nicht entweichen können. Dadurch steigt der Druck und das Gefüge bricht. Deswegen sollte man Kupfer mit leicht oxidierender Flamme schweißen. Die Erscheinung wird bezeichnenderweise **Wasserstoffkrankheit** genannt.

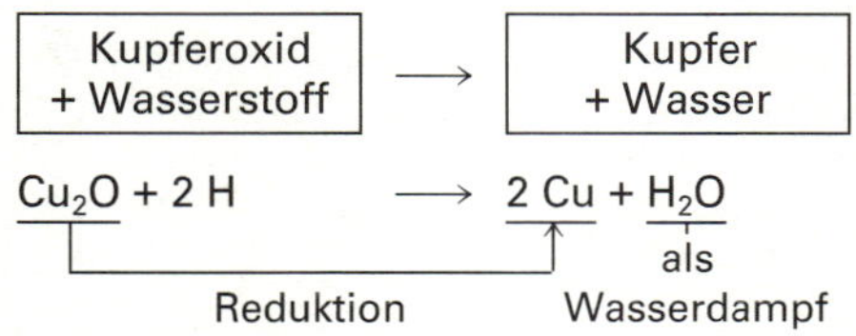

Chemische Reaktion bei der Wasserstoffkrankheit von Kupfer

- Verwendung

Der größte Teil des Kupfers wird in der **Elektroindustrie** als Leiterwerkstoff oder für Teile in Motoren, Schaltern, Transformatoren usw. gebraucht. Im **Bauwesen** eignet sich Kupfer für Armaturen und Installationsrohre; daneben auch für Wasserbereitung und Dachabdeckungen. Weitere Anwendungen gibt es im Transportwesen und Maschinenbau sowie in der Konsumgüterfertigung und optischen Industrie. Kupfer ist Basismetall für eine Vielzahl von Legierungen.

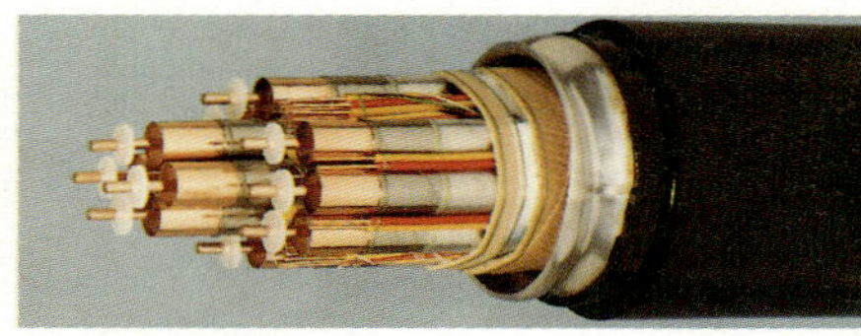

Kupferkabel

Kupferlegierungen

- Kupfer-Zink-Legierungen (Messing)

Während die Leitfähigkeit abnimmt, verbessert Zink im Kupfer die technologischen Eigenschaften.

Weil im Bereich **um 35% Zink** die größte Bruchdehnung auftritt, aber Festigkeit und Härte gering sind, haben Kupfer-Zink-Legierungen in dieser Zone die beste Umformbarkeit. Sie werden als **Kupfer-Zink-Knetlegierungen** bezeichnet. Wegen der großen Neigung zur Kaltverfestigung lassen sich aus derselben Legierung, z. B. CuZn35, Halbzeuge wie Stangen, Rohre und Bleche mit unterschiedlicher Härte und Festigkeit herstellen. Aus diesen Halbzeugen fertigt man z. B. Blattfedern, Schrauben und Wälzlagerkäfige.

Über 35% Zink nimmt die Bruchdehnung stark ab. Diese Messingsorten sind aber gut spanbar und noch gut gießbar. Zusammen mit Legierungen **ab 15% Zink** bilden sie die **Kupfer-Zink-Gußlegierungen**, z. B. G-CuZn15 und G-CuZn40. Typische Bauteile dieser Messingsorten sind Ventilgehäuse, Ventilküken und Hahngehäuse für Wasserarmaturen. Zusätze von Blei verbessern die Spanbarkeit, wie z. B. bei CuZn36Pb3.

Verwendbar sind Legierungen bis 44% Zink. Darüber fällt durch Versprödung die Festigkeit schroff ab.

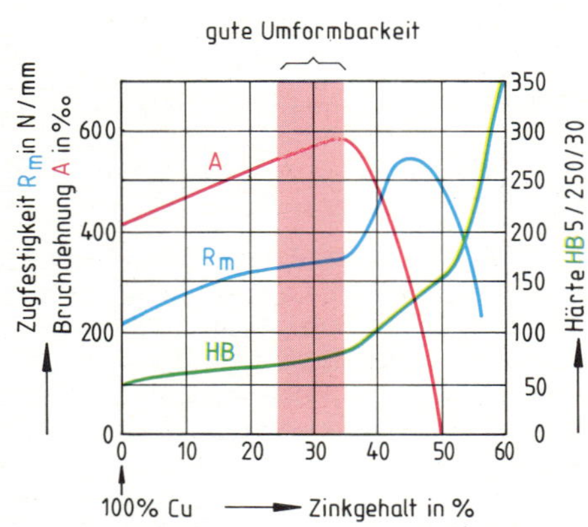

Einfluß von Zink auf die mechanischen Eigenschaften einer Kupfer-Zink-Legierung

Bild links:
Ventilgehäuse, Ventilküken und Hahngehäuse aus Kupfer-Zink-Gußlegierungen (DIN 1709)

Bild rechts:
Wälzlager mit Wälzlagerkäfig aus einer Kupfer-Zink-Knetlegierung (DIN 17660)

- Kupfer-Zinn-Legierungen (Zinnbronze)

Zinnbronze ist gegenüber Messing korrosionsbeständiger und verschleißfester. Außerdem hat sie bessere Gleiteigenschaften, ist aber teurer als Messing.

Kupfer-Zinn-Knetlegierungen enthalten bis zu 9% Zinn. Weil die Mischkristalle Kfz-Form haben, sind sie gut kaltformbar. Sie werden als Blech, Band, Rohr, Stange oder Draht geliefert und zu Federn, Schrauben, Drahtgewebe und Membranen weiterverarbeitet.

Kupfer-Zinn-Gußlegierungen enthalten durch höheren Zinngehalt (bis zu 20%) Kristallformen, die die Härte steigern und damit die Umformbarkeit stark herabsetzen. Die Gießbarkeit, Korrosionbeständigkeit und Gleiteigenschaften verbessern sich. Aufgrund der Eigenschaften stellt man aus diesen Legierungen Gußteile wie Schneckenräder, Spindelmuttern und Ventile her.

- Kupfer-Zinn-Zink-Legierungen (Rotguß)

Wenn ein Teil des Zinns einer Kupfer-Zinn-Gußlegierung durch 1 bis 6% Zink ersetzt wird, verbessert sich die Gießbarkeit. Deshalb verwendet man diesen Werkstoff nicht nur für Schneckenräder und Spindelmuttern, sondern auch für dünnwandige Armaturen.

- Kupfer-Aluminium-Legierungen (Aluminiumbronze)

Bei diesen Legierungen liegen bis zu 9% Aluminium Mischkristalle mit Kfz-Gitter vor. Sie ermöglichen starke Kaltumformung. In Legierungen mit über 9% Aluminium treten weniger gleitfähige Kristallarten auf, die zur Warmumformung zwingen. Legierungen über 11% Aluminium zeigen nur geringe Zähigkeit und sind technisch kaum bedeutsam. Für hochfeste Getriebeteile, z. B. Schnecken-Schraubenräder, setzt man Fe, Ni oder Mn zu, wie z. B. bei CuAl11Ni. Dadurch steigt die Zugfestigkeit über 700 N/mm² an.

- Kupfer-Nickel-Zink-Legierunge (Neusilber)

Nickel verleiht den Legierungen, die auch Neusilber heißen, ihren silbernen Glanz. Sie sind gut umformbar, korrosions- und anlaufbeständig. CuNi12Zn24 wird vor allem für Bestecke, CuNi12Zn30Pb für Teile in der Feinmechanik und Optik verwendet.

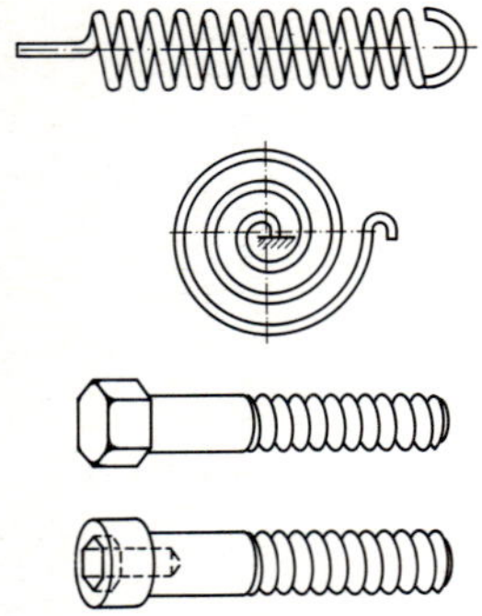

Schrauben und Federn aus z. B. CuSn6 (DIN 17662)

Schlauchanschlußventil aus G-CuSn5ZnPb (DIN 1705)

Schneckenräder Spindelmuttern Pumpengehäuse	aus z. B. G-CuSn5ZnPb (DIN 1705)

Schneckenrad aus CuAl11Ni (DIN 17665)

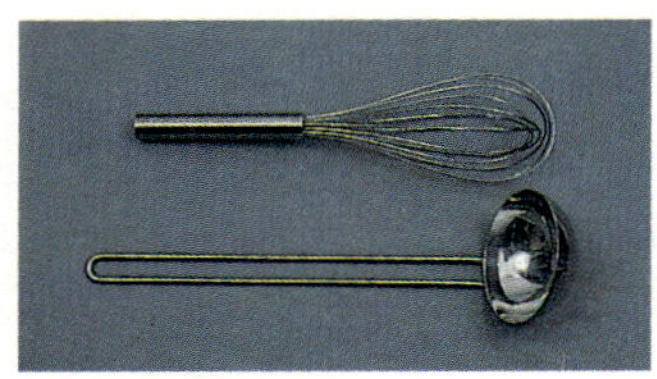

Bestecke aus CuNi12Zn24 (DIN 17663)

Aufgaben zur Wiederholung und Vertiefung

1. Ordnen Sie die nachstehenden Elemente nach zwei Gruppen: Nickel, Chrom, Silicium, Mangan, Kobalt, Wolfram, Zink, Titan, Molybdän, Stickstoff.
1. Gruppe: Elemente, die die Bildung austenitischer Stähle bewirken
2. Gruppe: Elemente, die die Bildung ferritischer Stähle bewirken

2. Begründen Sie, warum austenitische und ferritische Stähle nicht abschreckhärtbar und normalisierbar sind.

3. Stellen Sie die besonderen Eigenschaften austenitischer und ferritischer Stähle tabellarisch gegenüber.

4. Wodurch läßt sich die Versprödung austenitischer Chrom-Nickel-Stähle unterdrücken?

5. Welche Maßnahmen ergreift man, um das Kriechen bei warmfesten Stählen auszuschließen?

6. Welche Eigenschaften ändern sich, wenn der Grundlegierung eines Schnellarbeitsstahls a) Kobalt, b) Kohlenstoff und c) Vanadium zu legiert werden?

7. Beschreiben Sie die Vorgänge bei der Aushärtung von Al-Legierungen.

8. Wie wirkt sich die Zugabe von Legierungselementen auf R_m, R_e und A bei Kupfer aus?

9. Warum bricht das Gefüge, wenn Wasserstoff in Kupfer eindringt, das Kupferoxid Cu_2O enthält.

10. Ordnen Sie vier Kupferlegierungen Eigenschaften und Verwendung zu.

3.5 Korrosion und Korrosionsschutz

Werkstoffe können durch chemische Reaktionen von der Oberfläche her bis zur Zerstörung geschädigt werden. Metallische Werkstoffe erweisen sich dabei als besonders anfällig.

Vorgänge, die den Werkstoff durch chemische Reaktionen von der Oberfläche her schädigen oder zerstören, bezeichnet man als **Korrosion**.

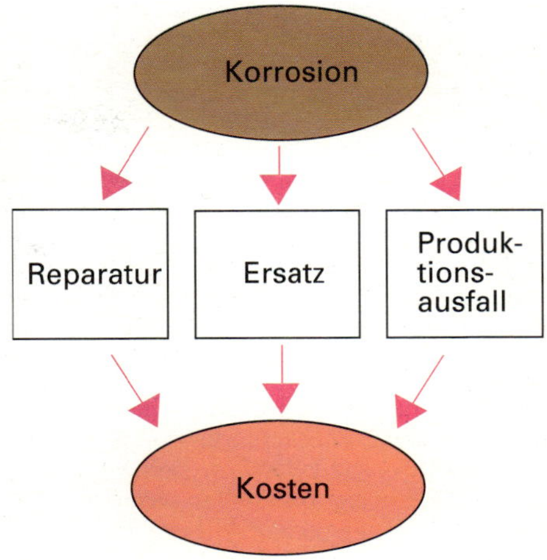

Das Wort Korrosion ist von dem lateinischen Wort „corrodere" abgeleitet, was zernagen heißt.

Jedes Jahr entstehen erhebliche Kosten, um Bauteile, Maschinen, Pkw's usw. zu reparieren oder zu ersetzen, die durch Korrosion geschädigt oder zerstört wurden. Weil dadurch in Betrieben die Produktion ausfallen kann, treten für die Volkswirtschaft zusätzliche Verluste auf. In den USA wurde beispielsweise errechnet, daß die durch Korrosion verursachten Kosten jährlich 5,5 Milliarden Dollar betrugen. Das Beispiel zeigt, daß Schutzmaßnahmen gegen die Korrosion von großer wirtschaftlicher Bedeutung sind.

Maßnahmen, die Werkstoffe vor Korrosion schützen, fallen unter den Begriff **Korrosionsschutz**.

3.5.1 Korrosionsvorgänge bei metallischen Werkstoffen

Die meisten Metalle kommen in der Natur nicht rein vor, sondern in Erzen, chemisch gebunden an beispielsweise Sauerstoff, Schwefel, Kohlenstoff. Mit der Herstellung der Metalle aus den Erzen geht dieser natürliche, stabile Zustand verloren, und es entsteht der weniger stabile metallische Gitterverband. Bei der Korrosion streben die Metalle dann wieder in ihre natürliche, stabile Verbindung mit Sauerstoff, Schwefel u. ä. zurück. Dieser Vorgang, die Korrosion, läuft schon in reiner Luft ab und verstärkt sich durch Feuchtigkeit und Industrieabgase. Zu noch stärkerer Korrosion kommt es mit elektrisch leitenden wässrigen Flüssigkeiten wie Regenwasser, Säuren, Laugen und Salzlösungen.

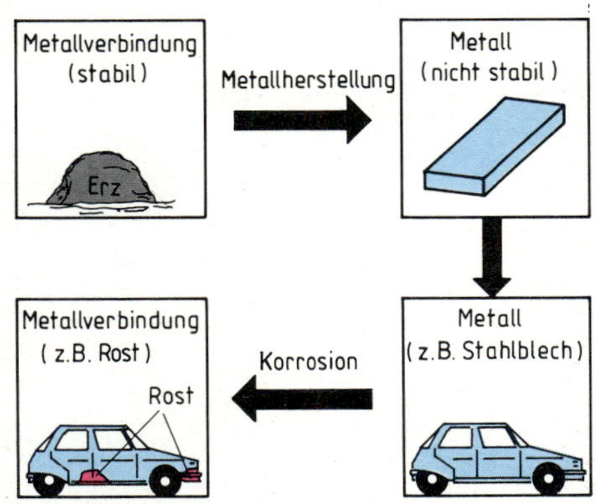

Korrosionsvorgang

Wässrige Flüssigkeiten, die sog. wässrigen Lösungen, leiten den elektrischen Strom. Man nennt sie deshalb auch **Elektrolyte**.

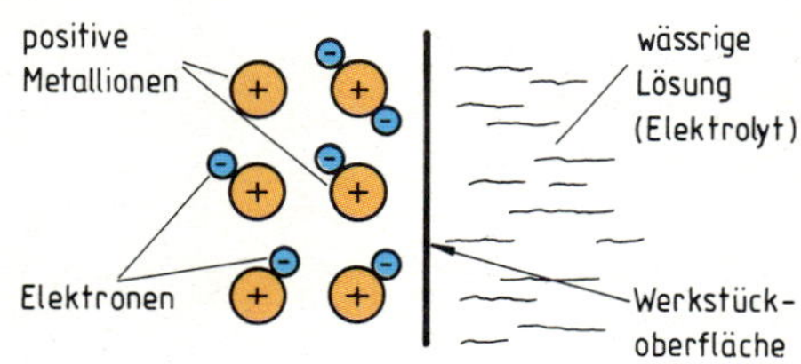

Werkstück, elektrisch neutral

Elektrochemische Korrosion metallischer Werkstoffe

Das Problem der Korrosion beschränkt sich vor allem auf metallische Werkstoffe und wird vorwiegend durch Wasser und die in ihm gelösten Bestandteile hervorgerufen. Der Angriff metallischer Werkstoffe in feuchter Atmosphäre und in Wässern wird als **elektrochemische Korrosion** bezeichnet.

- Elektrochemische Vorgänge

Wird ein metallisches Werkstück mit einer wäßrigen Lösung in Kontakt gebracht, so gehen an der Oberfläche Teilchen, die positiven Metall-Ionen, in die Lösung über. Weil danach mehr negative Ladungen (Elektronen) als positive Ladungen (Metall-Ionen) im Werkstück sind, ist es nicht mehr elektrisch neutral, sondern negativ geladen. An der Oberfläche stehen sich nun negative und positive Ladungen gegenüber. Man kann auch sagen: Es hat sich ein **elektrisches Potential** ausgebildet.

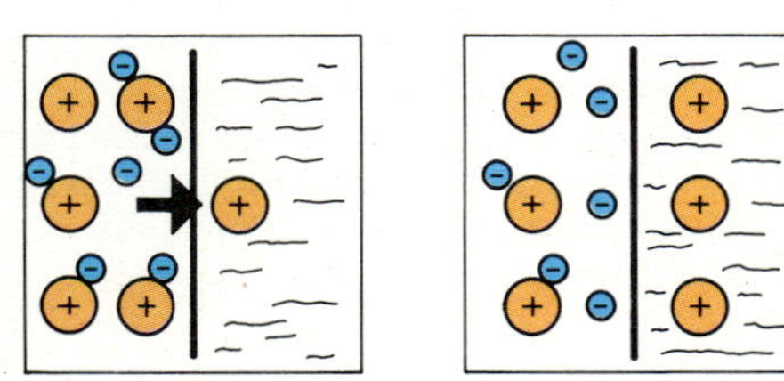

Metallion geht in Lösung — Ausgebildetes elektrochemisches Potential

Elektrochemische Vorgänge

Befindet sich eine Metalloberfläche in Kontakt mit einem Elektrolyt, so spricht man kurz vom System Metall/Elektrolyt. Dieses System Metall/Elektrolyt nennt man auch **Elektrode**.

Obwohl die Metall-Ionen, die in die Lösung übergehen, sich nicht mit Sauerstoff verbinden, fällt der Vorgang unter den erweiterten Begriff Oxidation. Er läßt sich durch Reaktionsgleichungen darstellen.

Vorgänge, bei denen Metall-Ionen in Lösung übergehen und Elektronen im Werkstoff zurücklassen, bezeichnet man als **Oxidation**.

Metallion im Werkstoff	→	Metallion in Lösung	+	Elektron im Werkstoff
M	→	M^{+}	+	e^{-}

Vorgang der Metallauflösung (allg.)

Zinkion im Werkstoff	→	Zinkion in Lösung	+	2 Elektronen im Werkstoff
Zn	→	Z^{2+} (↑ Ladungszahl)	+	$2e^{-}$

Vorgang der Zinkauflösung

Je nach Werkstoff kann das Metallion auch zwei oder drei positive Elementarladungen im Überschuß tragen. In den Reaktionsgleichungen ist das durch sogenannte Ladungszahlen erkennbar. Geht beispielsweise ein Zink-Ion in Lösung, so erhält das Werkstück durch zwei zurückbleibende Elektronen zwei negative überschüssige Elementarladungen, während die Lösung ein Zink-Ion mit zwei positiven überschüssigen Elementarladungen erhält.

Das Potential einer Elektrode ist nicht direkt meßbar. Kombiniert man aber zwei unterschiedliche Elektroden miteinander, so kann die Potentialdifferenz zwischen beiden Elektroden in Form der elektrischen Spannung gemessen werden. Um eine Vermischung der beiden Lösungen zu verhindern, sind sie durch eine elektrisch leitende Scheidewand, dem Diaphragma, getrennt. Diese Anordnung von zwei Elektroden bildet ein **galvanisches Element**.

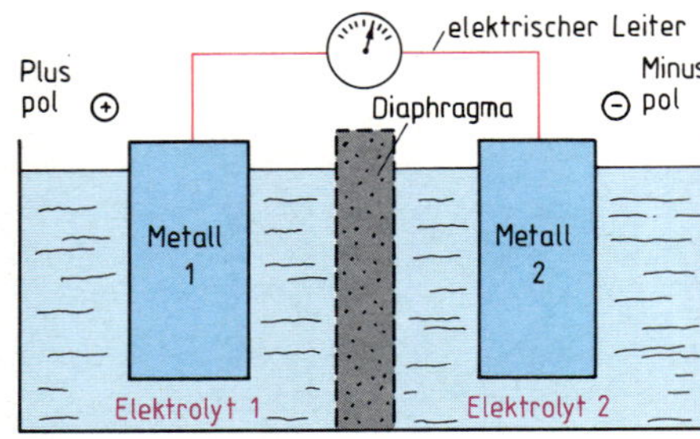

Galvanisches Element

Die Höhe der Spannung wächst mit dem Unterschied der Potentiale. Das Metall, das leichter Ionen abgibt, bildet den Minuspol. Es ist das Metall mit dem niedrigeren Potential. Das Metall mit dem höheren Potential bildet den Pluspol. Sobald der Stromkreis geschlossen ist, fließt ein elektrischer Strom.

Am Minuspol eines galvanischen Elementes gehen Metallionen in Lösung. Das Metall wird oxidiert. Die Menge der Ionen, die in Lösung geht, steigt mit dem elektrischen Strom, der zwischen Metall 1 und Metall 2 fließt. Andererseits steigt der Strom mit der Potentialdifferenz und der elektrischen Leitfähigkeit des Elektrolyten.

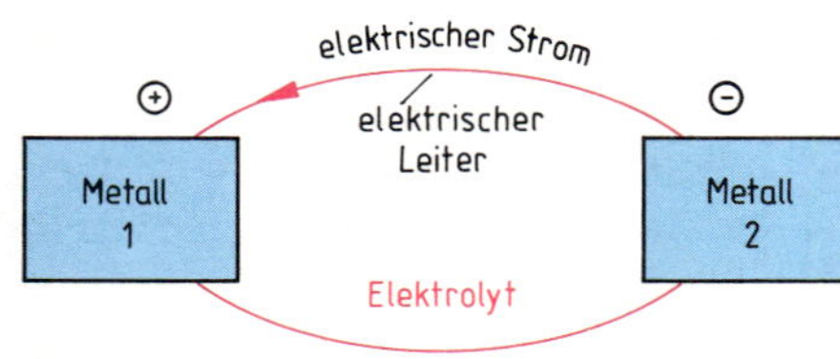

Stromkreis beim galvanischen Element

- Elektrochemische Spannungsreihe der Metalle

Um vergleichbare Meßwerte für Potentialdifferenzen zu erhalten, einigte man sich nicht nur auf eine bestimmte Elektrode als Bezugselektrode, sondern legte für die Messung auch Druck, Temperatur und Konzentration der Lösung fest. Die unter diesen Bedingungen gemessenen Potentialdifferenzen, man nennt sie Normalpotentiale, ergeben in geordneter Reihenfolge die **elektrochemische Spannungsreihe der Metalle**. Metalle mit niedrigem Normalpotential, sie stehen links in der Reihe, geben in Kontakt mit Elektrolyten leicht Ionen ab. Weil sie sich deshalb schnell zersetzen, bezeichnet man sie als unedle Metalle. Diese Neigung nimmt zu höheren Normalpotentialen hin ab, so daß rechts die edlen Metalle stehen.

Reaktion	$Mg \rightarrow Mg^{2+}$	$Zn \rightarrow Zn^{2+}$	$Fe \rightarrow Fe^{2+}$	$Sn \rightarrow Sn^{2+}$	Bezugselektrode	$Cu \rightarrow Cu^{2+}$
Normalpotential in V	–2,34	–0,76	–0,44	–0,12	0	+0,35

unedel ⟶ edel

Spannungsreihe der Metalle (Auszug)

- Kontaktkorrosion

An zahlreichen Stellen von Maschinen und Anlagen treten galvanische Elemente auf. Weil diese Stellen örtlich begrenzt sind, spricht man von **Lokalelementen**. Man findet sie dort, wo zwei verschiedene Metalle über Flüssigkeiten in Kontakt stehen. Als Flüssigkeit genügt schon Handschweiß, der beim Anfassen hinterlassen wird oder Luftfeuchtigkeit, die sich als dünne Flüssigkeitsschicht auf Metallen absetzt.

Zerstörungen finden dadurch statt, daß sich das unedlere Metall des Lokalelementes auflöst. Die Wirkung ist um so größer, je weiter die beteiligten Metalle in der Spannungsreihe auseinander stehen bzw. je größer die Potentialdifferenz ist. Der Vorgang wird Kontaktkorrosion genannt.

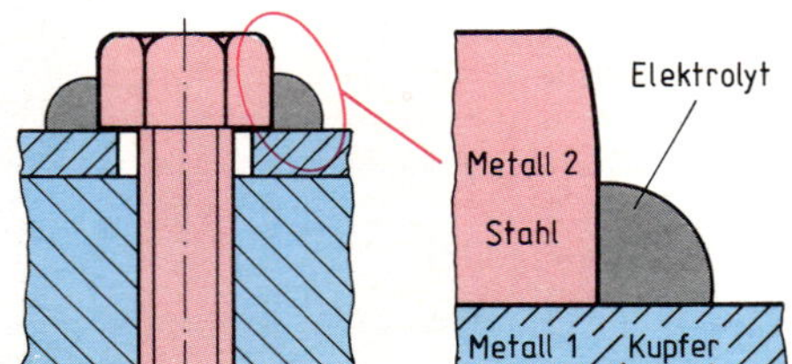

Bedingungen für Kontaktkorrosion

Beispiel: Zinkbleche sollen a) mit Kupfernieten und b) mit Stahlnieten, die etwa das Potential des Eisens haben, gefügt werden. Welcher Werkstoff zersetzt sich bei der Kontaktkorrosion und welche Kombination ist anfälliger?
Zink ist nach der Spannungsreihe unedler als Eisen und Kupfer. Deswegen zersetzt sich in beiden Fällen Zinkblech.

a) Normalpotential von Kupfer		Normalpotential von Zink		Potentialdifferenz
0,35 V	–	(– 0,76 V)	=	1,11 V
b) Normalpotential von Eisen		Normalpotential von Zink		Potentialdifferenz
– 0,44 V	–	(– 0,76 V)	=	0,32 V

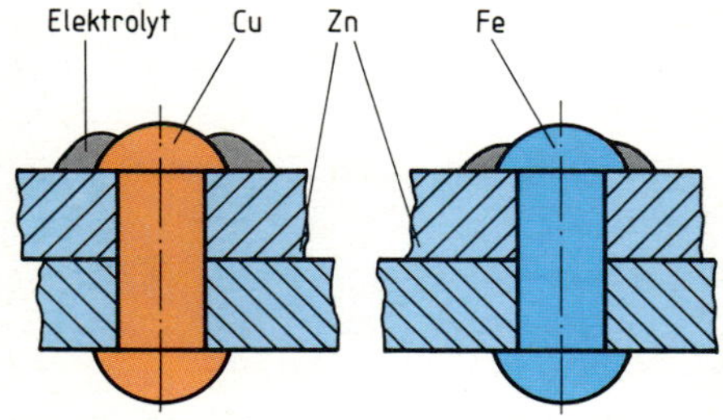

Kupfer/Zink Kontaktkorrosion Eisen/Zink

Die Potentialdifferenz unter a) ist mit 1,11 V erheblich größer. Die Nietverbindung Kupfer/Zink ist deshalb auch viel anfälliger für Kontaktkorrosion.
Kontaktkorrosion kann auch ein Problem für metallbeschichtete Stahlbleche werden. Ist z. B. die Oberfläche eines verzinnten Stahlbleches (Weißblech) beschädigt, löst sich an dieser Stelle unter der Wirkung wäßriger Lösungen der unedlere Stahl (vorwiegend Fe) schnell auf. Der Überzug aus Zinn (Sn) schützt also nur, wenn er unbeschädigt ist. Ist Stahlblech mit Zink (Zn) beschichtet, löst sich das unedlere Zink an defekten Stellen auf.

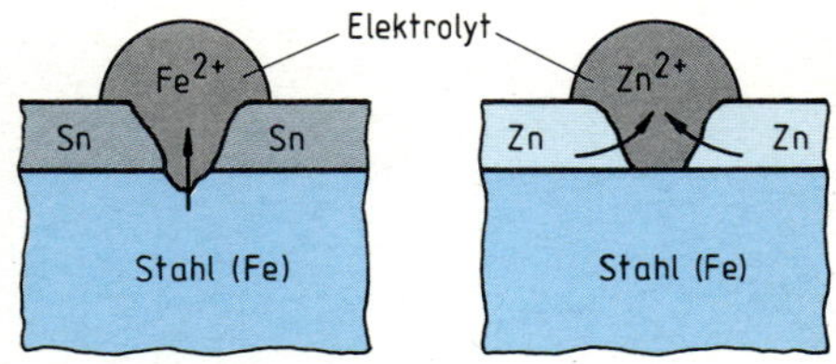

Kontaktkorrosion bei beschichteten Stahlblechen

- Flächenkorrosion

Der gleichmäßige Angriff einer **Werkstückoberfläche** durch wäßrige Lösungen zählt auch zur elektrochemischen Korrosion. Diese Korrosionsart, man nennt sie Flächenkorrosion, läßt sich leicht überwachen. Sie tritt besonders bei der Lagerung von Eisenwerkstoffen in der Atmosphäre auf.

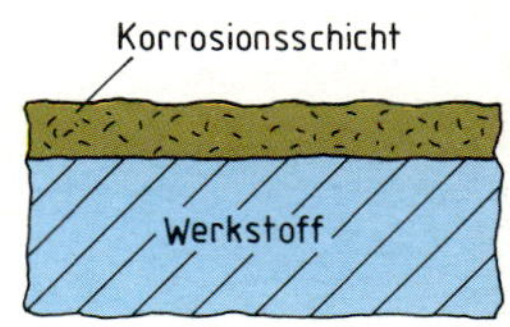

Flächenkorrosion

- Lochfraßkorrosion

Dringt die elektrochemische Korrosion **kraterförmig in den Werkstoff** ein, treten z. B. in Rohrleitungen und Behältern schnell Löcher auf. Die als Lochfraßkorrosion bekannte Erscheinung kann dadurch entstehen, daß Lokalelemente zwischen unterschiedlichen Gefügebestandteilen auftreten. Weil man diese Korrosion oft zu spät erkennt, richtet sie nicht selten großen Schaden an.

Lochfraßkorrosion

- Spaltkorrosion

Örtlich verstärkte elektrochemische Korrosion läßt sich häufig bei punktgeschweißten Blechen, Anlageflächen und dicht anliegenden Verpackungsfolien beobachten, wenn wäßrige Lösungen **in die engen Spalten** eintreten. Diese Spaltkorrosion ist in der Anfangsphase kaum erkennbar und deshalb gefürchtet.

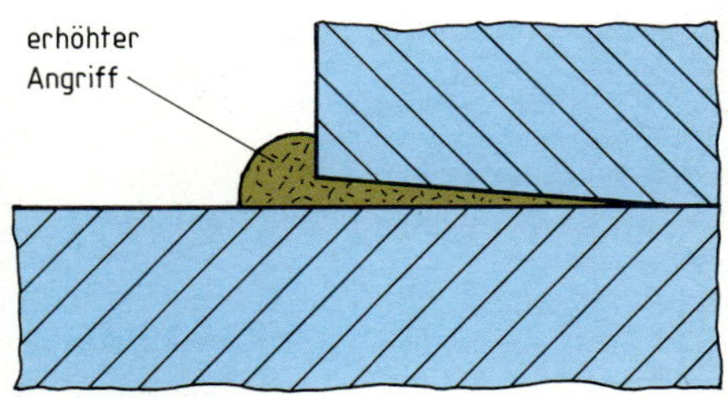

Spaltkorrosion

- Spannungsrißkorrosion

Bei einigen Stahl- und Messingsorten beobachtet man den elektrochemischen Angriff erst dann, wenn neben dem Elektrolyten mechanische Spannungen auftreten. Die Spannungen können bei der Fertigung ins Material gekommen sein oder durch Beanspruchungen im Gebrauch auftreten. Man nimmt an, daß an Kerben und Rissen, wo die Spannungen am größten sind, der elektrochemische Angriff beginnt. Die sog. Spannungsrißkorrosion tritt in zwei Arten auf.

1. Tritt die Korrosion **längs der Korngrenzen** auf, spricht man von **interkristalliner** Spannungsrißkorrosion. Sie dringt tief ins Werkstoffinnere und ist erst beim Bruch ersichtlich.
2. Verläuft die Korrosion **durch die Körner** des Gefüges, handelt es sich um die **transkristalline** Spannungsrißkorrosion.

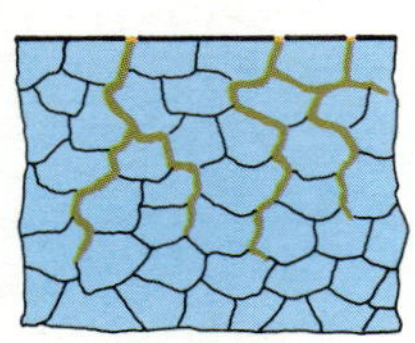
Interkristalline Spannungsrißkorrosion

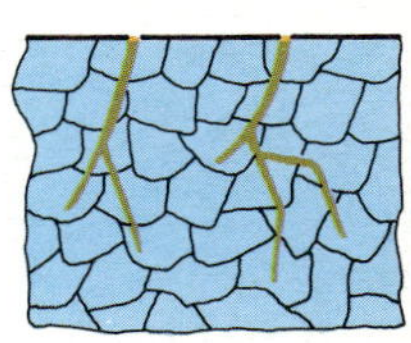
Transkristalline Spannungsrißkorrosion

Chemische Korrosion metallischer Werkstoffe

Obgleich jede Korrosion von Metallen mit elektrochemischen Reaktionen verbunden ist, wird die Bezeichnung chemische Korrosion oft für die **Korrosion durch Sauerstoff ohne Feuchtigkeit** verwendet. Dabei entstehen Oxidschichten.

$$2\,Fe + O_2 \rightarrow 2\,FeO$$

Eisen – Sauerstoff – Eisenoxid

- Zunderschichten

In heißer Luft reagiert das Eisen des Stahls mit Sauerstoff unter Bildung von Eisenoxid. Die **Eisenoxidschicht,** der Zunder, ist nicht gasdicht. Deshalb kann der Sauerstoff die Schicht weiter durchdringen und erneut mit der Stahloberfläche reagieren. Die Zunderschicht wächst von innen. Durch Zusätze von Chrom und Aluminium wird die Zunderschicht dichter, wodurch die Verzunderung abklingt.

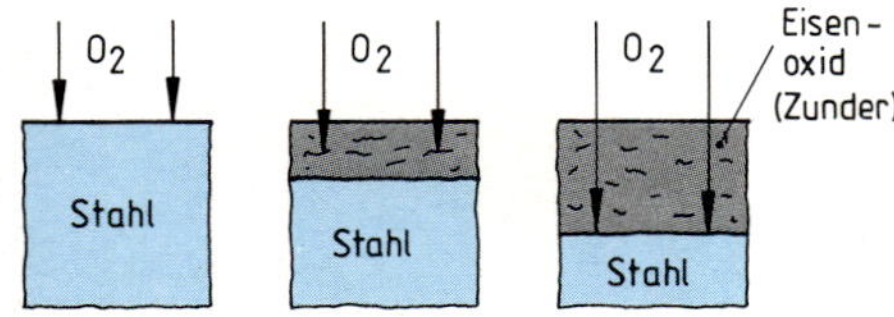

Bildung der Zunderschicht beim Stahl

- Anlaufschichten

Entstehen durch chemische Korrosion **dünne Schichten unter 1/1000 mm**, nennt man sie Anlaufschichten. Ihre zerstörende Wirkung ist oft vernachlässigbar. Sie hemmen sogar die chemische Korrosion. Ein wichtiges Beispiel hierfür ist die dünne und sehr dichte Oxidschicht Al_2O_3, die auf allen Aluminiumteilen vorhanden ist. Sie schützt das Aluminium so vollkommen, daß es eines der wichtigsten Gebrauchsmetalle werden konnte, obwohl es nach der Stellung in der Spannungsreihe zu den unedlen Metallen zählt.

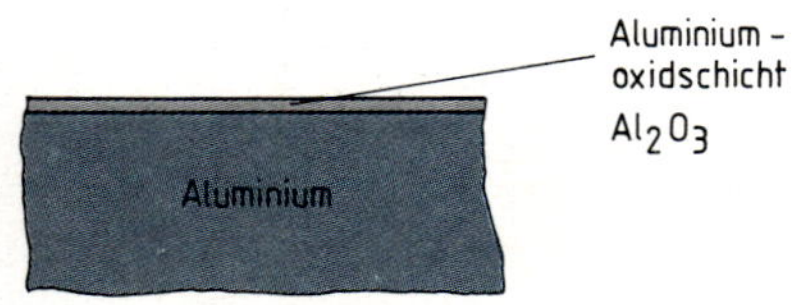

Anlaufschicht
z. B. schützende Oxidschicht bei Aluminium

3.5.2 Korrosion bei nichtmetallischen Werkstoffen

Nichtmetallische Werkstoffe sind im Gegensatz zu Metallen deutlich beständiger. Im Fall von Korrosion geht es im allgemeinen nicht um elektrochemische, sondern um bestimmte chemische Vorgänge.

Kunststoffe zersetzen sich durch chemische Reaktionen mit Sauerstoff oder Wasser. Wirkt gleichzeitig Licht oder Wärme ein, werden die Vorgänge maßgeblich beschleunigt. Auch der Angriff von Lösungsmitteln kann so erheblich sein, daß von Korrosion gesprochen werden kann.

In starken Laugen unterliegen einige Glassorten der Korrosion. Bei Keramiken sind Korrosionsvorgänge vor allem bei hohen Temperaturen zu beobachten.

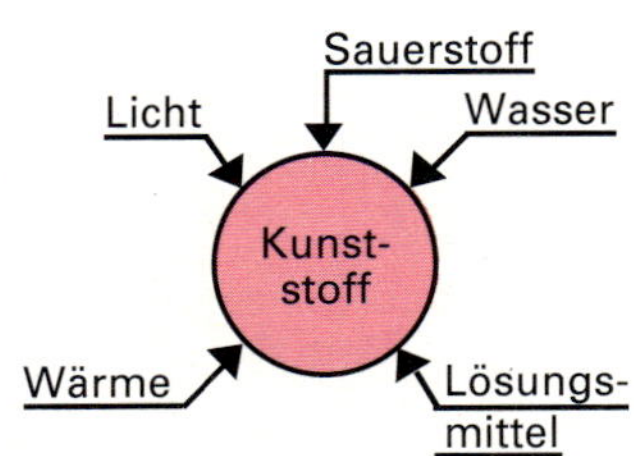

Korrosionsmöglichkeiten bei Kunststoffen

3.5.3 Korrosionsschutz

In erster Linie sind es wirtschaftliche Überlegungen, die die Methode des Korrosionsschutzes bestimmen. Zum einen ist es günstiger, einen billigen, korrosionsanfälligen Werkstoff häufiger auszuwechseln als einen korrosionsbeständigen, aber teueren Werkstoff einzusetzen. Zum anderen können zerstörte Bauteile und Korrosionsrückstände erhebliche Kosten bei der Entsorgung verursachen, weil sie nicht umweltverträglich sind. Wirtschaftlicher ist es dann, auf korrosionsbeständige, wenn auch teuere Werkstoffe zurückzugreifen.

Grundsätzlich läßt sich die Korrosion durch die Gestaltung der Werkstücke, die Werkstoffeigenschaften, Veränderung der Umgebung, z. B. des Elektrolyten und durch Schutzüberzüge beeinflussen.

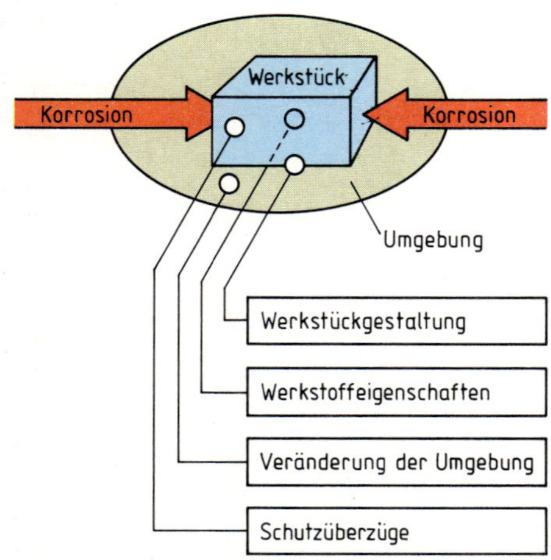

Einflußmöglichkeiten auf die Korrosion

Gestaltung der Werkstücke

Für die Vermeidung elektrochemischer Korrosion gibt es **drei Grundsätze.**

1. Der wichtigste Grundsatz ist, Berührung von verschiedenen Metallen zu vermeiden, wenn Elektrolyte einwirken. Wie erwähnt, bildet sich sonst an der Berührungsstelle ein galvanisches Element aus, bei dem elektrischer Strom fließt.

2. Läßt sich eine direkte Verbindung von verschiedenen Metallen nicht umgehen, muß der elektrische Kontakt unterbrochen werden, z. B. durch Zwischenstücke aus Kunststoff.

3. Weil an Spalten und Kerben verstärkt elektrochemische Korrosion auftritt, sollten Bauteile möglichst ebene Oberflächen haben. Kann auf Spalten und Kerben nicht verzichtet werden, müssen sie gegen eindringende Elektrolyte abgesperrt sein, z. B. durch Schutzbleche oder Überzüge.

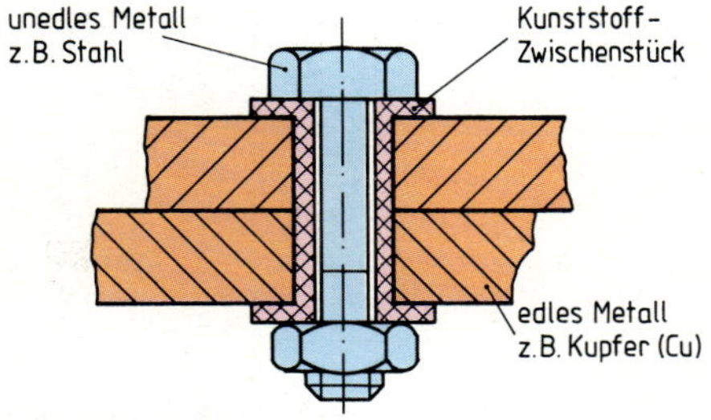

Korrosionsschutz durch Zwischenstücke

Werkstoffeigenschaften

Mit der Reinheit metallischer Werkstoffe erhöht sich auch die Korrosionsbeständigkeit. Weil damit aber die Festigkeit sinkt, ist dieser Weg nur bedingt tauglich. Legiert man geeignete Elemente zu, kann beides erzielt werden, nämlich höhere Festigkeit und Korrosionsbeständigkeit.

Zusätze von 0,5% Kupfer, 0,4% Nickel und 0,3% bis 0,8% Chrom lassen Baustähle in Luft, die durch Industrieabgase stark verschmutzt ist, beständiger werden. Chrom und Nickel in ausreichender Menge erhöhen die Beständigkeit der Stähle gegenüber fast allen Elektrolyten. Stahl mit 18% Chrom und 8% Nickel ist z. B. der Grundtyp der rost- und säurebeständigen Stähle.

Für die Werkstoffauswahl stehen Tabellen zur Verfügung, die Angaben über die Werkstoffbeständigkeit gegenüber den unterschiedlichen Korrosionseinflüssen enthalten (z. B. DECHEMA – Werkstofftabellen).

Stahlsorte	Eigenschaften/Anwendung
WT St 37-2 Werkstoff-Nr. 1.8960	Korrosionsbeständiger (wetterfester) Stahl mit ca. 0,5 % Cu für Außenverkleidungen u. a.
X 8 Cr 17 Werkstoff-Nr. 1.4016	Korrosionsbeständiger Stahl für Küchengeräte, Beschläge und Verkleidungen
X 12 Cr Ni 18 8 Werkstoff-Nr. 1.4300	Korrosionsbeständiger Stahl auch in Seewasser, für Schiffsbleche u. a.

Beispiele für korrosionsbeständige Stähle

Umgebung

Zunder- und Anlaufschichten, die beim Glühen von Werkstücken entstehen, lassen sich z. B. dadurch unterdrücken, daß man die Luft im Glühofen durch Schutzgase wie Argon (Ar) und Kohlenstoffdioxid (CO_2) verdrängt. Weil die Umgebung des Werkstücks dann keinen Sauerstoff mehr enthält, bleibt die Oxidation des metallischen Werkstoffs, also die chemische Korrosion, aus.

Seit Jahrzehnten wendet man bei unterirdischen Pipelines und Tanks ein elektrisches Verfahren auf zwei Arten mit Erfolg an.

- Man verbindet das Schutzobjekt elektrisch leitend mit dem Block eines unedleren Metalls wie Zink oder Magnesium. Es entsteht so ein galvanisches Element. Das unedlere Metall bildet die sich auflösende Elektrode, die sog. **Anode**. Weil sie sich für das Schutzobjekt opfert, heißt sie **Opferanode.** Wegen des Materialverlustes muß sie von Zeit zu Zeit ersetzt werden. Das Schutzobjekt bildet die sich **nicht** auflösende Elektrode, die sog. **Katode**.
- Das Schutzobjekt kann man auch durch eine äußere Gleichstromquelle als Katode schalten. Als Anode dienen z. B. Graphitplatten, die mit Stahlspänen gut leitend im Erdreich eingestampft werden. Eine einzige Anlage dieser Art kann Rohrstrecken über 50 km schützen.

Weil beide Verfahren die Objekte dadurch schützen, daß sie zur Katode werden, nennt man sie auch **katodische Schutzverfahren**.

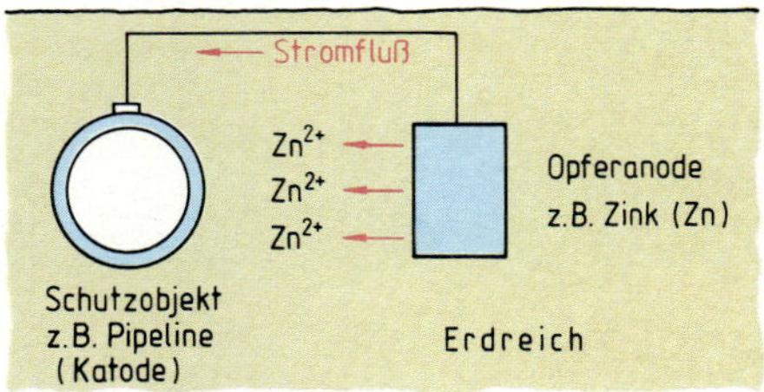

a) mit Opferanode

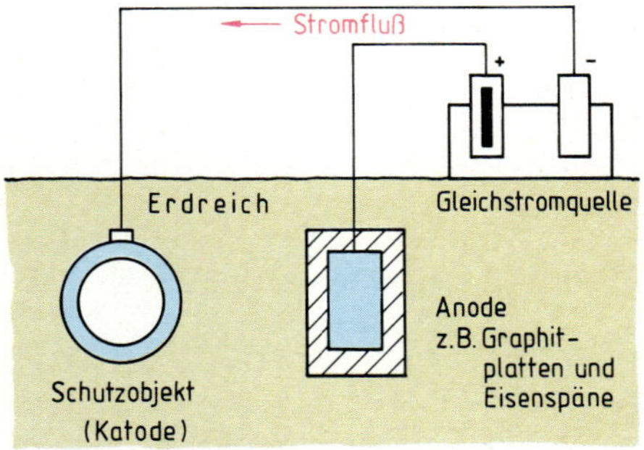

b) mit Gleichstromquelle
Katodische Schutzverfahren

Schutzüberzüge

In vielen Fällen sind korrosionsbeständige Legierungen zu teuer, und man verwendet deswegen leicht korrodierbare Werkstoffe. Diese müssen dann aber mit nichtmetallischen oder metallischen Überzügen geschützt werden. Einige Verfahren und die Eigenschaften der entsprechenden Schutzschichten enthält die folgende Tabelle.

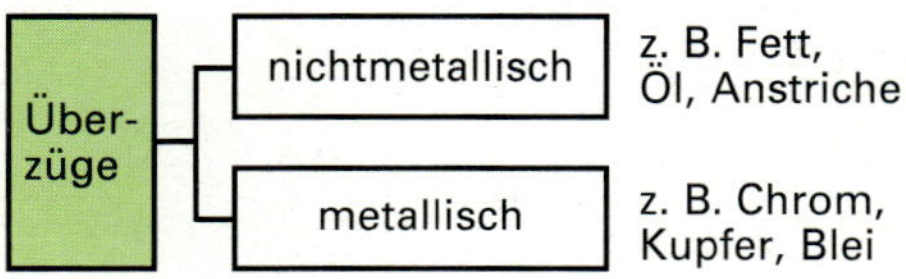

Auswahl einiger korrosionsbeständiger Überzüge

Verfahren, Überzug	Eigenschaften, Überzugswerkstoffe
	Nichtmetallische Überzüge
Fett-, Öl- und Wachsschichten	Sie schützen kurzzeitig für Lagerung und Transport; die Öle und Fette müssen säurefrei sein, damit sie den Werkstoff nicht angreifen.
Anstriche	Auf Bitumen-, Pech- und Teerbasis sind sie wasserabweisend und beständig gegen Industrieabgase. Besonders Tanks, Wasser-, Öl- und Gasleitungen, die in der Erde verlegt werden, erhalten solche Überzüge; Auf Kunstharzbasis sind sie dekorativ und schützen Grundanstriche.
Kunststoffüberzüge	Sie wirken korrosionsschützend und normalerweise isolierend; in einem Arbeitsgang lassen sich dickere Überzüge aufbringen als bei Anstrichen.
Umwandlungsschichten	Chemische Reaktionen von Nichtmetallen, in Bädern durchgeführt, erzeugen dünne z. T. dekorative Schichten auf metallischen Werkstücken.
Phosphatieren (DIN 50 942)	Phosphatschichten auf Stahl, Aluminium und Zink als Lackgrundierung oder Ölträger bilden kurzzeitigen Schutz.
Chromatieren (DIN 50 939/41)	Chromatschichten auf Magnesium und Zink; Chromate (Salze der Chromsäure) sind hochgiftig.
	Metallische Überzüge
Elektrolytische Metallabscheidung (DIN 50 961 – 967)	Korrosionsschutz mit z. T. dekorativer Wirkung; Überzüge sind nicht vollkommen dicht; Überzugsmetalle sind Silber (Ag), Cadmium (Cd), Kupfer (Cu), Chrom (Cr), Blei (Pb), Nickel (Ni), Zinn (Sn), Zink (Zn).
Aufbringen aus Schmelzen (DIN 50975/76)	Eintauchen in flüssiges Metall (Metallschmelzen; dabei bildet sich eine dünne Legierungszwischenschicht aus, die hart und spröde sein kann; Überzugsmetalle sind Zn (Feuerverzinkung), Al, Sn, Pb.
Diffusionsschichten (Aluminieren, Chromieren)	Glühen in Pulvern oder Gasen, die Stoffe abgeben; erzeugt durch Diffusion eine korrosionsbeständige Randzone z. B. auf Stahl.
Auskleiden (Plattieren)	Auskleiden von Behältern für chemisch-technische Apparate mit korrosionsbeständigen Stählen, Blei oder NiCu-Legierungen.

Aufgaben zur Wiederholung und Vertiefung

1. Beschreiben Sie, warum die Korrosion hohe Kosten verursacht.

2. Geben Sie für den Vorgang der Metallauflösung (z. B. Zn) die Reaktionsgleichung an. Heißt dieser Vorgang Reduktion, Oxidation, Verflüssigung oder Abtrennung?

3. a) Welche Potentialdifferenz (Spannung) tritt in einem galvanischen Element zwischen Magnesium und Kupfer auf?
b) Welches der Metalle bildet den Pluspol, welches den Minuspol?
c) Welches Metall ist unedler?

4. Ein Stahlblech mit Überzug ist bis auf die Stahloberfläche verkratzt. Beschreiben Sie den Vorgang, der bei Korrosion einsetzt, wenn
a) der Überzug aus Zink besteht und
b) der Überzug aus Zinn besteht.

5. a) Geben Sie die Bedingungen an, die Spannungsrißkorrosion auslösen können.
b) Welche zwei Arten der Spannungsrißkorrosion gibt es? Geben Sie die Unterschiede an.

6. Bei einer Schutzhaube werden versehentlich die Kupferbleche mit Stahlschrauben befestigt.
a) Unter welchen Bedingungen findet elektrochemische Korrosion statt?
b) Wie ist die genaue Bezeichnung dieser Korrosion?
c) Welches Bauteil wird dabei zerstört?

7. Zu welcher Art Korrosion zählt man die Bildung von Zunderschichten?

8. Nennen Sie die vier Maßnahmen, mit denen man die Korrosion beeinflussen kann.

9. Nennen Sie zwei Möglichkeiten, durch die man die Bildung eines galvanischen Elementes bei Schrauben- oder Nietverbindungen verhindern kann. Begründen Sie die Antwort.

10. Aluminium ist viel unedler als Eisen. Trotzdem ist Aluminium wesentlich korrosionsbeständiger. Wie erklärt sich das?

11. Beschreiben Sie jeweils drei Möglichkeiten, wie man die Korrosion verhindern kann mit
a) nichtmetallischen Überzügen und
b) metallischen Überzügen.

4 Maschinen- und Gerätetechnik

Maschinen und Geräte lassen sich – wie im Grundstufenband Technologie Metall ausführlich beschrieben – in ihrem Aufbau und ihrer Funktionsweise leichter durchschauen, wenn man sie als **technische Systeme** darstellt. Bei einer solchen Darstellung wird ein System zunächst von seiner Umgebung abgegrenzt, es wird eine **Systemgrenze** gezogen.

Bei der Untersuchung einer Fräsmaschine, zum Beispiel, ist eine sinnvolle Systemgrenze durch die Maschine selbst gegeben; in das System nicht einbezogen sind dann Einrichtungen für die Zufuhr von Werkstücken und die Abfuhr von Fertigteilen und Spänen, die Zuleitung elektrischer Energie oder sonstige Hilfssysteme, die zum Betreiben der Maschine erforderlich sind.

Universal-Fräs- und -Bohrmaschine

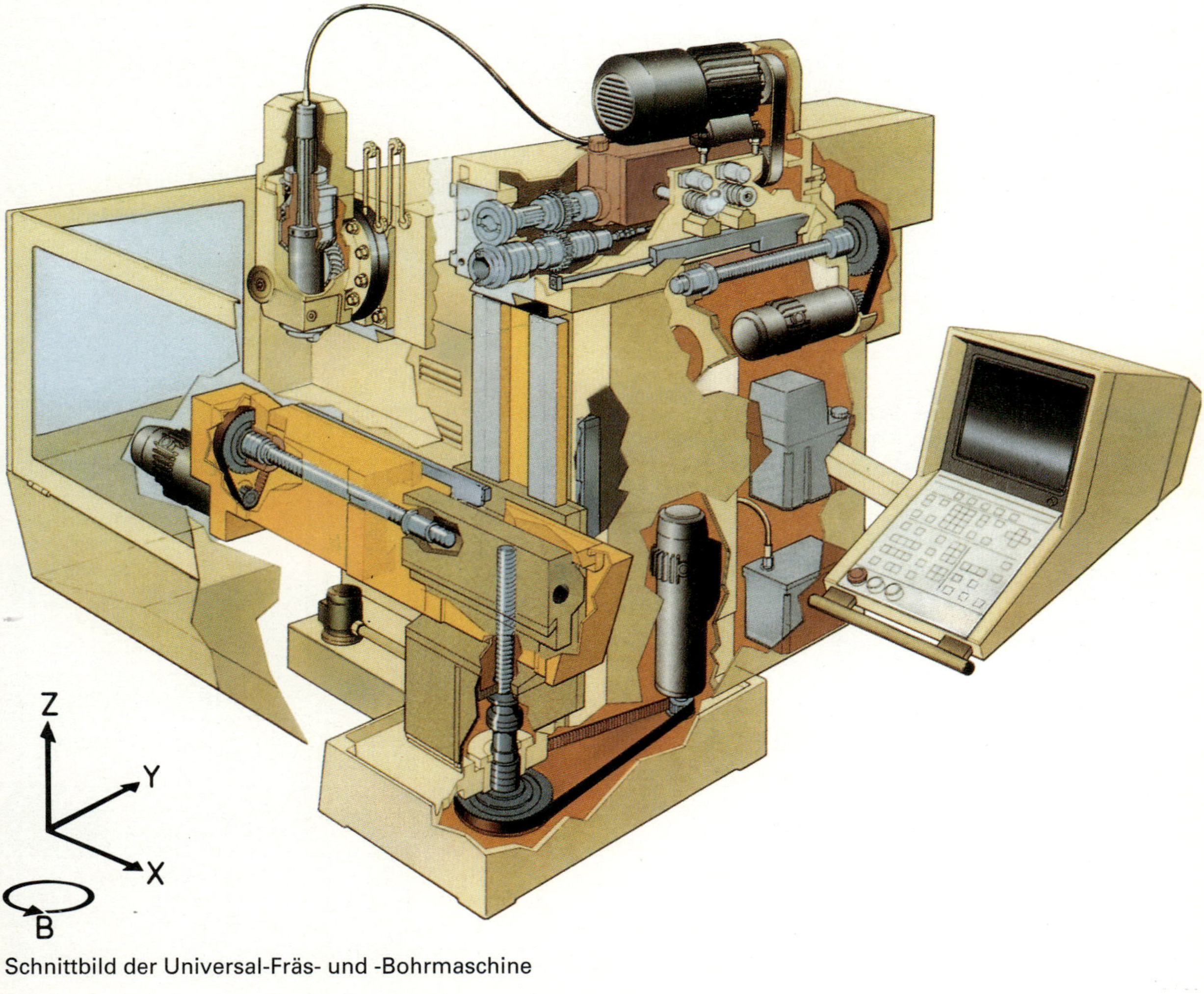

Schnittbild der Universal-Fräs- und -Bohrmaschine

4.1 Funktionseinheiten technischer Systeme

Systeme haben **Input** (Eingangsgrößen) und **Output** (Ausgangsgrößen). Input und Output können den Größen **Stoff, Energie** und **Information** zugeordnet werden. Einer Fräsmaschine, zum Beispiel, werden Werkstücke zugeführt (Stoff-Input), Fertigteile und Späne werden abgeführt (Stoff-Output). Die Bearbeitung der Werkstücke erfordert elektrische Energie (Energie-Input); diese wird als Wärme abgeführt (Energie-Output). Der Bearbeitungsvorgang muß gesteuert und überwacht werden; hierzu werden Signale eingegeben (Informations-Input) und ausgegeben (Informations-Output).

Die Überführung der Input-Größen in Output-Größen wird durch die **Funktionen** des Systems beschrieben. Der **Zweck** eines Systems besteht im Umsetzen einer der Größen Stoff, Energie oder Information; er bestimmt die **Hauptfunktion** des Systems. Zweck einer Fräsmaschine ist die Herstellung eines Werkstückes durch spanende Formgebung mit Hilfe eines Fräsers. Dabei sind die Form und die Abmessungen des Werkstückes eindeutig bestimmt. Die Hauptfunktion ist also das Abtragen von Werkstoff durch Fräsen unter festgelegten Fertigungsbedingungen; es handelt sich um **Stoffumsatz**.

Die Funktionen eines Systems sind aus **Teilfunktionen** zusammengesetzt. Teilfunktionen werden durch **Subsysteme** verwirklicht; diese werden als **Funktionseinheiten** bezeichnet. Maschinen sind in der Regel aus folgenden Funktionseinheiten aufgebaut: Energieübertragungseinheiten, Arbeitseinheiten, Steuerungs- und Regelungseinheiten, Stütz- und Trageinheiten. Insbesondere bei Arbeitsmaschinen (z. B. Werkzeugmaschinen, Pumpen) kommen noch Antriebseinheiten hinzu.

Funktionseinheiten einer Fräsmaschine sind zum Beispiel die Frässpindel mit Fräser und der Frästisch mit Spannvorrichtung (Arbeitseinheit), Elektromotoren (Antriebseinheiten), Getriebe (Energieübertragungseinheiten), das Maschinengestell mit Geradführungen und Lagern (Stütz- und Trageinheiten) sowie CNC-Steuerung, Umdrehungsfrequenz- und Wegmeßeinrichtungen (Steuerungs- und Regelungseinheiten).

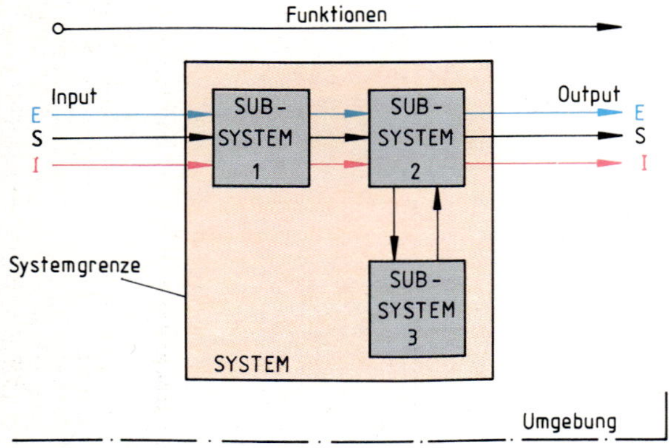

Technisches System

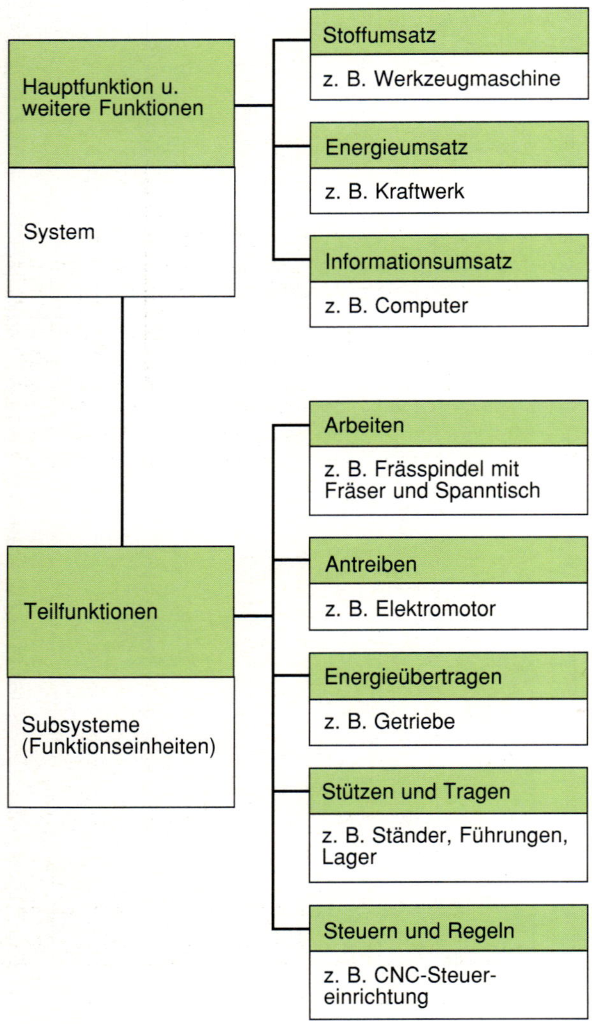

Funktionen und Funktionseinheiten

Die **Subsysteme** eines technischen Systems, also die Funktionseinheiten, können auf vielfältige Weise miteinander verknüpft sein. Dieses Beziehungsgefüge wird **Subsystem-Struktur** des Systems genannt.

Die Subsystem-Struktur gibt an, aus welchen Subsystemen ein System aufgebaut ist und in welchem Bezug die **Subsysteme** wie **Elektromotor, Getriebe** usw. zueinander stehen.

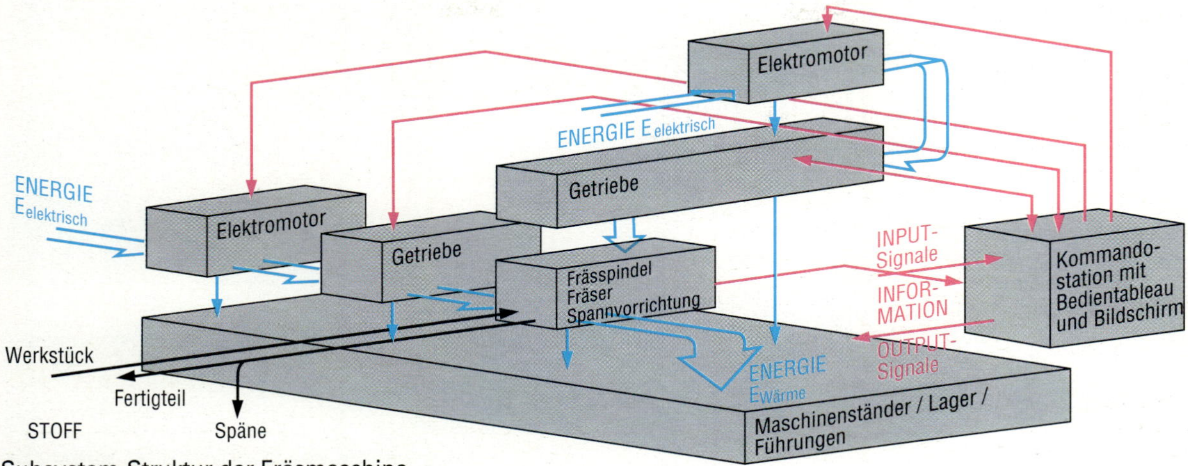

Subsystem-Struktur der Fräsmaschine
(Vorschubantriebe für die Y- und Z-Achse nicht dargestellt)

Betrachtet man das Beziehungsgefüge der **Teilfunktionen** eines Systems, läßt also unberücksichtigt, durch welche Subsysteme diese verwirklicht werden, so ergibt sich die **Teilfunktions-Struktur** des Systems.

Im Vergleich zur Subsystem-Struktur ist die Teilfunktions-Struktur eine allgemeinere Darstellungsform. Sie läßt noch Möglichkeiten offen, diese Teilfunktionen durch unterschiedliche Subsysteme zu verwirklichen. Auch über die räumliche Anordnung der Funktionseinheiten (Subsysteme) sagt die Teilfunktions-Struktur noch nichts aus.

Die Teilfunktions-Struktur gibt an, wie die **Hauptfunktion im einzelnen aus Teilfunktionen** aufgebaut ist und in welchem Bezug die Teilfunktionen **Antreiben, Energieübertragen, Arbeiten, Stützen und Tragen** sowie **Steuern und Regeln** zueinander stehen.

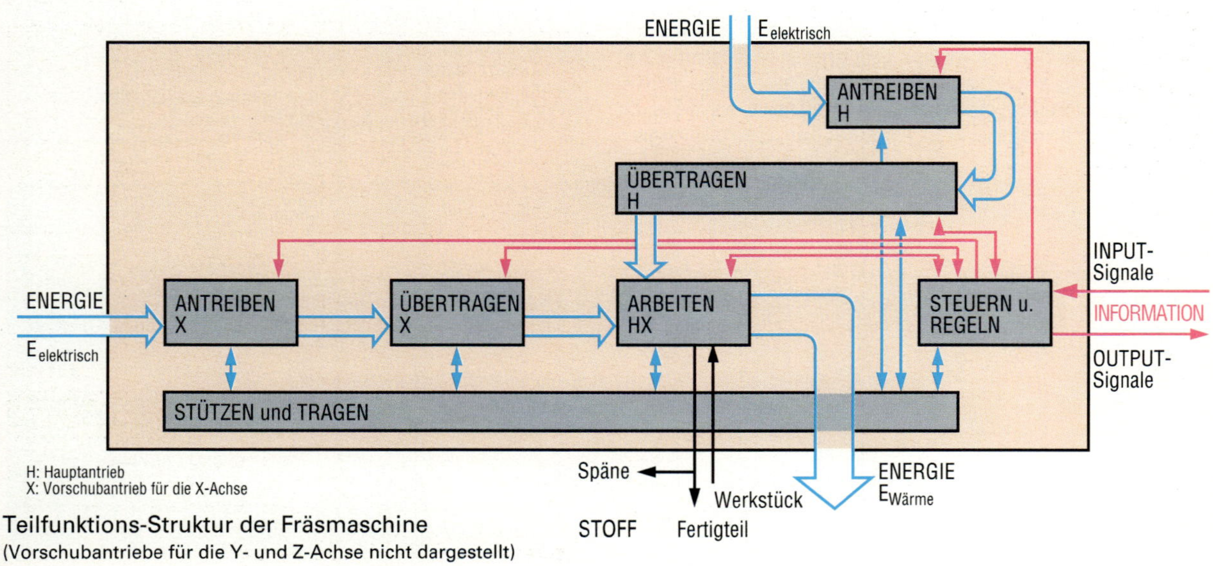

Teilfunktions-Struktur der Fräsmaschine
(Vorschubantriebe für die Y- und Z-Achse nicht dargestellt)

Teilfunktionen sind ihrerseits aus **Grundfunktionen** zusammengesetzt; diese werden durch **Funktionselemente** wie Zahnräder, Lager, Schrauben usw. erfüllt. Aus den am Ende des Buches dargestellten Grundfunktionen (Leiten, Sammeln, Führen usw.) lassen sich beliebige technische Funktionen zusammenstellen.

Die Grundfunktionen beziehen sich sowohl auf den Stoff-, Energie- und Informationsumsatz als auch auf Kombinationen dieser drei Größen; so kann die Grundfunktion „Verbinden" die Verbindung unterschiedlicher Stoffe (z. B. von Azetylen mit Sauerstoff), aber auch die Verbindung eines Stoffflusses mit einem Energiefluß (z. B. eines Ölstromes mit Druckenergie) oder eines Energieflusses mit einem Signalfluß (z. B. eines elektrischen Stroms mit Steuersignalen) ausdrücken.

Systeme können mit Hilfe des Katalogs der Grundfunktionen analysiert werden. Umgekehrt können bei der Konstruktion von Systemen die Hauptfunktionen aus Teil- und Grundfunktionen aufgebaut werden. Dabei ist zu beachten, daß die Bedeutungen mancher Grundfunktionen sich teilweise überdecken. Das heißt, manche technischen Vorgänge lassen sich durch unterschiedliche Grundfunktionen beschreiben. Zum Beispiel lassen sich Vorgänge, die durch die Grundfunktion „Sammeln – Verzweigen" ausgedrückt werden sollen, in manchen Fällen auch durch die Grundfunktion „Fügen – Teilen" darstellen. Hierdurch sollte man sich bei der Anwendung der Systemtechnik nicht verwirren lassen: Im einzelnen Anwendungsfall kommt es immer darauf an, diejenige Grundfunktion auszuwählen, die den technischen Vorgang, um den es jeweils geht, möglichst klar zum Ausdruck bringt.

Das „Denken in Systemen" ist vor allem dann hilfreich, wenn man den Aufbau und die Wirkungsweise komplizierter Maschinen, Anlagen und Geräte durchschauen und deren wichtigste Funktionen und Teilfunktionen vereinfacht und übersichtlich darstellen will. Deshalb kann man es bei der Analyse technischer Systeme mit gutem Erfolg anwenden. Die Abfolge der Denkschritte, die bei der Systemanalyse zu durchlaufen sind, läßt sich aus dem nebenstehenden Ablaufschema entnehmen.

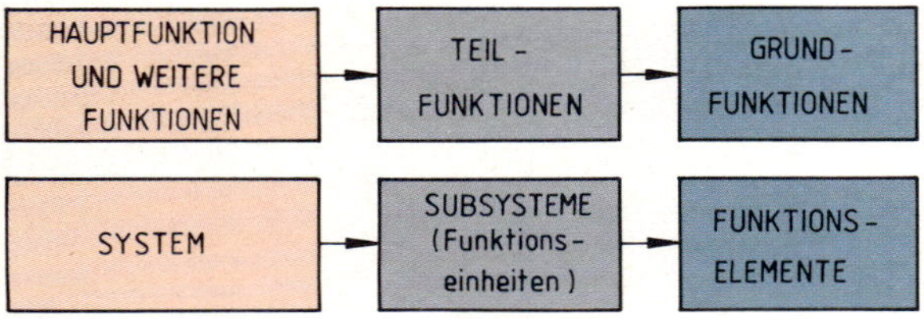

Funktionselemente

Analyse technischer Systeme: Ablaufschema

- Benennen des technischen Systems und Festlegen der Systemgrenze;
- Beschreiben des Zwecks des Systems;
- Ermitteln der Input- und Output-Größen und Ordnen dieser Größen unter die Begriffe Energie, Stoff und Information;
- Ermitteln der Hauptfunktion und weiterer wichtiger Funktionen des Systems;
- Zerlegen der Hauptfunktion und der übrigen wichtigen Funktionen in ihre Teilfunktionen (wie Antreiben, Energieübertragen, Arbeiten, Steuern und Regeln, Stützen und Tragen);
- Darstellen der Teilfunktionen und ihrer Verknüpfungen (Teilfunktions-Struktur);
- Ermitteln der Funktionseinheiten und damit der Subsysteme, die diese Teilfunktionen erfüllen;
- Darstellen der Subsysteme und ihrer Verknüpfungen (Subsystem-Struktur);
- Zerlegen wichtiger Teilfunktionen in ihre Grundfunktionen (wie Wandeln, Koppeln, Vergrößern);
- Darstellen der Grundfunktionen und ihrer Verknüpfungen (Grundfunktions-Struktur);
- Ermitteln der Funktionselemente, die diese Grundfunktionen erfüllen.

Aufgaben zur Wiederholung und Vertiefung

1. Der Hauptmotor überträgt die Energie mit einem Keilriemengetriebe und die Vorschubmotoren mit einem Zahnriemengetriebe. Begründen Sie beide Konstruktionen.
2. Die Fräsmaschine ist für jeden Vorschubantrieb mit einem eigenen Motor ausgerüstet. Aus welchen Gründen ist diese Maßnahme vorgenommen worden?
3. Wodurch unterscheidet sich die Subsystem-Struktur von der Teilfunktions-Struktur?
4. Welche Bedeutung haben die Verbindungslinien zwischen den Subsystemen und der Stütz- und Trageinheit?
5. Erklären Sie die Verbindungslinien zwischen den Teilfunktionen Antreiben, Übertragen und Arbeiten und der Teilfunktion Stützen und Tragen.
6. Mit welcher Energieform läßt sich die Teilfunktion Übertragen alternativ herstellen? Welches Subsystem ergibt sich damit?
7. Zählen Sie typische Subsysteme und Funktionselemente der CNC-Fräsmaschine auf.
8. Welche Zusatzeinrichtungen (Subsysteme) sind an der Fräsmaschine erforderlich, um den Stofffluß (Werkzeug, Werkstück und Späne) zu automatisieren und damit die Durchlaufzeiten zu verkürzen?

4.2 Funktionseinheiten und Funktionselemente zur Energieübertragung

Die Energie, die einer Maschine von der Antriebseinheit, z. B. einem Elektromotor, zugeführt wird, muß den Anforderungen angepaßt werden, die sich aus den Funktionen der Arbeitseinheit, z. B. der Frässpindel mit dem Fräser, ergeben. Hierzu ist eine Energieübertragungseinheit erforderlich. Funktionseinheiten zur Energieübertragung sind insbesondere **Getriebe** und **Kupplungen**.

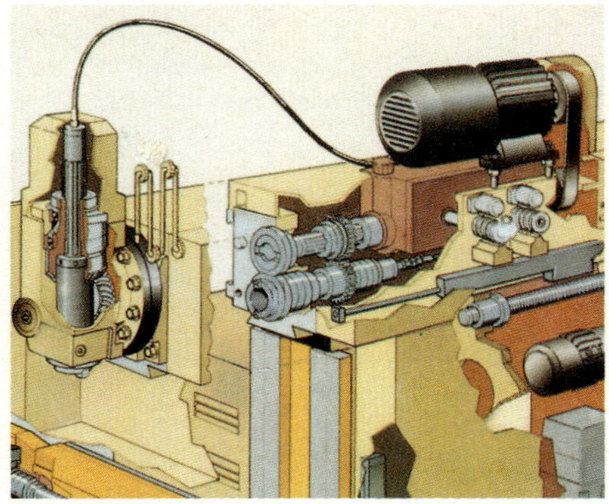

Energieübertragungseinheit der Universal-Fräs- und -Bohrmaschine

4.2.1 Funktionseinheit Getriebe

> Das **Getriebe** ist eine Funktionseinheit von Maschinen und Geräten. Getriebe können **Energie** nur **übertragen**, wenn sie mit den Funktionseinheiten zum Stützen und Tragen verbunden sind (siehe Abschnitt 4.3).

Teilfunktion: Energieübertragung

Die Teilfunktion Energieübertragung ist aus mehreren **Grundfunktionen** zusammengesetzt. Diese werden hier an ausgewählten Getrieben der Fräsmaschine erläutert.

- Grundfunktion: Vergrößern – Verkleinern

Wichtige Grundfunktion des Getriebes bei der Energieübertragung ist es,

- die Umdrehungsfrequenz *n* zu verkleinern oder zu vergrößern und gleichzeitig
- das Drehmoment *M* zu vergrößern bzw. zu verkleinern.

Dies ist z. B. bei Rädern der Fall, die miteinander in Eingriff stehen oder durch Zugmittel verbunden sind.

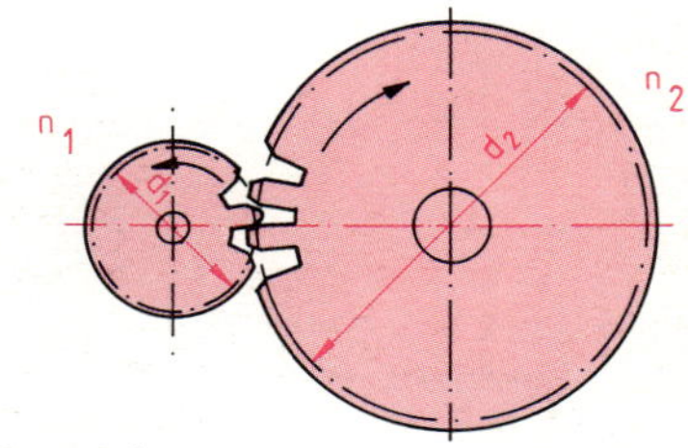

Zahnradgetriebe

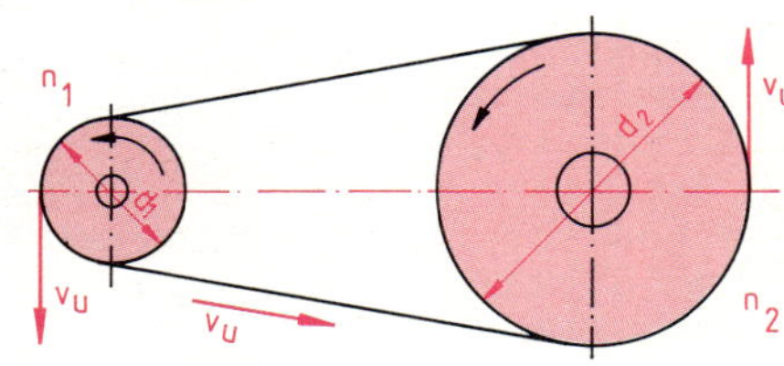

Zugmittelgetriebe

Die Übertragungseinheit Hauptantrieb der Fräsmaschine hat solche Getriebe in Form von Zugmittelgetrieben (Keilriemen) und Zahnradgetrieben. In den Übertragungseinheiten der Vorschubgetriebe sind diese Getriebe als Zugmittelgetriebe (Zahnriemen) wiederzufinden.

$$v_u = d \cdot \pi \cdot n = \text{konstant}$$

$$v_{u1} = v_{u2}$$

$$d_1 \cdot \pi \cdot n_1 = d_2 \cdot \pi \cdot n_2$$

$$\frac{n_1}{n_2} = \frac{d_2}{d_1} \quad \Rightarrow \quad i = \frac{n\,(\text{input})}{n\,(\text{output})}$$

Die **Umfangsgeschwindigkeit v_u** von Rädern, die hintereinander geschaltet sind, ist stets gleich groß. Dies gilt für Zahnradgetriebe und für Zugmittelgetriebe, wenn kein Schlupf bei der Übertragung der Drehbewegung auftritt. Haben die beiden Räder unterschiedliche Durchmesser, müssen ihre Umdrehungsfrequenzen dementsprechend verschieden sein. Das kleinere Rad hat die größere Umdrehungsfrequenz.

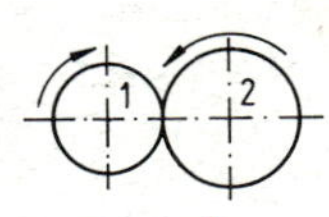

$$i_{12} = \frac{n_1\,(\text{input})}{n_2\,(\text{output})}$$

Das Verhältnis der Umdrehungsfrequenzen in Richtung des Energieflusses, also die Funktion zwischen der Umdrehungsfrequenz des treibenden Rades (Input) und der Umdrehungsfrequenz des angetriebenen Rades (Output), wird als **Übersetzungsverhältnis *i*** bezeichnet. Dabei sind die Umdrehungsfrequenzen bei Zahnrädern umgekehrt proportional zu den Teilkreisdurchmessern, die aufeinander abrollen. Der Zahlenwert gibt Auskunft darüber, ob die Übersetzung ins Langsame oder ins Schnelle erfolgt.

Übersetzungsverhältnis		
i > 1	i < 1	i = 1
Übersetzung ins Langsame	Übersetzung ins Schnelle	keine Änderung

Wenn mehrere Räder hintereinander geschaltet werden, läßt sich das **Gesamtübersetzungsverhältnis** aus dem **Produkt der Einzelübersetzungsverhältnisse** ermitteln.

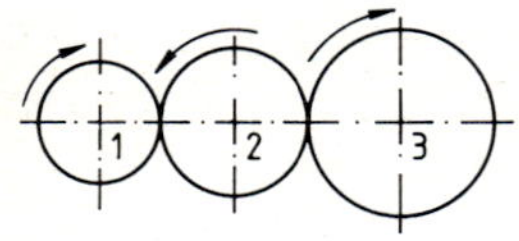

$$i_{13} = \frac{n_1 \text{ (Input)}}{n_3 \text{ (Output)}}$$

$$i_{12} = \frac{n_1}{n_2} \Rightarrow n_1 = i_{12} \cdot n_2 \qquad i_{23} = \frac{n_2}{n_3} \Rightarrow n_3 = \frac{n_2}{i_{23}}$$

$$i_{13} = \frac{i_{12} \cdot n_2 \cdot i_{23}}{n_2} \Rightarrow \boxed{i_{13} = i_{12} \cdot i_{23}}$$

Beispiel: Die Input-Umdrehungsfrequenz von 1200 min^{-1} eines zweistufigen Zahnradgetriebes soll auf eine Output-Umdrehungsfrequenz von 375 min^{-1} verkleinert werden. Die erste Stufe hat ein Übersetzungsverhältnis von 1,6. Das Übersetzungsverhältnis des Getriebes und das der zweiten Stufe sollen berechnet werden.

Das Gesamtübersetzungsverhältnis des Getriebes ist

$$i_{14} = \frac{n_1}{n_4} = \frac{1200 \text{ min}^{-1}}{375 \text{min}^{-1}} = 3{,}2.$$

Das Übersetzungsverhältnis der zweiten Stufe ist

$$i_{14} = i_{12} \cdot i_{34} \Rightarrow i_{34} = \frac{i_{14}}{i_{12}} = \frac{3{,}2}{1{,}6} = 2.$$

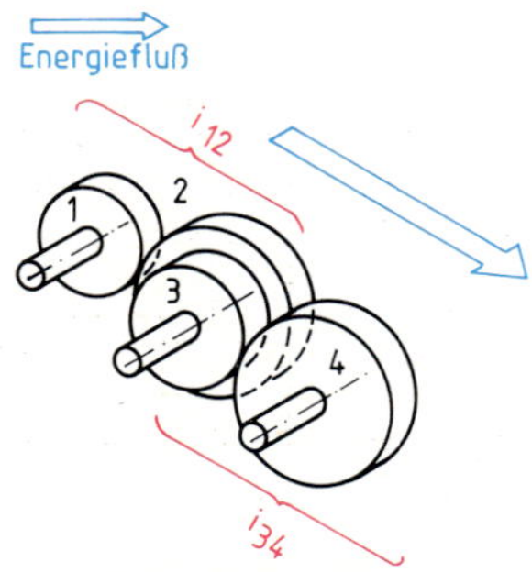

Übersetzungsverhältnis eines zweistufigen Zahnradgetriebes

Nach dem Energieerhaltungssatz ist die Output-Energie gleich der Input-Energie. Für den theoretischen Fall, daß keine Reibungsverluste auftreten, ist demnach die Abtriebsleistung P_{Output} gleich der Antriebsleistung P_{Input}.

$$P_{INPUT} = P_{OUTPUT}$$

$$M_1 \cdot 2\pi \cdot n_1 = M_2 \cdot 2\pi \cdot n_2$$

$$M_1 \cdot n_1 = M_2 \cdot n_2$$

Die ermittelte Gleichung zeigt, daß das Produkt aus Drehmoment und Umdrehungsfrequenz konstant bleibt. Werden Drehmoment und Umdrehungsfrequenz in einem Diagramm dargestellt, zeigt sich, daß die durch diese beiden Größen aufgespannten Flächen gleich groß sind. Zur Bestimmung des Übersetzungsverhältnisses wird die Gleichung umgestellt. Die beiden Größen verhalten sich umgekehrt proportional.

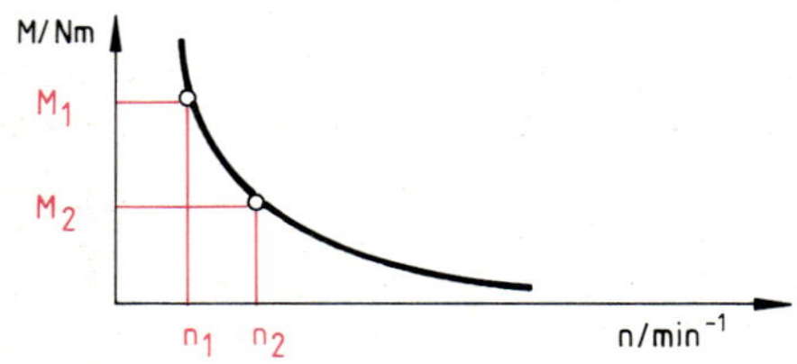

Abhängigkeit des Drehmomentes von der Umdrehungsfrequenz

$$i = \frac{n_1}{n_2} = \frac{M_2}{M_1}$$

Beispiel: Bei dem angegebenen zweistufigen Zahnrädergetriebe beträgt das Input-Drehmoment 24 Nm.
Das Output-Drehmoment und das Drehmoment der Zwischenwelle sollen berechnet werden.

$$i_{14} = \frac{M_4}{M_1} \quad M_4 = i_{14} \cdot M_1 \quad M_4 = 3{,}2 \cdot 24 \text{ Nm} \quad M_4 = 76{,}8 \text{ Nm}$$

$$i_{12} = \frac{M_2}{M_1} \quad M_2 = i_{12} \cdot M_1 \quad M_2 = 1{,}6 \cdot 24 \text{ Nm} \quad M_2 = 38{,}4 \text{ Nm} \qquad M_2 = M_3$$

$$P_{In} \cdot \eta = P_{Nutz}$$

$$\eta = \frac{P_{Nutz} \text{ (Output)}}{P_{In} \text{ (Input)}}$$

Unter Berücksichtigung von Reibungsverlusten ist bei konstanter Antriebsleistung und konstantem Übersetzungsverhältnis das Abtriebsmoment M_2 kleiner als im theoretisch angenommenen Fall. In das Produkt aus Drehmoment und Umdrehungsfrequenz ist dann der **Wirkungsgrad** η einzubeziehen.

$$M_1 \cdot n_1 \cdot \eta = M_2' \cdot n_2$$

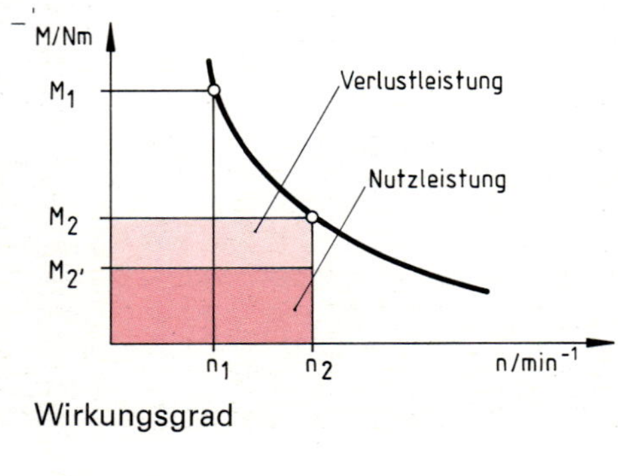

Wirkungsgrad

Beispiel: Bei dem angegebenen zweistufigen Zahnradgetriebe beträgt das Input-Drehmoment 24 Nm.
Das Output-Drehmoment bei einem Wirkungsgrad des Getriebes von $\eta = 0{,}9$ soll berechnet werden.

$$M_1 \cdot n_1 \cdot \eta = M_4' \cdot n_4$$

$$M_4' = \frac{M_1 \cdot n_1 \cdot \eta}{n_4} \qquad M_4' = M_1 \cdot i_{14} \cdot \eta \qquad M_4' = 24 \text{ Nm} \cdot 3{,}2 \cdot 0{,}9$$

$$M_4' = 69{,}12 \text{ Nm}$$

Je nach der technischen Aufgabenstellung kann es bei der Energieübertragung mit Hilfe von Rädern auch darauf ankommen, die Energiekomponenten

- **Umfangskraft F_u** und
- **Verschiebungsweg s_u** auf dem Umfang

zu vergrößern bzw. zu verkleinern.

Diese Funktion erfüllen Getriebe, die nach dem physikalischen Prinzip des Wellrades aufgebaut sind. Bei einer Seiltrommel mit Kurbeltrieb zum Beispiel soll die Umfangskraft F_u (Handkraft) auf die Hubkraft F_H vergrößert werden.

Nach dem Energieerhaltungssatz muß die kleinere Kraft (Handkraft) über einen größeren Weg (Weg des Kurbelgriffes) und die größere Kraft (Hubkraft) über einen kleineren Weg (Hubhöhe) verschoben werden. Geht man von einer vollen Kurbelumdrehung aus, so ergibt sich folgender Zusammenhang:

$$E_{\text{INPUT}} = E_{\text{OUTPUT}}$$

$$F_u \cdot s_u = F_H \cdot s_H \qquad s_u = 2R\pi$$

$$F_u \cdot 2R\pi = F_H \cdot 2r\pi \qquad s_H = 2r\pi$$

$$\boxed{F_u \cdot R = F_H \cdot r}$$

Dieselbe Beziehung ergibt sich auf der Basis des Hebelgesetzes, wenn anstelle der Hubkraft F_H die Gewichtskraft F_G eingesetzt wird. Im Gleichgewichtszustand des Hebels ist das linksdrehende Moment M_l gleich dem rechtsdrehenden Moment M_r. Das Drehmoment ist gleich dem Produkt aus der Kraft und dem wirksamen Hebelarm, wobei die Kraft im rechten Winkel zum Hebelarm angreift.

Beispiel: Zum Fördern einer Last mit der Gewichtskraft von 500 N wird eine Seilwinde eingesetzt. Der Kurbelradius beträgt 480 mm und der Trommeldurchmesser 200 mm. Es soll berechnet werden, wie groß die Handkraft ist, die aufgewendet werden muß, um die Last zu heben.

$$r = \frac{d}{2} \qquad F_u = \frac{F_G \cdot r}{R}$$

$$r = \frac{200\ \text{mm}}{2} \qquad F_u = \frac{500\ \text{N} \cdot 100\ \text{mm}}{480\ \text{mm},}$$

$$r = 100\ \text{mm} \qquad F_u = 104{,}2\ \text{N}$$

Um eine große Vorschubkraft zu erzielen, ist in den Vorschubgetrieben der Fräsmaschine ein Getriebe eingebaut, das nach dem Prinzip des Wellrades funktioniert. Das große Zahnrad des Zahnriementriebes und die Kugelrollspindel bilden ein solches Getriebe. Ganz allgemein wirken Räder, die auf einer gemeinsamen Welle angeordnet sind, wie ein Wellrad.

Zusammenhang der verschiedenen Energiekomponenten:

Räder	Vergrößern	⇒	Verkleinern	
hinter-einander geschaltet	M	⇒	n	F_u = konstant
	n	⇒	M	s_u = konstant
auf einer Welle	F_u	⇒	s_u	M = konstant
	s_u	⇒	F_u	n = konstant

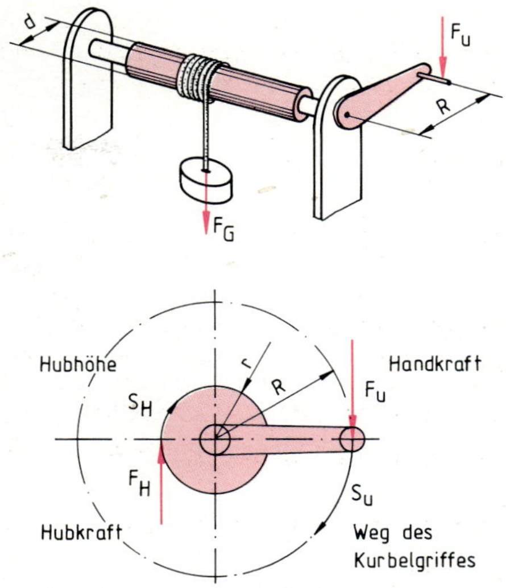

Seiltrommel mit Kurbeltrieb

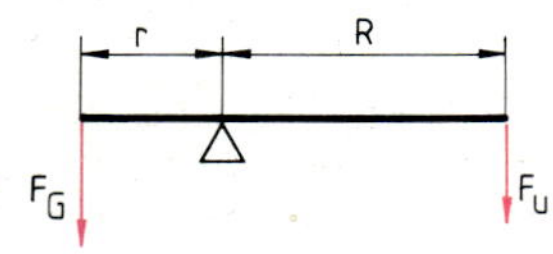

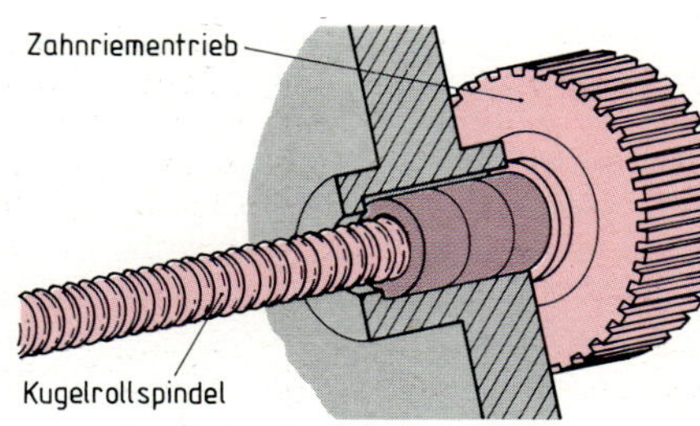

Vorschubgetriebe

Grundfunktion eines Getriebes:
bei hintereinander geschalteten Rädern — bei Rädern auf einer Welle

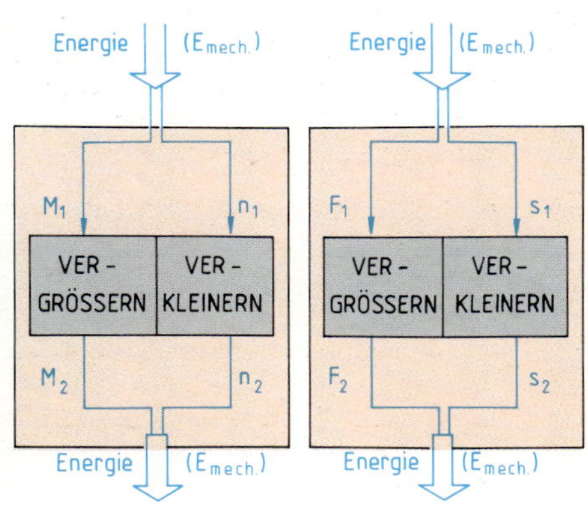

- Grundfunktion: Richten

In vielen Anwendungsfällen ist es bei der Übertragung von Energie erforderlich, **aus einer Drehbewegung eine geradlinige Bewegung** zu erzeugen. Dies entspricht der Grundfunktion **Richten** und wird zum Beispiel durch ein Schraubengetriebe erreicht. Bei der Fräsmaschine ist die zweite Stufe des Vorschubgetriebes in allen drei Achsen mit einem Kugelgewindetrieb ausgerüstet, dessen Wirkungsweise der eines Schraubengetriebes entspricht.

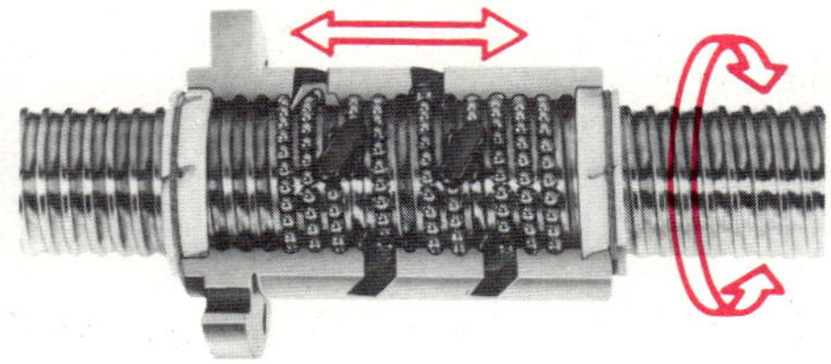

Kugelgewindetrieb

- Grundfunktion: Richtungändern

Bei der Energieübertragung kann es auch darauf ankommen, den Drehsinn und damit die **Richtung des Drehmomentes** zu **ändern.** Bei zwei miteinander kämmenden Zahnrädern wird der Drehsinn geändert; wird ein Zahnrad zwischengeschaltet, so bleibt der Drehsinn erhalten. Bei Zugmittelgetrieben wird der Drehsinn durch Kreuzen des Zugmittels geändert. In dem Vertikal-Fräskopf der Fräsmaschine wird die Achse der Drehbewegung geändert. Dies geschieht dadurch, daß die waagerecht verlaufende Antriebswelle über ein Kegelradgetriebe die senkrecht angeordnete Frässpindel antreibt.

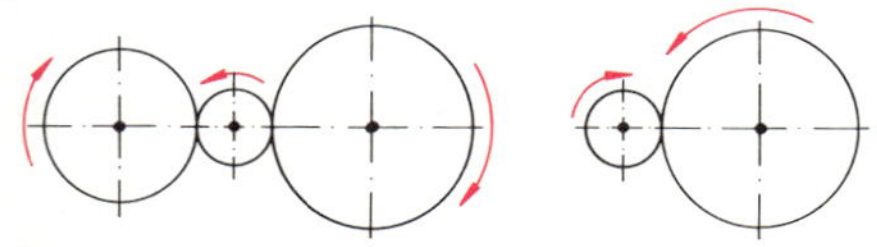

Rädergetriebe

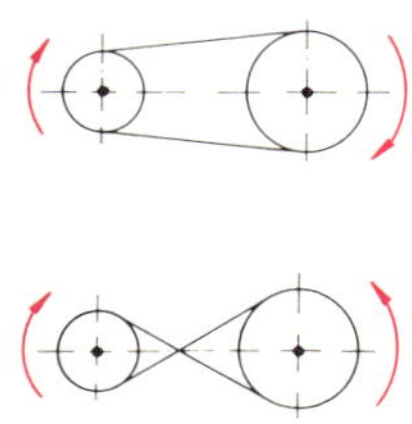

Zugmittelgetriebe

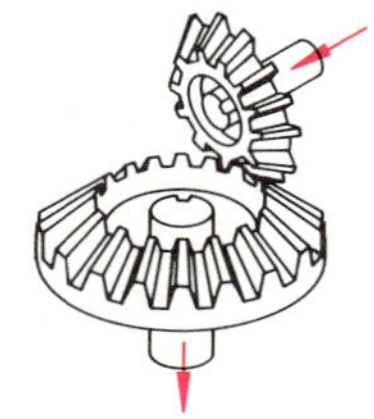

Kegelradgetriebe

- Grundfunktion: Wandeln

Nach dem Energieerhaltungssatz ist der Energie-Input eines Systems gleich dem Energie-Output. Bei jeder Energieübertragung zwischen Systemen (oder Funktionselementen) kann ein Teil der zugeführten Energie nicht für den jeweiligen technischen Zweck genutzt werden. Aufgrund von Reibung zwischen den Funktionselementen wird dieser Teil in Wärmeenergie entwertet und an die Umgebung abgegeben. Die Funktion zwischen Nutzenergie und zugeführter Energie wird mit dem Wirkungsgrad wiedergegeben.
Bei der Fräsmaschine ist die zweite Stufe der drei Vorschubgetriebe mit einem Kugelgewindetrieb ausgerüstet, der die Drehbewegung der Spindel (Input: Drehenergie) in eine geradlinige Bewegung der Spindelmutter (Output: Verschiebungsenergie) umwandelt. Kugelgewindetriebe haben einen Wirkungsgrad von $\eta = 0{,}9$ bis $0{,}98$. Dagegen haben Gewindetriebe mit Trapezgewinde einen Wirkungsgrad von $\eta = 0{,}6$ bis $0{,}7$.

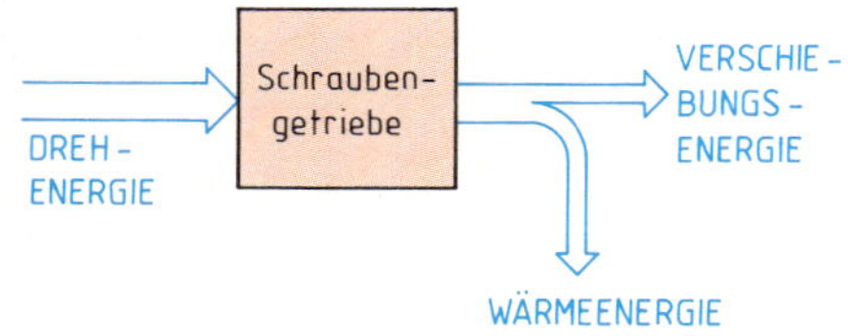

Wirkungsgrad $\eta = \frac{E_{Nutz}}{E_{In}}$

- Grundfunktionen: Leiten und Koppeln

Zur Erfüllung der Teilfunktion Energieübertragen ist die Grundfunktion **Leiten** notwendig. Dies gilt nicht nur für Getriebe, sondern für jede Energieübertragungseinheit. Der Energiefluß zwischen der Antriebsseite (Input) und der Abtriebsseite (Output) kann nur hergestellt werden, wenn leitfähige Funktionselemente innerhalb des Getriebes bestehen. Eine Welle zum Beispiel wird bei der Übertragung der Energie durch Drehbewegungen auf Verdrehung beansprucht. Wird eine zulässige Verdrehspannung der Welle nicht überschritten, ist sie für die Energieübertragung leitfähig.

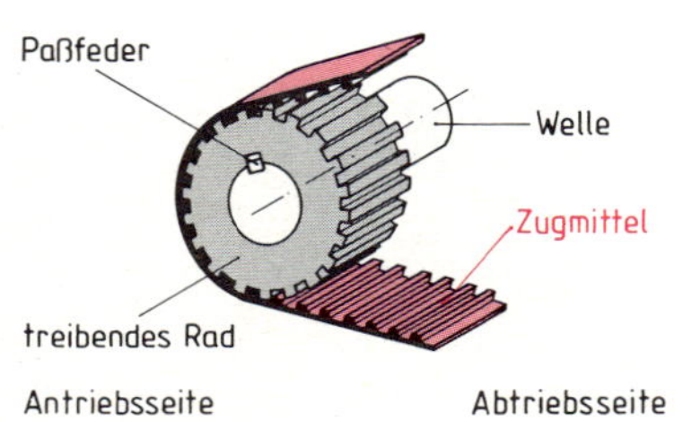

Zahnriementrieb

Der Energiefluß zwischen den Funktionselementen kann allerdings nur hergestellt werden, wenn diese untereinander **gekoppelt** sind. Bei einem Zugmittelgetriebe wird die Energie durch Drehbewegungen über eine Antriebswelle in das Getriebe eingeleitet. Damit die Energie weitergeleitet werden kann, muß die Antriebswelle mit dem treibenden Rad zum Beispiel über Nut und Feder gekoppelt sein. Die Kopplung zwischen treibendem Rad und dem Zugmittel kann **durch Formschluß** (Zahnriemen) oder **durch Reibschluß** (Keilriemen) erfolgen. Die Energie wird über das Zugmittel weitergeleitet und über das angetriebene Rad an die Abtriebswelle abgegeben.
Wenn keine Kopplung der Funktionselemente besteht (Grundfunktion Unterbrechen), kann die Energie nicht weitergeleitet werden. Dies ist dann der Fall , wenn z. B. der Keilriemen rutscht oder als Überlastschutz eine Sollbruchstelle in Funktion tritt (z. B. Abscherung eines Brechbolzens).

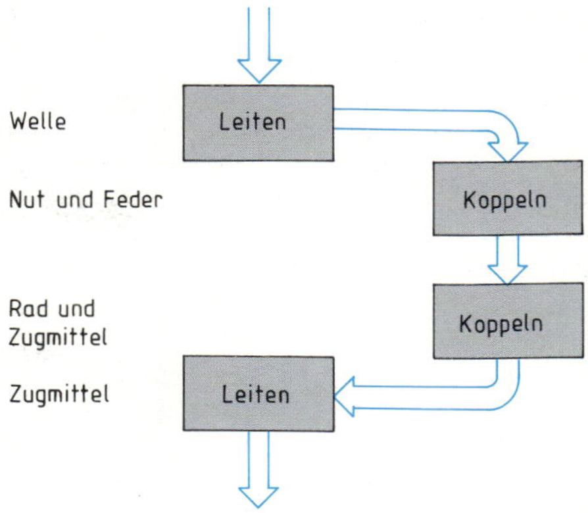

Leiten und Koppeln

- Grundfunktion: Isolieren

Zugmittelgetriebe, die die Energie mit einem elastischen Zugmittel übertragen, **isolieren** die Schwingungen der Antriebsseite und leiten diese nicht zur Abtriebsseite. Bei der Fräsmaschine sind solche Getriebe hinter die Elektromotoren des Hauptantriebes und der Vorschubantriebe geschaltet, damit keine Schwingungen an die Arbeitseinheit weitergeleitet werden. Im Gegensatz dazu leiten nichtelastische Übertragungselemente, wie z. B. Zahnräder, diese Schwingungen an die Abtriebsseite weiter.

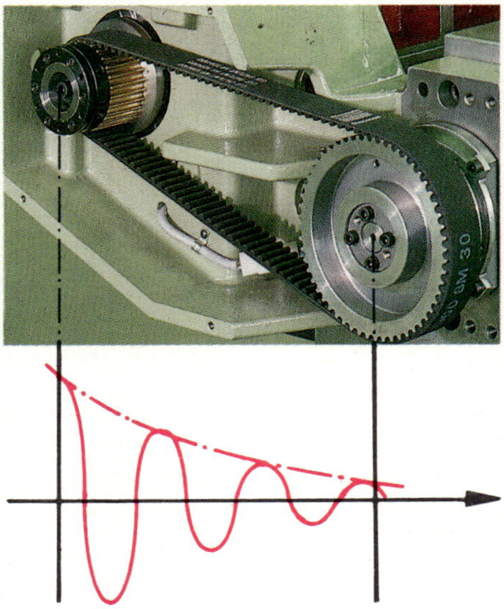
Schwingungsdämpfung eines Zahnriemengetriebes

Aufgaben zur Wiederholung und Vertiefung

1. In manchen Werkzeugmaschinen sind zwischen Antriebs- und Arbeitseinheit Keilriemen- bzw. Zahnriemengetriebe angebracht.
Welche Grundfunktionen erfüllen diese Zugmittel?
2. Um das Verfahren des Werkzeugtisches zu ermöglichen, erzeugt der Vorschubantrieb aus einer Drehbewegung eine geradlinige Bewegung.
a) Um welche Grundfunktion handelt es sich dabei?
b) Beschreiben Sie, wie aus der Drehbewegung eine geradlinige Bewegung erzeugt wird!
3. Berechnen Sie die fehlenden Größen der beiden nebenstehenden Vorschubantriebe:

Antrieb 1:
Schlitten $v_1 = 12$ m/min
Motor $n_1 = 2000$ min^{-1}
Spindel P_1 in mm
Getriebe $i_1 = 1$

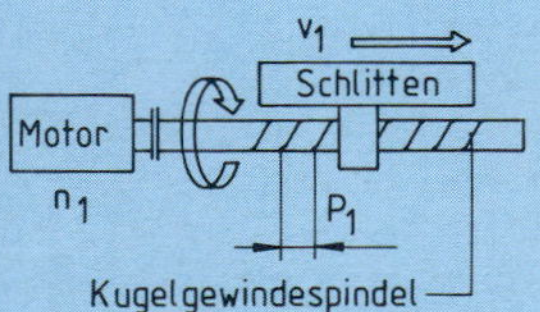

Antrieb 2:
Schlitten $v_2 = v_1$
Motor $n_2 = 3000$ min^{-1}
Spindel $P_2 = 10$ mm
Getriebe i_2

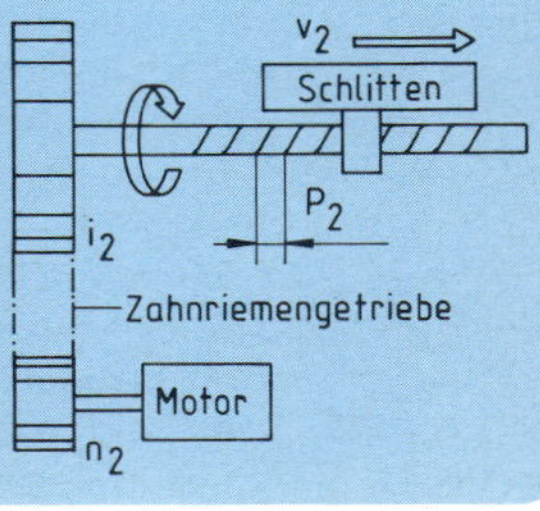

Systematik der Getriebe

Energieübertragung – mechanisch – pneumatisch – hydraulisch

Übersetzung – gleichförmig – ungleichförmig

- gleichförmig
  - gestuft
    - einstufig: Zahnradpaar, Reibradpaar, Radpaar mit Zugmittel (Riemen, Kette), Spindel und Mutter
    - mehrstufig: Aufsteckräder, Schieberäder, mit Kupplungen gesteuert
  - stufenlos
- ungleichförmig
  - Gelenkgetriebe: z. B. Schubkurbel, Kurbelschwinge
  - Kurvengetriebe z. B. Nockengetriebe
  - Schrittgetriebe: z. B. Malteserkreuzgetriebe

Kopplung

- gestuft – formschlüssig
  - Zahnräder: Stirnradgetriebe, Zahnstangengetriebe, Kegelradgetriebe, Schraubengetriebe, Schneckengetriebe
  - Zugmittel: Zahnriemengetriebe, Kettentrieb
- gestuft – reibschlüssig
  - Zugmittel: Flachriemen-, Keilriemengetriebe
- stufenlos – formschlüssig
  - Zugmittel: Lamellenkette
- stufenlos – reibschlüssig
  - Zugmittel: Flachriemen Keilriemen
  - Wälzgetriebe: z.B. Kegel-Scheiben-Reibgetriebe

Entsprechend den Anforderungen der Arbeitseinheiten erfolgt die Energieübertragung durch unterschiedliche **Energieträger**.

Pneumatische Energieübertragungseinheiten eignen sich besonders dann, wenn schnelle Bewegungen ausgeführt werden müssen. Darüber hinaus erfordert diese Übertragungsart nur einen einfachen Installationsaufwand. Es ist keine Rückleitung erforderlich. Sie bietet in explosionsgefährdeten Räumen eine hohe Betriebssicherheit. Bevorzugte Anwendungsgebiete im Werkzeugmaschinenbau sind automatische Spann-, Hilfs- und Transporteinrichtungen.

Hydraulische Energieübertragungseinheiten werden bevorzugt, wenn sehr hohe Kräfte erforderlich sind. Sie werden in Werkzeugmaschinen vielfach als Hubkolbengetriebe eingesetzt. Bei der Fräsmaschine werden die Werkzeugspannung in der Arbeitsspindel und die Tischklemmung hydraulisch gelöst.

Die Übertragung von Energie durch Luft (pneumatisch) oder durch Flüssigkeiten (hydraulisch) ist im physikalischen Sinne eine mechanische Energieübertragung. In der technischen Fachsprache wird hierunter jedoch die Übertragung von Energie durch feste Körper (Hebel, Räder, Wellen usw.) verstanden. Bei der **mechanischen Energieübertragung** wird zwischen gleichförmig übersetzenden und ungleichförmig übersetzenden Getrieben unterschieden. Eine Übersetzung wird als **ungleichförmig** bezeichnet, wenn bei gleichförmiger Antriebsbewegung die Abtriebsbewegung ungleichförmig ist. Solche Getriebe werden vor allem zur Umsetzung von Drehbewegungen in hin- und hergehende Bewegungen (Grundfunktion Richten) eingesetzt. Beispiele sind: Maschinenbügelsäge, Scheibenwischergetriebe, Nockengetriebe zur Ventilsteuerung. Das Malteserkreuzgetriebe ist wegen seiner durch Stillstände unterbrochenen Bewegung für Taktbewegungen an Rundteiltischen und Revolverköpfen besonders geeignet.

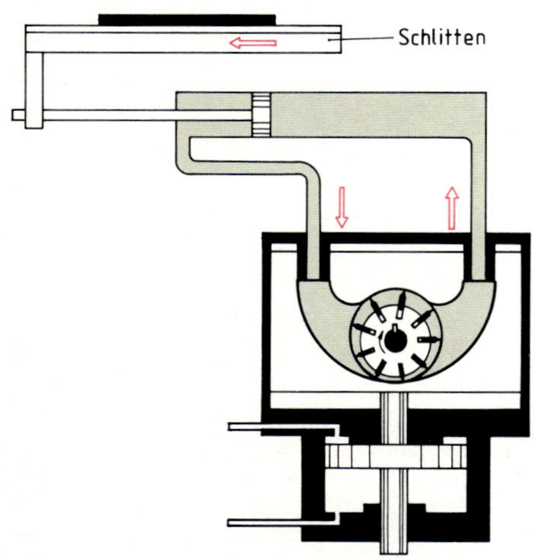

Schlittenantrieb einer Flachschleifmaschine mit hydraulischem Getriebe

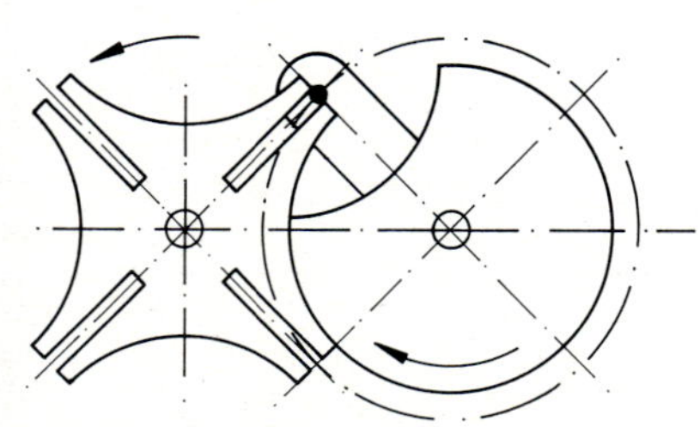

Malteserkreuzgetriebe

Zu den **gleichförmig übersetzenden Getrieben** gehören vor allem Zahnradgetriebe, Zugmittelgetriebe und Reibradgetriebe. Die Übersetzung der Umdrehungsfrequenz bzw. des Drehmomentes kann je nach Ausführung des Getriebes gestuft oder stufenlos erfolgen. Ein **einstufiges Getriebe** besteht aus einem Radpaar mit einem festen Übersetzungsverhältnis. Übersteigt das Übersetzungsverhältnis einen bestimmten Zahlenwert (z. B. bei Stirnradgetrieben $i > 8$), so sind mehrere Radpaare hintereinander anzuordnen, weil sich sonst ungünstige Rad- und Getriebeabmessungen ergeben. Solche Getriebe werden als **mehrstufige Getriebe** bezeichnet (DIN 868). Als mehrstufig werden in der technischen Fachsprache auch solche Getriebe bezeichnet, bei denen zum Beispiel über Schieberäder bei einer Umdrehungsfrequenz am Eingang unterschiedliche Umdrehungsfrequenzen am Ausgang erzeugt werden.
Hauptgetriebe von Werkzeugmaschinen werden vor allem als Schaltgetriebe mit Schieberädern ausgeführt. Im Zuge der Automatisierung der Maschinensteuerung werden zunehmend Schaltgetriebe mit unter Last schaltbaren Elektromagnetkupplungen ausgerüstet. Aufsteckräder bzw. Wechselräder werden verwendet, wenn die Übersetzungsverhältnisse selten verändert werden müssen. Sie werden zum Beispiel zum Antrieb von Leitspindeln beim Drehen außergewöhnlicher Gewinde auch an modernen Drehmaschinen vorgesehen.
Die **Kopplung** zwischen den Funktionselementen der Antriebsseite und der Abtriebsseite eines mechanischen Getriebes kann **formschlüssig** oder **reibschlüssig** erfolgen.

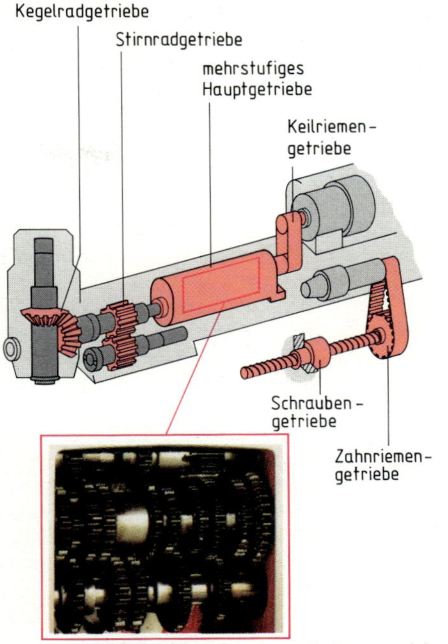

Getriebekombination einer Fräsmaschine

Einteilung der Getriebe nach wichtigen Grundfunktionen und ihre Anwendungsbereiche

		Anwendungs-beispiele	Koppeln Unterbrechen	Wandeln	Richten Oszillieren	Richtungändern	Vergrößern Verkleinern
	Schubkurbel-getriebe	Hubkolben-motor	F				
	Kurbel-schwinge	Scheiben-wischergetriebe	F				
	Nocken-getriebe	Ventilsteuerung	F				
	Malteserkreuz-getriebe	Revolverkopf	F				
	Spindel und Mutter	Vorschubgetriebe	F	Selbsthemmung wenn $\eta < 0{,}5$			P / $d_2\pi$
Zahnradgetriebe	Stirnrad-paar		F	$\eta \approx 0{,}94$			$i \leq 10$
Zahnradgetriebe	Zahnrad-Zahnstange	Pinolenvorschub einer Ständerbohrmaschine	F				
Zahnradgetriebe	Kegelrad-paar	Getriebe eines Vertikal-Fräskopfes	F	$\eta \approx 0{,}94$			$i \leq 6$
Zahnradgetriebe	Schrauben-radpaar	Feinwerktechnik	F	Selbsthemmung wenn $\eta < 0{,}5$			$i \leq 5$
Zahnradgetriebe	Schnecke-Schneckenrad	Lenkgetriebe	F	Selbsthemmung wenn $\eta < 0{,}5$			$i \leq 100$
Zugmittelgetriebe	Flachriemen	Schleifspindel-antrieb	R (Schlupf)	$\eta \approx 0{,}98$			$i \leq 20$
Zugmittelgetriebe	Keilriemen	Werkzeug-maschinenantrieb	R (Schlupf)	$\eta \approx 0{,}96$			$i \leq 15$
Zugmittelgetriebe	Kette	Fahrrad	F	$\eta \approx 0{,}97$			$i \leq 10$
Zugmittelgetriebe	Zahnriemen	Vorschubgetriebe einer Werkzeugmaschine	F	$\eta \approx 0{,}97$			$i \leq 10$
Zugmittelgetriebe	Lamellenkette	Teilgetriebe einer Ständerbohrmaschine	F				stufenlos
	Reibgetriebe	Feinwerktechnik	R (Schlupf)				stufenlos

F: Formschluß R: Reibschluß i und η pro Stufe

4.2.2 Funktionseinheit Kupplung

Die Energieübertragungseinheit in Arbeitsmaschinen stellt die **Verbindung zwischen der Antriebseinheit und der Arbeitseinheit** her. Hierbei kann es erforderlich sein, den Energiefluß zu unterbrechen und wieder zu schließen. Diese Funktion erfüllen **schaltbare Kupplungen**. Ist es nicht erforderlich, den Energiefluß in häufigem Wechsel zu schließen bzw. zu unterbrechen, so werden **nicht schaltbare Kupplungen** verwendet.

Kupplungen sind also Funktionseinheiten zur Energieübertragung.

Im Gegensatz zu Getrieben benötigen Kupplungen keine unmittelbare Verbindung zur Stütz- und Trageinheit. Durch Kupplungen werden also Subsysteme, zum Beispiel ein Antriebsmotor und ein Getriebe, miteinander verbunden, d. h. sie überbrücken die **Schnittstelle** zwischen Subsystemen. Hierdurch ist es möglich, größere und/oder kompliziertere technische Systeme aus kleineren Baueinheiten zusammenzusetzen. Dies bringt Vorteile bei der Konstruktion und Produktion, zum Beispiel durch die Verwendung von einheitlichen Baugruppen, deren Schnittstellen genormt sein müssen. Die Aufteilung in kleinere Subsysteme ist vor allem auch bei Instandsetzungsarbeiten zweckmäßig.

Teilfunktion: Energieübertragung

Die Teilfunktion Energieübertragung ist aus mehreren **Grundfunktionen** zusammengesetzt. Diese werden hier an ausgewählten Kupplungen erläutert.

- Grundfunktion: Koppeln

Die wichtigste Grundfunktion der Kupplung besteht darin, zwei Subsysteme so miteinander zu koppeln, daß ein Energiefluß hergestellt wird.

Soll der Energiefluß häufiger unterbrochen werden, wie zum Beispiel beim Betrieb eines Kraftfahrzeuges, so muß die Kupplung schaltbar sein.

Die Kopplung kann erfolgen:
- formschlüssig, zum Beispiel bei der Klauenkupplung;
- kraftschlüssig (reibschlüssig), zum Beispiel bei der Scheiben-(Lamellen-)Kupplung;
- kraftschlüssig, zum Beispiel durch magnetische, elektromagnetische oder hydrodynamische Kraftwirkung.

Bei der Fräsmaschine kann zum Senkrecht-Fräsen ein Vertikal-Fräskopf aufgesetzt werden. Die Schnittstelle zwischen Fräskopf und Antriebswelle wird durch eine formschlüssige, nicht schaltbare Kupplung überbrückt.
Soll bei der Energieübertragung Überlastung ausgeschlossen werden, so muß der Energiefluß ab einem bestimmten Drehmoment unterbrochen werden. Diese Funktion erfüllen bei formschlüssiger Kopplung sogenannte Sollbruchstellen, zum Beispiel eine **Brechbolzenkupplung**, und bei reibschlüssiger Kopplung **Rutschkupplungen**.

- Grundfunktion: Richtungändern

Bei manchen technischen Systemen ist es notwendig, die Energie von einer Antriebswelle auf eine Abtriebswelle, die nicht fluchtet, zu übertragen. Dies erfordert die Grundfunktion **Richtungändern**, die von **nachgiebigen Kupplungen** erfüllt wird.

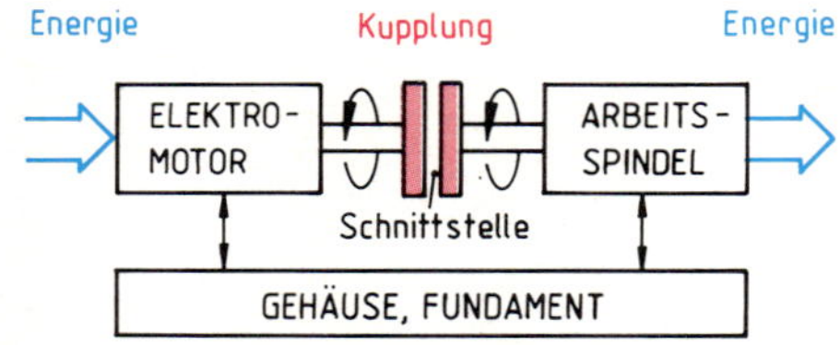

Funktionseinheit zur Energieübertragung

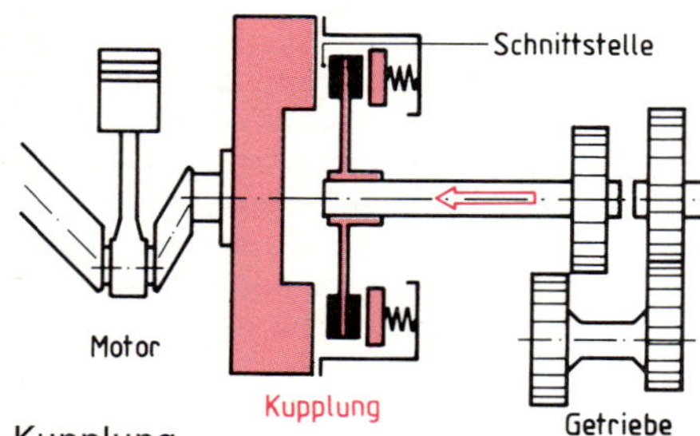

Kupplung

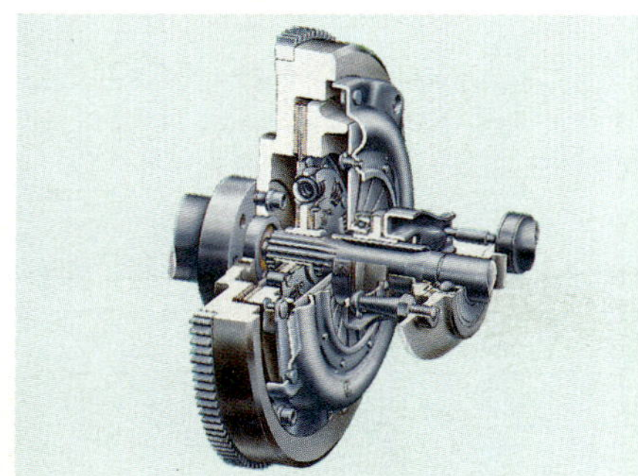
Schaltbare Scheibenkupplung eines Kraftfahrzeugs (reibschlüssig)

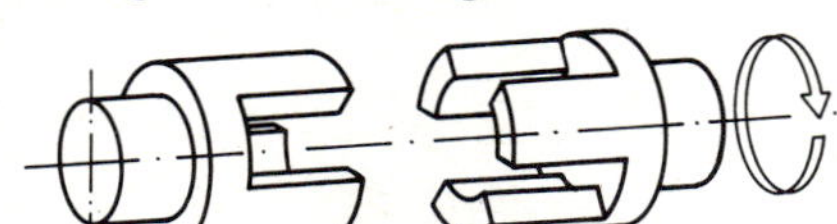
Nicht schaltbare Klauenkupplung (formschlüssig)

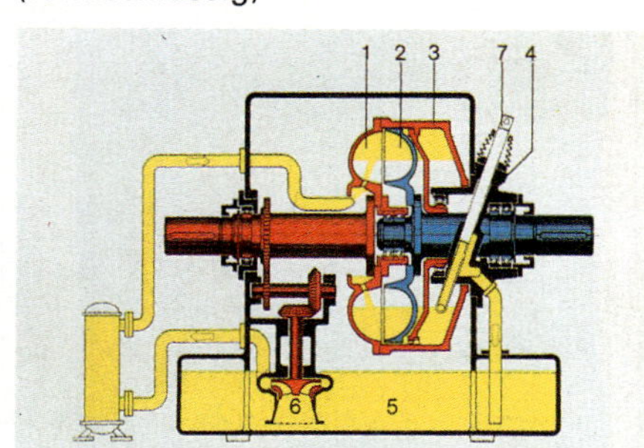

1 Primärrad
2 Sekundärrad
3 Kupplungsschale
4 Schöpfrohrgehäuse
5 Ölbehälter
6 Ölpumpe
7 Schöpfrohr

Hydrodynamische Kupplung (kraftschl.)

- Grundfunktion: Isolieren

Bei der Energieübertragung können Stöße und Schwingungen auftreten: Schwingungen zum Beispiel durch einen Elektromotor auf der Antriebsseite und Stöße durch Bearbeitungsprozesse, bei denen große Kräfte auftreten, zum Beispiel beim Walzen. Gegen solche Stöße und Schwingungen müssen die miteinander gekoppelten Subsysteme **isoliert**, das heißt die Stöße und Schwingungen müssen gedämpft werden. Diese Grundfunktion erfüllen **elastische Kupplungen**, die ebenfalls zur Gruppe der nachgiebigen Kupplungen gehören.

Bei der Fräsmaschine erfolgt die Schwingungsdämpfung nicht durch Kupplungen, sondern durch elastische Zugmittel (Keilriemen und Zahnriemen), die somit auch die Grundfunktion Isolieren übernehmen.

Elastische Kupplungen

Systematik der Kupplungen

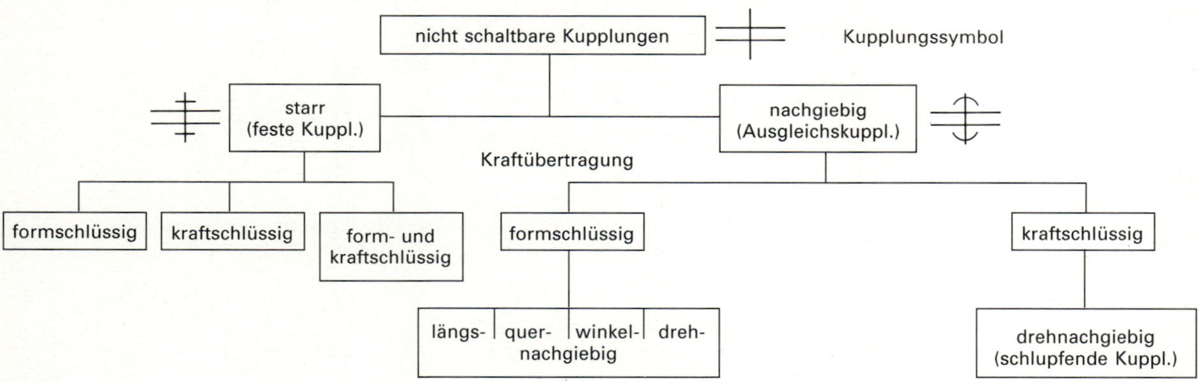

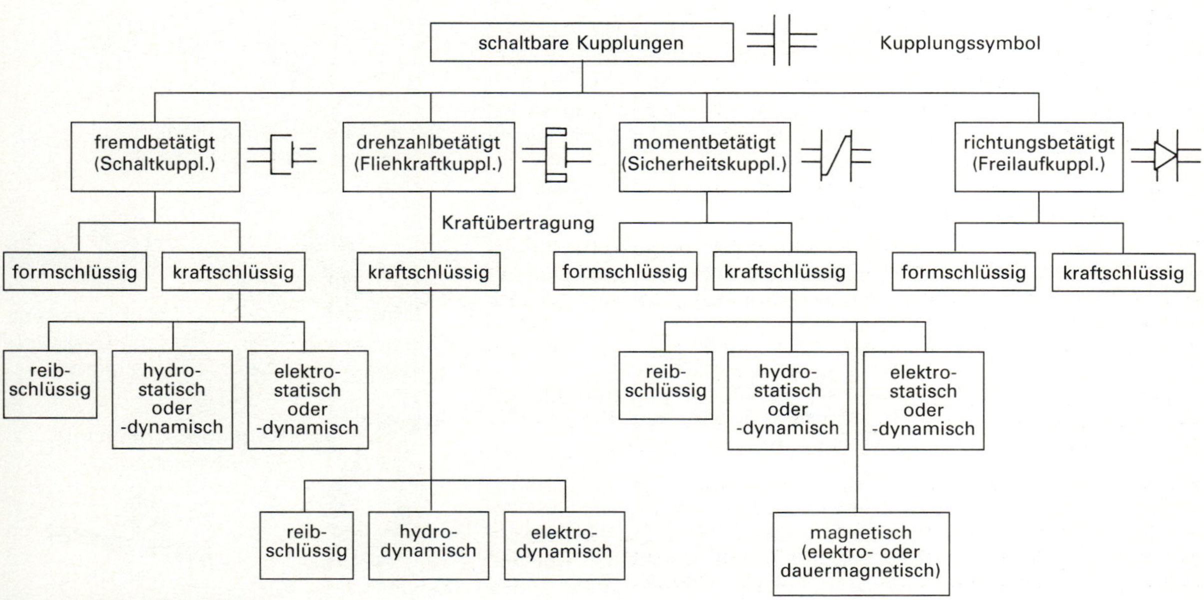

(nach VDI-Richtlinie 2240)

4.2.3 Funktionselemente

Die Teilfunktion Energieübertragung, wie sie zum Beispiel von der Funktionseinheit Zahnradgetriebe erfüllt wird, ist aus einzelnen **Grundfunktionen** zusammengesetzt. Diese Grundfunktionen werden durch bestimmte **Funktionselemente** verwirklicht. **Zahnräder** und **Wellen** sind die Funktionselemente des Getriebes, durch die unmittelbar Bewegungen und Bewegungsenergie übertragen werden. Diese Funktionselemente müssen gestützt und geführt werden. Dies geschieht durch die Funktionselemente **Getriebegehäuse** und **Lager**, die ihrerseits die Stütz- und Trageinheit des Getriebes bilden (s. Kap. 4.3).

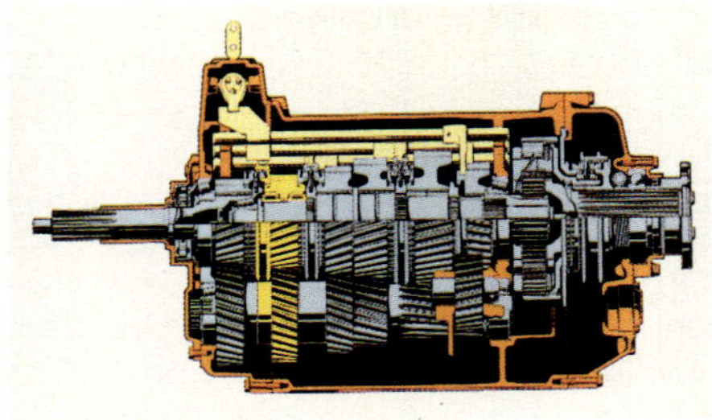

Zahnradgetriebe

Funktionselement Zahnrad

- Grundfunktionen von Zahnrädern

> Aufgabe eines treibenden Zahnrades ist es, Drehbewegungen – und damit Drehenergie – auf ein anderes Zahnrad zu übertragen; Aufgabe des getriebenen Zahnrades ist es, diese Drehbewegungen bzw. Drehenergie zu übernehmen.

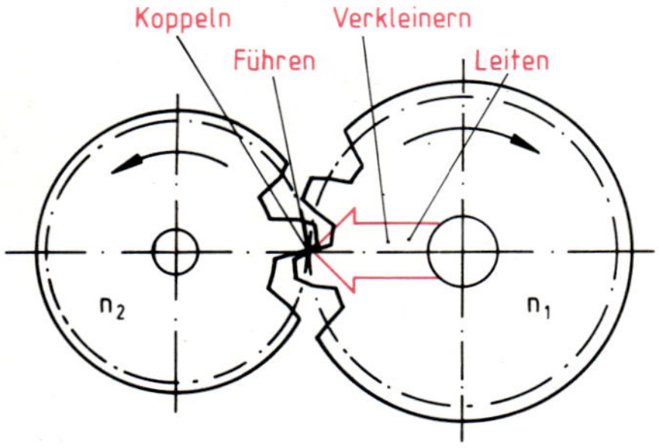

Grundfunktionen des Zahnrades

Hierzu greifen die Zahnräder derart ineinander, daß durch Formschluß ein geschlossener Kraft- bzw. Energiefluß zwischen den miteinander kämmenden Zahnrädern entsteht. Dieser Wirkungsablauf entspricht der Grundfunktion **Koppeln**.

An die Erfüllung der Grundfunktion Koppeln wird die Forderung gestellt, daß die Bewegungsübertragung gleichförmig erfolgt, d. h. daß das Übersetzungsverhältnis bei jeder Radstellung konstant bleibt. Dies setzt eine bestimmte Bewegungsübertragung und damit eine bestimmte Richtung des Kraftflusses voraus. Der Kraftfluß muß also geführt werden (Grundfunktion **Führen**). Dieses Führen von Kräften wird durch geeignete Gestaltung der Zahnflanken erreicht.

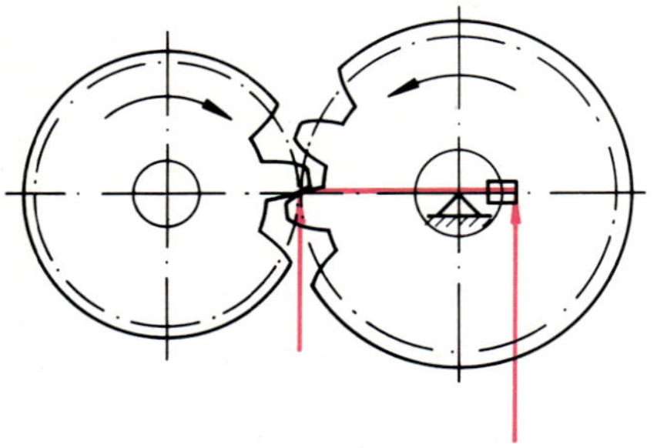

Hebelwirkung des Zahnrades

Das Zahnrad erfüllt außerdem die Grundfunktion **Leiten** von Kräften. Dieses Weiterleiten erfolgt beim treibenden Rad von der Zahnradnabe zum Zahnkranz und beim getriebenen Rad vom Zahnkranz zur Zahnradnabe. Hierbei tritt darüber hinaus die Grundfunktion **Verkleinern/Vergrößern** von Kräften auf. Beim treibenden Rad wird die am Nabenumfang wirkende Kraft auf die am Zahnkranzumfang wirkende Kraft verkleinert. Beim getriebenen Rad wird entsprechend die auf den Zahnkranz wirkende Kraft auf die am Nabenumfang wirkende Kraft vergrößert. In dieser Hinsicht wirkt das Zahnrad also wie ein Hebel.

- Arten von Zahnrädern

Je nach Bauform des Getriebes (s. Seite 116) werden unterschiedliche Grundformen von Zahnrädern benötigt. Bei Getrieben mit parallel verlaufenden Wellen werden **Stirnräder** eingesetzt, bei sich schneidenden Wellen **Kegelräder** und bei sich kreuzenden Wellen **Schnecken** mit Schneckenrad oder Schraubenräder.

Zahnstangen dienen der Umwandlung von Drehbewegungen in geradlinige Bewegungen oder umgekehrt. Sie können als Stirnräder mit unendlich großem Durchmesser angesehen werden.

Je nach Verlauf der Zähne werden bei Stirn- und Kegelrädern insbesondere **Geradzähne**, **Schrägzähne** und **Bogenzähne** unterschieden. Bei Schräg- und Bogenzähnen erfolgt der Eingriff der Zähne nicht plötzlich auf der ganzen Zahnbreite, sondern allmählich. Deshalb laufen solche Zahnräder geräuschärmer als geradverzahnte Räder, und sie können für höhere Belastungen eingesetzt werden.

Schraubenradgetriebe

Stirnradgetriebe mit Geradverzahnung

Kegelradgetriebe mit Geradverzahnung

Schneckengetriebe

Stirnrad mit Zahnstange

Als Nachteil tritt bei schrägverzahnten Stirnrädern eine Axialkraft auf, die das Zahnrad in Richtung der Welle verschieben will. Diese Kraft kann durch **Pfeil-** oder **Doppelschrägverzahnung** aufgehoben werden.

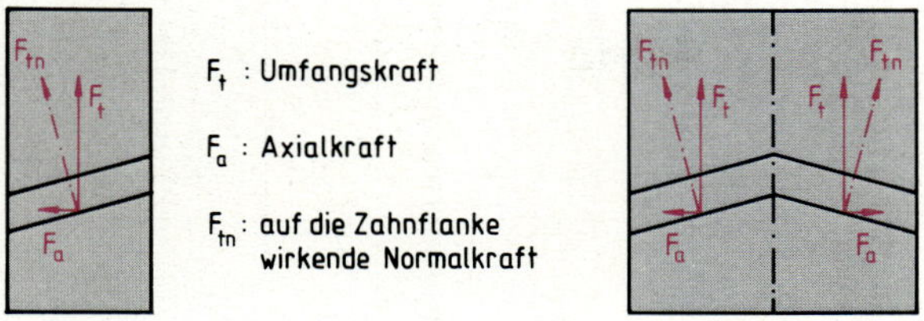

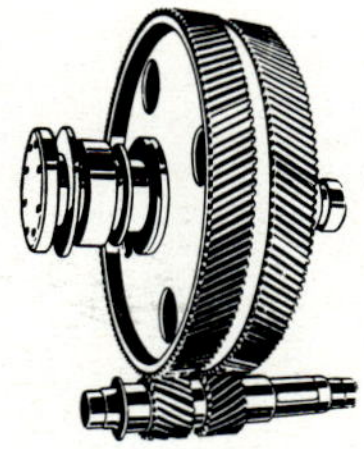

Doppelschrägverzahnung

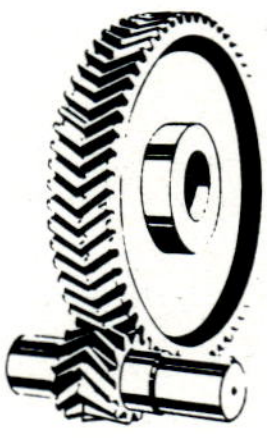

Pfeilverzahnung

- Zahnform

Die Energieübertragung bei Zahnrädern soll ruckfrei und gleichmäßig erfolgen. Dadurch ergeben sich für die Grundfunktionen Koppeln und Führen spezielle Anforderungen: Bei gleichförmiger Drehbewegung des treibenden Rades muß sich auch das getriebene Rad gleichförmig bewegen. Hierzu sind folgende Bedingungen zu erfüllen:

– Die jeweils im Eingriff stehenden Zahnflanken müssen sich ständig berühren, d. h. sie dürfen sich weder voneinander entfernen noch ineinander einzudringen suchen.

– Das Übersetzungsverhältnis $i = \frac{n_1}{n_2}$ (s. Kap. 4.2.1) muß im Verlaufe einer Umdrehung konstant bleiben.

Diese Bedingungen führen zum **Verzahnungsgesetz**.

Nach dem Verzahnungsgesetz sind zwei Zahnflanken dann brauchbar, wenn die Normale im jeweiligen Berührungspunkt (Berührungsnormale) durch den Wälzpunkt C geht.

Die **Berührungsnormale** steht senkrecht auf der Tangente, die durch den Berührungspunkt verläuft. Der **Wälzpunkt C** ist der Berührungspunkt der Wälzkreise. Diese Wälzkreise ergeben sich, wenn man die zwei miteinander kämmenden Zahnräder durch ein Reibradpaar mit demselben Übersetzungsverhältnis ersetzt. Der Wälzpunkt C liegt auf der Verbindungslinie zwischen den Mittelpunkten der miteinander im Eingriff stehenden Räder.

Eine Verzahnungsart, die das Verzahnungsgesetz erfüllt, ist die Evolventenverzahnung.

Bei der **Evolventenverzahnung** bestehen die Zahnflanken aus Evolventen. Das sind die Kurven, welche die Punkte einer Geraden beschreiben, die auf einem Kreis abgerollt wird. Eine solche Gerade liegt zum Beispiel vor, wenn ein auf einer Rolle aufgewickelter Faden unter Spannung abgerollt wird („Fadenkurven").

Bei der Evolventenverzahnung liegen die aufeinanderfolgenden Berührungspunkte, die sich beim Abwälzen der Zahnflanken ergeben, auf einer Geraden. Diese Gerade wird als **Eingriffslinie** bezeichnet. Sie geht durch den Wälzpunkt C und bildet mit der Tangente an den Wälzkreis den **Eingriffswinkel** α.

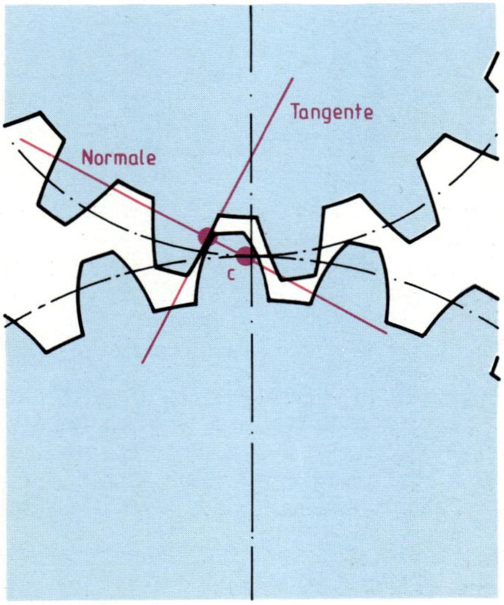

Berührungsnormale und Wälzpunkt

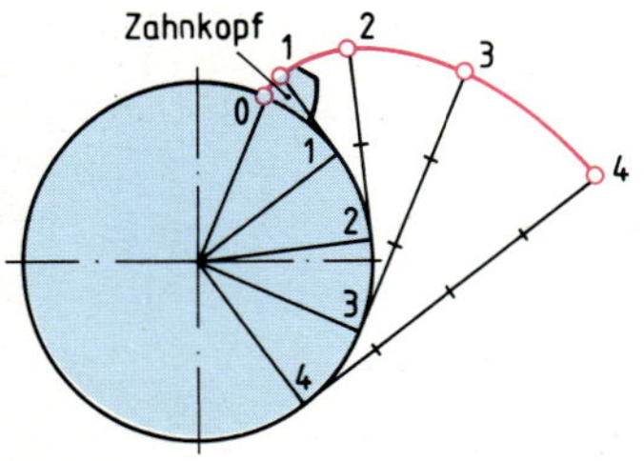

Evolvente

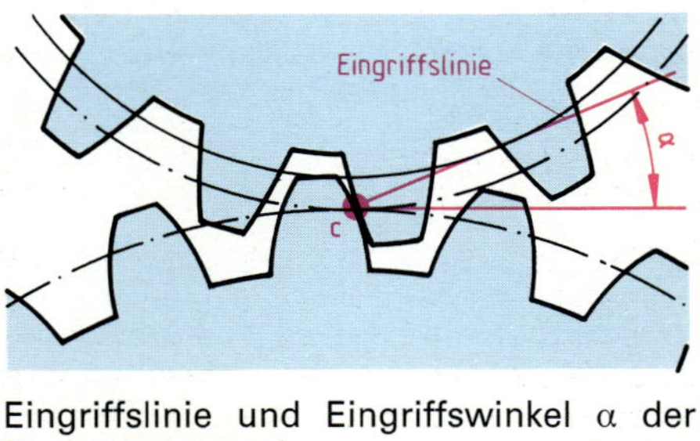

Eingriffslinie und Eingriffswinkel α der Evolventenverzahnung

Ein besonderer Vorteil der Evolventenverzahnung liegt darin, daß die Flanken der Evolventen-Planverzahnung – das ist die Evolventenverzahnung einer Zahnstange – gerade sind. Dies läßt sich dadurch erklären, daß die Evolvente immer flacher wird, je größer der Radius des Kreises ist, auf dem die Gerade, welche die Evolvente erzeugt, abgewälzt wird. Die Zahnstange kann man sich als Zahnrad mit unendlich großem Radius vorstellen. Bei unendlich großem Radius geht die Evolvente in eine Gerade über. Wegen dieser Gesetzmäßigkeit können Evolventenräder mit verhältnismäßig einfachen geradflankigen Werkzeugen – z. B. durch Wälzstoßen mit einem Kammwerkzeug – hergestellt weden.

Außerdem ist die Evolventenverzahnung unempfindlich gegenüber geringfügigen Änderungen des Achsabstandes, also des Abstandes zwischen den Mittelpunkten der miteinander kämmenden Zahnräder.

Wälzstoßen mit Kammwerkzeug

- Verzahnungsmaße

Beim Abwälzen zweier Zahnräder muß der Zahn des einen Rades jeweils in die Zahnlücke des anderen Rades hineinpassen. Dazu müssen die Eingriffswinkel und die Zahnabstände (Teilung) gleich sein. Um die Vielfalt möglicher Zahnformen einzuschränken, sind für die Konstruktion und Herstellung von Zahnrädern wichtige Verzahnungsmaße einheitlich festgelegt worden (DIN 868). Für das evolventenverzahnte Geradstirnrad gelten insbesonder folgende Maße:

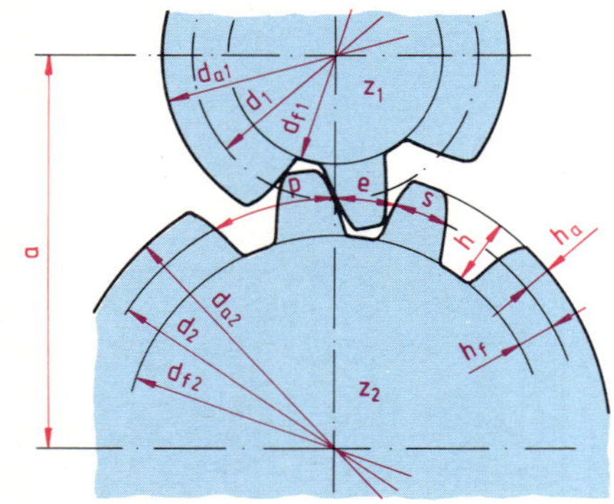

Verzahnungsmaße

Teilung *p* (Teilkreisteilung): Dies ist die Länge des Kreisbogens (Teilkreisbogens) zwischen zwei aufeinanderfolgenden Rechts- oder Linksflanken auf einem Bezugskreis, dem Teilkreis. Dieser ist im Normalfall identisch mit dem Wälzkreis, auf dem das Werkzeug bei der Zahnradherstellung im Abwälzverfahren abwälzt.

Es ist dann der Teilkreisumfang $U = d \cdot \pi = p \cdot z$ mit d = 0 Teilkreisdurchmesser und z = Zähnezahl.

Modul *m*: Bei der Herstellung von Zahnrädern ist deren Durchmesser ein wichtiges Konstruktionsmaß. Nach der Beziehung $d \cdot \pi = p \cdot z$ folgt für den Durchmesser $d = \frac{p \cdot z}{\pi}$, d. h. es ergibt sich wegen der Zahl $\pi = 3{,}14159...$ ein unendlicher Dezimalbruch. Um dies zu vermeiden und zu einfacheren Zahlenwerten für den Durchmesser zu kommen, ist das Verhältnis $\frac{p}{\pi}$ genormt worden. Es wird als **Modul *m*** bezeichnet und in mm angegeben.

Es können nur Zahnräder mit gleichem Modul gepaart werden.

Entsprechend der Teilkreisteilung $p = \frac{U}{z}$ kann der Modul $m = \frac{d}{z}$ auch als **Durchmesserteilung** bezeichnet werden.

Kopfhöhe h_a, Fußhöhe h_f, Kopfspiel *c*: Um den Abwälzvorgang eines Zahnradpaares nicht zu beeinträchtigen, darf der Kopfkreis des einen Rades den Fußkreis des Gegenrades nicht berühren. Deshalb muß die Zahnfußhöhe h_f um das Kopfspiel c größer sein als die Zahnkopfhöhe h_a, d. h. $h_f = h_a + c$.

Bei normalen Rädern ist $h_a = m$ und $c = 0{,}1$ bis $0{,}3\ m$.

Kopfkreisdurchmesser d_a, Fußkreisdurchmesser d_f: Ist d der Teilkreisdurchmesser des Zahnrades, so folgt: Kopfkreisdurchmesser (Außendurchmesser) $d_a = d + 2\ h_a$ und Fußkreisdurchmesser $d_f = d - 2\ h_f$.

Teilkreis-∅:	d
Teilkreisumfang:	$U = d \cdot \pi$
Zähnezahl:	z
Teilung (Teilkreisteilung):	$p = \frac{U}{z}$
	$p = \frac{d \cdot \pi}{z}$
Modul (Durchmesserteilung):	$m = \frac{p}{\pi}$
	$m = \frac{d \cdot \pi}{\pi \cdot z}$
	$m = \frac{d}{z}$
Kopfhöhe:	h_a
Kopfspiel:	$c = 0{,}1$ bis $0{,}3 \cdot m$
Fußhöhe:	$h_f = h_a + c$
Kopfkreis-∅:	$d_a = d + 2\ h_a$
Fußkreis-∅:	$d_f = d - 2\ h_f$
Achsabstand:	$a = \frac{d_1 + d_2}{2}$
	$a = \frac{m\,(z_1 + z_2)}{2}$
Lückenweite:	e
Zahndicke:	s

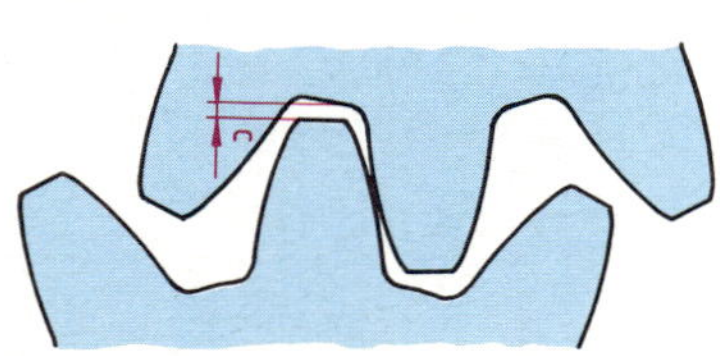

Kopfspiel *c*

Achsabstand a: Mit den Teilkreisdurchmessern $d_1 = m \cdot z_1$ und $d_2 = m \cdot z_2$ ergibt sich der Achsabstand bei einem Zahnradpaar zu:

$$a = \frac{d_1 + d_2}{2} = m \frac{(z_1 + z_2)}{2}.$$

Flankenspiel: Theoretisch ist bei zwei miteinander kämmenden Zahnrädern die **Lückenweite** e zwischen zwei Zähnen gleich der **Zahndicke** s. Es muß jedoch ein geringes Spiel vorhanden sein, um eine wirkungsvolle Schmierung zu gewährleisten und um Einbauungenauigkeiten und Wärmedehnungen ausgleichen zu können. Als **Drehflankenspiel** j_t wird hierbei das auf den Teilkreis bezogene Bogenstück bezeichnet, um das sich das eine Rad gegenüber dem anderen als feststehend gedachte Rad verdrehen läßt.

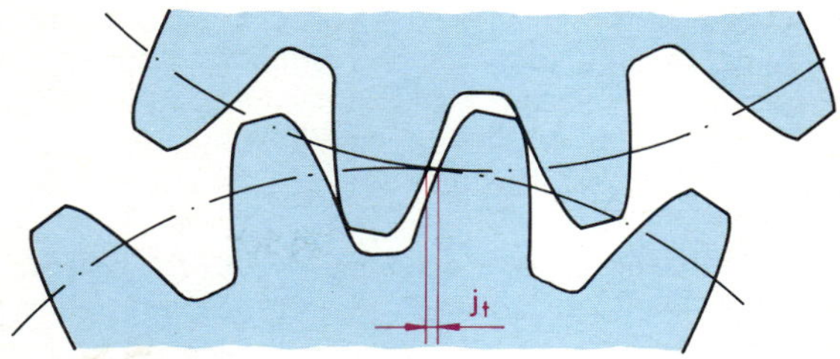

Drehflankenspiel j_t

Übersetzungsverhältnis i: Das Übersetzungsverhältnis eines Zahnradpaares läßt sich auch aus dem Verhältnis der Zähnezahlen bestimmen.

$$i = \frac{n_1}{n_2} = \frac{d_2}{d_1} = \frac{m \cdot z_2}{m \cdot z_1} \qquad i = \frac{z_2}{z_1}$$

Beispiel: Ein Zahnradpaar mit dem Modul $m = 3$ mm hat ein Übersetzungsverhältnis von 1,6. Die Zähnezahl des treibenden Rades beträgt 20.

Berechnung der Zähnezahl des getriebenen Rades, der Teilkreisdurchmesser und des Achsabstandes:

Zähnezahl

$$i = \frac{z_2}{z_1} \Rightarrow z_2 = i \cdot z_1 = 1{,}6 \cdot 20 = 32$$

Teilkreisdurchmesser

$$d_1 = m \cdot z_1 = 3 \text{ mm} \cdot 20 = 60 \text{ mm}$$
$$d_2 = m \cdot z_2 = 3 \text{ mm} \cdot 32 = 96 \text{ mm}$$

Achsabstand

$$a = \frac{d_1 + d_2}{2} = \frac{60 \text{ mm} + 96 \text{ mm}}{2} = 78 \text{ mm}$$

Wälzfräsen eines schrägverzahnten Stirnrades

Bezugsprofil: Das Profil der Werkzeuge (Kamm-Meißel, Abwälzfräser), die zur Herstellung evolventenverzahnter Stirnräder eingesetzt werden, ist in DIN 867 durch das sogenannte Bezugsprofil festgelegt. Es ist das Profil einer Zahnstange mit Evolventenverzahnung (Bezugszahnstange).

Die geradlinigen Flanken des Bezugsprofils schließen mit den Normalen (Senkrechten) zur Profilbezugslinie den Profilwinkel $\alpha_p = 20°$ (gleich dem Eingriffswinkel) ein. Danach ergibt sich ein Flankenwinkel von $2\,\alpha_p = 40°$.

Die Profilbezugslinie schneidet das Bezugsprofil so, daß auf ihr die Zahndicke s_p gleich der Lückenweite e_p und gleich der halben Teilung $\frac{p}{2}$ ist.

Die Profilhöhe h_p wird durch die Profilbezugslinie in die Kopfhöhe $h_{ap} = m$ die Fußhöhe $h_{fp} = m + c$ unterteilt.

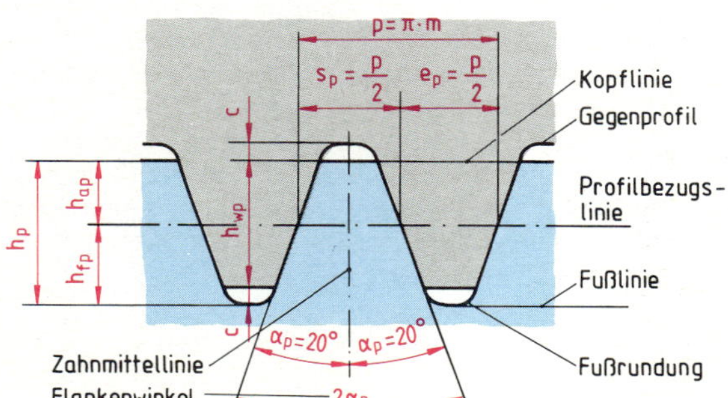

Bezugsprofil der Evolventenverzahnung (mit Gegenprofil) nach DIN 867

Profilwinkel: α_p
Zahndicke: s_p
Lückenweite: e_p

$$s_p = e_p = \frac{p}{2}$$

Kopfhöhe: $h_{ap} = m$
Fußhöhe: $h_{fp} = m + c$
Profilhöhe: $h_p = h_{ap} + h_{fp}$
$h_p = 2\,m + c$
gemeinsame Zahnhöhe: $h_{wp} = 2 \cdot m$

Profilverschiebung: Durch die Teilkreisdurchmesser ist der Achsabstand vorgegeben. Wenn aus Konstruktionsgründen von diesem Achsabstand abgewichen werden muß, ermöglicht die Evolventenverzahnung mit Hilfe der sogenannten Profilverschiebung einen Ausgleich der Abweichung.

Bei einem vergrößerten Achsabstand wird bei der Herstellung des Zahnrads das Werkzeug um den gewünschten Betrag vom Werkstück abgerückt. Man spricht in diesem Falle von einer **positiven Profilverschiebung**.

Die positive Profilverschiebung hat den Vorteil, daß hierdurch der Zahnfuß dicker wird und somit größere Kräfte übertragen werden können.

Soll der Achsabstand verkleinert werden, weil zum Beispiel aus konstruktiven Gründen bestimmte Maße eingehalten werden müssen, so wird mit einer **negativen Profilverschiebung** gearbeitet. Hierbei wird das Abwälzwerkzeug bei der Zahnradherstellung gegenüber der Normallage näher an das Werkstück herangerückt.

Räder ohne Profilverschiebung werden als **Null-Räder** bezeichnet, Räder mit positiver Profilverschiebung **als V-Plus-Räder** und solche mit negativer Profilverschiebung als **V-Minus-Räder**.

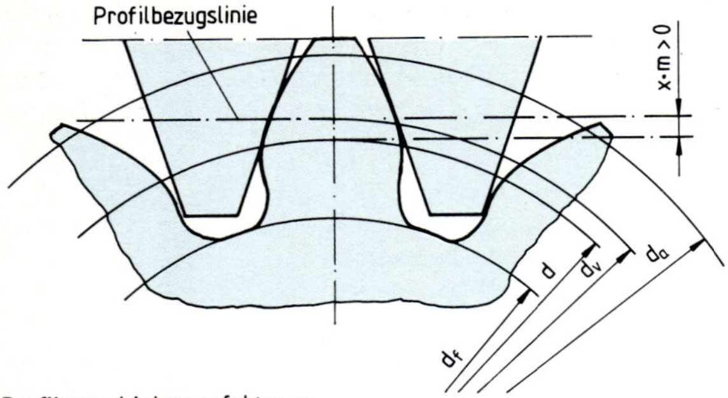

Profilverschiebungsfaktor: x

Betrag der Profilverschiebung: x · m

Positive Profilverschiebung

V-Kreis-∅: $d_v = d + 2 \cdot x \cdot m$

Funktionselement Welle

Bei einem Rädergetriebe, zum Beispiel einem Zahnradgetriebe, wird Drehenergie zugeführt, innerhalb des Getriebes weitergeleitet und am Getriebeausgang abgeführt. Die hierzu erforderliche Grundfunktion **Leiten** wird von Wellen übernommen. Damit die im Getriebe eingebauten Zahnräder ihre Aufgabe der Energieübertragung – speziell die Grundfunktion **Koppeln** – ordnungsgemäß erfüllen können, müssen sie in einer bestimmten Position zueinander angeordnet sein und gehalten werden, d. h. es dürfen keine unzulässigen Versetzungen auftreten. Die hierzu erforderliche Grundfunktion **Führen** erfüllt ebenfalls die Welle, die entsprechend biegesteif auszuführen ist. Sie wird ihrerseits im Getriebegehäuse in Lagern geführt.

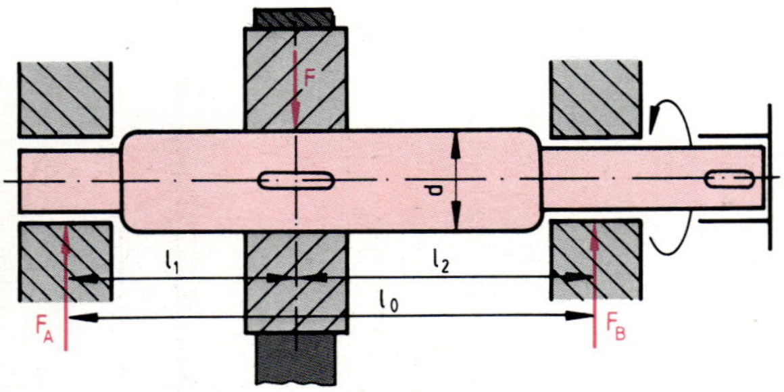

Auf Verdrehung, Biegung und Scherung beanspruchte Welle

Die Welle ist demnach ein Funktionselement, das in erster Linie die Energiekomponente Drehmoment leitet und deshalb vorwiegend auf Verdrehung beansprucht wird. Die in Getrieben verwendeten **geraden starren Wellen** übernehmen außerdem die Grundfunktion Führen, wodurch sie auch Biege- und Scherbeanspruchungen aufzunehmen haben.

Sollen hin- und hergehende Bewegungen in Drehbewegungen überführt werden – zum Beispiel beim Hubkolbenmotor – oder umgekehrt Drehbewegungen in hin- und hergehende Bewegungen – wie zum Beispiel bei der Kolbenpumpe –, so ist die Grundfunktion **Richten – Oszillieren** zu erfüllen. Diese Funktion übernehmen Kurbelwellen, also **gekröpfte starre Wellen**, in Verbindung mit Pleuelstangen.

Kurbelwelle

Wenn von der Eingangsseite zur Ausgangsseite einer Welle Versetzungen auszugleichen sind, so ist außer der Grundfunktion Leiten auch die Grundfunktion **Richtungändern** zu verwirklichen. Hierzu werden **Gelenkwellen** eingesetzt.

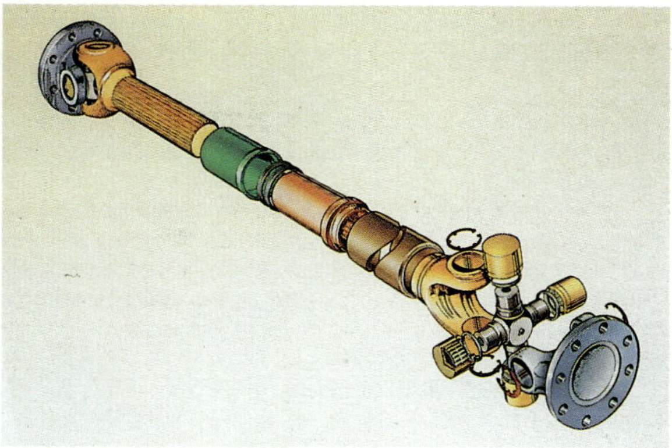

Gelenkwelle mit Kreuzgelenken

Sind größere Umdrehungsfrequenzen bei geringen Drehmomenten über größere Entfernungen und bei versetzter Eingangs- und Ausgangsseite zu übertragen, so werden die Grundfunktionen **Leiten** und **Richtungändern** von **biegsamen Wellen** übernommen.

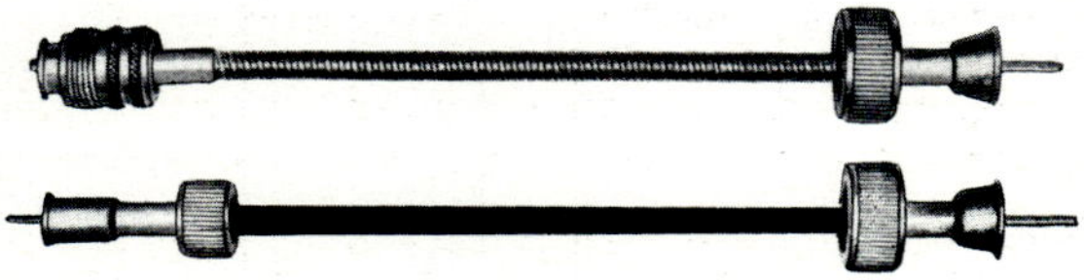

Biegsame Tachowellen

Aufgaben zur Wiederholung und Vertiefung

1. Welcher Unterschied besteht zwischen Getrieben und Kupplungen als Funktionseinheiten?

2. Welche Grundfunktionen sind bei Kupplungen und Getrieben gleich?

3. Welche Grundfunktion wird von einer Kupplung gegenüber einem Getriebe **nicht** erfüllt?

4. Zur Energieübertragung müssen bestimmte Grundfunktionen erfüllt werden. Beschreiben Sie, wie die Grundfunktionen Koppeln, Führen und Leiten von Getrieben, Kupplungen, Zahnrädern und Wellen verwirklicht werden.

5. Wozu wird bei den Verzahnungsmaßen der Modul *m* festgelegt?

6. Zu welchen Zwecken werden bei Zahnrädern Profilverschiebungen vorgenommen?

7. Durch welche konstruktiven Maßnahmen kann die Geräuschentwicklung von Getrieben beeinflußt werden?

8. Welche Vorteile haben evolventenverzahnte Zahnräder?

9. Der Gleichstrommotor eines Vorschubantriebes hat ein Drehmoment von 40 Nm bei einer Umdrehungsfrequenz von 1500 1/min. Berechnen Sie:

a) die Nutzleistung des Motors;

b) die Input-Leistung des Motors bei einem Wirkungsgrad von 0,8;

c) die Riemengeschwindigkeit des Zahnriemens, wenn die Zahnscheibe des Motors einen Wirkdurchmesser von 71,3 mm hat;

d) das Übersetzungsverhältnis des Zahnriemengetriebes, wenn die angetriebene Zahnscheibe einen Wirkdurchmesser von 178,25 mm hat;

e) die Umdrehungsfrequenz der Kugelgewindespindel;

f) das Nutzdrehmoment des Vorschubantriebes, wenn der Wirkungsgrad des Zahnriemengetriebes 0,9 und der Kugelgewindemutter 0,93 beträgt;

g) die Nutzleistung des Vorschubantriebes mit dem Nutzdrehmoment und der Umdrehungsfrequenz der Spindel und zur Kontrolle mit der Input-Leistung und dem Gesamtwirkungsgrad.

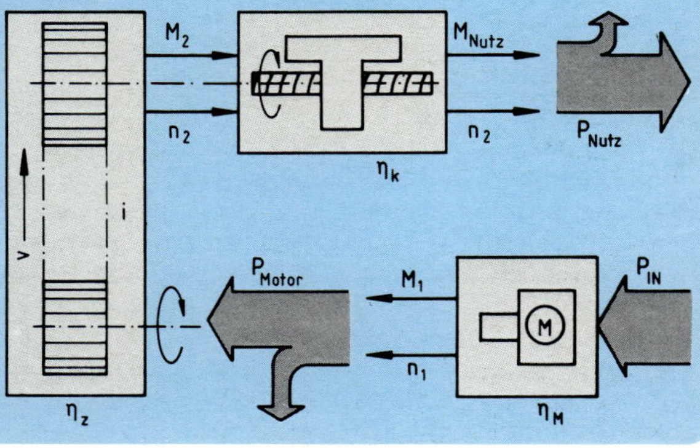

4.3 Funktionseinheiten und Funktionselemente zum Stützen und Tragen

Bei komplexen technischen Systemen – zum Beispiel einer Fräsmaschine – müssen die einzelnen Funktionseinheiten – wie Antriebseinheit, Steuerungs- und Regelungseinheit – in bestimmter räumlicher Anordnung einander zugeordnet sein; man spricht von der **räumlichen Struktur des Systems.** Diese Zuordnung kann starr sein, wie zum Beispiel zwischen Antriebseinheit und Energieübertragungseinheit. Ebenso kann sie in bestimmter Weise veränderlich sein; so ist zum Beispiel der Aufspanntisch in Richtung der x- und der y-Achse verschiebbar.
Zudem können die Funktionselemente innerhalb der einzelnen Funktionseinheiten starr angeordnet sein, so zum Beispiel die Lagerschalen im Getriebegehäuse. Die Funktionselemente können allerdings auch in bestimmter Weise beweglich eingebaut sein, wie beispielsweise die Welle im Getriebegehäuse.
Es müssen also sowohl Funktionseinheiten als auch Funktionselemente entsprechend den jeweils von ihnen auszuführenden Funktionen gestützt und getragen werden. Funktionseinheiten zum Stützen und Tragen sind insbesondere **Maschinengestelle und Gehäuse.** Wichtige Funktionselemente zum Stützen und Tragen sind vor allem **Achsen, Lager und Führungen.**

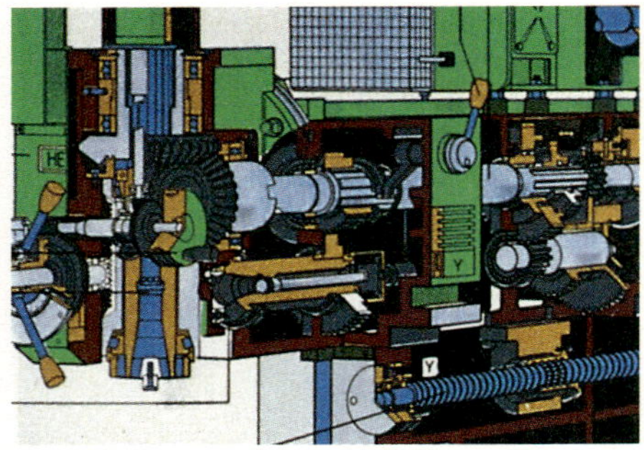

Vertikalfräskopf

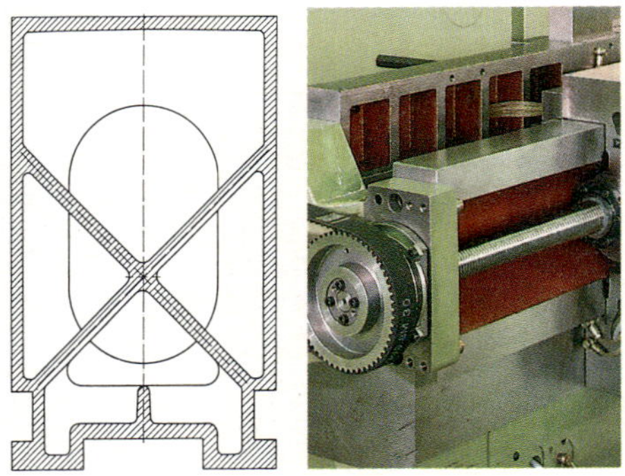

Fräsmaschinenständer mit verwindungssteifer Verrippung

4.3.1 Maschinengestelle und Gehäuse

Entsprechend der Vielfalt verschiedenartiger Maschinen ist die Gestaltung von Maschinengestellen sehr unterschiedlich. Bei der Fräsmaschine zum Beispiel besteht das Maschinengestell aus Untergestell und Ständer, der die Antriebseinheit (Elektromotor), die Energieübertragungseinheit (Getriebe) und die Arbeitseinheit (Fräskopf und Frästisch) trägt. Bei einer Drehmaschine ist auf dem Untergestell das Drehmaschinenbett befestigt, das zur Aufnahme von Antriebsmotor, Getriebekasten, Spindelstock, Werkzeugschlitten und Reitstock dient.

Maschinengestelle

Maschinengestelle müssen möglichst biegesteif und schwingungsdämpfend ausgeführt sein, damit die jeweiligen Arbeitsprozesse (zum Beispiel Fräsen, Drehen) mit der notwendigen Präzision ausgeführt werden können. Sie müssen dabei die auftretenden Kräfte und Momente aufnehmen, weiterleiten und durch entsprechende Gegenkräfte und Gegenmomente auffangen (Grundfunktionen **Leiten** und **Führen**), und auftretende Schwingungen sollen gedämpft, ihre Weiterleitung also vermieden oder zumindest abgeschwächt werden (Grundfunktion **Isolieren**).

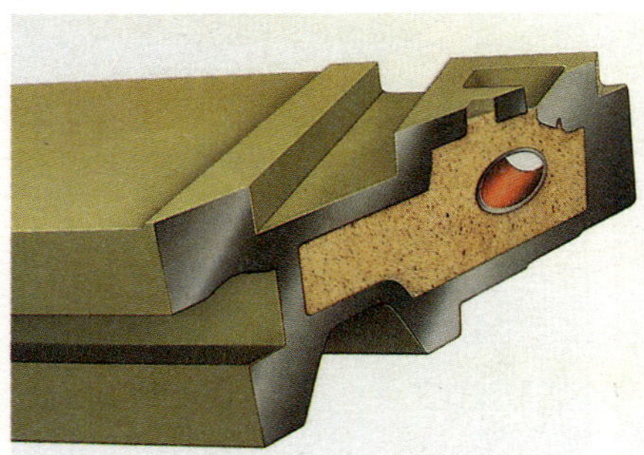

Ständerfuß mit schwingungsdämpfender Polymerbetonfüllung

Gehäuse

Gehäuse dienen zur Aufnahme von Funktionselementen, bei Zahnradgetrieben zum Beispiel von Zahnrädern, Wellen und Lagern. Gehäuse müssen ebenfalls möglichst biegesteif und schwingungsdämpfend ausgeführt sein, um die auftretenden Kräfte und Momente ohne unzulässige Verformungen und Schwingungen aufzunehmen, weiterzuleiten und durch entsprechende Gegenkräfte und Gegenmomente aufzufangen. Gehäuse erfüllen also in bezug auf Kräfte und Momente die Grundfunktionen **Leiten** und **Führen** und in bezug auf Schwingungsdämpfung die Grundfunktion **Isolieren.** Werden in Gehäusen auch Flüssigkeiten, wie Schmierstoffe, aufgefangen, so müssen sie flüssigkeitsdicht ausgeführt sein (Grundfunktion **Isolieren**) und gegebenenfalls ein genügend großes Speichervolumen haben (Grundfunktion **Speichern**).

Getriebe mit Ölwanne

4.3.2 Achsen, Lager, Führungen

Achsen

Aufgabe von Achsen ist es, sich drehende oder schwingende Maschinenteile aufzunehmen, ohne dabei – wie bei Wellen – Drehmomente zu übertragen (vgl. Seite 128). Achsen können deshalb feststehen, um zum Beispiel bei einem Getriebe ein sich lose mitdrehendes Zwischenrad aufzunehmen; sie können aber auch selbst rotieren, wie zum Beispiel Radachsen bei Eisenbahnwaggons. Achsen werden also auf Biegung und Scherung beansprucht. Sie müssen die auftretenden Momente und Kräfte aufnehmen, weiterleiten und auf die Lagerstellen übertragen (Grundfunktion **Leiten**). Dabei ist der Kraftfluß durch entsprechend biegesteife Konstruktion so zu führen, daß keine unzulässigen Verformungen auftreten (Grundfunktion **Führen**).

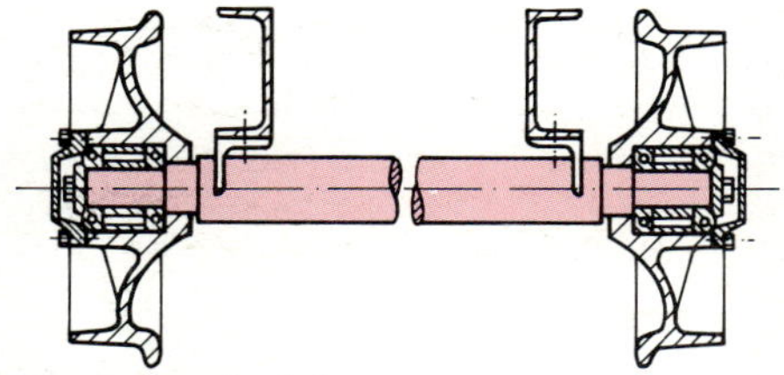

Feststehende Achse

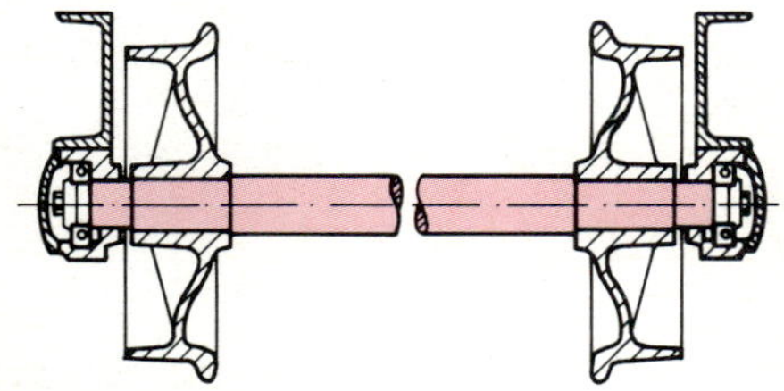

Rotierende Achse

Lager

Sich drehende Achsen und Wellen müssen in einer bestimmten Position geführt werden. Diese Grundfunktion **Führen** erfüllen Lager.

Lager haben außerdem die von den Achsen oder Wellen ausgeübten Kräfte in das tragende Gestell oder Gehäuse weiterzuleiten. Lager übernehmen also auch die Grundfunktion **Leiten.** Sie werden als **Gleitlager** oder als **Wälzlager** ausgeführt.

Gleitlager

- Gleitlager

Beim Funktionselement **Gleitlager** gleitet die Lagerstelle der Achse oder der Welle, die in der Regel als **Zapfen** ausgebildet ist, unmittelbar im Lagergehäuse oder in Lagerbuchsen oder Lagerschalen. Führt das Lager die Achse oder Welle in radialer Richtung derart, daß die auftretenden Lagerkräfte senkrecht zur Lagerachse verlaufen, so spricht man von **Radiallagern.** Bei **Axiallagern** werden Wellen oder Achsen in axialer Richtung geführt, die Lagerkräfte verlaufen also parallel zur Lagerachse.

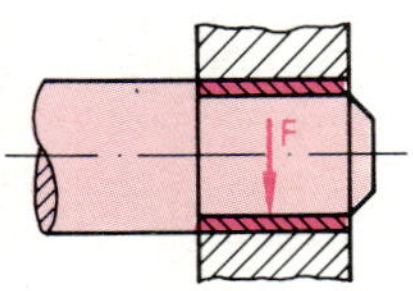

Radiallager

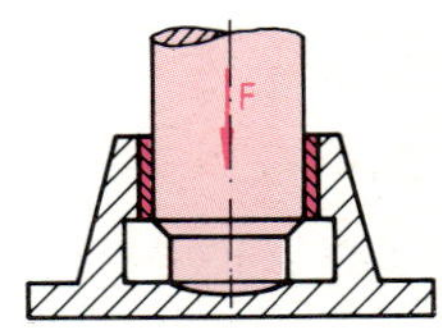

Axiallager

Um die bei Gleitlagern auftretende **Gleitreibung** und damit auch den Werkstoffverschleiß herabzusetzen, muß für eine ausreichende Trennschicht zwischen Zapfen und Lager gesorgt werden. In bezug auf den möglichen Materialkontakt zwischen Zapfen und Lager erfüllt die Zwischenschicht also die Grundfunktion **Isolieren,** in bezug auf die Übertragung der Lagerkräfte jedoch die Grundfunktion **Leiten.** Sie kann aus Flüssigkeiten, Gasen (z. B. Luft) oder gleitfähigen Feststoffen (z. B. Graphit) bestehen.

Bei der Schmierung mit Flüssigkeiten (Schmieröl) muß durch besondere Vorkehrungen sichergestellt werden, daß die Trennschicht aufgebaut und aufrechterhalten wird. Dies kann entweder hydrodynamisch oder hydrostatisch erfolgen.

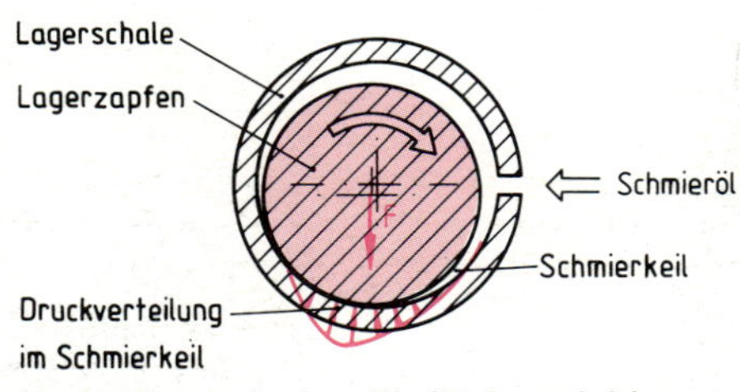

Hydrodynamisches Einflächengleitlager

Bei der **hydrodynamischen Schmierung** wird der Effekt ausgenutzt, daß zwischen Lager und Zapfen ein keilförmiger Spalt entsteht, in dem es bei hoher Umdrehungsfrequenz der Welle, d. h. bei hoher Gleitgeschwindigkeit, zu einer Druckerhöhung des zugeführten Schmieröls kommt; dadurch schwimmt der Lagerzapfen auf. Der hierdurch entstehende Schmierfilm ist um so stabiler, je höher die Gleitgeschwindigkeit ist, das heißt aber auch, daß bei niedrigen Gleitgeschwindigkeiten, also insbesondere beim Anlaufen, **Mischreibung** auftritt, da Zapfen und Lagerschale nicht vollständig durch den Schmierfilm getrennt werden.

Um einen möglichst zentrischen Lauf des Lagers zu erzielen (Grundfunktion **Führen**), werden die Lagerschalen so ausgeführt, daß sich über den Umfang verteilt mehrere Schmierstoffkeile bilden (**hydrodynamisches Mehrflächengleitlager**).

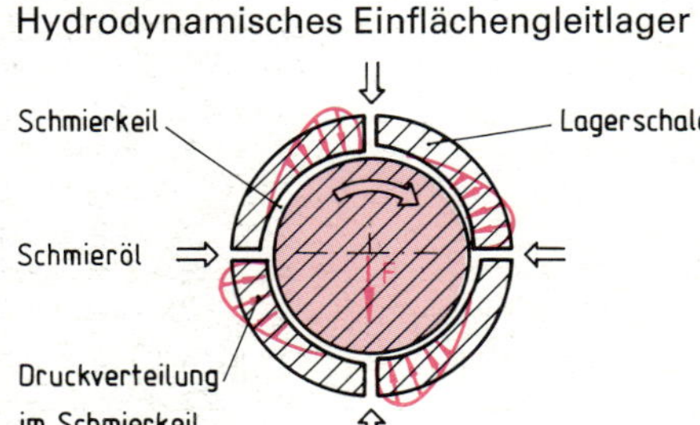

Hydrodynamisches Mehrflächengleitlager

Bei der **hydrostatischen Schmierung** wird das Schmieröl unter hohem Druck durch mehrere am Umfang des Lagers angebrachte Bohrungen und Öltaschen zugeführt. Hierdurch entsteht – unabhängig von der Umdrehungsfrequenz – ein tragfähiger Schmierfilm, so daß auch beim Anlaufen keine Mischreibung, sondern von vornherein nur **Flüssigkeitsreibung** auftritt.

Besteht die Gefahr, daß Schmierstoffe zu unzulässigen Verunreinigungen führen (z. B. bei Nahrungsmittel- oder Textilmaschinen), so werden schmierölfreie **Trockenlauflager** oder **Luftlager** eingesetzt, bei denen Druckluft eine Trennung zwischen Zapfen und Lagerschale bewirkt (**aerostatische Lagerung**). Derartige Lager eignen sich allerdings nur für geringere Belastungen.

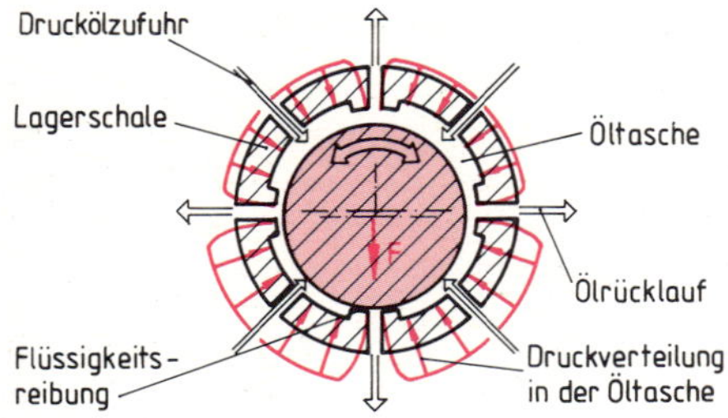

Hydrostatisches Gleitlager

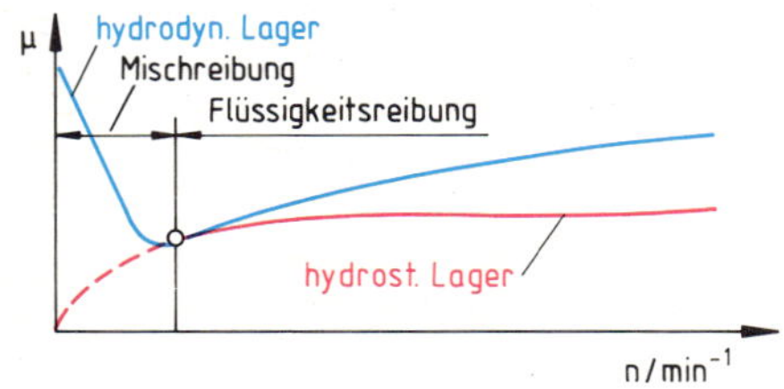

Zusammenhang zwischen Reibungszahl und Umdrehungsfrequenz

- Wälzlager

Beim Funktionselement Wälzlager übernehmen Wälzkörper in Verbindung mit Innen- und Außenring die Grundfunktionen **Führen** und **Leiten**. Die Wälzkörper rollen auf dem Innenring und dem Außenring ab und werden durch einen Käfig auf Abstand zueinander gehalten. Beim Wälzlager tritt also im wesentlichen **Rollreibung** auf.

Je nach Richtung der aufzunehmenden Lagerkräfte werden Wälzlager als **Radiallager** oder als **Axiallager** ausgeführt. Je nach Bauform können Wälzlager aber auch sowohl Radial- als auch Axialkräfte aufnehmen.

Aufbau eines Wälzlagers

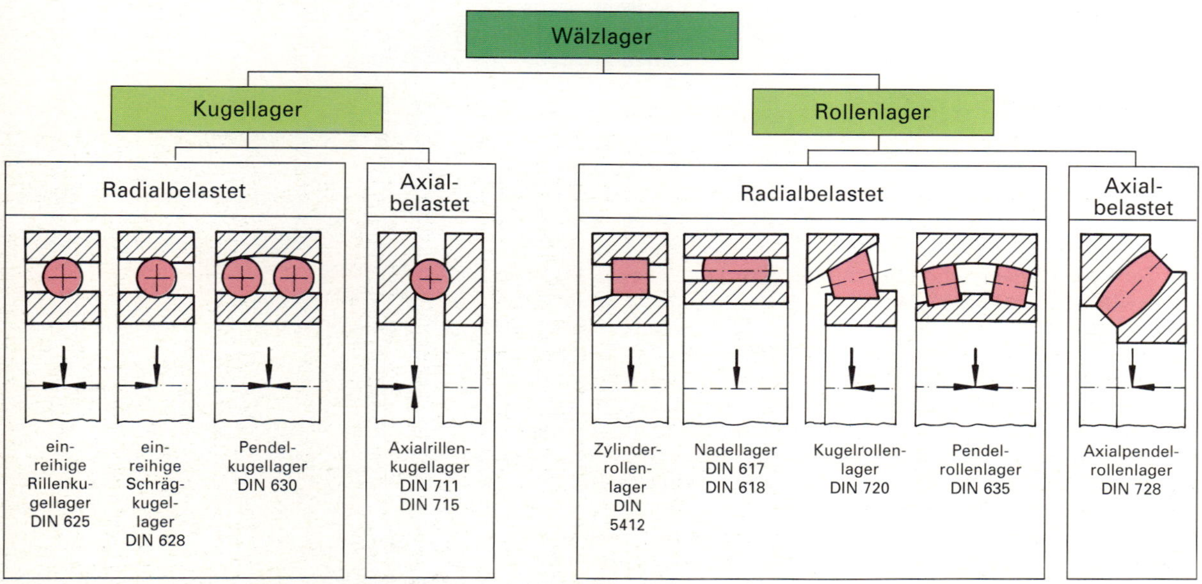

Übersicht über Wälzlager

- Festlager, Loslager

Wegen auftretender Fertigungsungenauigkeiten sowie zur Gewährleistung eines verspannungsfreien Einbaus und zum Ausgleich von Wärmedehnungen muß bei zweifacher Wellenlagerung ein Lager als **Loslager** ausgeführt werden. Dieses kann im Gegensatz zum **Festlager** axiale Verschiebungen aufnehmen.
Die axiale Beweglichkeit wird entweder durch die Konstruktion des Lagers selbst ermöglicht (z. B. beim Nadellager) oder durch eine entsprechende Konstruktion der Lagerstelle. Im letzteren Fall ist die Lagerstelle so zu gestalten, daß entweder der Innenring oder der Außenring beweglich ist.
Die vorwiegenden Anwendungsbereiche von Gleitlagern und Wälzlagern ergeben sich aus ihren besonderen Eigenschaften und den jeweiligen betrieblichen Anforderungen.

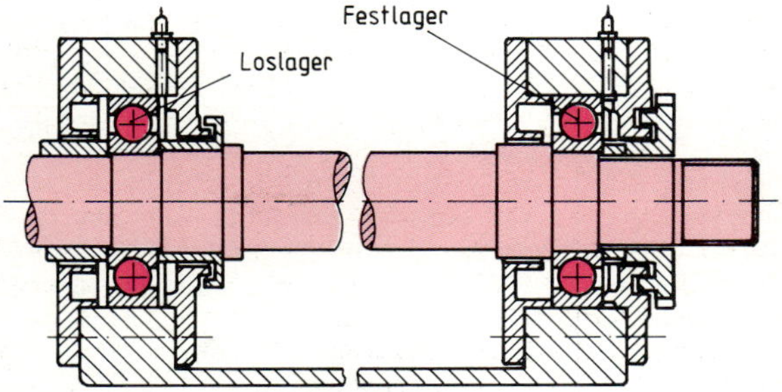

Wellenlagerung durch Fest- und Loslager

- Vergleich Gleitlager – Wälzlager

Gleitlager werden bevorzugt bei Maschinen eingesetzt, die im Dauerbetrieb mit hohen Umdrehungsfrequenzen laufen und für die eine lange Lebensdauer verlangt wird (zum Beispiel bei Generatoren, Wasser- und Dampfturbinen, Turboverdichtern und Kreiselpumpen). Ebenso werden sie bei Maschinen und Anlagen mit wechselnder Belastung und hohen Belastungsstößen verwendet (zum Beispiel in Walzgerüsten, Pressen und Stanzen).
Für derartige Belastungen sind Gleitlager insbesondere deshalb geeignet, weil der Wellenzapfen auf einer großen dämpfenden Fläche aufliegt.
Wälzlager werden bevorzugt dann eingesetzt, wenn hohe Betriebssicherheit bei geringem Wartungsaufwand verlangt wird (zum Beispiel bei Werkzeugmaschinen, Fahrzeugen, Elektromotoren). Wälzlager sind auch dann von Vorteil, wenn unter hoher Last langsame Drehbewegungen auszuführen sind.

Gleitlager

Einbau eines Wälzlagers

Vergleich Gleitlager – Wälzlager

Eigenschaften	Gleitlager hydrodynamisch	Gleitlager hydrostatisch	Wälzlager
Anlaufmoment	hoch	gering	gering
Umdrehungsfrequenz	hoch		begrenzt
Änderung der Umdrehungsfrequenz	empfindlich	unempfindlich	unempfindlich
Drehrichtungsumkehr	problematisch	problemlos	problemlos
Stoß und Erschütterung	unempfindlich		empfindlich
Geräuschentwicklung	gering		höher
Empfindlichkeit gegen Verschmutzung	gering		hoch
Wartungsaufwand	hoch		gering
Schmierstoffverbrauch	hoch		gering
Lebensdauer	sehr hoch		begrenzt
Austauschbau	aufwendig		einfach

Führungen

Vor allem bei Werkzeugmaschinen müssen einzelne Maschinenteile genau festgelegte geradlinige Bewegungen ausführen, damit das Werkstück in der vorgesehenen Art und Weise möglichst exakt bearbeitet wird. Es ist also die Grundfunktion **Führen** zu erfüllen. Außerdem müssen die auftretenden Gewichts- und Bearbeitungskräfte aufgenommen und weitergeleitet werden (Grundfunktion **Leiten**). Diese Grundfunktionen werden von **Führungen** übernommen.

So muß bei einer Drehmaschine die Führung des Längsschlittens die Gewichtskraft des Schlittens und die Zerspanungskräfte aufnehmen und außerdem eine exakte Bewegung und Positionierung des Schlittens gewährleisten.

Führung des Schlittens einer Drehmaschine

- Gleit- und Wälzführungen

Ebenso wie bei Lagern werden Führungen als Gleitführungen oder Wälzführungen ausgeführt.

Bei der **Gleitführung** gleitet das zu bewegende Bauteil auf der Führung. Die hierbei auftretende **Haft- und Gleitreibung** muß möglichst gering gehalten werden, um geringen Werkstoffverschleiß und damit eine wichtige Voraussetzung für eine hohe Führungs- und Positioniergenauigkeit sicherzustellen.

Günstige Reibungsbedingungen lassen sich einerseits durch entsprechende **Werkstoffpaarungen** erzielen, andererseits durch ausreichende **Schmierung,** die für eine Trennschicht zwischen den Gleitflächen sorgen soll.

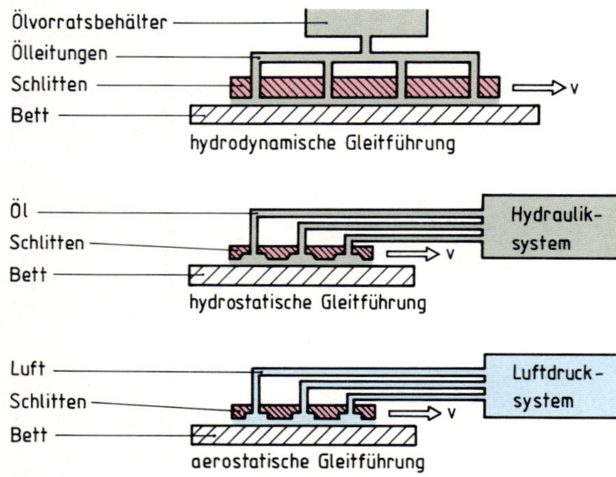

Schmierfilmaufbau bei Gleitführungen

Als **Werkstoffpaarung** wurden früher vor allem Grauguß oder Bronze mit gehärtetem Stahl verwendet. Heute werden vorwiegend Kunststoffe als Paarungswerkstoff eingesetzt. Hierbei erlaubt Teflon sogar Trockenlauf. Kunststoffe vermindern das Auftreten des sogenannten **Stick-Slip-Effektes.** Hierunter versteht man das ruckartige Bewegen bei geringen Gleitgeschwindigkeiten, das durch den Übergang von der Haftreibung zur Gleitreibung entsteht. Der Stick-Slip-Effekt bewirkt Schwingungen und damit eine Beeinträchtigung der Bearbeitungsgüte.

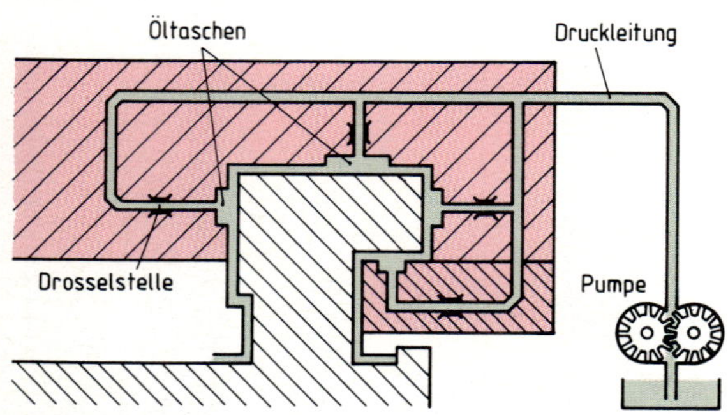

Hydrostatische Schmierung

Bei der Schmierung kann – wie bei den Lagern – zwischen **hydrodynamischer und hydrostatischer Schmierung** unterschieden werden. Hierbei hat die hydrodynamische Schmierung wiederum den Nachteil höherer Anlaufreibung. Außerdem gibt es auch die **aerostatische Gleitführung,** bei der die Trennschicht durch Druckluft erzeugt wird. Bei der hydrostatischen und der aerostatischen Gleitführung tritt der Stick-Slip-Effekt nicht auf.

Bei **Wälzführungen** stützt sich das zu bewegende Bauteil auf Wälzkörper ab, die zwischen dem feststehenden Maschinenteil und dem zu bewegenden Bauteil abwälzen. Hierbei legen die Wälzkörper eine jeweils halb so lange Strecke zurück wie das zu bewegende Bauteil.

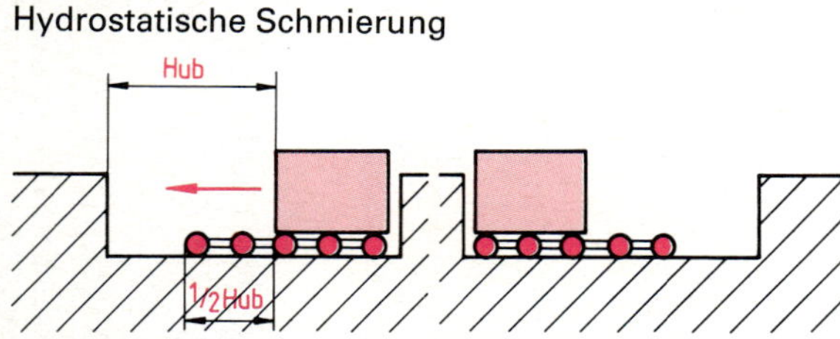

Bewegungsablauf bei Wälzführungen

Da die Wälzlager ihrerseits geführt werden müssen, sind sie in Käfigen angeordnet.

Wegen der Längsbewegung, die auch die Wälzkörper ausführen, können nur kleine Verfahrwege ausgeführt werden. Um auch längere Verfahrwege zu ermöglichen, gibt es **Wälzführungen**, bei denen die Wälzkörper rückgeführt werden.

Die von Führungen zu übernehmende Grundfunktion **Führen** bezieht sich auf eine Längsführung und Querführung und zusätzlich auch auf eine Absicherung gegen Abheben und Kippen des zu führenden Schlittens. Je nach Querschnitt der Führung können jedoch nur einzelne dieser verschiedenen Aufgaben erfüllt werden.

Die **Flachführung** bewirkt eine Längsführung und eine Seitenführung, die durch eine nachstellbare Keilleiste spielarm gemacht wird. Um das Abheben des Schlittens zu vermeiden, müssen Schließleisten vorgesehen werden.

Bei der **Schwalbenschwanzführung** kann die Schließleiste entfallen.

Prismenführungen können als V-Führung oder als Dachführung gestaltet werden. Die Seitenführung stellt sich bei Abnutzung selbst nach. Zur Sicherung gegen Abheben ist jedoch eine Schließleiste erforderlich.

Vielfach werden verschiedene Ausführungsformen paarweise kombiniert (zum Beispiel Prismenführung mit nachstellbarer Schließleiste und Flachführung). Ähnlich wie bei der Lagerung von Wellen muß dabei zum Ausgleich von Wärmeausdehnungen bei einer Führungsseite – dem Loslager vergleichbar – Spiel vorgesehen werden.

Zylindrische Führungen werden zur Längsführung zylindrischer Bauteile benutzt (zum Beispiel der Pinole einer Bohrspindel).

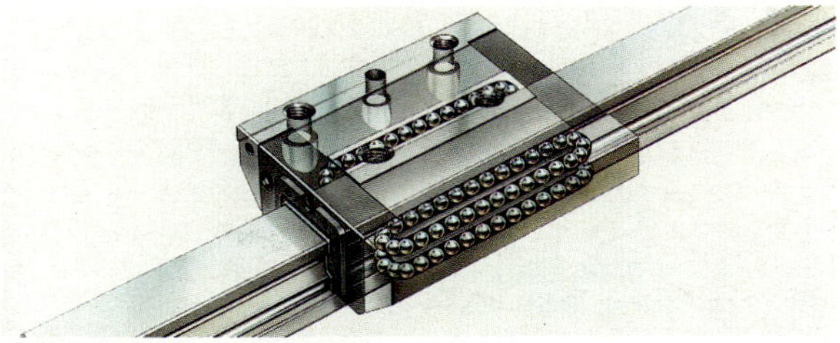

Rückführung der Wälzkörper

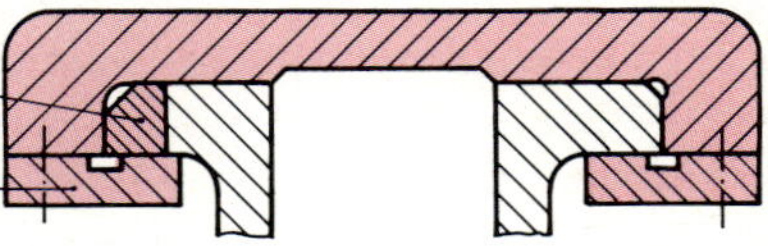

Flachführung

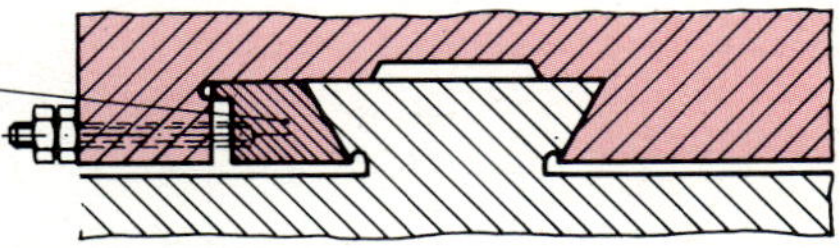

Schwalbenschwanzführung

Prismenführungen

Prismenführung mit nachstellbarer Schließleiste und Flachführung

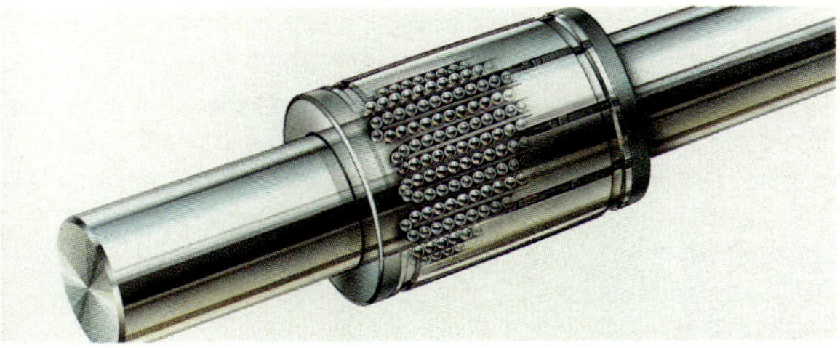

Kugelbuchse als zylindrische Führung

Aufgaben zur Wiederholung und Vertiefung

1. Welche Teilfunktionen und Grundfunktionen erfüllen Maschinengestelle und Gehäuse?
2. Wodurch unterscheiden sich die Funktionselemente Welle und Achse?
3. Welche Arten von Lagern gibt es, und welches sind die Haupteinsatzgebiete?
4. Wie kann bei Gleitlagern die Reibung vermindert werden?
5. Erläutern Sie Vor- und Nachteile von Gleit- und Wälzlagern.
6. In welcher Richtung können Lagerkräfte wirken? Durch welche konstruktiven Maßnahmen können Lagerkräfte, die in verschiedene Richtungen wirken, aufgefangen werden?
7. Welche Gesichtspunkte müssen bei der Lagerung einer Welle berücksichtigt werden?
8. Vergleichen Sie die Grundfunktionen von Lagern und Führungen und die technische Verwirklichung dieser Grundfunktionen.
9. Erläutern Sie die Wirkungsweise einer Wälzführung.
10. Was versteht man unter dem Stick-Slip-Effekt, und wie läßt er sich sicher vermindern?

4.4 Funktionselemente zum Fügen

4.4.1 Funktionen von Verbindungselementen

Damit mechanische Energie von einem Funktionselement auf ein anderes übertragen werden kann (z. B. von einem Zahnrad auf eine Welle oder von einem Lager auf das Maschinengestell) ist es je nach konstruktiver Ausführung erforderlich, diese Funktionselemente zusammenzufügen. **Fügen** ist nach DIN 8580 ein Fachbegriff der Fertigungstechnik. In der Betrachtungsweise der Systemtechnik ist Fügen eine **Grundfunktion**; diese kann durch **unterschiedliche Funktionselemente** erfüllt werden.

Die Übertragung der mechanischen Energie zwischen den Funktionselementen erfolgt in jedem Fall so, daß von einem Element auf das andere Kräfte übertragen werden. Hierzu lassen sich drei Wirkprinzipien anwenden: **Kraftschluß** (z. B. Reibschluß), **Formschluß** und **Stoffschluß**.

Kraftschlüssige Verbindung zwischen Aufspanntisch und Werkstückhalterung

4.4.2 Kraftschlüssige (reibschlüssige) Verbindungen

Beim Fräsvorgang wirken auf den Fräser Schnittkräfte. Diese müssen über die Spannvorrichtung auf den Frästisch übertragen werden. Damit die Spannvorrichtung sich unter der Einwirkung der Kräfte nicht verschieben kann, wird sie auf dem Tisch mit Hilfe von Schrauben befestigt. Diese werden so fest angezogen, daß aufgrund der Anpreßkraft zwischen Spannvorrichtung und Tisch eine große Reibkraft entsteht, die ein Verschieben unmöglich macht.

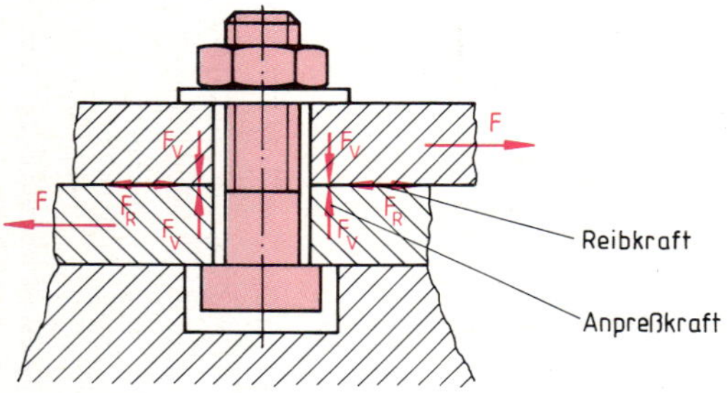

Spannen mit Hilfe einer Klemmschraube

Bei reibschlüssigen Verbindungen wird der Reibungseffekt nutzbar gemacht, d. h. die Verbindung der Bauelemente erfolgt durch die Wirkung von Reibkräften. Deshalb werden **reibschlüssige** Verbindungen auch als **kraftschlüssige** Verbindungen bezeichnet.

Verbindungselemente, die Kräfte nach dem Prinzip des Reibschlusses übertragen, lassen sich auf verschiedene Weise verwirklichen. So kann die erforderliche Anpreßkraft (Normalkraft) außer durch **Verschrauben** auch durch **Pressen** oder **Schrumpfen** oder durch Ausnutzen der **Keilwirkung** erzeugt werden.

Werkzeughalter mit eingespanntem Drehmeißel

Schraubenverbindungen

Das Verbinden von Bauteilen oder Bauelementen durch Schrauben wird an Maschinen und Geräten häufig angewendet. Drehwerkzeuge beispielsweise werden mit Hilfe von Schrauben auf dem Werkzeughalter festgeklemmt; Wellen und Naben können durch Schraubenverbindungen verspannt werden; Motoren und Fräskopf sind am Maschinengestell mit Schrauben befestigt; Abdeckungen und Schutzvorrichtungen werden durch Schrauben gehalten.

Schraubenverbindungen werden vorwiegend dort eingesetzt, wo eine Verbindung häufiger wieder gelöst werden muß (z. B. bei Wartungsarbeiten oder Reparaturen) oder wo ein Fügen durch unlösbare Verbindungen technisch schwierig oder unwirtschaftlich ist.

Schraubenverbindung zwischen Fräskopf und Maschinengestell

In den genannten Anwendungsfällen erfüllt die Schraube die Grundfunktion **Fügen**; sie wird deshalb als Funktionselement bezeichnet. Schrauben mit dieser Funktion heißen **Befestigungsschrauben**. Darüber hinaus können Schrauben auch als **Bewegungsschrauben** (z. B. der Kugelgewindetrieb zum Bewegen des Frästisches) oder als Spindeln in Meßschrauben verwendet werden. In solchen Funktionen sind Schrauben Funktionselemente von Schraubengetrieben (s. S. 116). Unter dem Gesichtspunkt der Schraube als Verbindungselement behandelt dieses Kapitel nur **Befestigungsschrauben**.

Nach ihrem technischen Zweck erfüllen **Befestigungsschrauben** die Grundfunktion **Fügen**, d. h. sie müssen die zu verbindenden Bauteile so aufeinanderpressen, daß diese sich unter der Einwirkung äußerer Kräfte nicht gegeneinander verschieben.

Damit diese Art des Fügens verwirklicht werden kann, muß die Schraubenverbingung noch weitere Grundfunktionen ausüben: Zum Anpressen der Bauteile ist mechanische Energie erforderlich. Diese wird der Schraubenmutter über die Umfangskraft zugeführt, die beim Anspannen der Schraube entlang eines bestimmten Umdrehungsweges wirkt. Die Kraftzufuhr erfolgt durch unmittelbare Einwirkung der Handkraft oder mittelbar mit Hilfe eines Schraubenschlüssels (Grundfunktion **Koppeln**). Die angestrebte Kopplung läß sich durch **Reibschluß** (z. B. bei einer Rändelmutter) oder durch **Formschluß** (z. B. bei einer Flügelmutter oder Sechskantmutter) erreichen.

Ist beim Herstellen einer Schraubenverbindung durch Schraube und Mutter das Aufbringen einer Gegenkraft am Schraubenkopf nicht ohne weiteres durch einen Schraubenschlüssel oder Schraubendreher möglich (z. B. wegen Platzmangels), so wird eine Kopplung zwischen Schraubenbolzen und Werkstück (z. B. durch einen Vierkant) hergestellt.

Das Anpressen der Bauteile erfordert eine sehr große Spannkraft F_v der Schraube. Deshalb muß die Anzugskraft, die über das Drehmoment am Schraubenschlüssel auf die Schraubenmutter ausgeübt wird, vergrößert werden (Grundfunktion **Vergrößern**); diese Funktion erfüllt das **Gewinde**.

- Vergrößern der Anzugskraft

Die Wirkungsweise, durch die bei einem Gewinde die Grundfunktion Vergrößern erreicht wird, läßt sich mit Hilfe des Satzes von der Erhaltung der Energie veranschaulichen. Betrachtet man beim Anziehen der Schraube eine Umdrehung, so legt die Kraft F_u am Flankenumfang den Weg $U = d_2 \cdot \pi$ zurück. Die Schraube bewegt sich dabei in Längsrichtung um die Steigung P. Nach dem Energieerhaltungssatz ist der Energie-Input E_{In} gleich dem Energie-Output E_{out}.

Als Beispiel wird eine Schraube mit dem Gewinde M20 betrachtet.

Das Ergebnis der Berechnung zeigt, daß das Gewinde eine rund 23-fache Vergrößerung der Umfangskraft bewirkt.

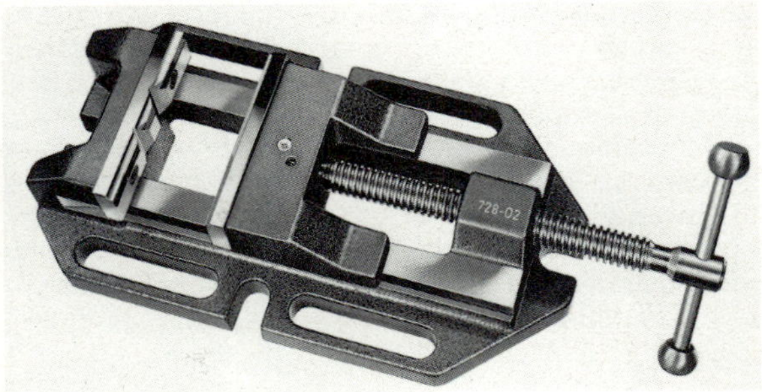

Bewegungsschraube

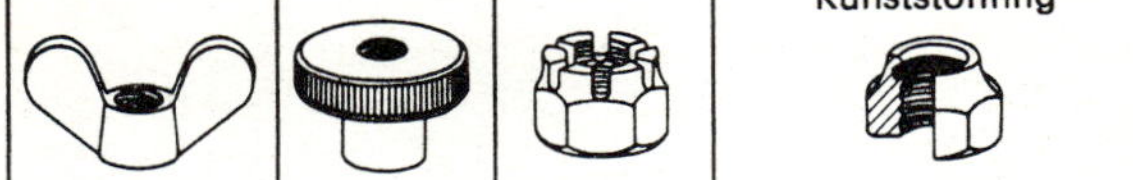

Flügelmutter	Rändelmutter	Kronenmutter	Sechskantmutter, selbstsichernd durch Kunststoffring
DIN 315	DIN 466	DIN 935	DIN 982

Schraubenmuttern

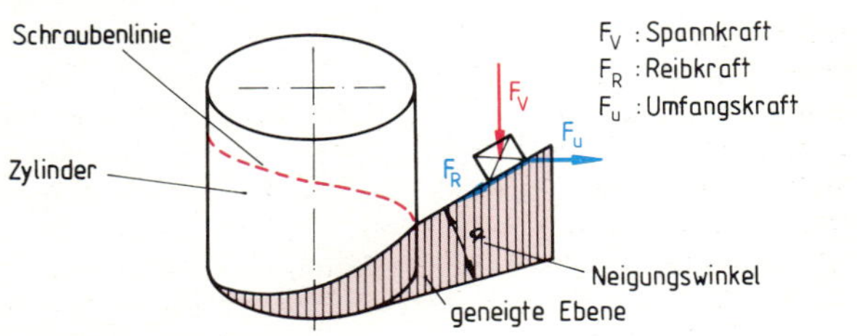

Geneigte Ebene

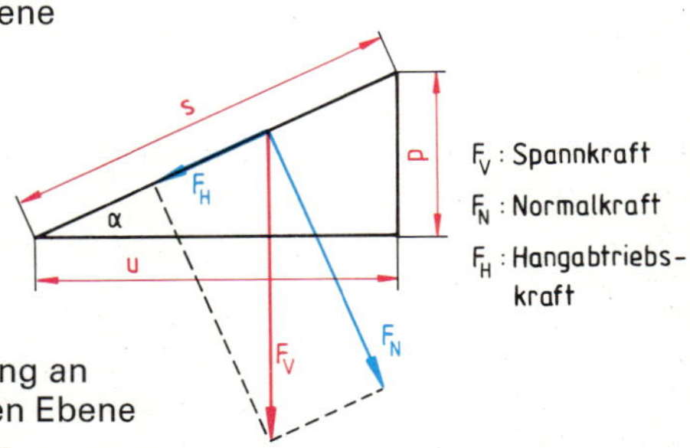

Kraftzerlegung an der geneigten Ebene

$$E_{In} = E_{Out}$$
$$F_u \cdot U = F_v \cdot P$$
$$F_v = F_u \cdot \frac{U}{P}$$
$$U = d_2 \cdot \pi$$
$$F_v = F_u \cdot \frac{d_2\,\pi}{P}$$

U : Flankenumfang
d_2 : Flankendurchmesser
P : Gewindesteigung

$$F_u \cdot \frac{d_2\,\pi}{P} = F_v$$

Vergrößerungsfunktion (reibungsfreier Fall)

$d_2 = 18{,}376$ mm $P = 2{,}5$ mm

$$F_v = F_u \cdot \frac{18{,}376\ \text{mm} \cdot 3{,}14}{2{,}5\ \text{mm}} = F_u \cdot 23$$

Durch die tatsächlich auftretende Reibung wird die Kraftvergrößerung jedoch vermindert. Die auftretende Reibkraft wirkt der Bewegung in den Gewindegängen entgegen. Hierdurch kann nur ein Teil des Energie-Inputs $E_{In} = F_u \cdot U$ in Nutzenenergie $E_{Nutz} = F_v \cdot P$, d. h. zum Anziehen der Schraube, umgesetzt werden; die restliche Energie wird aufgrund der Reibung in Wärmeenergie $E_{Wärme} = F_R \cdot s$ umgewandelt. Die Größe der Reibung ist abhängig von der Reibungszahl μ. Im Vergleich zu dem theoretisch angenommenen reibungsfreien Fall ist die Vergrößerung der Umfangskraft geringer, weil die Spannkraft um die mit dem Faktor $\frac{s}{P}$ multiplizierte Reibkraft vermindert wird. Der Vergrößerungsfaktor ist jetzt $\frac{d_2\pi}{P + \mu \cdot d_2\pi}$; er ist also gegenüber dem reibungsfreien Fall kleiner, weil im Nenner zusätzlich zu der Steigung P der Ausdruck $d_2\pi \cdot \mu$ steht.

Betrachtet man das Beispiel von vorhin mit Berücksichtigung der Reibung (Reibungszahl $\mu = 0{,}15$), so erhält man als Spannkraft F_v:

$$F_v = F_u \cdot \frac{18{,}376\ \text{mm} \cdot \pi}{2{,}5 + 0{,}15 \cdot 18{,}376\ \text{mm} \cdot \pi} = F_u \cdot \frac{57{,}72\ \text{mm}}{11{,}16\ \text{mm}} \qquad F_v = F_u \cdot 5{,}17$$

Das Ergebnis der Berechnung zeigt, daß das Gewinde mit Berücksichtigung der Reibung nur eine rund 5-fache Vergrößerung der Umfangskraft bewirkt.

Die Tatsache, daß nur ein Teil der Input-Energie in Nutzenergie umgewandelt wird, läßt sich auch durch den Wirkungsgrad ausdrücken.

Die bisherigen Überlegungen treffen sowohl für Bewegungsschrauben als auch für Befestigungsschrauben zu. Beim Anziehen von Befestigungsschrauben tritt zusätzlich zu der Reibung in den Gewindegängen auch Auflagereibung zwischen Mutter und Werkstück auf. Es muß also eine zusätzliche Reibkraft überwunden werden, wodurch die Vergrößerung der Anzugskraft weiter herabgesetzt wird. Bei Befestigungsschrauben liegt der Wirkungsgrad deutlich unter 50 %.

- Leiten der Spannkraft

Die Spannkraft muß **von der Schraubenmutter zum Schraubenkopf** geleitet werden (Grundfunktion **Leiten**). Diese Funktion erfüllt der Schraubenbolzen, der deshalb auch eine bestimmte Mindestzugfestigkeit aufweisen muß (Werkstoffgüte von Schrauben DIN 267). Die Spannkraft soll auch nach dem Anziehen wirken, d. h. die beim Spannen eingebrachte mechanische Energie muß gespeichert werden (Grundfunktion **Speichern**). Dies erfolgt durch elastische Verformung der Schraube und der zu verbindenden Bauteile, wobei ein Teil der Spannenergie als Reibungswärme abgeführt wird.

- Selbsthemmungseffekt

Um zu verhindern, daß die Spannkraft zu einem unbeabsichtigten Lösen der Mutter führt, muß die Mutter nach dem Anziehen in ihrer Position gehalten werden (Grundfunktion **Koppeln**). Hierzu wird der **Selbsthemmungseffekt** eines Gewindes mit kleinem Steigungswinkel ausgenutzt.

Der Selbsthemmungseffekt entsteht dadurch, daß bei kleiner Gewindesteigung die Spannkraft F_v zu einer großen Normalkraft F_N und einer kleinen Hangabtriebskraft F_H führt.

Die Normalkraft bewirkt eine Reibkraft F_R an der Gleitfläche des Gewindes, die größer als die Hangabtriebskraft F_H ist, d. h. die Mutter läßt sich nur durch eine zusätzliche äußere Kraft wieder lösen. (Schraubenbolzen und Mutter wirken zusammen wie eine Reibkupplung).

$E_{In} = E_{Out}$

$E_{In} = E_{Nutz} + E_{Wärme}$

$F_u \cdot U = F_v \cdot P + F_R \cdot s$

$F_V \cdot P = F_u \cdot U - F_R \cdot s$

$F_V = F_u \cdot \frac{d_2\pi}{P} - F_R \cdot \frac{s}{P}$

Reibkraft F_R $\qquad F_R = F_N \cdot \mu$

Ähnlichkeit der Dreiecke:

$\frac{F_N}{F_V} = \frac{U}{s} \qquad F_N = F_V \cdot \frac{U}{s}$

Eingesetzt in obige Gleichung:

$F_V = F_u \cdot \frac{d_2\pi}{P} - F_N \cdot \mu \cdot \frac{s}{P}$

$F_V = F_u \cdot \frac{d_2\pi}{P} - F_V \cdot \mu \cdot \frac{U}{s} \cdot \frac{s}{P}$

$F_V + F_V \cdot \mu \cdot \frac{U}{P} = F_u \cdot \frac{d_2\pi}{P}$

$F_V \left(1 + \mu \cdot \frac{U}{P}\right) = F_u \cdot \frac{d_2\pi}{P}$

$F_V = F_u \cdot \frac{d_2\pi}{P\left(1 + \mu \frac{U}{P}\right)}$

$F_V = F_u \cdot \frac{d_2\pi}{P + \mu \cdot U} \qquad U = d_2\pi$

$$F_v = F_u \cdot \frac{d_2\,\pi}{P + d_2\,\pi \cdot \mu}$$

Spannkraft unter Berücksichtigung der Reibung

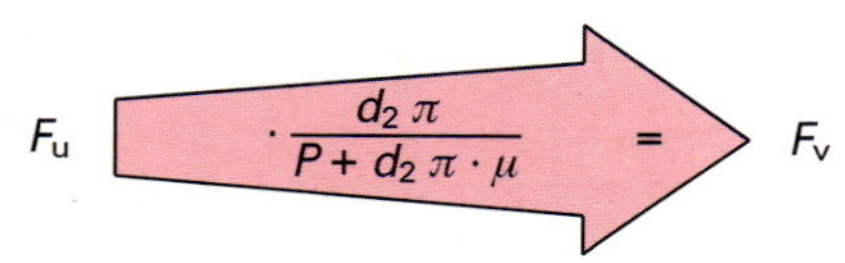

Vergrößerungsfunktion (Gewindereibung berücksichtigt)

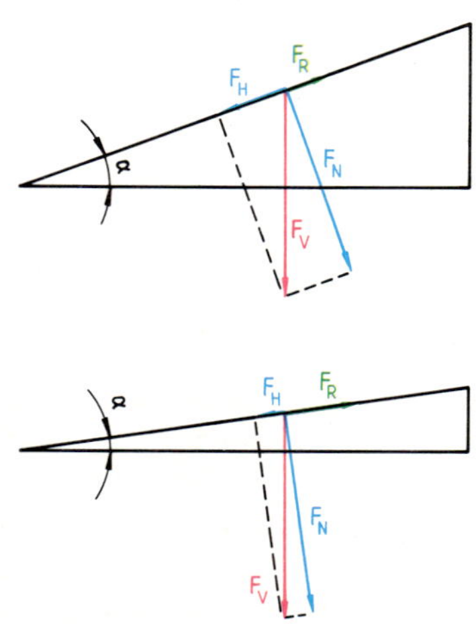

Komponenten der Spannkraft bei großer und bei kleiner Gewindesteigung

Zur Ermittlung des Grenzfalls, bei dem die Schraube sich gerade ohne eine von außen einwirkende Umfangskraft löst, ist die Reibkraft F_R gleich der Hangabtriebskraft F_H zu setzen.

Mit Hilfe des Ähnlichkeitssatzes (vgl. S. 135) wird eine Gleichung für die Reibungszahl ermittelt, die sich aus dem Verhältnis der Gewindesteigung P zum Flankenumfang U ergibt.

Als Beispiel betrachten wir eine Schraube mit dem Gewinde M20. Es gelten die Maße für die Gewindesteigung P und für den Durchmesser d_2 von S. 135.

$$\mu = \frac{2{,}5\ \text{mm}}{18{,}376\ \text{mm} \cdot 3{,}14} = 0{,}043$$

Die Reibungszahlen für metrische Gewinde sind $\mu = 0{,}1$ und größer. Da die für Selbsthemmung erforderliche Reibungszahl für ein Gewinde M20 – wie berechnet – wesentlich kleiner ist, $\mu = 0{,}043$, besteht auf jeden Fall Selbsthemmung.

Die Reibungszahlen für metrische Gewinde sind $\mu = 0{,}1$ und größer. Da die für Selbsthemmung erforderliche Reibungszahl für ein Gewinde M20 – wie berechnet – wesentlich kleiner ist, $\mu = 0{,}043$, besteht auf jeden Fall Selbsthemmung.

Im Falle schwingender Belastung und bei besonderen Sicherheitserfordernissen wird die Grundfunktion Koppeln durch eine zusätzliche **Schraubensicherung** gewährleistet.

Zur Erleichterung der Montage von Maschinenteilen kann es zweckmäßig sein, Schrauben so zu gestalten und so anzuordnen, daß die Teile beim Fügevorgang **geführt** werden (Grundfunktion **Führen**). Diese Aufgabe erfüllen z. B. **Stiftschrauben.**

- Paßschrauben

In Anwendungsfällen, bei denen die Lage zweier Bauteile zueinander gesondert gesichert werden soll, verwendet man **Paßschrauben.** Diese sichern das Fügen der Werkstücke vornehmlich durch Formschluß. Insofern erfüllen sie dieselben Grundfunktionen wie die üblichen Befestigungsschrauben, wobei auf die Grundfunktion **Führen** besonderer Wert gelegt wird.

Eine **Schraubenverbindung** erfüllt insbesondere die Grundfunktion **Fügen.** Hierzu sind in der Regel weitere Grundfunktionen wie **Vergrößern, Leiten, Speichern, Koppeln** und in manchen Fällen zusätzliche Grundfunktionen wie z. B. **Führen** zu verwirklichen.

$F_R = F_H \qquad F_R = \mu \cdot F_N$

Ähnlichkeitssatz: $\dfrac{F_N}{F_V} = \dfrac{U}{s} \qquad \dfrac{F_H}{F_V} = \dfrac{P}{s}$

$$F_N = F_V \cdot \frac{U}{s} \qquad F_H = F_V \cdot \frac{P}{s}$$

$$\mu \cdot F_V \cdot \frac{U}{s} = F_V \cdot \frac{P}{s} \qquad \mu \cdot U = P \qquad \mu = \frac{P}{U}$$

mit $U = d_2 \cdot \pi$ $\qquad \mu = \dfrac{P}{d_2 \pi}$

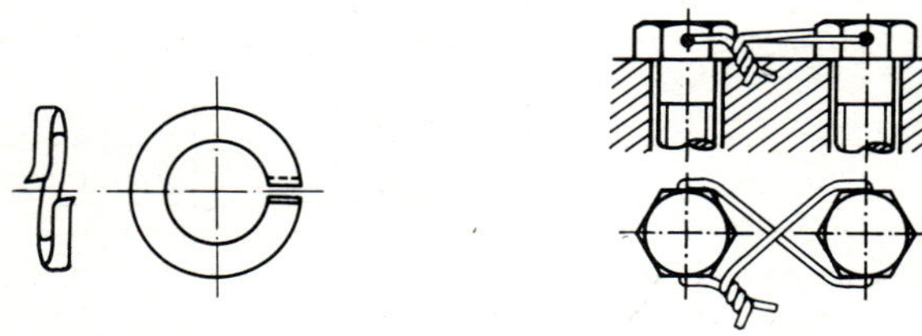

Kraftschlüssige Sicherung

Formschlüssige Sicherung

Schraubensicherungen

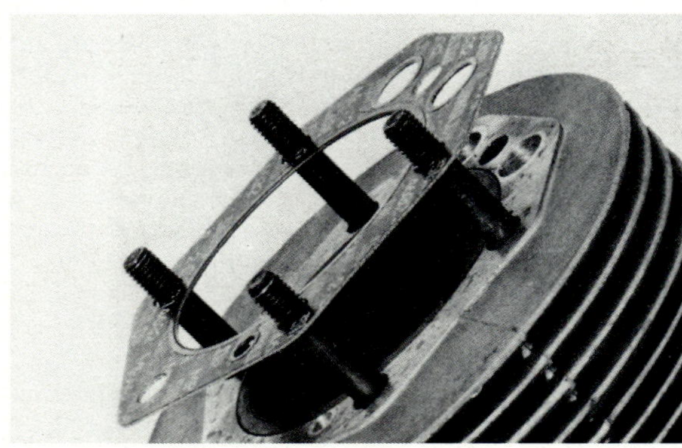

Stiftschrauben

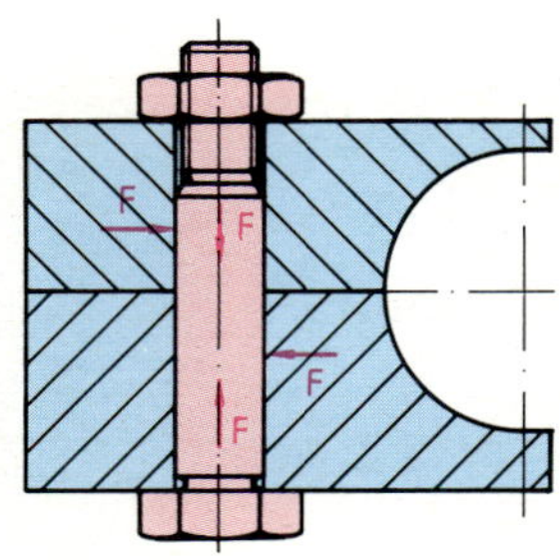

Paßschraube

Preß- und Schrumpfverbindungen

Die Normalkräfte, die zur Herstellung reibschlüssiger Verbindungen erforderlich sind, können auch dadurch erzeugt werden, daß die zu verbindenden Bauteile durch **Zusammenpressen** oder **Schrumpfen** elastisch verformt werden.

Zum Beispiel läßt sich eine Riemenscheibe mit einer Welle dadurch verbinden, daß das Wellenende und die Nabe der Riemenscheibe kegelig gestaltet und durch Verschrauben gegeneinander gepreßt werden. Beim Anziehen der Mutter wirkt der Wellenkegel wie ein „rundumlaufender" Keil; hierdurch wird die in axialer Richtung (in Achsrichtung) wirkende Kraft *F* der Schraube senkrecht zur Wirkfläche der Nabe umgelenkt (Grundfunktion **Richtungändern**) und zur Normalkraft F_N vergrößert (Grundfunktion **Vergrößern**).

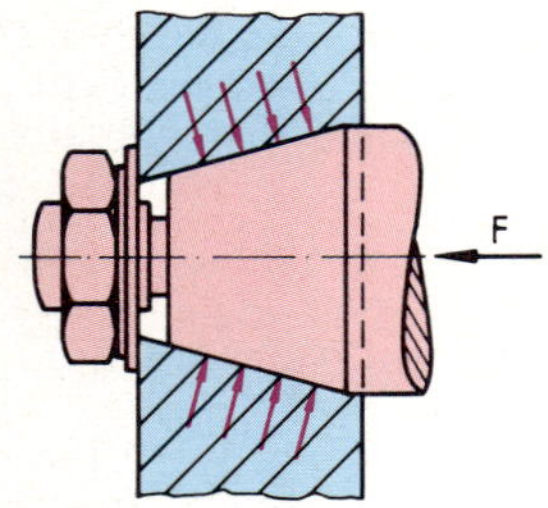

Kegelverbindung

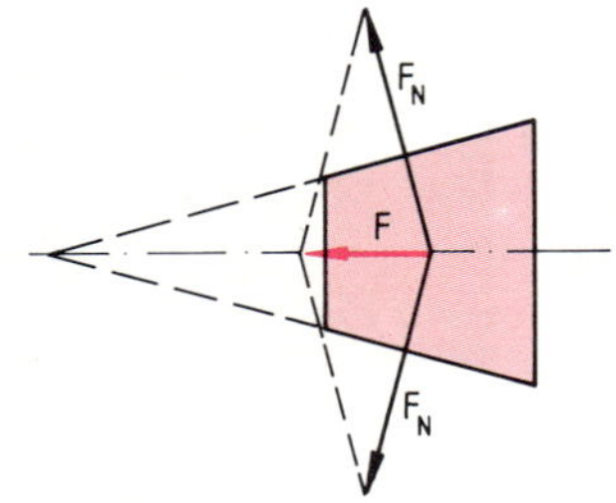

Kräfte an der Kegelverbindung (ohne Berücksichtigung von Reibung)

Die zur Verbindung von Welle und Nabe notwendigen Anpreßkräfte können auch durch Schrumpfverbindungen erzeugt werden. Hierzu müssen die ineinander zu fügenden Bauteile ein solches Übermaß aufweisen, daß sie sich bei Raumtemperatur nicht zusammensetzen lassen. Es wird dann entweder die Welle abgekühlt (auf eine Temperatur von −100 °C bis −190 °C in flüssigem Stickstoff), so daß sie schrumpft, oder die Nabe wird im Heißluftofen oder Ölbad auf etwa 400 °C erwärmt, damit sie sich ausdehnt. Nach dem Fügen nehmen die Bauteile wieder Raumtemperatur an. Die Welle dehnt sich also wieder aus, bzw. die Nabe schrumpft. Wegen des Übermaßes kommt es zu einer elastischen Verformung; hierdurch entsteht die erforderliche Anpreßkraft.

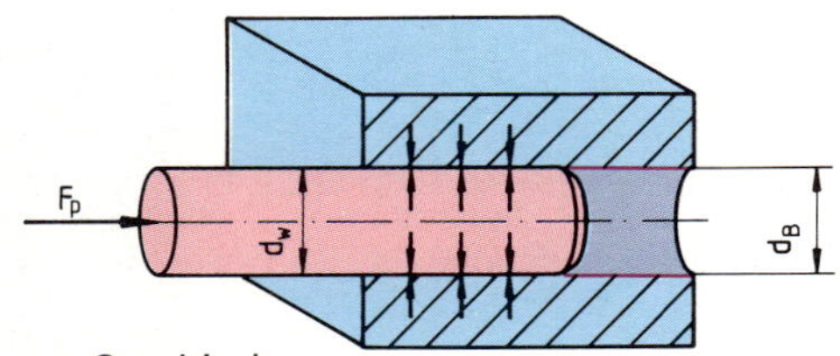

Längspreßverbindung

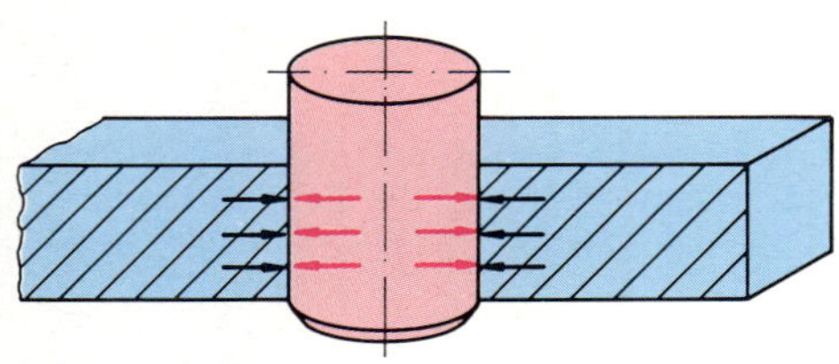

Schrumpfverfahren

Preß- und Schrumpfverbindungen erfüllen in bezug auf das Verbinden der Bauelemente die Grundfunktion **Fügen,** in bezug auf den Energiefluß auch die Grundfunktion **Koppeln**. Das Fügen bzw. Koppeln erfolgt durch Reibschluß. Damit der Reibschluß auf Dauer bestehen bleibt, müssen die Normalkräfte, welche die Reibung bewirken, gespeichert werden (Grundfunktion **Speichern**). Dies geschieht durch elastische Verformung der gefügten Bauteile.

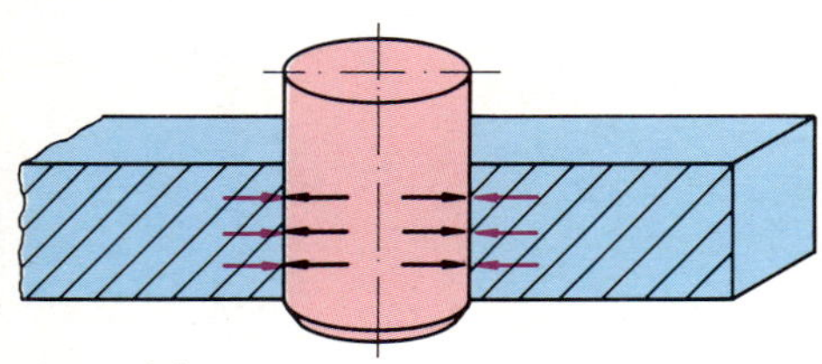

Dehnverfahren

Verbindungen durch Keile

Der zur Verbindung von Welle und Nabe erforderliche Reibschluß läßt sich auch durch Keilverbindungen herstellen.

In der Fertigungstechnik gibt es viele verschiedene Ausführungsformen von Keilverbindungen. Allen Formen gemeinsam ist das Wirkprinzip:

> Der Keil ist als einseitig oder doppelseitig geneigte Ebene ausgeführt.

Die Kraft, mit der der Keil vorgetrieben wird, erfährt durch die Neigung des Keils eine Umlenkung in Richtung der Wirkflächen (Grundfunktion **Richtungändern**) und wird zugleich vergrößert (Grundfunktion **Vergrößern**); die somit entstehenden Wangenkräfte F_{N_1} und F_{N_2} drücken gegen Welle und Nabe und bewirken den erforderlichen Reibschluß.

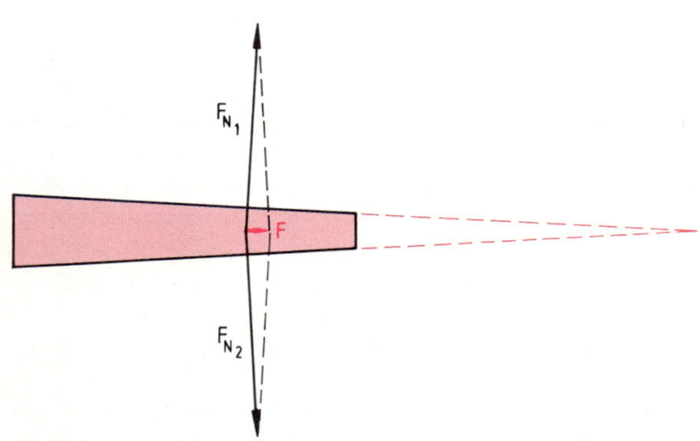

Kräfte an der Keilverbindung (ohne Berücksichtigung der Reibung)

Beim Eintreiben des Keils verformen sich die Bauteile elastisch; hierdurch werden die Anpreßkräfte gespeichert. An den Seiten des Keils bleibt beim Einbau meist etwas Spiel, d. h. Formschluß spielt bei sachgerecht ausgeführten Verbindungen keine Rolle. Keile sind genormt (z. B. Einlegekeil Form A, DIN 6886); ihre Neigung beträgt meist 1 : 100.

Keilverbindungen erfüllen ebenfalls in erster Linie die Grundfunktionen **Fügen** und **Koppeln.** Die für den Reibschluß erforderlichen Normalkräfte werden durch die Elastizität der verwendeten Bauteile aufrechterhalten (Grundfunktion **Speichern**). Diese Art der Verbindung hat den Nachteil, daß Welle und Nabe nicht zentrisch sitzen. Soll eine Zentrierung erreicht werden, so ist außerdem die Grundfunktion **Führen** wichtig. Diese läßt sich dadurch verwirklichen, daß mehrere Keile am Wellenumfang angebracht werden. Um die Kraftwirkung bei wechselnder Drehrichtung besonders zu berücksichtigen, wählt man häufig zwei Keilpaare, die gegenläufig verspannt werden (Tangentialkeile). Formen von Keilen und Ausführungen von Keilverbindungen wurden bereits im Grundstufenband Kap. 2.10.3 behandelt.

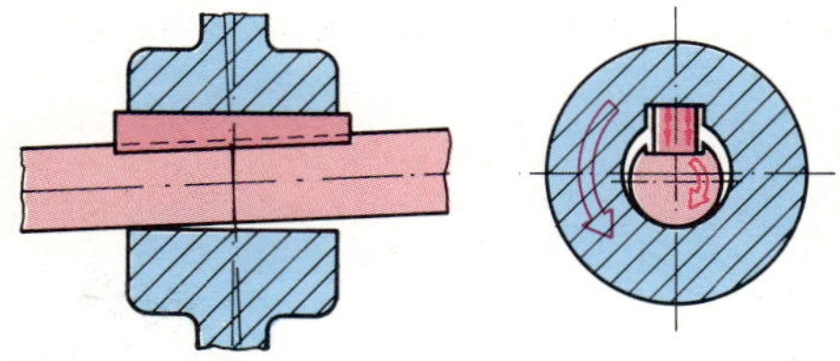

Keilverbindung

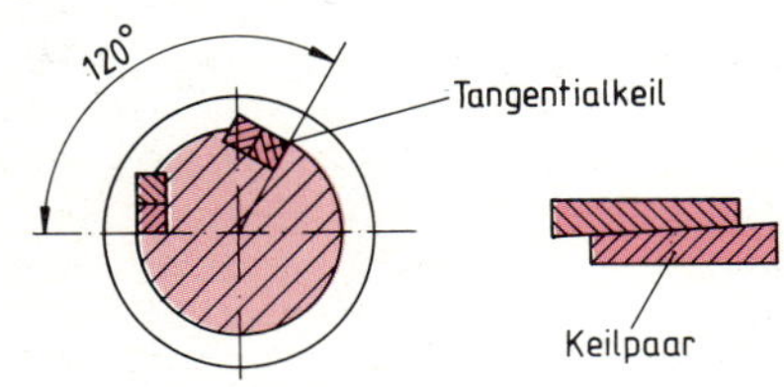

Tangentialkeilverbindung

Verbindungen durch Spannelemente

Die Wirkungsweise des Reibschlusses wird auch bei **Ringfeder-Spannelementen** genutzt. Hierbei werden zwei Kegelringe mit Hilfe von Schrauben gegeneinander verschoben (Keilwirkung). Die Kegelringe sowie die Welle und die Nabe verformen sich elastisch und erzeugen somit die für die Reibung erforderliche Normalkraft.

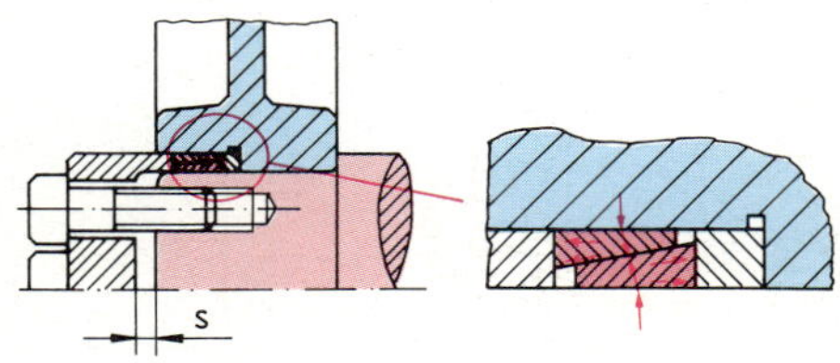

Ringfederspannelement

Druckhülsen sind so konstruiert, daß sie sich unter der Wirkung axialer Kräfte (d. h. Kräfte in Achsrichtung), die durch Schrauben erzeugt werden, auch in radialer Richtung – d. h. in Richtung des Radius – und damit senkrecht zur Achsrichtung verformen. Hierdurch werden die Druckhülsen gegen Welle und Nabe gepreßt. Die dabei entstehenden elastischen Verformungen bewirken die für den Reibschluß erforderlichen Normalkräfte.

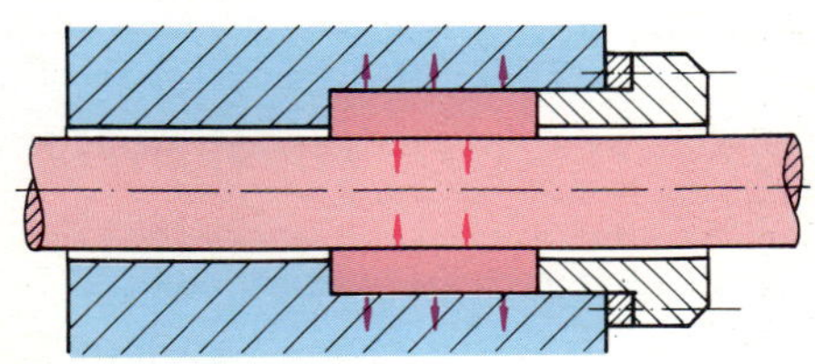

Druckhülse

Die Wirkungsweise von Spannelementen kann man sich so vorstellen, als wirkten viele Keile rund um den Wellenumfang. Sie erfüllen demnach die Grundfunktionen **Fügen, Koppeln, Speichern, Führen.**

4.4.3 Formschlüssige Verbindungen

Mechanische Energie und die mit dieser Energie verbundenen Kräfte können von einem Bauelement auf ein anderes außer durch Reibschluß auch durch Formschluß übertragen werden.

Federverbindungen

Riemenscheiben, Zahnräder und Kupplungen können mit Wellen auch durch Federn verbunden werden (Grundfunktion **Fügen**).

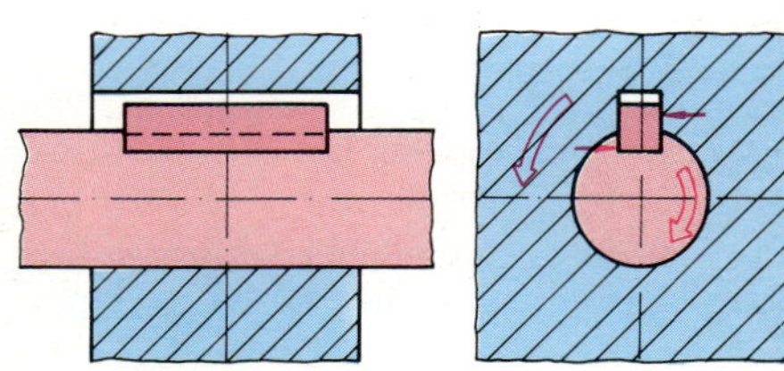

Paßfederverbindung

Federn sind prismatische Funktionselemente; sie werden in die Nuten geschoben, die in die Nabe und in die Welle eingearbeitet sind. Bei dieser Verbindung wirkt die Kraft, die von der Welle auf die Nabe z. B. eines Zahnrads übertragen wird, senkrecht auf die Wirkflächen zwischen der Nut in der Welle und der Feder sowie zwischen der Feder und der Nut in der Nabe des Zahnrades.

Damit eine kontinuierliche Kraft – bzw. Energieübertragung sichergestellt ist (Grundfunktion **Koppeln**) – d. h. damit keine stoßartigen Belastungen auftreten – müssen die Seitenflächen der Federn in die Nuten fest eingepreßt werden. Das Spiel zwischen Federrücken und Nut ist genormt. Es beträgt zwischen 0,1 bis 0,2 mm. Damit werden Verspannungen zwischen den Bauteilen vermieden.

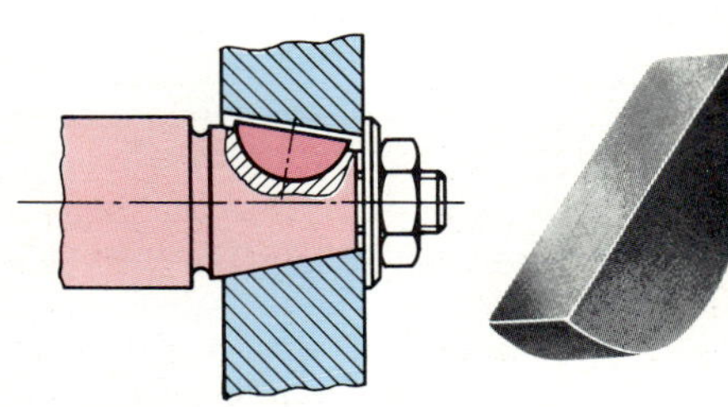

Scheibenfederverbindung

Je nach den technischen Anforderungen werden Federverbindungen unterschiedlich gestaltet. **Paßfedern** werden **rundstirnig** (DIN 6885 A) oder flachstirnig (DIN 6885 B) ausgeführt. Wegen des erforderlichen Formschlusses kommt den Abmessungen von Feder und Nut besondere Bedeutung zu. Nach DIN 6880 ist die Breite der Federn nach dem Paßmaß h 9 genormt.

Soll die Nabe auf der Welle in axialer Richtung nicht verschiebbar sein, so müssen zusätzliche Sicherungen vorgesehen werden. Verschieberäder müssen auf der Welle axial beweglich sein; d. h. es ist zusätzlich die Grundfunktion **Führen** zu erfüllen. Deshalb verwendet man zu ihrer beweglichen Verbindung **Gleitfedern.** Diese werden durch Halteschrauben mit der Welle verbunden, damit sie sich nicht verschieben (Grundfunktion **Fügen**).

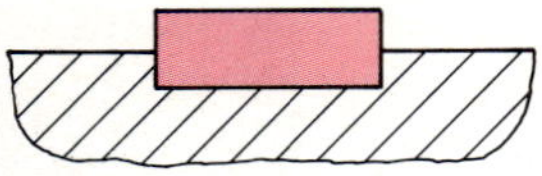

Paßfeder rundstirnig

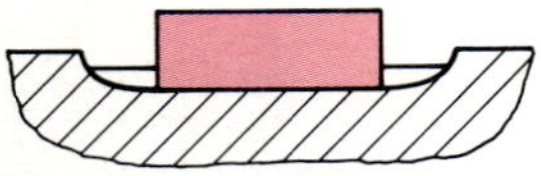

Paßfeder flachstirnig

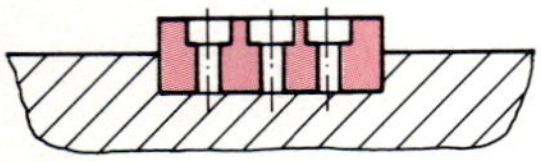

Gleitfeder mit Halteschrauben und Abdrückschraube

Profilverbindungen

Bei der Energieübertragung durch Federverbindungen tritt der Nachteil auf, daß zur Übertragung der Kraft nur eine relativ kleine Fläche zur Verfügung steht und dadurch eine hohe Flächenpressung auftritt. Dieser Nachteil wird bei Profilverbindungen weitgehend vermieden, weil die **Kraftübertragung** auf den Wellenumfang, und somit **auf eine größere Fläche**, verteilt wird.

> Profilverbindungen erfüllen also, wie die Federverbindungen, vor allem die Grundfunktionen **Fügen, Koppeln** und gegebenenfalls **Führen.**

Bei Profilverbindungen werden keine zusätzlichen Bauelemente (wie Federn) benötigt; nachteilig sind allerdings die hohen Fertigungskosten.

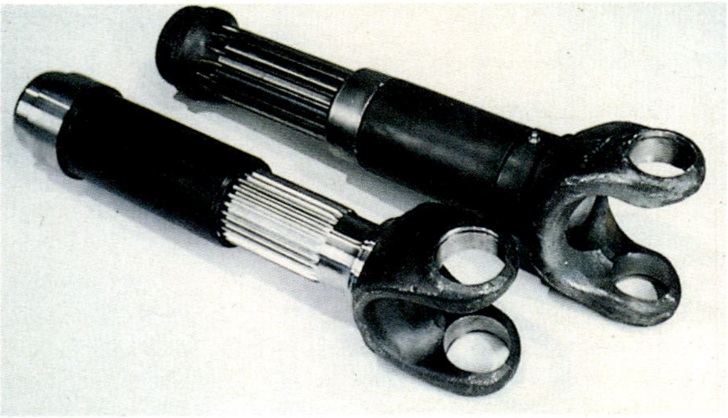

Keilwellenprofil

Bolzen- und Stiftverbindungen

Zur Übertragung von Energie durch Gelenkverbindungen werden vielfach Bolzen verwendet. Bolzen übertragen die wirkenden Kräfte formschlüssig; gegen Verschieben müssen sie gesichert werden (Grundfunktionen **Fügen** und **Koppeln**).

Die Formen von Bolzen sind genormt (z. B. Bolzen ohne Kopf DIN 1433, Bolzen mit Kopf DIN 1434 bis 1436, Bolzen mit Gewindezapfen DIN 1439); als Passungen sind h 11 und für die Bohrung H 8 bis H 11 gebräuchlich.

In vielen Anwendungsfällen kommt es darauf an, Zahnräder und Wellen gegen Überbelastungen zu schützen. Eine Möglichkeit hierzu besteht darin, Welle und Nabe durch einen Brechbolzen zu verbinden (Grundfunktion **Koppeln**), der so bemessen wird, daß er im Falle der Überbelastung (z. B. bei zu hoher Zerspanungsleistung eines Fräsers) abgeschert wird (Grundfunktion **Unterbrechen**). In der Fachsprache nennt man eine solche Konstruktion eine **„Sollbruchstelle"**.

Zur Sicherung von Bauelementen gegen Verschieben (z. B. von Bolzen) werden **Stifte** eingesetzt (Grundfunktion **Fügen**).

Man unterscheidet Kegelstifte (DIN 1), Zylinderstifte DIN 7), verschiedene Ausführungen von Kerbstiften (u. a. DIN 1471) und Spannstifte (DIN 1481).

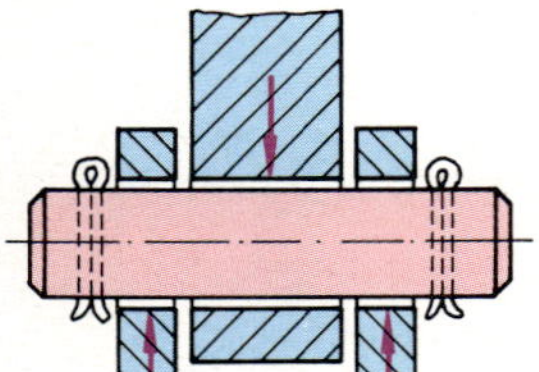

Bolzenverbindung

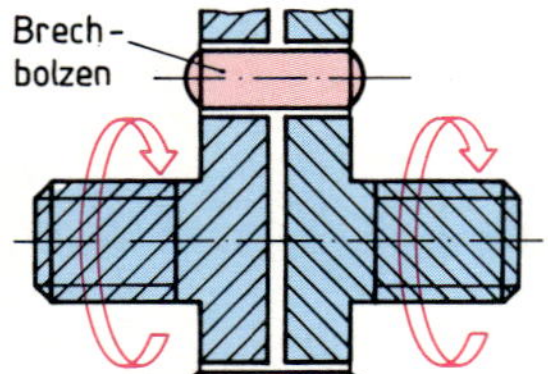

Überlastsicherung durch Bolzenverbindung

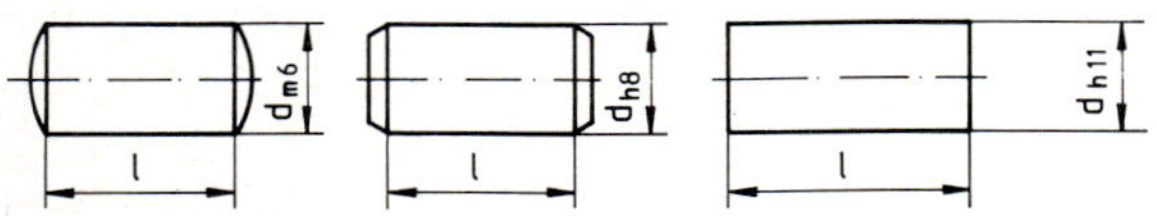

Zylinderstifte

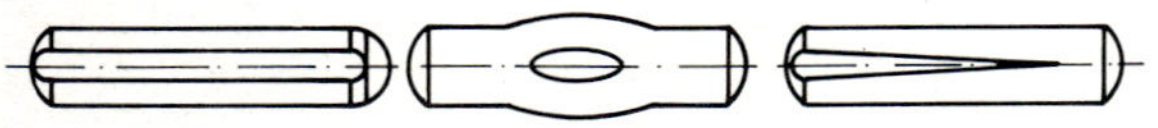

Kerbstifte

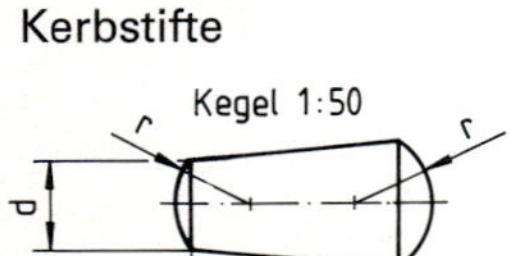

Kegelstift

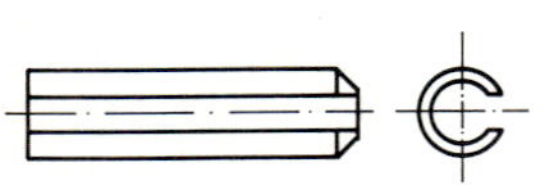

Spannhülse

Nietverbindungen

An Stütz- und Trageinheiten (insbesondere im Stahlbau) wird die Übertragung von Kräften zwischen Bauteilen durch Nietverbindungen hergestellt (Grundfunktion **Fügen).**

Eine häufige Form einer Nietverbindung ist die **Vollnietverbindung** (DIN 124). Hierbei werden die Bauteile, meist stärkere Bleche, mit Bohrungen versehen; durch diese werden Niete gesteckt, deren Schaft länger als die Dicke der zu verbindenden Werkstücke ist; mit Hilfe eines Döppers wird der Schaft zu einem Schließkopf umgeformt. Um hinreichend viel Werkstoff zum Formen des Kopfes zur Verfügung zu haben, muß der Überstand $l_ü$ des Nietschafts das 1,4 – 1,6fache des Nietdurchmessers d haben.

Werden die Niete vor dem Schlagen erwärmt, so treten beim Erkalten wegen des Schrumpfens Längszugspannungen im Schaft auf; diese bewirken eine Anpreßkraft zwischen den Bauteilen und damit auch eine **reibschlüssige Verbindung.** Da sich jedoch die Größe der beim Nietvorgang auftretenden Reibkräfte nicht sicher bestimmen läßt, wirken Nietverbindungen überwiegend als **formschlüssige Verbindungen.**

Im Leichtmetallbau werden **Vollniete** vielfach durch **Hohlniete** oder **Blindniete** ersetzt.

Im Kessel- und Behälterbau müssen Nietverbindungen – anders als im Stahlbau – auch abdichten. Sie erfüllen also zusätzlich zu der Grundfunktion **Fügen** auch die Grundfunktion **Isolieren.**

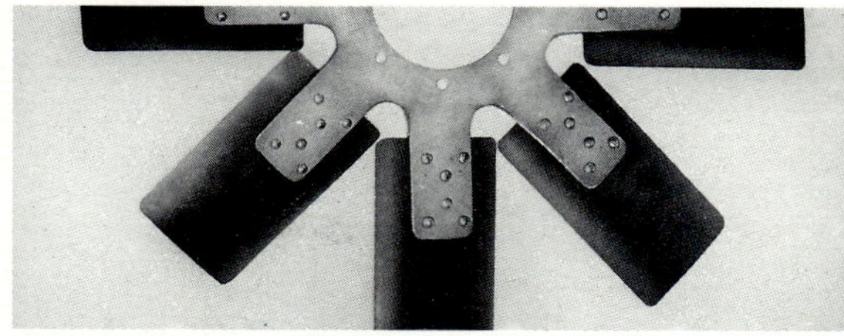

Nietverbindungen an einem Ventilator

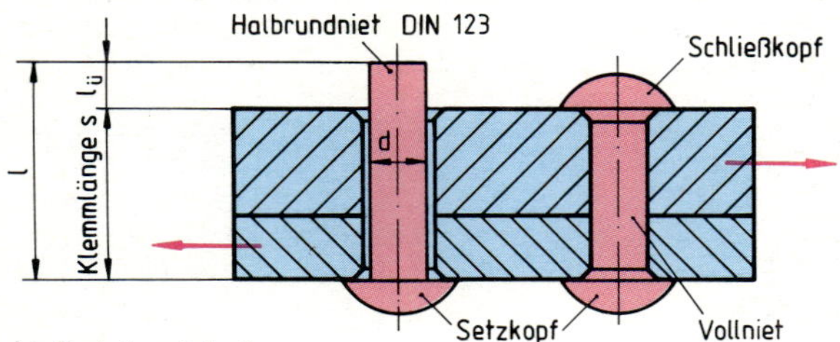

Vollnietverbindung

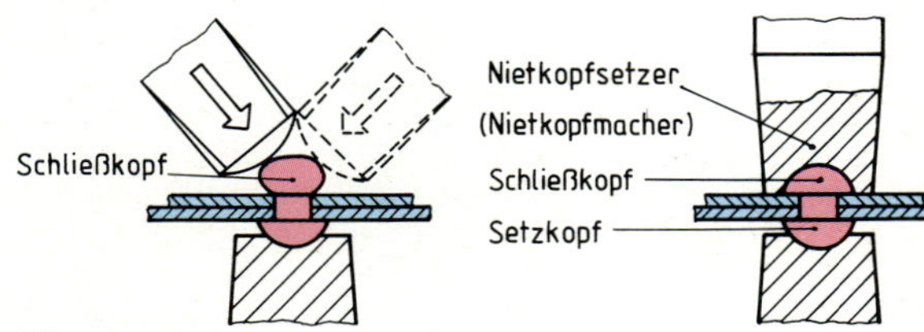

Nietvorgang

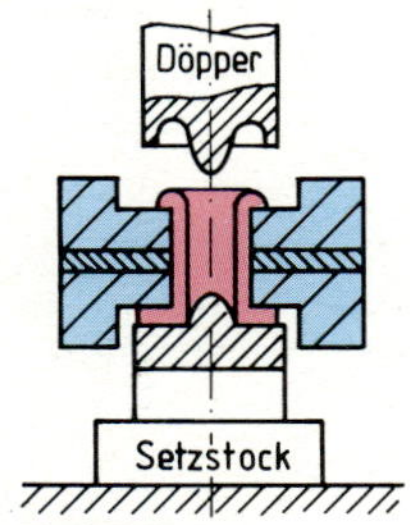

Hohlniet

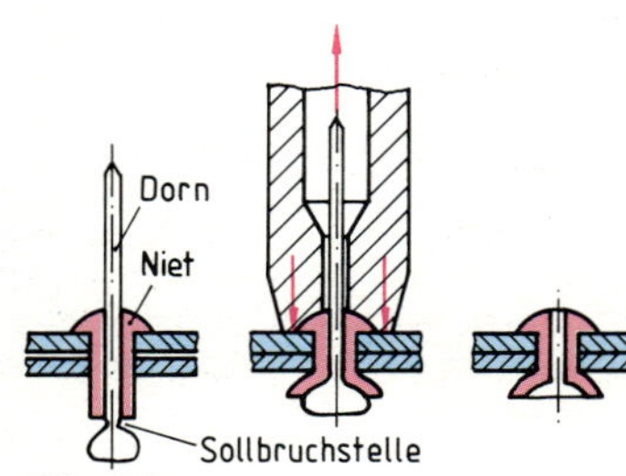

Blindniet

Je nach den technischen Anforderungen werden Nietverbindungen als **Überlappungsnietungen** oder **Laschennietungen**, **einschnittige** oder **mehrschnittige** Verbindungen gestaltet. Für spezielle Anforderungen im Stahlbau, Kesselbau und Behälterbau gibt es zahlreiche DIN-Normen, die jeweils zu beachten sind.

Bei der Kraftübertragung durch Nietverbindungen wird das Funktionselement Niet vor allem durch Scherkräfte beansprucht. Bei kaltgeschlagenen Nieten läßt die Scherspannung sich nach folgender Formel berechnen:

$$\tau = \frac{F}{A \cdot m \cdot n}$$

τ: Scherspannung $[\tau] = \frac{N}{mm^2}$
F: Scherkraft $[F] = N$
m: Anzahl der Schnittstellen pro Niet (Schnittigkeit)
n: Anzahl der Niete (bei Überlappung)
A: Querschnitt $[A] = mm^2$

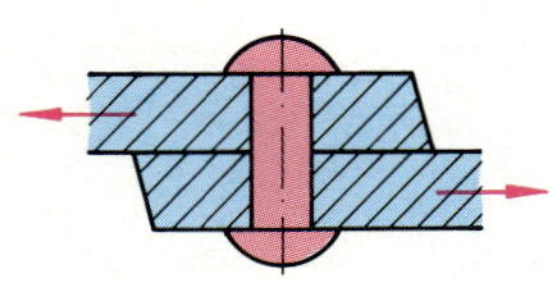

Überlappungsnietung (einschnittig)

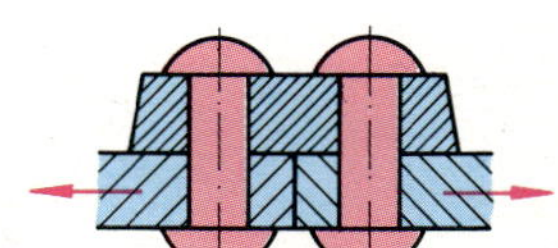

Laschennietung (einschnittig)

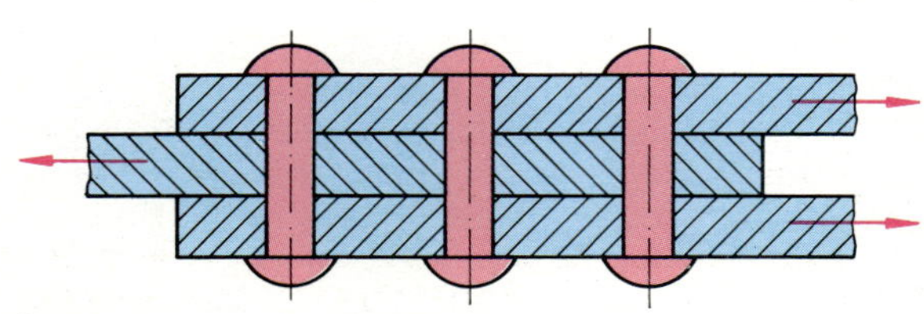

Überlappungsnietung (zweischnittig)

4.4.4 Stoffschlüssige Verbindungen

Die Übertragung von Energie zwischen Bauteilen läßt sich außer durch reib- oder formschlüssige Verbindungen auch dadurch erreichen, daß die Teile stofflich miteinander verbunden werden. Solche stofflichen Verbindungen werden durch **Schweißen, Löten** oder **Kleben** hergestellt.

Schweißverbindungen

Beim Schweißen werden Bauteile gleichartigen Werkstoffs durch Zufuhr von Wärmeenergie im plastischen oder flüssigen Zustand gefügt (DIN 1910).

Je nach Schweißverfahren wird Zusatzwerkstoff hinzugefügt. Schweißverbindungen erfüllen die Grundfunktion **Fügen.** Sollen sie nicht nur Kräfte übertragen, sondern auch abdichten (z. B. im Behälterbau), so müssen sie zusätzlich auch die Grundfunktion **Isolieren** übernehmen.

In den zurückliegenden Jahrzehnten hat das Schweißen im Stahl- und Behälterbau das Nieten in vielen Bereichen verdrängt. Schweißverbindungen sind materialsparend, damit leichter und in der Herstellung meist auch billiger.

Soll der **Stoffschluß** zwischen den zu verbindenden Bauteilen im **plastischen** Zustand erfolgen, so müssen die Teile an der Fügestelle unter Druck zusammengepreßt werden. Verfahren nach dieser Wirkungsweise werden als **Preßschweißverfahren** bezeichnet. Ein häufig angewandtes Preßschweißverfahren ist das **Widerstandsschweißen** in der Form des **Punktschweißens,** das vor allem im Karosseriebau eingesetzt wird (s. Technologie Metall, Grundstufe Kap. 2.10.7).

Wird der Stoffschluß im **flüssigen Zustand** hergestellt, so spricht man vom **Schmelzschweißen.** Bekannte Schmelzschweißverfahren sind das **Gasschmelzschweißen** und das **Lichtbogenschweißen** (s. Grundstufe Kap. 2.10.7).

Je nach der technischen Aufgabenstellung werden die Schweißverbindungen unterschiedlich gestaltet:

Nach der Lage der zu verbindenden Teile unterscheidet man **Stumpfstoß, Überlappstoß, T-Stoß, Schrägstoß, Eckstoß** und **Mehrfachstoß.**

Das Fügen erfolgt durch unterschiedliche **Formen** von Schweißnähten: Die **I-Naht** wird für Blechdicken bis 4 mm angewendet, die **V-Naht** für Blechdicken zwischen 5 mm und 12 mm, die **X-** und **U-Naht** bei Blechdicken über 12 mm.

Je nach Gestaltung der Schweißverbindung und je nach Belastungsart führt die Energieübertragung in den gefügten Bauteilen zu unterschiedlichen Beanspruchungen, z. B. Zug-, Biege-, Scher- oder Verdrehbeanspruchung. Um einen möglichst geradlinigen Kraftfluß bzw. Energiefluß zu erreichen, wird bei der Gestaltung von Schweißverbindungen der Stumpfstoß gegenüber dem Überlappstoß vorgezogen.

Stoffschlüssige Verbindung durch Schweißen

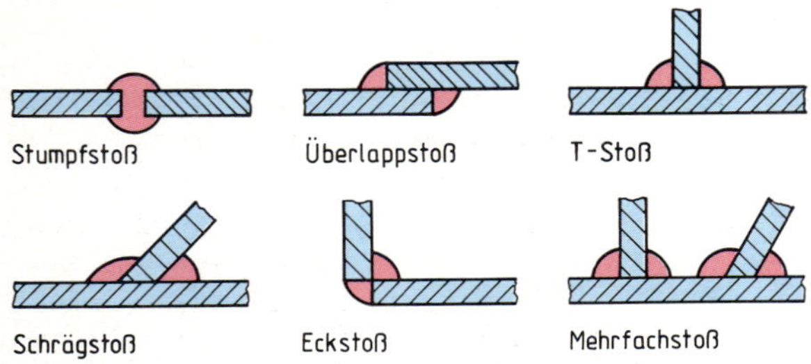

Verbindungsformen nach der Lage der zu fügenden Teile

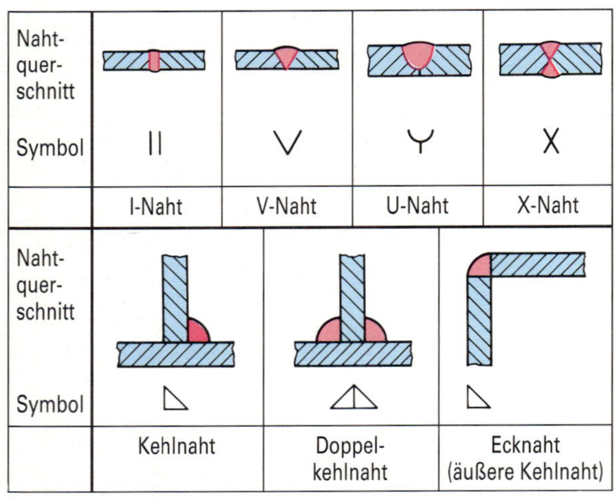

Formen von Schweißnähten

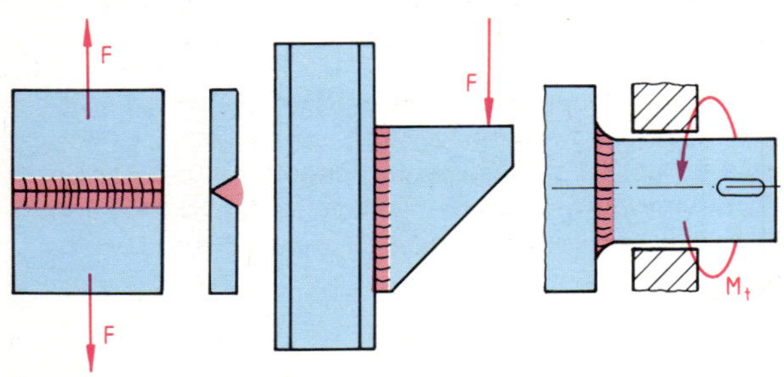

Auf Zug beanspruchte V-Naht

Auf Biegen und Scherung beanspruchte Kehlnaht

Auf Verdrehung beanspruchte Kehlnaht

Beanspruchungsarten von Schweißverbindungen

Lötverbindungen

Ein stoffschlüssiges Fügen von Bauteilen läßt sich auch dadurch herstellen, daß die Bauteile **im festen Zustand durch schmelzende Zusatzwerkstoffe** miteinander verbunden werden. Derartige Verbindungen werden als Lötverbindungen bezeichnet (DIN 8505). Durch Löten können auch unterschiedliche Metalle (z. B. Stahl mit Hartmetall) stoffschlüssig gefügt werden.

Auch Lötverbindungen erfüllen – wie Schweißverbindungen – die Grundfunktion **Fügen** und je nach technischer Aufgabenstellung auch die Grundfunktion **Isolieren**.

Nach der Schmelztemperatur des Lotes unterscheidet man zwischen den Verfahren **Weichlöten** (unter 450 °C) und **Hartlöten** (über 450 °C).

Die **Art der Verbindung,** die beim Löten entsteht, hängt vom Verhalten des Zusatzwerkstoffes (Lotes) gegenüber den Werkstoffen der zu fügenden Teile ab. Außerdem hängt die Art der Verbindung von der Arbeitstemperatur ab. Angestrebt wird die Bildung von Legierungen aus Atomen des Lotes mit Atomen der gefügten Werkstoffe. Läßt die Eigenart der Lot-Werkstoff-Paarung eine Legierungsbildung nicht zu, so beschränkt der Stoffschluß sich auf die Diffusion, das Eindringen von Atomen des Lotes in die Grundwerkstoffe.

Die **Festigkeit der Lötverbindung** hängt außer von der Art des Stoffschlusses vor allem auch von der Spaltbreite ab. Ist der Lötspalt sehr breit, so ist die Festigkeit der gesamten Verbindung nicht größer als die des Lotes; diese aber ist deutlich niedriger als die der Grundwerkstoffe. Ein zu schmaler Spalt behindert das Eindringen des Lotes und führt deshalb zu Bindefehlern. Als optimal hat sich eine Spaltbreite von 0,05 mm bis 0,2 mm erwiesen.

Sollen Lötverbindungen große Kräfte übertragen, so müssen sie so gestaltet werden, daß für den Stoffschluß ausreichend große Wirkflächen entstehen.

Vorteile von Lötverbindungen gegenüber Schweißverbindungen sind in erster Linie die Möglichkeit, auch ungleichartige Metalle stoffschlüssig zu fügen, sowie niedrigere Arbeitstemperaturen und damit weniger schädigende Werkstoffbeeinflussungen.

Nachteile sind vor allem die relativ hohen Kosten der Lote (Silber, Zinn) sowie die Gefahr elektrochemischer Korrosion an den Lötstellen. (Lötverfahren s. Grundstufe Kap. 2.10.6)

Aufgelötete Werkzeugschneiden

	Scherfestigkeit τ in N/mm²	Zugfestigkeit R_m in N/mm²
Weichlot L-SnSb5	30 – 40	40 – 50
Baustahl St 37	320	≈ 370

Festigkeit eines Weichlotes im Vergleich zu Stahl

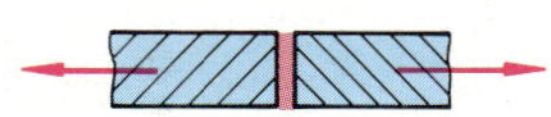

Stumpfstoß
(kleine Wirkfläche)

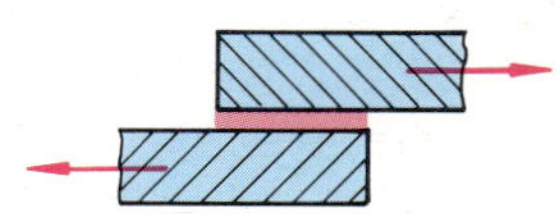

Überlappstoß
(größere Wirkfläche)

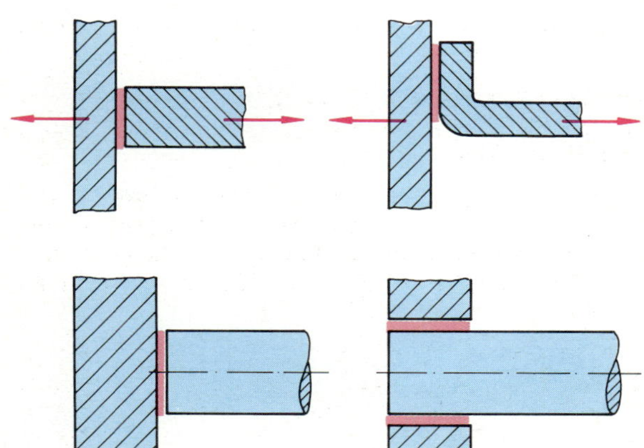

T-Stoß
(Vergrößerung der Wirkflächen durch funktionsgerechte Gestaltung der Lötstelle)

Klebeverbindungen

Werkstoffe, die sich durch Schweißen oder Löten nicht verbinden lassen, wie z. B. Holz, Keramik, Leder, können durch **Kleben** gefügt werden. Das Kleben ist auch zum stoffschlüssigen Fügen sehr unterschiedlicher Werkstoffpaarungen, z. B. Metall/Kunststoff, Keramik/Glas, geeignet.

Klebeverbindungen erfüllen die Grundfunktion **Fügen** und, falls sie abdichten sollen, auch die Grundfunktion **Isolieren.**

Der Stoffschluß erfolgt beim Kleben durch Adhäsionskräfte, die zwischen dem Klebemittel und den Werkstücken wirken.
Die **Festigkeit einer Klebeverbindung** hängt vor allem ab vom inneren Zusammenhalt des Klebers (verursacht durch die Kohäsionskräfte), von der Gestaltung der Klebeverbindung (z. B. der Überlappungslänge und der Fugendicke) und von der Temperatur.

Eine wichtige Kenngröße für die Festigkeit ist die **Scherzugfestigkeit.**

Die Scherzugfestigkeit gibt an, welche Kraft eine einschnittige Klebeverbindung pro Flächeneinheit bei zügiger Scherbeanspruchung übertragen kann. Sie wird in speziellen Prüfverfahren ermittelt.

Bei der Gestaltung von Klebeverbindungen ist darauf zu achten, daß möglichst nur Scher- und nur geringe Zugbeanspruchungen entstehen. Zu vermeiden sind nach Möglichkeit Abschälbeanspruchungen, die durch Biegung verursacht werden und insbesondere bei einschnittigen Verbindungen auftreten. Deshalb ist eine doppelte (mehrschnittige) Überlappung der Werkstücke vorteilhaft. Bei Belastung einer Klebeverbindung mit einfacher Überlappung entstehen Verformungen in den zu verbindenden Bauteilen, die wesentlich von deren Dicke abhängen; darum ist die Scherzugfestigkeit auch vom sogenannten Überlappungsverhältnis *ü*, dem Verhältnis der Überlappungslänge $l_ü$ zur Plattendicke *s*, abhängig. Als Richtwert für die Bemessung einschnittiger Klebeverbindungen gilt $ü = 20$.

Die Festigkeit einer Klebeverbindung nimmt mit wachsender Dicke des Klebefilms ab; es ist also vorteilhaft, den Klebspalt möglichst eng zu halten. Von der Temperatur ist die Festigkeit von Klebeverbindungen bis 70°C nahezu unabhängig; bei höheren Temperaturen fällt sie stark ab. (Klebeverfahren und Klebestoffe s. Grundstufe.)

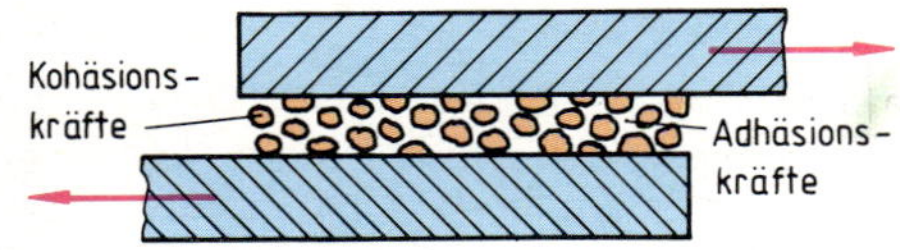

Klebeverbindung

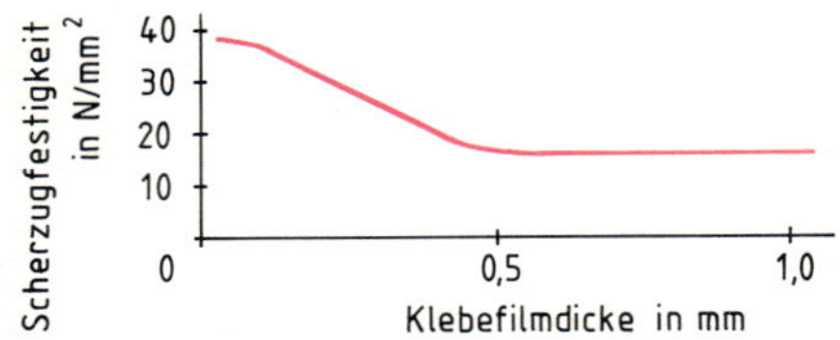

Abhängigkeit der Scherzugfestigkeit von der Klebefilmdicke bei einem ausgewählten Kleber

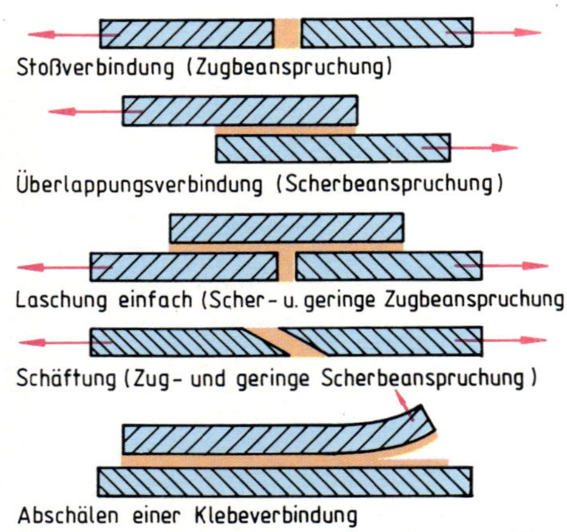

Beanspruchungsarten von Klebeverbindungen

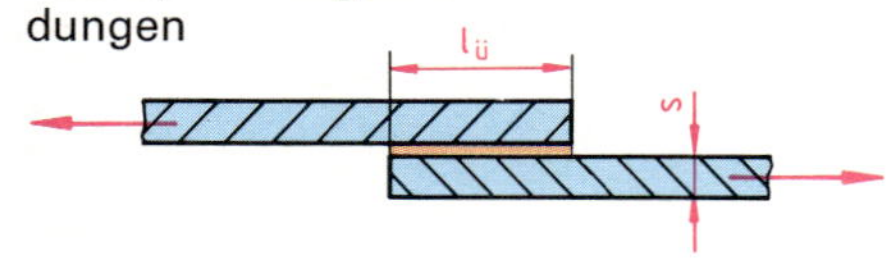

$$\text{Überlappungsverhältnis: } ü = \frac{\text{Überlappungslänge } l_ü}{\text{Platten } s}$$

Aufgaben zur Wiederholung und Vertiefung

1. Nach welchen Wirkprinzipien können Funktionselemente zum Fügen Kräfte übertragen?
2. Welche Grundfunktionen erfüllt eine Befestigungsschraube? Vergleichen Sie die Funktionen von Befestigungsschrauben mit denen von Bewegungsschrauben.
3. Welche Bedeutung hat der Selbsthemmungseffekt für die Wirkungsweise einer Befestigungsschraube? Wie entsteht der Selbsthemmungseffekt?
4. Wie wirken Schraubensicherungen?
5. Erläutern Sie technische Möglichkeiten zur Übertragung von Energie von einer Welle auf ein Zahnrad.
6. Vergleichen Sie Schweiß-, Löt- und Klebeverbindungen, und erläutern Sie deren Anwendungsgebiete.
7. Mit welcher Kraft kann die skizzierte Bolzenverbindung beansprucht werden?
Die zulässige Scherfestigkeit des Bolzenwerkstoffes beträgt $\tau_{azul} = 80 \frac{N}{mm^2}$
8. Eine Befestigungsschraube M10 wird mit einem Schraubenschlüssel angezogen. Die Anpreßkraft soll $F_v = 30$ kN betragen.
Die Handkraft greift in einem wirksamen Abstand von 250 mm am Schraubenschlüssel an.

a) Wie groß ist die erforderliche Handkraft, wenn die Reibung unberücksichtigt bleibt?

b) Wie groß ist die erforderliche Handkraft bei einem Wirkungsgrad von 30%?

4.4.5 Übersicht über die Grundfunktionen von Verbindungselementen

Die folgende Übersicht stellt die in den Abschnitten 4.1 bis 4.4 besprochenen Funktionselemente und die dazugehörigen Grundfunktionen gegenüber.

Grundfunktionen / Funktionselemente		Fügen	Koppeln (Unterbrechen)	Vergrößern	Leiten	Speichern	Führen	Richtungändern	Isolieren	Anwendungsbeispiele
Kraftschlüssige (reibschlüssige) Verbindugen	Schraubenverbindungen	Reibschluß (Paßschraube Formschluß)	Reibschluß Formschluß	geneigte Ebene	Zugkraft durch Schraubenbolzen	elastische Verformung	Formschluß			Lösbare Verbindungen durch Befestigungsschrauben
	Preß- und Schrumpfverbindungen	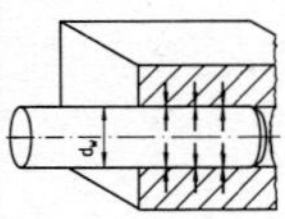 Reibschluß	Reibschluß			elastische Verformung				Lösbare (Verspannung durch Befestigungsschrauben) oder nicht lösbare Welle-Nabe-Verbindungen
	Keilverbindungen	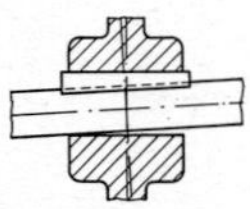 Reibschluß	Reibschluß	geneigte Ebene		elastische Verformung	Kraftschluß (kreisförmige Anordnung mehrerer Keile)	geneigte Ebene		Lösbare Welle-Nabe-Verbindungen (Keilverbindung, Ringfederspannelement, Druckhülse)
Formschlüssige Verbindungen	Federverbindungen	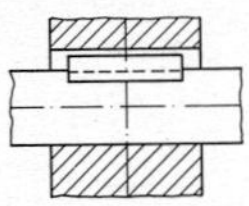 Formschluß	Formschluß				Formschluß			Lösbare Welle-Nabe-Verbindungen (Paßfeder-, Gleitfeder-, Profilverbindungen)
	Bolzen- und Stiftverbindungen	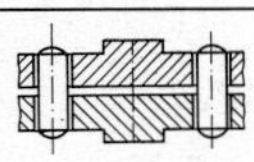 Formschluß	Formschluß (Abscherung)							Lösbare Gelenkverbindungen; Lagesicherung
	Nietverbindungen	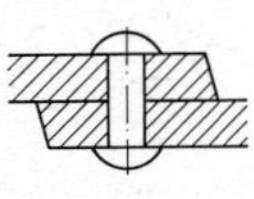 Formschluß							Abdichten	Nicht lösbare Verbindungen im Stahlbau sowie im Kessel- und Behälterbau
Stoffschlüssige Verbindungen	Schweißverbindungen	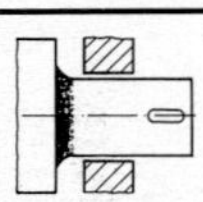 Stoffschluß (Kohäsion)							Abdichten	Nicht lösbare Verbindungen im Stahlbau sowie im Kessel- und Behälterbau
	Lötverbindungen	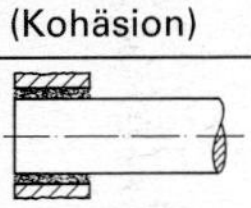 Stoffschluß (Kohäsion/Adhäsion)							Abdichten	Nicht lösbare Verbindung von Bauelementen (auch verschiedener Metalle)
	Klebeverbindungen	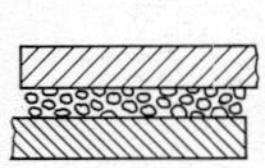 Stoffschluß (Adhäsion)							Abdichten	Nicht lösbare Verbindung von Bauelementen (auch nichtmetallischer Werkstoffe)

5 Elektrotechnik

5.1 Elektrische Arbeit und Leistung

Elektrizität ist in der Lage, **Arbeit** zu verrichten. Beispielsweise beim Elektromotor wird elektrische Arbeit in mechanische Arbeit umgewandelt; der Motor treibt z. B. eine Arbeitsmaschine an.

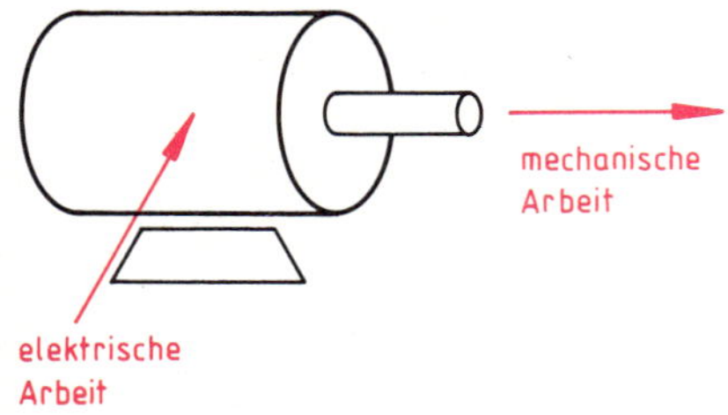

Energieumwandlung beim Elektromotor

Werden die Pole einer Spannungsquelle leitend miteinander verbunden, so kommt es zu einem **Ausgleich** der getrennten Ladung. Die beim Ladungstransport verrichtete **elektrische Arbeit** ist gleich dem Produkt von transportierter Ladungsmenge Q und Spannung U.

Die Ladungsbewegung bezeichnet man als **elektrischen Strom**. Die **Stromstärke** I ist ein Maß für die pro Sekunde bewegte Ladung. Durch Umstellung nach Q kann die transportierte Ladungsmenge ermittelt werden. Sie ist gleich dem Produkt von Stromstärke und Zeit.

$W = Q \cdot U \qquad I = \frac{Q}{t} \qquad Q = I \cdot t$

Daraus ergibt sich, daß die **elektrische Arbeit** gleich dem Produkt von Spannung U, Stromstärke I und Zeit t ist. Die **Einheit** der elektrischen Arbeit ist Wattsekunde (Ws). Gebräuchlicher ist die Einheit Kilowattstunde (kWh). Es gilt: 1 kWh = $3{,}6 \cdot 10^6$ Ws.

Elektrische Arbeit:
$W = U \cdot I \cdot t$
$[W] = \text{V} \cdot \text{A} \cdot \text{s} = \text{VAs} = \text{Ws}$ (Wattsekunde)

Die elektrische Arbeit muß bezahlt werden und wird mit dem **Elektrizitätszähler** (Kilowattstunde-Zähler) gemessen.

Leistung ist das Vermögen, eine bestimmte Arbeit in einer bestimmten Zeit zu verrichten. Die **elektrische Leistung** ist das Watt (W).

Elektrische Leistung:
$P = U \cdot I$
$[P] = \text{V} \cdot \text{A} = \text{W}$ (Watt)

Als weitere Leistungseinheiten sind gebräuchlich:

1 MW (Megawatt) = 10^6 W	1 mW (Milliwatt) = 0,001 W = 10^{-3} W
1 kW (Kilowatt) = 1000 W = 10^3 W	1 µW (Mikrowatt) = 10^{-6} W

Die elektrische Leistung, die mit Hilfe eines Leistungsmessers direkt gemessen werden kann, wird auf den **Leistungsschildern** der elektrischen Betriebsmittel angegeben. Bei **Elektromotoren** wird die an der Welle abgegebene Leistung, bei **Elektrowerkzeugen** die **aufgenommene und abgegebene** Leistung aufgedruckt.

5.2 Wechselstrom

5.2.1 Gleich- und Wechselstromkreise

Für die Reparaturarbeiten in einem Kessel wird eine Beleuchtung benötigt. Als Spannungsquelle bieten sich hierfür unter anderem folgende Möglichkeiten an:

- Akkumulator: 24-V-Gleichspannung
- Transformator: 24-V-Wechselspannung

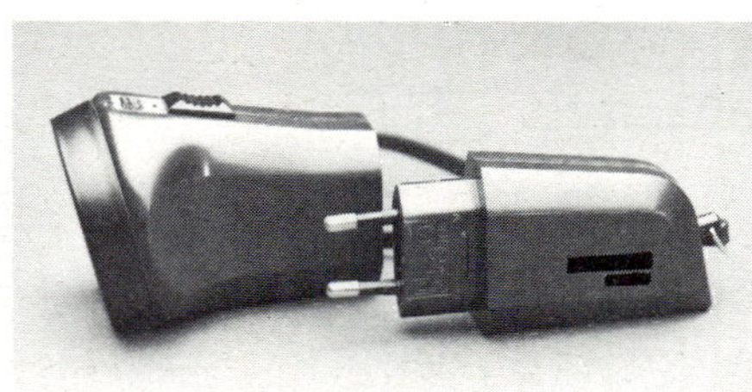

Handlampe an Akku

In beiden Fällen leuchtet die Lampe gleich hell. Präziser formuliert: In beiden Fällen zeigen Spannungs- und Strommessung die Werte $U = 24$ V und $I = 1{,}67$ A.

Eine Spannungsmessung mit dem **Oszilloskop** macht folgende Gesetzmäßigkeit deutlich:

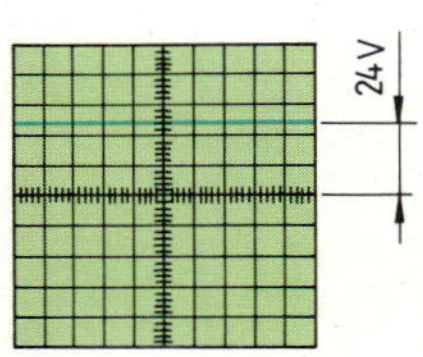

24 V-Gleichstrom

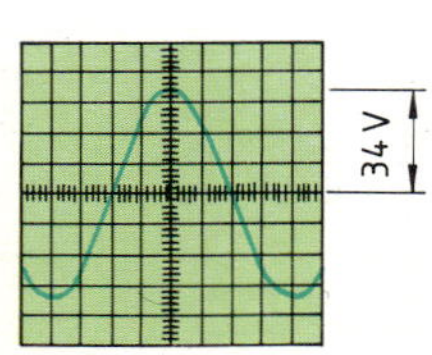

24 V-Wechselstrom

Oszilloskop

Im Gleichstromkreis (mit Akkumulator) verändert sich die Spannung mit fortlaufender Zeit nicht. Die Spannung ist zeitlich konstant. Damit ändert sich auch die Stromstärke mit fortlaufender Zeit nicht.

Die Leistung der Glühlampe ergibt sich aus dem Produkt von Spannung U und konstanter Stromstärke I. Es gilt somit: $P = U \cdot I$.

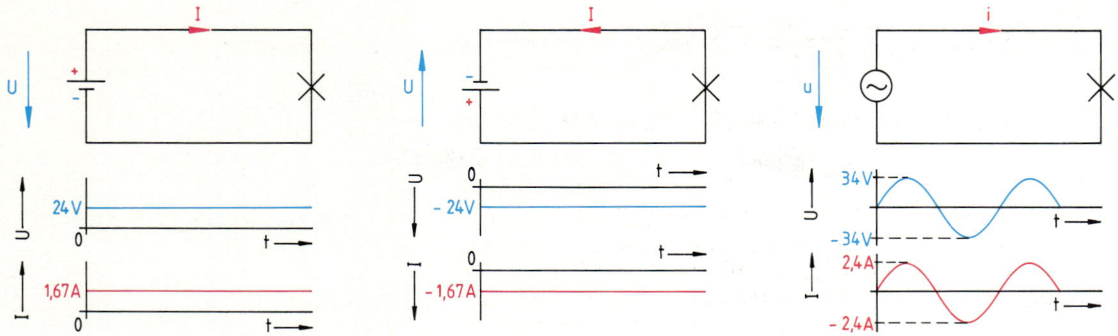

Stromrichtung im Gleich- und im Wechselstromkreis

Im **Gleichstromkreis** fließt der Strom vom Pluspol der Spannungsquelle zum Minuspol (technische Stromrichtung). Die Stromrichtung ist somit abhängig von der **Polarität** der Spannungsquelle.

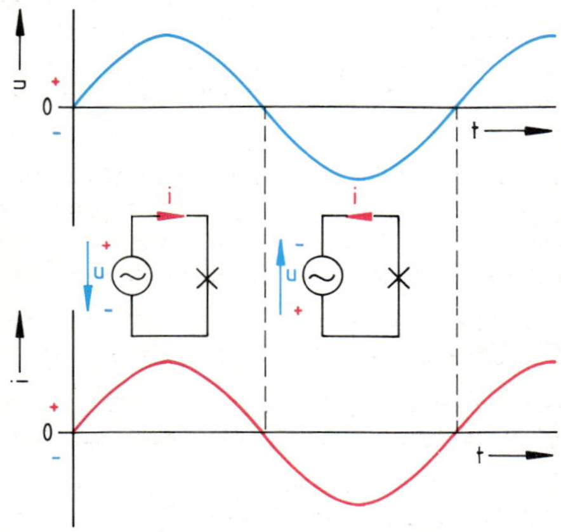

Wechselspannung und Wechselstrom

Im Gleichstromkreis kehrt sich die Stromrichtung nur durch Umpolen der Spannungsquelle um.

Im **Wechselstromkreis** erfolgt das „Umpolen" der Spannungsquelle hingegen ständig automatisch. Man erkennt deutlich, daß sich die Polarität in stets gleichen Zeitabständen ändert. Eine Änderung der Spannungspolarität hat eine entsprechende Änderung der Stromrichtung zur Folge.

Im Unterschied zum Gleichstromkreis kann deshalb im Wechselstromkreis keine eindeutige Stromrichtung angegeben werden.

Die Bezeichnung **Stromfluß** ist im Wechselstromkreis daher auch mit Vorsicht zu gebrauchen, da sie nahelegt, daß ein Strom fließt. Dieser Fluß würde aber eine Elektronenbewegung in eine bestimmte Richtung voraussetzen. Im Wechselstromkreis ist dies jedoch keineswegs so. Die Abbildung verdeutlicht, daß die Elektronen im Wechselstromkreis nur um eine kleine Wegstrecke *s* hin- und herpendeln.

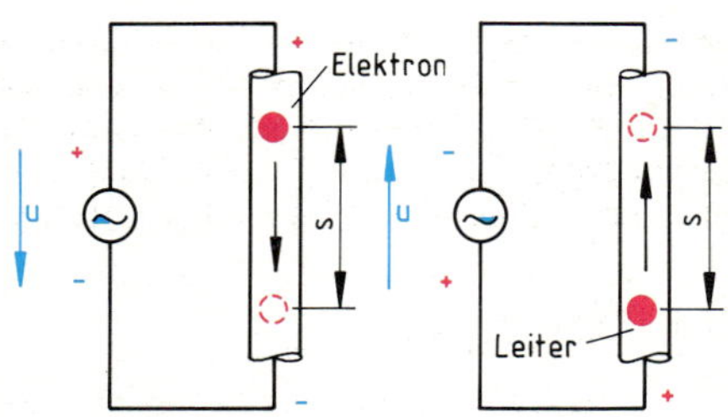

Ladungsträgerbewegung im Wechselstromkreis

Auch im Wechselstromkreis wirkt im Leiter ein bestimmter elektrischer **Widerstand**. Die Elektronen sind auch hier in ihrer Bewegungsfreiheit eingeschränkt. Nicht jedes Elektron hat die gleiche Bewegungsfreiheit in beiden Richtungen. Das stärker behinderte Elektron legt einen geringeren Weg *s* zurück als ein weniger behindertes Elektron. Somit kann sich ein Elektron nach Ablauf mehrerer Zeitabschnitte durchaus an einer anderen Stelle im Leiter befinden.

5.2.2 Grundgrößen des Wechselstroms

Periode und Periodendauer

Der zeitliche Verlauf des Wechselstroms verdeutlicht, daß sich die Stromstärke ständig ändert. Auch eine Änderung der Stromrichtung ist zu beobachten. Nach Ablauf der Zeit *T* wiederholt sich der Vorgang. Der Wechselstrom verläuft also in Form einer Schwingung. Eine vollständige Schwingung besteht aus positiver und negativer Halbwelle.

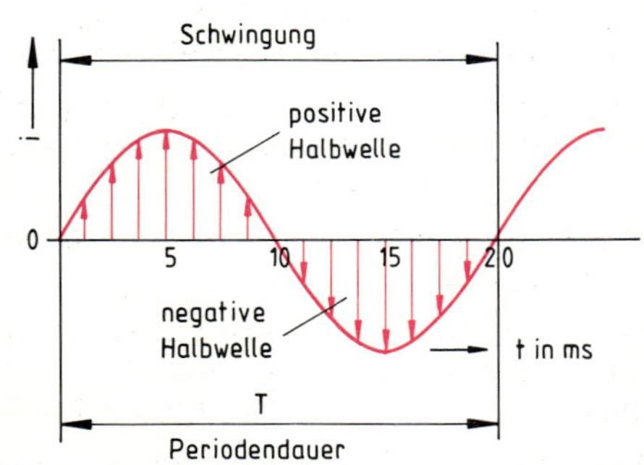

Periodendauer und Frequenz

Die Zeit, die für eine vollständige Schwingung benötigt wird, nennt man Periodendauer (Formelzeichen *T*, Einheit s).

In unserem Beispiel beträgt die Periodendauer *T* = 20 ms.

Frequenz

Die Anzahl der Perioden pro Zeiteinheit (pro Sekunde) heißt **Frequenz** (Formelzeichen f, Einheit Hz). Hz ist die Abkürzung für Hertz (deutscher Physiker).

In unserem Beispiel beträgt die Periodendauer 20 ms. Da also pro Periode 20 ms benötigt werden, können in einer Sekunde (1000 ms) 50 Perioden „ablaufen". Die Frequenz beträgt somit 50 Hz.

Die Frequenz ist gleich dem Kehrwert der Periodendauer.

$$\textbf{Frequenz:} = \frac{1}{\text{Periodendauer}}$$

$$f = \frac{1}{T}$$

$$[f] = \frac{1}{s} = \text{Hz (Hertz)}$$

Scheitelwert

Die Spannungsmessung im Wechselstromkreis der Kesselbeleuchtung ergab 24 V. Der zeitliche Verlauf der Wechselspannung macht deutlich, daß die Spannung 24 V während der Periodendauer T nur insgesamt viermal erreicht wird. Die weitaus meiste Zeit ist die Wechselspannung kleiner oder größer.

Bei Wechselspannungen kann man im Unterschied zu Gleichspannungen keinen konstanten Spannungswert angeben. In jedem Zeitaugenblick hat die Wechselspannung einen anderen Wert. Man spricht deshalb auch von **Augenblickswerten** einer Wechselspannung. Die gleichen Überlegungen gelten natürlich für den Wechselstrom.

Den positiven oder negativen Höchstwert, den eine Wechselspannung oder ein Wechselstrom innerhalb einer Periode erreicht, nennt man **Scheitelwert** u_s bzw. i_s. Der Scheitelwert ist der **maximale Augenblickswert**, den eine Wechselgröße erreicht.

Im Verlaufe einer Periode wird einmal der positive ($+ u_s$) und einmal der negative Scheitelwert ($- u_s$) erreicht.

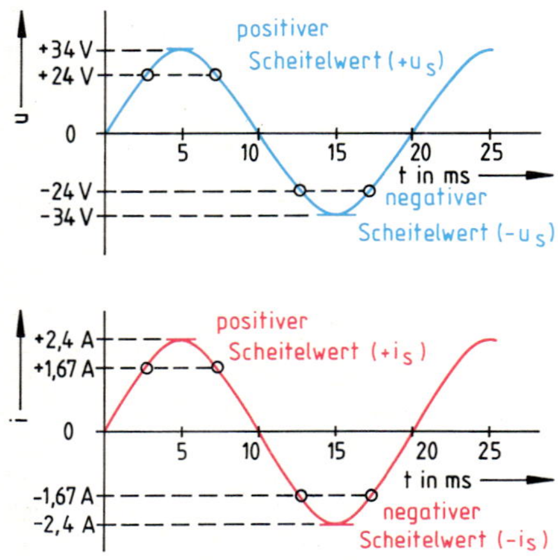

Scheitelwerte von Wechselspannung und Wechselstrom

Effektivwert

Da der **Scheitelwert** innerhalb einer Periode nur zweimal kurzfristig erreicht wird, kann er nicht zur Beschreibung einer Wechselgröße herangezogen werden.

Zur Erinnerung: Die Spannungsmessung im Wechselstromkreis ergibt 24 V. Der Scheitelwert dieser Wechselspannung beträgt 34 V. Welche Größe wird also durch die Anzeige von 24 V bestimmt?

Im betrachteten Gleichstromkreis gilt für die elektrische Leistung die Gleichung $P = U \cdot I$. Die Gleichstromleistung beträgt also 40 W. Die Ermittlung ist nicht schwierig, da Stromstärke, Spannung und Leistung zeitlich konstant sind.

Die Fläche zwischen der Leistungskurve, hier eine Gerade, und der Zeitachse ist die elektrische Arbeit $W = P \cdot t$. Die elektrische Arbeit W entspricht der Energie, die im Verbraucher (in der Glühlampe) umgewandelt wird.

Für die umgesetzte Energie ist es nun gleichgültig, wie der Kurvenverlauf der Leistung aussieht. Entscheidend ist allein der **Inhalt** $P \cdot t$ der Fläche zwischen Leistungskurve und t-Achse.

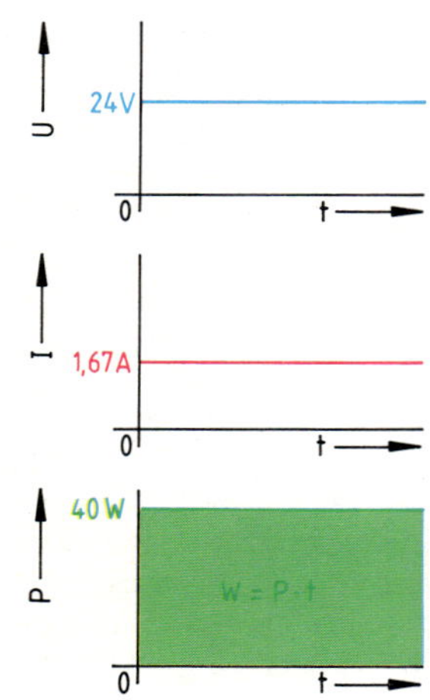

Gleichspannung

Gleichstrom

Gleichstromleistung

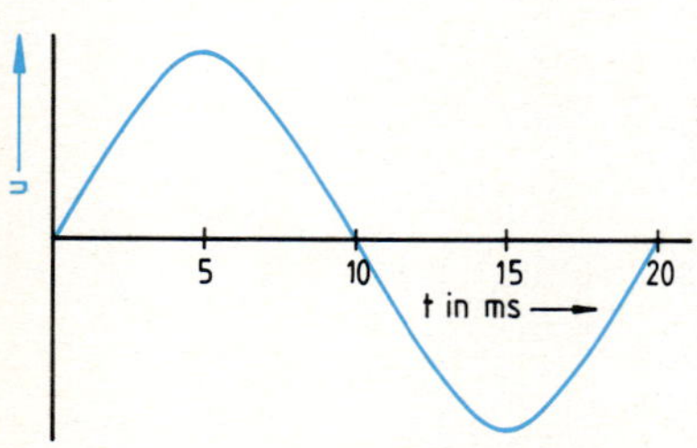

Wechselspannung

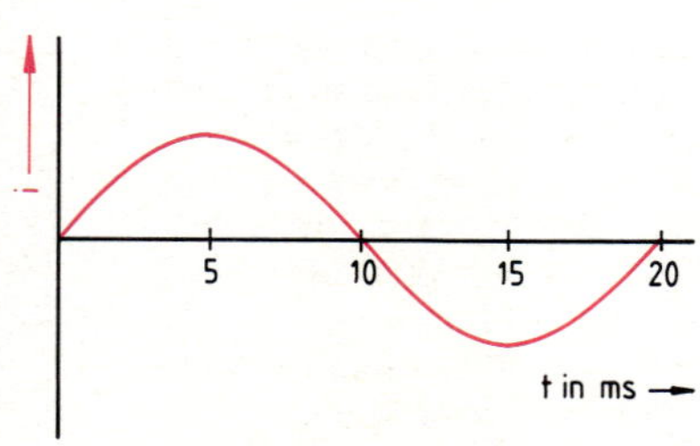

Wechselstrom

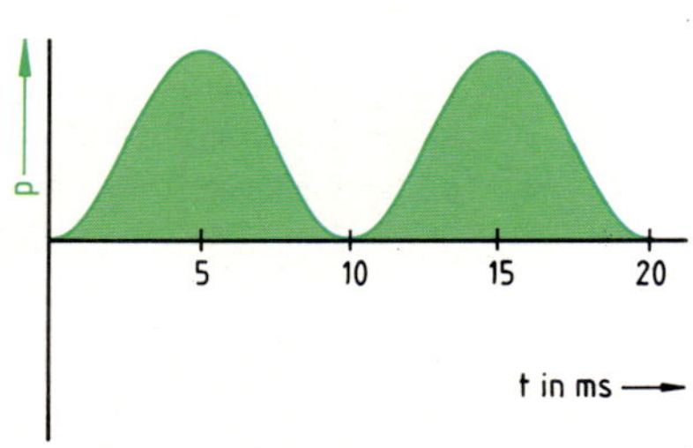

Wechselstromleistung

Wechselspannung und Wechselstrom sind einer **zeitlichen Änderung** unterworfen. Für den **Augenblickswert** der Wechselstromleistung gilt $p = u \cdot i$ und für den Scheitelwert $p_s = u_s \cdot i_s$. Der zeitliche Verlauf der Leistungskurve ergibt sich durch Multiplikation der Augenblickswerte von Spannung und Stromstärke. Die umgesetzte elektrische Energie entspricht auch hier wieder der Fläche zwischen Leistungskurve und t-Achse.

Zur Bestimmung des Flächeninhaltes werden die „Spitzen“ der Leistungskurve graphisch in die „Täler“ geklappt. Man ersetzt also die Fläche unter der Leistungskurve durch ein flächengleiches Rechteck. Hieraus ergibt sich folgende Feststellung:

Die mittlere Wechselstromleistung ist halb so groß wie der Scheitelwert der Wechselstromleistung. $P = \frac{p_s}{2}$

Die mittlere Wechselstromleistung bestimmt die Energieumwandlung im Stromkreis. Sie wird daher **effektive** (wirksame) Leistung oder kurz **Wirkleistung** (Formelzeichen P, Einheit W) genannt.

Nun müssen diese Erkenntnisse auf Spannung und Stromstärke übertragen werden. Da bei einem Scheitelwert $p_s = 80$ W die wirksame Leistung $P = 40$ W beträgt, ist die Frage zu klären, um welchen Faktor die Scheitelwerte von Spannung und Stromstärke verringert werden müssen, damit sich die Leistung von 80 auf 40 W erniedrigt.

Hierbei ist unbedingt zu beachten, daß sich Spannung und Stromstärke um den gleichen Faktor verringern. Nach dem Ohmschen Gesetz bedeutet nämlich beispielsweise eine Verringerung der Spannung um 50% eine zwangsläufige Verringerung der Stromstärke um 50%. Der Widerstand wird hierbei als konstant angenommen.

Da im Wechselstromkreis die Verringerung von Spannung und Stromstärke zur **halben** Leistung führen müssen, betragen die Faktoren für Spannung und Stromstärke **jeweils** 1,414. Es gilt nämlich $1{,}414 \cdot 1{,}414 \approx 2$. Den Faktor 1,414 schreibt man auch abgekürzt $\sqrt{2}$.

Im Wechselstromkreis sind die wirksamen Werte (Effektivwerte) von Spannung und Stromstärke um den Faktor $\sqrt{2}$ kleiner als ihre Scheitelwerte. $U = \frac{u_s}{\sqrt{2}}$ $I = \frac{i_s}{\sqrt{2}}$

Die **Effektivwerte** werden wie Gleichstromwerte durch Großbuchstaben gekennzeichnet!

Eine Wechselspannung hat in einem Widerstand die gleiche Wärmewirkung wie eine Gleichspannung, wenn ihr Scheitelwert um den Faktor $\sqrt{2}$ größer als die Gleichspannung ist. Ein Wechselstrom hat in einem Widerstand die gleiche Wirkung wie ein Gleichstrom, wenn sein Scheitelwert um den Faktor $\sqrt{2}$ größer als der Gleichstrom ist. Spannungs- und Stromangaben für Wechselstromverbraucher sind in der Regel Effektivwerte.

Phasenverschiebung

Im Glühlampenkreis wechseln Wechselspannung und Wechselstrom im gleichen Augenblick ihre Richtung (Nulldurchgänge) und erreichen im gleichen Augenblick ihre Scheitelwerte. Man sagt: Strom und Spannung sind **in Phase**. Es tritt keine **Phasenverschiebung** auf. Dies ist immer dann der Fall, wenn in einem Stromkreis ausschließlich Ohmsche Widerstände (Wirkwiderstände) vorhanden sind, z. B. bei Glühlampen und Elektrowärmegeräten.

Sind elektrische Energiespeicher wie **Spulen** oder **Kondensatoren** in den Stromkreis geschaltet, erreichen Stromstärke und Spannung zu unterschiedlichen Zeitpunkten ihre Nulldurchgänge und Scheitelwerte.

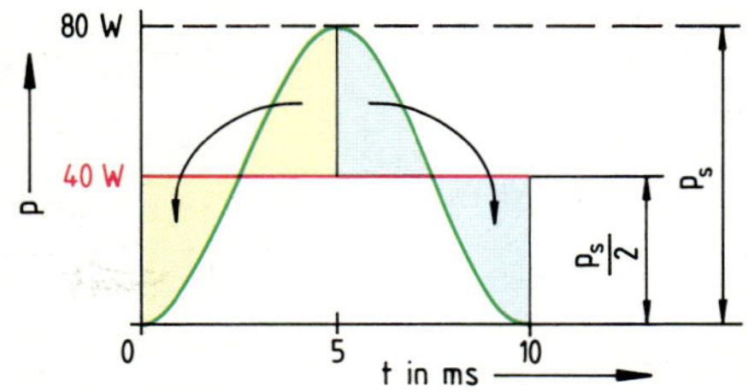

Mittlere Wechselstromleistung

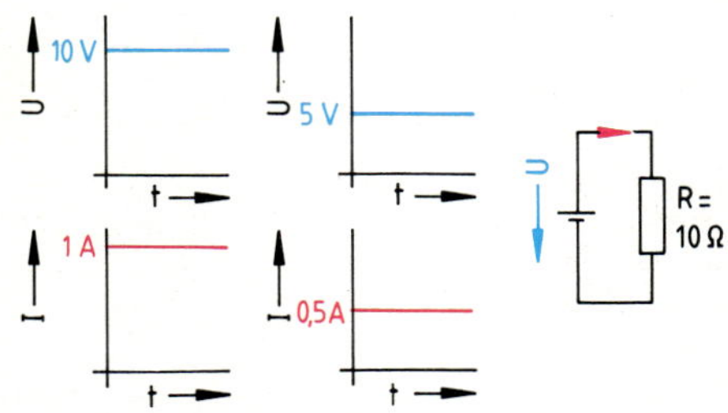

Zusammenhang zwischen Spannung und Stromstärke bei konstantem Widerstand

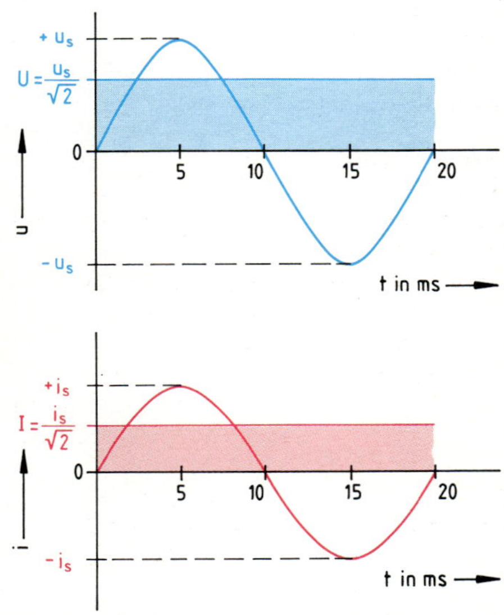

Effektivwerte von Wechselspannung und Wechselstrom

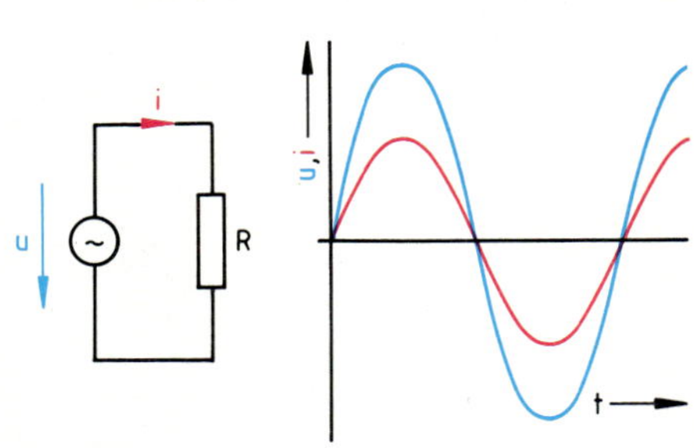

Rein Ohmscher Wechselstromkreis

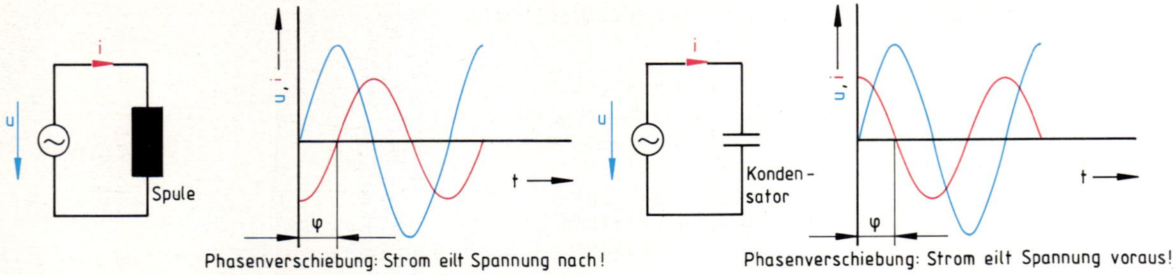

Wechselstromkreise mit Spule und Kondensator

Man spricht dann von einer **Phasenverschiebung** zwischen Stromstärke und Spannung.
In Stromkreisen mit Spulen (induktiven Stromkreisen) eilt der Strom der Spannung nach. In Stromkreisen mit Kondensatoren (kapazitiven Stromkreisen) eilt der Strom der Spannung voraus.
Die Phasenverschiebung vermindert die wirksame Leistung. Nur der positive Leistungsanteil (oberhalb der *t*-Achse) ist im Sinne des Energieumwandlungsprozesses wirksam (Wirkleistung).

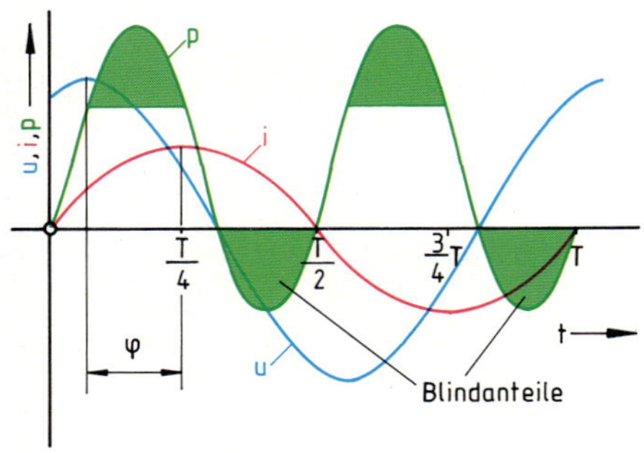

Zeitlicher Verlauf der Leistung bei einer Spule

Dreiphasen-Wechselspannung
Die Dreiphasenwechselspannung ist keine eigenständige Form, sondern eine sinnvolle Verkettung von drei Einphasen-Wechselspannungssystemen. Fließt ein Strom, wird dieser **Dreiphasen-Wechselstrom** genannt.

Dreiphasen-Wechselstrom (kurz Drehstrom genannt) spielt in der Technik eine überragende Rolle. Gegenüber dem Einphasen-Wechselstrom zeichnet er sich besonders durch folgende Vorteile aus:

- Zur Energieübertragung werden anstatt sechs nur drei oder vier Leitungen benötigt. Dies wird durch die Verkettung erreicht.
- Mit Drehstrom können einfache und robuste Elektromotoren betrieben werden.
- In Drehstromnetzen stehen zwei unterschiedliche Spannungen zur Verfügung (im allgemeinen 220 V und 380 V).

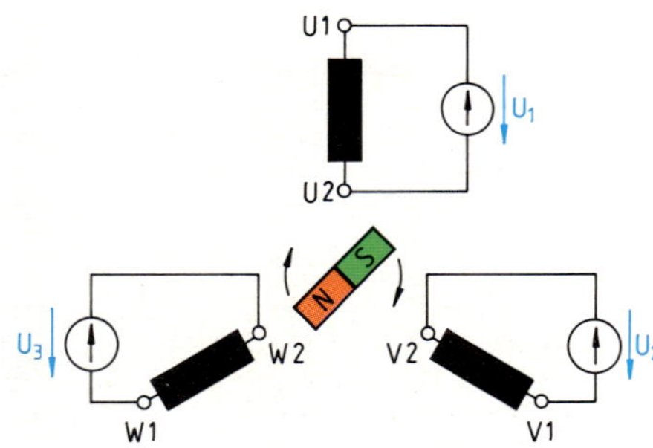

Erzeugung von Dreiphasen-Wechselspannung

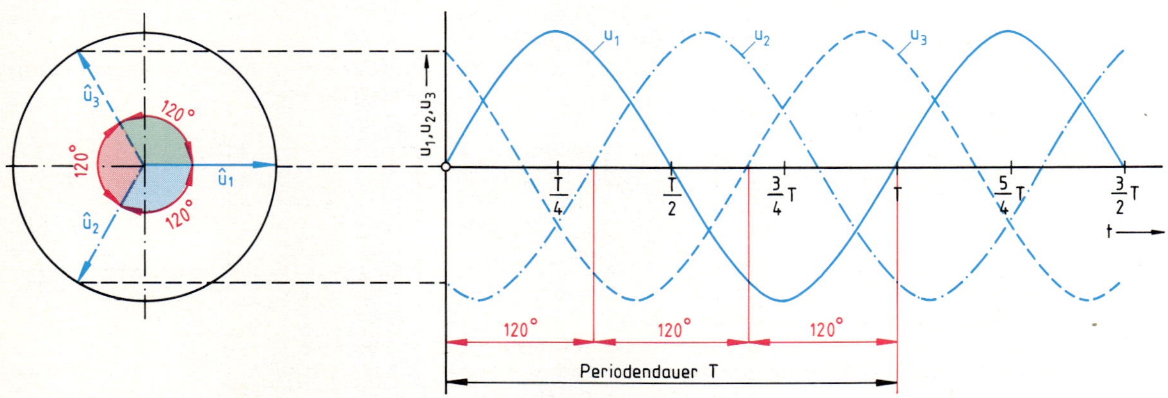

Dreiphasen-Wechselspannungen, zeitlicher Verlauf

5.3 Magnetische Wirkung des elektrischen Stromes

Die magnetische Wirkung des elektrischen Stroms spielt in der Technik eine große Rolle. Elektrische Energieübertragung, elektrische Antriebstechnik und elektrische Nachrichtenübertragung sind beispielsweise ohne magnetische Wirkung nicht denkbar.

5.3.1 Magnetische Wirkung eines stromdurchflossenen Leiters

Ein stromdurchflossener Leiter umgibt sich mit einem Magnetfeld. Dies kann mit **Eisenfeilspänen** bzw. **Magnetnadeln** nachgewiesen werden. Die Eisenfeilspäne ordnen sich **ringförmig** um den Leiter herum an. Die Magnetnadeln werden nach Einschalten des Stromes aus ihrer normalen Nord-Süd-Richtung abgelenkt.

Auf die Eisenfeilspäne bzw. Magnetnadeln werden in der Nähe eines stromdurchflossenen Leiters Kräfte ausgeübt, die diese Ausrichtung bewirken. Man sagt, der Raum um den stromdurchflossenen Leiter wird in einen **Zwangszustand** versetzt, von einem **magnetischen Feld** erfüllt.

Zur anschaulichen Beschreibung des magnetischen Feldes dienen Feldlinien. Die Richtung der Feldlinien wird durch die Magnetnadel festgelegt.

Eine Umkehrung der **Stromrichtung** bedeutet eine Änderung der Feldlinienrichtung. Der Zusammenhang zwischen Stromrichtung und Feldlinienrichtung kann anschaulich durch eine **Rechtsschraubenregel** dargestellt werden.

5.3.2 Magnetfeld einer stromdurchflossenen Spule

Wird ein elektrischer Leiter aufgewickelt, entsteht eine **Spule**. Die stromdurchflossene Spule erzeugt ein Magnetfeld, das ebenfalls durch Eisenfeilspäne oder Magnetnadeln nachgewiesen werden kann. Die magnetischen Feldlinien sind in sich geschlossen. Sie treten am **Nordpol** aus der Spule aus und am **Südpol** in die Spule ein.

Man erkennt, daß im Spuleninneren die Feldlinien gebündelt werden. Die Anzahl der Feldlinien pro Flächenelement ist im Spuleninneren erheblich größer als im Luftraum außerhalb der Spule. Die Anzahl der Feldlinien pro Flächenelement ist ein Maß für die Stärke des magnetischen Feldes. Je größer die **Feldliniendichte**, desto stärker das Magnetfeld.

Durch Einbringung eines Eisenkernes in die Spule kann die Stärke des Magnetfeldes noch erheblich gesteigert werden. Eisen bündelt die magnetischen Feldlinien beträchtlich stärker als Luft.

5.3.3 Spannungserzeugung durch Induktion

Großtechnisch wird die elektrische Energie durch Generatoren in Kraftwerken erzeugt. Primärenergien aus Kohle, Erdgas, Erdöl oder Kernkraft werden in Turbinen in Bewegungsenergie umgewandelt. Die Turbinen treiben Generatoren an, die elektrische Energie ins Netz liefern. Die technische Funktion der Generatoren beruht auf dem Prinzip der Induktion.

Induktion der Bewegung (Generatorprinzip)
Wird ein Leiter in einem Magnetfeld bewegt, so wird in ihm eine Spannung induziert. Die **Induktionsspannung** bleibt nur so lange bestehen wie der Leiter Feldlinien schneidet; durch die Bewegung ändert sich der wirksame Anteil des Magnetfelds ständig.

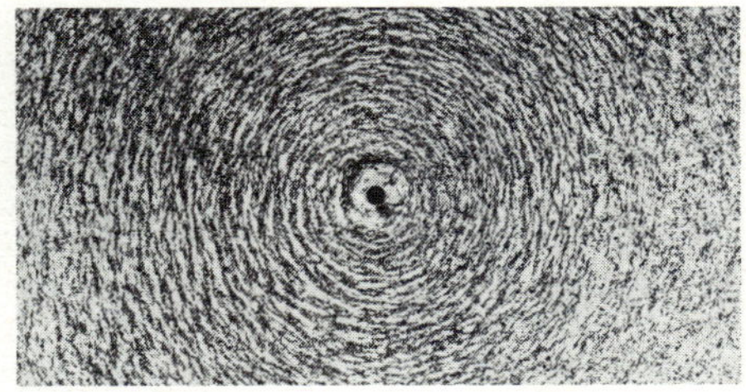

Magnetfeld eines stromdurchflossenen Leiters

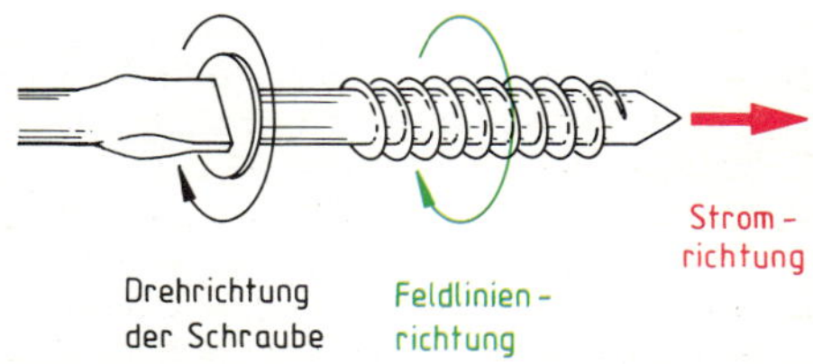

Magnetische Feldlinien und Rechtsschraubenregel

Dreht man eine Schraube mit Rechtsgewinde (Rechtsschraube) gedanklich in Richtung des Stroms in den Leiter hinein, so entspricht die Drehrichtung der Schraube der Feldlinienrichtung.

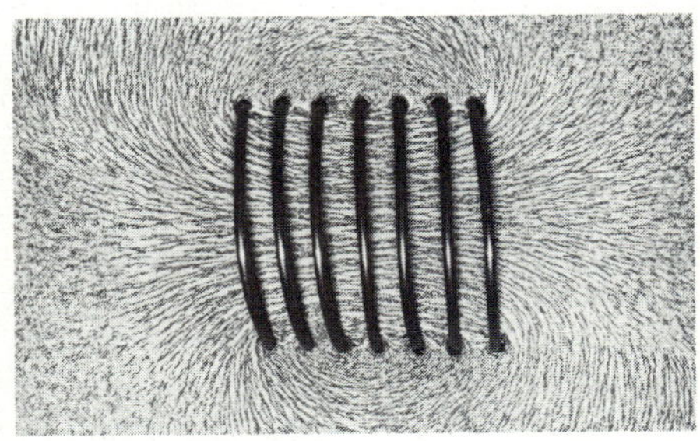

Magnetfeld einer Spule

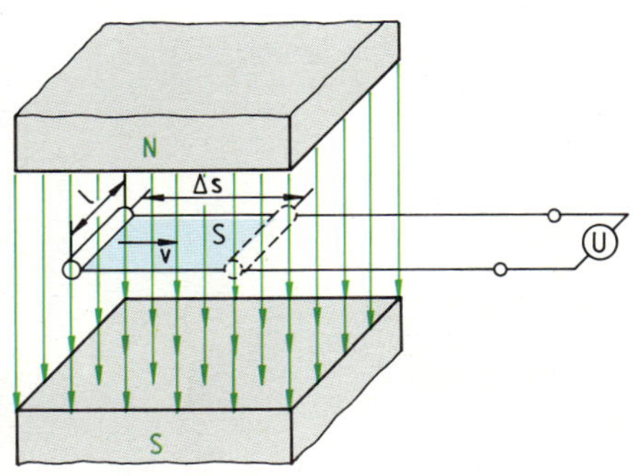

Induktion der Bewegung

Die freien Elektronen des Leiters fließen unter dem Einfluß des sich ändernden Magnetfeldes zu einem Leiterende. Durch diese Ladungstrennung entsteht eine elektrische Spannung.

Der Betrag der induzierten Spannung ist abhängig von der
- Geschwindigkeit des Leiters im Magnetfeld und der
- Feldliniendichte (Anzahl der Feldlinien pro Flächeneinheit).

Die Richtung der Induktionsspannung hängt ab von der
- Richtung des Magnetfeldes und der
- Bewegungsrichtung des Leiters im Magnetfeld.

In einem geschlossenen Stromkreis ruft die Induktionsspannung einen **Induktionsstrom** hervor. Seine Richtung (und damit auch die Richtung der Induktionsspannung) kann mit der **Rechte-Hand-Regel** bestimmt werden. Hält man die rechte Hand so, daß die Feldlinien auf die Innenfläche der Hand auftreffen und der abgespreizte Daumen in die Bewegungsrichtung zeigt, so fließt der Induktionsstrom in Richtung der ausgestreckten Finger.

Der Induktionsstrom ruft seinerseits ein Magnetfeld hervor, das so gerichtet ist, daß es das induzierende Magnetfeld vor dem Leiter verstärkt und hinter dem Leiter schwächt. Das Magnetfeld des Induktionsstromes **hemmt** so die Bewegung des Leiters (**Lenzsche Regel**). Nach dem Satz von der Erhaltung der Energie muß dies auch so sein. Die mechanische Energie, die zur Überwindung der Bewegungshemmung aufzuwenden ist, wird zum großen Teil in elektrische Energie umgewandelt.

In Generatoren wird eine Bewegung von Leitern in einem Magnetfeld durch eine gleichförmig rotierende Spule erreicht. Dabei wird eine sinusförmige Wechselspannung erzeugt. Die Frequenz unserer technischen Wechselspannung beträgt 50 Hz, was einer Periodendauer von 20 ms entspricht.

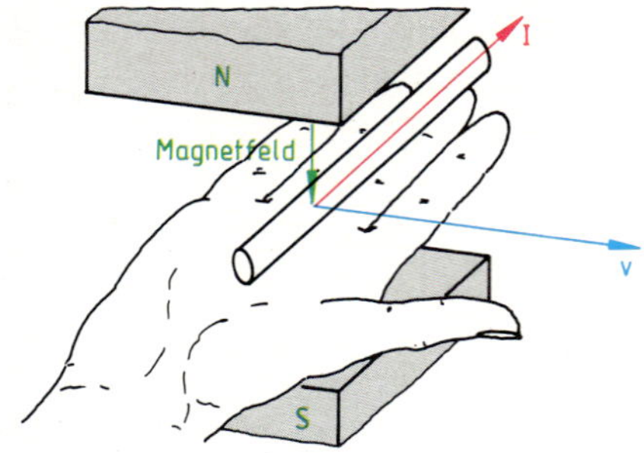

Rechte-Hand-Regel

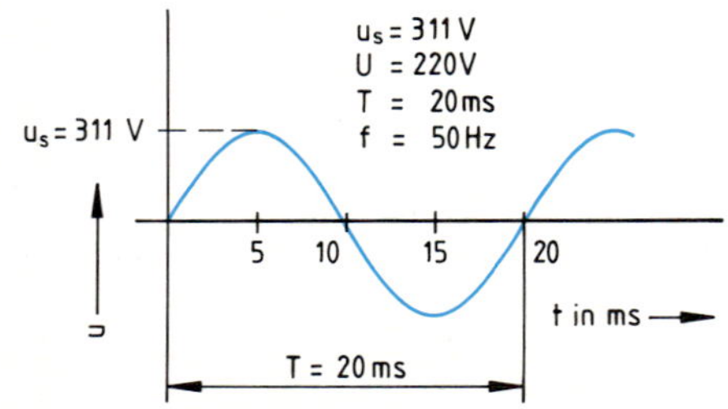

Technische Wechselspannung

Induktion der Ruhe (Transformatorprinzip)

Bei der **Übertragung** der elektrischen Energie verwendet man hohe Spannungen, um mit möglichst geringer Stromstärke die benötigte Leistung am Verbrauchsort verfügbar zu haben.

Hohe Stromstärken erfordern große Leitungsquerschnitte und verursachen hohe Verluste. Daher **transformiert** man die Spannung zu Beginn der Energieübertragung hoch und transformiert sie am Verbrauchsort wieder herunter. Die Energieübertragung selbst ist dann mit relativ geringer Stromstärke möglich.

Die Transformation erfolgt mit Hilfe von **Transformatoren**. Ein Transformator besteht prinzipiell aus Spulen, die auf einen gemeinsamen Eisenkern aufgebracht sind. Das Verhältnis von Eingangs- zu Ausgangsspannung eines Transformators wird durch die Windungszahlen von Eingangs- und Ausgangswicklungen bestimmt. Das Spannungsverhältnis wird **Übersetzungsverhältnis** des Transformators genannt. Die Stromstärken verhalten sich beim Transformator umgekehrt wie die Windungszahlen.

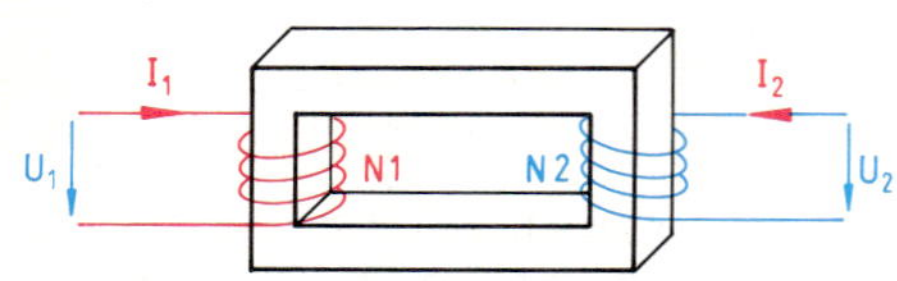

Transformator (Prinzip)

Übertragung einer Leistung von 100 MW Stromstärke bei 220 V:

$$I = \frac{P}{U} = \frac{100 \cdot 10^6\ \text{W}}{220\ \text{V}} \approx 4{,}5 \cdot 10^5\ \text{A}$$

Stromstärke bei 220 kV:

$$I = \frac{P}{U} = \frac{100 \cdot 10^6\ \text{W}}{220 \cdot 10^3\ \text{V}} \approx 450\ \text{A}$$

Transformator

Spannungsverhältnis (Übersetzungsverhältnis) $\frac{U_1}{U_2} = \frac{N_1}{N_2} = u$

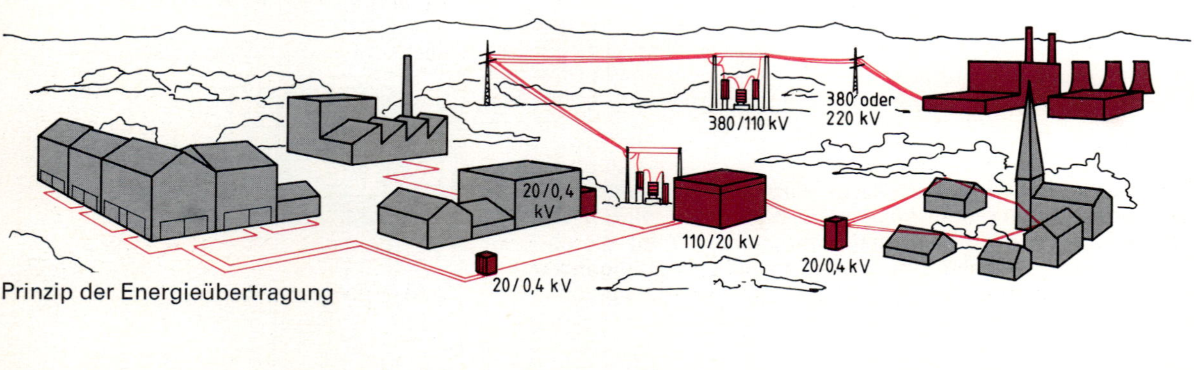

Prinzip der Energieübertragung

5.3.4 Elektromotoren

In der elektrischen Antriebstechnik sind **Elektromotoren** unverzichtbar. Sie wandeln elektrische Energie in Bewegungsenergie um.

Die Wirkungsweise von Elektromotoren beruht auf der Anziehungs- und Abstoßungskraft zwischen zwei Magnetfeldern. Ein einfaches Beispiel verdeutlicht dies.

Der stromdurchflossene Leiter umgibt sich mit einem Magnetfeld, dessen Richtung mit Hilfe der Rechtsschraubenregel bestimmt werden kann. Rechts vom Leiter haben die Feldlinien beider Felder die gleiche Richtung. Die Felder verstärken sich. Links vom Leiter tritt eine Feldschwächung auf. Auf den Leiter wird eine Kraft ausgeübt, die ihn nach links bewegen möchte. Eine Änderung der Stromrichtung bewirkt eine Änderung der Kraftrichtung. Bei gleich bleibender Stromrichtung bewirkt eine Änderung der Magnetfeldrichtung ebenfalls eine Kraftrichtungsänderung.

Die auf den stromdurchflossenen Leiter ausgeübte **Kraft** ist abhängig von
- der Stromstärke im Leiter,
- der Feldliniendichte des Magnetfeldes und
- der Leiterlänge im Magnetfeld.

Die **Wirkungsweise** von Elektromotoren beruht darauf, daß zwei Magnetfelder in geeigneter Weise aufeinander einwirken, so daß sich eine fortlaufende Drehbewegung ergibt.

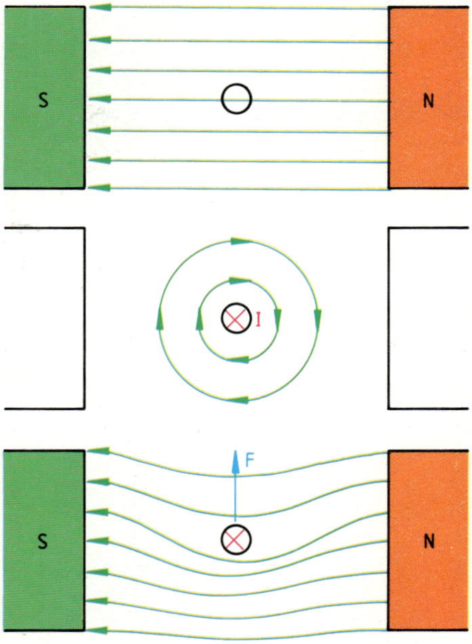

Kraftwirkung im Magnetfeld

Drehstrommotoren

Ein preiswerter, robuster und deshalb weit verbreiteter Elektromotor ist der **Kurzschlußläufermotor**. Er besteht aus einem feststehenden Teil, dem **Ständer** mit Wicklungen zur Erzeugung der Magnetfelder und einem beweglichen Teil, dem **Läufer**. Die Ständerwicklungen werden an das Drehstromnetz angeschlossen.
In die kurzgeschlossenen Stäbe des Läufers wird eine Spannung induziert, die einen Läuferstrom hervorruft. Der Läuferstrom bewirkt ein Magnetfeld, das in Zusammenwirkung mit den Magnetfeldern des Ständers die Drehbewegung hervorruft.

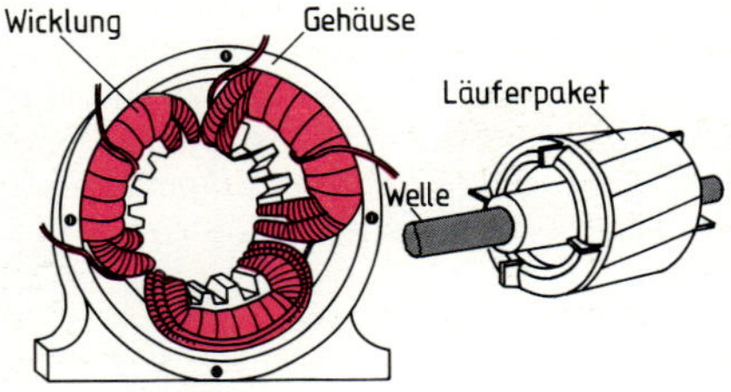

Kurzschlußläufermotor

Der Ständer des **Schleifringläufermotors** ist wie der des Kurzschlußläufermotors aufgebaut. Der Läufer besteht jedoch ebenfalls aus Wicklungen, denen Strom über Kohlebürsten und Schleifringe zugeführt wird. Der Läuferstrom ist dadurch von außen beeinflußbar, wodurch das Betriebsverhalten des Motors verändert werden kann. Schleifringläufermotoren eignen sich insbesondere für **Schweranlaufantriebe** (z. B. Zementmühlen), da sie ein hohes Anlaufmoment haben.

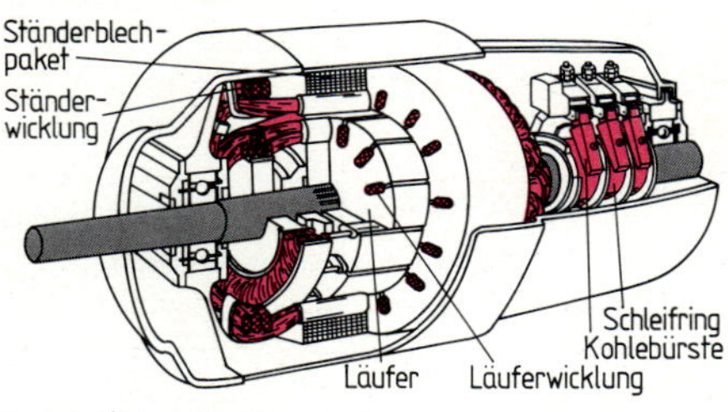

Schleifringläufermotor

Gleichstrommotoren

Der wesentliche Vorteil der Gleichstrommotoren liegt in der relativ einfachen Drehzahlsteuerung. Nachteilig wirkt sich die Notwendigkeit der Stromrichtungsänderung in den Läuferwicklungen aus (Stromwendung). Nur so läßt sich nämlich eine fortlaufende Drehbewegung erreichen. Stromwender und Kohlebürsten sind beträchtlichem Verschleiß unterworfen. Das Bürstenfeuer, das diesen Verschleiß wesentlich beeinflußt, ruft außerdem Funkstörungen hervor, die die Nachrichtenübertragung erheblich stören können.

Gleichstrommotor

5.3.5 Einfache technische Anwendungen des Elektromagnetismus – Lasthebemagnet

Der Lasthebemagnet eignet sich zum Transport sämtlicher Güter, die von Magneten angezogen werden. Hierzu werden starke **Elektromagneten** verwendet. Beim Einschalten des Stromes baut sich das Magnetfeld auf, die Last wird angezogen. Beim Ausschalten des Stromes verschwindet das Magnetfeld nahezu völlig; die Last wird „losgelassen".

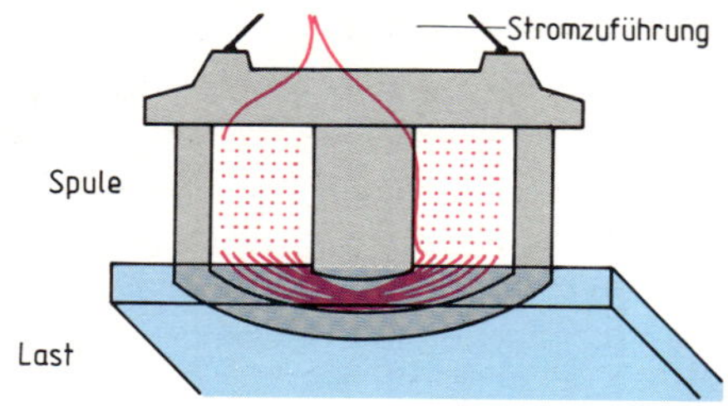

Lasthebemagnet

Elektromagnetische Schalter
Eine Spule erzeugt ein Magnetfeld, das einen metallischen Anker anzieht, wodurch ein Schaltkontakt geöffnet oder geschlossen werden kann. Bei **Schützen** können mit relativ geringen Steuerströmen (zum Aufbau des Magnetfeldes) hohe Lastströme geschaltet werden. **Relais** schalten schneller als Schütze, sind aber nur für geringere Ströme geeignet.

Schütz

5.4 Leitungs- und Geräteschutzmaßnahmen

Elektrische Geräte und Leitungen müssen vor **Überbelastung** und **Kurzschluß** geschützt werden.
Eine langandauernde Leitungsüberlastung oder ein Kurzschluß würde zu einer starken Wärmeentwicklung, einer Beschädigung der Isolation und damit eventuell zu Bränden führen. Daher sind Leitungsschutzmaßnahmen zwingend vorgeschrieben. Der Leitungsschutz kann durch **Schmelzsicherungen** oder **Leitungsschutzschalter** erfolgen. Beides sind Überstromschutzorgane.

Überstromschutzorgane
müssen abschalten, wenn die Stromstärke über einen längeren Zeitraum den zulässigen Nennstrom der Leitung bzw. des Verbrauchers überschreitet;
müssen **unverzüglich** abschalten, wenn im Stromkreis ein Kurzschluß auftritt.

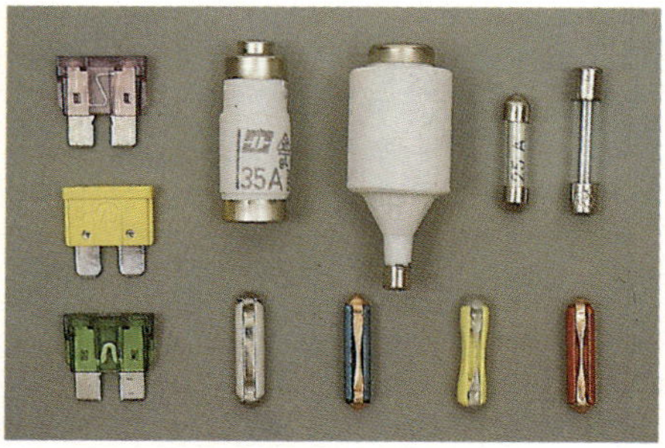
Schmelzsicherungen

5.4.1 Schmelzsicherungen

Schmelzsicherungen stellen eine bewußt geschaffene „Schwachstelle" des Stromkreises dar. Der Schmelzleiter der Sicherung wird bei einem Kurzschluß oder einer langandauernden Überlastung unterbrochen (er schmilzt). Dadurch wird der fehlerhafte Stromkreis abgeschaltet.

Ein **Schmelzsicherungssystem** für die elektrische Energietechnik besteht in der Regel aus einem Sicherungssockel, einem Paßeinsatz, der Sicherungspatrone und der Schraubkappe. Sonderbauformen werden z. B. für die Elektronik und den Automobilbau angeboten.

Der Paßeinsatz verhindert, daß eine Sicherungspatrone mit höherer Nennstromstärke – als für den Stromkreis zulässig – eingesetzt werden kann. Für die Nennstromstärken von Sicherungspatronen und Paßeinsätzen wurden **Kennfarben** vereinbart.

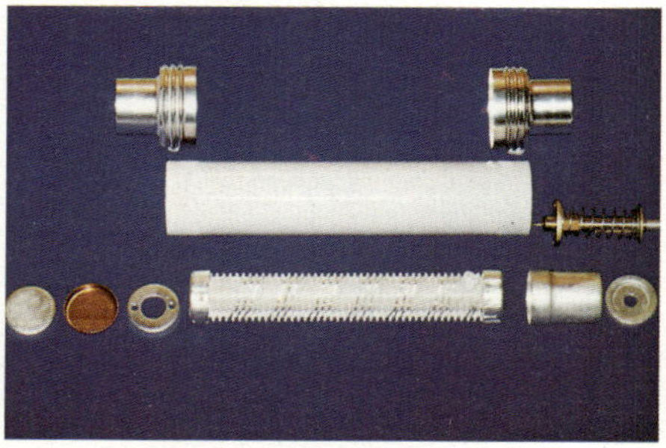
Schmelzsicherungssystem

Defekte Schmelzsicherungen dürfen keinesfalls „geflickt" werden.

5.4.2 Leitungsschutzschalter

Leitungsschutzschalter erfüllen die gleiche Aufgabe wie Schmelzsicherungen, können jedoch nach Unterbrechen des fehlerhaften Stromkreises und Beseitigung der Fehlerursache **wiederverwendet** werden.

Der **Überlastungsschutz** erfolgt durch einen Bimetallkontakt. Eine Heizspirale erwärmt das Bimetall, das sich dadurch verformt. Die Verformung wird über eine Mechanik auf ein **Schaltschloß** übertragen, das für eine Unterbrechung des fehlerhaften Stromkreises sorgt. Im **Kurzschlußfall** wird eine Spule vom Kurzschlußstrom durchflossen. Stromdurchflossene Spulen erzeugen ein Magnetfeld, das auf Eisenmaterial eine Kraft ausübt. Durch diese magnetische Kraftwirkung wird das Bimetall angezogen, wodurch ein schnelleres Auslösen des Leitungsschutzschalters erreicht wird.

Leitungsschutzschalter haben eine **Freiauslösung**. Dies bedeutet, daß erst wieder eingeschaltet werden kann, wenn die Ursache der Auslösung behoben wurde.

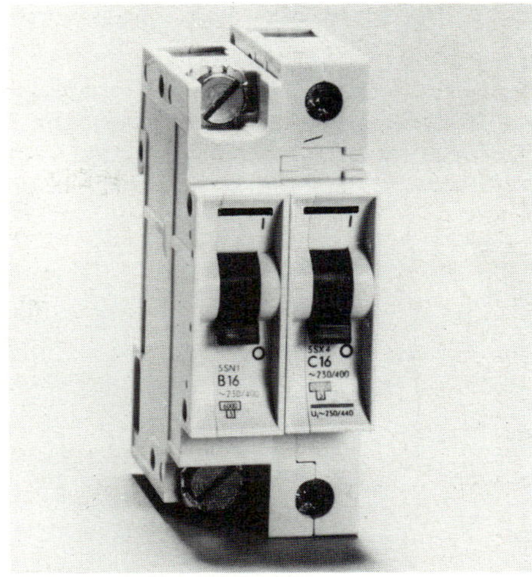

Leitungsschutzschalter

5.4.3 Motorschutzschalter

Elektromotoren werden durch Motorschutzschalter vor den Folgen längerandauernder Überlastung geschützt. Die **Bimetallauslösung** (vergleichbar mit der des Leitungsschutzschalters) ist träge. Somit darf die Stromstärke kurzzeitig den am Motorschutzschalter eingestellten Wert überschreiten, ohne daß er auslöst. Beim **Einschalten** des Motors ist das sehr wichtig, da der Einschaltstrom erheblich höher als der Nennstrom des Motors sein kann.

Motorschutzschalter werden auf den Nennstrom des zu schützenden Elektromotors eingestellt. Hat er ausgelöst, kann er nach Abkühlung des Bimetallauslösers erneut eingeschaltet werden.

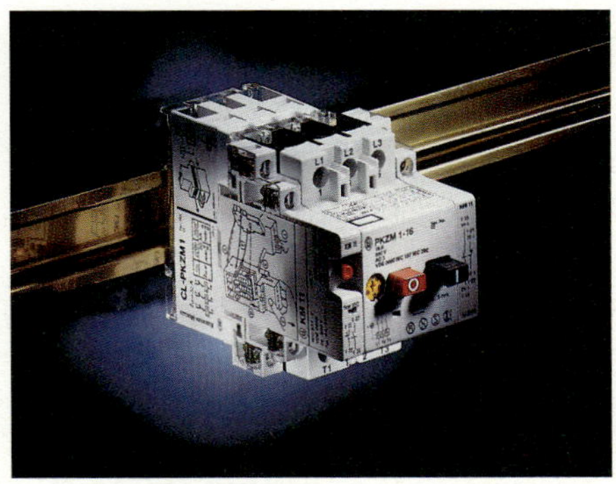
Motorschutzschalter

Aufgaben zur Wiederholung und Vertiefung

1. Von welchen Größen sind elektrische Arbeit und Leistung abhängig?

2. Die Leistungsaufnahme des Heizwiderstandes einer Trockenanlage von $R = 110\ \Omega$ ist zu berechnen, wenn der Widerstand an 220-V-Gleichspannung angeschlossen ist. Welche Stromstärke kann gemessen werden?
Um wieviel Prozent verringert sich die Leistung, wenn die Netzspannung um 5% einbricht?

3. Erläutern Sie kurz anhand von Skizzen den Unterschied zwischen Gleich- und Wechselstrom!

4. Bestimmen Sie die Kenngrößen des dargestellten Wechselstroms!

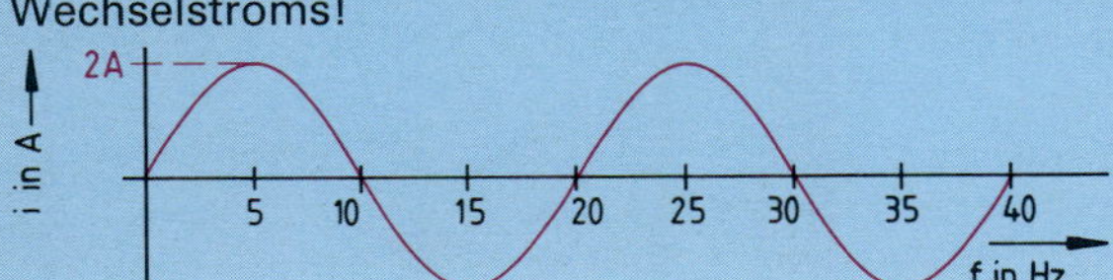

5. Erklären Sie anhand einer Skizze den Effektivwert von Wechselgrößen!

6. Warum tritt in einem Wechselstromkreis mit Heizwiderstand keine Phasenverschiebung auf?

7. Welchen wesentlichen Vorteil hat die Dreiphasen-Wechselspannung?

8. Beschreiben Sie die zwei Prinzipien der elektromagnetischen Induktion!

9. Worin liegt der wesentliche Vorteil des Kurzschlußläufermotors in der Antriebstechnik?

10. Warum müssen Motorschutzschalter eine träge Auslösecharakteristik haben?

11. Beschreiben Sie Aufbau und Wirkungsweise einer Schmelzsicherung!

12. In welchen Fällen ist die Installation von Leitungsschutzschaltern besonders sinnvoll?

5.5 Gefahren des elektrischen Stromes

Vorsicht beim Umgang mit elektrischer Energie! Immer wieder ereignen sich Unfälle infolge fehlerhafter Installation und unsachgemäßen Umgangs mit der elektrischen Energie. Auch erhebliche Sachwerte werden z. B. bei Bränden vernichtet, die durch mangelhafte Installationsarbeiten verursacht werden können.

Hände weg von elektrischen Arbeiten! Sie sind ausschließlich durch dafür ausgebildete Personen auszuführen.

Störungen und Fehler können in technischen Anlagen niemals ausgeschlossen werden. Daher muß dafür gesorgt werden, daß sich hierdurch keine Schädigungen für Mensch und Tier und keine Zerstörung von Sachwerten ergeben können. Dies ist Aufgabe der **Schutzmaßnahmen**.

Ströme über 50 mA sind lebensgefährlich! Herzkammerflimmern und Herzstillstand bzw. Tod durch Verbrennungen können die Folge sein.

Rechnerisch kann die Spannung ermittelt werden, ab welcher für den Menschen Lebensgefahr besteht. Wenn der Widerstand des menschlichen Körpers mit ca. 1000 Ω angenommen wird, errechnet sich die Spannung zu

$$U_B = I \cdot R$$
$$U_B = 50\ \text{mA} \cdot 1000\ \Omega = 50\ \text{V}$$

Diese Spannung darf vom menschlichen Körper höchstens überbrückt werden. Sie wird **maximale Berührungsspannung** U_B genannt.

Bei der Bedienung elektrischer Anlagen muß verhindert werden, daß Leiter und leitfähige Teile von elektrischen Betriebsmitteln, die unter **normalen Betriebsbedingungen** Spannung führen, berührt werden. Beim Berühren kann der Mensch eine Spannung zwischen Betriebsmittel und Erde überbrücken (Berührungsspannung). Die Folge ist ein durch den menschlichen Körper fließender Strom. Wegen der damit verbundenen Gefährdung ist ein **Berührungsschutz** notwendig.

Schutzmaßnahmen gegen direktes Berühren verhindern die Berührung von unter Spannung stehenden Teilen (z. B. durch Isolierung).
Schutzmaßnahmen bei indirektem Berühren unterbrechen den fehlerhaften Stromkreis, bevor gefährliche Berührungsspannungen über längere Zeit auftreten.

Gefahren beim Umgang mit elektrischem Strom

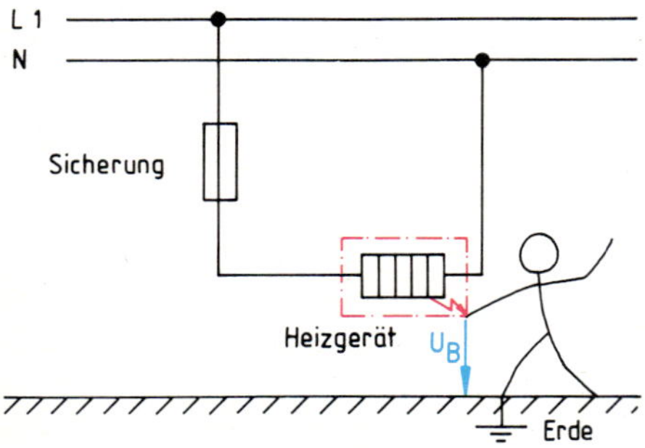

Berührungsspannung

5.5.1 Schutzmaßnahmen gegen direktes Berühren (Beispiele)

Schutz durch Isolierung spannungsführender Teile
Sämtliche im Betriebszustand spannungsführenden Teile werden mit einem **Isolierstoff** umgeben. Dies wird z. B. bei Leitungen angewendet.

Schutz durch Abdeckung und Umhüllung
Hierdurch wird ein beabsichtigtes oder unbeabsichtigtes Berühren spannungsführender Teile verhindert. Schalter und Steckdosen sind Beispiele hierfür.

5.5.2 Schutzmaßnahmen bei indirektem Berühren (Beispiele)

Meldung oder Abschaltung
Bei Auftreten eines Fehlers wird eine gefährliche Berührungsspannung dadurch verhindert, daß die fehlerhafte Anlage abgeschaltet wird. Führt ein Fehler nicht unmittelbar zu einer Gefährdung, reicht eine optische und/oder akustische Meldung.

Berührungsschutz

Nullung
Die metallischen Teile der zu schützenden Anlagen und Geräte werden mit einem Schutzleiter (PE) verbunden. Dieser ist seinerseits mit dem Neutralleiter N verbunden. Tritt ein Fehler auf, fließt ein Strom über Gehäuse, Schutzleiter und Neutralleiter. Überschreitet der Fehlerstrom einen bestimmten Wert, schaltet das **Überstromschutzorgan** den fehlerhaften Stromkreis ab.

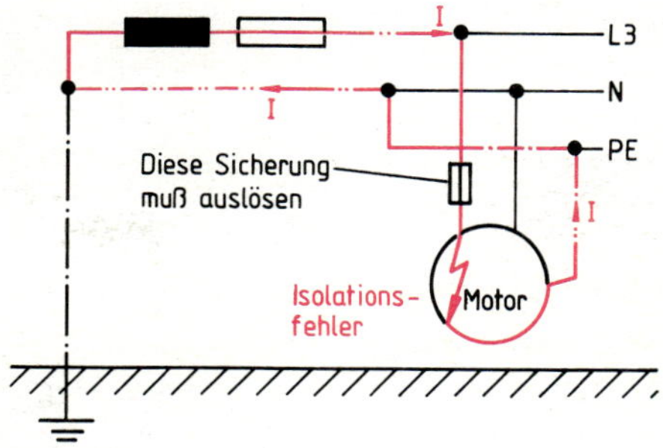

Nullung

Fehlerstrom-Schutzschaltung (FI-Schutzschaltung)
Es wird überwacht, ob Ströme den Stromkreis verlassen und über Erde abfließen können. Diese Überwachung erfolgt durch Ausnutzung der magnetischen Wirkung des elektrischen Stromes.

Der Verbraucherstrom durchfließt Spulen und erzeugt damit Magnetfelder. Sind die Magnetfelder, die von zufließenden und abfließenden Verbraucherströmen erzeugt werden, nicht gleich groß, trennt der FI-Schutzschalter den Verbraucher vom Netz. Unterschiedliche Magnetfelder bedeuten nämlich, daß zufließende und abfließende Ströme nicht übereinstimmen. Ein Teil der zufließenden Ströme muß also infolge eines Fehlers zur Erde abgeflossen sein.

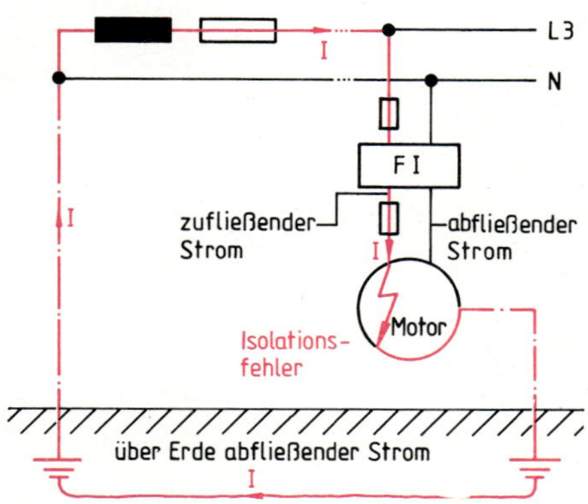

Fehlerstrom-Schutzschaltung

Schutzisolierung
Die spannungsführenden Teile sind vollständig von einer **Isolierungsschicht** umgeben. Ein beabsichtigtes oder unbeabsichtigtes Berühren ist deshalb nicht möglich. Vor allem bei elektrischen Handwerkzeugen wird diese Schutzmaßnahme bevorzugt angewendet.

Niemals elektrische Handwerkzeuge mit beschädigtem Isolierstoffgehäuse verwenden.

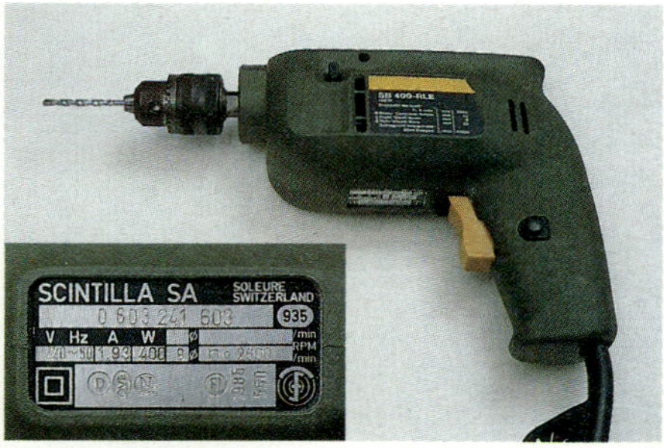

Schutzisolierung

Schutztrennung
Das zu schützende elektrische Betriebsmittel wird über einen Trenntransformator mit zwei getrennten gut gegeneinander isolierten Wicklungen an das Stromnetz angeschlossen. Damit wird erreicht, daß das Betriebsmittel die benötigte Spannung erhält, bei einem Defekt aber kein Strom über den Menschen zur Erde abfließen kann.

5.5.3 Schutz gegen direktes und indirektes Berühren

Schutzkleinspannung
Die maximale Betriebsspannung der Geräte beträgt 50-V-Wechselspannung. Da diese Spannung der **maximal zulässigen Berührungsspannung** entspricht, ist eine Gefährdung des Menschen ausgeschlossen.

Bei dieser Schutzmaßnahme sind **Sicherheitstransformatoren** zu verwenden. Kleinspannungssteckvorrichtungen dürfen nicht in Steckdosen höherer Spannung passen.

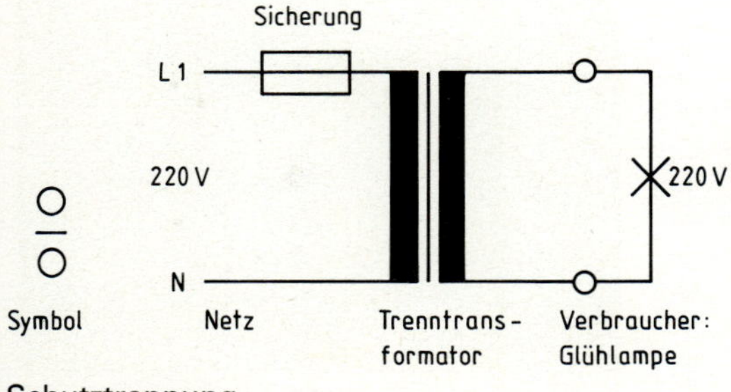

Schutztrennung

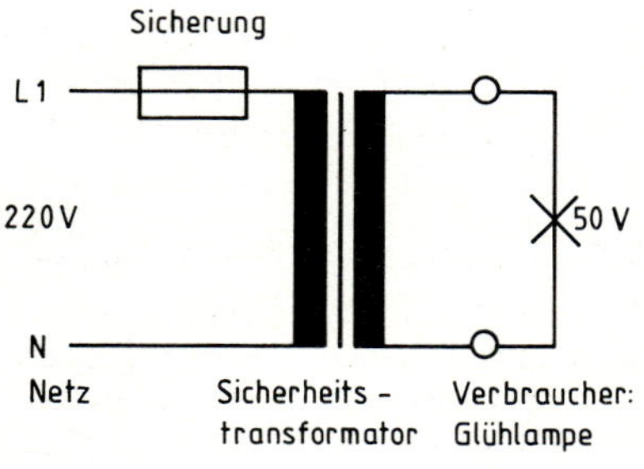

Schutzkleinspannung

6 Steuerungstechnik

6.1 Automatisierte Fertigungssysteme und Operationen

6.1.1 Automatisierte Fertigungssysteme

In der industriellen Fertigung ersetzen Steuerungen menschliche Denkprozesse und Handlungen. Durch Steuerungen arbeiten Geräte und Maschinen weitgehend ohne Eingriff der Menschen, wie z. B. Dreh- und Fräsautomaten. Verknüpft man die Steuerungen mehrerer Maschinen oder Geräte, so können Werkstücke von der ersten bis zur letzten Fertigungsstufe automatisch weitergereicht werden. Fertigungssysteme, in denen Maschinen und Geräte derartig verkettet sind, lassen sich gemäß ihrem Zweck in zwei Gruppen unterteilen.

- Wo bei der Fertigung von Massenprodukten die Bearbeitungsaufgabe selten wechselt, wie z. B. bei der Fahrzeugherstellung, kann die Abfolge der vielen Teilfunktionen über längere Zeit unverändert bleiben. Fertigungseinrichtungen dieser Art heißen **Transferstraßen.** Wechselt das Produkt, sind verhältnismäßig aufwendige Umrüstungen an der entsprechenden Transferstraße vorzunehmen. Dazu zählt auch die Umstellung der Steuerungen.
- Große Anstrengungen werden unternommen, um industrielle Produkte auch in kleinen Serien oder als Einzelteil automatisch fertigen zu können. Weil dabei die Bearbeitungsaufgabe häufig wechselt, muß die Abfolge der vielen Teilfunktionen einer Fertigungseinrichtung immer wieder geändert werden. **Flexible Fertigungseinrichtungen** sind notwendig.

Transferstraße mit selbstüberwachtem Betriebsablauf

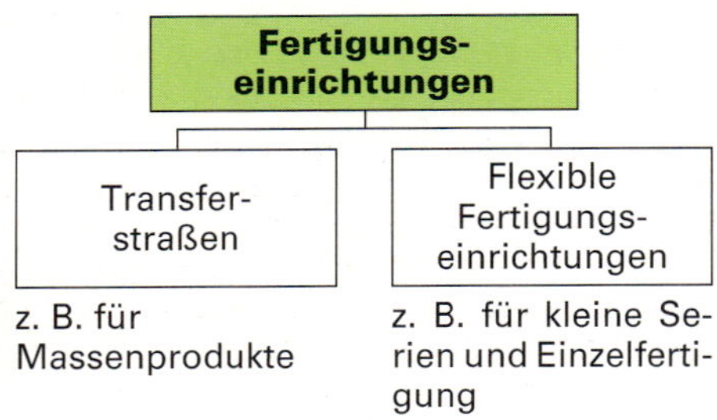

Für die flexible Fertigung ist es wichtig, daß die Steuerungen, die die Funktionsabfolge bewirken, schnell umprogrammiert werden können.

6.1.2 Automatisierte Operationen

Ziel der Steuerungstechnik ist es letztlich, **Tätigkeiten automatisch durchzuführen**. Man nennt die Tätigkeiten in diesem Zusammenhang auch Operationen. Die Abbildung zeigt Operationen, auf die sich Bestrebungen zur Automatisierung konzentrieren. Sie sind den Objekten Maschine, Werkzeug, Werkstück und Hilfseinrichtung zugeordnet. Weil die Automation immer mehr fortschreitet, nimmt die Bedeutung folgender Operationen zu:

- Die Operationen Wechseln des Werkzeugs, Beschicken der Maschine mit unterschiedlichen Werkstücken und Einrichten der Maschine werden in den automatischen Ablauf mit einbezogen. Dies gilt insbesondere bei den flexiblen Fertigungseinrichtungen. Voraussetzung dafür sind elektronische Steuerungen und Datenverarbeitung.
- Das Prüfen der Werkstücke und Werkzeuge und Auswerten der Prüfergebnisse sowie das Erkennen und Lokalisieren von Fehlern sind zunehmend automatisierte Operationen. Je weniger der Mensch an der eigentlichen Fertigung beteiligt ist, desto mehr müssen durch das Fertigungssystem selbst Fertigungsungenauigkeiten und Fehler erkannt werden. Systeme, die solche Operationen realisieren, nennt man **Kontroll- und Diagnosesysteme**. Sie sollen Fertigungsausschuß verhindern und Stillstandzeiten bei auftretenden Defekten klein halten.

Operationen	Maschine	Werkzeug	Werkstück	Hilfseinrichtung
Handhaben	●	●	●	●
Transportieren, Speichern		●	●	
Wechseln, Beschicken, Einrichten	●	●	●	●
Kontrolle: Prüfen, Auswerten		●	●	
Diagnose: Erkennen, Lokalisieren	●			●

Automatisierte Operationen

6.2 Wirkungen beim Steuern und Regeln

6.2.1 Steuern – Steuerung

Zur Erklärung der Wirkungen soll ein elektrisch beheizter Glühofen dienen, der zunächst mit einem Stellschalter ein- und ausschaltbar ist. Die Temperatur im Glühofen ist durch den Heizstrom veränderbar und ist somit die **beeinflußte Größe** des Systems. Weil der Heizstrom die Temperatur beeinflussen kann, heißt dieser **verursachende Größe.**

Die Veränderung der beeinflußten Größe durch eine oder mehrere verursachende Größen nennt man **Wirkung.**

Stellt man die Gesamtheit aller Wirkungen eines Systems dar, so erhält man den Wirkungsplan. Der Weg, längs dessen die Wirkungen in einem System verlaufen, heißt **Wirkungsweg**. Die Wirkungsrichtung wird durch Pfeile gekennzeichnet.

Wirkungswege unterscheiden sich durch zwei Arten:

- Führt von der beeinflußten Größe, z. B. der Temperatur im Glühofen, kein Wirkungsweg zurück zu einer verursachenden Größe, z. B. dem Heizstrom, ergibt sich ein **offener Wirkungsweg.** Damit liegt ein **offener Wirkungsablauf** vor. Dies ist für den bisher betrachteten Glühofen mit Stellschalter zutreffend.
- Der Wirkungsweg ändert sich, wenn der Glühofen zusätzlich mit einem Dehnstab versehen ist, der sich mit steigender Temperatur verlängert und die Heizung über einen Hebel abschaltet. Dadurch führt von der beeinflußten Größe „Temperatur" ein Wirkungsweg zurück zur verursachenden Größe „Heizstrom". Diese Rückwirkung ergibt den **geschlossenen Wirkungsweg.** Weil die beeinflußte Größe nicht fortlaufend auf die verursachende Größe wirkt, bezeichnet man diesen Wirkungsablauf ebenfalls als offen.

Der offene Wirkungsablauf ist kennzeichnend für Steuerungen.

Das Steuern bzw. die Steuerung, ist nach DIN 19226 der Vorgang, bei dem eine oder mehrere Eingangsgrößen Ausgangsgrößen beeinflussen. Kennzeichen für das Steuern ist ein offener Wirkungsweg oder ein geschlossener Wirkungsweg, bei dem die beeinflußten Ausgangsgrößen **nicht fortlaufend** auf die sie beeinflussenden Eingangsgrößen wirken.

6.2.2 Regeln – Regelung

Ersetzt man den Tastschalter des Glühofens durch einen Kontakt mit Rückstellfeder, so handelt es sich nicht mehr um eine Steuerung: Mit steigender Temperatur verlängert sich der Dehnstab, bis sich der Kontakt öffnet und den Heizstrom abschaltet. Fällt die Temperatur, so verkürzt sich der Dehnstab, der Kontakt schließt, und die Heizung setzt wieder ein. Weil sich der Vorgang ständig wiederholt, bleibt die Temperatur annähernd konstant.

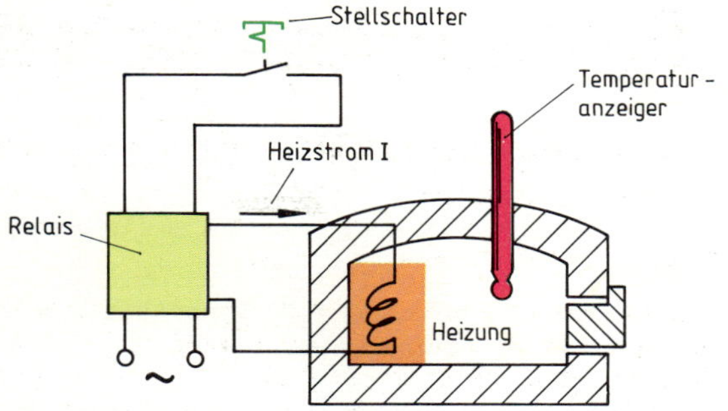

Steuerung eines Glühofens mit Stellschalter

Beispiel eines Wirkungsplans mit offenem Wirkungsweg

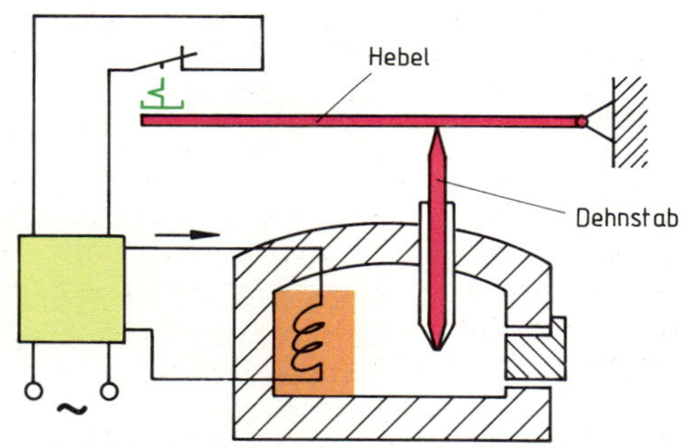

Steuerung eines Glühofens mit Dehnstab, Hebel und Stellschalter

Wirkungsplan mit geschlossenem Wirkungsweg und offenem Wirkungsablauf

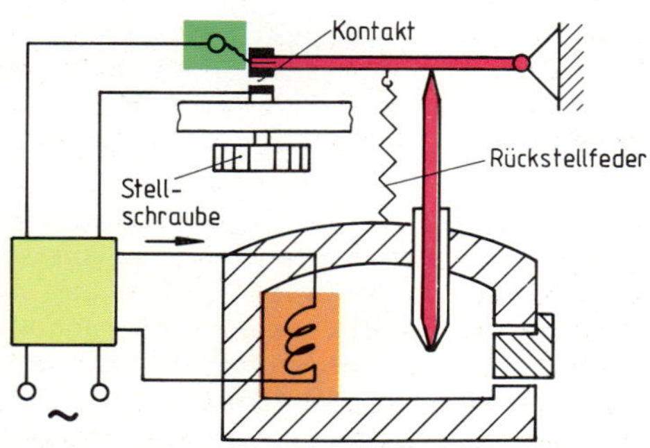

Regelung eines Glühofens mit Dehnstab und Rückstellfeder

Über den zurückführenden Wirkungsweg von der beeinflußten Größe „Temperatur" zur verursachenden Größe „Heizstrom" verläuft jetzt ständig eine Wirkung. Deshalb liegt neben dem geschlossenen Wirkungsweg auch ein **geschlossener Wirkungsablauf** vor, in dem die beeinflußte Größe fortlaufend auf sich zurückwirkt. Der geschlossene Wirkungsablauf ist die Voraussetzung für eine Regelung. Im Beispiel des Glühofens ist die Temperatur die Regelgröße.

Regeln bzw. die Regelung ist nach DIN 19226 ein Vorgang, für den Kennzeichen der geschlossene Wirkungsablauf ist, in dem die Regelgröße sich **fortlaufend** selbst beeinflußt.

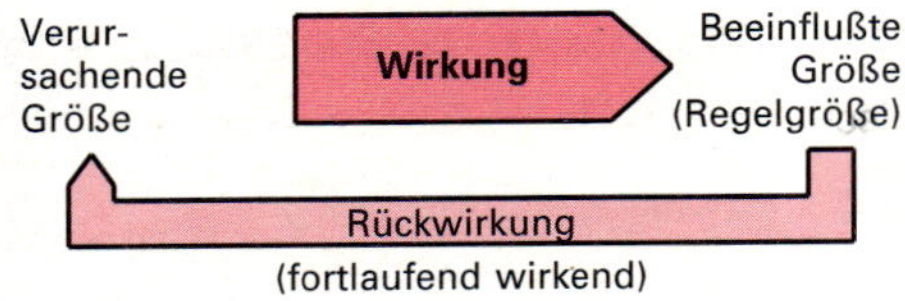

Wirkungsplan mit geschlossenem Wirkungsweg und geschlossenem Wirkungablauf

6.3 Verwirklichung von Steuerungen

Eine Steuerung erfordert ein Programm und entsprechende Geräte. Das Programm beinhaltet alle Anweisungen und Vereinbarungen für die Signalverarbeitung, durch die eine zu steuernde Anlage beeinflußt wird.

Im folgenden kann der Begriff Steuerung entsprechend der DIN 19226 zwei Bedeutungen haben: Der Begriff Steuerung wird nicht nur für den Vorgang des Steuerns, sondern auch für die gesamte Anlage verwendet, in der der Informationsumsatz stattfindet.

6.3.1 Verbindungsprogrammierte Steuerungen (VPS)

Steuerungen, deren Baueinheiten z. B. durch pneumatische oder hydraulische Rohrleitungen bzw. elektrische Leitungen verbunden sind, nennt man verbindungsprogrammierte Steuerungen.

- Ist der Leitungsanschluß durch Klemm-, Löt-, Schweiß- oder Schraubverbindungen verwirklicht, so kann die Verrohrung bzw. Verdrahtung nur durch größeren mechanischen Eingriff verändert werden. Solche Steuerungen bezeichnet man als **festprogrammiert.**
- Ist der Leitungsanschluß z. B. durch steckbare Leitungsverbindungen verwirklicht, so ist die Steuerungsaufgabe durch Umstecken der Leitungen einfach veränderbar. Solche Steuerungen bezeichnet man als **umprogrammierbar.**

Zu den verbindungsprogrammierten Steuerungen zählen pneumatische und hydraulische Steuerungen, Relais- und Schützsteuerungen sowie manche Steuerungen mit elektronischen Baueinheiten.

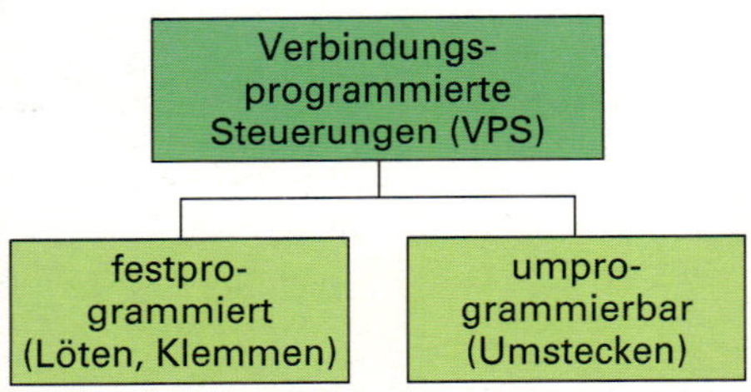

Gliederung verbindungsprogrammierter Steuerungen (DIN 19237)

6.3.2 Speicherprogrammierte Steuerungen (SPS)

Steuerungen, die einen elektronisch lesbaren Programmspeicher haben, nennt man speicherprogrammierte Steuerungen. Die Unterteilung richtet sich nach dem verwendeten Speichertyp:

- **Freiprogrammierbare SPS** enthalten einen Speicher, dessen Inhalt programmgemäß geändert werden kann. Der Anwender hat dadurch die Möglichkeit, jederzeit Programme zu ändern oder neue einzugeben. Das Programm läßt sich über einen Bildschirm erstellen und in die Steuerung übertragen. Es ist auch möglich, daß Programm über ein spezielles Programmiergerät einzugeben.
- **Austauschprogrammierbare SPS** enthalten einen Speicher, von dem nur Programme gelesen werden können. Ein Überschreiben des Speichers mit einem neuen Programm ist unter betriebsmäßigen Bedingungen nicht möglich. Um ein neues Programm einzugeben, wird der Speicherbaustein als Ganzes ausgetauscht.
  Austauschprogrammierbare SPS werden nochmals unterteilt: Läßt sich zum einen der Inhalt des Speichers durch unterschiedliche physikalische Verfahren löschen und neu programmieren, nennt man den Speicher **veränderbar**; andererseits benennt man einen Speicher, der bei der Herstellung einmalig programmiert werden kann, als **unveränderbar.**

SPS können mit zentralen Steuerungen und untereinander elektronisch gekoppelt werden und Daten austauschen. Sie ersetzen in zunehmendem Maße verbindungsprogrammierte Steuerungen.

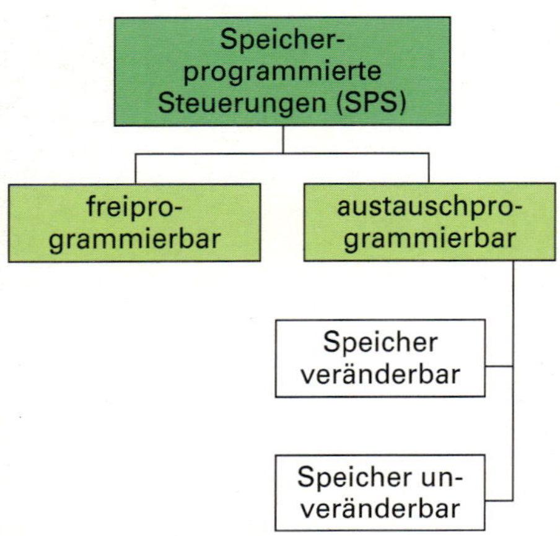

Gliederung speicherprogrammierter Steuerungen (DIN 19237)

6.4 Beispiel einer Steuerung: Einprägeeinrichtung

6.4.1 Aufgabe des Fertigungssystems

Es sei die Aufgabe gestellt, an einer Fläche von Ventilgehäusen Buchstaben einzuprägen. Weil die benötigte Stückzahl klein sein soll, sind die hohen Kosten für ein vollautomatisches Fertigungssystem nicht vertretbar. Deshalb sollen einige Operationen entsprechend der Abbildung von Hand ausgeführt werden.

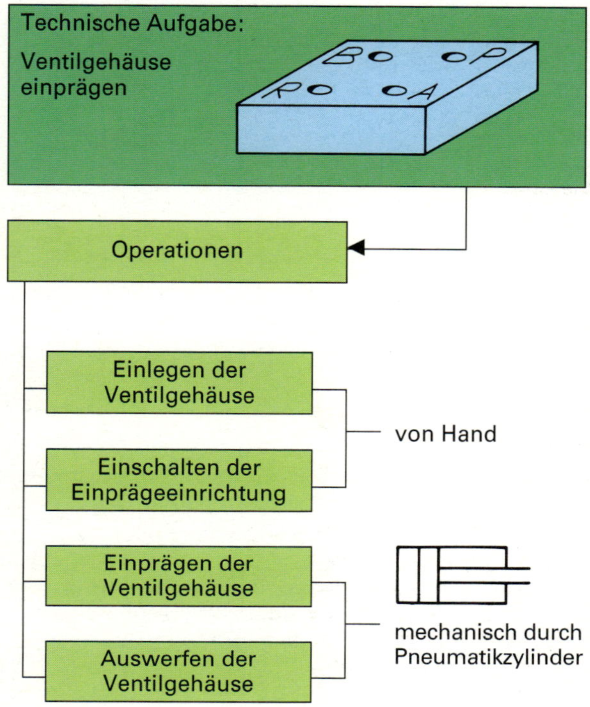

6.4.2 Energieteil des Fertigungssystems

Der Energieteil ist Teil der zu steuernden Anlage, des Prozesses. Zum Energieteil zählen die Arbeitsglieder, die im Beispiel der Einprägeeinrichtung das Ventilgehäuse prägen und auswerfen. Die notwendige Energie kann pneumatisch, hydraulisch oder elektrisch sein. Zur eindeutigen Beschreibung bedient man sich des **Technologieschemas**. Es umfaßt die **textliche Beschreibung**, den **Lageplan** und die **grafische Darstellung der Funktionsabfolge**.

Technologieschema

- Textliche Beschreibung

Wird die Einprägeeinrichtung am Hauptschalter eingeschaltet, steht Energie für Energie- und Steuerungsteil zur Verfügung. Damit die Einrichtung schnell abstellbar ist, z. B. bei falscher Lage des Ventilgehäuses, ist der handbetätigte AUS-Taster mit einer pilzförmigen roten Kappe versehen. In dieser Funktion bezeichnet man ihn als NOT-AUS-Taster.

Die Ventilgehäuse werden von Hand einem Behälter entnommen und in die Halterung gelegt. Der Einprägestempel fährt aus, wenn die Tastschalter S1 und S2 gleichzeitig gedrückt sind. Diese **Zweihandbedienung** ist notwendig, um Handverletzungen bei der Stempelbewegung zu vermeiden. Nachdem der Stempel die Buchstaben eingeprägt hat, werden die Tastschalter S1 und S2 losgelassen. Dadurch fährt der Stempel zurück. Nachdem er die Ausgangslage wieder erreicht hat, fährt der Auswerfer automatisch aus und wirft das Ventilgehäuse aus der Einprägeeinrichtung in einen Behälter. Sobald die Endlage erreicht ist, fährt der Auswerfer in die Ausgangslage zurück.

- Lageplan

Der Lageplan zeigt den Energieteil der Einprägeeinrichtung. Für die Bewegung von Stempel und Auswerfer sind Pneumatikzylinder vorgesehen. Ob andere Arbeitsglieder, z. B. Spindelantriebe, geeigneter wären, wird hier nicht erörtert.

- Grafische Darstellung der Funktionsabfolge

Um die spätere Planung der Steuerung zu erleichtern, wird die Funktionsabfolge zusätzlich grafisch dargestellt. Man erleichtert sich damit auch die Fehlersuche bei umfangreichen Steuerungen. Die Darstellung erfolgt durch Diagramme.

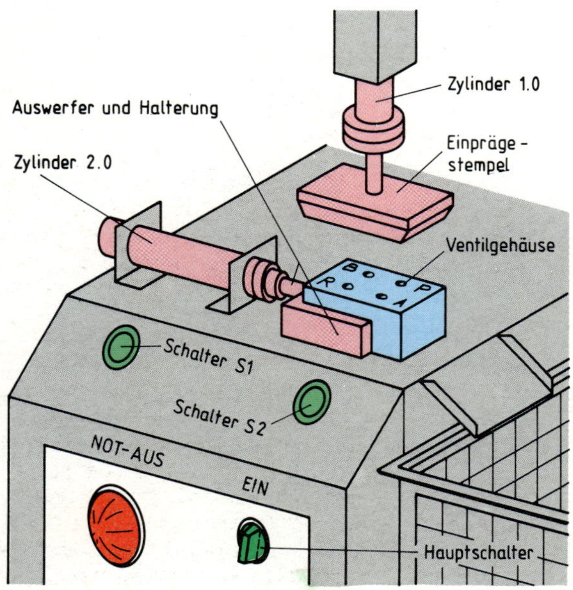

Lageplan – Einprägeeinrichtung

Zustandsdiagramme stellen den Funktionsablauf einer Baueinheit in Einzelschritten dar. Das Diagrammgerüst zeigt in der Senkrechten den erreichten Zustand und in der Waagerechten Arbeitsschritte.

- Als Zustand sind folgende Beschreibungen denkbar:
  Zylinder ausgefahren bzw. eingefahren,
  Motor dreht rechts bzw. links,
  Tastschalter oder Schaltventil betätigt bzw. unbetätigt (0).
  In das Zustandsdiagramm trägt man die Zustände verkürzt ein, z. B. ein – aus, betätigt – 0 usw.
- Jede Zustandsänderung, wie z. B. der Wechsel von Hin- und Rückbewegung eines Zylinders, ist der Beginn eines neuen Schrittes in der Steuerung.
- Den Verlauf der Zustandsänderung stellen die **Funktionslinien** dar.
- Längere Zeiten, die z. B. ein Zylinder zum Ausfahren und Einfahren benötigt, erkennt man im Diagramm durch schräg verlaufende Funktionslinien.
- Kurze Schaltzeiten, wie z. B. von Schaltventilen oder elektrischen Schaltern, werden vernachlässigt. Die Funktionslinien verlaufen dann senkrecht.
- Die Numerierung, sie beginnt mit dem 1. Schritt, kann durch Zeitangaben ergänzt werden.

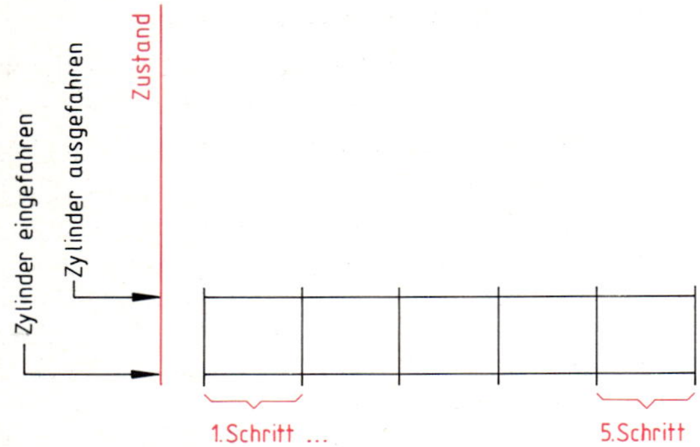

Gerüst eines Zustandsdiagramms

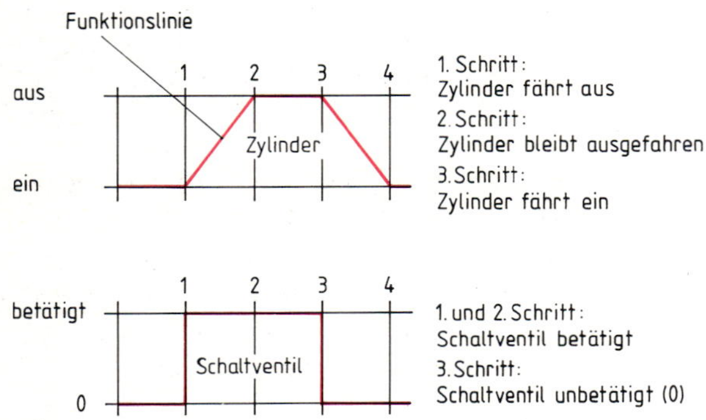

Zustandsdiagramme für Zylinder und Schaltventil

Funktionsdiagramme stellen mehrere Zustandsdiagramme im Zusammenhang dar. Sie enthalten neben den Funktionslinien Benennungen und Kurzzeichen (z. B. 1.0 und 2.0) der Baueinheiten.

Um zu klären, wie die Tastschalter beim Betätigen wirken, zeichnet man sie zunächst als Symbole (VDI 3260) in das Funktionsdiagramm ein. Anschließend verbindet man die Symbole und die Funktionslinien entsprechend mit **Signallinien**.

Für die Einprägeeinrichtung liest sich das Funktionsdiagramm wie folgt:

1. Schritt:
Tastschalter S1 und S2 gleichzeitig gedrückt,
Zylinder 1.0 fährt aus.

2. Schritt:
Tastschalter S1 und S2 losgelassen,
Zylinder 1.0 fährt ein.

3. Schritt:
Zylinder 2.0 fährt aus.

4. Schritt:
Zylinder 2.0 fährt ein.

Werden die Tastschalter S1 und S2 erneut gedrückt und entsprechend losgelassen, wiederholen sich die Schritte 1 bis 4.

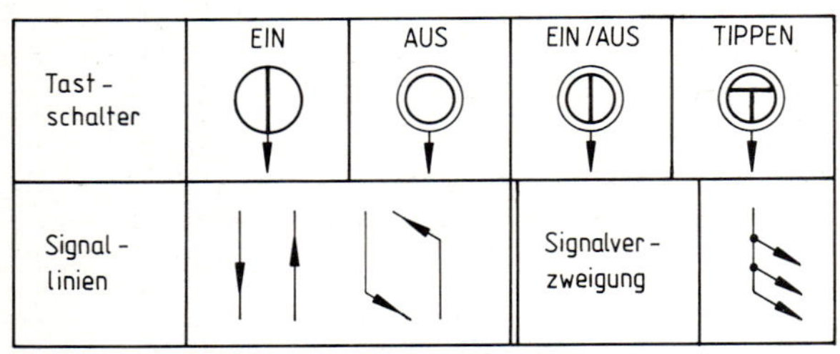

Symbole für Funktionsdiagramme (Auszug VDI 3260)

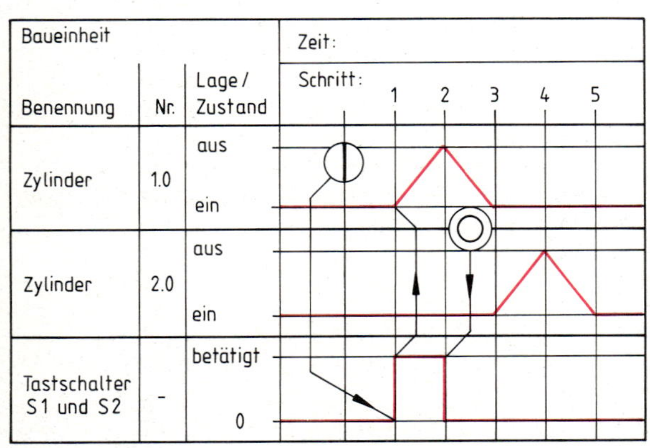

Funktionsdiagramm

6.4.3 Steuerung als Funktionseinheit

Eine zu steuernde Anlage enthält neben dem Energieteil, der unmittelbar den Stoff- und Energieumsatz bewirkt, eine Steuereinrichtung.

Als Funktionseinheit stellt die Steuerung zwischen Eingabe- und Ausgabegrößen einen Zusammenhang her, der nach Aufgabe oder Wirkung abgegrenzt ist (DIN 19226).

Für die Einprägeeinrichtung besteht die Aufgabe der Steuerung darin, die Eingabesignale der Tastschalter zu verarbeiten und Ausgabesignale zu bilden. Die Ausgabesignale sollen auf die Anlage so einwirken, daß sich die im Technologieschema beschriebene Funktionsabfolge der Arbeitszylinder ergibt. Dieser allgemeingültige Zusammenhang ist unter der Abkürzung **EVA**-Prinzip geläufig.

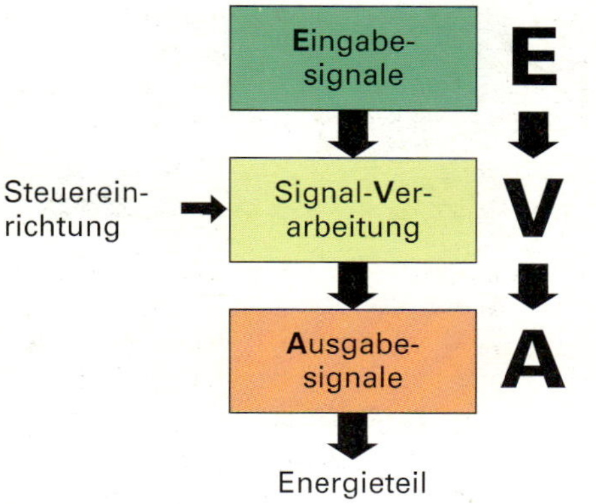

Steuerung als Funktionseinheit

Physik der Signaldarstellung

Die Darstellung der Signale bezieht sich in der Steuerung auf die Verarbeitung. Baueinheiten zur Signalverarbeitung sind so auszuwählen, daß sie die Signale verarbeiten können. Bei der Einprägeeinrichtung sind es die Signale der Tastschalter, die in der Steuerung zu verarbeiten sind.

Steuerungen können Signale nur dann verarbeiten, wenn die Signale in geeigneter physikalischer Form vorliegen.

Hydraulische und pneumatische Steuerungen verarbeiten Drucksignale, elektrische und elektronische Steuerungen elektrische Signale.

Liegen die Signale nicht in geeigneter Form vor, so müssen sie umgeformt, gewandelt oder umgesetzt werden.

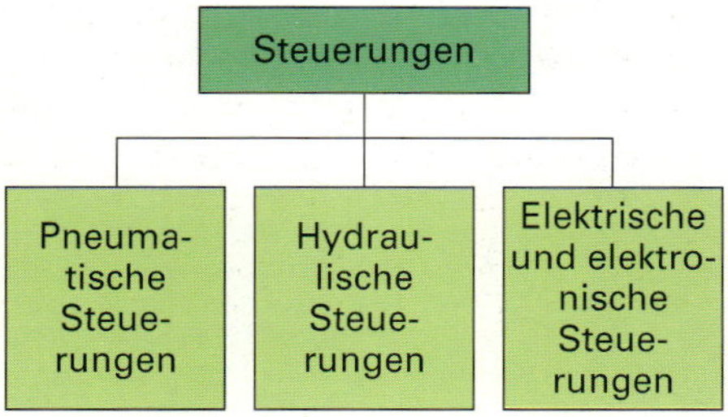

Unterscheidung von Steuerungen nach der Physik der Signale

Signalverarbeitung

Damit die gewünschte Funktionsabfolge bei einer gesteuerten Anlage erreicht wird, muß die Steuerung mit einem passenden Programm den Energieteil beeinflussen. So muß das Programm der Einprägeeinrichtung bewirken, daß die Zylinder 1.0 und 2.0 sich entsprechend dem Funktionsdiagramm bewegen.

Nachdem das Programm feststeht, entscheidet man sich für eine Gerätetechnik und wählt passende Baueinheiten aus.

Aufgaben zur Wiederholung und Vertiefung

1. Stellen Sie Unterschiede zwischen Transferstraßen und flexiblen Fertigungseinrichtungen heraus.

2. Ermitteln Sie an gesteuerten Anlagen Ihres Arbeitsbereiches (z. B. Fräsmaschine, Bearbeitungszentrum, Drehmaschine, Schweißroboter, Hochregallager) automatisierte Operationen.

3. Ein wesentlicher Unterschied zwischen Steuerungen liegt darin, daß die Programme verschieden festgelegt werden können.
a) Was ist ein Programm?
b) Beschreiben Sie die Möglichkeiten der Programmfestlegung.

4. Untersuchen Sie Energie- und Steuerungsteil einer gesteuerten Anlage hinsichtlich ihrer Aufgaben.

5. Entscheiden Sie, ob es sich bei den folgenden Systemen um eine Steuerung bzw. um eine Regelung handelt:
a) System mit offenem Wirkungsweg und offenem Wirkungsablauf
b) System mit geschlossenem Wirkungsweg und geschlossenem Wirkungsablauf
c) System mit geschlossenem Wirkungsweg und offenem Wirkungsablauf.

6. Zeichnen Sie das Zustandsdiagramm für einen Zylinder, der im 1. und 2. Schritt ausfährt, im 3. Schritt in seiner Endlage verharrt und im 4. Schritt wieder einfährt. Zeichnen Sie außerdem das Zustandsdiagramm eines Schaltventils, das diesen Zylinder entsprechend ansteuert.

7. Stellen Sie an gesteuerten Anlagen Ihres Arbeitsbereiches fest, in welcher physikalischen Form die Signale in der Steuerung verarbeitet werden.

6.5 Baueinheiten von Steuerungen

Allgemein lassen sich die Baueinheiten von gesteuerten Anlagen nach dem Signalfluß gliedern.

Eingabegeräte sind alle Baueinheiten, die Eingabesignale bilden. Eingabegeräte sind z. B. die Tastschalter der Einprägeeinrichtung.

Damit der Funktionsablauf bis zum Ende selbsttätig weitergeführt wird, sind außerdem Eingabegeräte notwendig, die eine Rückwirkung von Arbeitsgliedern auf die Steuereinrichtung ermöglichen. So sind z. B. bei der Einprägeeinrichtung Wegeventile mit Tastrolle anzubauen, die von den beiden Zylindern betätigt werden. Die Ventile geben nun als Eingabegeräte Signale über den Zustand der Zylinder (Zylinder ein- bzw. ausgefahren) zur Steuereinrichtung weiter.

Baueinheiten, die Eingabesignale an die Steuereinrichtung übergeben, bezeichnet man als Eingabegeräte.

Die **Steuerung** enthält Baueinheiten zur Signalaufnahme. In vielen Fällen sind die Signale anzupassen, bevor sie verarbeitet werden. Dies gilt z. B. für elektronische Steuerungen, die oft nur 5 V-Gleichspannungssignale verarbeiten können, denen jedoch die Eingabegeräte 24 V-Gleichspannungssignale vorgeben. Es folgt die eigentliche Signalverarbeitung. Resultierende Signale mit zu geringer Leistung müssen verstärkt werden. **Ausgeber** liefern die Signale zur Vorgabe an die Stellglieder bzw. Stellgeräte des Prozesses.

Damit die Vorgänge in einer zu steuernden Anlage beeinflußbar sind, enthält sie **Stellglieder** wie Ventile oder Leistungsschütze. Werden die Stellglieder durch **Stellantriebe** mechanisch betätigt, so liegt ein **Stellgerät** vor. Stellglieder bzw. Stellgeräte beeinflussen den Zustand der Arbeitsglieder. Sie schalten z. B. Motoren ein und aus oder lassen, wie bei der Einprägeeinrichtung, Zylinder ein- und ausfahren.

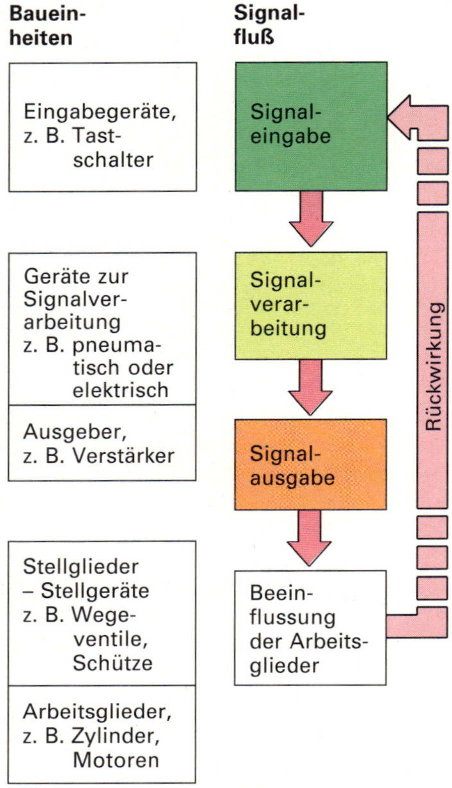

Zuordnung der Baueinheiten zum Signalfluß einer gesteuerten Anlage

6.5.1 Eingabegeräte

Eingabegeräte umfassen Baueinheiten, die manuell (durch Handeingabe), mechanisch oder berührungslos Signale übernehmen und in der jeweiligen Signalform an die Steuereinrichtung weitergeben.

Eingabegeräte für manuelle Betätigung

- Stellschalter – Wegeventile mit Raster

Manuell betätigte Schalter mit mindestens 2 Schaltstellungen, die nach Betätigung in der jeweiligen Lage verharren, bezeichnet man als Stellschalter. Der bekannteste Stellschalter ist der Lichtschalter.

Aber auch pneumatische und hydraulische Wegeventile, die durch Rasten in der jeweiligen Schaltstellung verharren, erfüllen die Aufgabe von Stellschaltern.

- Tastschalter – Wegeventile ohne Raster

Manuell betätigte Schalter, die sich nach Betätigung selbsttätig zurückstellen, heißen Tastschalter.

Man unterscheidet bei allen Schaltern Schließer, Öffner und Wechsler.

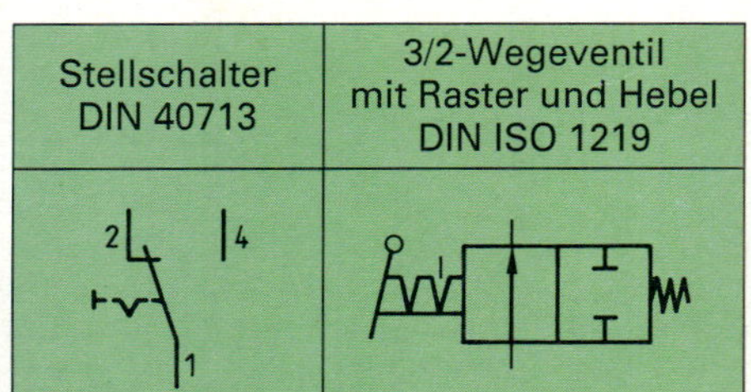

Schaltzeichen für Eingabegeräte

Schließer unterbrechen im unbetätigten Zustand, der Ruhestellung, den Stromkreis. Beim Betätigen des Schaltstößels gegen eine Feder schließt der Stromkreis. Der Klingelknopf ist z. B. ein Schließer.

Das dargestellte 2/2-Wegeventil mit Federrückstellung wirkt auch wie ein Schließer. Die Kugel sperrt in Ruhestellung den Zufluß P → A. Wird der Taster betätigt, gibt die Kugel den Weg von P → A frei.

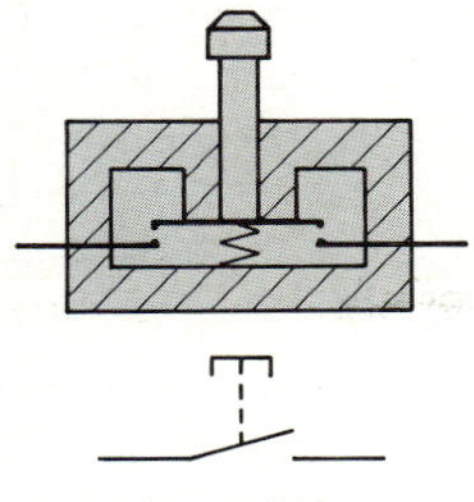

Schließer

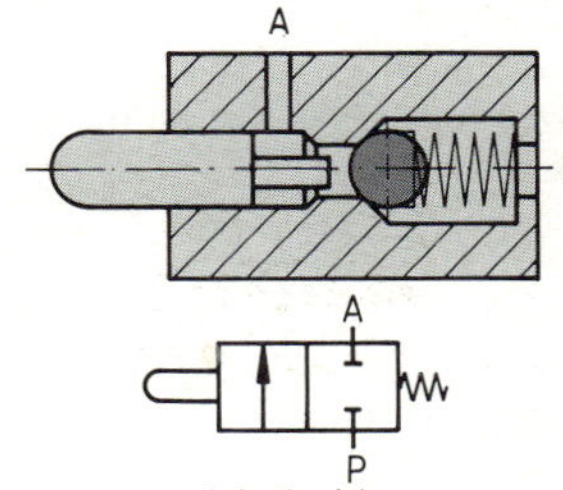

2/2-Wegeventil mit Federrückstellung

Öffner schließen in der Ruhestellung den Stromkreis und öffnen ihn bei Betätigung. Ein Öffner befindet sich z. B. an der Autotür. Die geschlossene Tür betätigt ständig den Öffner. Dadurch ist der Stromkreis unterbrochen und die Innenraumbeleuchtung ist aus.

Ein 2/2-Wegeventil mit Federrückstellung, das in Ruhestellung den Weg von P → A freigibt und bei Betätigung den Zufluß P → A sperrt, wirkt ebenfalls als Öffner.

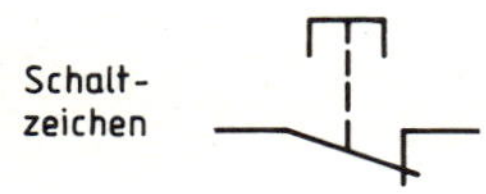

Öffner

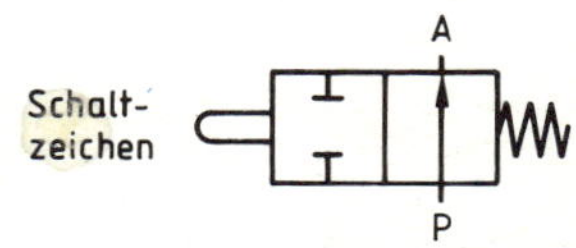

2/2-Wegeventil mit Federrückstellung

Wechsler enthalten sowohl einen Schließer als auch einen Öffner. Wechsler unterbrechen einen geschlossenen Stromkreis und schließen gleichzeitig einen anderen.

Das dargestellte 3/2-Wegeventil mit Federrückstellung wirkt ebenso. Es sperrt in der Ruhestellung den Zulauf P und öffnet den Rücklauf A → R. Bei Betätigung schließt Rücklauf R und Weg P → A wird frei. Nach Rücknahme der Kraft drückt die Feder die Kugel wieder in Ruhestellung. Dadurch wird Zulauf P gesperrt und Rücklauf A → R freigegeben.

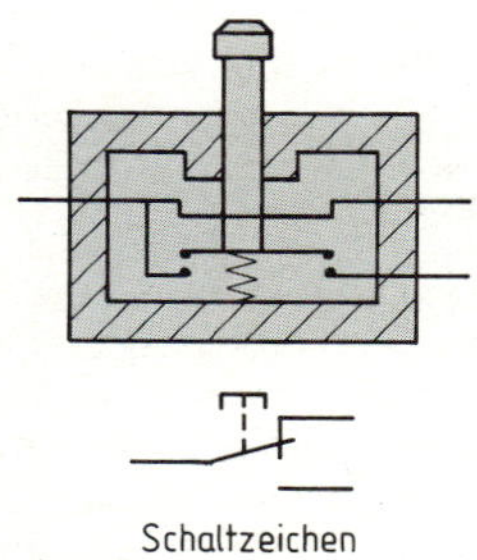

Wechsler

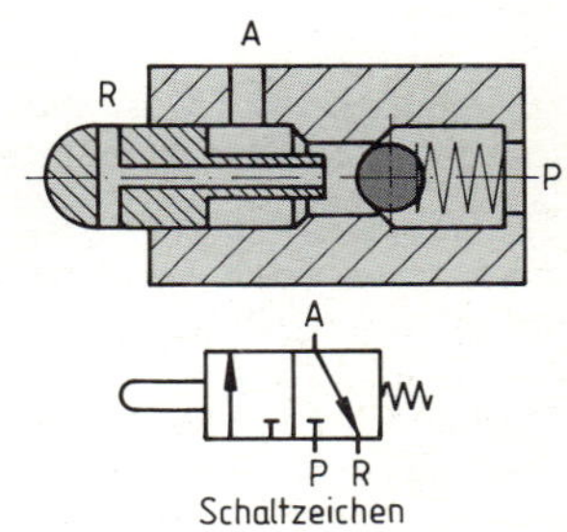

3/2-Wegeventil mit Federrückstellung (pneumatisch)

Grenzsignalgeber

Es kommt immer wieder vor, daß physikalische Größen wie Temperatur, Weg und Druck von Arbeitsgliedern erfaßt und an die Steuereinrichtung zurückgeführt werden müssen. Die erforderlichen Baueinheiten heißen allgemein **Signalgeber**. Da die meisten Steuereinrichtungen mit binären Signalen arbeiten, benötigt man dazu schaltende Signalgeber, die analoge Signale binär weitergeben.

> Ändert sich bei Signalgebern der Zustand von binären Ausgabesignalen, wenn die analogen Eingabesignale einen bestimmten Grenzwert erreichen, handelt es sich um Grenzsignalgeber.

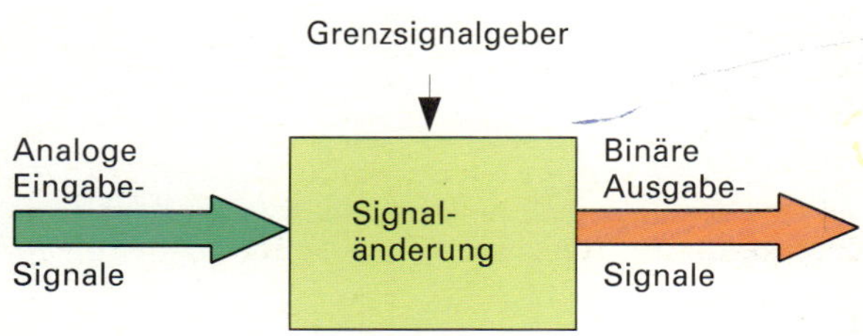

Wirkungsplan von Grenzsignalgebern

- Grenzsignalgeber für mechanische Betätigung

Elektrische Schalter, die Grenz- und Endlagen von Arbeitsgliedern weitergeben, z. B. die Endlagen der Zylinder bei der Einprägeeinrichtung, nennt man **Grenztaster**. Sie geben binäre elektrische Signale aus. Damit auch bei langsamer Betätigung der Kontakt plötzlich erfolgt, sind sie mit Sprungschaltern ausgestattet. Geschaltet wird über Stößel oder Rollenhebel.

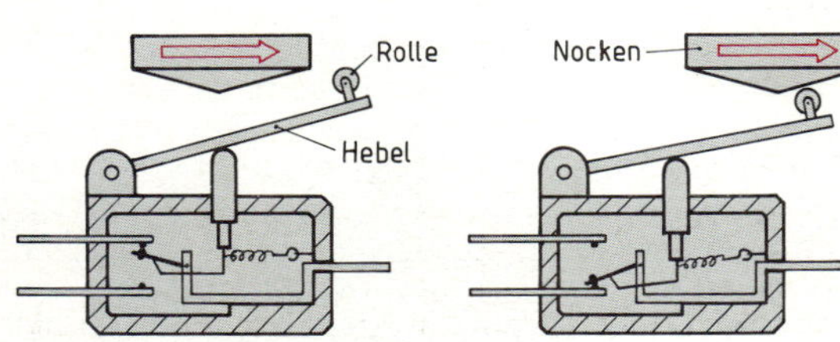

Schaltvorgang eines Grenztasters

Wegeventile mit Nocken oder Rollenbetätigung können für die gleichen Funktionen wie Grenztaster eingesetzt werden. Die Ausgangssignale sind jedoch Drucksignale.

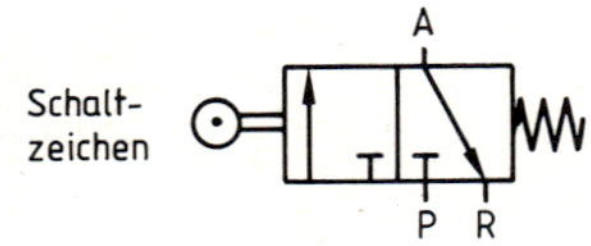

Schaltzeichen eines Wegeventils mit Rollenbetätigung

- Grenzsignalgeber als Näherungsschalter

Grenzsignalgeber, die auf Körper und Flüssigkeiten reagieren, die sich ihnen nähern aber sie nicht berühren, nennt man in der Praxis **Näherungsschalter.** Sie erfüllen Aufgaben wie Grenztaster. Es ist jedoch keine Kraft aufzuwenden. Sie arbeiten weitgehend verschleißfrei und lassen hohe Schaltfrequenzen zu.

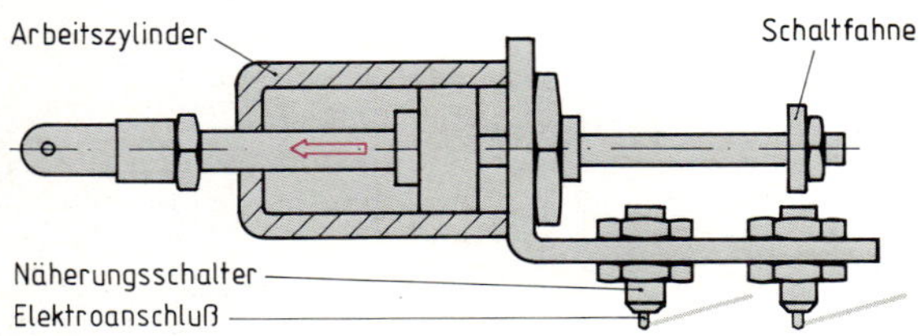

Näherungsschalter im Einsatz

Induktive Näherungsschalter besitzen eine aktive Fläche, aus der ein hochfrequentes elektromagnetisches Feld austritt. Nähert sich ein metallischer Gegenstand, z. B. die Schaltfahne eines Zylinders, wird das elektromagnetische Wechselfeld gestört und so der Schaltvorgang ausgelöst. Der Schaltabstand beträgt je nach Baugröße 1 mm bis 150 mm.

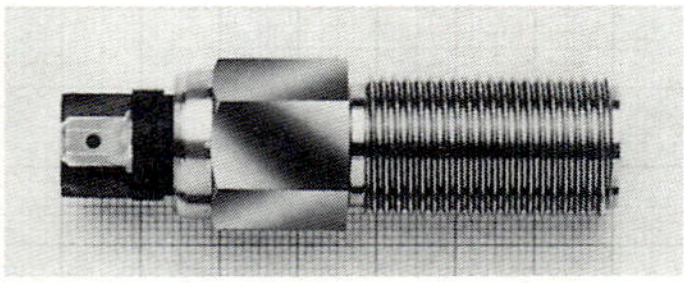

Induktiver Näherungsschalter

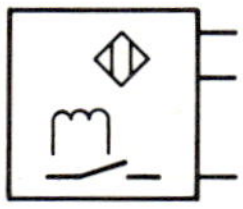

Schaltzeichen

Kapazitive Näherungsschalter reagieren auf elektrische Kapazitätsänderungen. Durch Annäherung von Flüssigkeiten oder Festkörpern wird der Schaltvorgang ausgelöst. Der Schaltabstand beträgt etwa 20 bis 40 mm. Da diese Schalter auf fast alle Stoffe ansprechen, sind sie störanfällig gegen Nässe und Verschmutzung.

Kapazitiver Näherungsschalter (Schaltzeichen)

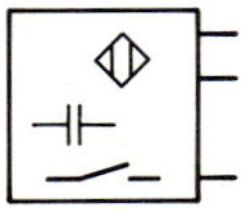

Magnetische Näherungsschalter reagieren, wenn ein Permanentmagnet ihren Kontakten genähert wird. Dabei öffnet bzw. schließt das Magnetfeld berührungslos den Stromkreis. Schalter dieser Art nennt man auch **Reedkontakte.**

Reedkontakt (Schaltzeichen)

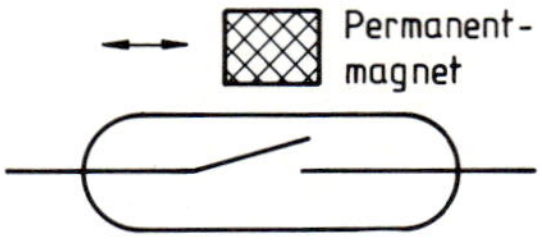

Fotoelektronische Näherungsschalter, die auch **Lichtschranken** heißen, arbeiten mit Sender und Empfänger. Der Stromkreis zwischen Sender und Empfänger ist über eine Lichtschranke geschlossen. Durchfährt z. B. die Kolbenstange eines Zylinders die Lichtschranke, löst der unterbrochene Stromkreis den Schaltvorgang aus.

Fotoelektronischer Näherungsschalter (Schaltzeichen)

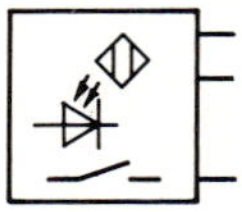

- Grenzsignalgeber für Drucksignale

Grenzsignalgeber für Drucksignale schalten in Abhängigkeit eines hydraulischen oder pneumatischen Druckes einen elektrischen Stromkreis ein oder aus. Dazu betätigt z. B. ein Zylinder bei einem bestimmten Grenzdruck einen elektrischen Schalter, der je nach Anschluß als Öffner, Schließer oder Wechsler wirkt. Weil diese Grenzsignalgeber Drucksignale (p) in Elektrosignale umwandeln, nennt man sie **PE-Wandler** und bei einstellbarem Schaltdruck **Druckschalter.**

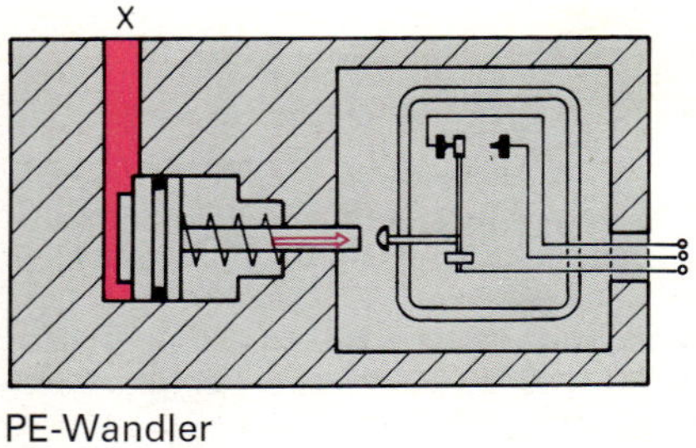

PE-Wandler

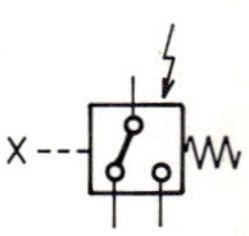

Schaltzeichen

- Grenzsignalgeber für Temperatursignale

Werden zwei Metallbleche mit stark unterschiedlicher Wärmedehnung aufeinandergeschweißt, so entsteht ein Bimetallstreifen. Er ist bei Raumtemperatur etwa eben und krümmt sich mit steigender Temperatur. Nutzt man die Bewegung dazu, einen elektrischen Stromkreis bei einer bestimmten Grenztemperatur im Prozeß ein- oder auszuschalten, handelt es sich um einen **Temperaturschalter**.

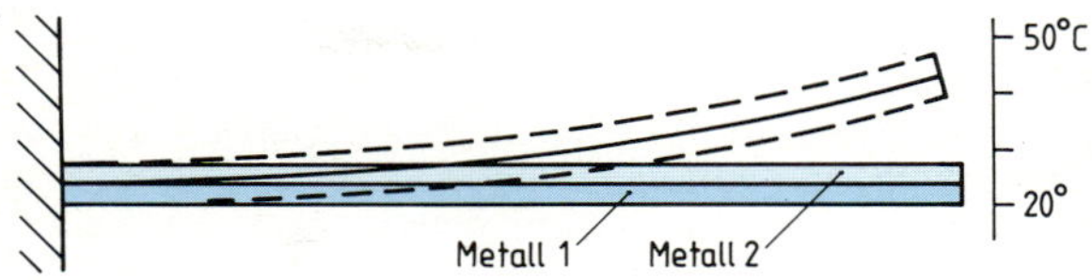

Wärmewirkung bei einem Bimetallstreifen

6.5.2 Geräte zur Signalverarbeitung

Steuerungen verarbeiten Eingabesignale nach einem Programm. Als Ergebnisse der Signalverarbeitung werden Ausgabesignale erzeugt, die an Stellgeräte oder Anzeigegeräte weitergegeben werden. Geräte zur Signalverarbeitung können in unterschiedlicher Technik verwirklicht werden. Es werden manchmal auch verschiedene Techniken miteinander kombiniert.

Pneumatische Steuerungen

Pneumatische Steuerungen arbeiten mit **Drucksignalen.** Als Baueinheiten werden Ventile eingesetzt, die unterschiedliche Funktionen erfüllen. Es gibt Ventile für Verknüpfungen (UND, ODER, NICHT), für Speicherfunktionen und für Zeitfunktionen. Die Ventile werden nach einem vorab entwickelten Schaltplan untereinander mit Schläuchen oder festen Rohrleitungen verbunden.

Pneumatisch verwirklichte Steuerungen sind **verbindungsprogrammiert.**

Sie werden durch Austausch von Baueinheiten oder durch Ändern der Rohr- oder Schlauchverbindungen umprogrammiert. Bei Einsatz von Schläuchen ist eine Umprogrammierung meistens ohne große Probleme möglich.

Pneumatische Steuerung

Hydraulische Steuerungen

Hydraulische Steuerungen arbeiten ähnlich wie pneumatische Steuerungen mit **Drucksignalen** und **Ventilen** als Baueinheiten. Allerdings sind die Ventile meistens größer und für höhere Drücke ausgelegt.

Hydraulisch verwirklichte Steuerungen sind **verbindungsprogrammiert.**

Die Baueinheiten werden meistens mit festen Rohren verbunden oder auf Steuerblöcke montiert. Schlauchverbindungen werden seltener verwendet. Bei Verwendung von Steuerblöcken erfolgt die Verbindung der Baueinheiten durch Bohrungen innerhalb der Blöcke. Nachträgliche Änderungen sind bei hydraulischen Steuerungen oft nur mit großem Aufwand möglich.

Hydrauliksteuerblock mit Ventilen

Relaissteuerungen

Steuerungen, die mit Relais verwirklicht werden, arbeiten mit **elektrischen Signalen.** In der Industrie werden normalerweise 24-Volt-Gleichspannungssignale verwendet. Als Baueinheiten werden Relais eingesetzt, die meistens mehrere Arbeitskontakte besitzen. Die Relais werden üblicherweise auf Montageplatten in Schaltschränke eingebaut.
Die Kontakte werden untereinander mit Drähten verbunden.

Relaissteuerungen sind **verbindungsprogrammiert.**

Dabei wird das Programm der Steuerung durch die Verbindung der Kontakte bestimmt.

Relais werden seit langer Zeit für Steuerungsaufgaben in der Industrie benutzt. Sie haben aber durch die Einführung moderner elektronischer Geräte an Bedeutung verloren und werden heute meistens nur noch für kleinere Steuerungen und Nebenfunktionen eingesetzt.

Relaissteuerung

Elektronische Steuerungen, verbindungsprogrammiert

Wie Relais arbeiten auch elektronische Baueinheiten mit **elektrischen Signalen.** Daher können elektronische Geräte oftmals Relais ersetzen, ohne daß die Baueinheiten zur Signaleingabe und Signalausgabe ausgetauscht werden müssen.

Relais und elektronische Baueinheiten unterscheiden sich aber in der Art, wie die elektrischen Signale verarbeitet werden.

Relais benutzen elektrische Signale dazu, um mit Elektromagneten Kontakte zu öffnen oder zu schließen. Die Kontakte verschleißen im Laufe der Zeit durch Materialermüdung. An den Kontakten entstehen beim Öffnen oder Schließen oft Funken, die nach einiger Zeit zu einer Beschädigung der Kontakte führen können.

In elektronischen Geräten werden sogenannte **Halbleiterschalter** (Transistoren) verwendet. Diese Bauteile sind sehr klein, schalten sehr schnell und arbeiten ohne Verschleiß. Heute werden oftmals viele (manchmal viele tausend) von diesen Halbleiterschaltern zusammengefaßt und in kleine Gehäuse mit mehreren Anschlüssen eingebaut. Diese zusammengefaßten elektronischen Schaltungen heißen **integrierte Schaltungen** oder **ICs** (engl. IC = **i**ntegratet **c**ircuit).

Integrierte Schaltungen

Es gibt ICs für die unterschiedlichsten Aufgaben. So stehen schon seit längerer Zeit ICs zur Verfügung, die fertige Schaltungen für Verknüpfungsfunktionen enthalten, die sogenannten **Gatter.** Damit lassen sich verbindungsprogrammierte Steuerungen verwirklichen.

Diese Steuerungen werden programmiert, indem ICs mit passenden Funktionen ausgewählt und in geeigneter Anordnung verbunden werden. Dazu werden normalerweise Platten aus einem nichtleitenden Material

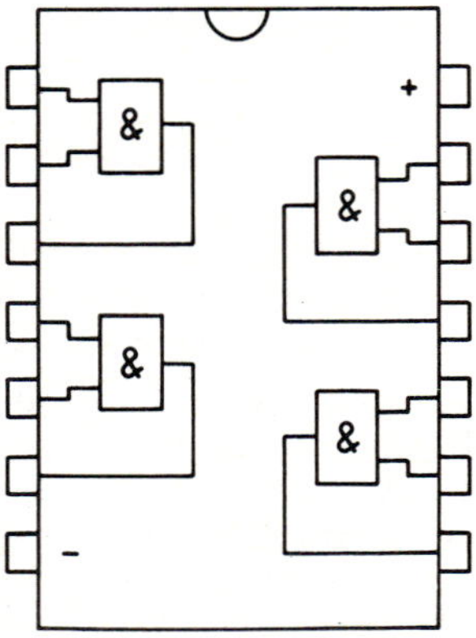

Gatter-IC

verwendet, auf denen sich dünne Leiterbahnen aus Kupfer befinden. Die ICs werden auf diese **„Leiterplatinen"** festgelötet.

Der Entwurf von Leiterplatinen ist meistens recht aufwendig. Es müssen für unterschiedliche Steuerungen jedesmal neue Platinen entwickelt werden.
An einer fertigen Platine sind nachträgliche Änderungen des Programms kaum noch möglich.

Aus diesen Gründen werden elektronische Steuerungen, die verbindungsprogrammiert sind, heute nur noch in Sonderfällen in der Industrie eingesetzt. Ihr Einsatz ist nach wie vor sinnvoll bei sehr einfachen Schaltungen oder bei Schaltungen, die in großer Stückzahl hergestellt werden.

Leiterplatine für verbindungsprogrammierte Steuerung

Elektronische Steuerungen mit Mikroprozessoren

Mikroprozessoren sind integrierte Schaltungen, bei denen im Gegensatz zu den Gattern das **Programm nicht unveränderbar** durch die innere Schaltung festgelegt ist. Ein Mikroprozessor kann für die unterschiedlichsten Funktionen eingesetzt werden, wenn er entsprechend programmiert wird. Das erforderliche Programm wird in elektronischen Speicherbausteinen (RAM oder ROM) abgelegt und kann normalerweise leicht geändert werden.

Mit Mikroprozessoren können Steuerungen verwirklicht werden, bei denen das Programm nicht durch Verbindungen bestimmt wird, sondern durch Daten, die in elektronischen Speicherbausteinen abgelegt sind.

Mikroprozessor

Für Steuerungszwecke werden unterschiedliche Mikroprozessorgeräte eingesetzt. Es finden z. B. normale **Personalcomputer** Verwendung. Oft werden aber Geräte benutzt, die speziell für Steuerungsaufgaben entwikkelt wurden. Sie enthalten nur die Baugruppen eines Computers, die für eine Steuerung unbedingt erforderlich sind. Man faßt diese Baugruppen zu kompakten Geräten zusammen und baut sie in robuste Gehäuse ein.

Für Steuerungszwecke vereinfachte Mikrocomputer heißen **s**peicher**p**rogrammierbare **S**teuerungen, kurz SPS.

- Hardware einer SPS

Die Hardware einer SPS ist im Kern baugleich mit der Hardware eines Personalcomputers und unterscheidet sich nur in den Ein- und Ausgabebaugruppen.

Personalcomputer verfügen über Baugruppen zum Betrieb von Bildschirmen, Tastaturen, Diskettenlaufwerken usw. Diese Baugruppen entfallen normalerweise bei einer SPS. Stattdessen verfügen SPS über **Ein- und Ausgabegruppen,** die es ermöglichen, viele **binäre Spannungssignale** einzulesen und auszugeben.

Speicherprogrammierbare Steuerungen (SPS)

- Software für SPS

Wie jedes Mikroprozessorgerät kann auch eine SPS nur dann arbeiten, wenn sie durch **Software** für eine Aufgabe vorbereitet wurde.

Die Software kann in Betriebssoftware und in Anwendersoftware unterteilt werden.
Die **Betriebssoftware** wird vom **Hersteller** einer SPS mitgeliefert. Sie besteht aus Programmen für Routineaufgaben, die eine SPS bei jeder Anwendung erfüllen muß. Dazu gehört z. B. das regelmäßige, in kurzen Zeitabständen zu wiederholende Einlesen der Eingangssignale.
Die **Anwendersoftware** wird vom **Benutzer** einer SPS für eine vorliegende Steuerungsaufgabe selbst erstellt.

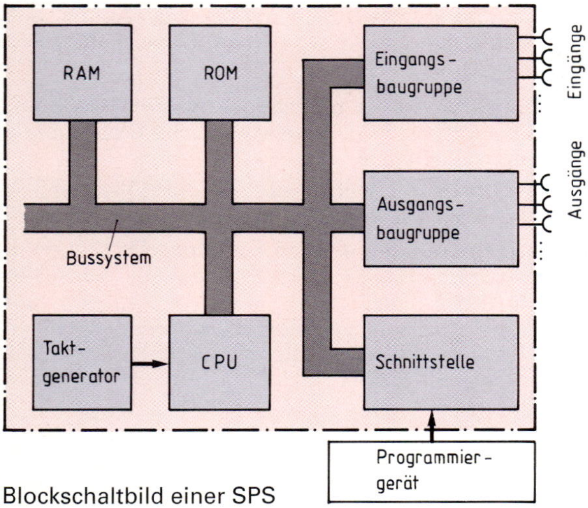

Blockschaltbild einer SPS

- Programmierung

Ein SPS-Anwenderprogramm kann nicht direkt in eine SPS eingegeben werden, weil eine SPS normalerweise nicht mit einer Tastatur und einem Bildschirm ausgestattet ist. Daher sind zur Programmierung von SPS spezielle **Eingabegeräte** erforderlich.

Für die Erstellung von SPS-Anwenderprogrammen verwendet man **Programmiergeräte.** Das Anwenderprogramm wird über eine Schnittstelle vom Programmiergerät in die SPS geladen. Programmiergeräte brauchen nur für die Dauer der Programmerstellung mit einer SPS verbunden zu werden. Daher können mit einem Programmiergerät viele SPS programmiert werden.

Die Hersteller von SPS bieten Programmiergeräte an, die ein einfaches Eingeben von Anwenderprogrammen ermöglichen. Dazu wurde eine **Programmiersprache** entwickelt, die speziell für Steuerungen geeignet ist. Die Steuerungsanweisungen dieser Programmiersprache sind in der DIN 19239 zusammengefaßt. Ein mit diesen Befehlen verwirklichtes SPS-Programm heißt **„Anweisungsliste“**, kurz **„AWL“**.

Handprogrammiergerät

- Programmiergeräte

Programmiergeräte für SPS gibt es in verschiedenen Ausführungen. Kleine und einfache SPS erlauben den Anschluß von **Handprogrammiergeräten.** Diese verfügen über eine kleine Tastatur zur Programmeingabe und über eine Leuchtanzeige zur Darstellung von kurzen Buchstaben-Zahlen-Kombinationen.

Für umfangreiche Anwenderprogramme eignen sich **Bildschirmprogrammiergeräte.** Das sind spezielle Mikrocomputer, die meistens in robuste, transportable Koffergehäuse eingebaut sind. Auch normale Personalcomputer werden häufig als Bildschirmprogrammiergeräte verwendet. Für diese Geräte gibt es Dienstsoftware, die SPS-Programme auf dem Bildschirm übersichtlich darstellen und den Test von SPS-Programmen erleichtern. Außerdem bieten Bildschirmprogrammiergeräte die Möglichkeit, SPS-Programme auf Disketten zu speichern.

Bildschirmprogrammiergerät

6.5.3 Stellglieder – Stellgeräte und Arbeitsglieder

Weil Stellglieder bzw. Stellgeräte und Arbeitsglieder unmittelbar dort installiert sind, wo der Energie- und Stoffumsatz der gesteuerten Anlage stattfindet, werden an sie besondere Forderungen gestellt:

- Beständigkeit gegen Stoff- und Umwelteinflüsse
- keine unzulässigen Einflüsse auf Stoff- und Umwelt
- hoher Wirkungsgrad
- Ansteuerbarkeit durch genormte Signale.

Diese Forderungen haben zu einer Vielzahl von Ausführungsformen für diese Baueinheiten geführt.

Forderung	Ziel
Beständigkeit gegen Stoff- und Umwelteinflüsse	Zuverlässigkeit der Stellglieder bzw. -geräte über lange Zeit
Kein unzulässiger Einfluß auf Stoff und Umwelt	Hohe Produktqualität, Umweltverträglichkeit
hoher Wirkungsgrad	Wirtschaftlichkeit
Ansteuerbarkeit durch genormte Signale	Austauschbarkeit von Baueinheiten sowie Steuergeräten

Forderungen und Ziele an Stellglieder bzw. Stellgeräte und Arbeitsglieder

Stellglieder – Stellgeräte

- Stellglieder für elektrische Arbeitsglieder

Elektrische Arbeitsglieder mit großer Leistung, wie z. B. Elektromotoren für Werkzeugmaschinen, werden über sogenannte **Schütze** ein- und ausgeschaltet. Im Prinzip funktioniert ein Schütz wie ein Relais. Fließt Strom durch die Schützspule, so wird ein beweglicher Anker angezogen. Damit schließen elektrische Kontakte, so daß elektrische Energie für die Arbeitsglieder zur Verfügung steht. Die Schaltleistungen der Schütze beträgt etwa 1 kW bis 600 kW.

Schütze, die elektrische Arbeitsglieder ein- und ausschalten, sind Stellglieder.

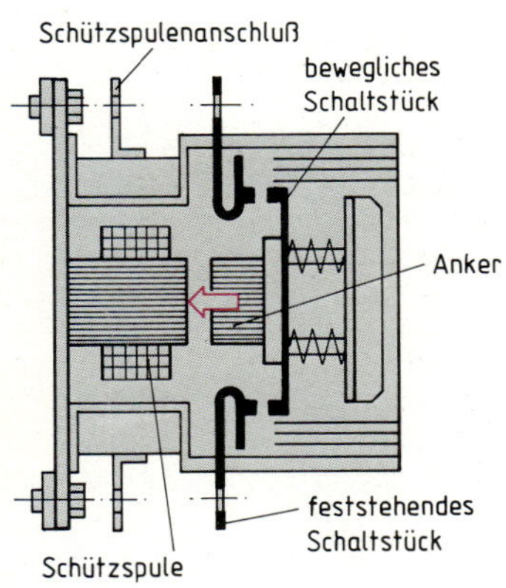

Schütz

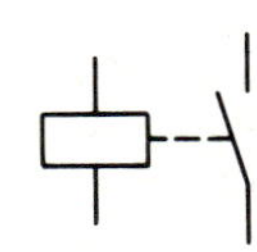

Wie der Stromlaufplan für die Schaltung eines Drehstrommotors zeigt, kann man elektrische Ausgabesignale der Steuerung zu einem Stromkreis mit hoher Leistung übertragen, ohne daß eine elektrische Verbindung zwischen beiden Stromkreisen besteht: Fließt ein Strom durch die Schützspule K1, so schließen die Kontakte. Dadurch fließen durch die drei Außenleiter L1, L2 und L3 des Dreiphasennetzes drei Wechselströme. Da sie gegeneinander phasenverschoben sind, entsteht im Motor ein elektromagnetisches Drehfeld und der Motor «läuft».

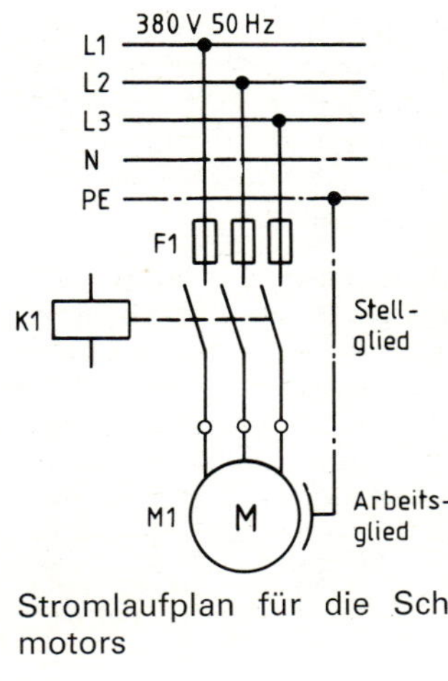

Kennbuchstaben elektrischer Betriebsmittel (Ausschnitt)	
L1 L2 L3	Außenleiter 1 Außenleiter 2 Außenleiter 3
N	Neutralleiter
PE	Schutzleiter
F	Schutzeinrichtung
M	Motor
K	Schütz

Stromlaufplan für die Schaltung eines Drehstrommotors

- Stellglieder bzw. Stellgeräte für hydraulische und pneumatische Arbeitsglieder

Der Zustand hydraulischer und pneumatischer Arbeitsglieder läßt sich mit Wegeventilen verändern. Zur Ventilbetätigung eignen sich Drucksignale oder elektrische Signale.

Druckbetätigte Wegeventile reagieren auf Drucksignale. Sie sind vor allem in der Pneumatik üblich. Die Wirkungsweise verdeutlicht die Skizze eines druckbetätigten pneumatischen 3/2-Wegeventils. Wird der Steuerkolben über Anschluß Z mit Druck beaufschlagt, verschiebt er sich gegen die Rückstellfeder und hebt den Teller ab. Damit ist der Weg P → A frei. Liegt am Anschluß Z kein Druck mehr an, geht der Steuerkolben in seine Anfangsstellung zurück. Der Teller schließt P nach A ab.

Druckbetätigte Wegeventile, die hydraulische bzw. pneumatische Arbeitsglieder ein- und ausschalten, sind Stellglieder.

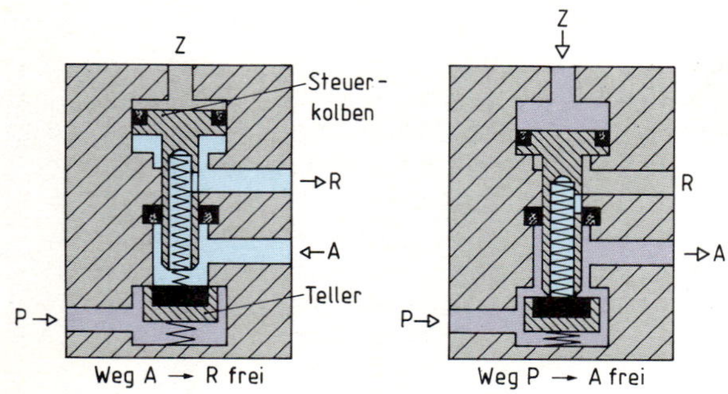

Druckbetätigtes 3/2-Wegeventil (pneumatisch)

Neben dem druckbetätigten 3/2-Wegeventil enthalten die beiden Schaltungsbeispiele auch ein druckbetätigtes 4/2-Wegeventil. Es spielt bei der Steuerung zur Einprägeeinrichtung noch eine wichtige Rolle.

Weil die Übertragung von Drucksignalen Zeit benötigt, sollten die Steuerleitungen druckbetätigter Ventile nicht zu lang sein.

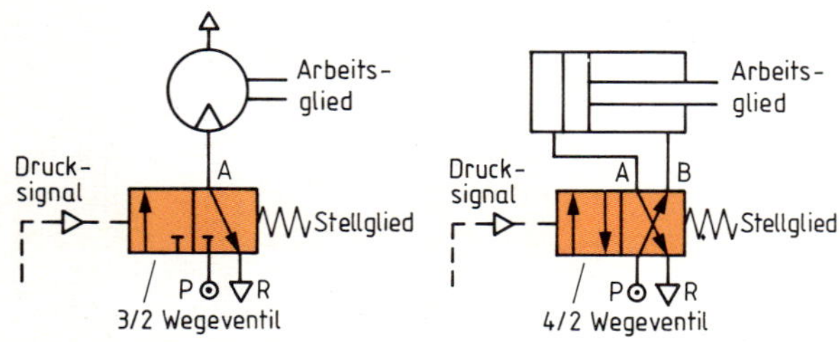

Schaltplanausschnitte mit druckbetätigten Wegeventilen

Elektrisch betätigte Wegeventile benötigen einen Elektromagneten als Stellantrieb, der elektrische Signale in eine Hubbewegung umwandelt.

Das aus Ventil (Stellglied) und Elektromagnet (Stellantrieb) bestehende **Elektromagnetventil** ist ein Stellgerät.

Bezeichnet man das Elektromagnetventil als Stellglied, so ist das eine Vereinfachung.

- **Direktgesteuerte Elektromagnetventile** (s. Grundstufe Kap. 7.4.2) eignen sich nur für kleinere Nennweiten. Mit der Nennweite steigen die Betätigungskräfte. Weil Magnete, die diese Kräfte noch aufbringen, zu groß sind, baut man größere Ventile in vorgesteuerter Bauweise.
- **Vorgesteuerte Elektromagnetventile** fassen zwei Wegeventile zu einer Einheit zusammen. Die Funktion soll an einem pneumatischen 4/2-Wegeventil beschrieben werden. Der Kolben des Vorsteuerventils wird durch eine Feder auf den Ventilsitz gedrückt. Im erregten Zustand zieht der Magnet den Kolben an, so daß Luft von P über die Steuerbohrung zu den Steuerkolben des Hauptventils strömen kann. Unter dem Druck bewegen sich die Steuerkolben nach unten und heben die Ventilteller vom Dichtsitz ab. Die Verbindung P → A und B → R sind damit hergestellt. Ist der Magnet nicht erregt, schließt der Kolben des Vorsteuerventils die Luft ab. Die Steuerkolben im Hauptventil erreichen wieder ihre Ausgangslage.

In einem vorgesteuerten Wegeventil dient das Vorsteuerventil lediglich zur Umsteuerung des Hauptventils.

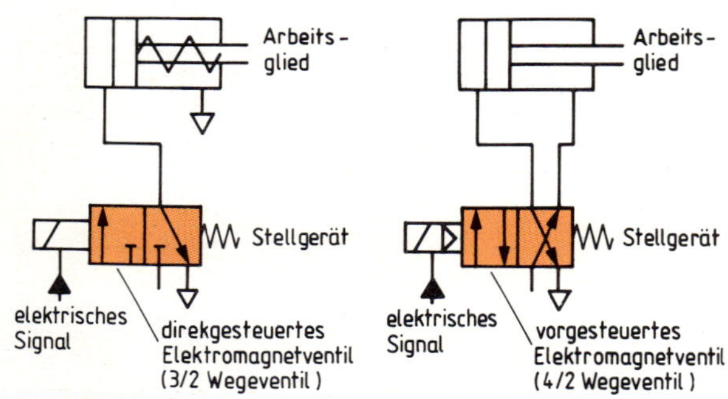

Schaltplanbeispiele mit Elektromagnetventilen

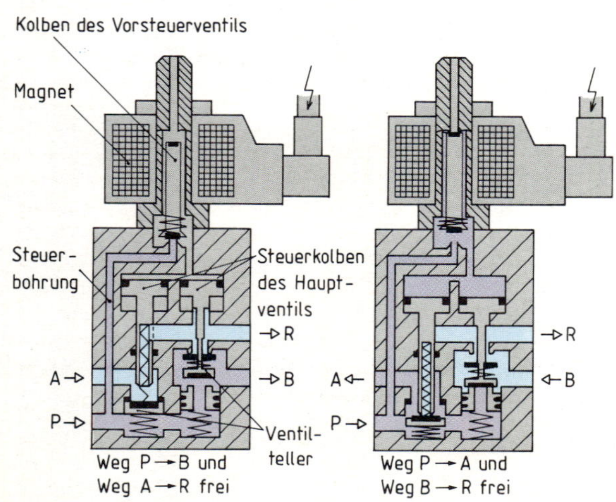

Vorgesteuertes 4/2-Wegeventil (pneumatisch)

Arbeitsglieder

Elektromotoren treiben als Arbeitsglieder Vorschub- und Arbeitsspindeln von Werkzeugmaschinen, Arme und Greifer von Industrierobotern, Seiltrommeln von Aufzügen und Räder von Fahrzeugen an. Dazu wandeln sie elektrische in mechanische Energie um.

Sind die Nenndrehfrequenzen und – drehmomente der Motoren ungeeignet, so müssen Getriebe zur Anpassung nachgeschaltet werden. Meistens erfolgt dabei eine Verkleinerung der Umdrehungsfrequenz und eine Vergrößerung des Drehmomentes.

Lassen sich die Motoren, z. B. Gleichstrommotoren, von der kleinsten bis zur größten Umdrehungsfrequenz stetig verändern, kann man auf Getriebe verzichten. Das führt zu konstruktiv sehr einfachen Bauweisen.

Hydraulische und pneumatische Zylinder finden dann Anwendung, wenn geradlinige Bewegungen auszuführen sind. Man unterscheidet zwei Arten.

1. Kann nur eine Kolbenseite mit Öl bzw. Luft beaufschlagt werden, so ist auch nur in einer Richtung Arbeitsverrichtung möglich. Diese **einfachwirkenden Zylinder** eignen sich deshalb zum Spannen, Pressen oder Zuführen. Erfolgt die Rückstellung durch eine Feder, so nimmt die wirksame Kraft F mit dem Arbeitshub ab. Stellt man die Kraft F über den Arbeitshub dar, so ergibt sich die Zylinderkennlinie. Die am Ende des Arbeitshubes noch wirksame Kraft nennt man effektive Kraft F_{eff}. Bei der Auslegung der Zylindergröße kann Reibung und Federkraft durch einen Verlust von 30% der theoretischen Kraft F_{th} berücksichtigt werden:

$F_{eff} = 0{,}7 \cdot F_{th}$

$F_{th} = p_B \cdot S_K$

$S_K = D^2 \cdot \pi/4$

F_{eff} : effektive Kraft
F_{th} : theoretische Kraft
p_B : Betriebsdruck
D : Kolbendurchmesser
S_K : Kolbenfläche

2. Sind beide Kolbenseiten beaufschlagbar, ist in beiden Richtungen ein Arbeitshub möglich. Der Hinhub wird nicht, wie beim einfachwirkenden Zylinder, durch eine Feder beeinflußt. Der Rückhub ist schnell und gleichförmig. Diese **doppeltwirkenden Zylinder** erreichen Hublängen bis zu zwei Metern.

Damit die Endlagen eines Zylinders sanft angefahren werden, sieht man sogenannte **Endlagendämpfungen** vor: Kurz vor Hubende taucht der Dämpfungszapfen (1) in die Dichtung des Zylinderbodens (2) ein und verhindert, daß die Restluft aus dem Dämpfungsraum (3) direkt über den Anschluß (4) austreten kann. Diese Restluft verdichtet und nimmt dabei Energie auf. Die Bewegungsenergie nimmt entsprechend ab. Der erhöhte Druck baut sich über die Bohrung (5) und die Drosselschraube (6) ab. Der Kolben fährt langsam in seine Endlage. Als **Anfahrhilfe** in Gegenrichtung sorgt das Rückschlagventil (7) für freien Durchgang. Der Kolben fährt dadurch schnell aus seiner Endlage aus.

Arbeitszylinder gibt es mit einseitiger und beidseitiger Endlagendämpfung.

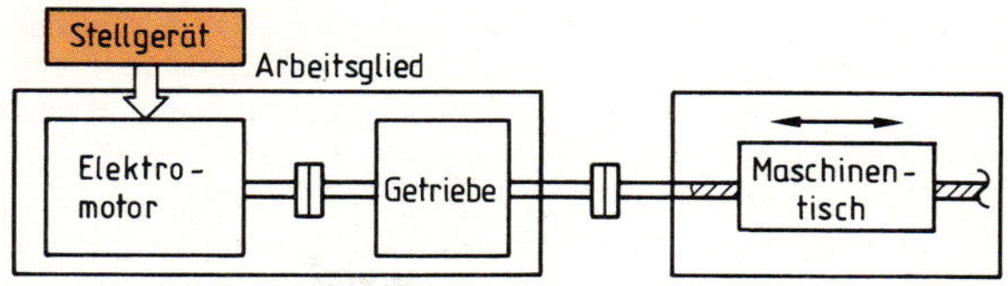

Elektromotor und Getriebe als Arbeitsglied

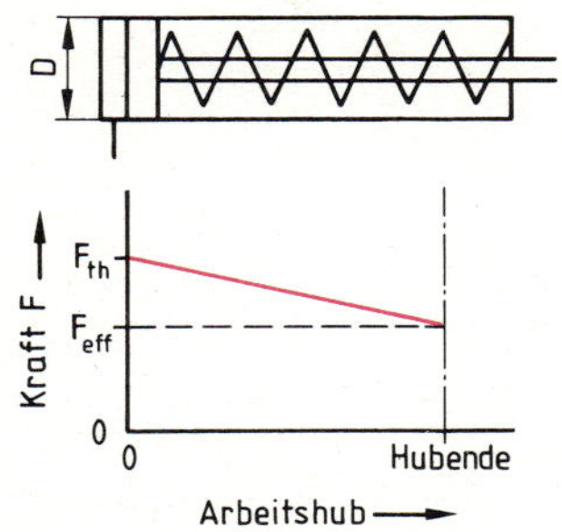

Kennlinie eines einfachwirkenden Federzylinders

Beispiel:

$p_B = 7\ \text{bar}\ (\cong 70\ \frac{\text{N}}{\text{cm}^2})$

$D = 40\ \text{mm}\ (= 4\ \text{cm})$

$$F_{th} = p_B \cdot \frac{D^2 \cdot \pi}{4}$$

$$= 70\ \frac{\text{N}}{\text{cm}^2} \cdot \frac{4^2\ \text{cm}^2 \cdot \pi}{4}$$

$$= 879{,}2\ \text{N}$$

$$F_{eff} = 0{,}7 \cdot F_{th}$$

$$= 0{,}7 \cdot 879{,}2\ \text{N}$$

$$= 615{,}4\ \text{N}$$

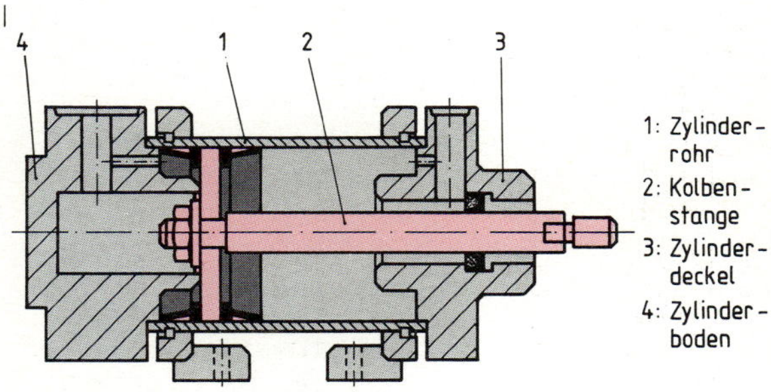

Doppeltwirkender Zylinder (pneumatisch)

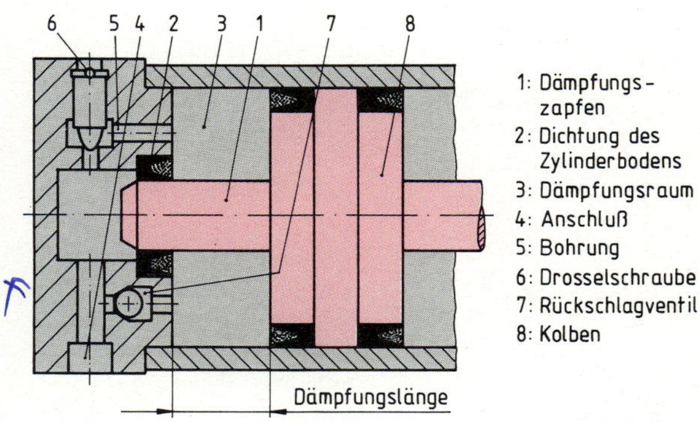

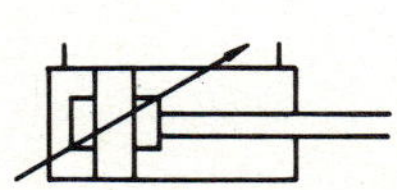

Schaltzeichen eines doppeltwirkenden Zylinders mit beidseitig verstellbarer Endlagendämpfung

Verstellbare Endlagendämpfung

Drehbewegungen können auch durch **hydraulische und pneumatische Motoren** erzeugt werden. Diese Motoren haben bei großer Leistung ein geringes Gewicht. Umdrehungsfrequenz und Drehmoment lassen sich durch Verändern des Arbeitsdruckes und Drosseln der Öl- bzw. Luftmenge stufenlos verstellen. Die Motoren haben ein großes Anfahrmoment, sind überlastsicher und wartungsarm. Ihre Drehrichtung ist durch Wegeventile einfach und schnell umkehrbar. Vielfache Anwendung finden Kolben-, Lamellen-, Zahnrad- und Turbinenmotoren.

Der **pneumatische Lamellenmotor** zeichnet sich durch einfache Bauweise aus. In einem Zylinder (1) ist ein Rotor (2) mit Schlitzen exentrisch gelagert. Die Schlitze sind Führungen für drei bis zehn Lamellen (3), die durch die Fliehkraft nach außen an die Zylinderwand gedrückt werden. Dadurch ist die Abdichtung der einzelnen Kammern (4), die durch die Lamellen entstehen, sichergestellt. Die Luft tritt in die kleinste Kammer ein. Während sie sich entspannt, dreht sie den Rotor. Die Rotordrehfrequenz liegt zwischen 3000 und 9000 1/min.

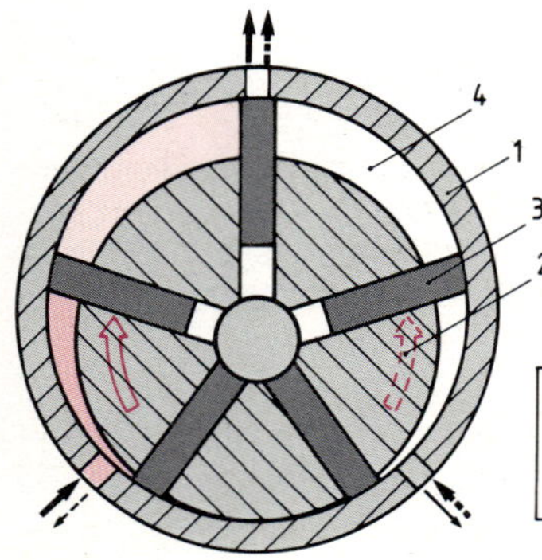

1: Zylinder
2: Rotor
3: Lamelle
4: Kammer

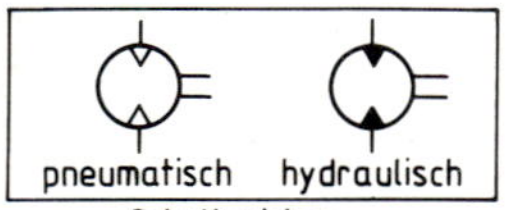

Schaltzeichen

Pneumatischer Lamellenmotor (schematisch)

Für begrenzte Drehbewegungen setzt man **Schwenkmotoren** ein. Sie werden für Schließ- und Öffnungsvorgänge an Ventilen und für beliebige Schwenk- und Spannvorgänge benötigt. Alle Bauarten sind für große Drehmomente geeignet. Die Ringzellen-Bauart führt zudem zu besonders kompakten und platzsparenden Schwenkmotoren: Ein ringförmiger Innenraum wird in zwei Kammern unterteilt. Dafür sorgen Triebwelle mit Schwenkflügel (1) und der Zylinder mit Sperrflügel (2). Tritt das Druckmedium bei A ein, so dreht sich die Triebwelle mit Schwenkflügel linksherum. Die Drehrichtung kehrt sich um, wenn Anschluß B unter Druck steht.

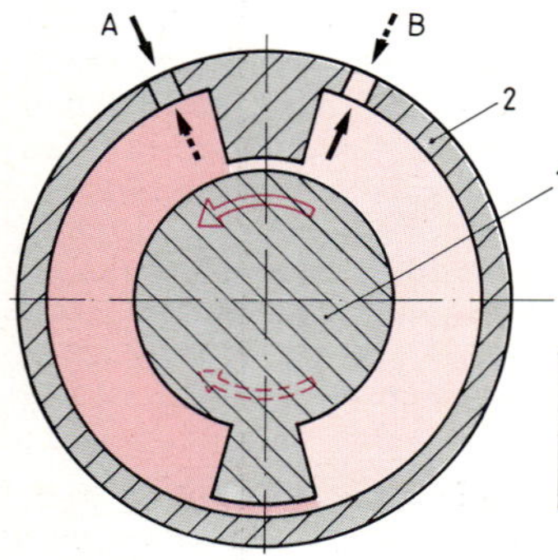

1: Triebwelle mit Schwenkflügel
2: Zylinder mit Sperrflügel

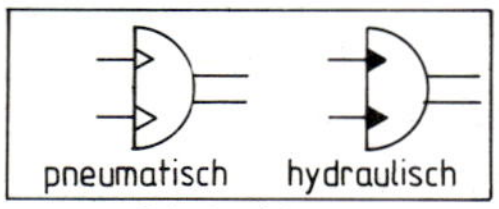

Schaltzeichen

Schwenkmotor in Ringzellen-Bauweise (schematisch)

Aufgaben zur Wiederholung und Vertiefung

1. Ordnen Sie folgende Baueinheiten einer Steuerung nach dem Signalfluß: Stellgerät, Ausgeber, Eingabegerät, Gerät zur Signalverarbeitung und Arbeitsglied.

2. Nennen Sie jeweils eine elektrische und eine pneumatische Baueinheit zur Signaleingabe, die nach manueller Betätigung
a) in ihrer Lage verharrt,
b) selbsttätig zurückstellt.

3. Die Endlagen eines pneumatischen Zylinders sollen durch elektrische Signale berührungslos gemeldet werden. Nennen Sie drei geeignete Baueinheiten und beschreiben Sie ihre Funktion.

4. Stelleinheiten sind direkt mit dem Prozeß der Energie- und Stoffumsetzung gekoppelt. Welche vier Forderungen müssen sie deshalb erfüllen?

5. Berechnen Sie den Kolbendurchmesser eines Zylinders mit Rückstellfeder, der am Ende des Arbeitshubes noch eine effektive Kraft F_{eff} von 800 N aufweisen soll. Der Betriebsdruck sei 6 bar.

6. Beschreiben Sie das Prinzip einer Endlagendämpfung bei Arbeitszylindern.

7. Nennen Sie das geeignete Stellglied für einen Elektromotor mit großer Leistung, und beschreiben Sie sein Funktionsprinzip.

8. Ein doppeltwirkender pneumatischer Zylinder soll durch Drucksignale veranlaßt werden ein- bzw. auszufahren. Beschreiben Sie ein geeignetes Stellglied.

9. Warum gibt es vorgesteuerte Wegeventile, und welche Aufgabe hat das Vorsteuerventil?

10. Auf einer Prüfeinrichtung wird die Funktionsabfolge für den Prüftest ständig geändert. Auf welche Art und Weise sollte das Programm für die Steuerung festgelegt werden?

11. Welche elektronische Steuerungsarten gibt es? Wodurch unterscheiden sie sich?

12. Stellen Sie Unterschiede und Gemeinsamkeiten von Relaissteuerungen und elektronischen Steuerungen heraus.

6.6 Funktionale Darstellung von Steuerungen

6.6.1 Funktionsglieder

Das Programm einer Steuerung kann beschrieben werden, ohne daß auf technische Einzelheiten der Geräte eingegangen wird. Man benutzt dazu **„Funktionspläne"**. Funktionspläne werden aus einzelnen Gliedern, den **„Funktionsgliedern"**, zusammengesetzt. Es gibt nur wenige Grundfunktionen.

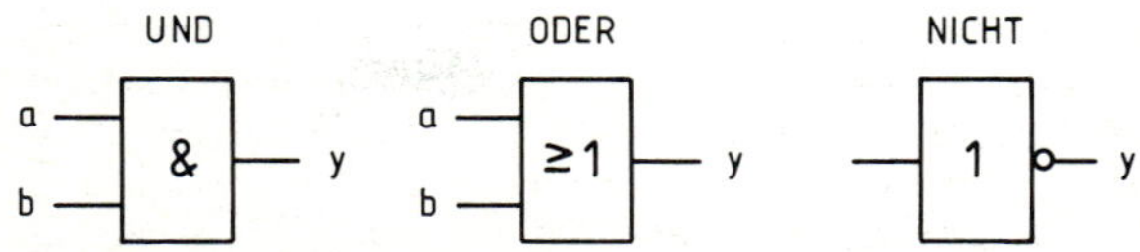

Schaltzeichen für Verknüpfungsgrundfunktionen

Verknüpfungsglieder

Die einfachsten Funktionsglieder sind die sogenannten **Verknüpfungsglieder**.

> Bei den Verknüpfungsgliedern steht zu jeder Kombination von Eingangssignalen eindeutig fest, ob am Ausgang eine „0" oder eine „1" vorliegt.

$y = a \wedge b$ $y = a \vee b$ $y = \overline{a}$

Schaltalgebraische Gleichungen von Verknüpfungsgliedern

a	b	y
0	0	0
0	1	0
1	0	0
1	1	1

a	b	y
0	0	0
1	0	1
0	1	1
1	1	1

a	y
0	1
1	0

Funktionstabellen von Verknüpfungsgliedern

Verknüpfungsglieder lassen sich dadurch einfach und eindeutig mit **Funktionstabellen** oder mit Gleichungen der Schaltalgebra beschreiben.

- Zusammengesetzte Verknüpfungsglieder

Durch Kombination der Grundfunktionen UND, ODER, NICHT lassen sich beliebige **zusammengesetzte Verknüpfungsglieder** verwirklichen. Für häufig wiederkehrende Schaltkombinationen gibt es festgelegte Bezeichnungen.

Man verwendet z. B. häufig UND- und ODER-Glieder, bei denen der Ausgang über NICHT-Glieder geführt wird.

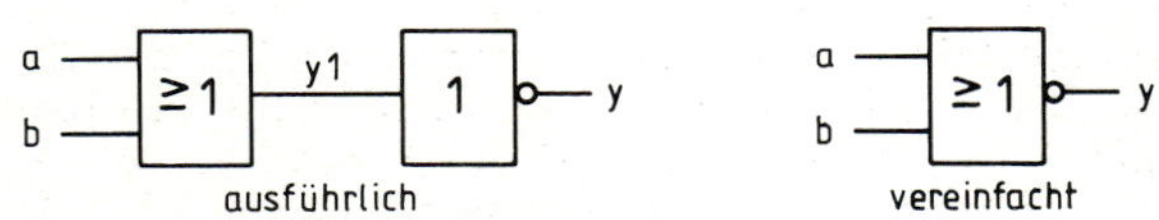

Darstellung eines NOR-Gliedes

> Die Hintereinanderschaltung eines ODER-Gliedes und eines NICHT-Gliedes heißt **NOR-Glied.**
> Eine Zusammenfassung von UND-Glied und NICHT-Glied nennt man **NAND-Glied**.

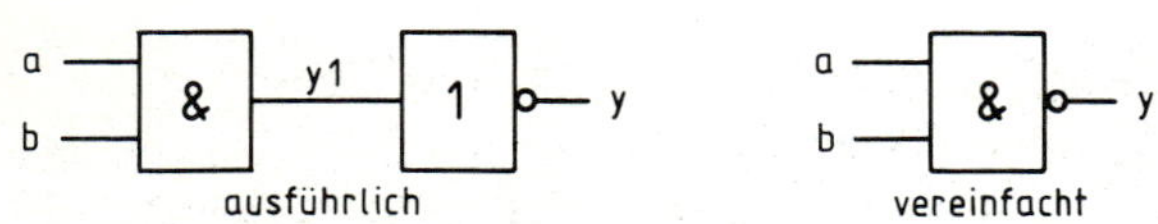

Darstellung eines NAND-Gliedes

Wie UND- und ODER-Glieder, können auch NOR- und NAND-Glieder beliebig viele Eingänge haben.

Beim Aufstellen von Funktionstabellen für zusammengesetzte Schaltungen, legt man die Tabellen nicht nur mit Spalten für Ein- und Ausgangssignale an, sondern man sieht zusätzlich **Spalten für Zwischensignale** vor. Dann ermittelt man zunächst die Zustände der Zwischensignale für alle möglichen Eingangssignale.

Beim NOR-Glied hat das Zwischensignal y1 den Zustand „0", wenn alle Eingangssignale den Wert „0" haben. Wenn mindestens ein Eingangssignal den Wert „1" hat, nimmt y1 den Zustand „1" an. y1 wird also über eine Oder-Funktion gebildet.

Beim NAND-Glied hat das Zwischensignal y1 den Zustand „0", wenn mindestens ein Eingang den Zustand „0" hat. Erst wenn alle Eingänge den Wert „1" haben, hat auch das Zwischensignal den Wert „1". y1 wird über eine UND-Funktion gebildet.

Zwischensignal (y1)
Ausgangssignal (y)

a	b	y1	y
0	0	0	1
1	0	1	0
0	1	1	0
1	1	1	0

Funktionstabelle des NOR-Gliedes

$y_1 = a \vee b$
$y = \overline{y}_1$

Schaltalgebraische Gleichungen

Nachdem die Zustände der Zwischensignale y1 bestimmt und in die Funktionstabellen von NOR- und NAND-Glied eingetragen worden sind, können die Ausgangssignale y leicht ermittelt werden. Sie ergeben sich über eine NICHT-Verknüpfung aus den Zwischensignalen y1. In den Funktionstabellen brauchen daher die jeweiligen Zustände der y1-Signale nur umgekehrt („invertiert") zu werden.

Funktionstabellen von zusammengesetzten Verknüpfungsschaltungen können leicht aufgestellt werden, indem man die Schaltung in Einzelglieder (möglichst nur UND, ODER, NICHT) zerlegt und die Zwischensignale betrachtet. Die Funktionstabellen werden um zusätzliche Spalten für die Zwischensignale ergänzt. Die Zwischensignale lassen sich, von den Eingängen ausgehend, leicht bestimmen. Über die Zwischensignale können dann auch die Ausgangssignale einfach ermittelt werden.

- Bezeichnung von Signalen

Man sollte allen Signalen **Bezeichnungen** geben. Dazu können Buchstaben-Zahlen-Kombinationen verwendet werden. Sinnvoller ist es oft, Namen zu benutzen, die die **Bedeutung eines Signals** erkennen lassen, z. B. „Start", „Fertig", „Störung" usw.

An mehreren Stellen in einer Maschine soll die Temperatur überwacht werden. Wenn die Temperaturen vorgegebene Werte überschreiten, soll eine Warnanzeige aufleuchten. Die Warnleuchte soll über eine Verknüpfungsschaltung gesteuert werden. Als Eingangsgrößen dienen Signale von zwei Temperatursignalgebern. Verwendet werden Signalgeber, die ein „1"-Signal erzeugen, wenn die Temperatur in Ordnung ist, und eine „0", wenn die Temperatur zu hoch ist.
Wenn mindestens einer der beiden Temperatursignalgeber ein „0"-Signal führt, soll am Ausgang der Verknüpfungsschaltung ein „1"-Signal vorliegen, so daß die Warnanzeige aufleuchtet.

Die Überwachungsschaltung kann mit einem einzigen NAND-Glied verwirklicht werden.
Wenn man die Schaltung in ein UND und ein NICHT-Glied zerlegt, kann man dem Signal zwischen den beiden Gliedern z. B. den Namen „Temperaturen ok" geben. Man gibt Namen normalerweise so, daß der „1"-Zustand beschrieben wird. Wenn man dagegen den „0"-Zustand beschreiben will, setzt man einen Querstrich über den Namen. Die Zwischen**größe** „Temperaturen ok" könnte also auch den Namen „$\overline{\text{Alarm}}$" (sprich: „Alarm nicht") bekommen.

Speicherglieder

Oft sollen Maschinen mit „START"- und „STOP"-Tastern ein- und ausgeschaltet werden. Tastschalter geben aber nur solange ein Einschaltsignal, wie sie betätigt werden.
Damit eine Maschine auch nach Loslassen eines „START"-Tasters weiterläuft, muß das Startsignal gespeichert werden.

a	b	y1	y
0	0	0	1
1	0	0	1
0	1	0	1
1	1	1	0

Funktionstabelle des NAND-Gliedes

$y_1 = a \wedge b$
$y = \overline{y}_1$

schaltalgebraische Gleichungen

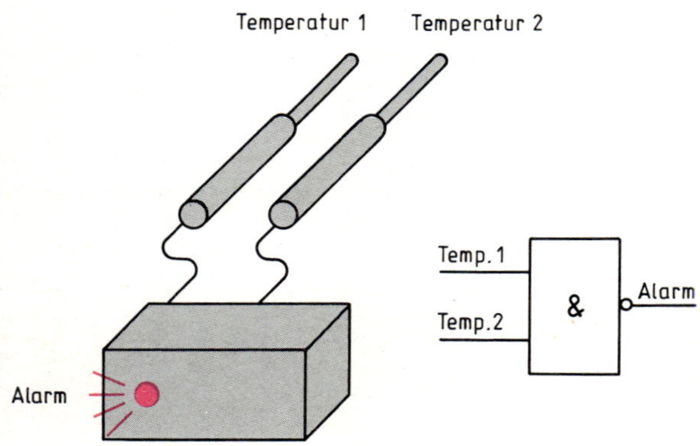

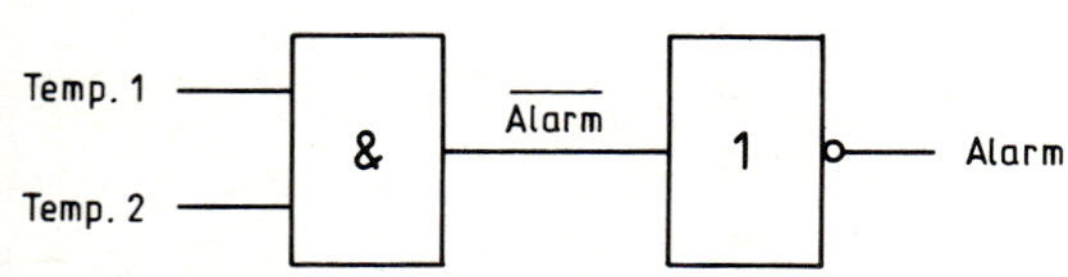

Schaltung zur Temperaturüberwachung

- Speicherglieder ohne Rückführung

In der Pneumatik werden sogenannte **Impulsventile** verwendet. Bei einem Impulsventil in Schieberbauweise verstellt ein Drucksignal am Eingang s den Schieber so, daß der Ausgang mit dem Druckanschluß verbunden wird. Wenn der Schieber diese Stellung erreicht hat, bleibt der Ausgang auch dann mit dem Druckanschluß verbunden, wenn am Eingang s kein Druck mehr vorhanden ist.

Am „Setzeingang" s genügt also ein kurzes „1"-Signal, ein sogenannter **„Impuls"**, um den Ausgang auf „1" zu setzen.
Um den Ausgang auf „0" zurückzusetzen, muß am „Rücksetzeingang" r ein Drucksignal anliegen. Damit wird über den Schieber der Ausgang vom Druckanschluß abgetrennt.
Auch dieses Rücksetzsignal braucht nur als Impuls vorzuliegen.

Das **Impulsventil** ist ein pneumatisches Gerät, mit dem ein Speicherglied verwirklicht wird.

Speicherglieder haben zwei Eingänge, einen **„Setzeingang"** und einen **„Rücksetzeingang"**.

Ein „1"-Impuls am Setzeingang s setzt den Ausgang auf „1".

Ein „1"-Impuls am Rücksetzeingang r setzt den Ausgang auf „0".

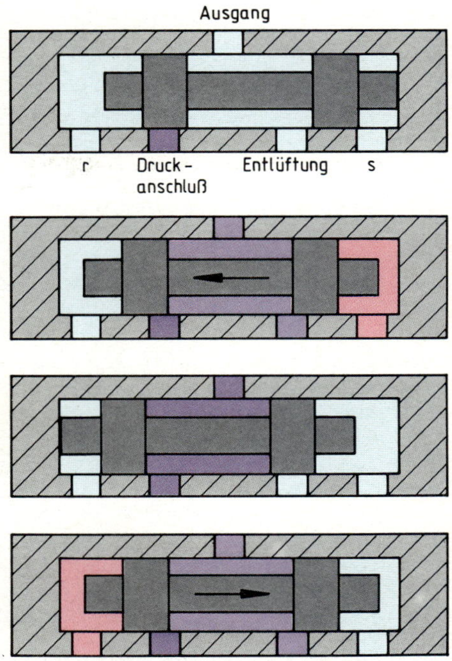

Impulsventil mit verschiedenen Schaltstellungen

Es gibt Geräte in unterschiedlicher Technik, die die Funktion von Speichergliedern erfüllen.

Ein Problem entsteht, wenn das Setzsignal und das Rücksetzsignal gleichzeitig den Zustand „1" haben.

Es gibt Speicherglieder, die in diesem Fall den Ausgang auf „1" setzen und damit dem **Setzeingang Vorrang** vor dem Rücksetzeingang geben.
Andere Speicherglieder schalten im beschriebenen Fall den Ausgang auf „0" und geben damit dem **Rücksetzeingang Vorrang**.

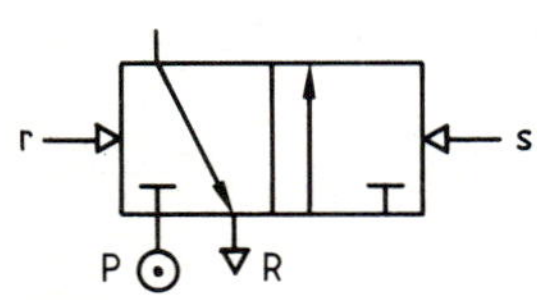

Pneumatikschaltzeichen für ein Impulsventil

Um den Signalzustand des Ausgangs zu bestimmen, genügt es bei den Speichergliedern nicht, wenn man den gegenwärtigen Signalzustand der Eingänge kennt. Erforderlich ist auch die Kenntnis der in der Vergangenheit abgelaufenen Vorgänge.

Funktionstabellen berücksichtigen nur die aktuellen Zustände der Eingangssignale. Sie sind daher für die Funktionsbeschreibung von Speichergliedern weniger geeignet. Besser eignen sich **Funktionsdiagramme.**

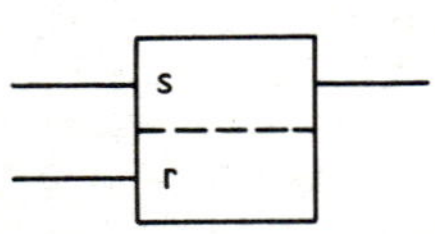

Schaltzeichen eines Speichergliedes

Durch ein **Funktionsdiagramm** wird die Abfolge des Setzen und Rücksetzens verdeutlicht.

Man gibt unterschiedliche Reihenfolgen und Kombination von Setz- und Rücksetzsignalen vor und trägt die dazugehörigen Werte des Ausgangssignals ein. Es kann z. B. auch das Verhalten des Ausgangs eines Speichergliedes bei gleichzeitigem Auftreten von Setz- und Rücksetzsignal dargestellt werden. Im nebenstehenden Funktionsdiagramm wird deutlich, daß der Ausgang nicht zurückgesetzt wird, wenn Setz- und Rücksetzsignal gleichzeitig vorliegen. Es wird hier also das Verhalten eines Speichergliedes mit Vorrang für den Setzeingang gezeigt.

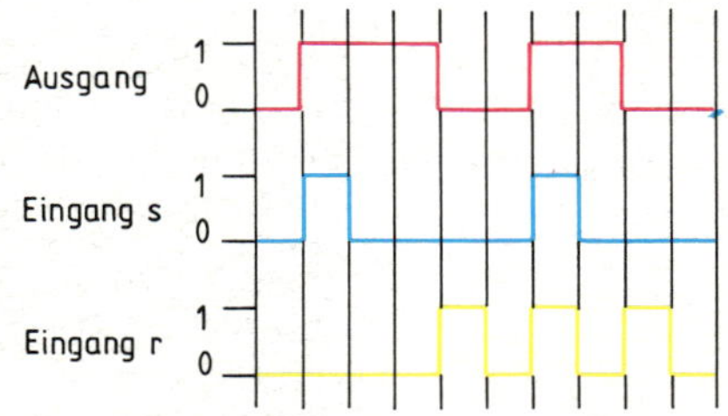

Funktionsdiagramm eines Speichergliedes

• Speicherglieder mit Rückführung

Die Funktion des Speichergliedes kann als Grundfunktion angesehen werden, die durch ein spezielles Funktionsglied erfüllt wird.

Die Funktion des Speichergliedes kann auch von einfachen Verknüpfungsgliedern übernommen werden, wenn eine bestimmte Anordnung der Verknüpfungsglieder gewählt wird.

Dazu verbindet man den Ausgang eines ODER-Gliedes mit einem Eingang desselben ODER-Gliedes.
Der Ausgang wird zu dem Eingang a „zurückgeführt".
Wenn bei einem solchen rückgeführten ODER-Glied am freien Eingang b ein „1"-Signal anliegt, schaltet der Ausgang auf „1". Damit liegt auch ein „1"-Signal am Eingang a an.
Dieses Eingangssignal am Eingang a sorgt dafür, daß das ODER-Glied durchgeschaltet bleibt, auch wenn das Signal am Eingang b wieder auf „0" gewechselt hat.

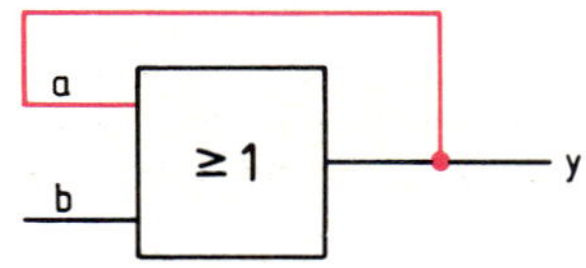

ODER-Glied mit Rückführung

Selbsthaltung

Ein ODER-Glied mit einer Rückführung kann einen Impuls speichern und damit die Funktion eines Speichergliedes übernehmen. Durch die Rückführung des Ausgangs auf einen Eingang des ODER-Gliedes ergibt sich ein Selbsthaltekreis.

Um den Ausgang des ODER-Gliedes rücksetzen zu können, muß die Schaltung erweitert werden.

Es kann z. B. ein zusätzliches UND-Glied vor dem Ausgang der Schaltung eingefügt werden. Ein Rücksetzsignal, das über ein NICHT-Glied an einen Eingang des UND-Gliedes geführt wird, setzt den Ausgang auf „0" und löscht damit auch die Selbsthaltung.

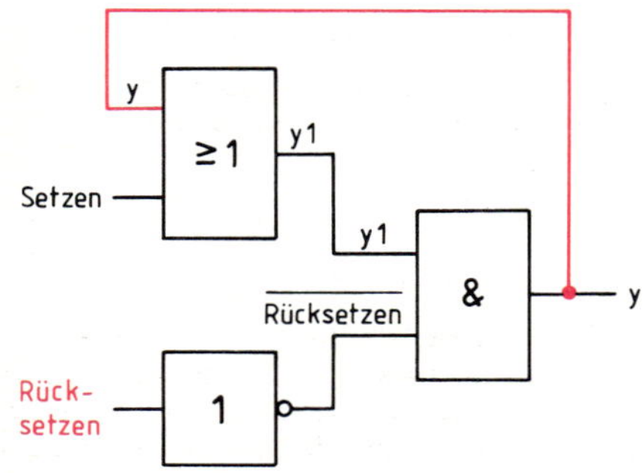

Selbsthalteschaltung mit Rücksetzmöglichkeit

Selbsthalteschaltung mit Relais

Im Gegensatz zur Pneumatik stehen in der Relaistechnik kaum Bauelemente zur Verfügung, die allein die Funktion von Speichergliedern übernehmen können. Daher baut man Selbsthaltekreise auf, wenn Speicherfunktionen erforderlich sind. Als Bauelemente benutzt man Relais mit mehreren Kontaktpaaren.

Ein Relais mit zwei Arbeitskontakten K1.1 und K1.2 soll ein Speicherglied verwirklichen.

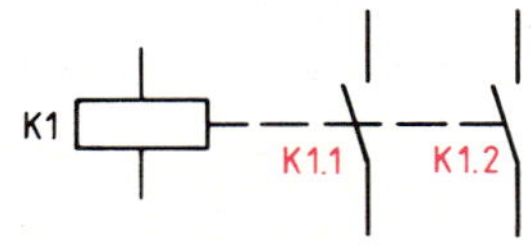

Relais mit 2 Schließerkontakten

Einer der beiden Arbeitskontakte wird zusammen mit zwei externen Kontakten „SETZEN" und „RÜCKSETZEN" in den Strompfad gelegt, in dem auch die Relaisspule liegt.
Die externen Kontakte „SETZEN" und „RÜCKSETZEN" können z. B. Kontakte von Handschaltern oder Grenztastern sein. Wichtig ist, daß die Kontakte „SETZEN" und der Relaiskontakt „K1.1" Schließer sind, wogegen der Kontakt „RÜCKSETZEN" ein Öffner sein muß.
Die beiden parallelgeschalteten Schließerkontakte bilden eine ODER-Verknüpfung, der Öffnerkontakt verwirklicht ein NICHT-Glied.

Wenn der Öffnerkontakt „Rücksetzen" nicht betätigt ist und der Kontakt „SETZEN" kurzzeitig geschlossen wird, zieht das Relais an und hält sich dann über den Kontakt K1.1 selbst.

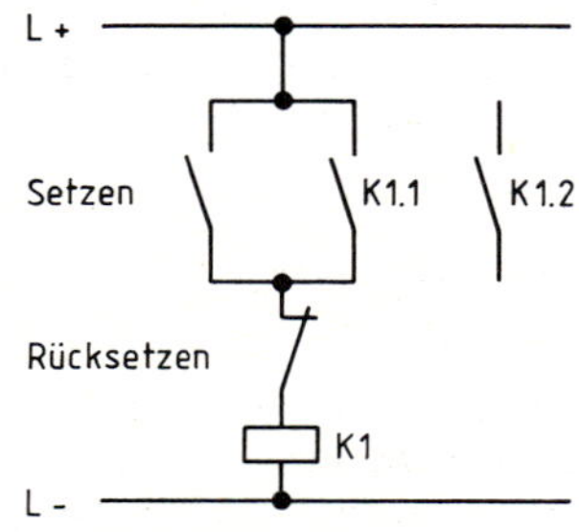

Selbsthalteschaltung mit Relais

Wenn der Kontakt „RÜCKSETZEN" geöffnet wird, wird der Stromfluß durch die Relaisspule unterbrochen, der Kontakt K1.1 öffnet und die Selbsthaltung wird gelöscht.

Die vorliegende Schaltung verwirklicht ein Speicherglied mit Vorrang für das Rücksetzen, denn bei gleichzeitiger Aktivierung von Setz- und Rücksetzkontakt schaltet das Relais auf „0", d. h. die Relaiskontakte fallen ab.

Der Relaiskontakt „K1.2" ist ein freier Kontakt, der für andere Schaltverknüpfungen zur Verfügung steht oder der direkt zum Schalten eines Ausgangs verwendet werden kann.

Wenn Speicherglieder mit Relais verwirklicht werden sollen, benutzt man Selbsthalteschaltungen.

Zeitglieder

Eine Treppenhausbeleuchtung soll für eine bestimmte Zeit eingeschaltet bleiben, nachdem der Lichtschalter betätigt wurde.
Für eine derartige Aufgabe ist ein Funktionsglied erforderlich, das die Zeit berücksichtigt, ein **„Zeitglied"**.

Es gibt unterschiedliche Zeitglieder, die man sich meistens aus mehreren Gliedern zusammengesetzt vorstellen kann. Das für die Zeitfunktion entscheidende Glied ist dabei meistens ein **monostabiles Kippglied.**

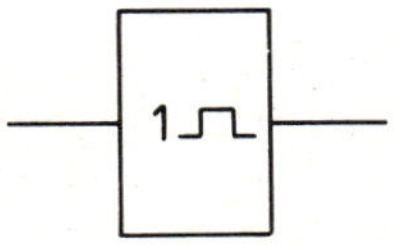

Symbol des monostabilen Kippgliedes

- Monostabiles Kippglied

Wie beim Speicherglied wird der Ausgang eines monostabilen Kippgliedes durch ein kurzes „1"-Signal am Eingang gesetzt. Nach Ablauf einer bestimmten Zeit setzt das Kippglied seinen Ausgang selbst wieder zurück, ohne daß dafür ein Rücksetzsignal erforderlich ist.

Der Impuls am Eingang wird über eine längere Zeitdauer t als „1"-Signal am Ausgang gespeichert. Man spricht von einem **„verlängerten Impuls"**.

Das Funktionsdiagramm verdeutlicht die Arbeitsweise des monostabilen Kippgliedes.
Sobald das Setzsignal einen Signalwechsel von „0" nach „1" durchführt, wird der Ausgang für eine festgelegte Zeit auf „1" gesetzt.

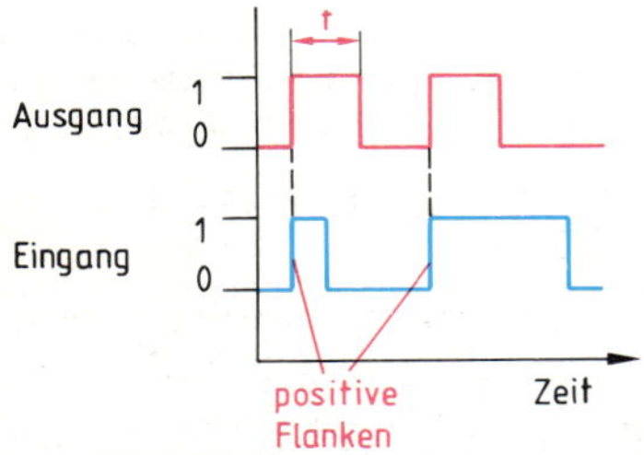

Funktionsdiagramm des monostabilen Kippgliedes

Einen Signalwechsel von „0" nach „1" nennt man „positive Flanke". Entsprechend nennt man den Signalwechsel von „1" nach „0" „negative Flanke."

Zum Setzen eines monostabilen Kippgliedes ist also eine positive Flanke am Setzeingang erforderlich. Die Dauer des Setzsignals ist unerheblich. Der Ausgang bleibt bei einem kurzen Setzimpuls ebenso lange gesetzt, wie bei einem sehr lang andauernden Setzsignal. Der Ausgang wird nach Ablauf der eingestellten Zeit zurückgesetzt, selbst wenn das Setzsignal weiterhin den Zustand „1" hat.

Das monostabile Kippglied wird durch eine positive Flanke am Setzeingang gestartet. Es setzt sich nach Ablauf einer festgelegten Zeit wieder zurück.

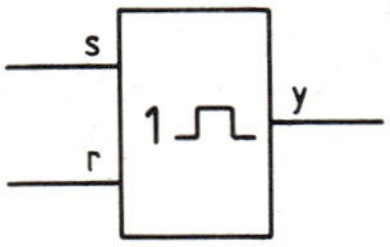

Monostabiles Kippglied mit Rücksetzeingang

Oft werden monostabile Kippglieder mit einem zweiten Eingang, dem **Rücksetzeingang,** versehen. Damit kann der Ausgang eines gesetzten Kippgliedes vor Ablauf der eingestellten Zeit zwangsweise zurückgesetzt werden.

- Zweihand-Sicherheitsschaltung mit Zeitfunktion

Eine wichtige Anwendung von Zeitfunktionen ergibt sich bei der **Zweihand-Sicherheitsschaltung.**

Bei Einsatz dieser Schaltung können sicherheitsgefährdende Arbeitsgänge an einer Maschine nur durchgeführt werden, wenn der Maschinenbediener während des Arbeitsganges **mit beiden Händen auf Handtaster** drückt und somit nicht in die Maschine greifen kann. In der Vergangenheit benutzte man als Zweihand-Sicherheitsschaltung eine einfache UND-Verknüpfung, mit den beiden Handtastersignalen als Eingangssignale. Eine derartig einfache Schaltung ist nach neueren **Unfallverhütungsvorschriften (UVV)** nicht mehr statthaft. Es wird heute eine Schaltung gefordert, mit der überwacht wird, daß die beiden Handtaster annähernd **gleichzeitig** gedrückt werden.

Es muß also eine Schaltung verwirklicht werden, bei der das Ausgangssignal den Zustand „1" annimmt, wenn die beiden Eingangssignale fast gleichzeitig eine positive Flanke haben und weiterhin den Zustand „1" führen.

Die nebenstehende Schaltung stellt eine Möglichkeit dar, wie eine Zweihand-Sicherheitsschaltung mit zwei monostabilen Kippgliedern, einem Speicherglied, einem UND-Glied und einem NAND-Glied aufgebaut werden kann. Das Speicherglied, und damit der Ausgang der Schaltung, wird nur dann gesetzt, wenn beide Kippglieder gleichzeitig durchgeschaltet sind. Die Kippglieder sind so eingestellt, daß sie jeweils nur für ca. 0,5 Sekunden gesetzt werden. Daher müssen die positiven Flanken an den Eingängen der Kippglieder innerhalb von 0,5 Sekunden, also fast gleichzeitig, vorliegen.

Wenn einer der beiden Eingänge ein „0"-Signal führt (Loslassen eines Handtasters) wird der Rücksetzeingang des Speichergliedes aktiviert und der Ausgang der Schaltung auf „0" gesetzt.

Maschine mit Zweihandbedienung

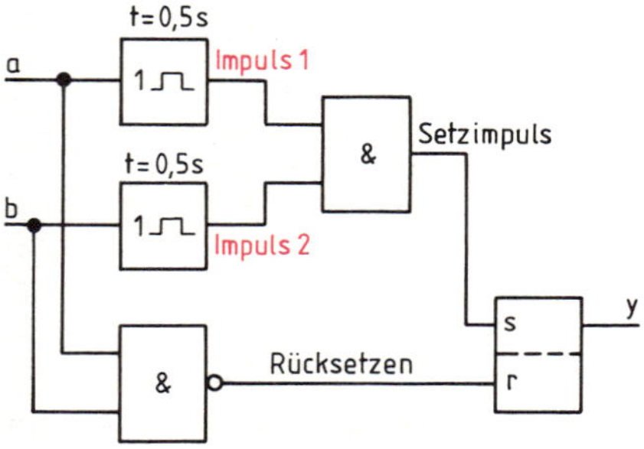

Zweihand-Sicherheitsschaltung mit Zeitüberwachung

6.6.2 Funktionspläne von Ablaufsteuerungen

Das Aufstellen eines Funktionsplanes ist der entscheidende Schritt bei der planmäßigen Lösung einer Steuerungsaufgabe. Wenn ein Funktionsplan erstellt worden ist, können leicht Schaltpläne für verschiedene Gerätetechniken abgeleitet werden.

Meistens gibt es **mehrere Lösungen für eine Steuerungsaufgabe.** Sie können unterschiedliche Vor- und Nachteile aufweisen.

Vorteile einzelner Lösungen können sein:
- Verwendung von möglichst wenigen Gliedern
- Verwendung von möglichst einheitlichen Gliedern z. B. nur UND-, ODER-Bausteine mit zwei Eingängen)
- Möglichst wenige hintereinandergeschaltete Glieder, um die Signalübertragungszeit kurz zu halten
- Möglichst übersichtlicher Schaltungsaufbau
- Gewährleistung von größtmöglicher Sicherheit.

Der Entwurf von Verknüpfungssteuerungen ist normalerweise einfacher als der Entwurf von Ablaufsteuerungen. Reine Verknüpfungssteuerungen sind aber in der Industrie relativ selten. Meistens müssen Steuerungen als **Ablaufsteuerungen** aufgebaut werden. Um größte Betriebssicherheit zu erreichen und um unnötige Wartezeiten zu vermeiden, bevorzugt man **prozeßabhängige Ablaufsteuerungen.**

Bei prozeßabhängigen Ablaufsteuerungen benutzt man Meldesignale aus der gesteuerten Anlage, um Arbeitsschritte genau aufeinanderfolgend zu starten.

Merkmale von guten Steuerungen:
- Einfachheit
- Einheitlichkeit
- Schnelligkeit
- Übersichtlichkeit
- Funktionssicherheit

Ablaufsteuerung mit Ablaufkette

An einer hydraulischen Presse sollen zwei Hydraulikzylinder (Antriebe für „Stempel“ und „Niederhalter“) nacheinander ausfahren und gleichzeitig wieder einfahren. Zu jedem Schritt dieser Folge von drei Schritten kann bestimmt werden, welche Schaltstellungen die Hydraulikventile einnehmen müssen:

1. Schritt: Ausgang a1 gesetzt, Ventil 1 angesteuert, Zylinder 1 fährt aus.
   Ausgang a2 nicht gesetzt, Ventil 2 nicht angesteuert, Zylinder 2 bleibt in hinterer Endlage.
2. Schritt: Ausgang a1 gesetzt, Ventil 1 bleibt angesteuert, Zylinder 1 bleibt an vorderer Endlage.
   Ausgang a2 gesetzt, Ventil 2 wird angesteuert, Zylinder 2 fährt aus.
3. Schritt: Ausgang a1 nicht gesetzt, Ventil 1 nicht angesteuert, Zylinder 1 fährt ein.
   Ausgang a2 nicht gesetzt, Ventil 2 nicht angesteuert, Zylinder 2 fährt ein.

Das Steuerungsproblem kann gelöst werden, wenn drei Signale s1, s2 und s3 vorliegen, die den jeweils vorliegenden Schritt kennzeichnen. Mit diesen drei Hilfssignalen kann eine sehr einfache Verknüpfungsschaltung für die Ausgänge a1 und a2 aufgebaut werden. Die Verknüpfungen legen fest, in welchen Ablaufschritten die Ventile betätigt werden.

- Verknüpfungsschaltung für die Ausgänge

Der Ausgang a1 soll in den ersten beiden Ablaufschritten den Zustand „1“ haben, d. h. der Ausgang soll aktiv sein, wenn die Signale s1 oder s2 den Zustand „1“ haben. Die Signale s1 und s2 können also über ein ODER-Glied miteinander verknüpft werden.

Der Ausgang a2 soll nur im zweiten Ablaufschritt den Zustand „1“ annehmen. Das Signal s2 kann also direkt als Ausgangssignal a2 verwendet werden.

- Verriegelungen und Freigaben

Die vorliegende Verknüpfungsschaltung für die Ausgänge kann verbessert werden, um die Sicherheit der Steuerung zu erhöhen.
Dazu erweitert man die Schaltung so, daß alle drei Signale s1, s2, s3 für beide Zylinder ausgewertet werden. Es wird nicht nur festgelegt, wann die Zylinder ausfahren sollen, sondern es wird zusätzlich noch bestimmt, wann die Zylinder nicht ausfahren dürfen. Man erhält die **UND-Normalform.** Damit wird die Steuerung sehr sicher. Wenn z. B. durch einen Fehler gleichzeitig die Signale s1 und s2 vorliegen, fährt der Zylinder Z2 nicht aus. Dadurch kann unter Umständen eine Kollision verhindert werden.

Ein Signal, das einen Ausgang sperrt, wenn es den Wert „1“ hat, nennt man Verriegelungssignal.
Eine Schaltung, die Verriegelungssignale benutzt, heißt Verriegelungsschaltung oder kurz **Verriegelung**.

Das Gegenteil der Verriegelung ist die **Freigabe**. Ein „Freigabesignal“ sperrt einen Ausgang, solange es den Wert „0“ hat.

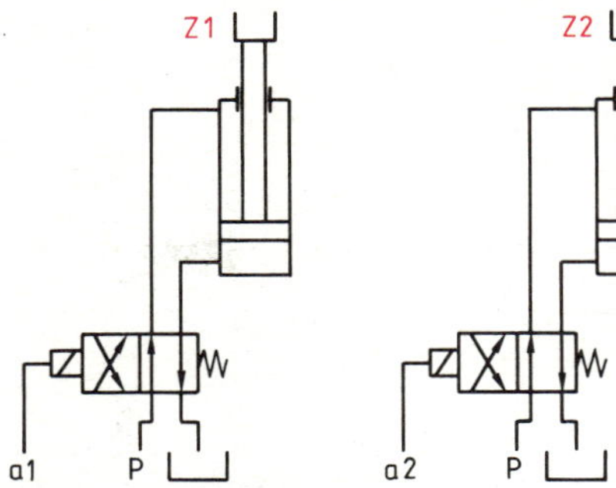

Antriebe für Hydraulikpresse

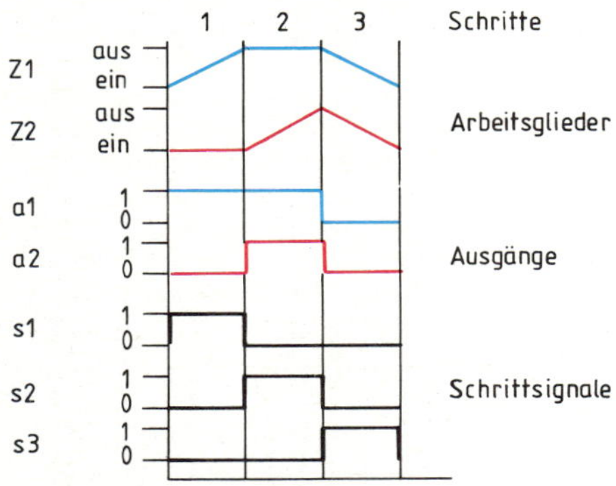

Funktionsdiagramm für Hydraulikpresse

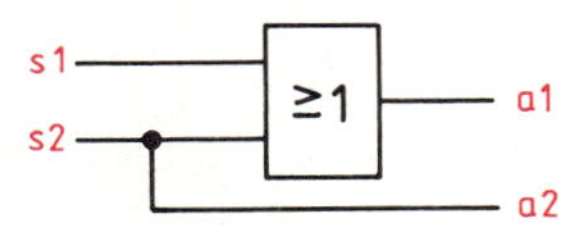

Einfache Verknüpfung zur Erzeugung der Ausgangssignale

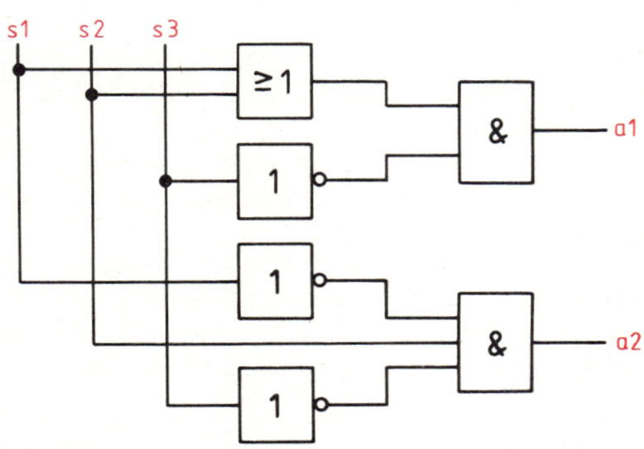

Verbesserte Verknüpfung zur Erzeugung der Ausgangssignale (UND-Normalform)

Verriegelung: Ein Ausgang wird solange blockiert, wie ein Verriegelungssignal den Zustand „1“ hat.

Freigabe: Ein Ausgang wird solange blockiert, wie ein Freigabesignal den Wert „0“ hat.

Verriegelungen und Freigaben dienen vor allem zur **Sicherheit einer Steuerung.** Man kan z. B. über Verriegelungen Ausgänge blockieren, wenn Signale vorliegen, die eine Störung in einem Teil einer Anlage melden.

Die zur UND-Normalform erweiterte Schaltung zur Ansteuerung der Hydraulikventile wertet die Schrittsignale s1 bis s3 teilweise als Freigabesignale und teilweise als Verriegelungssignale aus.

- Erzeugung der Schrittsignale

Bevor Schrittsignale für Ausgangsverknüpfungen ausgewertet werden können, müssen sie erzeugt werden. Dazu ist eine Schaltung erforderlich, die man **Schrittschaltwerk** oder **Ablaufkette** nennt.

Eine Ablaufkette hat Eingangssignale und Ausgangssignale. Die Ausgangssignale sind die Schrittsignale s. Die Eingangssignale sind die **Weiterschaltsignale r.** Eine Ablaufkette für eine Ablaufsteuerung mit drei Schritten hat drei Weiterschaltsignale r1, r2, r3 und 3 Ausgangssignale s1, s2, s3.
Wenn das Signal r1 den Zustand „1" hat, wird der Ausgang s1 gesetzt. Das Weiterschaltsignal r2 setzt den Ausgang s2 und das Weiterschaltsignal r3 den Ausgang s3.
Dabei setzen sich die Ausgänge gegenseitig zurück, so daß immer nur ein Ausgangssignal s den Zustand „1" hat. Die Weiterschaltsignale brauchen nur als Impulse vorzuliegen, um den jeweiligen Ausgang s zu setzen.

Der nebenstehend abgebildete Schaltplan zeigt eine pneumatische Schaltung, mit der eine Ablaufkette für drei Schritte verwirklicht werden kann. Dazu werden drei Impulsventile miteinander verbunden.
Ein „1"-Impuls am Eingang r1 schaltet das erste Impulsventil durch und verbindet die Leitung s1 mit der Druckleitung.
Sobald das Weiterschaltsignal r2 vorliegt, schaltet das zweite Impulsventil durch. Durch Rückführung des Signals s2 wird dabei das erste Ventil wieder zurückgesetzt.
Entsprechend wird bei Vorlage des Weiterschaltsignals r3 das dritte Impulsventil durchgeschaltet und das zweite Ventil zurückgeschaltet.
Wenn das Signal r1 wieder vorliegt, wird das dritte Impulsventil zurückgsetzt und die Schrittfolge beginnt von vorn.

- Erzeugung der Weiterschaltsignale

Die Weiterschaltsignale r werden durch Meldesignale aus der gesteuerten Anlage erzeugt (Prozeßrückmeldungen). Für die angesprochene Steuerung der Hydraulikpresse müssen die Zylinder mit Signalgebern versehen werden, die ein Meldesignal geben, wenn sich ein Zylinder an einer Endlage befindet. Als **„Endlagenschalter"** können – abhängig von der für die Steuerung gewählten Gerätetechnik – elektrische Grenztaster, Näherungsschalter oder hydraulische bzw. pneumatische Ventile mit Rollenbetätigung eingesetzt werden.

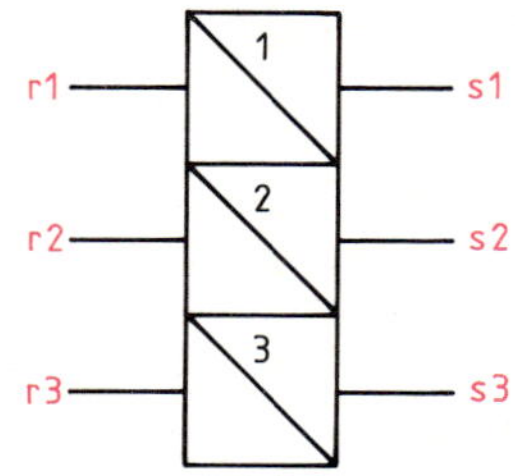

Schaltzeichen einer Ablaufkette (vereinfachte Darstellung)

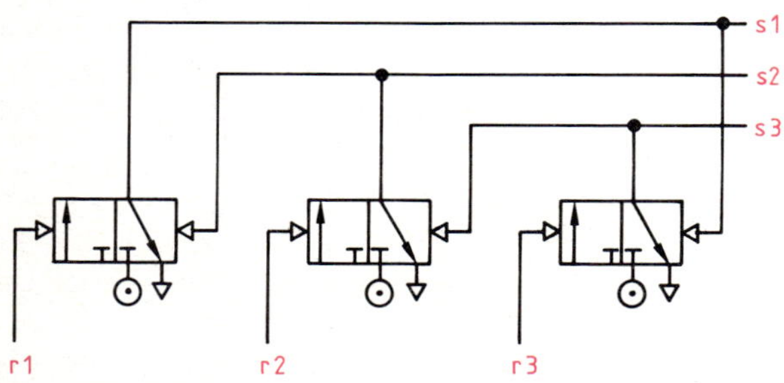

Pneumatisch verwirklichte Ablaufkette

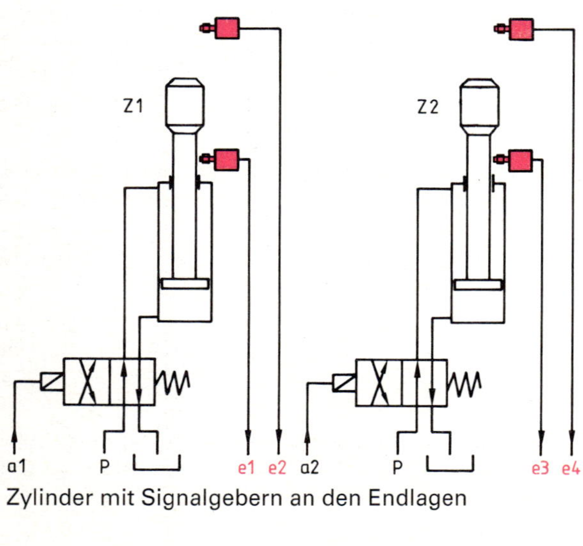

Zylinder mit Signalgebern an den Endlagen

Ein Endlagenschalter meldet, daß Zylinder Z1 eingefahren ist und erzeugt das Signal e1.
Ein Endlagenschalter meldet, daß Zylinder Z1 ausgefahren ist und erzeugt das Signal e2.
Ein Endlagenschalter meldet, daß Zylinder Z2 eingefahren ist und erzeugt das Signal e3.
Ein Endlagenschalter meldet, daß Zylinder Z2 ausgefahren ist und erzeugt das Signal e4.

Aus den Endlagenschaltersignalen e1 bis e4 werden durch Verknüpfung die Weiterschaltsignale r1 bis r3 erzeugt.

Wenn der Zylinder Z1 ausgefahren und der Zylinder Z2 noch eingefahren ist, ist die Weiterschaltbedingung für Schritt 2 erfüllt. Das Weiterschaltsignal r2 kann also durch eine UND-Verknüpfung der Endlagenschaltersignale e2 und e3 erzeugt werden.

Entsprechend kann das Weiterschaltsignal r3 über eine UND-Verknüpfung der Signale e2 und e4 gewonnen werden. Das Weiterschaltsignal r1 ergibt sich aus einer UND-Verknüpfung der Signale e1 und e3.

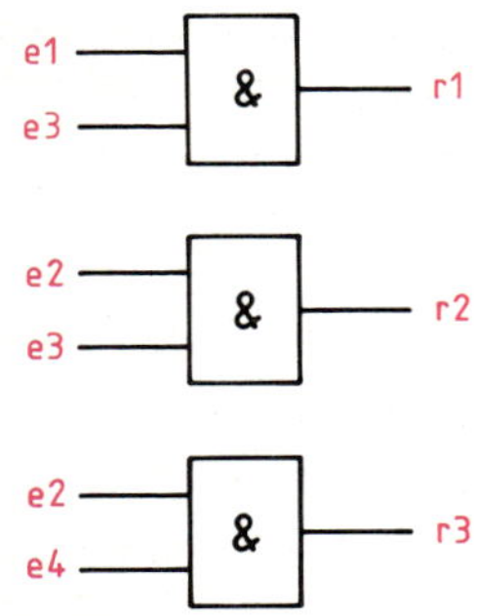

Einfache Verknüpfung zur Erzeugung der Weiterschaltsignale für Hydraulikpresse (ohne Verriegelungen)

- Schema für Ablaufsteuerungen mit Ablaufkette

Ablaufsteuerungen können durch Ablaufketten in Verbindung mit Verknüpfungsgliedern verwirklicht werden:

– Aus den Eingangssignalen e werden über eine Verknüpfung die Weiterschaltsignale r erzeugt.

– Die Weiterschaltsignale r erzeugen über die Ablaufkette die Schrittsignale s.

– Die Schrittsignale s werden dazu benutzt, um über eine Verknüpfung die Ausgangssignale a zu erzeugen.

Ablaufsteuerungen mit Ablaufketten sind recht übersichtlich, weil sie **nach einem einheitlichen Schema** aufgebaut sind. Allerdings ist der **Geräteaufwand relativ groß.** Daher versucht man oft, Ablaufsteuerungen ohne Ablaufketten aufzubauen.

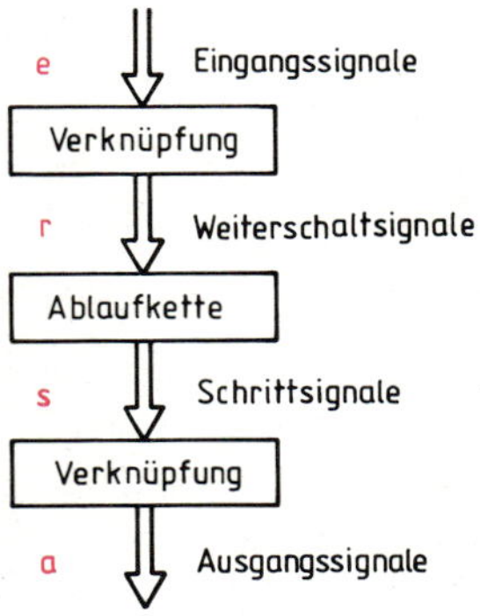

Schema einer Ablaufsteuerung mit Ablaufkette

Ablaufsteuerung ohne Ablaufkette

Es gibt kein festes Schema für den Aufbau einer Ablaufsteuerung ohne Ablaufkette. Daher können nur einige Empfehlungen gegeben werden, wie man rasch zu einer günstigen Schaltung gelangen kann.

– Man notiere alle Eingabesignale und alle Ausgabesignale. Man gebe den Signalen Bezeichnungen.

– Man benutze ein Funktionsdiagramm und trage alle wichtigen Signale ein. Dazu muß das Diagramm um weitere Zeilen ergänzt werden.

– Man führe Zwischensignale ein und gebe diesen Zwischensignalen Bezeichnungen.

– Man versuche erst einmal eine möglichst einfache funktionsfähige Schaltung aufzubauen. Auf komplizierte Sicherheitsverriegelungen sollte man zunächst verzichten. Eine funktionsfähige Schaltung kann nachträglich immer noch verbessert werden.

– Man zerlege das Gesamtsystem in Subsysteme. Meistens können die Steuerungen für die einzelnen Subsysteme weitgehend unabhängig voneinander entworfen werden.

Planung einer Ablaufsteuerung:

– Signale bezeichnen
– Funktionsdiagramm anlegen
– Zwischensignale verwenden
– zunächst einfache Schaltung entwerfen
– einzelne Subsysteme betrachten

Diese Vorgehensweise soll nun beim Entwurf einer Steuerung für die Einprägeeinrichtung aus Abschnitt 6.2 erprobt werden.

- Ein- und Ausgänge notieren und bezeichnen

Handeingabesignale:

„LINKE HAND“	Handtaster für linke Hand
„RECHTE HAND“	Handtaster für rechte Hand

Prozeßrückmeldungen:

„Z1 OBEN“	Endlage Zylinder 1.0 eingefahren
„Z1 UNTEN“	Endlage Zylinder 1.0 ausgefahren
„Z2 HINTEN“	Endlage Zylinder 2.0 eingefahren
„Z2 VORN“	Endlage Zylinder 2.0 ausgefahren

Ausgabesignale:

„Z1 AUS“	Zylinder 1.0 ausfahren
„Z2 AUS“	Zylinder 2.0 ausfahren

- Funktionsdiagramm

Die genannten Signale werden in das Funktionsdiagramm eingetragen. Die Meldesignale an den Zylinderendlagen treten teilweise nur als Impulse auf.

- Zwischensignale

Zwischensignale werden beim Entwurf einer Steuerung nach und nach eingeführt.

- Vereinfachung der Schaltung

Um den ersten Entwurf einfach zu gestalten, wird zunächst darauf verzichtet, eine Zweihandsicherheitsschaltung nach Unfallverhütungsvorschrift aufzubauen. Bei der endgültigen Verwirklichung der Steuerung muß dann aber unbedingt eine Zweihandsicherheitschaltung nach UVV vorgesehen werden.

- Zerlegung in Subsysteme

Das vorliegende System kann in die Subsysteme „Zylinder 1.0“ und „Zylinder 2.0“ zerlegt werden.

Der **Stempelzylinder 1.0** soll unter folgenden Bedingungen ausfahren:

– Beide Handtaster gedrückt

– Zylinder 2.0 ganz eingefahren

Solange diese Bedingungen nicht gleichzeitig erfüllt sind, soll der Zylinder 1.0 eingefahren bleiben.

Für die Steuerung des Zylinders 1.0 kann ein UND-Glied mit den drei Eingängen „LINKE HAND“, „RECHTE HAND“ und „Z2 HINTEN“ verwendet werden.

Da z. B. in der Pneumatik UND-Glieder mit drei Eingängen nicht üblich sind, wird der Funktionsplan für Zylinder 1.0 so abgeändert, daß nur Funktionsglieder mit 2 Eingängen auftreten. Dazu werden die Signale „LINKE HAND“ und „RECHTE HAND“ über ein UND-Glied zu dem Zwischensignal „START“ zusammengefaßt und über ein zweites UND-Glied mit dem Signal „Z2 HINTEN“ verknüpft. Das UND-Glied zur Erzeugung des Signals „START“ kann später durch eine Zweihandsicherheitsschaltung ersetzt werden.

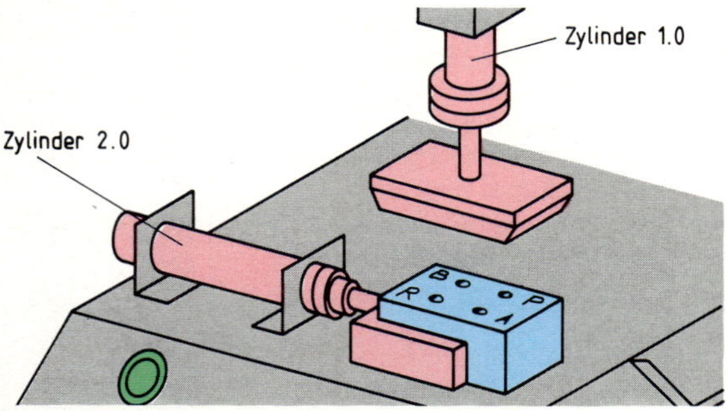

Technologieschema der Einprägeeinrichtung

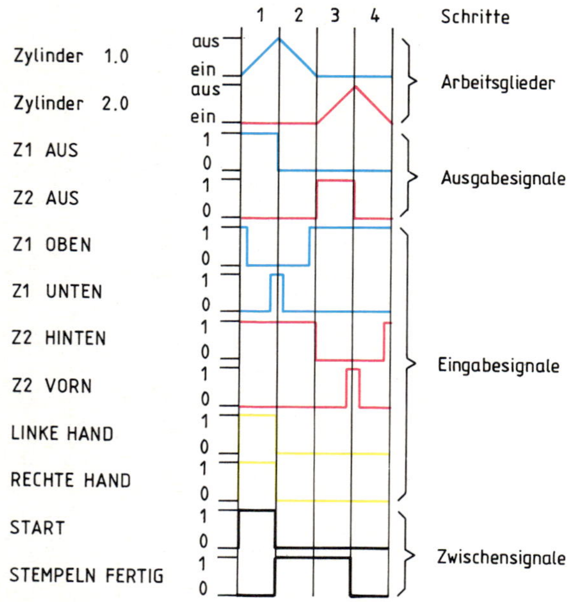

Funktionsdiagramm für Einprägeeinrichtung (ohne Signallinien)

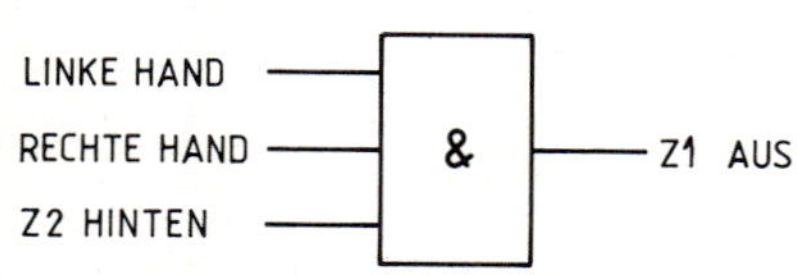

Steuerung für Zylinder 1.0

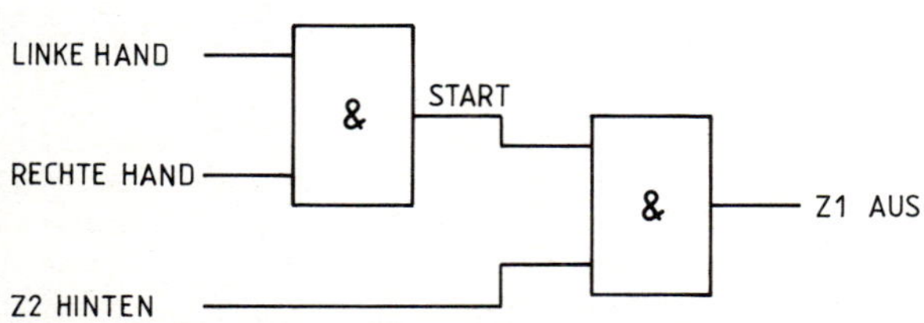

Funktionsplan: Steuerung für Zylinder 1.0 mit zwei UND-Gliedern

Der **Auswerferzylinder 2.0** soll ausfahren und das gestempelte Teil wegschieben, wenn der Einprägevorgang beendet ist. Dies ist der Fall, wenn der Zylinder 1.0 unten war und wieder seine obere Endstellung erreicht hat. Für die Steuerung von Zylinder 2.0 müssen also zwei Ereignisse erkannt werden, die nacheinander eintreten, nämlich das Ereignis „Zylinder 1.0 ist unten" und das Ereignis „Zylinder 1.0 ist wieder oben".
Das kurze Ereignis „Zylinder 1.0 unten" muß durch ein Signal gespeichert werden.
Dazu wird das Zwischensignal „STEMPELN FERTIG" eingeführt. Dieses Signal wird auf „1" gesetzt, wenn der Zylinder 1.0 unten ist. Es wird auf „0" zurückgesetzt, wenn der Zylinder 2.0 das gestempelte Teil auswirft, also wenn der Zylinder 2.0 ausgefahren ist. Das Zwischensignal „STEMPELN FERTIG" ist ein sogenanntes „Vorbereitungssignal.

Vorbereitungssignale sind wichtige Zwischensignale für Ablaufsteuerungen ohne Ablaufkette. Sie speichern Ereignisse und bieten eine Information über den aktuellen Stand innerhalb einer Arbeitsabfolge.

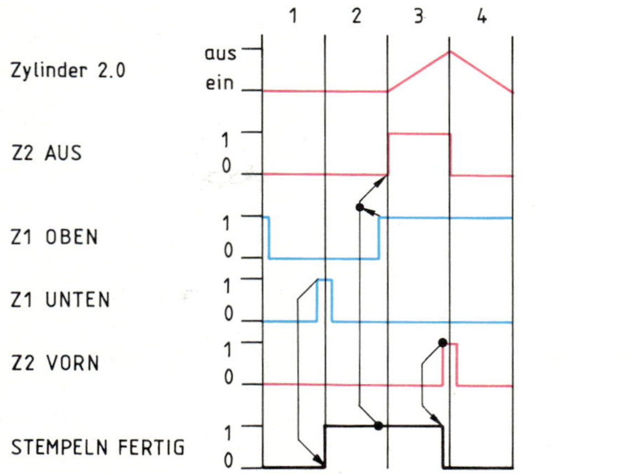

Funktionsdiagramm mit wichtigen Steuersignalen für Zylinder 2.0 (mit Signallinien)

Das Vorbereitungssignal „STEMPELN FERTIG" wird in das Funktionsdiagramm eingetragen. Aus dem Funktionsdiagramm läßt sich jetzt erkennen, daß der Zylinder 2.0 gerade dann ausfahren soll, wenn gleichzeitig die Signale „STEMPELN FERTIG" und „Z1 OBEN" den Zustand „1" haben.
Die Steuerung des Zylinders 2.0 kann also durch ein Speicherglied und ein UND-Glied erfolgen.
Das Speicherglied erzeugt das Vorbereitungssignal „STEMPELN FERTIG". Das Signal „Z1 OBEN" ist ein Freigabesignal. Solange dieses Signal nicht den Zustand „1" hat, besteht Kollisionsgefahr und der Zylinder 2.0 darf nicht ausfahren.
Über das UND-Glied werden Vorbereitungssignal und Freigabesignal miteinander verknüpft.

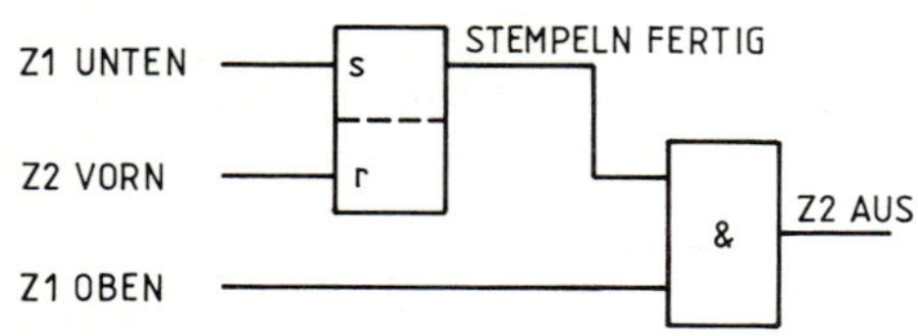

Steuerung für Zylinder 2.0

Aufgaben zur Wiederholung und Vertiefung

1. Stellen Sie die Funktionstabelle für nebenstehende Schaltung auf (Antivalenzglied).
Beschreiben Sie mit Worten, wann der Ausgang den Zustand „1" hat.

2. Entwickeln Sie den Funktionsplan für eine Ablaufkette mit drei Schritten, die aus drei einzelnen Speichergliedern aufgebaut ist (Orientieren Sie sich an der vorgestellten pneumatischen Schaltung).
Wie verhält sich Ihre Schaltung, wenn gleichzeitig zwei Weiterschaltsignale den Zustand „1" haben?
Sollte man für ihre Ablaufkette Speicherglieder mit Vorrang für das Setzen oder für das Rücksetzen bevorzugen?
Wichtig: Es soll zu einem Zeitpunkt immer nur ein Schrittsignal an den Ausgängen den Zustand „1" haben!

3. Sie sehen nebenstehend einen Funktionsplan mit einem monostabilen Kippglied. Erklären Sie die Schaltung. Ergänzen Sie dazu das vorbereitete Funktionsdiagramm.

Diese Schaltung wird als fertiges Zeitglied angeboten. Suchen Sie eine passende Bezeichnung.

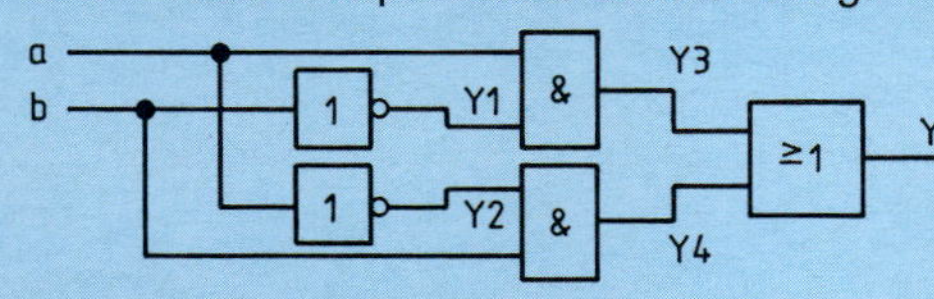

Schaltung für Antivalenzglied

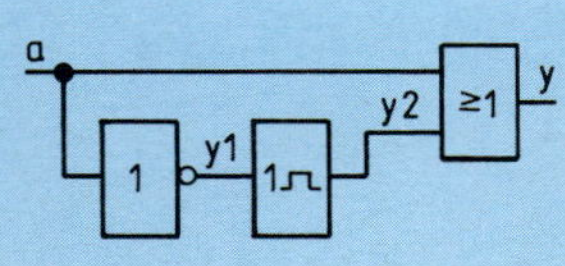

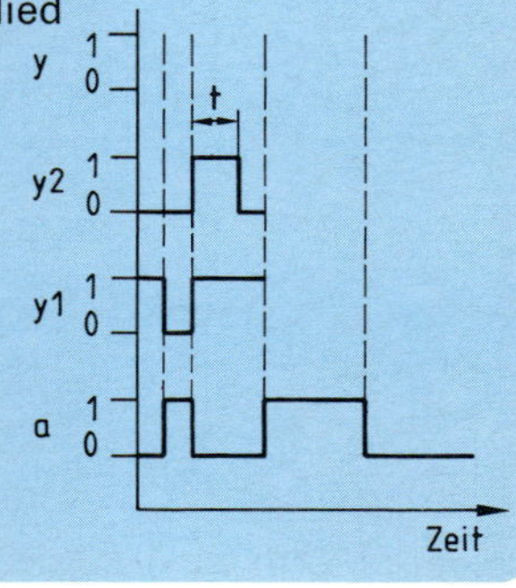

6.7 Gerätetechnische Verwirklichung einer Steuerung

Wenn das Programm einer Steuerung in Form eines Funktionsplanes vorliegt, kann die Steuerung gerätetechnisch verwirklicht werden.

Dazu muß man sich für eine Gerätetechnik entscheiden. Diese Entscheidung ist oft nicht leicht, da verschiedene Argumente für unterschiedliche Techniken sprechen:

– Es spart oft Kosten, wenn man die Technik der Signalverarbeitung an die Technik der Arbeitsglieder anpaßt. Das bedeutet z. B., daß man bei Einsatz von Pneumatikzylindern auch pneumatische Verarbeitungsgeräte wählen sollte. Man benötigt dann nur **eine** Energieversorgungseinheit.
– SPS als Signalverarbeitungsgeräte bieten den Vorteil, daß Programmverbesserungen noch bei der Inbetriebnahme schnell und problemlos durchgeführt werden können.

Heute gilt die Regel, daß kleinere Steuerungen (für höchstens 10 Arbeitsglieder) noch wirtschaftlich rein pneumatisch, rein hydraulisch oder in Relaistechnik verwirklicht werden können. Für umfangreichere Steuerungen oder für Steuerungen mit komplizierten Arbeitsabläufen sollten Geräte mit Mikroprozessoren (z. B. SPS) vorgesehen werden.

Für die Steuerung der Einprägeeinrichtung werden nachfolgend Lösungen in drei verschiedenen Gerätetechniken vorgestellt. Grundlage ist immer der nebenstehende Funktionsplan, der in Abschnitt 6.4.2 entwickelt wurde.

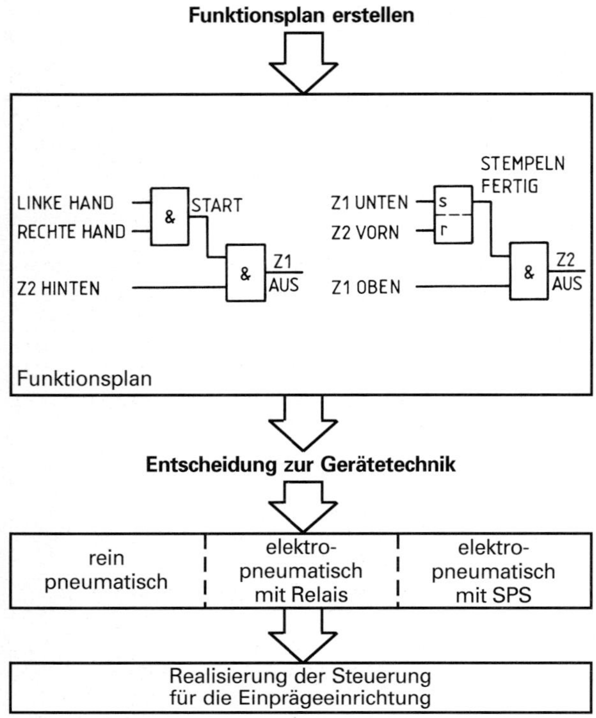

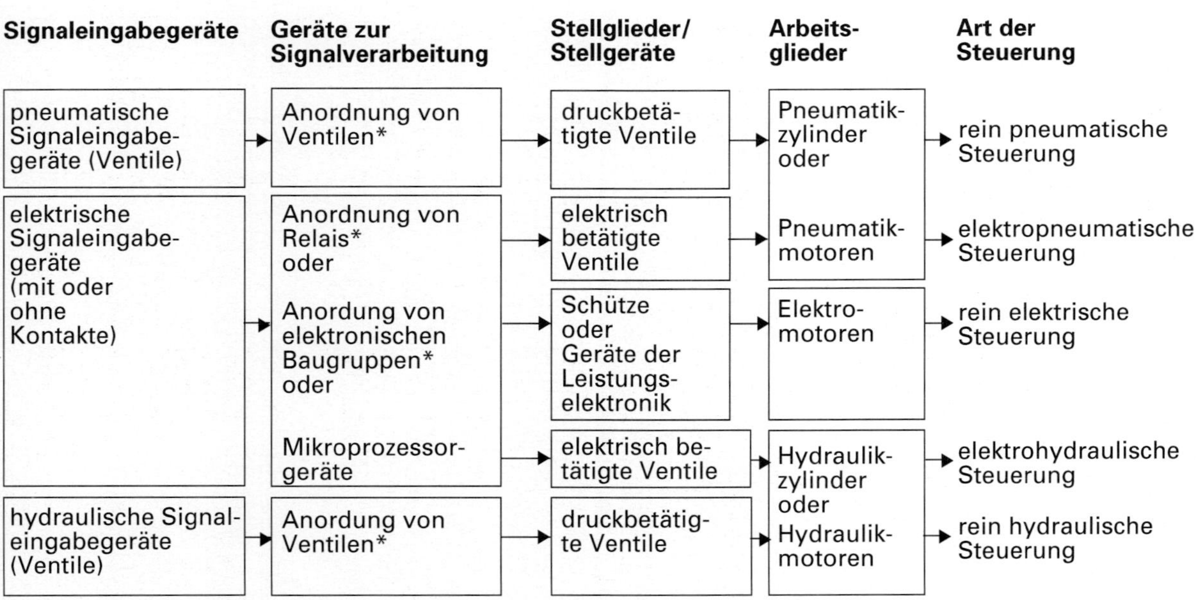

* Anordnung gemäß Programm

Schema zur Gerätetechnik von Steuerungen

6.7.1 Pneumatische Steuerung

Arbeitsglieder
Die Arbeitsglieder sind Pneumatikzylinder. Als Stempelzylinder 1.0 wird ein einfachwirkender Zylinder mit Federrückstellung eingesetzt. Die Feder sorgt dafür, daß der Zylinder bei Druckabschaltung einfährt. Als Auswerferzylinder 2.0 wird ein doppeltwirkender Zylinder verwendet.

Stellglieder
Als Stellglieder für die Zylinder dienen druckbetätigte Wegeventile. Ein 3/2-Wegeventil kann Zylinder 1.0 mit Druck beaufschlagen und über ein 4/2-Wegeventil kann Zylinder 2.0 in beide Richtungen verstellt werden. Diese Wegeventile bilden zusammen mit den Zylindern den **Energieteil der Einprägeeinrichtung,** denn hier wird pneumatische Energie in Bewegungsenergie umgesetzt.

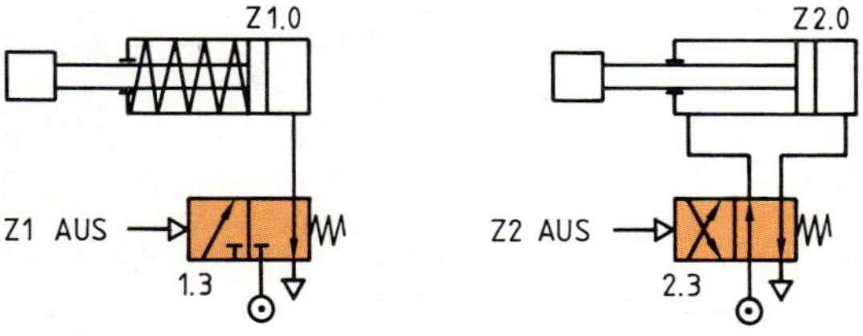

Energieteil der Einprägeeinrichtung

Eingabegeräte
Zum Starten des Einprägevorgangs sind zwei handbetätigte Ventile vorgesehen, die die Drucksignale „LINKE HAND" und „RECHTE HAND" erzeugen.

Zur Meldung der Endlagen werden Ventile mit Rollenbetätigung an den Zylindern angebracht. Um den Schaltplan übersichtlich zu halten, werden diese Ventile nicht an ihren Einbauorten an den Zylindern eingezeichnet, sondern an beliebiger Stelle im Schaltplan. Die Einbauorte der Endlagenmeldeventile werden mit den Nummern der betreffenden Ventile gekennzeichnet.

Baueinheiten zur Signalverarbeitung
Für die UND-Verknüpfungen werden pneumatische UND-Elemente verwendet, wobei das UND-Glied zur Verknüpfung der Eingangssignale „LINKE HAND" und „RECHTE HAND" durch einen sogenannten **„Zweihand-Steuerblock"** verwirklicht werden sollte. Derartige Steuerblöcke erfüllen die Anforderungen der Unfallverhütungsvorschrift und stehen als fertige Baueinheiten zur Verfügung.

Das Speicherglied zur Erzeugung des Vorbereitungssignals „STEMPELN FERTIG" wird durch ein 3/2-Wege-Impulsventil gebildet.

NOT-AUS-Schalter
Die Schaltung muß aus Sicherheitsgründen noch um einen NOT-AUS-Schalter und um einen ANLAGE-EIN-Schalter erweitert werden. Es empfiehlt sich folgende Ergänzung: Das handbetätigte ANLAGE-EIN-Ventil schaltet die gesamte Druckversorgung ein bzw. aus. Das NOT-AUS-Ventil trennt nur die Druckversorgung vom Energieteil.

Nach Betätigung des NOT-AUS-Ventils werden die Zylinder drucklos geschaltet. Die Ventile zur Signaleingabe und -verarbeitung bleiben weiterhin mit Druck versorgt.

NOT-AUS-Schalter sollen nur auf Ausgänge einwirken. Die Signalverarbeitung soll auch nach Betätigung eines NOT-AUS-Schalters fortgesetzt werden.

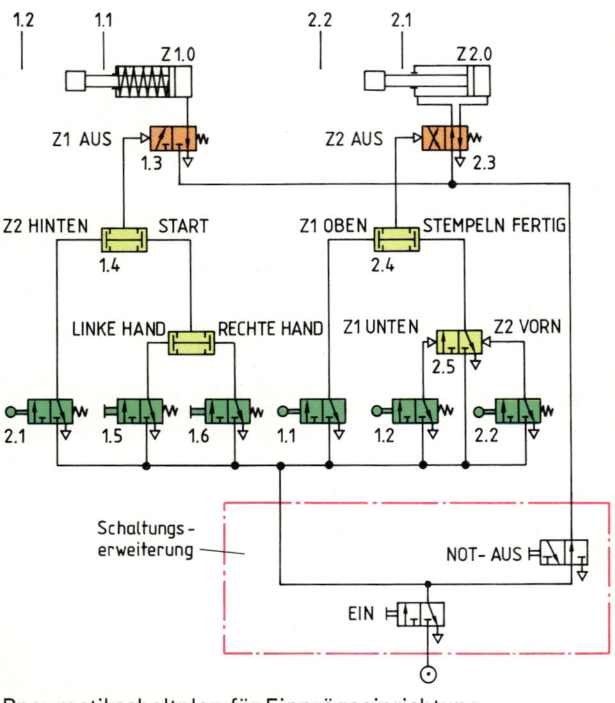

Pneumatikschaltplan für Einprägeeinrichtung

6.7.2 Relaissteuerung

Bei elektrischer Signalverarbeitung müssen elektrisch betätigte Wegeventile als Stellgeräte verwendet werden. Außerdem müssen die Zylinder mit elektrischen Endlagenschaltern versehen werden.

Direkte Steuerung

Falls Grenztaster benutzt werden, die mit relativ großen Strömen belastet werden können, kann eine einfache, direkte Steuerung aufgebaut werden.
Es ist nur ein Relais erforderlich, um das Signal „STEMPELN FERTIG“ zu speichern. Das Relais wird in Selbsthalteschaltung betrieben und muß über zwei Arbeitskontakte verfügen.
Die erforderlichen UND-Verknüpfungen werden durch Reihenschaltung von Kontakten verwirklicht.
Es muß beachtet werden, daß der Kontakt S2.2 (Z2 VORN) ein Öffner ist. Für alle anderen Kontakte müssen Schließer verwendet werden.

Bei der direkten Steuerung müssen alle Kontakte die relativ hohen Ströme aushalten können, die zur Betätigung der Ventilmagnete erforderlich sind (bis zu zwei Ampere).
Näherungsschalter können daher für eine derartig einfache Schaltung nicht verwendet werden, da sie nur für kleinere Ströme (ca. 0.1 Ampere) ausgelegt sind.

- NOT-AUS-Funktion und EIN/AUS-Funktion

Für die NOT-AUS-Funktion kann das Konzept der pneumatischen Steuereinrichtung übernommen werden, d. h. die Zylinder können mit einem pneumatischen NOT-AUS-Ventil drucklos geschaltet werden, ohne daß die Signalverarbeitung unterbrochen wird.

Die Einprägeeinrichtung wird über einen elektrischen „ANLAGE EIN“-Schalter in Betrieb gesetzt, indem erstens die Relaissteuerung mit Spannung versorgt wird, und zweitens über das Ventil „DRUCK EIN“ die Druckversorgung aktiviert wird.

- Aufbau des Schaltplans

Der Schaltplan besteht aus einem pneumatischen und einem elektrischen Teil. Im pneumatischen Teil wird die Lage der Endschalter markiert und es werden die Ventilmagnete gekennzeichnet, so daß ein Bezug zum elektrischen Teil hergestellt wird.

Indirekte Steuerung

Um die Kontakte der Signalgeber weniger zu belasten, kann man die vorliegende Schaltung erweitern. Die Kontakte der Endlagenschalter und der Handschalter werden nicht direkt zur Verknüpfung verwendet, sondern dienen nur zur Betätigung von sogenannten **Koppelrelais.**

Koppelrelais geben Signalzustände unverändert weiter. Sie können durch kleine Ströme betätigt werden und belasten somit Signalgeber nur wenig. Ihre Kontakte sind für relativ große Ströme geeignet und können z. B. zum Schalten von Magnetventilen dienen.

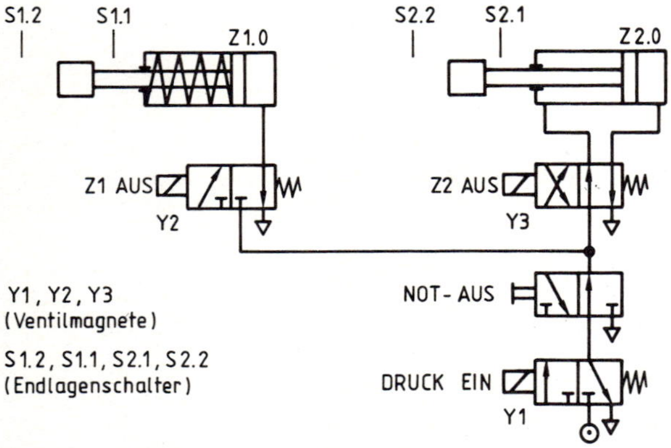

Schaltplan für elektropneumatische Steuerung der Einprägeeinrichtung (Pneumatikteil)

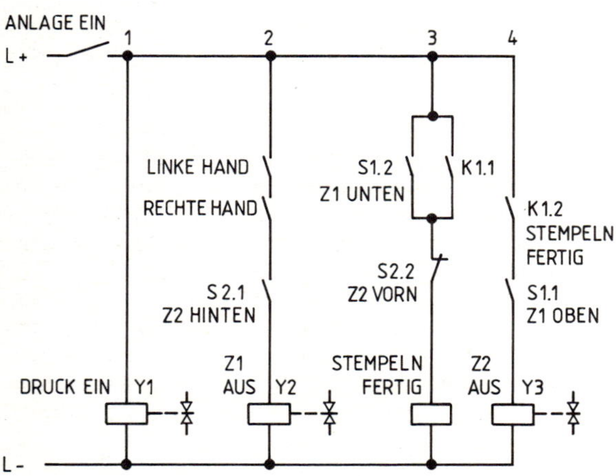

Elektrischer Teil des Schaltplans für elektro-pneumatische Steuerung (direkte Relaissteuerung)

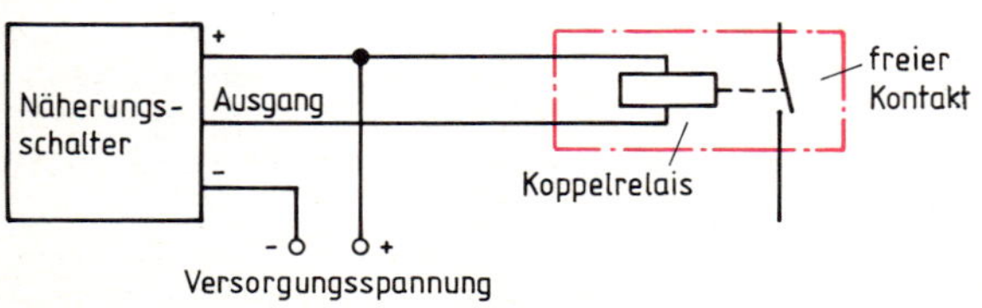

Entkopplung eines Näherungsschalters (NPN-Typ) durch Koppelrelais

Aus der einfachen direkten Steuerung wird eine **indirekte Steuerung,** wenn alle Signaleingabeglieder über Relais **entkoppelt** werden. Die Kontakte der Koppelrelais werden nach dem Schema der direkten Steuerung verbunden. Bei einer indirekten Steuerung können auch Näherungsschalter als Endlagenschalter verwendet werden. Außerdem läßt sich durch Hinzufügen von sogenannten **Zeitrelais** die Anforderung der UVV bezüglich der Zweihand-Sicherheitsschaltung erfüllen.

6.7.3 Steuerung mit SPS

Verdrahtung

Der Pneumatikteil und die Signalgeber können bei Einsatz einer SPS genauso gestaltet sein, wie bei einer Relaissteuerung.

- Verdrahtung der Eingänge

Signalgeber werden normalerweise direkt mit den Eingängen einer SPS verbunden, selbst wenn es sich um Näherungsschalter handelt. Koppelrelais können an den Eingängen meistens entfallen, da Signalgeber durch eine SPS nur gering belastet werden. Für die Versorgung der Signalgeber ist eine Hilfsspannung erforderlich. Die Eingänge einer SPS sind, von 0 ausgehend, durchnumeriert und meistens in Gruppen zusammengefaßt (meistens in Gruppen zu 8 oder 16 Eingängen).

- Verdrahtung der Ausgänge

Auch die Ausgänge einer SPS sind durchnumeriert und in Gruppen zusammengefaßt. Bei der Verdrahtung einer SPS muß beachtet werden, daß die SPS-Ausgänge nur **begrenzte Ströme und Spannungen** zulassen. Daher müssen an den Ausgängen oft Koppelrelais eingefügt werden. Viele Stell- und Anzeigegeräte können aber auch direkt mit den Ausgängen einer SPS verbunden werden. Dies gilt meistens auch für pneumatische oder hydraulische Magnetventile. Die Ausgänge einer SPS müssen mit einer Hilfsspannung versorgt werden.

Anschluß eines NOT-AUS-Schalters

SPS werden meistens in Verbindung mit elektrischen NOT-AUS-Schaltern betrieben. Dabei ist unbedingt zu beachten, daß NOT-AUS-Schalterausgänge unmittelbar stromlos schalten können.

Theoretisch wäre es auch möglich, einen NOT-AUS-Schalter als Signalgeber mit einem Eingang einer SPS zu verbinden und im Notfall über das Programm der SPS die Ausgänge auf „0" zu setzen. Eine solche NOT-AUS-Schaltung darf aber keinesfalls verwendet werden, weil immer mit Fehlern in der Signalverarbeitung zu rechnen ist (z. B. durch Programmfehler oder durch Ausfall von Bauteilen). Die Funktion eines NOT-AUS-Schalters muß aber unter allen Umständen gewährleistet sein, weil von ihm die Sicherheit von Menschen abhängen kann.

Steuerung mit SPS

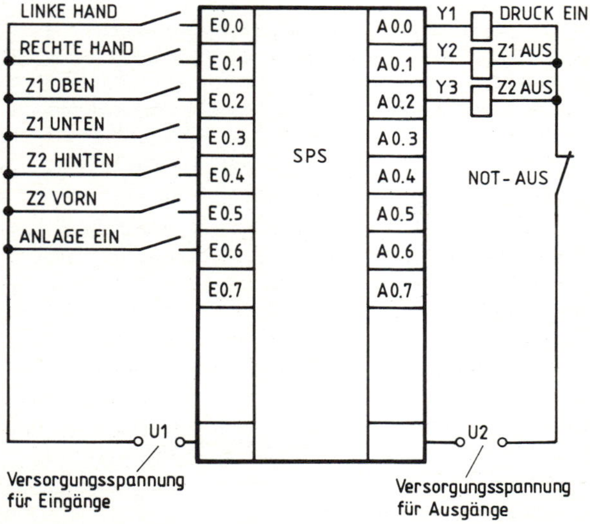

Belegung der Anschlußklemmen einer SPS zur Steuerung der Einprägeeinrichtung

NOT-AUS-Schalter müssen sicherheitsgefährdende Anlagen unmittelbar, zuverlässig und möglichst schnell außer Betrieb setzen können. Dies ist nur möglich, wenn NOT-AUS-Schalter die Ausgänge einer SPS direkt abschalten.

Programmierung

Bei Einsatz einer SPS wird die Steuerung – abgesehen von NOT-AUS – durch ein Programm bestimmt, das im Speicher der SPS abgelegt ist.

Bevor ein Steuerungsprogramm mit einem Programmiergerät eingegeben wird, sollte es bereits als Funktionsplan vorliegen. Bildschirmprogrammiergeräte erlauben heute oft, daß ein Funktionsplan als Grafik in das Programmiergerät eingegeben werden kann, also nur abgezeichnet werden muß.

Üblich ist aber meistens die Eingabe einer Anweisungsliste. Dabei muß der vorliegende Funktionsplan in eine Befehlsfolge übersetzt werden.

Die Befehle für eine Anweisungsliste können bei verschiedenen SPS etwas unterschiedlich sein. Die wichtigsten Befehle sind aber bei allen SPS ähnlich.

Programmierung einer SPS

- Zuordnungsliste

Bevor man mit der eigentlichen Programmierung einer SPS beginnt, stellt man eine sogenannte Zuordnungsliste auf, d. h. man notiert zu den Eingängen, Ausgängen und Merkern der SPS die dazugehörige Signalbezeichnung.

Eingänge:
E0.0= „LINKE HAND"
E0.1= „RECHTE HAND"
E0.2= „Z1 OBEN"
E0.3= „Z1 UNTEN"
E0.4= „Z2 HINTEN"
E0.5= „Z2 VORN"
E0.6= „ANLAGE EIN"

Ausgänge:
A0.0= „DRUCK EIN"
A0.1= „Z1 AUS"
A0.2= „Z2 AUS"

Merker:
M0.0= „STEMPELN FERTIG"

Zuordnungsliste

- Anweisungsliste (AWL)

Ein SPS-Programm mit Anweisungsliste (AWL) besteht meistens aus mehreren Abschnitten, die auch **Netzwerke** genannt werden. Man kann einen Funktionsplan in eine AWL übersetzen, wenn man für alle Glieder, die im Funktionsplan vorkommen, jeweils eigene Netzwerke vorsieht und alle Netzwerke untereinanderschreibt.

Bei der Einprägeeinrichtung kann die Verknüpfung für den Ausgang „Z1 AUS" durch ein UND-Glied mit den drei Eingängen „LINKE HAND", „RECHTE HAND" und „Z2 HINTEN" verwirklicht werden, wenn man zunächst die UVV unberücksichtigt läßt. Gemäß Zuordnungsliste handelt es sich dabei um die Eingänge E0.0, E0.1 und E0.4, sowie um den Ausgang A0.1. In der Anweisungsliste werden die drei Eingänge in drei Zeilen untereinandergeschrieben und jeweils mit dem Operator U versehen, um festzulegen, daß dies die Eingänge eines UND-Gliedes sind. In die vierte Zeile wird die Anweisung = A0.1 geschrieben. Damit wird festgelegt, daß sich die vorangegangene UND-Verknüpfung auf diesen Ausgang bezieht.

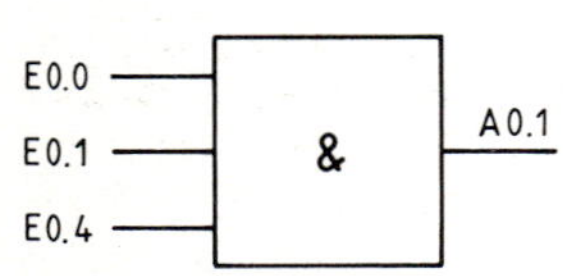

Funktionsplan

U	E0.0
U	E0.1
U	E0.4
=	A0.1

AWL

Steuerung von Zylinder 1.0

Es können nun weitere Netzwerke untereinander geschrieben werden, um z. B. Verknüpfungen für andere Ausgänge festzulegen.

Auch der Ausgang A0.2 („Z2 AUS") ist Ausgang eines UND-Gliedes. Dieses UND-Glied hat als Eingänge den Eingang E0.2 („Z1 OBEN") und das Zwischensignal „STEMPELN FERTIG". Das Zwischensignal „STEMPELN FERTIG" liegt aber zunächst nicht vor, und muß erst innerhalb der SPS erzeugt werden.

Zwischensignale können in SPS-Programmen durch **„Merker"** gebildet werden. Merker sind Signale, die nur innerhalb der SPS auftreten und nicht an Ein- oder Ausgangsklemmen einer SPS abgegriffen werden können. Für Merker steht eine bestimmte Zahl von Speicherplätzen innerhalb einer SPS zur Verfügung. Merker können genauso wie Ausgänge programmiert werden und können ihrerseits genauso wie Eingänge zur Bildung von Verknüpfungen verwendet werden. Sie werden mit dem Buchstaben M gekennzeichnet, durchnumeriert und in Gruppen zusammengefaßt.

Das Signal „STEMPELN FERTIG" soll durch den Merker M0.0 dargestellt werden. Die Zuordnungsliste wird um diesen Merker ergänzt.

Der Merker M0.0 soll Ausgangssignal eines Speichergliedes sein. Das Speicherglied hat als Setzsignal das Signal E0.3 („Z1 UNTEN") und als Rücksetzsignal das Signal E0.5 („Z2 VORN"). Das Speicherglied für den Merker M0.0 wird durch vier AWL-Zeilen programmiert. Nachdem das Hilfssignal „STEMPELN FERTIG" durch den Merker M0.0 festliegt, kann auch der Ausgang A0.2 programmiert werden.

Als letztes wird noch der Ausgang A0.0 (DRUCK EIN) programmiert. Dieser Ausgang soll immer den gleichen Zustand wie der Eingang E0.6 (ANLAGE EIN) haben. Dies wird durch zwei Zeilen in der AWL bewirkt.

Das Programm für die Einprägeeinrichtung ist nun fast fertig. Es muß aber noch ein wichtiger Befehl hinzugefügt werden, der das Ende des Programms kennzeichnet. Dieser Befehl lautet bei manchen SPS „PE" (für „Programmende"). Er kann aber auch „BE" oder anders lauten. Erst der Programmende-Befehl veranlaßt die SPS, die Ausgänge auf die programmierten Zustände zu schalten. Die Wichtigkeit dieses Befehls erklärt sich aus der besonderen Arbeitsweise einer SPS.

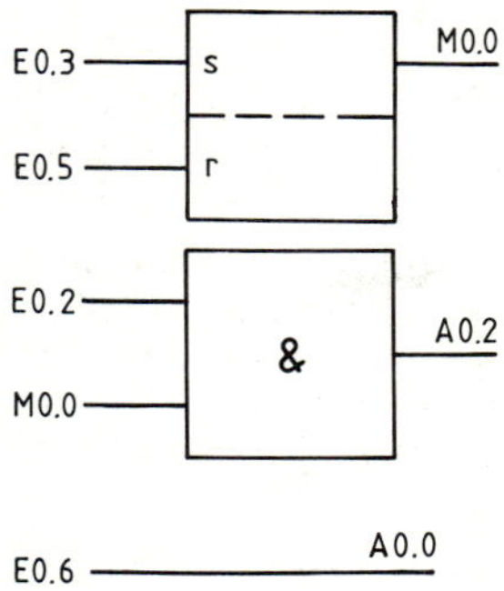

U E0.5
R M0.0
U E0.3
S M0.0

U E0.2
U M0.0
= A0.2

U E0.6
= A0.0

Programmierung von Funktionsgliedern für Einprägeeinrichtung mit Steueranweisungen nach DIN 19239

U E0.0	STEUERUNG FÜR ZYLINDER 1.0
U E0.1	
U E0.4	
= A0.1	....
U E0.5	SPEICHERGLIED FÜR
R M0.0	„STEMPELN FERTIG"
U E0.3	
S M0.0	....
U E0.2	STEUERUNG FÜR ZYLINDER 2.0
U M0.0	
= A0.2	....
U E0.6	STEUERUNG FÜR „DURCK EIN"
= A0.0	....
PE	PROGRAMMENDE

AWL für Einprägeeinrichtung (mit Kommentaren)

Arbeitsweise einer verbindungsprogrammierten Steuerung (VPS)

Bei einer verbindungsprogrammierten Steuerung in beliebiger Technik werden alle Verknüpfungen **gleichzeitig** gebildet. Jedes Funktionsglied wird durch ein eigenes Bauelement verwirklicht, das ständig im Einsatz ist.

Bei einer verbindungsprogrammierten Steuerung werden **alle Signale gleichzeitig** („synchron") verarbeitet.

Arbeitsweise einer SPS

Eine SPS liest zu einem bestimmten Zeitpunkt gleichzeitig alle Eingabesignale ein und speichert sie als sogenanntes **„Prozeßabbild"**. Anschließend werden **nacheinander** alle erforderlichen Verknüpfungen zur Festlegung von Ausgängen und Merkern gebildet. Es wird innerhalb der SPS **zu einem Zeitpunkt** immer **nur ein Netzwerk** behandelt. Sobald das Ausgangssignal des Netzwerkes feststeht und abgespeichert ist, wird das nächste Netzwerk behandelt.

Bei einer speicherprogrammierbaren Steuerung wird **Netzwerk für Netzwerk nacheinander** abgearbeitet.

Wenn alle Netzwerke abgearbeitet wurden und der Zustand von allen Ausgängen feststeht, werden durch den Programmende-Befehl die ermittelten Zustände als Spannungssignale auf die Ausgangsklemmen geschaltet. Anschließend liest die Steuerung ein neues Prozeßabbild ein und beginnt die Programmbearbeitung von vorn. Diese ständig wiederholte Arbeitsfolge heißt **„zyklische Programmbearbeitung"** (Zyklus = Kreis).

Ein Arbeitszyklus einer SPS ist durch drei Arbeitsschritte gekennzeichnet:

- Gleichzeitiges Einlesen und Abspeichern der Eingabesignale („Prozeßabbild").
- Abarbeitung der einprogrammierten Netzwerke. Die Anweisungen werden nacheinander ausgeführt.
  Während dieser Zeit können Zustandsänderungen von Eingabesignalen nicht erkannt werden.
- Gleichzeitiges Setzen der Ausgabesignalzustände.

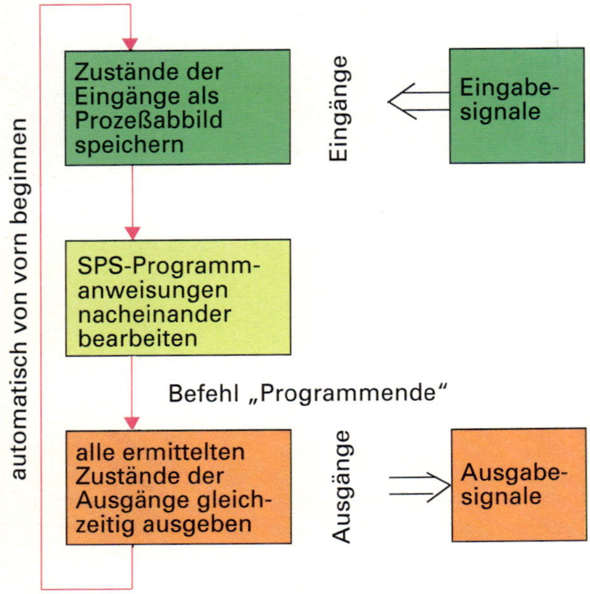

Arbeitsweise einer SPS (zyklische Programmbearbeitung)

Durch die zyklische Programmbearbeitung entsteht ein **Zeitverzug** vom Einlesen der Eingabesignale bis zum Setzen der Ausgabesignale. Dieser Zeitverzug wird als **„Zykluszeit"** bezeichnet. Die Hersteller von SPS bemühen sich, durch leistungsfähige Elektronik die Zykluszeit möglichst klein zu halten.

Aufgaben zur Vertiefung und Wiederholung:

1. Der Hersteller einer SPS gibt an, daß seine SPS für die Abarbeitung von 1000 Befehlen durchschnittlich 30 Millisekunden benötigt. Das Programm für die Einprägeeinrichtung (ohne vorgeschriebene Zweihand-Sicherheitsschaltung) besteht aus 14 Zeilen.

a) Wie lange dauert ein Programmzyklus?

b) Wie oft werden in einer Sekunde die Eingänge eingelesen?

c) Stellen Sie sich vor, daß das Programm für die Einprägeeinrichtung um weitere 5000 Zeilen ergänzt wird, um eine komplette Produktionsanlage zu steuern. Wie lange muß der Zylinder 1.0 mindestens an der unteren Endlage verweilen, damit das Hilfssignal „STEMPELN FERTIG" immer zuverlässig gesetzt wird?

2. Beschaffen Sie sich die Programmieranleitung für eine SPS. Prüfen Sie nach, ob eine Befehlsfolge für ein monostabiles Kippglied dargestellt wird. Suchen Sie dazu bei den Zeitfunktionen (Stichwort: „verlängerter Impuls").
Testen Sie die Befehlsfolge, indem Sie diese mit einem Programmiergerät in die SPS eingeben. Die SPS muß mit mindestens einem Taster als Eingabegerät verbunden sein und über eine Leuchtanzeige zur Darstellung des Ausgangs des Kippgliedes verfügen. Hinweis: Wählen Sie eine Zeit von ca. 3 s. Drücken Sie den Taster unterschiedlich lange. Leuchtet die Anzeige immer gleich lang auf?

3. Entwickeln Sie ein SPS-Programm für eine Zweihand-Sicherheitsschaltung mit zwei Kippgliedern.

4. Für die vorgestellte direkte Relaissteuerung für die Einprägeeinrichtung soll das NOT-AUS-Ventil durch einen elektrischen NOT-AUS-Schalter (Öffner) ersetzt werden.
Der Schalter soll im Notfall die Zylinder drucklos schalten, ohne daß auf den Selbsthaltekreis (für Signal STEMPELN FERTIG) eingewirkt wird. Ändern Sie den Schaltplan entsprechend ab (es gibt mehrere zulässige Möglichkeiten!).

Bildquellennachweis

Akkulux Witte & Suttor, Murrhardt: 146/2; 157/5

Asea Brown Boverie, Mannheim: 168/1

BW Hydraulik GmbH, Wuppertal: 167/3

Berten, Chris, Düsseldorf: 97,4; 101/3; 102/2; 102/4; 112/1; 154/3; 157/3

Bosch, Robert, GmbH, Leinfelden-Echterdingen: 48/1

Cloos, Carl, GmbH, Haiger: 142/1

Cornelsen-Verlag, Berlin: 151/1, 151/3

DTE Deutsche Telemecanique, Ratingen: 167/2

Deckel AG, München: 49/1; 52/1; 72/1; 72/2; 134/4

Deckel, GmbH & Co. KG., Weilheim: 41/3; 47,3

Degussa, Hanau: 143/1

Deutsche Starkugelhalter GmbH, Schweinfurt: 133/1; 133/3

Driescher, Fritz, KG, Wegberg: 154/4

Eaton GmbH, Velbert: 128/4

FAG Kugelfischer, Wuppertal: 44/3; 44/4; 130/3; 131/3

Feinprüf GmbH, Göttingen: 7/1; 7/3; 10/4; 10/6

Fichtel & Sachs AG, Schweinfurt: 120/3; 120/5

Forkard GmbH & Co. KG, Düsseldorf: 32/1

Gelenkwellenbau, Essen: 127/1; 140/2

Gemo, Krefeld: 127/2

Gildemeister AG, Bielefeld: 35/2

Greif Werk GmbH, Hagen: 48/2

Hahn & Holb GmbH & Co., Stuttgart: 31/2

Heckler & Koch, Schramberg-Waldmössingen: 54/2

Heidenhain, Johannes, GmbH, Traunreut: 9/2

Hense, Wilhelm & Co. GmbH, Bochum: 92/1

Hermle, Berthold, GmbH & Co., Gosheim: 117/1; 128/1; 128/2; 128,3

Hoeckle, Eberhard, GmbH, Mössingen: 126/3

Keller, Schwabach: 46/1; 46/2

Klöckner-Moeller GmbH, Bonn: 154/2; 155/2; 156/3

Kühlerfabrik Längerer & Reich, Stuttgart: 141/1

Lade GmbH, Wuppertal: 169/1

Maho AG, Pfronten: 37/1; 61/1; 70/1; 70/3; 73/1; 109/1; 109/2; 113/1; 134/1

Mahr, Carl, Esslingen: 7/2

Marpross, Fellbach: 10/1

Mitutoyo, Neuß: 9/3; 11/2; 12/2

Nosta GmbH & Co. KG, Höchstädt: 139/6, 140/1

Opel, AG, Rüsselsheim: 180/1

PCI Polychemie GmbH, Augsburg: 48/3

Parat-Werkzeugtechnik GmbH, Stuttgart: 30/1; 31/1; 31/3; 119/1; 132/1

Pfanter, Hermann, GmbH & Co., Ludwigsburg: 125/2

Ravensburg AG, Ravensburg: 33/1

Röhm, Sontheim/Brenz: 135/1

Sandvik GmbH, Düsseldorf: 24/3, 24/4

Sauter GmbH, Metzingen: 35/1

Schacht, Jens, Düsseldorf: 23/2

Schütte, Alfred H., Köln: 33,2; 134/3

Seco Toils GmbH, Erkrath: 39/2; 44/5; 69/1

Siemens AG, Erlangen: 153/4; 155/1

Siemens AG, München: 101/1; 168/2; 169/2; 169/3; 170/2; 170/3; 190/1

Sintermetallwerke Krebsöge GmbH, Radevormwald: 129/3; 131/2

Traub AG, Reichenbach/Fils: 32/3; 50/2

Verband Deutscher Maschinen- und Anlagenbau e.V., Frankfurt/M.: 49/2

Volkswagen AG, Wolfsburg: 158/1

Waldrich Siegen, Burbach: 33/3

ZF Zahnradfabrik, Friedrichshafen: 122/1; 124/1

Stichwortverzeichnis

Grundfunktionen technischer Systeme

Grundfunktionen in Anlehnung an Koller (Rudolf Koller: Konstruktionslehre für den Maschinenbau, 2. Auflage, Berlin 1985) mit erläuternden Beispielen

Leiten – Isolieren

Wärmeenergie oder elektrische Energie wird durch Metalle, Flüssigkeiten oder Gase geleitet; Druck wird durch Flüssigkeiten oder Gase geleitet, Kraft wird durch feste Körper geleitet.
Elastische Zugmittel übertragen Drehmomente; gleichzeitig dämpfen sie Schwingungen der Antriebsseite und leiten diese nicht zur Abtriebsseite.

Sammeln – Verzweigen

Elektrische Ströme, Flüssigkeits- oder Gasströme werden aus Zweigleitungen in einer Hauptleitung gesammelt oder – umgekehrt – aus einer Hauptleitung in Zweigleitungen verzweigt; Licht wird durch Linsen gesammelt oder zerstreut.

Führen – Nichtführen

Elektrische Energie wird durch Kabel geführt; Flüssigkeiten werden durch Rohrleitungen geführt; Wellen werden durch Lager geführt und Werkzeugschlitten auf einer Führungsbahn.
Lichtstrahlen und Flüssigkeits- oder Gasstrahlen werden nicht geführt.

Wandeln – Rückwandeln

Ein Generator wandelt mechanische Energie in elektrische Energie, ein Elektromotor umgekehrt elektrische in mechanische Energie; Wärmekraftmaschinen wandeln Wärmeenergie in mechanische Energie; in Glühlampen wird elektrische Energie in Lichtenergie gewandelt, in Solarzellen umgekehrt Lichtenergie in elektrische Energie.

Vergrößern – Verkleinern

Elektrische Spannung wird durch Transformatoren vergrößert oder verkleinert, Kraft durch Kolben in hydraulischen Pressen oder durch Hebel; Rädergetriebe vergrößern oder verkleinern Umdrehungsfrequenzen und Drehmomente.

Richtungändern

Winkelhebel ändern die Richtung von Kräften; Kegelradgetriebe ändern die Richtung von Drehmomenten; Spiegel ändern die Richtung von Licht.

Richten – Oszillieren

Gleichrichter richten elektrischen Strom; Ventile richten Flüssigkeits- oder Gasströme; aus der hin- und hergehenden Bewegung eines Motorkolbens wird durch Pleuelstange und Kurbelwelle eine gerichtete Drehbewegung. Umgekehrt kann eine Schubkurbel eine Drehbewegung in eine hin- und hergehende (oszillierende) Bewegung überführen.

Koppeln – Unterbrechen

Schalter koppeln oder unterbrechen elektrischen Strom; Flüssigkeits- oder Gasströme werden durch Schieber gekoppelt oder unterbrochen; Drehmomente werden durch Kupplungen gekoppelt oder unterbrochen.

Verbinden – Verbindunglösen

Unterschiedliche feste Stoffe, Flüssigkeiten oder Gase werden durch Mischer verbunden.
Durch Zentrifugen wird die Verbindung unterschiedlicher Stoffe gelöst.

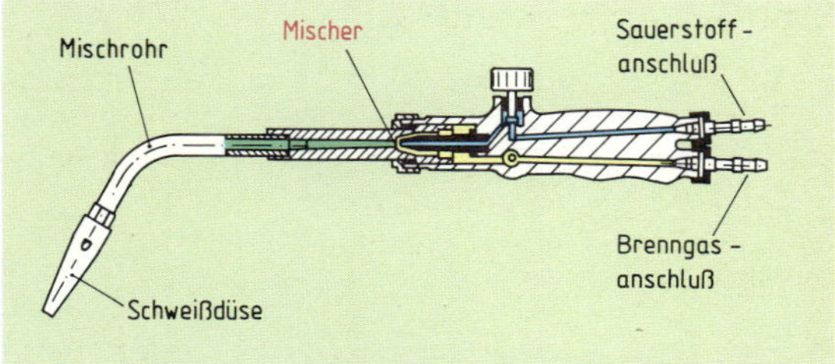

Fügen – Teilen

Metalle werden z. B. durch Löten oder Schweißen gefügt.
Teilen findet beispielsweise beim Zerspanen statt.

Speichern

Akkumulatoren speichern elektrische, Federn mechanische Energie; kinetische Energie kann durch Schwungräder gespeichert werden, Wärmeenergie in festen oder flüssigen Stoffen; Gase werden in Druckbehältern gespeichert.

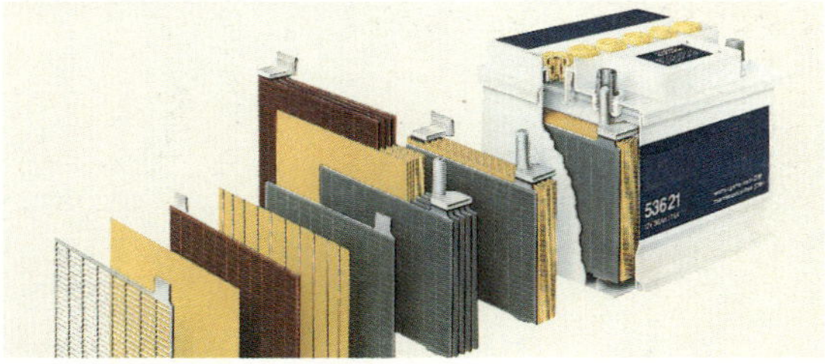